J. Schweitzer Verlag (Arthur Sellier) München, Berlin und Leipzig.

Staudingers Kommentar zum BGB.

und dem Einführungsgesetz

7./8. neubearbeitete Auflage

herausgegeben von

Dr. Theodor Loewenfeld,
Geh. Justizrat, Univ.-Professor, Rechtsanwalt in München

Dr. Ludwig Kuhlenbeck,
Rechtsanwalt in Naumburg, vorm. ord. Professor an der Universität Lausanne

Dr. Theodor Engelmann,
K. Oberlandesgerichtsrat in München

Dr. Erwin Riezler,
Professor an der Universität Erlangen

Dr. Karl Kober,
K. Oberlandesgerichtsrat in München

Dr. Felix Herzfelder
Justizrat, Rechtsanwalt in München

Band I. Allgemeiner Teil von Loewenfeld und Riezler. Lex. 8°. 822 S. Geh. Mk. 19.50. Geb. Mk. 22.—.

Band II. Schuldverhältnisse von Kuhlenbeck, Kober u. Engelmann. Lex. 8°. 1901 S. In zwei Teilen. Geh. Mk. 47.—. Geb. Mk. 52.—.

Band III. Sachenrecht von Kober. Lex. 8°. 1173 S. Geh. Mk. 28.—. Geb. Mk. 30.50.

Band IV. Familienrecht von Engelmann. Lex. 8°. 1605 S. In zwei Teilen. Geh. Mk. 38.—. Geb. Mk. 43.—.

Band V. Erbrecht von Herzfelder. Lex. 8°. 956 S. Geh. Mk. 23.—. Geb. 25.50.

Band VI. Einführungsgesetz von Kuhlenbeck und

Band VII. Gesamtregister zu Band I—VI von Keidel. In einem Bande. Lex. 8°. 940 S. Geh. Mk. 23.—. Geb. 25.50.

Gesamtumfang und Gesamtpreis: 7 Bde. in 8 Teilen. 7440 S. Geh. Mk. **178.50**, geb. in Halbfr. Mk. **198.50**.

Der kleine Staudinger

Handausgabe des BGB.
auf der Grundlage von Staudingers Kommentar

bearbeitet von

Landgerichtsrat **F. Keidel** in München.

8°. XXIII, 1229 Seiten. Fadengeheftet in Leinen gebunden

Mk. 6.50.

Von Justizrat Dr. **Hugo Cahn**, Rechtsanwalt in Nürnberg, sind ferner erschienen:

Urheberrechtlicher Schutz der Fabrikkataloge.

Nürnberg 1904. Verlag von J. L. Schrag. 37 S. Preis geh. Mk. —.75.

Techniker als Richter.

Nürnberg 1908. Carl Kochs Verlagsbuchhandlung. 37 S. Preis geh. Mk. —.70.

Empfehlen sich Sondergerichtshöfe in Streitigkeiten aus dem Gebiete des gewerblichen Rechtsschutzes?

Gutachten zum 30. Deutschen Juristentage (Danzig).

Berlin 1910. J. Guttentag Verlagsbuchhandlung, G. m. b. H.

Die Ansprüche des angestellten Erfinders im vorläufigen Entwurfe eines Patentgesetzes.

München, Berlin und Leipzig 1913. J. Schweitzer Verlag (Arthur Sellier). 60 S. Preis geh. Mk. 1.20.

Gerichtliches Ausgleichsverfahren außerhalb des Konkurses.

Gutachten zum 32. Deutschen Juristentage (Düsseldorf).

Berlin 1914. J. Guttentag Verlagsbuchhandlung, G. m. b. H.

Gerichtsentlastung und Güteverfahren im Krieg und im Frieden.

Berlin 1916. J. Guttentag Verlagsbuchhandlung G. m. b. H. 75 S. Preis geh. Mk. 2.—.

Der zukünftige deutsche Rechtsstreit.

Berlin 1917. Carl Heymanns Verlag.

Geschäftsaufsicht und Zwangsvergleich.

Bekanntmachung über die Geschäftsaufsicht zur Abwendung des Konkurses vom 14. Dezember 1916.

Erläutert von

Justizrat Dr. Hugo Cahn
Rechtsanwalt in Nürnberg.

1917
München, Berlin und Leipzig
J. Schweitzer Verlag (Arthur Sellier).

Dr. F. P. Datterer & Cie. (Inh. Arthur Sellier) München und Freising

Vorwort.

Seit Jahren habe auch ich für den Zwangsausgleich außerhalb des Konkurses mich eingesetzt. Aus der Praxis heraus ist mir die Notwendigkeit desselben klar geworden. Wie oft hatte ich mich für Privatausgleiche bemüht, um, hart vor ihrer glücklichen Abwickelung, die hämische Gegnerschaft der Akkordstörer erdulden zu müssen. So erkannte ich das Unnatürliche derartiger Minderheiten. Ein wackerer Schuldner, eine einsichtige Gläubigermehrheit, kann durch diese in den Konkurs hineingehetzt werden. Und welche Werte stehen oft auf dem Spiel, die durch die Länge, Kostspieligkeit und Schwerfälligkeit des Konkursverfahrens Schaden leiden! Als ich nun vor drei Jahren in der Zeitschrift für Rechtspflege in Bayern die Mängel des Privatvergleiches, an der Hand eines praktischen Beispieles, darlegte und dieses als Warnungsbild vorführte, dachte ich nicht, wie bald der Auswuchs solcher gläubigerischen Sonderrechte für das Vaterland im allgemeinen besonders fühlbar werden könne. Denn ehe noch mein Mitgutachter und ich das von uns bereits verarbeitete Thema des Juristentages in Düsseldorf zu verfechten Gelegenheit hatten, schuf der ausbrechende Krieg, unter anderen weittragenden Problemen, ganz von selbst das Bedürfnis, diejenigen Konkurse tunlichst zu verhüten, die im Frieden voraussichtlich nicht entstanden wären. So kam durch den gigantischen Kampf rascher, wie geahnt, auch dieser Stein ins Rollen.

In der Verordnung vom 14. Dezember 1916 kommt freilich zunächst nur der Bundesrat zum Wort, während der Gesetzgeber selbst sich erst äußern wird, wenn die Geschütze verstummt sein werden. Doch besteht eine hohe Wahrscheinlichkeit, daß das eigentliche Gesetz über den Zwangsausgleich außerhalb des Konkurses nicht allzulange nach Friedensschluß auf sich warten lassen wird. Von dieser Zuversicht ist meine nachfolgende Erläuterung getragen. Ich beabsichtige folglich, die Praktiker aus den Gewerbe-, Richter- und Anwalts-Kreisen auf die Vorzüge des neuen Stoffes aufmerksam zu machen, nicht ohne da kritisch einzusetzen, wo nach meinen Erfahrungen das Friedensgesetz die Kriegsverordnung zweckmäßigerweise ergänzen, allenfalls verbessern kann.

In ernster Zeit, bei wirtschaftlichem Tiefstand, wurde diese rechtliche Neuerung geschaffen, die ausschlaggebend sein kann für eine leidlich ersprießliche Überführung des schuldnerischen Kriegsstatus in eine allmähliche Wiedergesundung. Da nämlich, wie bei der ganzen verantwortungsvollen Rechtsarbeit im Kriege, eine altruistische und geschmeidige Handhabung der VO. durch einen der Sachlage gewachsenen Gewerbe-, Richter- und Anwaltsstand voranstehen muß, und da die gesamte Materie der nun vervollkommneteren Geschäftsaufsicht und außerkonkurslichen Zwangsausgleiche, mehr wie irgendeine KriegsVO., tief in das Verkehrsleben eingreift, geht mit der Neueinführung ein gut Stück großzügigen volkswirtschaftlichen Aus- und Abbaus vor sich. Daß den bezeichneten Faktoren dieser gemeinsame vaterländische Hilfsdienst, als wertvolle Vorarbeit zu dem endgültigen künftigen Gesetzgebungswerke, glücken und daß die Verordnung insbesondere die Ebnung der durch den Krieg notleidenden Existenzen erleichtern möge, muß als erstes Geleitwort gegenwärtiger Darstellung vorangeschickt werden.

Nürnberg, Weihnachten 1916.

Justizrat Dr. Hugo Cahn.

Inhaltsverzeichnis.

Bekanntmachung über die Geschäftsaufsicht zur Abwendung des Konkurses. Vom 14. Dezember 1916.

I. Voraussetzungen und Wirkungen der Geschäftsaufsicht.

II. Verfahren.

1. Allgemeine Vorschriften.

5. Beendigung des Verfahrens.

III. Schlußvorschriften.

Einleitung.

I. Die Geschäftsaufsicht.

Die Bekanntmachung betreffend die Anordnung einer Geschäftsaufsicht zur Abwendung des Konkursverfahrens vom 8. August 1914 (RGBl. S. 363) umfaßte 13 Paragraphen. Die neue Bekanntmachung des Bundesrats vom 14. Dezember 1916 über die Geschäftsaufsicht zur Abwendung des Konkurses (RGBl. S. 1363) enthält 80 Paragraphen. Die §§ 1—32 der neuen VO. beschäftigen sich mit den Voraussetzungen und Wirkungen der Geschäftsaufsicht (§§ 1—13), den Allgemeinen Vorschriften (§§ 14—19), der Eröffnung des Verfahrens (§§ 20 und 21), den Aufsichtspersonen und dem Gläubigerbeirat (§§ 22—32), während vom § 33 bis 65 ein gänzlich neuer Stoff, der Zwangsvergleich außerhalb des Konkurses, sodann die Beendigung des Verfahrens (§§ 66—70) behandelt wird und die §§ 71—80 den Schlußvorschriften gewidmet sind. Die alte und neue Verordnung ist vom Bundesrat auf Grund des Ermächtigungsgesetzes vom 4. August 1914 (RGBl. S. 327) erlassen.

Schon zu Beginn des Krieges war sich die Zentralbehörde bewußt, daß die Geschäftswelt durch die Einberufungen, die Ausschaltung des Auslandverkehres, die Unsicherheit der allgemeinen Verhältnisse und die Unmöglichkeit eines Teiles der Schuldnerschaft, der Gesamtheit ihrer Verbindlichkeiten, wie im Frieden, gerecht zu werden, dermaßen gerüttelt werden müsse, daß die einfachen Mittel der Bewilligung von Zahlungsfristen u. a. nicht ausreichen würden. Statt dieser Abhilfe kleineren Umfanges in Fällen des Unvermögens bei einzelnen Verbindlichkeiten mußte eine Maßnahme Platz greifen, die den allgemein zahlungsunfähigen Schuldner unter gewissen Umständen während des Krieges schützen und vor dem Konkurs bewahren sollte. An zwei Voraussetzungen sollte diese Maßnahme der Geschäftsaufsicht geknüpft sein: die Zahlungsunfähigkeit infolge des Krieges und die Aussicht ihrer Behebung nach Beendigung derselben. Wenn man auch mit Fug die Möglichkeit ausschloß, daß auf Antrag eines Gläubigers die Maßregel verhängt werde, so zielte gleichwohl die ratio legis auf eine gewisse Schonung der Gläubigerschaft ab, für die das Konkursverfahren meist die nämlichen Gefahren bringt, wie für den Gemeinschuldner. Während der Dauer der Geschäftsaufsicht war demnach das Konkursverfahren über das schuldnerische Vermögen auszuschalten und die Einzelvollstreckung bloß in den Ausnahmefällen der alten §§ 5 und 9 zugelassen. Die Überwachung oblag einer Aufsichtsperson, deren Zuständigkeit aber recht allgemein gehalten, deren Einrichtung somit bald der Gegenstand zwiespältiger Beurteilung war. Die Geschäftsfähigkeit des Schuldners ferner war nur wenig eingeengt, nach außen beinahe überhaupt nicht. Bezüglich der Verwendung der vorhandenen Mittel bestanden Vorschriften, die dem Aufsichtsführer und sogar dem Schuldner ziemlich freie Hand ließen. Nicht lange nach Erlaß der Bekanntmachung vom August 1914 setzte infolgedessen eine allseitige Kritik der Gläubigerschutzverbände und anderer Praktiker ein. Die diesbezügliche Literatur wird bei den Einzelparagraphen behandelt werden.

Dazu kommt noch, daß die unmittelbar nach der Mobilmachung erlassene Verordnung, wie alle damaligen ersten Maßnahmen, von dem Gedanken einer kurzen Kriegsdauer ausgegangen war. Die Gestaltung des wirtschaftlichen Lebens hat aber naturgemäß nach beinahe 2½ Jahren des Weltkrieges, im Verhältnisse zu den ersten Tagen des August 1914, gewaltig sich verändert. Die Fülle der so entstandenen eigenartigen Zustände vermag freilich keine zentrale Körperschaft erschöpfend zu berücksichtigen. Immerhin bildeten sich im Laufe der Zeit wirtschaftliche und rechtliche Bedürfnisse heraus, welchen um so mehr Rechnung getragen werden konnte, als eine eifrige und auf Erfahrungen gestützte Besprechung der Mängel der alten VO. zu verzeichnen, mit a. W. Theorie und Praxis mit deutscher Gründlichkeit auch hier am Werke war.

Im großen und ganzen wird die reichsdeutsche Geschäftsaufsicht als die gelungene Lösung der ernsten Moratoriumsfrage angesehen. Sie verhütet die Entsittlichung der schuldnerischen Pflichtenbegriffe, die ein allgemeines Moratorium zur Folge hätte. Sie bewahrt den Schuldner, dessen Einnahmen herabgedrückt, dessen Ausgaben gesteigert und dessen Kreditquellen versiecht sind, falls seine Zahlungsunfähigkeit durch den Krieg verursacht ist, vor den meisten Vollstreckungen und somit tunlichst vor dem Zusammenbruche. Die Aufsichtsperson schützt den Schuldner, den so die günstigen, nicht die üblen, Folgen des Konkurses treffen. Es wurde aber, wie oben angedeutet, vielfach geltend gemacht, daß die Rechte und Pflichten der Aufsichtsperson enger zu umschreiben seien. Auch der Standpunkt wurde vertreten, daß der Widerspruch der Aufsichtsperson, im Sinne des bisherigen § 7 Abs. 2, die schuldnerischen und gläubigerischen Willensbekundungen unwirksam gestalten müßte. Da bei Einführung der Geschäftsaufsicht, wie gesagt, nicht mit einem langen Kriege gerechnet wurde, zeitigte sie vielfach Mißlichkeiten, die durch tüchtige Aufsichtspersonen und -richter, wohl auch einsichtige Gläubiger und vor allem Schuldner, von Fall zu Fall gemindert werden konnten. Wo indes Wille und Fähigkeit dieser Beteiligten versagten, ergaben sich Unstimmigkeiten, die, zumal wenn der Krieg noch länger währt, sachgemäß durch die Zentralbehörden abgestellt werden konnten.

Die §§ 1—32 der neuen VO. stellen sich im allgemeinen als geschickte Vollziehung dieses Bedürfnisses dar. Es ist zunächst zu begrüßen, daß der § 1 der neuen VO. die Überschuldung der Zahlungseinstellung gleichstellt und so die hinsichtlich des Gesellschaftsrechts aufgeworfenen Streitfragen ausscheidet. Es empfahl sich ferner, den Anregungen, einen Unterschied zu machen zwischen Schuldnern, die unzweifelhaft in der Lage sein werden, nach dem Kriege die Gläubigerbefriedigung vorzunehmen, und solchen, bei denen dies voraussichtlich nicht der Fall ist, nicht stattzugeben, und den Zeitpunkt des Kriegsendes nicht eng zu fassen. Dem kam die absichtlich allgemeine Fassung: „nach Wegfall der Kriegsverhältnisse" entgegen. Mit Rücksicht auf die vollständig neue Einführung des mit der Aufsicht verbindbaren konkurslosen Zwangsvergleiches (§§ 33—65) ist ausgesprochen, daß dem Antrag auf Anordnung der Aufsicht auch stattzugeben ist, wenn Aussicht auf ein konkursabwendendes Übereinkommen, das auch ein rein privates sein kann, besteht. Der Aufsichtsperson ist in der neuen VO. freie Hand gelassen, ob sie die Geschäftsführung persönlich übernehmen will oder nicht. Die zum Teil üblen Erfahrungen mit allzu frei schaltenden Schuldnern führten zu der wohlbegründeten Norm des § 3 a. E., daß das Gericht auf Antrag der Aufsichtsperson besondere Verpflichtungen zur Sicherung der Gläubiger verfügen kann. Da willkürliche Begünstigungen von Gläubigergruppen beobachtet wurden, ist im neuen § 5 ausgesprochen, daß die Reihenfolge der Befriedigung von dem Aufsichtsführer nach den Grundsätzen der Konkursordnung zu bestimmen und eine Abweichung von dieser ohne gerichtliche Zustimmung unzulässig ist. Die kontroverse Frage (zum alten § 5) ob und inwieweit die von dem Verfahren betroffenen Gläubiger auf Grund einer einstweiligen Verfügung Vormerkungen eintragen lassen dürfen, ist folgerichtig (im neuen § 6) verneint. Auch dem in der Literatur erörterten Bedürfnis, die Hemmung der Verjährung des Anspruchs eines Gläubigers, der von dem Verfahren betroffen wird, für die Dauer der Geschäftsaufsicht auszusprechen, ist die neue VO. (§ 7) entgegengekommen. Diese Bestimmung ist theoretisch nicht bedenkenfrei. Der § 8 neue VO. bringt die Klarstellung einer Zweifelsfrage, indem er die Aufrechnung eines von dem Verfahren betroffenen Gläubigers während der Geschäftsaufsicht dem Schuldner gegenüber ausschließt, wenn er letzterem nach Anordnung der Geschäftsaufsicht etwas schuldig wurde oder vor der Anordnung, und nachher erst das Guthaben erwarb. Der neue § 9 enthält wiederum ein Novum für das Gebiet der Geschäftsaufsicht: er ist der Form nach dem § 17 KO. nachgebildet, ermöglicht aber — im Gegensatz zum Erfüllungsrechte des Konkursverwalters — bei Verträgen, die auf Leistung und Gegenleistung gerichtet sind, dem Schuldner mit Ermächtigung des Gerichts die Ablehnung der Erfüllung, wenn die Nichterfüllung im Interesse der Geschäftsaufsicht gelegen und für den Vertragsgegner kein unverhältnismäßiger Nachteil gegeben ist. Letzterem bleibt der Schadensersatzanspruch. Die Aufsichtsperson ist seltsamerweise bei den Fragen der §§ 9—11 etwas in den Hintergrund gedrängt. (So auch Jaeger, JW. 1917, 140 Anm. 18.) Der § 10 neue VO. ist teilweise dem § 19 KO. nachgebildet: der Schuldner als Mieter kann — unter den Kautelen des neuen § 9 — zur gesetzlichen Frist kündigen; nicht aber auch der Vermieter, wie im § 19 KO., was mehrfach de lege ferenda angeregt war. Der Schuldner kann weiterhin mit gerichtlicher Genehmigung Dienstverhältnisse zur gesetzlichen Frist kündigen. Die im Rahmen der alten VO. vielfach bestrittene Frage, wer die Kosten einer Leistungsklage trägt, wenn der Schuldner den Anspruch anerkennt, ist zugunsten des letzteren im § 11 neue VO. geregelt. Der Gläubiger, der die Aufsicht nicht kannte oder aus besonderem Grund an der Erlangung des Urteils ein Interesse hat, soll jedoch nicht kostenpflichitg sein. Diese Klausel kann Rechtsstreite veranlassen. Der dem alten § 9 entsprechende neue § 13 schaltet aus dem Verfahren der Geschäftsaufsicht nun auch die Gläubiger aus, deren Ansprüche auf einem gegenseitigen Vertrage beruhen, welcher zur Zeit der Anordnung der Geschäftsaufsicht noch nicht erfüllt war, dann erfreulicherweise die Aufsichtspersonen wegen ihrer Ansprüche auf Erstattung von Auslagen und Vergütung, endlich — unter Beibehaltung des fiskalischen Systems — die Staatskasse wegen der Gerichtskosten für das Verfahren. Die Nr. 5 des neuen § 13 erregt — was die Einbegreifung des § 61 Nr. 2 und wohl auch 3 KO. anlangt — Bedenken: das Privilegium für Steuern und Abgaben gefährdet den wirtschaftlichen Zweck der Einrichtung. Wenn auch der verschiedentlich vorgebrachten Ansicht, daß die Forderungen im Sinne des § 61 Ziff. 2 und 3 KO. unter gewissen Umständen in bzw. nach dem Aufsichtsverfahren erlöschen sollen, nicht beigepflichtet werden kann, so wäre gleichwohl das Vorrecht im Sinne der Nr. 2 und 3 des § 61 KO. zu beseitigen gewesen.

Ihrer breiteren Methodik entsprechend, legt die neue VO. (§ 14) förmlich die Vorschriften der ZPO. und nur fakultative mündliche Verhandlung (§ 15) dem Verfahren der Geschäftsaufsicht zugrunde, während die alte VO. § 4 Abs. 2 auf ein Zitieren der Konkursordnungs-Paragraphen (72 sowie 73 Abs. 1 und 2) gleichen Inhaltes sich beschränkt hatte. Zur Vermeidung unrichtiger Angaben des Schuldners, der durch eine gefärbte Vermögensübersicht die Anordnung der Geschäftsaufsicht erlangen und erschleichen kann, dient der die Ermittelung und Anhörung von Vernehmungspersonen ermöglichende, dem alten § 4 Abs. 2 resp. § 75 KO. konforme, § 16 der neuen VO. Für das Wirtschaftsleben kann nämlich die mißbräuchliche Ausnutzung der Einrichtung verhängnisvoll werden, weil unersetzliche Werte durch Entstellung der schuldnerischen Vermögensübersichten beeinträchtigt werden können. Dieser § 16 der neuen VO., der zudem eine Gläubigerversammlung nach Bedürfnis vorsieht, hängt mit der vielbeklagten Wahrnehmung zusammen, daß in den letzten fast 2½ Jahren reichsdeutscher Geschäftsaufsicht in den meisten Fällen keinerlei Befriedigung der Gläubiger erfolgte, die Behebung der Zahlungsunfähigkeit nach dem

Kriege nicht zu erwarten ist und so ziemlich jede während des Krieges auftretende Zahlungsunfähigkeit von den Gerichten als zur Geschäftsaufsicht berechtigend angesehen wurde. Der Zusatz zum alten § 3, nunmehrigen § 21 (Abs. 2), der vor der Entscheidung über die Eröffnung des Verfahrens die Anhörung der amtlichen Vertretung des Handels und Gewerbes oder eines Sachverständigen vorschreibt, ist daher gutzuheißen. Eine Anordnung der Geschäftsaufsicht auf gläubigerischen Antrag oder gar von Amts wegen ist wohlüberlegt auch durch die neue VO. ausgeschaltet.

Das Zustellungswesen (§ 17) ist vereinfacht. Der dem Schlußpassus des alten § 4 entsprechende Satz 1 des neuen § 18 ist durchaus gutzuheißen: öffentliche Bekanntmachungen finden nicht statt. Gegenteilige Anträge de lege ferenda auf eine fakultative Veröffentlichung nach Antrag des Schuldners oder der Aufsichtsperson, wollten mit der Gefahr, daß Gläubiger übersehen werden, begründet werden. Das Gericht kann nach dem neuen Abs. 2 des § 18 Akteneinsicht gestatten. Die vielfache Anregung der Aufhebung der Unanfechtbarkeit gerichtlicher Beschlüsse, also des alten § 11 — angeblich zur Vermeidung einer zersplitterten Rechtsprechung und verdunkelter schuldnerischer Umtriebe — ist mit Fug und Recht auch in der neuen VO. (mit einigen Ausnahmen) nicht befolgt worden (§ 19).

Der alte § 2 erscheint in der erweiterten Form des § 20: das Verzeichnis der Gläubiger soll auch die von dem Verfahren nicht betroffenen und von dem Schuldner bestrittenen, dann den mutmaßlichen Ausfall der Absonderungsgläubiger, die Vermögensaufstellung, Wertangaben, das Forderungsverzeichnis, Spezifikation und Belege enthalten.

Der § 22 neue VO. bedeutet eine Erweiterung des Abs. 1 des alten § 4: die Anordnung der Aufsicht ist der amtlichen Vertretung des Handels, Handwerks, Gewerbes oder der Landwirtschaft mitzuteilen, wenn der Schuldner diesen Kategorien angehört. Nach den Ministerialerlassen bzw. landesrechtlichen Ausführungsbestimmungen wurden die Handelsvertretungen vor Bestellung der Aufsichtsführer um Namhaftmachung geeigneter Personen angegangen (BayerJMBek. vom 18. August 1914, BayerJMBl. 1914 S. 175 ff.; Preuß. Allg. Verf. d. Handels- und Justiz-Min. vom 11./13. August 1914, PreußJMBl. S. 677). Analog den Rechten der ersten Konkurs-Gläubigerversammlung (§ 80 KO.), können Schuldner und vom Verfahren betroffene Gläubiger innerhalb drei Wochen nach Bestellung der Aufsichtsperson, unter Darlegung der Gründe, die Bestellung anderer oder weiterer Aufsichtspersonen beantragen. Die im § 6 der alten VO. nur zitierten §§ 81 Abs. 2, 82, 83, 84 KO. sind nunmehr förmlich in die §§ 23, 24, 25 der neuen VO. aufgenommen. Der § 27 der neuen VO. (Auslagen und Vergütung der Aufsichtsperson) ist dem § 6 Abs. 3 der alten VO. nachgebildet; gegen den Feststellungsbeschluß des Gerichts sieht der neue § 27 sofortige Beschwerde vor, um jede Willkürlichkeit zu verhindern.

Im § 28 der neuen VO., welcher ein wirksames Korrelat zu den Grundsätzen der §§ 3, 6, 16 und 20 der neuen VO. bildet, und von dem Bestreben diktiert ist, unter dem Schutz der Aufsichtsperson, Entwertungen, Verschleuderungen, Schiebungen, Begünstigungen, kurz unlautere Machenschaften, hintanzuhalten, werden Normen für tunlichste Aufrechterhaltung des Geschäftes und gegen die Vermögensschmälerung aufgestellt. Doch reicht meines Erachtens diese Normierung nicht völlig. Denn die Nichtberechtigung, gewisse Geschäfte vorzunehmen und Willenserklärungen abzugeben, ferner die Vollstreckungsversagung, wenn die Aufsichtsperson ein Veto einlegt, wäre m. E. in eine Mußvorschrift zu kleiden gewesen, da die bisherigen §§ 5 und 7 zu unbestimmt gehalten waren, was auch von den neuen §§ 3 und 6 gilt. Ich hatte deshalb an zuständiger Stelle den Vorschlag gemacht, zur weiteren Erreichung der Zwecke des § 28 der neuen VO. die Anordnung der Geschäftsaufsicht in das Handelsregister und das Grundbuch bei den einschlägigen schuldnerischen Grundstücken einzutragen, erstere Maßregel ohne Veröffentlichung.

Die Einführung des fakultativen Gläubigerbeirats (§§ 30—32 der neuen VO.) hat sich als rätlich herausgestellt, nachdem, insbesondere infolge der Möglichkeit eines Zwangsvergleiches, die Rechte und Pflichten sowohl des Gerichtes als auch der Aufsichtsperson sich mehren und eine gewisse Entlastung, Teilung der Verantwortung und gemeinsame Begutachtung daher angezeigt erscheint. Die Bestimmungen über den Gläubigerbeirat decken sich ziemlich mit den §§ 88—90 KO. Der § 91 KO. (Erstattung und Vergütung) fehlt in der neuen VO., dürfte aber analoge Anwendung finden.

II. Der Zwangsvergleich außerhalb des Konkurses.

1. Grundsätzliches.

Die §§ 33—65 der neuen VO. bedeuten ein rechtliches und wirtschaftliches Ereignis. Der außerkonkursmäßige Zwangsvergleich steht längst auf der Tagesordnung der Beratungen und Besprechungen. Die Einrichtung ist durch die Gesetze vieler Staaten des Auslandes bereits erprobt. (Siehe Motive KO. I. Bd. 2 S. 223; Borchardt, Die Handelsgesetze des Erdballes, Nachtrag 1 S. 148 und 204; Wagner, Schuldnachlaß, besprochen von Bürgel, DRZ. 5, 481; siehe auch Briefwechsel Wagner-Bürgel, DRZ. 5, 215; Lieblich, Zwangsausgleich ohne Konkurs; derselbe, Gutachten zum 32. Deutschen Juristentag S. 321 ff.; Kohler, Leitfaden S. 164 § 28; derselbe, Ann. d. D. R. 1902 S. 633; derselbe bei Busch S. 556; Mittermaier Bd. 13 S. 196; Schourp, Der Zwangsvergleich zur Verhütung des Konkurses S. 11 ff.; Bernicken, Präventivakkord S. 39 und 66; Tischbein, Der gerichtliche Zwangsvergleich zur Abwendung des Konkurses S. 16; Keller S. 113, 127; Weber und Brüstlein [Das schweizer. Bundesges.] S. 29; E. Jaeger Bd. 2

S. 415 [Schweiz]; Gertschel [Das ital. Ges.]; Zeitschr. f. Deutsch. Zivilprozeß Bd. 33 S. 176; derselbe, Österr. Gerichtszeitung 1905 Nr. 16; Keyßner, Zeitschr. f. d. gesamte Handelsr Bd. 55 S. 179 und 225; Rintelen, Österr. KR. S. 334; Frankl, Revision des österr. Konkursr., 1896; Pollak, Gutachten; derselbe, über das Wirtschaftssystem der österr. Konkursrechtsreform, 1911 S. 24; derselbe, über die Reform des Konkursrechts; derselbe, LZ. 1907 S. 107; Weidingers Referat; Benedikt, Zur Reform der KO.; Schullern, Zeitschrift für Volkswirtschaft Bd. I S. 423; Popper, Der Vorkonkurs S. 19; Skedl, Festschrift für Wach, 3, 225; Pollak-Parnegg, Gutachten; Kaserer, Kommentar; Schäfer [Rumänien S. 152 ff.]; Könige, 1905 S. 449; derselbe, LZ. 1908; Busch, Zeitschr. f. Deutschen Zivilpr. Bd. 34 S. 537 und Cahn, Zeitschrift für Rechtspflege in Bayern 1913 Nr. 8, Gutachten zum 32. Deutschen Juristentag S. 717—740; JW. 15. Mai 1916 S. 697 ff.).

Die preußische KO. von 1855 hat den Zwangsvergleich lediglich innerhalb des Konkurses aufgenommen, dagegen enthält der Entwurf einer Gemeinschuldordnung (1873) den Vorschlag eines Konkursverhütungsverfahrens. Dieser Versuch und die folgenden waren aber im deutschen Rechte nicht von Erfolg begleitet. Schiebungen durch illoyale Schuldner und Gläubigergruppen wurden von den Gegnern eines Zwangsverfahrens befürchtet. (Siehe Motive KO. II S. 431; Protokolle, KO. S. 126; Pitreich S. 337; Pollak, Der Vorkonkurs, Österr. Gerichtsztg. 1895 Nr. 46; Freund, Goldschmidts Zeitschr. 60. Bd. 1907 S. 110; Sarwey S. 176; Lieblich, Gutachten S. 353; Cahn, Gutachten S. 746 ff.). — Erst aus der Praxis heraus brach sich der Konkursabwendungsvergleich Bahn. Der 31. deutsche Handelstag in Berlin vom 15. Februar 1905 und der gleichzeitige 17. deutsche Anwaltstag hatten sich des Vergleiches außerhalb des Konkurses von neuem angenommen. (JW. 1905 S. 473, 629; DJZ. 1905 S. 753.) Die viel gebilligte und noch viel mehr bekämpfte Denkschrift des Reichsjustizamtes vom 1. Dezember 1906 (Reichstag 11. Legisl.-Periode 1905/07 Nr. 596; Hellwig, DJZ. 1907 Nr. 14 S. 799; LZ. 1907 S. 584; Jaeger, 1907 S. 118 ff.; LZ. 1907 S. 584; 1909 S. 1; Kohler, ZZP. 34. Bd. S. 536; Kisch, Das Recht 1909 Nr. 20 S. 61 ff.; Gareis, LZ. 1912 S. 645; Bürgel, DRZ. 5, 81; Freund, Zeitschr. f. HR. 60. Bd. S. 359; Pollak, LZ. 1907 S. 107; Bloch, JurBl. 1914 Nr. 35; Kompert, GerZtg. 1909 Nr. 3; Jörissen, u. a. DRZ. 1. Juni 1913 S. 413; derselbe, LZ. 1913 S. 50 ff.; Cahn, Zeitschrift für Rechtspflege in Bayern 1913 Nr. 8; derselbe, Gutachten S. 747) lehnte die Einführung eines Verfahrens, welches einen gerichtlichen Zwangsvergleich ohne Konkurs ermöglichen sollte, ab. Diese damalige Stellungnahme des Reichsjustizamtes hielt aber die Rechtsgelehrten, Handelskammern, Großhändler und Kreditorenvereine nicht ab, mit Wort und Schrift für das Institut einzutreten. (Einzelheiten s. m. Gutachten S. 746.) Erfreulicherweise **hat dann der Deutsche Reichstag mehrfach** (13. Legislatur-Per., 18. April 1912, ferner 13. Februar 1913; siehe auch LZ. 1913 S. 279), in Bekämpfung des Standpunktes der Regierung, sich zum Dolmetsch dieser Wünsche des Handels und der Wissenschaft gemacht und die verbündeten Regierungen um die Vorlage eines Gesetzentwurfes über den Präventivakkord ersucht, worauf der Staatssekretär des Reichsjustizamtes neue Würdigung der Angelegenheit in Aussicht stellte.

Nachdem sich so die deutsche Regierung, und zwar unter dem Einfluß des stets dringenderen geschäftlichen Bedürfnisses, neuerdings der Forderung der öffentlichen Meinung geneigter gezeigt hatte, überdies die Gutachten zum 32. Deutschen Juristentag sich für diese Einführung ausgesprochen hatten, erhob die Österreichische Regierung, anläßlich der nach Kriegsbeginn getroffenen Neugestaltung des Konkurswesens, die Einführung des Ausgleiches zu dem wichtigsten Punkte ihres Reformprogramms. Die österreichische Ausgleichsordnung vom 10. Dezember 1914, welche den Vor-Ausgleich bezüglich der Erfordernisse einer Mindestquote, der Würdigkeit des Schuldners, des Verbotes von Sonderabkommen und der Prüfung des Ausgleiches, vom Standpunkte der Vermögensverhältnisse des Gemeinschuldners, auch des gemeinsamen Interesses der Gläubiger aus, strengen Kautelen unterwirft, wurde der Ausgangspunkt neuer gründlicher Abhandlungen und Vorschläge. Der österreichischen Ausgleichsordnung (siehe hiezu Jaeger, LZ. 1916 S. 105 ff. und meine Abhandlung JW. vom 15. Mai 1916 S. 697 ff. auch die dort zitierte Literatur) folgte am 16. November 1915 die ungarische (siehe hiezu Jaeger, JW. vom 15. Mai 1916 S. 701 ff.). Das deutsche Reichsjustizamt arbeitete nun einen Entwurf aus, der die Möglichkeit eröffnete, die am 8. August 1914 zur Einführung gelangte Geschäftsaufsicht durch einen den Konkurs abwendenden gerichtlichen Zwangsvergleich zum Abschluß zu bringen. Bevor der Entwurf dem Bundesrate zur Beschlußfassung vorgelegt wurde, hat das Reichsjustizamt ihn am 22. August 1916 zum Gegenstand einer Erörterung mit Sachverständigen gemacht. Am 14. Dezember 1916 hat der Bundesrat diesen — auf Grund der Erörterung mehrfach abgeänderten — Entwurf angenommen und zur Bekanntmachung erhoben.

Die deutsche Gesetzgebung konnte in der Einführung des Präventivausgleiches hinter den eng verbündeten Nachbarländern um so weniger zurückbleiben, als die Geschäftsaufsicht nur im Anschluß an ein gerichtliches Ausgleichsverfahren außerhalb des Konkurses allmählich abgebaut werden kann. Würden die nicht glückenden Unternehmungen, die im Kriege unter Geschäftsaufsicht standen, im Frieden nur zwischen dem Privatvergleich und Konkurse zu wählen haben, so würde der überwiegende Prozentsatz derselben zusammenfallen, wie ein Kartenhaus. Solcher allgemeiner Verfall müßte jedoch die schlimmsten Rückschläge auf den allgemeinen Handel und Wandel zeitigen. Einerseits würde im Arrangementsfall ein unerträglicher Markt mit unlauteren Sonderabkommen einsetzen. Andererseits würden im Konkursfall — der Ausverkäufe halber — die ohnedies geschwächten Vermögenswerte unverhältnismäßig sinken, was keineswegs bloß den Schuldner, sondern erst recht auch die gesamte Branche, schädigen würde. „Der Konkurs ist Auflösung und Entwertung, Geschäftsaufsicht und Akkord ist Heilung und Wiederaufbau" (Beres, Frankfurter Zeitg. vom 29. Dezember 1916 S. 4 Nr. 359). Zwischen der Szylla des privaten Vergleiches und der Charybdis des Konkurses soll das konkurslose Zwangsvergleichsverfahren die Beteiligten hindurchführen. Die Mehrheit soll durch dieses vor den Akkordstörungen und Begünstigungen, die Minderheit vor Schiebungen in der Vermögensaufstellung und Abstimmung, geschützt werden.

So dankenswert nach alledem die die Argumente der Denkschrift des Reichsjustizamtes vom 1. Dezember 1906 aufgebenden §§ 33—80 der neuen VO., einschließlich solcher zur Abwendung des Konkurses über einen Nachlaß, in analoger Anwendung der §§ 217 ff. KO., sind, so wenig vermag der unlösbare Zusammenhang zwischen Geschäftsaufsicht und Zwangsausgleich außerhalb des Konkurses eingesehen zu werden. Um diesen nicht zu billigenden Grundsatz, daß ein Nichtbeaufsichtigter nicht des Zwangsvergleiches teilhaftig werden kann, einigermaßen zu mildern, hat der § 1 der neuen VO. den Schlußsatz aufgenommen: Dem Antrag auf Anordnung einer Geschäftsaufsicht ist stattzugeben, wenn Aussicht besteht, daß der Konkurs durch ein Übereinkommen mit den Gläubigern abgewendet werden wird. Da nämlich im übrigen dem Geschäftsaufsichtsantrage nicht stattzugeben ist, wenn die Behebung der Zahlungsunfähigkeit oder der Überschuldung nach dem Kriege nicht in Aussicht genommen werden kann, so könnten die diese Zuversicht vermissenden Unternehmungen nach der neuen VO. einen Zwangsausgleich nicht erlangen, sondern müßten dem Konkurs verfallen. (Siehe Bericht des Berliner Gläubiger-Schutzverbandes vom 11. August 1916 Nr. 30 K. 17552, Mitteilung des nämlichen Verbandes vom 16. August 1916.) Nach meiner Auffassung sollte aber nicht schlechthin der Zwangsausgleichsvorschlag des Nichtbeaufsichtigten ausgeschaltet werden. Der Schlußsatz des § 1 der neuen VO. füllt die Lücke schon um deswillen nicht aus, weil als Voraussetzung der Gewährung der Geschäftsaufsicht im Einzelfalle gefordert wird, daß die Aussicht auf einen baldigen Vergleich naheliegt. (Amtliche Erläuterung zu § 1.) Auch die österreichische Ausgleichsordnung kennt grundsätzlich einen derartigen unlösbaren Konnex der zwei Einrichtungen nicht. Die Schwierigkeiten können nach meinem Dafürhalten insbesondere in dem Augenblicke entstehen, wo die VO. über die Geschäftsaufsicht aufgehoben und ein Friedensgesetz über den Zwangsausgleich, das wohl bestimmt erhofft werden darf, noch nicht erlassen ist. Doch wäre in letzterer Hinsicht immerhin durch Übergangsvorschriften abzuhelfen.

Der Bundesrat begründet den engen Zusammenhang zwischen Zwangsvergleich außerhalb des Konkurses und Geschäftsaufsicht in seiner Erläuterung nun damit, daß der Grundsatz der Nichtöffentlichkeit (über die Stimmen für und wider siehe mein Gutachten S. 760) aus dem Verfahren der Geschäftsaufsicht in dasjenige des Zwangsvergleiches herübergeholt und, weil dies geschieht, anderweitig für eine verlässige Ermittelung der Gläubiger zu sorgen sei. Letztere werde durch die dem Zwangsvergleiche vorherzuschickende Geschäftsaufsicht erleichtert. Gleich als ob nicht andere diesbezügliche Vorsichtsmaßregeln möglich und von verschiedenen Seiten anempfohlen worden wären! Der geeignete Ausgleichsverwalter oder Vertrauensmann außerhalb der Geschäftsaufsicht hätte, nachdem ja doch die gerichtliche Obhut von der Mehrheit der Rechtslehrer und Praktiker gutgeheißen wurde (a. M. z. B.: Deutscher Anwaltsverein in seinem Eisenacher Beschluß vom 18. Juni 1916), die nämliche Kompetenz und Fähigkeit, das eingereichte Gläubigerverzeichnis zu prüfen, wie der Führer der Geschäftsaufsicht. Dazu kommt die von der neuen VO. beliebte, dem gerichtlichen Ermessen unterstellte Beschwörung des letzteren durch den Schuldner. Alles in allem hat der Umstand die zahlreichen Freunde des Zwangsvergleiches außerhalb des Konkurses etwas enttäuscht, daß der Bundesrat ausdrücklich die grundsätzliche Lösung der Frage vermieden hat und sich nur zur Angliederung des Vergleichsverfahrens an die nun einmal für die Kriegsdauer bestehende Geschäftsaufsicht entschließen konnte. „Die Anhänger des Zwangsvergleiches außerhalb des Konkurses befürchten sogar, daß die Verquickung der zwei Institute, Geschäftsaufsicht und Zwangsvergleich, das Bild des letzteren in seiner praktischen Bewährung verwischen könnte. Denn der Zwangsvergleich soll bleiben als das edle Erz, während die Geschäftsaufsicht dann nur noch die Schlacke sein wird" (Beres, Frankf. Zeitg. vom 29. Dezember 1916 S. 4 Nr. 359).

2. Einzelheiten.

Im einzelnen regeln die §§ 33—40 der neuen VO. die Voraussetzungen, die §§ 41—59 das Verfahren und die §§ 60—65 die Wirksamkeit des Vergleichs. Auf das vorbereitende Stadium (vor Einreichung des Vorschlags) legt die VO. offensichtlich großen Wert. Um so erstaunlicher umschreibt sie die diesbezüglichen Obliegenheiten der Aufsichtsperson — im Gegensatz zu seiner Tätigkeit nach Einreichung des Vorschlags — nur wenig (Buhmann, BayZfR. 1917, 39).

Die neue VO. denkt sich den Hergang künftighin so, daß zu allernächst ein Privat-Abkommen versucht wird. Droht dies an der Gegnerschaft einzelner Gläubiger zu scheitern, so ist dem Schuldner das weitere Stadium des gerichtlichen Vergleiches erleichtert, weil er bereits mit der Mehrheit der Gläubiger aufwarten kann, die nach dem Vorgang des Schweizer Rechts (siehe Popper, Der Vorkonkurs 1905 S. 11; Keller, Der Nachlaßvertrag S. 127; Bernicken; Cahn, Gutachten S. 764) nach § 41 mit dem Antrag auf Vergleichseröffnung nachzuweisen ist. Freilich braucht nach § 41 Abs. 2 diese Mehrheit nur zu attestieren, daß sie der Vergleichseröffnung auf Grundlage des schuldnerischen Vorschlags zustimmt, nicht, daß dieselbe den schuldnerischen Vergleichsvorschlag überhaupt annimmt. Der Gläubiger kann diese seine vorläufige Erklärung dem Gerichte gegenüber rückgängig machen. Unterläßt er dies, so gilt diese vorläufige Erklärung nach § 51 als definitive Zustimmung zu dem schuldnerischen Vergleichsvorschlage. Die Mehrzahl, welche im § 37 für den Abschluß des Vergleiches vorgesehen ist, ist genau die des § 182 KO.; nur ist die Personenmehrheit nach der Zahl der überhaupt vorhandenen beteiligten Gläubiger, nicht, wie dort, nach der Mehrzahl der im Termine anwesenden bestimmt. Erfreulicherweise schreibt aber die VO. — im Gegensatz zu manchem ausländischen, auch dem österreichischen Recht — eine gesetzliche Mindestdividende nicht vor. Dagegen schützen die §§ 42 ff. der neuen VO. die Gläubigerschaft gegen einen vertrauensunwürdigen Schuldner und einen solchen, der es an einem bestimmten, spezifizierten und durch eine Vermögensaufstellung belegten Vergleichsvorschlage fehlen läßt. Der § 42 der VO. hat sich also von den konkreten Bestimmungen des § 175 KO. losgemacht. Letzterer lautet: „Ein Zwangsvergleich ist unzulässig:

1. solange der Gemeinschuldner flüchtig ist oder die Ableistung des Offenbarungseides verweigert;
2. solange gegen den Gemeinschuldner wegen betrüglichen Bankerutts eine gerichtliche Untersuchung oder ein wiederaufgenommenes Verfahren anhängig ist;
3. wenn der Gemeinschuldner wegen betrüglichen Bankerutts rechtskräftig verurteilt worden ist."

Die neue VO. drückt sich ganz allgemein aus und gestattet die Zurückweisung des Antrages für den Fall, daß Tatumstände gegeben sind, die den Schuldner als vertrauensunwürdig erkennen lassen. Dieser Verwerfungsgrund ist freilich so vag, daß unter Umständen eine richterliche Willkür nicht ausgeschlossen wäre. Die amtliche Erläuterung zu § 42 VO. fühlt dies und meint, nicht jedes Bedenken gegen die Persönlichkeit des Schuldners genüge. Es müsse vielmehr geeignet sein, die schuldnerische Vertrauenswürdigkeit *gegenüber den Gläubigern* in Frage zu stellen. Die Auslegung ist zu billigen, aber aus dem Texte durchaus nicht zu ersehen. Unter diesen Umständen ist zu begrüßen, daß der Schuldner gegen den Verwerfungsbeschluß das Rechtsmittel der sofortigen Beschwerde hat.

Hat indes der Schuldner den eben erwähnten Vorschriften des § 41 genügt und hat sich die Aufsichtsperson sowie der allenfallsige Gläubigerbeirat zustimmend geäußert, so gibt das Gericht dem schuldnerischen Antrage statt, indem es innerhalb eines Monats einen Vergleichstermin festsetzt, seinen Beschluß aber dem Schuldner, der Aufsichtsperson und den Gläubigern mitteilt. Dies geschieht auch gegenüber den Gläubigern, welche von dem Verfahren nicht betroffen werden und den Gläubigern, deren Ansprüche aus Geldstrafen, Leistungen des Unterhalts oder aus einer Freigebigkeit des Schuldners, Zinsen seit Eröffnung des Vergleichsverfahrens, Kosten, die durch die Teilnahme an diesem erwuchsen, entstanden sind. Die Ansprüche dieser ausgenommenen Gläubigerkategorien werden von dem Zwangsvergleiche nicht berührt.

Der § 34 der neuen VO. ähnelt dem § 181 KO. Aber er bringt eine Neuerung. Das Amtsgericht kann nämlich eine ungleiche Bestimmung der Ansprüche der Gläubiger gestatten. Dies ist möglich, wenn die Majorität der minderbedachten Gläubiger mit der Bevorzugung der mehrbedachten Gläubiger einig geht und wenn die Summe der Forderungen der zustimmenden Gläubiger mindestens 3/4 der Summe der minderbedachten ausmacht. Diese fakultative Ungleichmäßigkeit hängt damit zusammen, daß auch bei Privatvergleichen Gläubigern mit kleineren Forderungsbeträgen, zumal für die laufenden Lebensbedürfnisse u. dgl., anstandslos eine größere Dividende oder gar volle Befriedigung von der Gläubigermehrheit gewährt wird, da sich diese sogenannten kleineren Gläubiger nur schwer zu einem größeren Verzichte entschließen. Durch das Erfordernis der Mehrheiten, welche für den Vergleichsabschluß sonst vorgeschrieben sind und durch die Autorisierung des Gerichts sind aber unberechtigte Begünstigungen auf diesem Wege ausgeschlossen. Nach dem § 35 der neuen VO. gibt es zwei Möglichkeiten eines Zwangsvergleiches, Erlaß oder Stundung oder beide Formen kumuliert. Der Abs. 2 des § 35 erklärt sich durch den § 116 des Ges. betreffend die Erwerbs- und Wirtschaftsgenossenschaft, welcher im Falle des Konkurses eine Aufhebung desselben durch Zwangsvergleich nicht erlaubt. Aus diesem Grunde kann auch ein Zwangsvergleich außerhalb des Konkurses, der auf Erlaß abzielt, nicht festgelegt werden, wohl aber darf der konkurslose Zwangsvergleich auf Stundung gehen, sei es mit, sei es ohne Erlaß der Zinsen. An der Haftpflicht der Genossen wird durch den § 35 nicht gerüttelt. Will aber ein Genosse ausscheiden, so darf dies nicht vor Ende des Geschäftsjahres geschehen, in welchem die Stundung zu Ende geht. Bezüglich der absonderungsberechtigten Gläubiger, der betagten, resolutiv bedingten Forderungen und wiederkehrenden Erhebungen von einem bestimmten Betrage und Zeitpunkt verweist der § 36 auf die entsprechenden Bestimmungen der KO. Eine Ausnahme von der Mehrheitsbestimmung des § 37 ist im § 38 enthalten: geht der Vergleich bloß auf eine höchstens einjährige Stundung, sei es für sich, sei es zusammen mit einem Zinsenerlaß für diesen Zeitpunkt, so genügt, statt 3/4, 1/2 der Summe der Guthaben der beteiligten Gläubiger. Der § 40 der neuen VO., der sich auf das Stimmrecht des Ehegatten des Schuldners und seiner Zessionare bezieht, entspricht vollständig dem § 183 KO. In der amtlichen Erläuterung zum § 40 ist ein kleines Versehen enthalten, weil diese nur vom Stimmrecht der Ehefrau des Schuldners spricht, während der Ehegatte des Schuldners auch ein männlicher sein kann, wenn eine Ehefrau die geschäftsbeaufsichtigte und den Zwangsvergleich nachsuchende Schuldnerin ist. Das Vermögensverzeichnis, welches der Schuldner, der das Vergleichsverfahren anregt, dem Gericht zu unterbreiten hat, soll tunlichst glaubhaft gemacht werden. Dies wird durch zuvorige Revidierung seitens der Aufsichtsperson oder eines Sachverständigen meist unschwer geschehen. Wie man in jedem Privatvergleich verlangt, daß der Schuldner seine Aktiven und

Passiven sorgsam zu Papier bringt, einen Abteilungsmodus, die Sicherheiten usw., angibt, auch die Belege den Beteiligten unterbreitet, so muß man auch von dem Akkordschuldner einen derartigen geordneten Antrag nebst Buchauszügen, Beweisstücken und Urkunden beanspruchen. Eine gewissenlose Hinausziehung hat das Gericht fernzuhalten und kann ihm daher zur Nachbringung solcher Erfordernisse eine Frist gewähren. Die VO. hat mit Recht die ausländischen Bestimmungen über die zwei Termine (§§ 44 und 52) aufgenommen (a. M. Lieblich, Jur. Vierteljahrsschr. Bd. 37 S. 131 und Bd. 38 S. 1). Wenn nämlich die Mehrheit oder das Gericht eine Vertagung behufs weiterer Verhandlungen oder Ermittelungen für rätlich ansehen, ist ein zweiter Termin, der wiederum innerhalb eines Monats stattzufinden hat, anzusetzen. Für die Frage, ob von vorneherein die erforderliche Zustimmung nach den Mehrheiten beglaubigt ist, werden die bestrittenen Forderungen, soweit die Bestreitung nicht offensichtlich grundlos ist, auch die aufschiebenden bedingten Forderungen, nicht mit eingerechnet. Absonderungsberechtigte werden nach dem voraussichtlichen Ausfalle eingerechnet. Die diesbezügliche Bestimmung des § 43 der neuen VO. korrespondiert mit dem § 96 KO. Der § 45 regelt die Tätigkeit des Aufsichtsführers vor dem Vergleichstermin. Er hat die Verhandlung mit den Gläubigern, auch denjenigen, die ihre Zustimmung bislang nicht gegeben haben, sowie denen bestrittener Forderungen zu führen. Schriftlichkeit oder Mündlichkeit ist seinem Ermessen anheimgestellt.

Die §§ 46 und 47 VO. beschäftigen sich mit dem Stimmrecht und der Forderungsprüfung. In diesem Betreff schlägt die reichsdeutsche VO. einen von den österreichischen und ungarischen AusglO. (siehe österr. Denkschrift S. 24; Beisser, Allgem. Österr. GerZeitg. S. 202; Rintelen, Handbuch S. 557; Rudolf Pollak, Allgem. Österr. GerZeitg. S. 51; Jaeger, LZ. 1916 S. 115; JW. vom 2. Juni 1916 S. 787; Cahn, JW. vom 2. Juni 1916 S. 784) nicht viel abweichenden Weg ein, indem sie keinen eigentlichen Prüfungstermin, nach dem Vorbild des französischen Gesetzes vom 4. März 1889 (Art. 12) und demjenigen des Österr. Gesetzentwurfes von 1910, festlegt. Wenn sich ein Widerspruch gegen eine Forderung erhebt, ist das Stimmrecht zu diskutieren. Der Gläubiger der bestrittenen Forderung beteiligt sich zunächst an der Abstimmung. Ergibt sich, daß das Ergebnis verschieden sein würde, je nachdem der Gläubiger der bestrittenen Forderung mitstimmt oder nicht, so fällt das Gericht seine Entscheidung hinsichtlich des Stimmrechtes. Daß diese Entscheidung nicht anfechtbar ist, mag in der Praxis leicht zu Mißlichkeiten führen. Das System, erst festzustellen, ob eine Stimme für das Ergebnis bedeutungslos ist, ist verschiedenen ausländischen Rechten, u. a. der österr. Ausgleichsordnung § 44 Abs. 2, entlehnt. Es gilt dies sowohl bei Bestreitung der Forderung, als auch dann, wenn bei Ausfallsgläubigern und Gläubigern aufschiebend bedingter Forderungen die Höhe des Ausfalls bzw. die Verfolgung der Forderung im Vergleichsverfahren bestritten wird (VO.

§ 47; österr. AusglO. § 39 Abs. 2, österr. Denkschr. S. 166; Rintelen, Handbuch S. 557). Der § 48 VO. beschäftigt sich mit dem Falle, daß das schuldnerische Vermögen selbst für die Ausführung des Zwangsvergleiches keine Sicherheit bietet. Es obliegt dem Schuldner die Glaubhaftmachung, daß gleichwohl für die Vergleichserfüllung eine ausreichende anderweitige Sicherung vorliegt. Diese Sachlage entspricht dem gewohnten Vorgehen bei den konkurslichen Zwangsvergleichen, bei welchen die Hinterlegung von Beträgen außerhalb der vorhandenen Konkursmasse, bzw. Verbürgungen und sonstige Sicherheiten der Gläubigerschaft — als Grundlage des Zwangsvergleichsvorschlages — nachzuweisen sind. Die Gläubiger aufschiebend bedingter Forderungen werden anders behandelt, wie diejenigen bestrittener Forderungen. Ob der Anteil der letzteren sicherzustellen ist, unterliegt dem richterlichen Ermessen. Die Dividende für aufschiebend bedingte Forderungen ist nicht sicherzustellen, wenn die Möglichkeit des Eintritts der Bedingung ferne liegt.

Eine weitere Gewähr für die Gläubiger ist die Berichterstattung der Aufsichtsperson und ihre Äußerung über die Angemessenheit sowie Sicherheit des Zwangsvergleiches. Dazu kommt die in eine Kannvorschrift gekleidete Eidesleistung des Schuldners nach § 50. Die amtliche Erläuterung sagt zwar, der Eid sei kein Offenbarungseid im Sinne der §§ 899—915 der ZPO., insbesondere könne er nicht erzwungen werden. Auch finde eine Aufnahme des Schuldners in das Verzeichnis des § 915 ZPO. nicht statt. Der § 57 bestimmt aber, daß das Vergleichsverfahren eingestellt wird, wenn der Eid (der wörtlich dem zivilprozessualen Offenbarungseid gleich ist) nicht geleistet wird. Es kann auch nicht als eine besondere Milde bezeichnet werden, daß von der Abnahme des Eides abgesehen wird, wenn die Einstellung des Vergleichsverfahrens oder Verwerfung des Vergleiches vorauszusehen ist. Ich stand und stehe nämlich auf dem Standpunkt, daß der schuldnerische Offenbarungseid — ich kann ihn nicht anders nennen — hätte umgangen werden müssen. Ich erblicke in diesem Eid eine Demütigung, eine capitis diminutio des Schuldners, mindestens eine mit dem ganzen System in Widerspruch stehende Maßnahme. Der Akkordschuldner darf meines Erachtens nicht vom Regen in die Traufe kommen. Ich will daher auch an dieser Stelle, im Hinblick auf das Friedensgesetz, meine Verwahrung gegen eine eidliche Beteuerung der Vollständigkeit der Vermögensliste nicht unterlassen haben.

Im § 53 ist die gerichtliche Bestätigung, im § 54 die Verwerfung des Zwangsvergleiches, behandelt. Der § 54 ist fast wörtlich aus dem § 186 KO. herübergenommen. Die Erleichterung besteht nur darin, daß die Vorschriften in einem wesentlichen Punkt nicht beobachtet sein müssen, wenn der Vergleich verworfen werden soll. Nicht völlig klar erscheinen die Begriffe „wesentlich", „erheblich" und „zeitraubend". — Gegen die Abs. 4 und 5 des § 54, welche dem § 188 KO. entnommen sind, würde kein Einwand bestehen, wenn, wie in der KO., der Antrag eines beteiligten Gläubigers als Voraussetzung aufgenommen worden wäre. Wenn ich auch nicht der vielfach geltend gemachten Ansicht bin (siehe z. B. Antrag des ersten Ausschusses des deutschen Anwaltsvereins vom 18. Juni 1916), daß die richterliche Mitwirkung bei dem ganzen Zwangsvergleiche zu entbehren wäre, so darf doch die richterliche Allmacht nicht allzu übersetzt werden. Die diesbezügliche Erläuterung der amtlichen Begründung zu § 54 Abs. 4 und 5 überzeugt also nicht. Die Minimalquote von 20 % ist, wie im Konkurs, nur für den Fall unredlichen schuldnerischen Verhaltens vorgeschrieben. Dieser Mußvorschrift steht eine Kannvorschrift gegenüber, wenn das nämliche Resultat dem schuldnerischen Leichtsinn zuzuschreiben ist (wie im § 187 KO.). Bis zur Annahme des Vergleiches kann der Schuldner den Vorschlag desselben zurücknehmen, worauf Einstellung erfolgt. Das nämliche ist der Fall, wenn, wie gesagt, der Eid verweigert wird oder wenn die Mehrheiten versagt haben. Eine Kannvorschrift bezüglich der Einstellung schlägt ein, wenn dem Gericht der Verdacht begründet erscheint, daß Schuldner erheblich pflichtwidrig und den gläubigerischen Interessen zuwider gehandelt oder das Gericht bestimmten Grund zur Annahme hat, daß ein Vergleich nicht zustande kommen wird. Diese Vorschriften des § 57 geben wiederum dem richterlichen Ermessen allzubreiten Raum. Insbesondere ist unter Umständen die Frage der Aussichtslosigkeit eines Vergleiches recht unsicher. Logischerweise bringt der § 58 die Vorschrift, daß das Gericht für den Fall der Verwerfung oder Einstellung des Vergleichsverfahrens über die Aufhebung oder Fortdauer der Geschäftsaufsicht sich schlüssig machen muß. Die Möglichkeit, daß Zahlungsunfähigkeit oder Überschuldung anderweitig aus der Welt geschafft werden kann, trotzdem der gegenwärtige Vergleichsvorschlag resultatlos blieb, ist nicht ausgeschlossen. Der § 185 KO. bestimmt: „Der Beschluß, durch welchen der Zwangsvergleich bestätigt oder verworfen wird, ist zu verkünden." Mit dem nämlichen Satz beginnt nun der § 59 VO.: der Einstellungsbeschluß ist dem Schuldner, Aufsichtsführer und der Gläubigerschaft zuzustellen. Der Abs. 2 des § 59 (sofortige Beschwerde gegen den Bestätigungs- oder Verwerfungsbeschluß seitens des Schuldners oder jedes stimmberechtigten beteiligten Gläubigers) entspricht dem § 189 KO. Der Schuldner allein hat das nämliche Rechtsmittel gegen den Einstellungsbeschluß. Den Beschlüssen ist Suspensiveffekt beigelegt. Solange sie nicht rechtskräftig sind, soll der Schuldner nicht der Wohltat der Aufsicht und Vergleichsmöglichkeit verlustig gehen. Eine weitere sofortige Beschwerde ist unzulässig. Zwar ist dies nicht ausgesprochen, wie im § 189 Abs. 3 KO., aber im § 19 VO. heißt es, daß die gerichtlichen Entscheidungen, soweit die VO. nichts anderes bestimmt, unanfechtbar sind. Der rechtskräftige Vergleich wirkt zu Nutzen und Lasten der Gesamtgläubigerschaft, somit auch derjenigen Gläubiger, die Erklärungen in dem Verfahren unterließen oder gegen den Vergleich stimmten. Dagegen werden die in den schuldnerischen Verzeichnissen nicht genannten Gläubiger von dem Verfahren nicht betroffen.

Um so mehr liegt es im Interesse des Schuldners, seine Listen zu vervollständigen. Nicht betroffen werden die Ansprüche gegen Mitschuldner und Bürgen des Schuldners, Pfand-, Hypothek-, Grund- und Renten-Schuld-Ansprüche, schließlich solche aus einer zur Sicherung eingetragenen Vormerkung. Der § 61 VO. ist wiederum dem § 194 KO. entlehnt. Er betrifft die Vollstreckung aus dem Zwangsvergleich, nicht unter Zugrundelegung des Tabellenauszuges, sondern des Auszugês aus dem Gläubigerverzeichnis. Die Vollstreckung findet nur zugunsten derjenigen Gläubiger statt, gegen deren Forderungen seitens des Schuldners, der Gläubiger und der Aufsichtsperson kein Widerspruch erhoben wurde. Im § 33 heißt es: An dem Vergleichsverfahren sind nicht beteiligt Gläubiger, deren Ansprüche zum Gegenstand haben die Leistungen aus einer Freigebigkeit des Schuldners. Der Vergleich wirkt auch gegen diese. Weiter heißt es im § 33: an dem Vergleichsverfahren sind nicht beteiligt Gläubiger, deren Ansprüche zum Gegenstande haben die Kosten, die durch die Teilnahme an dem Vergleichsverfahren erwachsen. Diese gelten für den Fall des Zustandekommens des Vergleiches als erlassen.

In der Literatur ist vielfach die Frage erörtert worden, welche Folge die **Nichterfüllung eines Zwangsvergleiches** haben, mit a. W. ob der Vergleich überhaupt kassiert und demnach Stundung oder Erlaß von vorneherein als nicht bewilligt oder aufgehoben gelten soll, wenn der Schuldner mit der Vergleichserfüllung in Verzug gerät oder sie gar schlechthin unterläßt. In dem bekannten Entwurf von Bernicken § 25 heißt es: „eine Klage auf Aufhebung des Präventivakkordes aus dem Grunde der Nichterfüllung desselben findet nicht statt.“ In meinem Gutachten S. 770 habe ich mich — unter Aufgabe meines in der BayZfR. 1913 Nr. 8 eingenommenen Standpunktes — mit der Begründung gegen die kassatorische Klausel ausgesprochen, daß der gerichtliche Anspruch auf Aufhebung des außerkonkursmäßigen Zwangsvergleiches, weil er nicht erfüllt sei, in das neue Verfahren nicht einzugliedern sei. Nach ausländischem Recht ist eine Klage auf Auflösung des Vertrages wegen Nichterfüllung zum Teile in Anwendung (z. B. die französische resolution de ce traité en cas d'inexécution). Richtig ist, daß die Gläubiger sich gegen die Willkür des Schuldners durch Klauseln, auch die kassatorische, schützen können (Lothar Seuffert, Deutsches Konkursrecht 1899 S. 445). Der § 63 VO. hat, unter Herübernahme des Grundsatzes des § 195 KO., die **Kassation nicht aufgenommen**, wohl aber in der amtlichen Begründung ebenfalls darauf verwiesen, daß die Rechte der Gläubiger durch fakultative kassatorische Klauseln gewahrt werden können. Die Verfallklausel kann insbesondere auch so lauten — was für praktische Fälle zu empfehlen ist —: der Erlaß fällt weg, wenn über das Vermögen des Schuldners vor der vollständigen Erfüllung des außerkonkurslichen Zwangsvergleiches der Konkurs eröffnet wird.

Aus zwei Gründen kann jeder beteiligte Gläubiger den Erlaß oder die Stundung anfechten; einerseits, wie im § 196 Abs. 1 KO., wegen Betrugs, falls eine Geltendmachung in dem Verfahren selbst unmöglich war, andererseits, wenn durch die Geltendmachung des Anspruchs eines Gläubigers, der in den schuldnerischen Listen nicht aufgeführt war, die Rechte der Vergleichsgläubiger geschädigt werden. Die amtliche Begründung verweist darauf, daß ein in den schuldnerischen Listen nicht aufgeführter Gläubiger den Konkurs des Schuldners herbeiführen könnte und es dann unbillig wäre, einen solchen nachträglich hervortretenden Gläubiger im Konkurs 100 % anmelden lassen zu dürfen, während die Vergleichsgläubiger nur die Quote des außerkonkurslichen Vergleiches anmelden dürften. In diesem Falle hat also jeder Vergleichsgläubiger ein Anfechtungsrecht. Der letzte sich auf das Vergleichsverfahren beziehende § 65 korrespondiert wieder mit dem § 197 KO.: die rechtskräftige Verurteilung des Schuldners wegen betrügerischen Bankerotts enthebt die Gläubiger ihrer Bindung an Erlaß oder Stundung, und zwar unbeschadet der ihnen durch den Vergleich gewordenen Rechte. Neu ist nur, daß seit der KO. vom 20. Mai 1898 aus dem Bankerutt ein neuzeitlicher Bankerott geworden, die vorsätzliche Verletzung der Eidespflicht bei Leistung des Zwangsvergleichseides dem betrügerischen Bankerott gleichgestellt und der Abs. 2 des § 197 in der VO. weggefallen ist, daß auf Antrag eines Gläubigers das Konkursgericht Sicherungsmaßregeln gegen den Schuldner schon vor der rechtskräftigen Verurteilung anordnen kann.

III. Beendigung des Verfahrens.

Der § 10 der alten VO. hatte bestimmt, daß das Gericht das Verfahren aufheben **kann**, wenn der Schuldner seinen Verpflichtungen zuwiderhandelt, oder sonstige wichtige Gründe vorliegen. Nach § 66 der neuen VO. **ist** die Geschäftsaufsicht aufzuheben und zwar auf Antrag des Schuldners, weil das Verfahren gegen seinen Willen nicht stattfinden soll, oder von Amts wegen, wenn der Schuldner seinen Pflichten zuwiderhandelt (etwa den Weisungen des Aufsichtsführers oder des Gerichtes nicht folgt, die Masse verschleudert oder sonst das Geschäft stark schädigt) oder schließlich, wenn die Voraussetzungen für die Anordnung der Geschäftsaufsicht hinterher weggefallen sind. Letztere Frage war bisher einigermaßen bestritten (siehe Jaeger, Bankarchiv Bd. 14 S. 35; Michels, Recht 1915, 9; Heilberg, JW. 1915 S. 1087; Breit, JW. 1915 S. 172; Wassermann-Erlanger 3. Aufl. zu § 10, II, 2 S. 262; Sieskind S. 90 Anm. 30 zu § 10; Cahn, Recht und Wirtschaft 1914 S. 271, welcher möglichst die spätere Aufhebung der Geschäftsaufsicht wegen angeblichen Wegfalles der Voraussetzungen hintanhalten will; vgl. hierüber auch gegenwärtige Erläuterung unter § 6 A a am Schlusse!). Der § 67 mildert vorstehende Istvorschriften. Der Schuldner ist nämlich vor Aufhebung der Geschäftsaufsicht zu hören. (Auch dies ist keine Sollvorschrift, wie die amtliche Begründung zum § 67 schreibt.) Die wohlangebrachte Rücksicht auf bestehende Verhandlungen über einen Vergleich mit den Gläubigern gestattet, die Aufhebung wegen nachträglichen Wegfalls der Voraussetzungen der Geschäftsaufsicht erst nach fruchtlosem Ablauf einer dem Schuldner zu setzenden Frist zu verfügen. Ein außerkonkurslicher Zwangsvergleich braucht dies eben so wenig zu sein, wie im § 1 der neuen VO.; ein Privatvergleich genügt. Die zweite Abmilderung des § 66 (Aufhebung der Geschäftsaufsicht) enthält der § 68, indem dem Schuldner die sofortige Beschwerde mit aufschiebender Wirkung gegen den Aufhebungsbeschluß zusteht. Die normalste und befriedigendste Form des Endes einer Geschäftsaufsicht ist die mit Rechtskraft der Bestätigung des außerkonkurslichen Zwangsvergleichs. Jede Form der Beendigung der Geschäftsaufsicht ist nach Rechtskraft den Gläubigern und Stellen mitzuteilen, welchen die Anordnung mitgeteilt war, also auch der amtlichen Vertretung des Handels, Gewerbes usw.

IV. Schlußvorschriften.

Die neue VO. hat ausdrücklich ausgesprochen, was bisher bereits wiederholt, auch vom Reichsgericht, entschieden war, daß die gerichtlichen Kosten der Geschäftsaufsicht, sowie die Gebühren und Auslagen der Aufsichtsperson. als Massekosten für den Fall zu behandeln sind, daß der Geschäftsaufsicht ein Konkursverfahren sich anschließt. Dies gilt nun auch von den diesbezüglichen Kosten des Zwangsvergleichsverfahrens. Die Bestimmungen des VIII. Titels der KO. bezüglich des Konkursverfahrens über das Vermögen von Gesellschaften, dann des § 63 bezüglich der Gesellschaften m. b. H. und der §§ 98 sowie 100 des Ges. betreffend die Genossenschaften werden auf die Geschäftsaufsicht und das außerkonkursliche Vergleichsverfahren angewendet. Auch hier entfällt das Antragsrecht der Gläubiger, wie bei privaten Schuldnern. Der § 212 KO. ist fast wörtlich in den § 72 Abs. 2 der neuen VO. gekleidet. Bestritten war bisher, ob die Bekanntmachung über die Geschäftsaufsicht, wie sich noch Wassermann-Erlanger 3. Aufl. S. 232 ausdrückt, nur lebende Schuldner, nicht Gläubiger eines toten Schuldners, schützt. (Siehe Breit, JW. 1915 S. 161; Levy 6, 139; LZ. 1915, 678.) Die neue VO. hat die Geschäftsaufsicht zur Abwendung auch des Nachlaßkonkurses zugelassen. Die Zulassung hatte insbesondere Jaeger (siehe neuerdings JW. 1917, 67 Anm. 3) verfochten, der davon ausging, daß der Erbe oder Nachlaßpfleger sehr wohl an die Stelle des Schuldners treten und auch bei einem Nachlaß der Geschäftsstand aufgedeckt werden könne. Bezüglich der Haftung des Erben für die Nachlaßverbindlichkeiten soll die Geschäftsaufsicht die Wirkung des Nachlaßkonkurses haben. Die Masseschuldner des § 224 KO. werden von dem Verfahren der Geschäftsaufsicht nicht betroffen. Gerade wie beim § 230 KO., kann der Zwangsvergleich nur auf den Vorschlag aller Erben geschlossen werden.

Eine Beantragung des Zwangsvergleichsverfahrens ist erst möglich, wenn das Aufgebot der Nachlaßgläubiger betätigt ist. Während der Dauer der Geschäftsaufsicht ist die Betreibung des Aufgebotes möglich. Notwendig ist, daß der Erbe die Erbschaft angenommen hat und nicht unbeschränkt haftet. Sämtliche Nachlaßgläubiger nehmen an dem Zwangsvergleichsverfahren teil, mit Ausnahme der Forderungen für gegen den Erblasser erkannte Geldstrafen und der Verbindlichkeiten gegenüber Pflichtteilsberechtigten. Vorerwähnte Vorschriften finden auf die Geschäftsaufsicht zur Abwendung des Konkurses für das Gesamtgut bei der fortgesetzten Gütergemeinschaft analoge Anwendung. Antragsberechtigt ist der überlebende Ehegatte; am Vergleichsverfahren beteiligt sind die Gläubiger des Gesamtgutes, deren Guthaben bestanden, als die fortgesetzte Gütergemeinschaft angetreten wurde. Auf Versicherungsunternehmungen im Sinne des Gesetzes über die privaten Versicherungsunternehmungen findet die neue VO. keine Anwendung. Die sich auf die alte VO. beziehende Literatur hatte bereits die Anwendung der VO. auf diese Versicherungsunternehmungen verneint.

Eine wichtige und wesentliche Bestimmung enthält der § 75 der neuen VO. Schon im Jahre 1914 hatte ich (Recht und Wirtschaft S. 271) darauf verwiesen, daß, infolge der Unzulässigkeit der Konkurseröffnung während der Geschäftsaufsicht, die Anfechtung auf Grund der §§ 30 ff. KO. ausgeschlossen werde und daß die Anfechtungsfristen verstrichen sein können, wenn es hernach zum Konkurs komme, weshalb ich eine Ergänzungsvorschrift anregte (a. M. Jaeger, Bankarchiv Bd. 14 S. 35, welcher die ratio legis der Geschäftsaufsicht dahin auslegte, daß deren Dauer auf den Fristenlauf nicht angerechnet werde.) Nach der nunmehrigen amtlichen Begründung soll der § 75 der Unzuträglichkeit begegnen, daß die Fristen während der Dauer der Geschäftsaufsicht ablaufen, weshalb gemäß § 75 Abs. 1 die Zeit nicht mitgerechnet wird, während welcher die Geschäftsaufsicht besteht. Diese Vorschrift hat keine Geltung, wenn die Rechtshandlung auf Grund des Gesetzes betreffend die Anfechtung von Rechtshandlungen von einem von dem Verfahren nicht betroffenen Gläubiger angefochten wird. Im § 80 wird der Bestimmung des § 75 rückwirkende Kraft vom 10. August 1914 ab beigelegt. Damit ist dargetan, daß bei Erlaß der Bekanntmachung vom August 1914 die Frage der Anfechtungsfristen übersehen war.

Der § 243 KO., welcher den Gläubiger bestraft, der sich von dem Schuldner oder anderen Personen besondere Vorteile für die Abstimmungen hat gewähren oder versprechen lassen, erscheint als § 77 der neuen VO. Die §§ 78 und 79 regeln Gebührenfragen. Nach § 12 der alten VO. war das Verfahren gerichtsgebührenfrei. Im § 78 der neuen VO. ist die Gebührenfreiheit auf das amtsgerichtliche Verfahren eingeschränkt, während für die Beschwerdeinstanz Gebühren vorgesehen sind. Die Gerichtsgebühren für das außerkonkursliche Zwangsvergleichsverfahren sind, der außerordentlichen Zeitläufte halber und im Interesse des Betriebes, beträchtlich im Verhältnis zum konkurslichen Zwangsvergleichsverfahren herabgesetzt. Die Rechtsanwaltsgebühren des § 79 der neuen VO. sind nach der KO. gestaltet. Eine vor Einführung des außerkonkurslichen Zwangsvergleiches abgegebene schriftliche Erklärung, mit welcher ein Gläubiger einem schuldnerischen Vergleichsvorschlage zustimmt, soll als Zustimmungserklärung gemäß § 41 der neuen VO. Wirkung haben. Durch diese Maßnahme soll der Abbau bestehender oder erst einzuleitender Geschäftsaufsichten, die bisher des Zwangsausgleiches nicht teilhaftig werden konnten, weil er erst 2¼ Jahre nach dem 8. August 1914 in Kraft tritt, erleichtert werden. Der Schlußparagraph 80 setzt ferner das Inkrafttreten der VO. auf den 25. Dezember 1916 fest. Möge die neue VO. dem notleidenden Wirtschaftsleben ein echtes Weihnachtsgeschenk werden!

Bekanntmachung über die Geschäftsaufsicht zur Abwendung des Konkurses.

Vom 14. Dezember 1916.

Der Bundesrat hat auf Grund des § 3 des Gesetzes über die Ermächtigung des Bundesrats zu wirtschaftlichen Maßnahmen usw. vom 4. August 1914 (Reichs-Gesetzbl. S. 327) folgende Verordnung erlassen:

I. Voraussetzungen und Wirkungen der Geschäftsaufsicht.

§ 1. Wer infolge des Krieges zahlungsunfähig geworden ist, kann bei dem für die Eröffnung des Konkursverfahrens zuständigen Gerichte die Anordnung einer Geschäftsaufsicht zur Abwendung des Konkurses beantragen. Soweit das Konkursverfahren im Falle der Überschuldung stattfindet, kann der Antrag auch gestellt werden, wenn infolge des Krieges eine Überschuldung eingetreten ist.

Dem Antrag ist stattzugeben, wenn Aussicht besteht, daß die Zahlungsunfähigkeit oder die Überschuldung nach Wegfall der Kriegsverhältnisse behoben oder der Konkurs durch ein Übereinkommen mit den Gläubigern abgewendet werden wird.

§ 2. Während der Dauer der Geschäftsaufsicht wird die Geschäftsführung des Schuldners durch eine oder mehrere Aufsichtspersonen unterstützt und überwacht. Die Aufsichtsperson kann zu diesem Zwecke die erforderlichen Maßnahmen treffen, insbesondere die Geschäftsführung ganz oder teilweise selbst übernehmen oder einer anderen Person übertragen.

§ 3. Der Schuldner ist verpflichtet, der Aufsichtsperson Einsicht in seine Geschäftsbücher und sonstigen Aufzeichnungen zu gewähren und Auskunft über den Stand seines Vermögens und über seine Geschäfte zu geben.

Der Schuldner soll ohne Zustimmung der Aufsichtsperson weder unentgeltliche Verfügungen oder Verfügungen über Grundstücke und

Rechte an Grundstücken vornehmen, noch Ansprüche befriedigen oder sicherstellen, noch andere als solche Verbindlichkeiten eingehen, die zur Fortführung des Geschäfts oder zu einer bescheidenen Lebensführung des Schuldners und seiner Familie erforderlich sind.

Auf Antrag der Aufsichtsperson kann das Gericht dem Schuldner besondere Verpflichtungen zur Sicherung der Gläubiger auferlegen.

§ 4. Von dem Verfahren werden vorbehaltlich der im § 13 bestimmten Ausnahmen alle persönlichen Gläubiger betroffen, die einen vermögensrechtlichen Anspruch gegen den Schuldner haben.

§ 5. Die vorhandenen Mittel sind, soweit sie nicht zur Fortführung des Geschäfts und zu einer bescheidenen Lebensführung des Schuldners und seiner Familie erforderlich sind, zur Befriedigung der Gläubiger zu verwenden, auch soweit die Gläubiger von dem Verfahren nicht betroffen werden. Die Reihenfolge der Befriedigung wird von der Aufsichtsperson unter entsprechender Anwendung der Grundsätze der Konkursordnung bestimmt; Abweichungen von diesen Grundsätzen sind nur mit Zustimmung des Gerichts zulässig.

§ 6. Während der Dauer der Geschäftsaufsicht darf das Konkursverfahren über das Vermögen des Schuldners nicht eröffnet werden.

Arreste und Zwangsvollstreckungen in das Vermögen des Schuldners finden zugunsten der Gläubiger, die von dem Verfahren betroffen werden, nicht statt. Zu ihren Gunsten darf in Ansehung der Grundstücke des Schuldners sowie der für den Schuldner eingetragenen Rechte an Grundstücken oder an eingetragenen Rechten eine Vormerkung auf Grund einer einstweiligen Verfügung nicht eingetragen werden; das gleiche gilt von der Eintragung einer Vormerkung in Ansehung eines Schiffspfandrechts.

§ 7. Die Verjährung des Anspruchs eines Gläubigers, der von dem Verfahren betroffen wird, ist während der Dauer der Geschäftsaufsicht gehemmt.

§ 8. Ein Gläubiger, der von dem Verfahren betroffen wird, kann während der Dauer der Geschäftsaufsicht seine Forderung gegen den Schuldner nicht aufrechnen,

1. wenn er dem Schuldner erst nach der Anordnung der Geschäftsaufsicht etwas schuldig geworden ist.
2. wenn er dem Schuldner vor der Anordnung der Geschäftsaufsicht etwas schuldig war und erst nachher seine Forderung erworben hat.

§ 9. Wenn ein gegenseitiger Vertrag zur Zeit der Anordnung der Geschäftsaufsicht von dem Schuldner und von dem anderen Teile noch nicht oder noch nicht vollständig erfüllt ist, so kann der Schuldner mit Ermächtigung des Gerichts die Erfüllung ablehnen. Die Ermächtigung soll nur erteilt werden, wenn die Nichterfüllung des Vertrags zur Erreichung des Zweckes der Geschäftsaufsicht geboten ist und dem anderen Teile keinen unverhältnismäßigen Nachteil bringt.

Lehnt der Schuldner die Erfüllung ab, so kann der andere Teil Schadensersatz wegen Nichterfüllung verlangen.

§ 10. Hatte der Schuldner vor der Anordnung der Geschäftsaufsicht einen Gegenstand gemietet oder gepachtet, so kann er das Miet- oder Pachtverhältnis mit Ermächtigung des Gerichts kündigen. Die Vorschrift des § 9 Abs. 1 Satz 2 ist entsprechend anzuwenden. Die Kündigungsfrist ist, falls keine kürzere Frist bedungen war, die gesetzliche.

Kündigt der Schuldner, so kann der andere Teil Ersatz des ihm durch die Aufhebung des Vertrags entstehenden Schadens verlangen. Das dem Vermieter und dem Verpächter nach den §§ 559, 581, 585 des Bürgerlichen Gesetzbuchs zustehende Pfandrecht kann in Ansehung des Schadensersatzanspruchs nicht geltend gemacht werden.

§ 11. Ein in dem Haushalt, Wirtschaftsbetrieb oder Erwerbsgeschäfte des Schuldners angetretenes Dienstverhältnis kann von dem Schuldner mit Ermächtigung des Gerichts gekündigt werden. Die Vorschrift des § 9 Abs. 1 Satz 2 ist entsprechend anzuwenden. Die Kündigungsfrist ist, falls keine kürzere Frist bedungen war, die gesetzliche.

Kündigt der Schuldner, so kann der andere Teil Ersatz des ihm durch die Aufhebung des Dienstverhältnisses entstehenden Schadens verlangen.

§ 12. Erhebt ein Gläubiger, der von dem Verfahren betroffen wird, während der Dauer der Geschäftsaufsicht Klage auf Leistung, so fallen ihm die Prozeßkosten zur Last, wenn der Schuldner den Anspruch sofort anerkennt. Dies gilt nicht, wenn der Gläubiger bei der Erhebung der Klage die Geschäftsaufsicht nicht kannte oder aus besonderem Grunde an alsbaldiger Erlangung des Urteils ein berechtigtes Interesse hatte.

§ 13. Von dem Verfahren werden nicht betroffen:

1. die Gläubiger, deren Ansprüche auf Rechtshandlungen des Schuldners beruhen, die dieser nach der Anordnung der Ge-

schäftsaufsicht mit Zustimmung der Aufsichtsperson vorgenommen hat oder ohne solche Zustimmung vornehmen durfte;
2. die Gläubiger, deren Ansprüche auf einem gegenseitigen Vertrage beruhen, der zur Zeit der Anordnung der Geschäftsaufsicht von dem Schuldner und von dem anderen Teile noch nicht oder noch nicht vollständig erfüllt war;
3. die Gläubiger, denen im Falle des Konkurses ein Anspruch auf Aussonderung zusteht;
4. die Gläubiger, soweit sie im Falle des Konkurses abgesonderte Befriedigung beanspruchen können;
5. die im § 61 Nr. 1 bis 5 der Konkursordnung bezeichneten und die ihnen gesetzlich gleichgestellten Gläubiger wegen ihrer bevorrechtigten Forderungen, auch soweit sie nach der Anordnung der Geschäftsaufsicht fällig werden;
6. die Staatskasse wegen der gerichtlichen Kosten des Verfahrens sowie die Aufsichtsperson wegen ihrer Ansprüche auf Erstattung von Auslagen und auf Vergütung.

Die unter Nr. 2 bezeichneten Gläubiger werden hinsichtlich der im § 9 Abs. 2, § 10 Abs. 2, § 11 Abs. 2 bezeichneten Ansprüche auf Schadensersatz von dem Verfahren betroffen.

II. Verfahren.

1. Allgemeine Vorschriften.

§ 14. Auf das Verfahren finden, soweit sich aus dieser Verordnung nichts anderes ergibt, die Vorschriften der Zivilprozeßordnung entsprechende Anwendung.

§ 15. Die Entscheidungen können ohne mündliche Verhandlung erfolgen.

§ 16. Das Gericht kann zur Aufklärung aller das Verfahren betreffenden Verhältnisse die erforderlichen Ermittlungen, insbesondere die Vernehmung von Zeugen und Sachverständigen anordnen. Es kann zur Erörterung der Verhältnisse eine Gläubigerversammlung berufen.

§ 17. Bei Zustellungen bedarf es keiner Beglaubigung des zuzustellenden Schriftstücks.

Die Zustellungen an Personen, die sich im Ausland befinden, erfolgen durch Aufgabe zur Post; die Postsendungen sind mit der Bezeichnung »Einschreiben« zu versehen. Zustellungen an Gläubiger, deren Aufenthalt unbekannt ist, finden nicht statt.

Die Vorschriften des Abs. 2 finden keine Anwendung, wenn die Person, der zuzustellen ist, einen im Inland wohnhaften, zur

Empfangnahme von Zustellungen befugten Vertreter hat, der dem Gerichte bekannt ist.

§ 18. Öffentliche Bekanntmachungen finden nicht statt.

Das Gericht kann den Gläubigern die Einsicht der Gerichtsakten gestatten und ihnen Abschriften daraus erteilen lassen. Die Einsicht in die Berichte der Aufsichtsperson darf keinem Gläubiger verweigert werden.

§ 19. Die Entscheidungen des Gerichts sind, soweit diese Verordnung nichts anderes bestimmt, unanfechtbar.

2. Eröffnung des Verfahrens.

§ 20. Mit dem Antrag auf Anordnung der Geschäftsaufsicht hat der Schuldner ein Verzeichnis der Gläubiger unter Angabe ihrer Adressen, eine Übersicht des Vermögensstandes in Form einer Gegenüberstellung der einzeln aufzuführenden Aktiven und Passiven und, sofern er Kaufmann ist, auch die letzte Bilanz einzureichen.

Das Verzeichnis der Gläubiger soll die sämtlichen Gläubiger des Schuldners enthalten, auch die, welche von dem Verfahren nicht betroffen werden, und die, deren Ansprüche der Schuldner bestreitet. Die Gläubiger, die von dem Verfahren nicht betroffen werden, sollen getrennt von den übrigen Gläubigern aufgeführt werden. Bei Forderungen, für die im Falle des Konkurses abgesonderte Befriedigung beansprucht werden kann, soll die Höhe des mutmaßlichen Ausfalls angegeben werden.

In der Vermögensaufstellung sollen sämtliche Vermögensgegenstände des Schuldners unter Angabe des Wertes aufgeführt werden. Bei Forderungen sollen die Schuldner nach Namen und Wohnort, der Forderungsbetrag und der Schuldgrund angegeben, auch die vorhandenen Beweismittel, insbesondere Wechsel und sonstige Urkunden, sowie Nebenrechte, insbesondere Hypotheken, Pfandrechte und Bürgschaften bezeichnet werden.

§ 21. Das Gericht entscheidet über den Antrag nach freiem Ermessen.

Vor der Entscheidung soll es, wenn der Schuldner Handel- oder Gewerbetreibender oder Landwirt ist, in geeigneten Fällen die zuständige amtliche Vertretung des Handels, Handwerkes (Gewerbes) oder der Landwirtschaft oder einen Sachverständigen hören.

3. Aufsichtsperson und Gläubigerbeirat.

§ 22. Wird die Geschäftsaufsicht angeordnet, so bestellt das Gericht einen oder mehrere Aufsichtspersonen und teilt allen Gläudigern die Anordnung der Geschäftsaufsicht und die Aufsichtsperson mit. Ist der Schuldner Handel- oder Gewerbetreibender oder Landwirt, so ist die Anordnung der Geschäftsaufsicht auch der zuständigen amtlichen Vertretung des Handels, Handwerkes (Gewerbes) oder der Landwirtschaft mitzuteilen. Die Mitteilungen können ohne besondere Form erfolgen.

Der Schuldner und jeder Gläubiger, der von dem Verfahren betroffen wird, können innerhalb drei Wochen nach Bestellung der Aufsichtsperson unter Darlegung der Gründe die Bestellung anderer oder weiterer Aufsichtspersonen beantragen.

§ 23. Der Aufsichtsperson ist über ihre Ernennung eine urkundliche Bescheinigung zu erteilen. Die Bescheinigung ist bei der Beendigung des Amtes dem Gerichte zurückzureichen.

§ 24. Die Aufsichtsperson ist für die Erfüllung der ihr obliegenden Pflichten allen Personen verantwortlich, deren Interessen sie kraft ihres Amtes zu berücksichtigen hat.

§ 25. Die Aufsichtsperson steht unter der Aufsicht des Gerichts.

Das Gericht kann gegen die Aufsichtsperson Ordnungsstrafen bis zu zweihundert Mark festsetzen und sie aus wichtigen Gründen ihres Amtes entlassen. Vor der Entscheidung ist die Aufsichtsperson zu hören.

§ 26. Das Gericht hat die Aufsichtsperson auf ihren Antrag bei der Erfüllung ihrer Aufgaben in angemessener Weise zu unterstützen.

§ 27. Die Aufsichtsperson hat gegen den Schuldner Anspruch auf Erstattung angemessener barer Auslagen und auf Vergütung.

Die Festsetzung erfolgt durch das Gericht. Gegen den Beschluß findet sofortige Beschwerde statt.

§ 28. Die Aufsichtsperson hat darauf Bedacht zu nehmen, daß der Geschäftsbetrieb des Schuldners tunlichst aufrechterhalten und sein Vermögen nicht geschmälert wird. Sie hat die Ursachen der Zahlungsunfähigkeit oder der Überschuldung zu ermitteln, die geschäftlichen Verhältnisse des Schuldners zu prüfen und dem Gericht unverzüglich zu berichten, sobald sie die erforderliche Übersicht erlangt hat.

Das Gericht bestimmt, in welcher Weise und in welchen Zeiträumen die Aufsichtsperson weitere Berichte zu erstatten hat.

Jeder Bericht soll eine Äußerung darüber enthalten, ob die Voraussetzungen für eine Fortdauer der Geschäftsaufsicht noch vorliegen.

§ 29. In Streitfällen über die Verwendung der vorhandenen Mittel und in Streitfällen, die sich aus Anordnungen der Aufsichtsperson zwischen ihr und dem Schuldner ergeben, sowie bei Meinungsverschiedenheiten mehrerer Aufsichtspersonen entscheidet das Gericht.

§ 30. Das Gericht kann, wenn der Umfang der Geschäfte es erfordert, aus der Zahl der Gläubiger oder ihrer Vertreter einen Gläubigerbeirat bestellen. Es kann die Bestellung zum Mitglied des Beirats widerrufen.

Auf die Mitglieder des Beirats sind die Vorschriften des § 24 entsprechend anzuwenden.

§ 31. Die Mitglieder des Beirats haben die Aufsichtsperson in ihren Obliegenheiten zu unterstützen und zu beraten. Sie können sich von dem Gange der Geschäfte unterrichten, die Bücher und Schriften der Aufsichtsperson und des Schuldners einsehen und den Bestand der Kasse untersuchen. Der Beirat ist berechtigt, von der Aufsichtsperson Auskunft über die Lage der Sache und die Geschäftsführung zu verlangen.

§ 32. Ein Beschluß des Beirats ist gültig, wenn die Mehrheit der Mitglieder an der Beschlußfassung teilgenommen hat und der Beschluß mit absoluter Mehrheit der abgegebenen Stimmen gefaßt ist.

4. Zwangsvergleich.

§ 33. Auf Antrag eines Schuldners, der unter Geschäftsaufsicht steht, kann zwischen ihm und seinen Gläubigern ein Zwangsvergleich zur Abwendung des Konkurses geschlossen werden.

An dem Vergleichsverfahren sind nicht beteiligt Gläubiger, die nach § 13 von dem Verfahren nicht betroffen werden, sowie Gläubiger, deren Ansprüche zum Gegenstande haben:

1. Geldstrafen;
2. die im § 3 Abs. 2 der Konkursordnung bezeichneten Unterhaltsleistungen, soweit sie für die Zukunft geltend gemacht werden, es sei denn, daß der Schuldner als Erbe des Verpflichteten haftet;
3. Leistungen aus einer Freigebigkeit des Schuldners;
4. die seit der Eröffnung des Vergleichsverfahrens laufenden Zinsen;
5. die Kosten, die durch die Teilnahme an dem Vergleichsverfahren erwachsen.

§ 34. Der Vergleich muß allen beteiligten Gläubigern gleiche Rechte gewähren. Eine ungleiche Bestimmung der Rechte ist nur mit ausdrücklicher Einwilligung der zurückgesetzten Gläubiger zulässig. Das Gericht kann jedoch eine ungleiche Bestimmung der Rechte zulassen, wenn die Mehrzahl der zurückgesetzten Gläubiger zustimmt und die Gesamtsumme der Forderungen der zustimmenden Gläubiger wenigstens drei Vierteile der Gesamtsumme der Forderungen der zurückgesetzten Gläubiger beträgt.

Jedes andere Abkommen des Schuldners oder anderer Personen mit einzelnen Gläubigern, durch das diese bevorzugt werden sollen, ist nichtig.

§ 35. Der Vergleich kann auf Erlaß oder Stundung oder beides gerichtet sein. Im übrigen darf er nur Bestimmungen enthalten, die der Sicherung seiner Durchführung dienen.

Ist der Schuldner eine eingetragene Genossenschaft, so darf der Vergleich nur auf Stundung, allein oder in Verbindung mit einem Erlasse von Zinsen für die Dauer der Stundung, gerichtet sein.

§ 36. Die Vorschriften der §§ 64 bis 66, 68 bis 70 der Konkursordnung sind entsprechend anzuwenden.

§ 37. Zum Abschluß des Vergleichs ist erforderlich, daß

1. die Mehrzahl der beteiligten Gläubiger dem Vergleiche zustimmt,
2. die Gesamtsumme der Forderungen der zustimmenden Gläubiger wenigstens drei Vierteile der Gesamtsumme der Forderungen der beteiligten Gläubiger beträgt.

§ 38. Soll der Vergleich nur auf Stundung bis zur Dauer von längstens einem Jahre nach der Bestätigung allein oder in Verbindung mit einem Erlasse von Zinsen für die Dauer der Stundung gehen, so genügt es, wenn die nach § 37 Nr. 2 erforderliche Gesamtsumme wenigstens die Hälfte der Gesamtsumme der Forderungen der beteiligten Gläubiger beträgt.

§ 39. Bei der Berechnung der Mehrheiten bleiben die Gläubiger, deren Rechte durch den Vergleich nicht beeinträchtigt werden, außer Betracht.

§ 40. Bei der Berechnung der Mehrheiten bleibt der Ehegatte des Schuldners außer Betracht, wenn er dem Vergleiche zugestimmt hat.

Das gleiche gilt von demjenigen, dem der Ehegatte des Schuldners während der Dauer der Geschäftsaufsicht oder in dem letzten Jahre vorher eine Forderung gegen den Schuldner abgetreten hat, soweit das Stimmrecht auf der abgetretenen Forderung beruht. Diese Vorschrift findet keine Anwendung, wenn der Ehegatte zu der Abtretung durch das Gesetz oder durch einen Vertrag verpflichtet war, der früher als ein Jahr vor der Anordnung der Geschäftsaufsicht geschlossen wurde.

§ 41. Mit dem Antrag auf Eröffnung des Vergleichsverfahrens hat der Schuldner vorzulegen:

1. einen bestimmten Vergleichsvorschlag (§§ 34, 35) mit der Angabe, in welcher Weise die Befriedigung der Gläubiger erfolgen sowie ob und in welcher Art ihnen Sicherheit geleistet werden soll,
2. die schriftlichen Erklärungen der zum Abschluß des Vergleichs nach Zahl und Forderungssumme erforderlichen Mehrheit von Gläubigern (§§ 37 bis 40), daß sie der Eröffnung des Vergleichsverfahrens auf der Grundlage des Vorschlags des Schuldners zustimmen,
3. eine den Vorschriften des § 20 entsprechende Aufstellung über die Vermögenslage zur Zeit des Antrags (Vermögensverzeichnis); das Vermögensverzeichnis soll nach Möglichkeit glaubhaft gemacht werden.

Zur Nachholung fehlender Erfordernisse kann das Gericht dem Schuldner vor der Entscheidung über den Antrag eine Frist bewilligen. Es kann zulassen, daß an Stelle eines neuen Vermögensverzeichnisses ein Nachtrag zu der mit dem Antrag auf Anordnung der Geschäftsaufsicht eingereichten Aufstellung vorgelegt wird.

§ 42. Vor der Entscheidung über den Antrag soll die Aufsichtsperson und, wenn ein Gläubigerbeirat bestellt ist, auch dieser gehört werden.

Der Antrag ist zurückzuweisen:

1. wenn Tatsachen vorliegen, welche die Vertrauenswürdigkeit des Schuldners in Frage stellen;
2. wenn den Erfordernissen des § 41 nicht genügt ist.

Gegen den Beschluß, durch den der Antrag zurückgewiesen wird, steht dem Schuldner die sofortige Beschwerde zu.

§ 43. Bei der Entscheidung der Frage, ob die nach § 41 Abs. 1 Nr. 2 zur Eröffnung der Vergleichsverfahrens erforderlichen Zustimmungserklärungen vorliegen, sind die Gläubiger bestrittener Forderungen, soweit nicht das Bestreiten offenbar unbegründet ist, und die Gläubiger aufschiebend bedingter Forderungen nicht mitzuzählen; Gläubiger, die abgesonderte Befriedigung beanspruchen können, sind zu dem Betrage mitzuzählen, zu dem sie nach der Angabe im Vermögensverzeichnisse mutmaßlich ausfallen werden.

§ 44. Gibt das Gericht dem Antrag statt, so bestimmt es einen nicht über einen Monat hinauszusetzenden Vergleichstermin.

Der Beschluß ist dem Schuldner, der Aufsichtsperson und allen Gläubigern, auch den im § 33 Abs. 2 bezeichneten, zuzustellen. Den beteiligten Gläubigern ist mit dem Beschlusse der Vergleichsvorschlag des Schuldners mitzuteilen.

§ 45. Die Aufsichtsperson soll vor dem Vergleichstermine, soweit es erforderlich erscheint, mit den Gläubigern verhandeln, insbesondere mit den beteiligten Gläubigern, die der Eröffnung des Vergleichsverfahrens noch nicht zugestimmt haben oder deren Forderungen bestritten sind.

§ 46. In dem Vergleichstermine wird das Stimmrecht der Forderungen, soweit es bestritten wird, festgestellt und über den Vergleichsvorschlag verhandelt und abgestimmt.

§ 47. Die Forderungen der beteiligten Gläubiger werden an der Hand des Verzeichnisses erörtert, der Schuldner hat sich darüber zu erklären.

Soweit gegen eine Forderung weder von dem Schuldner noch von einem beteiligten Gläubiger noch von einer Aufsichtsperson Widerspruch erhoben wird, gilt sie als stimmberechtigt. Soweit widersprochen wird, ist zu erörtern, ob und zu welchem Betrag ein Stimmrecht gewährt wird. In Ermangelung einer Einigung nimmt der Gläubiger, dessen Stimmrecht streitig ist, zunächst an der Abstimmung teil. Stellt sich heraus, daß es für das Ergebnis der Abstimmung auf die bestrittene Stimme ankommt, so entscheidet das Gericht; die Wirkung der Entscheidung beschränkt sich auf die Frage des Stimmrechts.

In gleicher Weise entscheidet das Gericht, ob und zu welchem Betrage Forderungen, für die abgesonderte Befriedigung beansprucht wird, in Ansehung des mutmaßlichen Ausfalls, sowie Forderungen unter aufschiebender Bedingung zum Stimmen berechtigen.

Der Gerichtsschreiber hat nach der Erörterung einer jeden Forderung das Ergebnis in das Verzeichnis der Gläubiger einzutragen. Soweit gegen eine Forderung weder von dem Schuldner noch von einem beteiligten Gläubiger noch von einer Aufsichtsperson Widerspruch erhoben wird, ist zu vermerken, daß die Forderung anerkannt ist.

§ 48. Soweit das Vermögen des Schuldners nicht zu der den Gläubigern angebotenen Befriedigung oder Sicherung ausreicht, hat der Schuldner glaubhaft zu machen, daß die Erfüllung des vorgeschlagenen Vergleichs hinreichend gesichert ist.

Auch der Anteil für aufschiebend bedingte Forderungen ist sicherzustellen, es sei denn, daß die Möglichkeit des Eintritts der Bedingung so entfernt ist, daß die Forderung einen gegenwärtigen Vermögenswert nicht hat. Ob der Anteil für bestrittene Forderungen sicherzustellen ist, bestimmt das Gericht. Bei der Prüfung der Frage, ob das Vermögen ausreicht, sind die Ansprüche der nicht beteiligten Gläubiger mit Ausnahme der im § 33 Abs. 2 Nr. 5 bezeichneten mit zu berücksichtigen.

§ 49. Die Aufsichtsperson hat in dem Termin über die Sachlage zu berichten und sich darüber zu äußern, ob sie den Vergleich und die für die Erfüllung angebotenen Sicherheiten für angemessen erachtet.

§ 50. Das Gericht kann von dem Schuldner die Leistung eines Eides dahin verlangen,

daß er nach bestem Wissen sein Vermögen und seine Gläubiger so vollständig angegeben habe, als er dazu imstande sei.

Soweit erforderlich, hat der Schuldner die Vermögensaufstellung und das Gläubigerverzeichnis zu ergänzen. Die Vorschriften der §§ 899 bis 915 der Zivilprozeßordnung finden auf den Eid keine Anwendung.

Von der Abnahme des Eides ist abzusehen, wenn anzunehmen ist, daß es auch im Falle der Eidesleistung zur Einstellung des Vergleichsverfahrens oder zur Verwerfung des Vergleichs kommen wird.

§ 51. Die Zustimmung zu dem Vergleichsvorschlage kann auch durch schriftliche Erklärung gegenüber dem Gericht erfolgen.

Die schriftliche Erklärung eines Gläubigers, daß er der Eröffnung des Vergleichsverfahrens auf der Grundlage des Vergleichsvorschlags zustimmt, gilt als Zustimmung zu dem Vergleichsvorschlage, wenn der Gläubiger in dem Termine nicht erschienen ist und die Erklärung bis zu dem Termine nicht widerrufen hat.

§ 52. Hält das Gericht oder die Mehrheit der erschienenen stimmberechtigten Gläubiger eine Vertagung zum Zwecke weiterer Verhandlungen oder Ermittlungen oder behufs Stellungnahme zu einer Änderung des Vergleichsvorschlags für erforderlich, so ist ein neuer, nicht über einen Monat hinausgehender Termin zur Fortsetzung der Verhandlung anzuberaumen.

Im übrigen ist eine Vertagung nur zulässig, wenn sie aus besonderen Gründen geboten erscheint.

§ 53. Der angenommene Zwangsvergleich bedarf der Bestätigung des Gerichts.

Das Gericht entscheidet, nachdem es die Gläubiger, den Schuldner, die Aufsichtsperson und den Gläubigerbeirat in dem Vergleichstermin oder einem zu verkündenden Termine gehört hat.

§ 54. Der Vergleich ist zu verwerfen:

1. wenn die für das Verfahren und den Abschluß des Vergleichs gegebenen Vorschriften in einem wesentlichen Punkte nicht beobachtet sind und das Fehlende nicht ergänzt werden kann;
2. wenn der Schuldner in dem Verfahren in erheblichem Maße seine Pflichten verletzt oder den Interessen der Gläubiger zuwidergehandelt hat;
3. wenn die Vermögenslage des Schuldners so verworren ist, daß sie ein Urteil über den Vergleich ohne zeitraubende Ermittlungen nicht ermöglicht;
4. wenn der Vergleich durch Begünstigung eines Gläubigers oder sonst in unlauterer Weise zustande gebracht ist;
5. wenn der Vergleich dem gemeinsamen Interesse der beteiligten Gläubiger widerspricht.

§ 55. Der Vergleich ist zu verwerfen, wenn er den Gläubigern nicht mindestens den fünften Teil ihrer Forderungen gewährt und dieses Ergebnis auf ein unredliches Verhalten des Schuldners zurückzuführen ist. Der Vergleich kann verworfen werden, wenn das gleiche Ergebnis auf ein leichtsinniges Verhalten des Schuldners zurückzuführen ist.

§ 56. Nimmt der Schuldner den Vergleichsvorschlag zurück, so hat das Gericht das Vergleichsverfahren einzustellen. Die Zurücknahme ist nur bis zur Annahme des Vergleichs zulässig.

§ 57. Das Gericht kann bis zur Annahme des Vergleichs das Vergleichsverfahren einstellen, wenn ihm der Verdacht begründet erscheint, daß der Schuldner in erheblichem Maße seine Pflichten verletzt oder den Interessen der Gläubiger zuwiderhandelt, oder wenn mit Bestimmtheit anzunehmen ist, daß es zu einem Vergleichsabschlusse nicht kommen wird.

Das Vergleichsverfahren ist einzustellen, wenn die zur Annahme des Vergleichs erforderlichen Mehrheiten ihm in dem Vergleichstermine nicht zugestimmt haben oder der Schuldner die Leistung des ihm nach § 50 auferlegten Eides verweigert hat.

§ 58. In dem Beschlusse, durch den der Vergleich verworfen oder das Vergleichsverfahren eingestellt wird, hat das Gericht von Amts wegen zugleich über die Aufhebung oder Fortdauer der Geschäftsaufsicht zu beschließen.

§ 59. Der Beschluß, durch den der Vergleich bestätigt oder verworfen wird, ist zu verkünden; der Beschluß, durch den das Vergleichsverfahren eingestellt wird, ist dem Schuldner, der Aufsichtsperson und allen Gläubigern zuzustellen.

Gegen den Beschluß, durch den der Vergleich bestätigt oder verworfen wird, steht dem Schuldner und jedem beteiligten Gläubiger, der stimmberechtigt war oder seine Forderung glaubhaft macht, die sofortige Beschwerde zu; die Beschwerdefrist beginnt mit der Verkündung des Beschlusses. Gegen den Beschluß, durch den das Vergleichsverfahren eingestellt wird, steht dem Schuldner die sofortige Beschwerde zu.

Die Beschlüsse werden erst mit der Rechtskraft wirksam.

§ 60. Der rechtskräftig bestätigte Vergleich ist wirksam für und gegen alle beteiligten Gläubiger, auch wenn sie in dem Verfahren Erklärungen nicht abgegeben oder gegen den Vergleich gestimmt haben. Unberührt bleiben die Ansprüche der Gläubiger, die in dem von dem Schuldner vorgelegten Verzeichnisse nicht aufgeführt sind.

Die Rechte der Gläubiger gegen Mitschuldner und Bürgen des Schuldners sowie die Rechte aus einem für die Forderung bestehenden Pfandrecht, aus einer für sie bestehenden Hypothek, Grundschuld oder Rentenschuld oder aus einer zu ihrer Sicherung eingetragenen Vormerkung werden durch den Vergleich nicht berührt.

§ 61. Aus dem rechtskräftig bestätigten Zwangsvergleich in Verbindung mit einem Auszug aus dem Gläubigerverzeichnis oder seinen Nachträgen findet wegen der darin als anerkannt vermerkten Forderungen beteiligter Gläubiger gegen den Schuldner und die Personen, die in dem Vergleiche für dessen Erfüllung neben dem Schuldner ohne Vorbehalt der Einrede der Vorausklage Verpflichtungen übernommen haben, die Zwangsvollstreckung unter entsprechender Anwendung der §§ 724 bis 793 der Zivilprozeßordnung und des § 164 Abs. 3 der Konkursordnung statt.

§ 62. Gegen die Gläubiger der im § 33 Abs. 2 Nr. 3 bezeichneten Ansprüche ist der durch den Vergleich begründete Erlaß oder die durch ihn gewährte Stundung wirksam. Die im § 33 Abs. 2 Nr. 5 bezeichneten Ansprüche gelten im Falle rechtskräftiger Bestätigung des Vergleichs als erlassen.

§ 63. Eine Klage auf Aufhebung des Vergleichs wegen Nichterfüllung findet nicht statt.

§ 64. Unbeschadet der durch den Vergleich gewährten Rechte kann jeder beteiligte Gläubiger den vergleichsmäßigen Erlaß oder die vergleichsmäßige Stundung seiner Forderung anfechten,

1. wenn der Vergleich durch Betrug zustande gebracht ist,
2. wenn durch die Geltendmachung des Anspruchs eines nach § 60 Abs. 1 Satz 2 durch den Vergleich nicht betroffenen Gläubigers die Rechte der durch den Vergleich betroffenen Gläubiger gefährdet werden.

Im Falle der Nr. 1 ist die Anfechtung nur zulässig, wenn der Gläubiger ohne Verschulden außerstande war, den Anfechtungsgrund in dem Verfahren über den Zwangsvergleich geltend zu machen.

§ 65. Die rechtskräftige Verurteilung des Schuldners wegen betrüglichen Bankerotts oder wegen vorsätzlicher Verletzung der Eidespflicht bei Leistung des ihm nach § 50 auferlegten Eides hebt für alle Gläubiger den durch den Vergleich begründeten Erlaß und die durch ihn gewährte Stundung auf, unbeschadet der ihnen durch den Vergleich gewährten Rechte.

5. Beendigung des Verfahrens.

§ 66. Die Geschäftsaufsicht ist aufzuheben, wenn der Schuldner es beantragt oder wenn ein wichtiger Grund für die Aufhebung vorliegt.

Als ein wichtiger Grund ist es namentlich anzusehen,

1. wenn der Schuldner in erheblichem Maße seine Pflichten verletzt oder den Interessen der Gläubiger zuwiderhandelt;
2. wenn die Voraussetzungen für die Anordnung der Geschäftsaufsicht nachträglich weggefallen sind.

§ 67. Vor der Aufhebung der Geschäftsaufsicht ist der Schuldner zu hören.

Macht der Schuldner glaubhaft, daß er in Vergleichsverhandlungen mit den Gläubigern steht, so darf die Aufhebung auf Grund des § 66 Abs. 2 Nr. 2 erst nach fruchtlosem Ablauf einer dem Schuldner von dem Gerichte zu bestimmenden Frist erfolgen.

§ 68. Gegen den Beschluß, durch den die Geschäftsaufsicht aufgehoben wird, steht dem Schuldner die sofortige Beschwerde zu. Der Beschluß wird erst mit der Rechtskraft wirksam.

§ 69. Die Geschäftsaufsicht endigt mit der Rechtskraft des Beschlusses, durch den der Zwangsvergleich bestätigt wird.

§ 70. Die rechtskräftige Beendigung der Geschäftsaufsicht ist allen Gläubigern und den Stellen mitzuteilen, denen die Anordnung der Geschäftsaufsicht mitgeteilt worden ist. Die Mitteilungen können ohne besondere Form erfolgen.

III. Schlußvorschriften.

§ 71. Wird im Anschluß an eine Geschäftsaufsicht das Konkursverfahren über das Vermögen des Schuldners eröffnet, so sind im Konkurse die gerichtlichen Kosten der Geschäftsaufsicht und des Vergleichsverfahrens sowie die Gebühren und Auslagen der Aufsichtsperson als Massekosten (§ 58 der Konkursordnung) zu behandeln.

§ 72. Die Vorschriften der §§ 207 bis 211, 213 der Konkursordnung, des § 63 des Gesetzes, betreffend die Gesellschaften mit beschränkter Haftung (Reichs-Gesetzbl. 1898 S. 846), des § 98, § 100 Abs. 1, 2 des Gesetzes, betreffend die Erwerbs- und Wirtschaftsgenossenschaften (Reichs-Gesetzbl. 1898 S. 810), sind auf die Geschäftsaufsicht und das Vergleichsverfahren entsprechend anzuwenden. Ein Antragsrecht der Gläubiger wird hierdurch nicht begründet.

In dem Vergleichsverfahren über das Privatvermögen eines persönlich haftenden Gesellschafters einer offenen Handelsgesellschaft, einer Kommanditgesellschaft oder einer Kommanditgesellschaft auf Aktien sind die Gesellschaftsgläubiger, wenn über das Gesellschaftsvermögen das Vergleichsverfahren oder das Konkursverfahren eröffnet ist, nur in Höhe desjenigen Betrags beteiligt, für den sie in diesem Verfahren keine Befriedigung erhalten.

§ 73. Auf die Geschäftsaufsicht zur Abwendung des Konkurses über einen Nachlaß sind die Vorschriften der §§ 217, 218, 221, 225 der Konkursordnung entsprechend anzuwenden. Ein Antragsrecht der Gläubiger wird hierdurch nicht begründet.

In Ansehung der Haftung des Erben für Nachlaßverbindlichkeiten wirkt die Geschäftsaufsicht wie der Nachlaßkonkurs.

Von dem Verfahren werden außer den im § 13 dieser Verordnung bezeichneten Gläubigern auch die Gläubiger der im § 224 der Konkursordnung bezeichneten Ansprüche nicht betroffen.

Ein Zwangsvergleich kann nur auf den Vorschlag aller Erben geschlossen werden. Die Eröffnung des Vergleichsverfahrens kann erst beantragt werden, wenn das Aufgebot der Nachlaßgläubiger erfolgt ist. An dem Vergleichsverfahren sind alle Nachlaßgläubiger mit Ausnahme der im § 226 Abs. 2 und 4 der Konkursordnung bezeichneten beteiligt. Der Zwangsvergleich begrenzt, soweit er nicht ein anderes festsetzt, zugleich den Umfang der persönlichen Haftung des Erben.

Die vorstehenden Bestimmungen finden im Falle der fortgesetzten Gütergemeinschaft auf die Geschäftsaufsicht zur Abwendung des Konkurses über das Gesamtgut entsprechende Anwendung. An dem Vergleichsverfahren sind nur die Gesamtgutsgläubiger beteiligt, deren Forderungen schon zur Zeit des Eintritts der fortgesetzten Gütergemeinschaft bestanden.

§ 74. Die Vorschriften dieser Verordnung finden auf Versicherungsunternehmungen, die der Beaufsichtigung nach Maßgabe des Gesetzes über die privaten Versicherungsunternehmungen vom 12. Mai 1901 (Reichs-Gesetzbl. S. 139) unterliegen, keine Anwendung.

§ 75. Soweit nach den Vorschriften der Konkursordnung oder des Gesetzes, betreffend die Anfechtung von Rechtshandlungen eines Schuldners außerhalb des Konkursverfahrens (Reichs-Gesetzbl. 1898 S. 709), die Anfechtbarkeit von Rechtshandlungen davon abhängt, daß sie innerhalb bestimmter Fristen vor der Eröffnung des Konkurses, vor dem Eröffnungsantrag, vor der Zahlungseinstellung oder vor der Anfechtung vorgenommen sind, wird bei der Berechnung der Fristen die Zeit nicht mitgerechnet, während deren die Geschäftsaufsicht besteht.

Die Vorschrift des Abs. 1 findet keine Anwendung, wenn die Rechtshandlung auf Grund des Gesetzes, betreffend die Anfechtung von Rechtshandlungen eines Schuldners außerhalb des Konkursverfahrens, von einem Gläubiger angefochten wird, der von dem Verfahren nicht betroffen war.

§ 76. Hat ein Genosse seinen Austritt aus seiner eingetragenen Genossenschaft erklärt oder der Gläubiger eines Genossen dessen Kündigungsrecht ausgeübt, so scheidet der Genosse nicht vor dem Schlusse des Geschäftsjahrs aus, in welchem die Geschäftsaufsicht über die Genossenschaft endigt, oder wenn in einem Zwangsvergleich eine Stundung bewilligt wird, nicht vor dem Schlusse des Geschäftsjahrs, in welchem die Stundung abläuft.

Die Einreichung der Erklärung des Genossen oder des Gläubigers zur Liste der Genossen ist spätestens sechs Wochen vor dem Ende des Geschäftsjahrs, zu dessen Schlusse der Genosse ausscheidet, oder wenn die Geschäftsaufsicht innerhalb der letzten sechs Wochen dieses Jahres endigt, unverzüglich zu bewirken. Die Eintragung des Jahresschlusses, zu dem der Genosse ausscheidet, in die Liste der Genossen erfolgt erst nach der Beendigung der Geschäftsaufsicht; ist sie bereits geschehen, so ist nachträglich zu vermerken, daß die Geschäftsaufsicht angeordnet ist.

§ 77. Ein Gläubiger, der sich von dem Schuldner oder andern Personen besondere Vorteile dafür hat gewähren oder versprechen lassen, daß er bei der Abstimmung über den Vergleichsvorschlag in einem gewissen Sinne stimme, wird mit Geldstrafe bis zu dreitausend Mark oder mit Gefängnis bis zu einem Jahre bestraft.

§ 78. Das amtsgerichtliche Verfahren der Geschäftsaufsicht ist gebührenfrei; auf die Auslagen sind die Vorschriften des fünften und sechsten Abschnitts des Gerichtskostengesetzes entsprechend anzuwenden.

Die Gebühr für das Vergleichsverfahren beträgt, wenn der Vergleichstermin abgehalten wird, fünf Zehnteile, andernfalls zwei Zehnteile der Sätze des § 8 des Gerichtskostengesetzes. Die Vorschriften des § 52 des Gerichtskostengesetzes finden entsprechende Anwendung.

Für die Beschwerdeinstanz wird die in den §§ 45, 46 des Gerichtskostengesetzes bestimmte Gebühr besonders erhoben. In den Fällen des § 42 Abs. 3, § 59 Abs. 2, § 68 dieser Verordnung sind die Vorschriften des § 52 des Gerichtskostengesetzes entsprechend anzuwenden.

Pauschsätze werden nicht erhoben, soweit das Verfahren gebührenfrei ist.

§ 79. Für die Tätigkeit im Vergleichsverfahren erhält der Rechtsanwalt sechzehn Zehnteile der Gebühr des § 9 der Gebührenordnung für Rechtsanwälte. Für die Vertretung in der Beschwerdeinstanz erhält er die im § 41 der Gebührenordnung für Rechtsanwälte bestimmten Gebühren besonders.

Auf die Wertberechnung finden die Vorschriften des § 59 der Gebührenordnung für Rechtsanwälte entsprechende Anwendung.

§ 80. Diese Verordnung tritt am 25. Dezember 1916, und zwar hinsichtlich des § 75 mit Wirkung vom 10. August 1914 ab in Kraft; sie tritt an die Stelle der Verordnung, betreffend die Anordnung einer Geschäftsaufsicht zur Abwendung des Konkursverfahrens, vom 8. August 1914 (Reichs-Gesetzbl. S. 363).

Eine vor dem Inkrafttreten abgegebene schriftliche Erklärung, in der ein Gläubiger einem Vergleichsvorschlage des Schuldners zugestimmt hat, gilt als Zustimmungserklärung im Sinne des § 41 Abs. 1 Nr. 2 dieser Verordnung.

Der Bundesrat bestimmt, wann und in welchem Umfang die Verordnung außer Kraft tritt.

Berlin, den 14. Dezember 1916.

Der Stellvertreter des Reichskanzlers

Dr. Helfferich.

Gesetzeserläuterungen.

Bekanntmachung über die Geschäftsaufsicht zur Abwendung des Konkurses.

Vom 14. Dezember 1916.

I. Voraussetzungen und Wirkungen der Geschäftsaufsicht.

§ 1.

Wer infolge des Krieges zahlungsunfähig geworden ist, kann bei dem für die Eröffnung des Konkursverfahrens zuständigen Gerichte die Anordnung einer Geschäftsaufsicht zur Abwendung des Konkurses beantragen. Soweit das Konkursverfahren im Falle der Überschuldung stattfindet, kann der Antrag auch gestellt werden, wenn infolge des Krieges eine Überschuldung eingetreten ist.

Dem Antrag ist stattzugeben, wenn Aussicht besteht, daß die Zahlungsunfähigkeit oder die Überschuldung nach Wegfall der Kriegsverhältnisse behoben oder der Konkurs durch ein Übereinkommen mit den Gläubigern abgewendet werden wird.

Voraussetzungen der Geschäftsaufsicht.

A. Einführung.

Die Bekanntmachung vom 14. Dezember 1916 tritt an die Stelle der Bekanntmachung vom 8. August 1914 (RGBl. 1914 S. 363). Sie ist aus der Preuß. allgemeinen Gerichtsordnung herübergenommen (JW. 1914, 1002; Wassermann-Erlanger 3. Aufl. S. 230) und nimmt vielfach Bezug auf die Paragraphen und Einrichtungen der KO. Insofern muß die Rechtsauslegung zur analogen Anwendung greifen (Bendix, LZ. 1917 S. 157). Gleichwohl ist die Geschäftsaufsicht ein Rechtsgebilde sui generis, sie ist in mancher Hinsicht sogar das Gegenteil des Konkurses (Breit, JW. 1915, 161) und die Vorschriften der KO. sind durchaus nicht ohne weiteres herüberzunehmen (Zieger, LZ. 1915, 420). Auch Österreich hat die Einrichtung der Geschäftsaufsicht getroffen (KVO. vom 17. September 1915). Die wesentlich gleiche VO. erging für Russisch-Polen am 13. März 1915 (Verordnung des Oberbefehlshabers Ost vom 21. März 1915; VOBl. der Kaiserlich Deutschen Verwaltung in Polen 15, 18 Nr. 1).

B. Voraussetzungen und Subjekte der Geschäftsaufsicht.

a) Die normalen Voraussetzungen der Geschäftsaufsicht.

Drei verschiedene Voraussetzungen sind gegeben: Zahlungsunfähigkeit oder Überschuldung oder ein voraussichtliches Übereinkommen mit den Gläubigern.

1. Die Zahlungsunfähigkeit.

Zahlungsunfähigkeit muß eine Folge des Krieges sein. Zahlungsunfähigkeit ist insbesondere anzunehmen, wenn Zahlungseinstellung erfolgt ist. Nach RG. 22, 47 und RG. vom 29. September 1916 VII 191/16 LZ. 1917, 61 wird darunter die Unfähigkeit, den andrängenden Gläubiger aus bereiten Mitteln zu befriedigen, verstanden. (Weitere Zitate: § 72 meiner Erläuterung C.) Leider ist bisher von den Gerichten oft die Geschäftsaufsicht zugelassen worden, wenn die Zahlungsunfähigkeit nur während des Krieges eintrat. Freilich braucht der Krieg nicht die einzige Bedingung zu sein, welche zum Erfolge führte. Nicht ausschließlich braucht die Zahlungsunfähigkeit eine Folge des Krieges zu sein. Es genügt, wenn der Krieg Mitursache war und eine Wahrscheinlichkeit für die Mitwirkung spricht (Heß, Die Kriegsgesetze 2 zu § 1; Hörle, Recht 1915, 223; Levy, Die Geschäftsaufsicht 5; Jaeger, Bankarchiv 14, 33; Heilberg, JW. 1915, 1084). Nach der Eigenart des maßgebenden ursächlichen Zusammenhangs hat das Schuldmoment ganz auszuscheiden (Hörle, Recht 1915, 221; Güthe-Schlegelberger, Kriegsbuch 1915, 322). Levy nennt als Ursachen der Zahlungsunfähigkeit infolge des Krieges die Verringerung der Einnahmen (Ölgruben in Galizien, Kaufhaus in Ostpreußen, Vermögen im feindlichen Ausland oder in den deutschen Kolonien, Schuldner im Felde oder Auslande); Arbeiter-, Rohstoffmangel; Einschränkung der Absatzmöglichkeit; Auslandexport; Wandelung des Bedürfnisses (Luxuswaren); Vermehrung der Ausgaben (Teuerung der Rohstoffe, Heizung, Beleuchtung, Löhne, Gehälter); Kreditentziehung. Die Geschäftsaufsicht soll allerdings nicht angeordnet werden, wenn die Verschuldung bereits aus der Zeit vor dem Kriege herrührte (Michels, Recht 1915, 7; Cahen, Berliner Tageblatt vom 17. November 1914). Das bayerische Justizministerium hat für die alte VO. die Weisung erlassen (Bayer. JMBl. 1914, 159), daß die früheren Bilanzen zu würdigen seien. Nicht auszuschalten ist die Maßnahme, wenn vor dem Krieg eine Gesundung versucht wurde, aber infolge des Krieges scheiterte. Die Frage, ob neben der Zahlungsunfähigkeit auch die Überschuldung in Betracht kommt, war nach der alten VO. unwesentlich (Jaeger, Bankarchiv a. a. O.), wenn auch die nüanciertesten Betrachtungen veranlaßt schienen (Hallbauer, Sächs.-ArchRechtspfl. 1914, 377) und ist heute vollends bedeutungslos, nachdem die Überschuldung eine der Voraussetzungen der Anordnung der Geschäftsaufsicht bildet.

2. Die Überschuldung.

Überschuldung ist gegeben, wenn das Vermögen nicht mehr die Schulden deckt. Überschuldung und Unterbilanz sind verschiedene Begriffe (Preuß. Volksschularchiv 13. April 1915; Soergel, Rechtspr. 1915, 765). Überschuldung kann vorliegen, trotzdem der Betroffene, z. B. infolge Kreditgewährung, zahlungsfähig ist (Zitate siehe § 72 meiner Erläuterung C). Umgekehrt ist Zahlungsunfähigkeit möglich, obwohl Schuldner nicht überschuldet ist (Hallbauer, SächsArchRechtspfl. 1914, 377) d. h.

seine Aktiva die Passiva übersteigen (etwa bei nicht veräußerbarem großem Grundbesitz, oder, wie infolge des Krieges sehr häufig, wenn hohe Vermögensstücke im Auslande investiert sind). Für den regelmäßigen Konkurs genügt die Überschuldung nicht. Der § 102 Abs. 1 KO. hat daher die Überschuldung als Konkursgrund aufgegeben. Auch die alte VO. vom 8. August 1914 hat die Überschuldung nicht im § 1 erwähnt. Anders die neue VO. Die Überschuldung muß ebenfalls infolge des Krieges eingetreten sein. Jaeger, Bankarchiv a. a. O. hatte sich bereits auf dem Gebiete des Gesellschaftsrechtes für ausdehnende Auslegung ausgesprochen, mit der Begründung, die Bekanntmachung vom 8. August 1914 sei ein eiliges Gelegenheitsgesetz. (Wiederholt von Jaeger, JW. 1917, 66; ebenso Levis, LZ. 1915, 678 ff.; anders Levy S. 6; Pinner, Bankarchiv 1914, 122; Breit, JW. 1915, 164.) Jaeger hält die Geschäftsaufsicht auch für angängig, wenn Überschuldung eines Nachlasses einen Konkursgrund abgeben würde (ebenso Levis, LZ. 1915, 678; Güthe-Schlegelberger, Kriegsbuch 1916 S. 100). Die amtliche Erläuterung der neuen VO. erklärt, soweit Überschuldung Konkursgrund sei, habe sie sinngemäß bereits bisher ausreichen müssen. Die Überschuldung ist aber nunmehr der Zahlungsunfähigkeit als Aufsichtsgrund ebenbürtig (a. M.: Bendix, LZ. 1917, 159, der sie jetzt noch nur insoweit als ausreichend erklärt, als sie einen Konkursgrund bildet, wie inhalts der §§ 207, 213, 215 KO.; § 63 G. m. b. H.; §§ 98, 140 GenG.).

b) Subjekte der Geschäftsaufsicht.

1. Unter Geschäftsaufsicht stellbar.

Die Geschäftsaufsicht kann über physische und juristische Personen (Mayer, Das Privatrecht des Krieges, 138; Levy S. 4; Lewinsky, GenossBl. 1915, 393; Wertheimer, JW. 1915, 176; Hörle, Recht 1915, 222), auch Handelsgesellschaften, verhängt werden. Bezüglich der Gesellschaften siehe § 72 gegenwärtiger VO. Bezüglich der Genossenschaften siehe Alberti, GenossBl. 1915, 122, welcher erhebliche Bedenken, zumal für Kreditgenossenschaften, ins Feld führt; Jaeger, JW. 1916, 701; Güthe-Schlegelberger, Kriegsbuch 1916, 98; dann aber auch Boes, GenossBl. 1915, 442 · § 35 Abs. 2 und § 76 der neuen VO. sowie meine Erläuterung A! Einen interessanten Fall der Geschäftsaufsicht über eine Akt.-Ges. behandelt Levis, Recht 238. Die Geschäftsaufsicht beschränkt sich nicht auf Kaufleute, wie dies hinsichtlich der Präventiv-Akkorde u. a. bei verschiedenen ausländischen Rechten (Cahn, Gutachten zum 32. Deutsch. J.-T. S. 717 ff.) der Fall ist. Es ist auch nicht richtig (wie Heß S. 101; Meyer, D. NotV. 1915, 130; Jaffa, Zahlungsaufschub, ausführen), daß der Schuldner ein Geschäft betreiben muß (Sieskind, Prozeßrechtl. Schutz der Kriegszeit, 2. Aufl. Anm. 1 zu § 1; Breit, JW. 1915, 163; Bovensiepen, DRZ. 1914, 780; Kipp, DJZ. 1914, 1033). Kipp (DJZ. 1914, 1033) nimmt mit Unrecht an, es müsse ein Gewerbebetrieb vorliegen (JW. 1915, 851; Heilberg, JW. 1915, 1084). Das Wort: Geschäftsaufsicht ist daher irreführend (Veres, Frankf. Zeitung vom 29. Dezember 1916 Nr. 359 S. 4; Jaeger, JW. 1917 S. 68). Die Geschäftsaufsicht kann auch über einen Ausländer angeordnet werden, selbst einen feindlichen (Breit, JW. 1915, 163; Heilberg, JW. 581, 16, 220; Jaeger, Bank-Archiv 14, 33, der darauf verweist, daß die Verhütung des Inlandskonkurses trotz Ausländereigenschaften des Schuldners dem inländischen Interesse der Gläubiger, Kunden, Angestellten entsprechen kann). Nur muß der Gerichtsstand des Inlandes gegeben sein (DRAZ. 1915, 46; LG. Plauen vom 13. Januar 1915; Jaeger, Bankarchiv a. a. O.; Heilberg, JW. 1915, 581). Kriegsteilnehmer sind weder monopolisiert noch ausgeschaltet (Mayer a. a. O. 139; Bendix, LZ. 1915, 189; Hahnemann, DRAZ. 1914, 22). Eine besondere BVO. für die Kriegsteilnehmer wird erwartet.

2. Nicht unter Geschäftsaufsicht stellbar sind: die Gesellschaften des BGB.; die stille Gesellschaft des HGB. (Jaeger, Kommentar zur KO. V. Aufl. § 25 Anm. 8, § 102 Anm. 1 S. 74); eine Reederei (Jaeger, JW. 1917 S. 68); Ehegatten als solche, vielmehr nur jeder einzelne (Levy S. 4; Mayer, Das Privatrecht des Krieges 139, 146; Wassermann-Erlanger, 3. Aufl. S. 232, 4 a); die juristischen Personen des öffentlichen Rechtes, die nach den Landesgesetzen nicht unter Konkurs gestellt werden können. Das sind der Fiskus, Stiftungen, Körperschaften und Anstalten des öffentlichen Rechts (EG. z. Gesetz betr. Änderungen der KO.; PreußAGO. I, 24 S. 153 Anhang, sowie Bayern AGzZPO. vom 23. Februar 1879 Art. 9).

3. Geschäftsaufsicht über den Nachlaß.

Nach der neuen VO. § 73 ist die Geschäftsaufsicht auch über einen Nachlaß zulässig. Das Bedürfnis hiezu war vielfach verneint (Levy, Die Geschäftsaufsicht 6, 139; Mayer, Das Privatrecht des Krieges; Breit, JW. 1915, 164; Wassermann-Erlanger, 3. Aufl. S. 232), dagegen von anderen (Levis, LZ. 1915, 678; Gilbert, ZBlFG. 1916, 265, insbesondere auch verschiedentlich von Jaeger) dringend befürwortet worden. Jaeger, der auf die bedenkliche Steigerung der Nachlaßkonkurse hinwies (Vierteljahreshefte zur Statistik des Deutschen Reichs 1900, IV, 2; 1915, IV, 75; DJZ. 1917, 98), bekämpfte die Auffassung Levys (S. 7), der Konkursabwendungszweck könne bei einem Nachlaß, da dieser seinem Wesen nach zur Auflösung bestimmt sei, nicht erreicht werden. Jaeger führte aus, der Wechsel des Vermögensträgers erübrige keineswegs das Sanierungsbedürfnis und war der Ansicht, daß der Erbe oder Nachlaßpfleger sehr wohl an Stelle des Schuldners treten und beim Nachlaß der Vermögensstand sachgemäß aufgedeckt werden könne. Er empfahl entsprechende Anwendung des § 1989 BGB.

4. Keine Geschäftsaufsicht über Versicherungsunternehmungen.

Hinsichtlich der Versicherungsunternehmungen bestand Streit, ob die Bekanntmachung anwendbar ist. Das Aufsichtsamt für Privatversicherungen hatte die Anwendbarkeit in Abrede gestellt (PrivVersAufs.-Amt vom 13. April 1915; VPVA. 14, 21 Nr. 2); Recht 1915, 404 Nr. 74 (Rekurssenat); Güthe-Schlegelberger, Kriegsbuch 1916, 99; ZVersWiss. 1915, 300). Man hatte erklärt, die Versicherungsunternehmungen stünden unter dem Aufsichtsamt, das allein zu bestimmen habe, ob Konkurs eröffnet werden soll und daran nicht gehindert werden dürfe. Diese Anschauung des Aufsichtsamtes wurde verschiedentlich bekämpft (Bendix, ZVersWiss. 1915, 149; 1916, 280 ff.; JW. 1915, 1304; Wassermann-Erlanger, 3. Aufl. S. 231). Der § 74 der neuen VO. hat der Kontroverse ein Ende gemacht und erklärt, daß die Vorschriften dieser VO. keine Anwendung finden.

5. Verhältnis des Konkursantrags zum Geschäftsaufsichts-Antrag.

Ist bereits der Antrag auf Konkurseröffnung gestellt, so ist damit die Anordnung der Geschäftsaufsicht nicht ausgeschlossen (amtliche Erläuterung zu § 1 der neuen VO.). Das Konkursverfahren darf aber nicht bereits eröffnet sein. Gilt doch die Geschäftsaufsicht zur Abwendung des Konkurses (Sintenis, Finanz- und wirtschaftliche Kriegsgesetze 2. Aufl. S. 362 Note 4; Sieskind § 1 Anm. 4). Levy (Die Geschäftsaufsicht zur Abwendung des Konkursverfahrens, 20) ist der Anschauung, daß nach Anordnung der Aufsicht der etwaige Konkursantrag in Schwebe bleibe, weil mit Aufhebung der Geschäftsaufsicht gerechnet werden müsse. Wassermann-Erlanger ist für Zurückweisung des Konkursantrages, falls er nicht zurückgenommen wird. Letztere Anschauung ist zutreffend, da nach § 6 der neuen VO. das Konkursverfahren über das Vermögen des Schuldners nicht eröffnet werden darf, und damit ein Konkursantrag, der nicht freiwillig zurückgenommen wird, keinen Raum mehr hat.

6. Aussicht auf Behebung der Zahlungsunfähigkeit oder Überschuldung.

In der Regel muß die Aussicht bestehen, daß die Zahlungsunfähigkeit oder die Überschuldung nach Wegfall der Kriegsverhältnisse behoben werden wird. Hier setzt das Ermessen des Gerichts ein, das wohl in dubio pro reo sein soll. (Weitherzige Prüfung der Voraussetzungen empfiehlt ebenfalls: Waldecker, Kriegsrechtliches Allerlei, Annalen des Deutschen Reiches 1914, 661). Die milde Beurteilung entspricht dem Anlaß und Zweck der Bekanntmachung, dem Ernste und der wirtschaftlichen Lage der Zeit. Im Endeffekte huldigt Hörle (Recht 1915, 224) der gleichen Auffassung, wenn er mit dem guten Einfluß der Aufsichtsperson auf den Geschäftsbetrieb, der äußersten Entwickelung der persönlichen Leistungskraft des Schuldners während des Krieges, sodann der besseren Möglichkeit der Einziehung von Außenständen und der Hebung des Handels und Kredits nach Beendigung des Krieges kalkuliert haben will. Zweifelnd äußert sich hiezu (angesichts der Länge des Krieges und, wie man wohl beifügen darf, der so gesteigerten wirtschaftlichen Mißstände) Heilberg, JW. 1915, 1085. Dabei darf Michels (Recht 1915, 7) nicht Unrecht gegeben werden, wenn er faule Schuldner, die sich längst notdürftig durchschleppen, nicht für die Zeit des Krieges über Wasser halten will. Es wurde auch vielfach beobachtet, daß Schuldner die Geschäftsaufsichtsverordnung ausnützen, um dem Konkurse zu entgehen. Wo aber ein Schuldner sich redliche Mühe gibt und vor allem infolge des Krieges ins Abwesen kam, sollte, wie dies ja auch die Amtsgerichte in der Praxis handhaben, die Frage der Behebbarkeit der Zahlungsunfähigkeit nicht strenge behandelt werden.

7. Wegfall der Kriegsverhältnisse.

Neu ist die Zeitbestimmung der neuen VO.: nach Wegfall der Kriegsverhältnisse. Dies bedeutet eine Milderung zugunsten des Schuldners im Verhältnis zu der alten VO. vom 8. August 1914. Damit ist festgelegt, daß es nicht sowohl auf den Abschluß des Friedens, als vielmehr auf die Zeit ankommt, von welcher an wirtschaftlich geregeltere Verhältnisse eintreten. (Beseitigung der Schwierigkeiten bezüglich Rohstoffe, Ein- und Ausfuhr, Arbeitskräfte; Weinberg, Gesch.-Auff.,

Erläut. 1917 S. 36.) Die neue Bestimmung ist gut gemeint, aber allzu lax. Denn in Wahrheit werden, wenn man noch so optimistisch denkt, die geregelten friedlichen Bahnen lange auf sich warten lassen. Hier wäre ein Endtermin zu stecken gewesen. Es muß auch vermutlich noch zu irgendwelchen diesbezüglichen Übergangsvorschriften kommen.

c) Die anormale Voraussetzung der Geschäftsaufsicht.

Aussicht auf das Zustandekommen eines den Konkurs abwendenden Übereinkommens.

Bisher wurde bereits von manchen Seiten die Geschäftsaufsicht als zulässig erklärt, um dem Schuldner einen Privatvergleich gegen Akkordstörer zu erleichtern (Dittrich, DRZ. 1916, 138; Michels, Recht 1917, 21). Allein der klare Wortlaut der §§ 1 und 3 der alten VO. stand dieser wirtschaftlich heilsamen Auslegung entgegen. Auch in diesem wichtigen Punkt haben die neuen Vorschriften eine Erweiterung gegenüber den bisherigen Verfahren gebracht. (Beres nennt die Neuerung ein rettendes Tor für jene zahlreichen Fälle, in denen eine Sanierungsaussicht auf Grund Verständigung mit den Gläubigern besteht, an eine Fortführung des Geschäfts in der alten Form aber nicht zu denken ist. Frankf. Zeitg. vom 29. Dezember 1916 S. 4 Nr. 359.) Der neue Passus des § 1 bedeutet ferner eine gewisse Einräumung gegenüber denjenigen Eingaben und Thesen (Deutscher Anwaltsverein durch Kallix; ferner Jaeger, Cahn, siehe auch Einleitung II: Der Zwangsvergleich, 1. Grundsätzliches), welche dagegen sich ausgesprochen haben, daß nur der Geschäftsbeaufsichtigte einen Zwangsausgleich außerhalb des Konkurses erlangen kann. Die Gegner dieses Modus des Bundesrats in der neuen VO. vom 14. Dezember 1916 (zu welchen auch Bovensiepen, DRZ. 1917 S. 91 sich bekennt) gingen nämlich davon aus, daß schlechthin jeder, auch der Nichtgeschäftsbeaufsichtigte, des konkurslosen Zwangsausgleiches teilhaftig werden und daß nach Aufhebung der Anordnung über die Geschäftsaufsicht eine wirtschaftliche Verlegenheit sich in dieser Hinsicht einstellen könne. In diese Lücke ist nun einigermaßen, wenn auch keineswegs ausreichend, die neue Bestimmung getreten, daß dem Antrag stattzugeben ist, wenn Aussicht besteht, daß der Konkurs durch ein Übereinkommen mit den Gläubigern abgewendet werden wird. Für diesen Fall bedarf es nämlich der übrigen normalen Voraussetzungen nicht, insbesondere auch nicht der Glaubhaftmachung, daß Zahlungsunfähigkeit oder Überschuldung nach Wegfall der Kriegsverhältnisse behoben werden wird. Diese Glaubhaftmachung des zu erlangenden Abkommens mit den Gläubigern wird wiederum nicht rigoros zu behandeln sein (so auch Bendix, LZ. 1917, 159). Auch die amtliche Erläuterung sagt, daß es hiezu der Vorlegung schriftlicher Zustimmungserklärungen einer Gläubigermehrheit noch nicht bedarf. Immerhin meint die amtliche Begründung, eine naheliegende Aussicht auf ein baldiges Zustandekommen des Vergleiches ansprechen zu dürfen. Die amtliche Begründung denkt dabei an das Vorhandensein eines bestimmten Vergleichsvorschlages und eine Unterstützung seitens eines erheblichen Teiles der Gläubiger. Nach meinem Dafürhalten darf natürlich nicht ein ganz unbestimmtes, sanguinisches und unbeweisbares Vorbringen des Schuldners berücksichtigt werden; irgendwelche konkrete Grundlagen müssen selbstredend herbeigeschafft werden. Sonst könnte ja jeder eine gute Zukunft erhoffende Schuldner die Geschäftsaufsicht erwirken. Allein die Darlegung der Unterstützung eines erheblichen Teiles der Gläubiger geht m. E. weiter, wie die Vorschrift des Abs. 2 des § 1. Die Aussicht besteht denn auch, wenn einige maßgebende Gläubiger ein Eintreten für den beabsichtigten Vergleich bekundet haben. Die alsbaldige Anordnung kann eilen, wichtige Gläubiger können aber im Ausland wohnen und schwer erreichbar sein. Hier ist rasches Handeln, auch ohne die striktesten Unterlagen, angezeigt (Bendix, LZ. 1917, 160). Die amtliche Begründung spricht ferner davon, daß es in den Aufgaben der Aufsichtsperson liege, die Aussichten des Vergleiches unverzüglich nachzuprüfen und dem Gerichte darüber gemäß § 28 zu berichten. Offenbar hat die amtliche Begründung dabei im Auge, daß in diesem Falle eine als Aufsichtsperson in Aussicht genommene Persönlichkeit die Sachlage begutachte, denn eine Aufsichtsperson als solche wird doch erst aufgestellt, wenn dem Antrage des Schuldners stattgegeben ist.

Das Gericht kann, wenn es Bedenken hegt, ob der Schuldner einen Antrag auf Eröffnung des Zwangsvergleichsverfahrens stellen kann oder ob ihm ein Privatvergleich glücken wird, eine Frist stecken.

Keineswegs nur für Zwangsausgleiche außerhalb des Konkurses, wie sie in den §§ 33—65 gegenwärtiger VO. geregelt sind, sondern auch für Vergleiche in privater Form (Arrangements) gilt das Privileg des letzten Satzes des § 1. In der Einleitung der amtlichen Begründung ist ja davon die Rede, daß man sich seitens der Regierung die zukünftige Regelung so denkt, daß möglichst zunächst ein privater Vergleich versucht wird und erst dann, wenn sich Akkordstörer einstellen sollten, der Schuldner, unter Nachweis der ihm zur Verfügung stehenden Mehrheit, an das Gericht mit einem Zwangsausgleichsvorschlag herangeht. Ähnlich ist auch offensichtlich die Entwickelung in Österreich unter der neuen Ausgleichsordnung vom 10. Dezember 1914 (Pollak, Der Gläubigerschutz in der Ausgleichsordnung S. 46; Ofner, Allgemeine österreichische Gerichtszeitung 1915, 214; Cahn, JW. 1916, 890).

C. Schuldnerischer Antrag auf Anordnung der Geschäftsaufsicht.

1. Nur der Schuldner stellt den Antrag.

Auch nach der neuen VO. kann die Initiative zu der Anordnung einer Geschäftsaufsicht nur von dem Schuldner und nicht von den Gläubigern ausgehen.

Die Denkschrift zur österr. AusgleichsO. (S. 153) und die Reichstagsdenkschrift vom 23. September 1914 S. 16 und 17 haben die Anregung, auch dem Gläubiger das Recht zu dem Antrag der Geschäftsaufsicht zu gewähren, als mit dem Grundgedanken der Maßregel nicht verträglich erklärt (anders: das österr. Gesetz vom 17. Dezember 1862 § 3 Abs. 1 und das engl. Recht; Freund S. 328). Die Geschäftsaufsicht sei kein Zwangsmittel, sondern eine Vergünstigung, die dem Schuldner ermöglichen solle, die mit dem Konkursverfahren verbundenen Schädigungen abzuwenden. Als solche setze sie voraus, daß der Schuldner sich freiwillig unter die Aufsicht begebe. Mit alledem sei es unvereinbar, einem Schuldner die Aufsicht gegen seinen Willen aufzuzwingen. Gegenüber böswilligen Schuldnern, die zu der Mitwirkung nicht bereit seien, biete sie überhaupt keinen geeigneten Schutz. Unterlasse es der Schuldner, sich unter Geschäftsaufsicht zu stellen, so sei es dem Gläubiger unbenommen, die Eröffnung des Konkurses zu beantragen. Soweit übrigens die Anregungen das Ziel verfolgten, das Vermögen eines Kriegsteilnehmers vor einer Verschleuderung zu bewahren, böten schon die Vorschriften des BGB. über die Abwesenheitspflegschaft (§ 1911) eine Handhabe. Die nämliche Ansicht haben vertreten: Hörle, Recht 221; Breit, JW. 1915, 162; Levy, Die Geschäftsaufsicht S. 7; Leipziger Zeitschrift 1915, 112; Hahn, Ges. u. R. 1915, 563; Wassermann-Erlanger 3. Aufl. S. 234; Verband Kreditvereine Berlin, GenossBl. 1915, 501; Cahn, Recht u. Wirtschaft 1914, 270 sowie LZ. 1915, 113; a. M. Jaeger, Bankarchiv 1914, 32, der seinen scharfen Protest gegen das Versagen des gläuber. Antragsrechts auch in der neuen VO. (JW. 1917, 67) wiederholt hat; Mangler, DRZ. 1915, 350; Bürgel, DRZ. 1915, 457 und Cahen, Berl. Tagebl. vom 17. Dezember 1914 Nr. 640. Sie erklären die Anregung der Ältesten der Kaufmannschaft Berlin vom 19. September 1914 (Korrespondenz der Ältesten 37, 281) für berechtigt, welche auch von dem Ausschuß des Deutschen Handelstages und den Handelskammern in Breslau, Elberfeld, Flensburg, Hannover, Posen, Hildesheim, Nürnberg und Regensburg zustimmend beraten wurde. Die (vom Reichskanzler abschlägig verbeschiedene) Resolution der Ältesten der Kaufmannschaft hatte erklärt, die Gesamtheit der Gläubiger habe ein lebhaftes Interesse daran, daß in der für eine Masseversilberung ungünstigen Kriegszeit dem Schuldner die Abwirtschaftung und den einzelnen Gläubigern ein die gleiche Befriedigung vereitelnder Sonderzugriff unterbunden werde. Dieses Bedürfnis läge aber nach meiner Ansicht nur vor, wenn etwa eine Konkurseröffnung, wovon auch zu Beginn des Krieges die Rede war, in der Kriegszeit unmöglich wäre. Beim Kriegsteilnehmer ist ja auch die Sache so gelagert, daß nach § 6 Abs. 1 des Ges. vom 4. August 1914 nur er oder sein Vertreter den Eröffnungsantrag stellen kann. Wäre diese Sonderbestimmung eine allgemeine, dann könnte der Schuldner vielleicht die Masse unbeobachtet verwirtschaften. So aber bleibt den Gläubigern, wenn sie mit dem Schuldner, der meistens mit sich reden lassen wird, nicht über die Aufsichtsverhängung sich einigen, als ultima ratio der Konkurs übrig. (Kaufmann, Nachr. DAV. 1914, 125 schlägt als Druck auf den Schuldner, daß er den Antrag auf Anordnung der Geschäftsaufsicht stelle, dem Gläubiger vor, Konkursantrag zu stellen, mit dem Beifügen, er sei einverstanden, wenn an Stelle des Konkurses die Geschäftsaufsicht angeordnet werde. Unterläßt aber sogar der Gläubiger letztere Bemerkung, so liegt der Antrag des Schuldners auf Anordnung der Geschäftsaufsicht allemal nahe, so daß der Gläubiger durch diese Pression den den Aufsichtsantrag verschleppenden Schuldner doch in der Hand hat.) Zudem ist Hörle, Recht 221 beizupflichten, daß durch die Erhaltung zahlreicher Einzelwirtschaften auch den Interessen der Gläubiger und des Staates gedient werde. Breit, JW. 1915, 163 äußert sich, mit guter Begründung, ebenfalls ablehnend gegen die Anregung der Ältesten der Kaufmannschaft von Berlin. Er erklärt, der wirtschaftliche Erfolg, den die Ältesten mit ihrer Anregung erstreben, könne nur durch eine Ergänzung der KO. oder durch Einführung eines neuen Instituts einer Zwangsvermögensverwaltung herbeigeführt werden. Die Vorschriften der VO. vom 8. August und insbesondere der grundlegende Gedanke, daß der Schuldner nach wie vor sein Geschäft weiterführen solle, seien für eine Vermögenszwangsverwaltung im Interesse der Gläubiger durchaus unangebracht.

Schließlich sei bemerkt, daß die österr. VO. vom 17. September 1914, welche die Geschäftsaufsicht eingeführt hat, dem Gläubiger unter gewissen Voraussetzungen das Antragsrecht gewährt (Abel, JW. 1915, 901; Heilberg, ebenda, 1084).

2. Ausübung des Antragsrechts.

Das Antragsrecht üben die Schuldner oder ihre Bevollmächtigten oder, wenn die Schuldner geschäftsunfähig bzw. wegen Abwesenheit u. a. unter Pflegschaft gestellt sind, ihre gesetzlichen Vertreter aus. Streit besteht darüber, wer den Antrag bei offenen Handelsgesellschaften und Kommanditgesellschaften, eingetragenen Genossenschaften, eingetragenen und nicht eingetragenen Vereinen zu stellen berechtigt ist. Sollen sämtliche Gesellschafter oder sämtliche Vorstandsmitglieder oder sämtliche Geschäftsführer, weil jeder derselben den Konkursantrag stellen und damit den Antrag der übrigen auf Anordnung der Geschäftsaufsicht vereiteln kann (wie Levy S. 7 meint) den Antrag stellen? Oder jeder persönlich haftende Gesellschafter? (wie Wassermann-Erlanger, 2. Aufl. und Jaeger, Bankarchiv 1914 annehmen, die das Antragsrecht auch dem nicht allein Vertretungsberechtigten gewähren, während Wassermann-Erlanger 3. Aufl. seine Ansicht geändert hat). Mir erscheint das Argument von Levy durchschlagend und daher der Antrag von den sämtlichen Berechtigten zu stellen. (Der Antrag kann schriftlich oder zu Protokoll des Gerichts eingereicht werden. Letzteres ist für ungeübtere Schuldner zu empfehlen (Weinberg, Gesch.-Auff. 1917 S. 36.)

D. Zuständigkeit.

Zuständig für die Anordnung der Geschäftsaufsicht ist das Konkursgericht, d. i. das Amtsgericht, bei welchem der Schuldner seine gewerbliche Niederlassung oder, in Ermangelung einer solchen, seinen allgemeinen Gerichtsstand hat. Sind mehrere Gerichte zuständig, so schließt dasjenige, bei welchem zuerst die Eröffnung des Verfahrens beantragt worden ist, die übrigen aus. Die gewerbliche Niederlassung besteht da, wo das Gewerbe betrieben, d. h. von wo aus unmittelbar und selbständig Geschäfte abgeschlossen werden. Hat der Schuldner weder im Ausland noch im Inland einen gewerblichen Wohnsitz, so kann er die Geschäftsaufsicht beantragen, wo er früher seinen Wohnsitz hatte oder wo er seinen Aufenthaltsort hat. Hat der Schuldner im Inland keinen allgemeinen Gerichtsstand, aber eine gewerbliche Niederlassung, so ist das Amtsgericht der gewerblichen Niederlassung für die Geschäftsaufsicht über das Inlandsvermögen des Schuldners zuständig (KO. § 238). Für die Geschäftsaufsicht über einen Nachlaß (§ 73) ist das Amtsgericht zuständig, bei welchem der Erblasser zur Zeit seines Todes den allgemeinen Gerichtsstand hatte (KO. § 214). Ähnlich bei der Geschäftsaufsicht über ein Gesamtgut (§ 73 KO., § 236).

§ 2.

Während der Dauer der Geschäftsaufsicht wird die Geschäftsführung des Schuldners durch eine oder mehrere Aufsichtspersonen unterstützt und überwacht. Die Aufsichtsperson kann zu diesem Zwecke die erforderlichen Maßnahmen treffen, insbesondere die Geschäftsführung ganz oder teilweise selbst übernehmen oder einer anderen Person übertragen.

Die beaufsichtigte Geschäftsführung.

A. Einführung.

Die alte VO. hat im § 4 die Bestimmungen über die Persönlichkeiten, welchen die Beaufsichtigung überlassen ist, gebracht. Die neue etwas gründlichere und methodischere VO. hat einen breiteren Aufbau. Zunächst werden daher die Personen erwähnt, welche berufen sind, die Aufsicht zu führen. Die ausländischen Rechte kennen, bezüglich des vielfach ineinandergreifenden Verfahrens der Geschäftsaufsicht und Ausgleiche, Liquidatoren, Vertrauensmänner, Gerichtskommissare, Inspektoren, Sachwalter usw.; ihnen sind zum Teil Ausschüsse und Beiräte zur Unterstützung, Kontrolle und Vervollständigung des Apparates beigegeben. Die österreichische Ausgleichsordnung hat einen besonders komplizierten Apparat: den Ausgleichsverwalter, Ausgleichskommissar und Gläubigerbeirat (Jaeger, LZ. 1916, 110; Cahn, JW. 1916, 697 ff.). Die neue reichsdeutsche VO. vom 14. Dezember 1916 hat die Kompetenz der „Aufsichtsperson" (eines unglücklich gewählten Attributes, das auch Jaeger, Michels, Recht 1917, 21 beanstandet haben und besser Aufsichtsführer oder Aufsichtsverwalter oder Geschäftsaufseher [Beres, Frankf. Zeitg. vom 29. Dezember 1916 Nr. 359 S. 4] oder Aufsichtspfleger [Jaeger, JW. 1917, 134 Anm. 9] lauten würde) teils, wie wiederholt angeregt war, etwas fester umschrieben, teils, insbesondere für das Zwangsvergleichsverfahren, erweitert. Die Aufsichtsperson hat nunmehr die förmliche Obliegenheit der sorgfältigen Berichterstattung (§ 28 der neuen VO.). Sie ist für die Erfüllung ihrer Pflichten den Interessenten verantwortlich (§ 21). Sie ist vom Gericht beaufsichtigt und untersteht dessen Ordnungsstrafen (§ 25), sie hat auf tunlichste Aufrechterhaltung des Geschäftsbetriebes und Vermögens des Schuldners Bedacht zu nehmen (§ 28). Es ist im einzelnen festgelegt, welche Ermittelungen in bezug auf die Ursache des Geschäftsrückganges ihr obliegen. Sie hat in gewissen Zeiträumen die ursprünglich erstattete Übersicht und Bilanzierung zu ergänzen. Sie hat insbesondere in jedem Berichte sich darüber auszulassen, ob die Voraussetzungen der Geschäftsaufsicht fortwirken (§ 28). Sie hat den etwa beigegebenen Beirat zu informieren (§ 31). Sie hat aber, wie gesagt, insbesondere eine Reihe verantwortungsvoller Funktionen im Rahmen des Zwangsausgleichsverfahrens (§§ 33 ff.). Vor der Entscheidung über den Antrag auf Eröffnung des Vergleichsverfahrens ist die Aufsichtsperson zu hören (§ 42). Sie hat vor dem Vergleichstermin Verhandlung mit der Gläubigerschaft zu pflegen (§ 45). Sie hat im Vergleichstermin, wie der Konkursverwalter in der ersten Gläubigerversammlung, über die Sachlage zu berichten (§ 49). Sie hat sich dahin auszusprechen, ob der Vergleich und dessen Sicherheit angemessen erscheint. Auch diese Tätigkeit entspricht derjenigen des Konkursverwalters beim konkursmäßigen Zwangsvergleichstermin. Vor der Bestätigung des Gerichts ist die Aufsichtsperson zu hören (§ 53). Kurz: der Pflichtenkreis ist nunmehr einigermaßen umgrenzt und zweifellos beträchtlich erhöht (Buhmann, BayZfR. 1917, 35). Nach Auffassung der amtlichen Erläuterung setzt übrigens die Tätigkeit der Aufsichtsperson schon vor der verhängten Geschäftsaufsicht ein, so daß die Bezeichnung des § 2: „während der Dauer der Geschäftsaufsicht" eigentlich ungenau wäre. Denn für die Frage, ob dem Antrag des Schuldners gemäß § 1 stattzugeben ist, wenn Aussicht besteht, daß der

Konkurs durch ein Übereinkommen mit den Gläubigern abgewendet werden wird (siehe oben § 1 B c), statuiert die amtliche Erläuterung es als Aufgabe der Aufsichtsperson (die ja eigentlich noch gar nicht ernannt sein kann), die Aussichten des Vergleiches unverzüglich nachzuprüfen und dem Gerichte darüber gemäß § 28 zu berichten. Die amtliche Begründung intendiert also offensichtlich, daß im Falle der dritten Voraussetzung des § 1 (bevorstehender Vergleich) der als Kandidat des Aufsichtspostens ins Auge Gefaßte die eben erwähnte Prüfung und Berichterstattung übertragen erhält. Im übrigen steht und fällt die Tätigkeit der Aufsichtspersonen mit dem Bestand und der Dauer der Geschäftsaufsicht.

B. Die Aufsichtsperson.

1. Die Bestellung.

Im Gegensatz zu der Stellung des Konkursverwalters dreht es sich bei der Aufsichtsperson durchwegs um ein Amt. Nach der KO. ist zwischen einer vorläufigen Aufstellung und endgültigen Wahl, welch letztere die erste Gläubigerversammlung vornimmt, zu unterscheiden. Wohl stellt das Konkursgericht zunächst den Konkursverwalter auf (§ 78 KO.). In der auf die Ernennung eines Verwalters folgenden Versammlung können aber die Konkursgläubiger statt des Ernannten eine andere Person wählen. Dem Gericht verbleibt in besonderen Fällen die Versagung der Ernennung des Gewählten. Anders die VO. über die Geschäftsaufsicht, nach welcher der Schuldner und der Gläubiger (gemäß § 22 Abs. 2) nur einen abgeschwächten Anspruch auf Berücksichtigung ihrer Wünsche bez. der Person der Aufsichtsperson haben. Der Schuldner und jeder Gläubiger, der von dem Verfahren betroffen wird, können nämlich innerhalb drei Wochen nach Bestellung der Aufsichtsperson, unter Darlegung der Gründe, die Bestellung anderer oder weiterer Aufsichtspersonen beantragen. Diese Vorschläge sind also nur sekundärer Art, weil zunächst das Gericht seine Entschließung trifft, ohne daß ein Gläubiger (Jaffa, Zahlungsaufschub, 11 zu § 4 der alten VO.) oder der Schuldner einen Anspruch auf Nominierung hätte. Freilich ist das Gericht, wie die amtliche Begründung zu § 22 betont, gehalten, diesen Vorschlägen nachzugehen und ihre eventuelle Begründetheit nachzuprüfen. Doch steht die Berücksichtigung derartiger Anregungen vollständig im Ermessen des Richters (Jaeger, Bankarchiv 1915, 337; JW. 1917, 71 und 135).

Die Aufsichtsbefugnisse erhält die Aufsichtsperson mit der Annahme des Amtes, welche übrigens schon vor der Bestellung betätigt werden kann (Bendix, LZ. 1915, 190; Wassermann-Erlanger, 3. Aufl. zu § 7 der alten VO. S. 248 1 a; Jaeger zu § 78 KO. Anm. 6). Eine besondere Annahmeerklärung ist nicht vorgeschrieben, wird aber zur Vermeidung von Weiterungen übungsgemäß allgemein eingeführt sein. Eine förmliche Verpflichtung der Aufsichtsperson, etwa wie beim Laienrichter oder Vormund, ist nicht vorgeschrieben. Immerhin ist das Gericht durch Vollzugsvorschriften gehalten, die AP. einzuweisen und auf ihre Obliegenheiten hinzuweisen (Michels, Recht; Wassermann-Erlanger, 3. Aufl. S. 248 § 7 der alten VO. 1 a; BayrJMBl. 1914, 159). Geschieht dies nicht, ist die Funktion der AP. nicht minder gültig. Verpflichtet ist die Aufsichtsperson zur Annahme des Amtes nicht (Jaeger, JW. 1917, 136). Den Gläubigern ist die Anordnung der Aufsicht und Aufsichtsperson mitzuteilen.

Wer fällt unter diese Gläubiger? Zweifellos die von dem Verfahren betroffenen, und gewöhnlich **nicht** die bevorrechtigten und bevorzugten, wohl aber unter Umständen auch solche, die durch Anordnung der Geschäftsaufsicht zu wichtigen Rechtshandlungen veranlaßt sein können und wenn es nur die ist, keinen Konkursantrag zu stellen (BayrJMBl. 1914, 160; Levy S. 13; Wassermann-Erlanger, 3. Aufl. S. 239; Cahn, Recht und Wirtschaft 1914, 269). Ist der Schuldner Handel- oder Gewerbetreibender oder Landwirt, so ist die Anordnung der Geschäftsaufsicht — offensichtlich auch die aufgestellte Aufsichtsperson, da dies im Interesse der Sache liegen könnte — der zuständigen amtlichen Vertretung des Handels, Handwerks (Gewerbes) oder der Landwirtschaft mitzuteilen. Für diese Mitteilung ist keine besondere Form vorgeschrieben (§ 22). Vorgeschrieben ist dagegen die der Aufsichtsperson seitens des Gerichts auszustellende und nach Amtsbeendigung zurückzuleitende Bestallung (§ 23; genau wie § 81 Abs. 2 der KO.). Bei manchen Amtsgerichten bestehen Verzeichnisse von Personen, welche, teils als Masseverwalter, teils als Aufsichtspersonen, sich bestellen zu lassen ein für allemal ihr Einverständnis erklärt haben. Wenn die aufgestellte Aufsichtsperson ihr Amt ablehnt, oder wenn die Erwähnung der Aufsichtsperson im Anordnungsbeschlusse unterblieben ist, berührt dies die Anordnung der Geschäftsaufsicht selbst nicht. Denn über den Zeitpunkt der Bestellung der Aufsichtsperson ist nur im § 22 vorgeschrieben: „Wird die Geschäftsaufsicht angeordnet, so bestellt das Gericht eine oder mehrere Aufsichtspersonen." Es ist also grundsätzlich denkbar, daß zwischen der Anordnung der Geschäftsaufsicht und der Bestellung der Aufsichtsperson ein kleiner zeitlicher Zwischenraum liegt, wenn dies auch in der Regel kaum vorkommt.

Da nur natürliche Personen vom Gerichte aufgestellt werden können, ist es unzulässig, juristischen Personen oder Firmen die Geschäftsaufsicht zu übertragen (Bendix, LZ. 1915, 190; Sintenis S. 364; Heilberg, JW. 1915, 852; bezüglich des Konkurses: Jaeger § 78 Anm. 7 KO.). Wohl aber können persönlich haftende Gesellschafter und gesetzliche Vertreter juristischer Personen, als Einzelindividuen, zu Aufsichts-Personen bestellt werden. Bei der Geschäftsaufsicht über Genossenschaften ist zweckmäßigerweise meist die Aufsichtsperson aus den Kreisen der genossenschaftlichen Sachverständigen, besonders der Verbandsrevisoren oder Verbandsdirektoren, zu bestellen (Lewinsky, GenossenschBl. 1915, 393).

Rein theoretisch und abwegig erscheint mir die Erörterung über die Zuziehung von Geschäftsunfähigen (soweit sie nicht geisteskrank sind), z. B. Minderjährigen (18jährigen Handlungsgehilfen etwa); als Aufsichtspersonen (wie dies z. B. Bendix, LZ. 1915, 191 untersucht). Das Amt erfordert solche Reife und ein solches Verantwortungsgefühl, daß der Einrichtung auch nur mit der Prüfung solcher der Praxis nicht förderlichen Fragen m. E. nicht gedient ist. Ein Richter, der eine solche Auswahl treffen würde, würde ebenso weltfremd sein, wie ein Gesetzgeber, der derartige Kandidaten für das Amt im Auge gehabt hätte.

2. Auswahl.

Es liegt nahe, daß nur wirklich tüchtige, verlässige, sittlich einwandfreie, erfahrene und tunlichst mit den einschlägigen rechtlichen Angelegenheiten vertraute Personen aufgestellt werden. Eine Bestimmung, daß Frauen nicht aufgestellt werden können, besteht nicht. Nachdem laut

Bekanntmachung über die Verwendung weiblicher Hilfskräfte im Gerichtsschreiberdienste, welche den nämlichen Geburtstag hat (14. Dezember 1916), wie gegenwärtige VO., die einstweilige Wahrnehmung von Amtsgeschäften der Gerichtsschreiber Frauen übertragen werden kann, wird vielleicht an dem einen oder anderen, zumal kleineren Platze, das Gericht sich entschließen müssen, eine Frau als Geschäftsaufsichtsperson aufzustellen (bejaht auch von Bendix, LZ. 1915, 190). Im übrigen können alle natürlichen Personen bestellt werden: Kauf- und andere Geschäfts-Leute (Michels, Recht 1915, 9), Revisoren, gewerbsmäßige oder nicht gewerbsmäßige Masseverwalter, häufig wohl auch Rechtsanwälte, die die gesamte prozessuale und konkursrechtliche Rechtsprechung beherrschen (Harder, JW. 1914, 799). Denn das Amt ist ein sehr verantwortungsvolles, vielleicht noch mehr deshalb, weil der Pflichtenkreis nur zum Teil fest umschrieben ist. Es kamen, wie die Praxis zeigt, und kommen viele Komplikationen vor, was ganz gewiß unter der Herrschaft der neuen Bestimmung über den Zwangsvergleich noch zunehmen wird. Der Abbau des gesamten Geschäftsaufsichtswesens macht Aufsichtspersonen erforderlich, die ihrem Amte und jeder eintretenden Verwickelung gewachsen sind. Ungeeignet erscheinen daher gewerbliche Konkurrenten des Schuldners (BayerJMBl. 1914, 175; Michels, Recht 1915, 9; Wassermann-Erlanger, 3. Aufl. S. 239), m. E. auch Verwandte des Schuldners (a. M. Wassermann-Erlanger, 3. Aufl. S. 239). Es empfiehlt sich ferner nicht, Gläubiger oder deren Vertreter als Geschäftsaufsichtspersonen aufzustellen (Levy S. 16; Mayer S. 147). Die Aufsichtsperson soll unbefangen sein, ein am Verfahren beteiligter Gläubiger ist ganz gewiß nicht unbefangen. Der Schuldner selbst kann nicht als Geschäftsaufsichtsperson bestellt werden, ebensowenig sein gesetzlicher Vertreter. Leute, die selbst unter Geschäftsaufsicht stehen, eignen sich nicht als Geschäftsaufsichtspersonen anderer. Denn die Vertrauenswürdigkeit einer Aufsichtsperson soll eine große sein. Wer aber selbst in ungeordneten Verhältnissen ist und sich in seine geschäftliche Verwaltung dareinreden lassen muß, besitzt nicht die erforderliche Zuverlässigkeit als Aufsichtsführer. Das Nämliche trifft erst recht für Gemeinschuldner eines Konkurses zu (Wassermann-Erlanger, 3. Aufl. S. 239). Irgendwelche befangene Persönlichkeiten eignen sich naturgemäß als Aufsichtspersonen nicht. Gleichwohl kann nicht von vorneherein (wie dies Wassermann-Erlanger a. a. O. tut) ausgesprochen werden, daß jeder bisherige Rechtsbeistand des Schuldners als Geschäftsaufsichtsperson ungeeignet wäre. Dies alles hängt von individueller Beurteilung ab. Eine allzu peinliche Kasuistik ist unmöglich.

3. Gutachtliche Empfehlung durch Handelsvertretungen.

Schon unter dem alten Rechte, wenn man einmal das seit 8. August 1914 geltende so nennen will, wurden landesgesetzlich die Gerichte angewiesen, tunlichst bei Handelskammern und ähnlichen Körperschaften sich Rat über die Auswahl der Aufsichtspersonen, wie über die Sachlage überhaupt, zu erholen (BayerJMBek. vom 18. August 1914; Bayer.-JMBl. 1914 S. 175 ff.; **Erlaß des preuß. Handelsm. vom 11. August** 1914; Allgemeine Verfügung des preuß. Justizmin. vom 13. August 1914; PreußJMBl. 1914, 677 und 679). Ein Antrag des Schuldners auf Anordnung der Geschäftsaufsicht wird daher in Nürnberg so behandelt, daß er zunächst vom Amtsgericht an die Handelskammer usw.

geleitet und diese um Begutachtung des Antrags überhaupt, sowie um Vorschläge bezüglich der Geschäftsaufsichtsperson ersucht wird. Nun ist mit einer Sollvorschrift des § 21 VO. vom 14. Dezember 1916 dem Gerichte zur Pflicht gemacht, wenn Schuldner Handel- oder Gewerbetreibender oder Landwirt ist, in geeigneten Fällen die zuständige amtliche Vertretung des Handels, Handwerkes (Gewerbes) oder der Landwirtschaft oder einen Sachverständigen zu hören. Naturgemäß wird sich diese Anhörung nicht nur auf den Gegenstand, sondern auch auf den Führer der Geschäftsaufsicht erstrecken.

4. Mehrheit der Aufsichtspersonen.

Das Gewöhnliche ist natürlich die Bestellung einer Aufsichtsperson. Allein bei besonders großen oder mehrere Geschäftszweige umfassenden oder an verschiedenen Orten geführten (Weinberg, Geschäfts-Auff. 1917, 37) Betrieben oder Anlagen, die etwa einen Techniker und Kaufmann (oder Juristen) oder gar diese drei Kategorien als Leiter erfordern, kann die Mehrheit vonnöten sein. Es fragt sich nun, ob diese kollektiv bzw. samtverbindlich zusammen wirken (BayerJMBl. 1914, 158; BayerVollzVorschr. IV, 8: „gemeinschaftliche Führung der Aufsicht"), oder ob die Sparte jedes einzelnen für sich, der Leitung und Haftung nach, in Betracht kommt (Bendix, LZ. 1915, 203; Sintenis S. 364 Note 1; Heilberg, JW. 1916, 220; Wertheimer, JW. 1915, 1279; Mayer a. a. O. 147; Wassermann-Erlanger, 3. Aufl. S. 239). Diese Einteilung kann von Anfang an beschlußmäßig getroffen werden. Jaeger (Bankarchiv 1914, 33) ist für den Geltungsbereich der alten VO. der — m. E. zutreffenden — Ansicht, daß die eine und andere Möglichkeit — gemeinschaftliches sowohl, wie selbständiges Handeln — vorliegen — und wie ich glaube, expressis verbis angeordnet werden — kann. Die Bestimmung des § 79 KO.: „Wenn die Verwaltung verschiedene Geschäftszweige umfaßt, so können mehrere Konkursverwalter ernannt werden. Jeder von ihnen ist in seiner Geschäftsführung selbständig," ist nicht in die VO. übergegangen. Dagegen stimmt die amtliche Begründung zu § 22 VO. mit meiner obigen Erläuterung überein: werden mehrere Aufsichtspersonen bestellt, so hat das Gericht zu bestimmen, ob sie die Aufsicht gemeinschaftlich führen oder ob jede innerhalb eines bestimmten ihr zugewiesenen Geschäftskreises selbständig ist. Ersterenfalls haftet jede Aufsichtsperson nicht nur für eigene Pflichtwidrigkeit und Schadenzufügung, sondern auch für solche der Amtsgenossen, freilich bloß dann, wenn das positive oder negative Verschulden der letzteren verursacht ist durch den Mangel der eigenen Diligenz (§§ 249, 254 BGB.; Bendix, LZ. 1915, 202). Der Ersatzanspruch ist der 30jährigen Verjährung bzw. der im § 852 BGB. unterworfen.

Die von Levy S. 15 aufgeworfene Frage: „was soll geschehen, wenn zwei Aufsichtspersonen bestellt sind, diese aber in einer wichtigen Frage uneinig sind?" ist nunmehr im § 29 VO. geregelt: bei Meinungsverschiedenheiten mehrerer Aufsichtspersonen entscheidet das Gericht. Was sodann die Haftung anbetrifft, so ist sie gesamtschuldnerisch (Bendix, Leipzig 1915, 200; a. M. Levy S. 15), wenn die Aufsicht gemeinschaftlich geführt wird; und umgekehrt.

C. Unterstützung und Überwachung der Geschäftsführung.

1. Die Geschäftsführung.

Die Bezeichnung: Geschäftsführung wäre besser durch Verwaltung ersetzt worden, was auch Jaeger vorgeschlagen hatte. Denn nicht immer dreht es sich um ein Geschäft im engeren Sinne, dessen Führung die Aufsichtsperson übernimmt. Ein Privatmann, Offizier, Terrainbesitzer, Handwerker, Landwirt, Beamter (unnötig zweifelnd: Werner, LZ. 1917, 236) usw. hat ein Geschäft im engeren Sinne nicht zu führen. Auch er unterliegt der Anordnung der Geschäftsaufsicht. Folglich hat die VO. bei dem Begriffe Geschäftsführung ein Geschäft im weiteren Sinne im Auge: „alle vermögensrechtlichen Beziehungen des Schuldners, soweit sie nicht ausdrücklich dem Verfahren entzogen sind" (Bendix, Bürgerl. Kriegssonderrecht S. 98; Levy S. 29; Beres, Frankf. Zeitg. vom 29. Dezember 1916 Nr. 359 S. 4; Jaeger, JW. 1917, 69). Die alte VO. hatte im § 6 die Bestimmung: Die Aufsichtspersonen haben die Geschäftsführung des Schuldners zu unterstützen und zu überwachen. Ähnlich ist der erste Satz des § 2 der neuen VO. Den vollständigen Komplex des Vermögens, der vermögensrechtlichen Beziehungen, der geschäftlichen, wirtschaftlichen und rechtlichen Angelegenheiten, soll der Geschäftsaufsichtsführer unterstützen und überwachen, damit Schuldner und Gläubigerschaft, die infolge des Krieges mit dem unangenehmen Zustande zu rechnen haben, tunlichst vor Schaden bewahrt werden. Der Geschäftsführung untersteht auch das von Bediensteten, Bevollmächtigten, Handlungs- und Gewerbe-Gehilfen besorgte Gebiet (Bendix, LZ. 1915, 1912). Wird über das Vermögen einer Gesellschaft die Geschäftsaufsicht verhängt, so unterstehen der Geschäftsführung auch die von Vorständen, Geschäftsführern und Aufsichtsratsmitgliedern besorgte Angelegenheiten (Levy S. 30). Zu den vermögensrechtlichen Beziehungen des Schuldners sind auch die auf Grund gesetzlichen ehelichen Güterrechts des Ehemannes aus dem Frauenvermögen fließenden ehemännlichen Ansprüche zu zählen. Die kontroverse Frage, ob die Nutzungen des eingebrachten Gutes der Gläubigerschaft zufließen und daher der Geschäftsführung unterstehen (Levy S. 30), oder ob bloß die bei Verhängung der Geschäftsaufsicht angefallenen Früchte zu dem ehemännlichen Vermögen gehören (Mayer S. 145), ist im ersteren Sinne zu beantworten.

Zwischen dem vor und nach der Anordnung der Geschäftsaufsicht erworbenen Vermögen macht — wie dies für den Zeitpunkt der Konkurseröffnung § 1 KO. tut — die VO. keinen Unterschied. Es unterliegt also das gesamte Vermögen und damit die gesamte Geschäftsführung, einschließlich des nach der Anordnung der Geschäftsaufsicht angefallenen, der Unterstützung und Überwachung (Breit, JW. 1915, 164; Jaeger, Bankarchiv 1914, 35; Schlegelberger, GruchotsBeitr. 59, 201; Zieger, LZ. 1915, 426; Levy S. 30; Jaeger, JW. 1917, 69). Unter die Geschäftsführung fallen alle Emolumente des unter Geschäftsaufsicht stehenden Angestellten oder Agenten oder Kommissionärs. Nicht unter die Geschäftsaufsicht fallen die der Verpfändung entzogenen Vermögensteile, die nicht vermögensrechtlichen Angelegenheiten des Schuldners und fremden Vermögen, deren Gewalthaber, Pfleger, Vormund, Geschäftsführer, Liquidator der Schuldner ist.

2. Unterstützung und Überwachung.

Die AP. soll dem Schuldner zur Seite stehen, um sein Geschäft über die Kriegszeit hinüberzuretten (Breit, JW. 1915, 162). Insofern unterstützt die AP. den Schuldner. Die Aufsichtsperson wird aber weiterhin im Interesse der Gläubiger ernannt, für sie kontrolliert er den Schuldner, sein geschäftliches Tun und Lassen. Insofern überwacht die Aufsichtsperson den Schuldner. So liegt bei der Aufsichtsperson eine Art Personalunion vor; nicht ist, wie Breit a. a. O. darlegt, der einzige und hauptsächliche Zweck des Rechtsinstituts die Assistenz zugunsten des Schuldners (Jaeger, JW. 1917, 68; Beres, Frankf. Zeitg. vom 29. Dezember 1916 S. 4 Nr. 359).

Unterstützung und Überwachung sind also zweierlei an sich voneinander total verschiedene, in ihrer sach- und zweckgemäßen Ausführung sowie bei der vorausgesetzten wohlwollenden und tatkräftigen Vollziehung freilich ineinanderfließende Funktionen der Aufsichtsperson. Rat und Tat, geistige und tätige Mitarbeit hat die Aufsichtsperson dem Beaufsichtigten zur Verfügung zu stellen. Das Unkundige des letzteren hat er durch seine Erfahrung und Geschäftskenntnis auszugleichen. Mangelhafte Buchführung, Bilanzierung, Kalkulation, Ein- und Verkaufstätigkeit, Handhabung und Auslegung der Verträge ergänzt — je nachdem — seine Sach-, Handels-, Rechtskunde, technische Fähigkeit. Der Aufsichtsführer nützt die Konjunktur, rät praktische Hypothekenauseinandersetzung an, verhandelt mit dem Vermieter und führt Ratenvergleiche herbei. Insoweit unterstützt er den Schuldner. Er ist sein Berater und Helfer (nicht ein Zwangsliquidator, wie der Konkursverwalter, Lewinsky, GenossBl. 1915, 394).

Überwachungsrecht und -pflicht liegt an sich auf einem anderen Gebiet. Die Aufsichtsperson sorgt, daß das Vermögen nicht verschleudert, daß einzelnen Gläubigern oder Gläubigergruppen keine Begünstigungen gewährt werden, daß unlautere Machenschaften unterbleiben, daß die Buchführung eine vorschriftsmäßige, übersichtliche und von Verschleierungen freie sei, daß die Kassaverhältnisse den Zwecken der Geschäftsaufsicht entsprechen, daß Ein- und Auszahlungen einwandfrei besorgt, verwendet, gebucht werden, daß die Mittel zur Befriedigung der Gläubiger verwendet, und zwar unter entsprechender Anwendung der Grundsätze der Konkurs-Ordnung, verteilt werden, daß die Lebensführung des Schuldners der Sachlage entspricht und bescheiden ist, daß das Vermögen keine wesentliche, die Gläubiger schädigende Veränderung oder Verschiebung erfährt, daß Wechsel- und Scheck-Umlauf nach den vorhandenen Mitteln sich regelt, daß Ein- und Verkauf zweckentsprechend, branche-üblich, praktisch und reell vor sich geht (Bendix, LZ. 1915, 200; Levy S. 31; Wassermann-Erlanger, 3. Aufl. S. 249), daß die bisher vielleicht schädlich einwirkenden Handlungen, Unterlassungen, Verfügungen und Eigenschaften des Schuldners oder seiner Angehörigen oder einzelner Gläubiger und -Gruppen hintangehalten und gerade durch geeignete Kontrolle abgestellt werden. (Weinberg, Gesch.-Auss. 1917, 37 führt Scheinübertragungen von Einkünften an dem Schuldner Nahestehende als überwachungsbedürftige Handlungen an.)

Die Überwachung ist aber nur möglich, wenn im Sinne des § 3 der neuen VO. (siehe dort) der Aufsichtsperson Einsicht und Auskunft gewährt wird.

3. Die erforderlichen Maßnahmen

können selbstredend von der verschiedensten Art sein. Statt des unter Umständen unerfahrenen, ungewandten, leichtsinnigen, leichtgläubigen, kurz zu gewissen Transaktionen unfähigen Schuldners kann der dieser unangenehmen Eigenschaften bare Aufsichtsführer Geschäfte abschließen, ändern, lösen. Bemerkt der letztere, daß keine oder ungeeignete Angestellte vorhanden sind, so kann er Wandel eintreten lassen (Josef, Gruchot 59, 417; Werner, LZ. 1917, 234; a. M. Wassermann-Erlanger, 3. Aufl. S. 250, der wohl das Engagement eines Geschäftsführers, nicht aber dasjenige eines Handlungsgehilfen der Aufsichtsperson einräumt; siehe auch AG. Pforzheim; Levis, Recht 1915, 239 und Heilberg, JW. 1915, 1046). Er kann Bücher neu oder anders anlegen, sie nachtragen, prüfen oder durch Dritte revidieren lassen. Er kann den Geschäftsbetrieb verändern und wirtschaftlicher gestalten, soweit er bisher unpraktisch, verschwenderisch oder im Gegenteil, unter unvernünftiger Einsparung nützlicher Betriebskosten, betätigt wurde. Er kann Geschäfts-Reisen einstellen oder anordnen, eine andere, förderliche Bank-, Wechsel-, Scheck-Verbindung oder -Behandlung herstellen. Er kann dafür sorgen, daß der Einzug von Außenständen ordentlicher und regelmäßiger vor sich geht, Schuldner aber, die längere Zeit im Verzug sind, gemahnt, nötigenfalls eingeklagt werden. Vor allem kann er das Verhältnis zur Gläubigerschaft, auch der bevorrechtigten, durch zweckentsprechende Unterhandlungen, Vorstellungen und Neuerungen derart ordnen, daß diese und der Schuldner in ein bisher nicht erzielbares Einvernehmen gelangen. Er kann aber insbesondere auch den Schuldner und damit die loyalen Gläubiger gegen das unberechtigte und selbstsüchtige Vorgehen von Gläubigern schützen. Da die volle Kenntnis der geschäftlichen Verhältnisse allenfalls im Interesse der Gläubigerschaft liegt, kann die Vorlage und Öffnung der Briefschaften eventuell die Aufsichtsperson sich ausbedingen. Näheres in bezug auf die obligatorischen Maßnahmen enthält der § 28 der neuen VO.

Die Schließung des Geschäfts vorzunehmen oder anzuordnen, liegt nicht in der Machtbefugnis des Aufsichtsführers. Dazu ist der Konkursverwalter, in Zusammenwirkung mit dem Gläubigerausschuß befugt, nicht dagegen die Aufsichtsperson (Mayer S. 148; Sintenis, 2. Aufl. S. 368; Heilberg, JW. 1915, 854; Breit, JW. 1915, 161). Die Durchhaltung des insolventen Unternehmens steht obenan. Der Staat will halbwegs lebensfähige Geschäfte über den Krieg hinübergerettet haben. Das ist die nationalökonomische Erscheinung. Gerade deshalb, weil die Konkurse das Schließen von Geschäften, und damit die wirtschaftliche Ausrangierung von Geschäftsleuten, im Gefolge haben, ist das Institut der Geschäftsaufsicht geschaffen. Zu erhalten, nicht aufzulösen, ist die Aufsichtsperson da. Wo der Geschäftsbetrieb für unrentabel und für die Gläubigerschaft schädigend angesehen wird, ist eine Aufhebung des Geschäftsaufsichtsverfahrens durch die Aufsichtsperson anzuregen (Breit, JW. 1915, 165; Wertheimer, JW. 1915, 174; Levy S. 33; Wassermann-Erlanger, 3. Aufl. S. 250). Aber auch in solchem Falle gilt zunächst der Grundsatz tunlichster Durchhaltung und somit Beruhigung der widerstrebenden gläubigerischen Elemente. Nur da, wo alle Mühe offenbar umsonst und der Weiterbetrieb des gewerblichen Unternehmens bloß mit Kosten verknüpft ist, hat die Aufsichtsperson ihre sozusagen negative Pflicht zu enthalten. Hat doch die Aufsichtsperson in jedem Bericht an das Gericht eine Äußerung zu bringen, ob die Voraussetzungen für eine

Fortdauer der Geschäftsaufsicht noch vorliegen, eben damit Geschäftsaufsichten, die ihren Zweck nicht oder nicht mehr erfüllen, ihr Ende nehmen und allenfalls — auf gläubigerischen Antrag — einem Konkurse Platz machen. Mit alledem ist nicht gesagt, daß die rationelle Verkleinerung und Einschränkung des geschäftlichen Betriebes, die Brachlegung eines unfruchtbaren Teiles desselben, z. B. der Reisetätigkeit in bestimmte Bezirke oder Länder, zumal außerhalb Deutschlands, der Aufsichtsperson nicht gestattet sei (Sintenis S. 368; Levy S. 32). Auch die zeitweilige Schließung des Geschäfts kann der AP. angezeigt erscheinen (Jaeger, JW. 1917, 135). Es liegt nahe, daß solche oft schwerwiegende Maßnahmen, ohne Befragung des Gerichts, das nach § 6 die Aufsichtsperson angemessen zu unterdes Gerichts, das nach § 6 die Aufsichtsperson angemessen zu unterstützen hat, eventuell auch ohne Befragung oder Einsetzung eines Beirates, kluger- und vorsichtigerweise nicht vorgenommen werden. Denn geteilte Verantwortung ist in solchen Fällen halbe Verantwortung. Auch soll der beaufsichtigte Schuldner oder eine einzelne Gläubigergruppe, welche sich für die Tätigkeit des Schuldners bzw. der Aufsichtsperson interessiert, nicht die Empfindung haben, daß die Aufsichtsperson unpraktische und dem schuldnerischen Betriebe nachteilige Maßregeln vornimmt oder anordnet. Ein neues Geschäft darf folgerichtig der Schuldner, ohne Genehmigung der Aufsichtsperson nicht anfangen, einrichten oder ankaufen. Wer seine Gläubiger nicht voll befriedigen kann und deshalb der Kontrolle unterstellt wird, soll nicht in dieser Hinsicht frei, und womöglich erst recht zum eigenen und der alten Gläubiger Schaden, wirtschaften dürfen. Dies ist — im Gegensatz zu der Konkursverwaltung — um so angebrachter, als die Geschäftsaufsicht ein schuldnerisches Privileg, hervorgerufen durch die Kriegsfolgen, bedeutet, sich sinngemäß höchstens auf einige Jahre erstreckt, und auch das nach der Anordnung des § 1 VO. anfallende Vermögen umfaßt.

Strittig ist, wie weit die Maßnahmen der Aufsichtsperson und des von ihm eventuell unterrichteten, bzw. im Interesse der Gläubigerschaft scharfgemachten Gerichtes gehen. Daß trotz Widerspruchs des Schuldners das Gericht das Erforderliche anordnen kann, ist, wenn auch der diesbezügliche Passus des Abs. 1 des § 6 der neuen VO. fehlt, unzweifelhaft. Aber weder Veräußerungsverbot, noch Haft, noch Postsperre sind in der alten oder neuen VO. vorgesehen und daher unzulässig (Wassermann-Erlanger, 3. Aufl. S. 250; Levy S. 35; a. M. Mayer S. 152 und Sintenis S. 369; Hoffmann, Recht 1917, 132: Ablehnung eines Antrags der Aufsichtsperson durch die Postverwaltung; § 5 Ges. Postwesen). — Der Rechtsweg ist gegen Maßregeln, die die Aufsichtsperson im Interesse der Aufsicht für erforderlich hält, unzulässig (Hamburg vom 7. Oktober 1916 Recht 1917, 78 Nr. 115).

D. Rechtliche Stellung der Aufsichtsperson.

1. Gegenüber dem Schuldner.

Sie unterscheidet sich in vielen wesentlichen Punkten von der des Konkursverwalters, des Zwangsliquidators (Lewinsky, GenossBl. 1915, 394) oder Zwangsvertreters (Jaeger, JW. 1917, 135), der das Verwaltungs- und Verfügungsrecht für den Gemeinschuldner ausübt und die Stellung eines gesetzlichen Vertreters des Sondergutsträgers bekleidet (Besas, JW. 1915, 422; KO. § 6; Jaeger, KO.

5. Aufl. S. 141 ff.; a. M. Rintelen, Handbuch, österr. Konk. und AusglR. 29 ff., 63, 205/255, der den KV. als Vertreter der Gläubigerschaft kennzeichnet; bekämpft von Kleinfeller, Zeitschr. Deutsch. Zivilprozeß 1916, 236; siehe auch Bendix, BayZfR. 1916, 6, 7). Denn der geschäftsbeaufsichtigte Schuldner verwaltet sein Vermögen weiter und bleibt durchaus verfügungsfähig (KGJ. 47 Anm. 143; Jaeger, Bankarchiv 1914, 34; Bendix, LZ. 1917, 160). In seinen Rechtsstreiten ist deshalb der Schuldner Partei und nicht als Zeuge vernehmbar (Steffens, DJZ. 1915, 311; Hallbauer, LZ. 1917, 115). Licht, Die Kriegsgesetze (24) vergleicht die Stellung der Aufsichtsperson mit derjenigen des Gläubigerausschusses; dieser Vergleich ist aber nicht gut gewählt. Die Rechtsstellung der Aufsichtsperson weist Ähnlichkeiten mit derjenigen des Konkursverwalters auf (Sieskind § 6, 18), wenn auch wiederum die größten Verschiedenheiten der Funktionen bestehen. Gemeinsam mit der Stellung des Konkursverwalters, ebenso wie der des Zwangsverwalters und Testamentsvollstreckers, ist das Privatamt, das der Richter zur Verrichtung im Dienste von Privatpersonen überträgt (Bendix, LZ. 1915, 202). Die Aufsichtsperson ist nicht Rechtsnachfolger, nicht Vormund, nicht Vertragsgegner des Schuldners. Sie ist auch nicht sein gesetzlicher oder rechtlicher oder bevollmächtigter Vertreter (Levy S. 28; Bendix, LZ. 1915, 202; Sintenis S. 368). Doch ist die Meinung ausgesprochen worden, daß die rechtliche Stellung der Aufsichtsperson derjenigen des Beistandes der Mutter im Sinne des § 1689 BGB. ähnele (Hallbauer, SächsArchRechtspfl. 1914, 379; Levy S. 28 Anm. 2). Diese Meinung dürfte der richtigen Definierung nahekommen. Wird doch die Stellung der Aufsichtsperson als eine Pflegschaftsart angesprochen werden müssen. Die Konstruktion einer Geschäftsbesorgung auf fremde Rechnung (Bendix, LZ. 1915, 203) ergreift einzelne Merkmale der Geschäftsaufsicht zu wenig.

Tritt nach außen ein Widerspruch zwischen Aufsichtsperson und Schuldner in Erscheinung, so gilt der Grundsatz des § 164 BGB.: „Eine Willenserklärung, die jemand innerhalb der ihm zustehenden Vertretungsmacht im Namen des Vertretenen abgibt, wirkt unmittelbar für und gegen den Vertretenen. Es macht keinen Unterschied, ob die Erklärung ausdrücklich im Namen des Vertretenen erfolgte oder ob die Umstände ergeben, daß sie in dessen Namen erfolgen soll."

Ohne ausdrückliche Vollmacht kann die Aufsichtsperson nicht für den Schuldner handeln (a. M. Hallbauer, LZ. 1917, 115) und es ist, in der Auslegung der alten VO., sogar bestritten worden, ob der Schuldner die Aufsichtsperson durch Vollmacht als Vertreter aufstellen, ihn zum Abschluß von Verträgen, zur Führung von Rechtsstreiten, ausersehen kann (Bendix, LZ. 1915, 202). Diese Bestreitung der möglichen Vertreterstellung nach außen ist aber unbegründet (Levy S. 29; Breit, JW. 1915, 168; Hallbauer, LZ. 1917, 115). Es wurde auch im Rahmen der alten VO. geltend gemacht (Levy a. a. O.), zwar bestehe gegen diese Vertretungsmacht an sich kein rechtliches Bedenken, doch dürfe der Aufsichtsherr nicht in ein Abhängigkeitsverhältnis zum Beaufsichtigten treten. Auch diese Auffassung ist abwegig. Weder entsteht durch Ausstellung einer Vollmacht und Betrauung mit der Vertretung ein Abhängigkeitsverhältnis, noch entwürdigt sonst die Verbeistandung des Beaufsichtigten die Aufsichtsperson. Ob mit, ob ohne Vollmacht, steht die Aufsichtsperson im Dienste der Beteiligten, darunter des Schuldners. Aber nicht jeder Dienst schafft Abhängigkeit. Weder die Unterstützung noch die Überwachung nimmt Schaden, wenn der, wie kein anderer, zur Verbeistandung des Schuldners fähige und berufene Aufsichtsführer bei Vertragsschlüssen, im Rechtsstreit, als Antragsteller, mit Vollmacht des Schuldners auftritt. Unter der Herrschaft der neuen VO. vollends kann m. E. ein Bedenken gegen solche Vertretungsmacht nicht mehr aufkommen. Denn während nach § 6 der alten VO. die Aufsichtsperson die Geschäftsführung ganz oder teilweise einer anderen Person übertragen konnte, lautet der diesbezügliche Teil des § 2 der neuen VO. so, daß die Aufsichtsperson die Geschäftsführung ganz oder teilweise selbst übernehmen, mithin alle Funktionen ausführen kann, die irgendwie zur Geltendmachung der vermögensrechtlichen Beziehungen nach innen und außen notwendig und rätlich erscheinen (so auch Hallbauer, LZ. 1917, 115, welcher die Vorzüge gerade der Prozeßführung durch die Aufsichtsperson beleuchtet, falls der Schuldner passiv sich verhält und die vom Verfahren betroffenen Gläubiger, z. B. durch Lässigkeiten sowie Saumseligkeiten gegenüber Ab- oder Aussonderungsberechtigten schädigt). Der Machtbereich der Aufsichtsperson darf andererseits nicht überspannt werden. Unter keinen Umständen geht das Hausrecht des Schuldners auf die Aufsichtsperson über, so daß etwa gar der Schuldner innerhalb seiner eigenen vier Wände Hausfriedensbruch gegen die Aufsichtsperson begehen könnte (so Bendix S. 101; bekämpft von Wassermann-Erlanger, 3. Aufl. S. 249). Umsicht muß mit Takt und Selbstbeherrschung gepaart sein, will die Aufsichtsperson ihrem Amte gerecht werden. —

Mit den Angestellten des Schuldners tritt für gewöhnlich die Aufsichtsperson nicht in direkte Beziehung. Sie wird nicht ihr Vorgesetzter, dessen mittelbare Weisungen sie zu befolgen haben. Er wird nicht ihr Vertragsgegner in Bezug auf Rechte und Pflichten der Angestellten (Bendix, LZ. 1915, 191; 1917, 160; Josef, Gruchot 59, 417). Aber in allgemeinen oder besonderen Fällen des Bedürfnisses, falls entweder der Schuldner unfähig, unzuverlässig, verhindert und verreist oder in concreto eine Weisung im Interesse des Betriebes ist, kann die Aufsichtsperson anordnen, daß ein unmittelbarer Verkehr des schuldnerischen Personals mit der Aufsichtsperson hergestellt wird. Diese Maßnahme kann eine der nach § 2 der neuen VO. erforderlichen sein.

Ergibt sich ein Widerspruch zwischen Schuldner und Aufsichtsperson, so entscheidet das Gericht (§ 30). Einen diesbezüglichen interessanten, sich auf eine Aktiengesellschaft unter Geschäftsaufsicht beziehenden Fall teilt Levis-Pforzheim im Recht vom 10. Mai 1915, 193 mit. Somit kann das Gericht dem einen oder anderen Recht geben bzw. bestimmte sonstige Maßnahmen treffen (Bendix, LZ. 1915, 193). Die Disziplinargewalt des Gerichts gegen die Aufsichtsperson ist in § 25 geregelt. Bestehen Unklarheiten, so kann das Gericht Ermittelungen anstellen und Vernehmungen pflegen (§ 16).

Die Vergütung und Auslagenerstattung hat die Aufsichtsperson gegenüber dem Schuldner anzusprechen (VO. § 27). Er kann auch Vorschüsse hierauf erheben (§§ 670 ff. BGB.). Es ist zulässig, vom Schuldner Sicherheit für die Kosten der Aufsichtsperson zu verlangen (Glaser, Der Einfluß des Krieges, 1 zu § 3; Wassermann-Erlanger, 2. Aufl. S. 218; a. M. Levy S. 16). Zu Beginn des Krieges wurde von den Ministerien in den Ausführungsbestimmungen und Vollzugsvorschriften möglichste ehrenamtliche Funktion der Aufsichtspersonen angeregt. Diese läßt sich indes bei beschäftigten Inhabern anderer Ämter und Berufe oft nicht erreichen. Die Verantwortung der Aufsichtsperson ist nicht geringer, ob ehrenamtlich oder honoriert die Aufsichtsperson tätig ist (Michels, Recht 1917, 22). Sie hat Vorsatz und Fahrlässigkeit zu vertreten. Fahrlässig handelt die Aufsichtsperson, wenn sie die im Verkehr erforderliche Sorgfalt außer acht läßt. Die §§ 276, 827 ff. BGB. finden Anwendung. Die Übertragung des Amtes als solches an einen anderen ist unstatthaft. Es ist eine höchst persönliche Funktion (Bendix, LZ. S. 191). Durch das Verlangen nach unentgeltlicher Führung des Aufsichtsamtes darf die tatkräftige und sorgfältige Wahrnehmung desselben jedenfalls nicht Not leiden (Wassermann-Erlanger, 3. Aufl. S. 252). Dazu kommt die im § 24 der neuen VO. schärfer betonte Verantwortlichkeit nach allen Seiten und die unverhältnismäßige Ausdehnung der Beschäftigung der Aufsichtsperson für den Fall eines Zwangsvergleiches. Die ehrenamtliche Mühewaltung, die die Voraussetzung eines kurzen Krieges und Amtes hatte, unter diesen Umständen einer im Verkehrsleben stehenden Person zuzumuten, wird Schuldner und Gericht nicht leicht fallen (so auch Michels, Recht 1910 I 17 S. 22).

Die gerichtliche Festsetzung der Vergütung für die Aufsichtsperson erfolgt am besten von Zeit zu Zeit in nicht zu langen Zeitabschnitten (AG. Pforzheim vom 24. Januar 1915; Recht 1915, 172 Nr. 330). Eine nach und nach, z. B. vierteljährlich, zu betätigende Vergütung fällt dem Schuldner leichter, wie die Ablohnung auf einmal (a. M.: Breit, JW. 1915, 173, welcher die Festsetzung der Gebühren und Auslagen während der Dauer des Verfahrens als Erschwerung des Geschäftes ansieht). Zweckmäßigerweise entscheidet das Gericht über den Zeitpunkt der Festsetzung von Fall zu Fall. Die in der alten VO. unanfechtbare Festsetzung der Vergütung der Aufsichtsperson (OLG. Dresden vom 18. März 1915 LZ. 1915, 649; Recht 1915, 283 Nr. 456; SächsArchRechtspfl. 1915, 197; ROLG. 30, 369; DJZ. 1915, 620; LG. Posen vom 21. August 1915; DJZ. 1915, 1044) unterliegt nun erfreulicherweise der sofortigen Beschwerde (§ 27 Abs. 2). Einem Rechtszug ist eine derartige, oft von persönlichen und individuellen Rücksichten diktierte Handlung nicht gut zu überlassen. Dies gilt zumal von kleinen Orten, wo zwischen dem einzelnen Richter und dem einzelnen Anwalt oder Geschäftsmann leicht sehr gute oder sehr schlechte Beziehungen bestehen können. — Der gerichtliche Beschluß war m. E. unter der Herrschaft der alten VO., weil rechtsmittellos, nicht vollstreckbar. Es mußte die Aufsichtsperson Klage gegen den Schuldner auf Grund der richterlichen Bemessung stellen (Heilberg, JW. 1915, 1086; Mayer S. 169; Friedländer, JW. 1915, 956; LG. Berlin I vom 13. Juli 1915, KGBl. 1915, 108; Recht 1915, 521; Wassermann-Erlanger, 3. Aufl. S. 252; Levy S. 381; Bendix, LZ. 1915, 94). Die Fiktionstheorie von Bendix (LZ. 1915, 191), Schuldner müsse so behandelt werden, als habe er der Aufsichtsperson die festgesetzten Beträge zugesichert, ist künstlich und unnötig (bekämpft von Breit, JW. 1915, 170). Jaeger, Sächs. Bankarchiv 1914, 35; Breit, JW. 1915, 170; Klien, JW. 1915, 770; OLG. Dresden vom 13. Januar 1916 JW. 1916, 684 bejahten — im Gegensatz zu meinem eben für die alte VO. entwickelten Standpunkt — die jederzeitige Vollstreckungsmöglichkeit auf Grund der gerichtlichen Ausfertigung. Sie kann nach der des heutigen § 27 nicht mehr angezweifelt werden, weil ein zwei Rechtszüge umfassendes förmliches Festsetzungsverfahren eingeführt ist und aus Entscheidungen, gegen welche das Rechtsmittel der Beschwerde stattfindet, die Zwangsvollstreckung stattfindet (§ 794, 3 ZPO.).

2. Gegenüber der Gläubigerschaft.

Die alte VO. schwieg sich über die Rechte und Pflichten der Aufsichtsperson gegen die Gläubigerschaft aus. Die wenigen rasch nach Kriegsbeginn veröffentlichten Paragraphen, damals für einen kurzen Krieg berechnet, boten nur das Notwendigste. Aber im Laufe der Zeit stellte sich ein um so größeres Bedürfnis heraus, das Verhältnis der Aufsichtsperson zur Gläubigerschaft zu regeln. Denn die Geschäftsaufsicht ist nicht nur ein beneficium für den Schuldner (JW. 1916, 1020 Nr. 10; Recht 1916 Nr. 1063; RG. VI vom 11. Dezember 1916 365/1916 Recht 1917, 78 Nr. 117; Jaeger, JW. 1917, 68 gegen Breit, JW. 1915, 162; Bendix, LZ. 1915, 197 und 1917, 156). Die Konkursordnung einerseits und die Erfahrung der Jahre 1914—1916 andererseits boten eine geeignete Grundlage. Konkursverwalter (siehe Jaeger, KO. 5. Aufl. S. 25 zu § 78) und Aufsichtsperson stehen im Dienste von Privatpersonen, des Schuldners und der Gläubiger (RG. 34, 29; 52, 140). Sie sind nicht Staats-, sondern Privatbeamte. Doch sind Verwalter und Aufsichtsperson nicht einseitige Beauftragte des einen oder anderen Organs (Sintenis § 6 Anm. 1; AG. Pforzheim Recht 1915, 172 Nr. 327). Als Privatbeamte stehen sie zwar unter der Aufsicht des Gerichts (KO. § 83; VO. § 25), sind aber zunächst den Beteiligten (KO. § 82) bzw. den Personen, deren Interessen sie kraft ihres Amtes zu berücksichtigen haben (VO. § 24, BGB. § 276), verantwortlich. Ihre Rechenschaftspflicht ist teils ausdrücklich geregelt (KO. §§ 86, 132, 162; VO. §§ 24, 25, 28, 49 usw.), teils konkludent und sinngemäß erkennbar.

Der Verwalter muß sich überdies eine gewisse Mitwirkung der Gläubigerschaft hinsichtlich der Geschäftsführung gefallen lassen. Naturgemäß hat sie ein Anrecht auf eine gewisse Auskunft, wie es mit der Zahlungsunfähigkeit bzw. Überschuldung stand und steht, wie sie verursacht wurde, ob, wie und wann erstere zu beheben ist, ob und in welcher Höhe Gläubiger befriedigt sind oder werden können, ob die Aufsichtsperson bei der Verteilung gemäß § 8 der alten VO. (erst recht § 5 der neuen VO.) von billigem Ermessen (vielmehr jetzt den konkursrechtlichen Grundsätzen) sich leiten läßt (Mendel, JW. 1915, 742), was alles ja auch größtenteils aus den Berichten der Aufsichtsperson zu ersehen ist (VO. § 18; Michels, Recht 1915, 10; Cahen, Berl. Tagebl. vom 23. Februar 1915 Nr. 99; AG. Pforzheim vom 9. Januar 1915 Recht 1915, 172).

Die neue VO. steigerte die gläubigerische Mitwirkung ausdrücklich durch Gestattung der Einsicht in die Berichte der Aufsichtsperson (§ 18), die Ermöglichung der Einberufung einer Gläubigerversammlung (§ 16) und Einsetzung des fakultativen Gläubigerbeirats. Dessen Mitglieder haben die Aufsichtsperson in ihren Obliegenheiten zu unterstützen und zu beraten. Sie können sich informieren und können die Aufsichtsperson, ihre Bücher, Schriften und Kassen kontrollieren (VO. 30—32). Der rücksichtslose Wettbewerb soll gleichwohl nicht unter der Flagge des rechtlichen Interesses des Gläubigers segeln. So ist mit Fug (vom AG. Hamburg am 21. November 1914 DJZ. 1915, 322; Recht 1915, 171) das Interesse des Gläubigers verneint worden, der, als Konkurrent des Schuldners, obwohl dem Gläubiger die Aufsichtsperson genügende Auskunft erstattete, die Einsicht der Bücher begehrte (ebenso Michels, Recht 1917, 23).

An sich ist ein Zusammenarbeiten der Aufsichtsperson und der Kreditoren das Natürliche. Noch enger wird die Beziehung zwischen Verwalter und Gläubigerschaft im Stadium des außerkonkurslichen Zwangsvergleiches. Vor der Entscheidung über den Antrag auf Eröffnung des Zwangsvergleichsverfahrens soll die Aufsichtsperson und, wenn ein Gläubiger-Beirat bestellt ist, auch dieser, gehört werden (§ 42). Gibt das Gericht dem Antrage statt, so soll die Aufsichtsperson vor dem Vergleichstermine, soweit erforderlich, mit den Gläubigern verhandeln, insbesondere mit denjenigen, die bisher nicht zustimmten oder deren Forderungen bestritten sind (§ 45). Gegen die Forderungen der Gläubiger kann die Aufsichtsperson Widerspruch erheben. Erhebt weder dieser, noch der Schuldner, noch ein anderer Gläubiger Widerspruch, so gilt die Forderung als stimmberechtigt. Bei der Abstimmung gilt das Nämliche von der Anerkennung der Forderung (§ 47). Die Aufsichtsperson hat in dem Termin über die Sachlage und Angemessenheit des Vergleiches zu berichten (§ 49).

Der einzelne Gläubiger hat keinen Anspruch auf gewisse Betätigungen der Verwaltung, Unterstützung und Überwachung (analog: Seuff.-Arch. 55, 59; GruchotsBeitr. 31, 1129). Ihm ist anheimgestellt, das die Aufsichtsperson beaufsichtigende Gericht (§ 25) anzugehen, welches die Aufsichtsperson angemessen unterstützen (§ 26), Berichte von ihr einfordern (§ 28), ihr einen Beirat beigeben (§ 30), aber auch in Streitfällen entscheiden (§ 29), einschreiten, Ordnungsstrafen verhängen und die Aufsichtsperson aus wichtigen Gründen ihres Amtes entlassen kann (§ 25).

Die Gläubigerschaft muß sich gefallen lassen, daß die Aufsichtsperson die Vergütung und Auslagen für ihre Mühewaltung dem schuldnerischen Vermögen entnimmt (§ 27). Da ferner die Vergütung und Auslagen der Aufsichtsperson im Konkursverfahren, welches im Anschluß an eine Geschäftsaufsicht ausbricht, als Massekosten zu behandeln sind (§ 71 VO.; früher: Jaeger, Bankarchiv 1914, 35; RG. vom 26. Mai 1916 JW. 1916, 1021; DJZ. 1916, 897; LZ. 1916, 1053; Recht 1916, 502 Nr. 975), wird die Aufsichtsperson, soweit noch nicht befriedigt, in diesem Falle selbst Gläubiger.

3. Gegenüber dem Gerichte.

Das Amtsgericht ist Aufsichts-Gericht. Die Amtsarbeit der Aufsichtsperson wird somit beaufsichtigt, nicht aber geleitet (Jaeger analog zu § 83 KO. Note 1 S. 38). Die Aufsichtsperson hat für gewöhnlich nicht Rat oder Weisung des Gerichts einzuholen. Sie handelt zunächst selbständig, sie regelt die Geschäfte sach- und zweckgemäß. Ein Imperativmandat liegt also gewiß nicht vor. Auch untersteht nicht jede vermeintliche Zweckwidrigkeit der gerichtlichen Rüge (anders Wolff, Anm. 1). Unzweifelhaft zweckwidrige Maßnahmen enthalten freilich meist auch das Merkmal der Pflichtwidrigkeit. Handelt die Aufsichtsperson pflichtwidrig, so beginnt die positive Tätigkeit des Gerichtes (analog: RG. vom 30. Mai 1892 Bd. 29, 83; SeuffArch. 55 Nr. 59; OLG. Bamberg vom 10. November 1906 LZ. 1907, 365). Das Gericht kann nun durch Gebote oder Verbote abhelfen (§§ 25, 26, 29). Es kann nach Anhörung der Aufsichtsperson gemäß § 25 VO. Ordnungsstrafen verhängen und in gröberen Fällen Entlassung anordnen. Auch die Rückgabe der Bestallungsurkunde und die Erstattung der Schlußrechnung sind seitens des Gerichtes erzwingbar (VO. § 23; Jaeger, KO. zu § 83 S. 39).

Besondere Beziehungen zwischen Aufsichtsperson und Gericht ruft das Zwangsvergleichsverfahren hervor (§§ 42, 45, 49, 53, 58). Es ist auf starker Wechselwirkung zwischen diesen beiden Organen aufgebaut. Die gutachtlichen Auskünfte des den Zwangsvergleichsschuldner unterstützenden und überwachenden Aufsichtsführers gewährleisten dem Gerichte eine einwandfreie Handhabung der schuldnerischen Pflichten, als Schutz gegen Verschleierungen und Schiebungen des Schuldners und einer Gläubigerklique. Doch kann das Gericht allezeit sachgemäße Auskunft und Rechenschaft verlangen. Der § 28 umschreibt die Pflichten der unverzüglichen Berichterstattung nach Übernahme der Tätigkeit und der periodischen Wiederholung der Berichte, insbesondere auch der Stellungnahme der Aufsichtsperson zur Frage der Fortdauer des Aufsichtsverfahrens. Hierin liegen Kautelen, die die obligatorischen Gläubigerversammlungen der KO. zu ersetzen haben (Michels, Recht 1915, 10; Bendix, JW. 1913, 1002; Wassermann-Erlanger, 3. Aufl. S. 251 d); Cahen, Berliner Tageblatt vom 23. Februar 1915 Nr. 99). Jaeger a. a. O. vergleicht die Stellung des Gerichts mit derjenigen des Vormundschaftsgerichtes.

4. Ende des Amtes.

Die neue VO. vom 14. Dezember 1916 spricht von der Entlassung aus wichtigen Gründen (§ 25), der Aufhebung der Geschäftsaufsicht mit Rechtskraft des gerichtlichen Beschlusses (§ 69), dem Außerkrafttreten der VO. selbst, bezügl. dessen Übergangsvorschriften zu erwarten sein dürften. Der Bundesrat kann nach der amtlichen Begründung zu § 80 nicht nur den Zeitpunkt, sondern auch den Umfang des Außerkrafttretens der VO. bestimmen, so daß die Abwickelung der nach Bestimmung des Außerkrafttretens noch schwebenden Geschäftsaufsichten nach den Vorschriften der VO. sich vollziehen kann. —

Außerdem endet das Amt der Aufsichtsperson mit Ableben derselben und mit dem Wegfalle ihrer Geschäftsfähigkeit. Fraglich ist, ob die Aufsichtsperson befugt ist, ihr Amt niederzulegen. Bendix, LZ. 1915, 191 gibt der Aufsichtsperson, die unentgeltlich die Geschäfte besorgt, gemäß § 671 BGB. ein Kündigungsrecht, der Aufsichtsperson, die entgeltlich die Geschäfte besorgt, gemäß § 626 BGB. ein Kündigungsrecht nur aus wichtigen Gründen. Mit RG. III vom 20. März 1913, III 373/12 RG. 82, 285 verneint Bendix indes die Anwendung des § 627 BGB., wonach das Dienstverhältnis bei Diensten höherer Art, die auf Grund besonderen Vertrauens übertragen zu werden pflegen, auch ohne wichtige Gründe gekündigt werden dürfe. Die meisten anderen Schriftsteller pflichten Bendix nicht bei. Sie verneinen die Berechtigung der selbständigen Niederlegung überhaupt (ob mit, ob ohne wichtige Gründe). Sie verweisen vielmehr die Aufsichtsperson mit ihrem aus wichtigen Gründen (Krankheit, Zerwürfnis mit dem Schuldner; Jaeger; JW. 1917, 136) möglichen Wunsche des Ausscheidens aus dem Amte an das Gericht (BayerJMBl. 1914, 162; Wassermann-Erlanger, 3. Aufl S. 252; analog: Jaeger, KO. § 78 Anm. 2 und § 84 Anm. 6).

E. Gänzliche oder teilweise Übernahme der Geschäftsführung.

1. Im allgemeinen und die Wirkung nach innen.

Die Einfügung, daß die Aufsichtsperson, als eine der erforderlichen Maßnahmen, die Geschäftsführung ganz oder teilweise selbst übernehmen kann, ist neu. (Diese Berechtigung war unter der Herrschaft der alten

VO. vom 8. August 1914 bezweifelt [Wassermann-Erlanger, 3. Aufl. S. 249, 2; Bendix, LZ. 1915, 1914], aber auch zum Teil anerkannt worden [Kipp, DJZ. 1914, 1031; Sintenis § 6 Anm. 2; Mayer a. a. O. S. 150; Sieskind § 6 Anm. 19]). Sintenis meinte, daß auch die Aufsichtsperson „eine andere Person", als der Schuldner, also zur Übernahme der Geschäftsführung berechtigt sei. Sie bedeutet eine partielle Herübernahme der Rechte des Konkursverwalters. Die Geschäftsführung des Schuldners kann nichts taugen, die Gläubigerinteressen schädigen. Schuldner kann geistig, körperlich, moralisch ungeeignet zur Geschäftsführung sein. Er kann unlautere Manipulationen vorgenommen oder nachweisbar beabsichtigt haben. Er kann im feindlichen Auslande interniert, einberufen, in Gefangenschaft sein. Die Aufsichtsperson kann — im Gegensatz zum Schuldner — den geschäftlichen Verfügungen eine praktischere, gesündere, neuzeitliche Wendung geben. Als Beispiel der teilweisen Übertragung der Geschäftsführung führt die amtliche Begründung § 2 VO. die Abzweigung der Kassenführung an. Übernimmt die Aufsichtsperson die Geschäftsführung, so unterliegt es keinem Zweifel, daß „im Rahmen der dem Geschäftsführer obliegenden Tätigkeit" die Aufsichtsperson als Geschäftsführer den Schuldner vertreten kann. Die Grenze der Vertretungsmacht geht jeweils aus dem Zwecke der auf Unterstützung und Überwachung des Schuldners gerichteten Maßnahme hervor. Als weiteres Beispiel führt die amtliche Begründung ein kaufmännisches Geschäft an, bei dem die Handlungsvollmacht sich auf alle Geschäfte und Rechtshandlungen erstreckt, welche der Betrieb eines derartigen Handelsgewerbes oder die Vornahme derartiger Geschäfte gewöhnlich mit sich bringt (HGB. § 54). Das Brauchtum der betreffenden Branche bildet dann den Maßstab für die Grenze der Betätigung des Geschäftsführers. Übernimmt die Aufsichtsperson die Geschäftsführung, so ist das Verfügungsrecht des Schuldners, was die Geschäftsführung im engeren Sinn anlangt, ausgeschaltet (Josef, GruchotsBeitr. 59, 415). Aber die Aufsichtsperson kann die Vertretungsmacht des Schuldners, als Inhabers des Geschäftes, nicht gänzlich eliminieren (Levy S. 33; Recht 1915, 172; Wassermann-Erlanger, 3. Aufl. S. 250; LG. Karlsruhe Recht 1915, 172 Nr. 328; Heilberg, JW. 1916, 220; Soergel, Kriegsrechtsprechung 1914/15 S. 123; Bendix, LZ. 1917, 160; Josef, Gruchots-Beitr. 59, 415). Der Schuldner kann demnach Widerspruch gegen eine ihm unzulässig oder ungeeignet erscheinende Geschäftsführung der Aufsichtsperson, mit den eventuellen Wirkungen der §§ 16, 29 und 25 VO. ergreifen. Fügt sich der Schuldner den Anordnungen der Aufsichtsperson als selbständigen Geschäftsführers und der mit diesen übereinstimmenden Weisung des Gerichtes nicht, so ist nach § 66 Abs. 1 VO. die Geschäftsaufsicht aufzuheben.

2. Die Wirkung nach außen.

Für die Tatsache der Übertragung der Geschäftsführung ist keine Notifizierung vorgeschrieben, wenn auch dem Gericht oder der Aufsichtsperson solche unbenommen und wohl meist zu empfehlen ist. Denn ohne solche Notifizierung wären die Rechtsgeschäfte des Schuldners, der, trotz entzogener Geschäftsführung, im Rahmen einer solchen handelt, rechtswirksam, was zu verhüten ist. Übrigens besteht vielfach der Brauch seit Einführung der Geschäftsaufsicht, daß Vertragsgegner des Schuldners sich vergewissern, daß die Aufsichtsperson ihr Einverständnis bzw.

ihre Zustimmung oder Genehmigung erteilt hat und vorsichtige Aufsichtspersonen werden diese Tatsache oder ihr Veto in den Kreisen etwaiger früherer oder jetziger Kontrahenten des Schuldners geeignet bekannt zu machen verstehen (Sintenis § 6 der alten VO., 2). Wassermann-Erlanger spricht im Falle der Entziehung der schuldnerischen Geschäftsführung von einer dem neuen Geschäftsführer anzustellenden Bestallung, die im § 6 Abs. 2 bzw. analog im § 81 KO. geregelt sei. M. E. ist aus diesen Paragraphen wohl die normale Bestallung der Aufsichtsperson, nicht aber die anormale der Geschäftsführung des § 6 der alten VO. bzw. § 2 der neuen VO. zu ersehen. Damit ist freilich nicht gesagt, daß eine solche Bestallungsurkunde unpraktisch oder gar unzulässig sei. Denn die Nichterkennung der Übertragung der Geschäftsführung durch Außenstehende zeitigt leicht Unzuträglichkeiten (Buhmann, BayZfR. 1917, 36).

F. Übertragung der Geschäftsaufsicht an eine andere Person.

Hier dreht es sich um den Fall, daß nicht die Aufsichtsperson, sondern, wie nach § 6 der alten VO. eingeführt, eine andere Person „die Geschäftsführung von der Aufsichtsperson" übertragen erhält. Daß verschiedene Schriftsteller auch die Aufsichtsperson als „andere Person" (vom Schuldner verschiedene Person) verstanden, ist unter E 1 erwähnt. Diese Streitfrage ist ja durch den § 2 der neuen VO. beseitigt.

Was aber die andere Person betrifft, so ist zu bezweifeln, ob das Gericht ohne oder gar gegen den Willen der Aufsichtsperson eine andere Person zum Geschäftsführer ausersehen kann, wie dies offenbar Jaeger, Bankarchiv a. a. O.; Bendix, LZ. 1915, 194; Wassermann-Erlanger, 3. Aufl. S. 251 und Kipp, DJZ. 1914, 1032 unter dem Rechte des § 6 der alten VO. annahmen. Ist das Gericht aus wichtigen Gründen mit der Geschäftsführung der Aufsichtsperson unzufrieden, sei es aus eigener, sei es aus Initiative des Schuldners oder maßgebender Gläubiger, hat es von den Befugnissen der §§ 16, 29, 25 der neuen VO. usw. erfolglos ausreichenden Gebrauch gemacht, so ist die gerichtliche Entlassung der Aufsichtsperson möglich. Nicht aber kann das Gericht der Aufsichtsperson ohne oder gegen ihren Willen eine dritte Person als Geschäftsführer zur Seite setzen. Der § 2 der neuen VO. regelt demnach bloß die diesbezügliche Initiative der Aufsichtsperson, die vom Gläubigerbeirat (§ 30 der neuen VO.) oder der Gläubigerversammlung (§ 16) bei räumlich oder der Sparte nach ausgedehnterem Betrieb sehr wohl eine dritte Person als Geschäftsführer anempfohlen bekommen kann.

Die Persönlichkeit, welche von der Aufsichtsperson als Geschäftsführer eingesetzt ist, ist befugt, für den Schuldner zu handeln, für ihn zu kaufen und zu verkaufen, für ihn Gelder einzuziehen und auszuzahlen (Kipp, DJZ. 1914, 1031; Jaeger, Bankarchiv 14, 34; Wassermann-Erlanger, 3. Aufl. S. 249, 2; Bendix, LZ. 1915, 194 und 1915). Insoweit ist der Schuldner ausgeschaltet (Josef, GruchotsBeitr. 59, 417; Güthe-Schlegelberger, Kriegsbuch 1915, 354; etwas a. M.: Bendix, LZ. 1915, 189 ff. und 1917, 160, der die Beibehaltung der Handlungs- und Geschäftsfähigkeit des Schuldners unterstrichen haben will). Bendix a. a. O. stellt nähere Untersuchungen über das Verhältnis des Dritten zur Aufsichtsperson, zum Schuldner und zum Gericht an, kommt aber m. E. zu dem unzutreffenden Schluß, der Dritte trete im Verhältnis zum Aufsichtsgericht an die Stelle des Schuldners, könne also beispielsweise den Maßnahmen der Aufsichtsperson widersprechen, so daß im Falle des Widerspruches des Dritten, das Gericht unter eigener Verantwortung der §§ 839 Abs. 1 und 276 BGB. das Erforderliche anordnen müsse. Diese Konstruktion wird dem Zwecke des § 2 VO. nicht gerecht. Die Aufsichtsperson will und soll die Fäden nicht aus der Hand lassen, wenn sie für Einzelzweige, räumlich oder sachlich verschiedene Geschäftsaufgaben, einen Dritten, als Geschäftsführer, sich beigibt. Sie bleibt verantwortlich, mit dem Dritten tritt das Gericht und der Schuldner nicht in direkte Beziehungen. Der Geschäftsführer steht unter der Aufsichtsperson. Der von der Aufsichtsperson bestellte Geschäftsführer hat Vertretungsmacht für das Geschäft. Die Vertretungsmacht des Geschäftsführers wird aber dadurch nicht beschränkt. Eine solche Entziehungsbefugnis ist nur, wenn ganz besondere Gründe vorliegen, denkbar (ähnlich LG. Karlsruhe, K. f. Handelss. in Pforzheim vom 2. Februar 1915 HAB. 1/15; Levis, Recht vom 10. April 1915 S. 172).

Die Aufsichtsperson, die einen Geschäftsführer bestellt und so für den Schuldner einen Dienstvertrag mit diesem abschließt bzw. den Schuldner anhält, einen so gearteten Vertrag abzuschließen (Wertheimer, JW. 1915, 174; Breit, JW. 1915, 165; Wassermann-Erlanger, 3. Aufl. S. 250 Note 2), hat für die Vergütung des Geschäftsführers aus schuldnerischen Mitteln zu sorgen und sie festzusetzen (AG. Pforzheim vom 22. Februar 1915 Recht 1915, 172 Nr. 239).

§ 3.

Der Schuldner ist verpflichtet, der Aufsichtsperson Einsicht in seine Geschäftsbücher und sonstigen Aufzeichnungen zu gewähren und Auskunft über den Stand seines Vermögens und über seine Geschäfte zu geben.

Der Schuldner soll ohne Zustimmung der Aufsichtsperson weder unentgeltliche Verfügungen oder Verfügungen über Grundstücke und Rechte an Grundstücken vornehmen, noch Ansprüche befriedigen oder sicherstellen, noch andere als solche Verbindlichkeiten eingehen, die zur Fortführung des Geschäfts oder zu einer bescheidenen Lebensführung des Schuldners und seiner Familie erforderlich sind.

Auf Antrag der Aufsichtsperson kann das Gericht dem Schuldner besondere Verpflichtungen zur Sicherung der Gläubiger auferlegen.

Aufklärungs- und Befragungspflicht des Schuldners.

A. Einsichts- und Auskunftspflicht des Abs. 1.

a) Allgemeines.

Es liegt nahe, daß der Schuldner selbst der Aufsichtsperson die Tätigkeit zu erleichtern hat, keinesfalls aber erschweren darf. Die Geschäftsaufsicht bedeutet eine gesetzliche Wohltat im Gegensatz zu dem Konkurse oder auch nur einem dem Schuldner lästigen Einzelvollstreckungsverfahren. Naturgemäß wird dann derjenige, der die Vorteile einer Kriegsnotverordnung genießt, nicht untätig bleiben oder gar, trotz der Fähigkeit, mit der Aufsichtsperson Hand in Hand zu arbeiten, dessen ohnedies nicht leichte Mühewaltung erschweren dürfen. Das Normale wird ja auch sein, daß der Schuldner gerne mithilft, wie überhaupt auf Grund der Erfahrungen der letzten 2¼ Jahre zu sagen ist, daß im großen und ganzen die Prozedur der Geschäftsaufsicht glatt verläuft und daß die hauptsächliche Klage nur die ist, daß an die Gläubiger zu wenig oder nichts abgeführt wird. Die Aufsichtsperson selbst aber wird von den meisten Schuldnern als ein gewisser Rechtsfreund angesehen und das entspricht ja eigentlich auch der Absicht der Bekanntmachung. Die Aufsichtsperson leistet einen gewissen vaterländischen Hilfsdienst. Es wäre daher undankbar, wollte derjenige, welchem geholfen werden soll, sich auf die Seite stellen, in Untätigkeit verharren oder gar dem Schicksal und dem an diesem unschuldigen Aufsichtsführer grollen.

b) Verpflichtung des Schuldners.

Es ist nicht dem Ermessen des Schuldners anheimgestellt, inwieweit er der Aufsichtsperson an die Hand geht und sie aufklärt, sondern er ist hiezu verpflichtet. („Offenbarungspflicht" Jaeger, JW. 1917, 137 b.) Richtig ist, daß der Schuldner im vollen Besitz seiner staatsbürgerlichen Rechte verbleibt, richtig ist, daß er weder verwaltungs-, noch geschäfts-, noch prozeßunfähig wird, richtig ist, daß er primär jegliche Art gerichtlicher und außergerichtlicher Rechtshandlungen vornehmen, richtig ist, daß er obligatorisch und dinglich sich verpflichten kann (Bendix, LZ. 1915, 196; Josef, GruchotsBeitr. 59, 416; Levy S. 40; Wassermann-Erlanger, 3. Aufl. S. 253; Mayer S. 151), richtig ist, daß er entgeltlich und unentgeltlich über sein Vermögen verfügen kann, soweit nicht, im Innen- und soweit erkennbar Außenverhältnis, die Sollvorschrift der Zustimmungspflicht der Aufsichtsperson gemäß § 3 Abs. 2 VO. oder anderer Organe den Schuldner einschränkt. Trotzdem ist der Schuldner verpflichtet, als eine der Gegenleistungen für das ihm infolge und während des Krieges durch die VO. eingeräumte große Privileg der den Konkurs abwendenden Geschäftsaufsicht, aktiv zur sachgemäßen Durchführung und Vollziehung derselben mitzuwirken, nicht in Untätigkeit zu verharren oder gar der Aufsichtsperson passive Resistenz entgegenzusetzen. Von diesem Grundgedanken ging schon die erste VO. über die Geschäftsaufsicht aus. Die Bestimmung des § 3 ist nicht neu. Sie war bereits wörtlich gleich im ersten Absatz des § 7 der alten VO. enthalten. Der § 100 der KO. lautet: „Der Gemeinschuldner ist verpflichtet, dem Verwalter usw. über alle das Verfahren betreffenden Verhältnisse Auskunft zu geben." Der § 100 ist also ganz allgemein gehalten, während die Bestimmungen des alten § 7 Abs. 1 und der neuen VO. § 3 auf die Einzelheiten der Auskunftspflicht eingehen. Die Auskunft des verpflichteten Schuldners muß natürlich eine wahrheitsgetreue sein. Sie ist nicht die einzige Möglichkeit, durch die sich die Aufsichtsperson informiert, sondern es ist eine ganze Reihe weiterer Behelfe gegeben, um allenfalls Licht in das Dunkel zu bringen. Das Gericht kann zur Aufklärung aller Verhältnisse Ermittlungen, insbesondere die Vernehmung von Zeugen und Sachverständigen, anordnen, es kann zur Erörterung der Verhältnisse eine Gläubigerversammlung berufen (§ 16 der neuen VO.). Genügen der Aufsichtsperson die Auskünfte des Schuldners nicht, weil dieser es an dem erforderlichen Können oder Wollen fehlen läßt, so kann mit Hilfe des Gerichts die Aufsichtsperson auf diese Weise sich von dem einzelnen Sachverhalt unterrichten. Auch der § 20 der neuen VO. ist ein solcher Behelf der Aufsichtsperson. Denn der Schuldner hat mit dem Antrag auf Anordnung der Geschäftsaufsicht gewisse Verzeichnisse, Belege und Verrechnungen vorzulegen, die über die Gläubigerschaft, ihre Eigenart und eventuelle Teilnahme am Verfahren, über die Vermögenslage, die Sicherungen der Gläubiger, kurz den ganzen Status, die Aufsichtsperson belehren. Vor der Entscheidung ist die zuständige amtliche Vertretung des Handels bzw. der betreffenden gewerblichen Sparte zu hören. Auch hiedurch erfährt unter Umständen die Aufsichtsperson noch manches Sachdienliche über Schuldner, sein Geschäft und zweckmäßige Maßregeln (§ 21). Nach Anordnung der Geschäftsaufsicht wird die Mitteilung an diese betreffende amtliche Stelle wiederholt, so daß gewiß der Konnex zwischen der letzteren und der Aufsichtsperson hergestellt wird, falls Mitteilenswertes vorhanden ist. Naturgemäß kann auch sonst die Aufsichtsperson sich bei der betreffenden amtlichen Vertretung über Gepflogenheiten des betreffenden Handels, Gewerbes usw. unterrichten. Da das Gericht die Aufsichtsperson auf ihren Antrag bei der Erfüllung ihrer Aufgaben in angemessener Weise zu unterstützen hat (§ 26), stehen allenfallsige Vorakten, Prozeß-, Register-, Grundbuch-Akten der Aufsichtsperson zur Verfügung. Das Gericht wird sachgemäße diesbezügliche Anregungen der Aufsichtsperson gewiß beachten. Bei der Obliegenheit, die Ursachen der Zahlungsunfähigkeit oder der Überschuldung zu ermitteln und die geschäftlichen Verhältnisse des Schuldners zu prüfen (§ 28), kann der Aufsichtsperson, wenn sie oder ein anderer Interessent es anregt, ein Gläubigerbeirat beigegeben werden, welcher auf Grund seiner Sach- und Fach-Kenntnisse die vorhandenen Aufzeichnungen erklären, und die Auskunft, deren die Aufsichtsperson bedarf, vervollständigen kann.

Will der Schuldner einen Zwangsvergleich zur Konkursabwendung schließen, so muß der Schuldner der Aufsichtsperson, die sich vor der Entscheidung (§ 42) und hernach in dem Vergleichstermin (§ 49) zu äußern hat, mit Verdeutlichung der Einzelheiten und Grundlagen des Vorschlages (§ 41) an die Hand gehen, so daß die Aufsichtsperson im Interesse des Schuldners vor dem Vergleichstermin schon mit den Gläubigern verhandeln kann (§ 45). Im Vergleichstermin hat der Schuldner sich über die Forderungen der beteiligten Gläubiger auf Grund des Verzeichnisses zu erklären, damit die Aufsichtsperson weiß, ob sie Widerspruch gegen die betreffende Forderung erheben oder dieselbe anerkennen soll (§ 47). Soweit das Vermögen des Schuldners nicht zu der den Gläubigern angebotenen Befriedigung ausreicht, ist der Schuldner zur Glaubhaftmachung anderweitiger Sicherung des vorgeschlagenen Vergleiches verpflichtet. Auch diese Erklärungen und Glaubhaftmachungen des Schuldners informieren die Aufsichtsperson, die an der Hand aller dieser Unterlagen über die Sachlage zu berichten und sich über die Angemessenheit des Vergleiches zu äußern hat (§ 49). Ein wichtiger, wenn auch m. E. für dieses Institut zu harter Behelf ist die dem Ermessen des Gerichtes überlassene Leistung des schuldnerischen Eides (§ 50) und die mit demselben im Zusammenhang stehende (prinzipiell nicht zu beanstandende) Ergänzung der Verzeichnisse. Die Mitteilungen des Schuldners an die Aufsichtsperson sind fortzusetzen, wenn das Gericht einen zweiten Vergleichstermin anberaumt (§ 52).

c) Einsicht in die schuldnerischen Geschäftsbücher und sonstigen Aufzeichnungen.

1. Anlaß und Zweck der Bestimmung.

Nach § 1 KO. gehören zur Konkursmasse auch die Geschäftsbücher des Gemeinschuldners. Dies ist eine Folge der Universalvollstreckung des Konkurses. Der Betrieb und die allenfallsige Veräußerung des Geschäftes macht die Benützung der Geschäftsbücher erforderlich. Die Geschäftsbücher des Gemeinschuldners als solche — nicht die etwaigen Bücher, die sich mit dem Privatvermögen befassen — gehören also zur Konkursmasse. Sie sind gemäß § 122 KO. sofort nach Konkurseröffnung durch den Gerichtsschreiber abzuschließen. Die geschäftlichen Briefe, Rechnungen, Belege usw. sind einbegriffen. Demzufolge bedurfte es in der Konkursordnung, die sich auf die allgemeine Bestimmung der Auskunftspflicht im Sinne des § 100 KO. beschränkt hat, keiner Norm, die die Verpflichtung des Schuldners festlegte, dem Verwalter Einsicht in die schuldnerischen Geschäftsbücher und Aufzeichnungen zu gewähren. Der Konkursverwalter hat die Geschäftsbücher solange und immer wieder in Händen, wie er sie eben benötigt. Er kann und wird sie dem Schuldner jeweils überlassen, solange er als Verwalter die Geschäftsbücher u. dgl. nicht braucht. Anders liegt die Sache bei der Aufsichtsperson. Da den §§ 1 und 122 KO. ähnliche Bestimmungen für den Bereich der Geschäftsaufsicht nicht erforderlich waren, mußte ein anderer Weg der Aufsichtsperson die Einsicht in die Geschäftsbücher und Aufzeichnungen ebnen. Dies geschah eben in Form des ersten Absatzes des alten § 7 bzw. ersten Absatzes des neuen § 3.

Wird die Aufsicht von mehreren Personen ausgeübt, so ist der schuldnerischen Pflicht des § 3 Abs. 1 gegenüber sämtlichen Aufsichtspersonen zu genügen, die das Verlangen der Einsicht und Auskunft stellen. Unter sich können die Aufsichtspersonen verabreden, daß nur die oder jene Aufsichtsperson die oder jene Einsicht vornimmt (Bendix, LZ. 1915, 201).

2. Einzelheiten der Büchereinsicht.

Wie bei dem Konkursverfahren, so erstreckt sich die Pflicht der Einsicht lediglich auf die Geschäftsbücher, worunter freilich auch geschäftliche Geheimbücher zu verstehen sind. Wurden bisher keine Bücher geführt oder dreht es sich bei der Geschäftsaufsicht nicht um ein Geschäft im engeren Sinne, so hat der Schuldner alle Schriftstücke (Notizbücher, Berechnungen, Quittungen, Belege anderer Art, Frachtbriefe, Briefe von Gläubigern, Schuldtitel, Kaufbriefe, Notariats-, Anwalts-, Prozeßakten u. dgl.) der Aufsichtsperson zu unterbreiten, die in der Lage sind, die Vermögensangelegenheiten aufzuklären. (Gläubigerverzeichnis, Gegenüberstellung von Aktiven und Passiven, letzte Bilanz, falls Schuldner Kaufmann ist.) Bendix, LZ. S. 101 stellt mit Recht fest, daß die dem Gerichtsakte beiliegenden, mit den Anträgen auf Anordnung der Geschäftsaufsicht übergebenen Schriftstücke und Ergebnisse etwaiger Ermittelungen kaum ausreichen, weil diese Behelfe sich nur auf den Zeitpunkt der Eröffnung des Verfahrens beziehen und nur einen Auszug oder Abriß darstellen, die eigentlichen Grundbuchungen, Einträge und den Briefwechsel mit Lieferanten und Kunden jedoch nicht enthalten. Zu den Geschäftsbüchern gehören alle diejenigen gebundenen oder losen Schriftstücke, welche die Handelsgeschäfte des Schuldners und die Lage seines Vermögens ersichtlich machen. Ob diese Bücher nach den Grundsätzen ordnungsmäßiger Buchführung angelegt sind, ob die abgesandten Handelsbriefe im Durchschlag von dem betreffenden Schuldner zurückbehalten zu werden pflegen und ob die empfangenen Handelsbriefe geordnet aufbewahrt werden (HGB. § 38), ist für die Anwendung des § 3 nicht wesentlich. Die Bezeichnung Geschäftsbücher ist somit nicht im engeren Sinne zu verstehen. Was im Zusammenhang mit den Aktiven und Passiven des Schuldners geschrieben und noch vorhanden ist (also auch Diarien, Kladden, Notizbücher, Lohn- und Kundenregister), ist der Aufsichtsperson zu behändigen.

Das Einsichtsrecht ist keine Einsichtspflicht. Die Aufsichtsperson wird nur dasjenige Buchwerk einsehen, dessen Kenntnis ihr für ihr Amt erforderlich erscheint. Sie wird sich daher allenfalls mit Stichproben begnügen (Bendix, LZ. 1915, 201).

Die Aufsichtsperson ist nicht verpflichtet, das Buchwerk selbst einzusehen oder zu exzerpieren. Sie kann diese Aufgabe einem Spezialsachverständigen, einem Bücherrevisor, einer Treuhandgesellschaft, übertragen. Auch diesem Beauftragten der Aufsichtsperson hat der Schuldner sich gemäß § 3 Abs. 1 zu fügen. Nur dann kann der Schuldner in allen diesen Fällen dem Begehren der Einsicht Widerspruch entgegensetzen, wenn diese mißbraucht wird (Bendix, LZ. 1915, 200). Eine Klage auf Einsichtgewährung, der Rechtsweg, ist ausgeschlossen.

3. Geschäftsbücher und Aufzeichnungen von Gesellschaften.

Die Organe der unter Geschäftsaufsicht stehenden Gesellschaften haben die nämliche Obliegenheit, wie die Einzelschuldner. Zu den Geschäftsbüchern von Aktiengesellschaften, Kommanditgesellschaften, Gesellschaften m. b. H. gehören auch die Bücher, Protokolle und Geheimbücher des Aufsichtsrates bzw. der Versammlungen der Gesellschafter und Mitglieder. Für den Bereich der KO. enthalten die §§ 207 ff. KO. die einschlägigen Normen über die Aktiengesellschaften (siehe Jaeger, 5. Aufl. § 100 Anm. 4 und die dortigen Zitate, auch GenossG. vom 4. Juli 1868; Seuffert, KO. S. 298 ff.). Bei Aufsichten über einen Nachlaß trifft die Offenbarungspflicht alle Erben, Pfleger und Vollstrecker.

d) Auskunft über den Stand des schuldnerischen Vermögens und über die schuldnerischen Geschäfte.

1. Worin besteht die Auskunftspflicht?

Der Schuldner hat der Aufsichtsperson für gewöhnlich mündlich die Auskunft zu erteilen. Es kann aber auch bei größeren Berechnungen und Darlegungen die Aufsichtsperson eine schriftliche Auskunft beim Schuldner einholen. Selbstredend braucht die Aufsichtsperson nicht jeweils den Schuldner aufzusuchen. Es liegt gewissermaßen eine Bringschuld für den Schuldner vor. Die Auskunftspflicht erstreckt sich auf das vor und nach Anordnung der Geschäftsaufsicht vorhandene Vermögen, weil es ja, wie oben unter § 2 dargelegt, kein geschäftsaufsichtsfreies Vermögen des Schuldners gibt (sogar auf das unpfändbare, behufs Beurteilung der Lebensführung; s. unten B, h). Durch die Obliegenheit der Auskunft wird diejenige zur Einsichtgewährung vervollständigt. Die von der Aufsichtsperson eingesehenen Geschäftsbücher und Aufzeichnungen müssen unter Umständen, zumal wenn Unklarheiten vorliegen, verdeutlicht werden.

Hiebei darf sich der Schuldner nicht auf den Inhalt der Bücher und Aufzeichnungen beschränken, sondern muß die Auskunft so gewähren, daß die Aufsichtsperson sich über den Stand des Vermögens und die schuldnerischen Geschäfte in allen Teilen klar werden kann.

2. Auskunftspflicht der Vertreter des Schuldners.

Die Auskunftspflicht der juristischen Personen, Vereine, Gesellschaften usw. ist oben unter der Einsichtspflicht behandelt. Das Genossenschaftsgesetz vom 4. Juli 1868 bestimmte, Vorstände und Liquidatoren seien verpflichtet, persönlich zu erscheinen und Auskunft zu erteilen, in allen Fällen, in welchen dies für den Gemeinschuldner selbst vorgeschrieben ist.

Aber auch Vormünder, Abwesenheitspfleger usw. haben als gesetzliche Vertreter von nicht geschäftsfähigen oder verhinderten Schuldnern der Aufsichtsperson Auskunft zu erteilen; der Schuldner selbst hat diese Auskunft seines Vertreters nötigenfalls zu ergänzen. Über Nachlaßgeschäftsaufsichten siehe oben 3 am Ende!

e) Mittel zur Durchsetzung der Einsicht und Auskunftspflicht.

1. Der Eid.

Die KO. kennt den regelmäßigen Offenbarungseid (§ 125): nach der Anfertigung des Inventars kann der Verwalter die Gemeinschuldner zur Leistung des Offenbarungseides laden. Damit ist von selbst der Zwang zur Auskunft gegeben. Der fakultative Eid des § 50 der neuen VO. vom 14. Dezember 1916 hat mit der Geschäftsaufsicht als solcher nichts zu tun. Er ist nur ein in das Ermessen des Gerichts gestellter Zwangsbehelf für die Grundlagen des Zwangsausgleiches außerhalb des Konkurses. Verläuft eine Geschäftsaufsicht ohne solchen Zwangsvergleich, so ist, wie in der alten VO., kein eigentliches Zwangsmittel vorhanden. Richtig ist freilich, daß voraussichtlich ein beträchtlicher Teil der Geschäftsaufsichten künftighin durch Zwangsvergleiche ihr Ende finden werden, so daß nach der neuen VO. bei einer größeren Reihe von Geschäftsaufsichten in den Fällen des § 50 auch ein gewisses Zwangsmittel für die Auskunftspflicht des § 3 gegeben ist.

2. Sonstige Möglichkeiten der Durchsetzung.

Wenn der Schuldner die erforderliche Einsicht und Auskunft nicht gewährt, so kann das Gericht das Verfahren aufheben. („Mittelbarer Druck" Jaeger, JW. 1917, 138.) Einen anderen Modus hat die Aufsichtsperson nicht zur Hand. Sie kann nicht Klage auf Auskunftserteilung stellen (Bendix, Kriegssonderrecht S. 101 spricht sich für die Klage aus, während Bendix, LZ. 1915, 200 die Klagemöglichkeit verneint; letzteres geschieht auch durch Heilberg, JW. 1915, 855; Levy S. 40 Anm. 1b). Auch das in der KO. für die Erlangung der Auskunft vorhandene Mittel der Postsperre (§ 121) versagt bei der Geschäftsaufsicht (Hoffmann, Recht 1917, 132: Ablehnung eines Antrags der AP. durch die Postverwaltung. § 5 Ges. Postwesen). Nach der KO. kann das Gericht die zwangsweise Vorführung und nach Anhörung des Schuldners die Haft desselben anordnen, wenn er die ihm nach dem Gesetze auferlegten Pflichten nicht erfüllt. Eine ähnliche Maßregel besteht für das Gebiet der Geschäftsaufsicht nicht, wenn der Schuldner seine Offenbarungspflicht, besonders die Auskunft, verweigert (Levy S. 40; Mayer S. 152).

B. Zustimmungspflicht des Absatz 2.

a) Allgemeines.

Wollte man dem Schuldner vollständig freie Hand bezüglich der Verfügungen über Grundstücke und Rechte an Grundstücken, auch der Befriedigung oder Sicherstellung von Ansprüchen, belassen, so würde der Zweck der Geschäftsaufsicht vereitelt werden. Nach § 6 der KO. verliert der Gemeinschuldner mit der Eröffnung des Verfahrens die Befugnis, sein zur Konkursmasse gehöriges Vermögen zu verwalten und über dasselbe zu verfügen. Das Verwaltungs- und Verfügungsrecht wird durch den Konkursverwalter ausgeübt. Der Gemeinschuldner bleibt im Konkurse nur Subjekt und Eigentümer des Vermögens, dagegen wirken die vom Verwalter betätigten Willenserklärungen für und gegen den Gemeinschuldner (§ 164 BGB.; Jaeger, KO. 5. Aufl. § 6 S. 156). Der Konkursverwalter verpflichtet durch die übernommenen Verbindlichkeiten den Träger der Konkursmasse. Die dem Gemeinschuldner zustehenden Rechte sind der Verwaltung und Verfügung des Konkursverwalters unterworfen. Da diese Voraussetzungen bei der Geschäftsaufsicht nicht vorliegen, das eigene schuldnerische Verwaltungs- und Verfügungsrecht aber während der Geschäftsaufsicht tunlichst zum Zwecke der Befriedigung der Gläubiger ausgeübt werden soll, besteht ein unabweisbares Gebot der Sicherheit der Gläubigerschaft darin, daß der Schuldner die Einwilligung der Aufsichtsperson zu allen ausschlaggebenden Rechtsgeschäften zu erholen hat. Die Bezeichnung Zustimmung im § 3 Abs. 2, welche, wie der ganze Abs. 2, dem Abs. 2 des alten § 7 entnommen ist, dürfte nicht ganz richtig sein, weil nur durch ein vorheriges und nicht nachträgliches Einverständnis der Aufsichtsperson den Zwecken der Geschäftsaufsicht gedient ist. Es muß also wohl Einwilligung heißen (Sintenis S. 370). Andere Schriftsteller sind der Anschauung, daß die Zustimmung dem Rechtsgeschäfte des Schuldners sowohl vorausgehen, als auch nachfolgen kann (Breit, JW. 1915, 168; Bendix, LZ. 1915, 196). Übereinstimmend ist die Ansicht, daß die Zustimmung formlos sein kann; sie ist auch nicht an die für das Rechtsgeschäft bestimmte Form gebunden (§ 182 BGB.; RG. 10 Nr. 72; Striethhorst, Archiv 39, 310; 82, 41). Ferner ist sie, solange das Rechtsgeschäft nicht vorgenommen worden ist, widerruflich (Breit a. a. O. S. 169). Die Zustimmung ist ein einseitiges empfangsbedürftiges Rechtsgeschäft. Sie muß aber in unserem Falle dem gestor negotii, in diesem Falle dem Schuldner, gegenüber — intern — erklärt sein, und nicht, wie in anderen Fällen (RG. 10 Nr. 72; Kuhlenbeck zu § 182 BGB.) auch dem Vertragsgegner. Die Zustimmung der Aufsichtsperson ist eine rein persönliche Bekundung. Die Ansicht, daß das Gericht anstatt der Aufsichtsperson die Zustimmung erteilen kann (Levis S. 15, 239; neuerdings Jaeger, JW. 1917, 138, im Hinblick auf § 29), ist daher abwegig (Bendix, LZ. 1915, 197). Eine den Bedürfnissen der Geschäftsaufsicht zuwidere Verweigerung der Zustimmung berechtigt das Gericht zur Einschreitung im Sinne der §§ 26, 25, 29 VO. Die Ausübung der öffentlichen Gewalt nach § 839 BGB. und Art. 77 EG. BGB. ist nämlich nicht nur das Recht, sondern auch die Pflicht des Gerichts (RG. vom 14. Dezember 1903 JW. 1904 S. 85). In Ausübung seiner Aufsichtspflicht liegt daher ein Einschreiten gegen die Aufsichtsperson, wenn das Gericht von einer Unterlassung oder Pflichtwidrigkeit derselben Kenntnis bekommt. Mit Gebot und Verbot kann auf Anregung des Schuldners oder Gläubigers in solchen Fällen das Gericht gegen die Aufsichtsperson vorgehen (KO., Motive II S. 306 ff.; KO., Protokolle S. 62, 162; Bendix, LZ. 1915, 197). Nach Erfahrungen der Praxis wäre übrigens eine Durchführung des § 28 der neuen VO., d. h. eine tunlichste Aufrechterhaltung des Geschäftsbetriebes und Verhütung der Verschmälerung des Vermögens, zweckmäßiger durchführbar, wenn gegenwärtiger Abs. 2 des neuen § 3 (und 6) straffer gefaßt, d. h. Einzelnormen gegen die Vermögensschmälerung aufgestellt worden wären. Die Nichtberechtigung, die im § 3 der neuen VO. im Auge gehabten Geschäfte vorzunehmen, wäre in eine Mußvorschrift zu kleiden gewesen.

Da es sich auch bei der neuen VO. § 3 Abs. 2 leider nur um eine instruktionelle Vorschrift handelt („der Gesetzesbefehl wirkt nur persönlich, nicht dinglich" [Jaeger, JW. 1917, 138]), sind die ohne Einwilligung der Aufsichtspersonen getroffenen diesbezüglichen Verfügungen wirksam, soweit nicht der § 6 Abs. 2 der neuen VO. im Wege steht (Bendix, LZ. 1915, 190; Kipp, DJZ. 1914, 1032; Hallbauer, SächsArchRechtspfl. 1914, 380; Levy S. 41; Sintenis S. 370; Mayer S. 151; Jaeger, Bankarchiv 1914, 34; Josef, GruchotsBeitr. 59, 416; Waldecker, Kriegsrechtl. Allerlei, Annalen des Deutschen Reiches 1914, 661). Auch Zahlungen, die, dem § 3 zuwider, vom Schuldner geleistet werden, entbehren nicht der Gültigkeit (KG. vom 12. Juli 1915, 17. August 1915 KGBl. 1915, 107). Freilich bleibt dem Gericht die Möglichkeit, die Geschäftsaufsicht aufzuheben, wenn der Schuldner durch die Nichteinholung der Einwilligung der Aufsichtsperson in erheblichem Maße seine Pflichten verletzt hat (§ 66).

b) Unentgeltliche Verfügungen.

Unter unentgeltlichen Verfügungen sind schuldnerische Leistungen zu verstehen, für welche ein Entgelt, eine Gegenleistung, nicht angesprochen werden kann. Nach der Rechtsprechung fallen übrigens im weiteren Sinn auch diejenigen Leistungen unter die unentgeltlichen, deren Gegenleistung den konkreten Wert der ersteren nicht erreicht (RG. 62, 44; LZ. 1913, 358 f.; 1914, 562; Wilmowski zu § 32 KO.). Die Willensmeinung der Beteiligten gibt den Ausschlag (Jaeger, JW. 1917, 138). Soweit in einer unentgeltlichen Verfügung, welche der Schuldner ohne Zustimmung der Aufsichtsperson vornimmt, eine Gläubigerbenachteiligung gelegen ist, ist eine Anfechtung nach dem Anfechtungsgesetze (RGBl. 1898, 709) bzw. in einem sich anschließenden Konkursverfahren, möglich (Jaeger, Bankarchiv 14, 34; Wassermann-Erlanger, 3. Aufl. S. 253; Bendix, LZ. 1915, 196; Mayer S. 152; Harder, JW. 1914, 818; Breit, JW. 1915, 173; Kipp, DJZ. 1914, 1032). Nach § 75 der neuen VO. wird bei der Berechnung der Anfechtungsfristen die Zeit nicht eingerechnet, während welcher die Geschäftsaufsicht besteht. Dieser § 75 hat rückwirkende Kraft vom 10. August 1914 ab (§ 80 der neuen VO.).

c) Verfügungen über Grundstücke und Rechte an Grundstücken.

Unter Verfügungen über Grundstücke sind Auflassung, Übereignung, Verkauf, Vorkauf, Hypothekbestellung, Grund- und Rentenschuld, Nießbrauch, Dienstbarkeit, Reallast, dann Verfügungen gemäß § 1017 BGB., Art. 63 ff. EG. BGB. zu verstehen. Unter Verfügungen über Rechte an Grundstücken sind die Zession, das Pfandrecht oder der Nießbrauch an einer Hypothek, Grund- und Rentenschuld, Erb- und Abbau-Rechte, auch der Verzicht auf Rechte an Grundstücken, zu verstehen (Sintenis S. 371; Levy S. 44). Handelt der Schuldner der Bestimmung des § 3 Abs. 2 zuwider, so steht der Eintragung einer schuldnerischen Verfügung auf ein diesem gehöriges Grundstück die ihm mangelnde Zustimmung der Aufsichtsperson nicht im Wege (KG. vom 21. Januar 1915 Recht 1915, 106 Nr. 223, 352 Nr. 624; JW. 1915, 1453; OLG.Rechtspr. 31, 173; RGJ. 47 Anm. 142; RJA. 1914, 83; ZBlFG. 1916, 181, 242; DJZ. 1915, 525).

Fraglich ist, welche Wirkung der böse Glaube des Vertragsgegners, d. i. dessen Kenntnis von der mangelnden Einwilligung der Aufsichtsperson, ausübt. Da lediglich eine Sollvorschrift vorliegt, kann von einer Nichtigkeit wegen Unsittlichkeit des Rechtsgeschäftes keine Rede sein (Wassermann-Erlanger, 3. Aufl. S. 253; Mayer S. 169). Nach der überwiegenden Meinung (Heilberg, JW. 1915, 1086 und 1087) entscheidet die objektive Sachlage und nicht der gute Glaube des Gläubigers über die Frage der Privilegierung, weil diese Stellungnahme im Interesse der anderen Gläubiger und des Zweckes des gesamten Verfahrens liege (a. M.: Kipp, DJZ. 1914, 1033, der diese Ansicht als nicht unbedenklich kennzeichnet). Ganz gewiß ist bei Verheimlichung der Tatsache der Geschäftsaufsicht zivil- und strafrechtlicher Betrug gegeben (Kipp, DJZ. 1914, 1033; Heilberg, JW. 1915, 1087).

d) Befriedigung oder Sicherstellung von Ansprüchen.

Unter Befriedigung versteht man die Zahlung, die Hingabe an Erfüllungs Statt oder Erfüllungshalber, die Hingabe von Waren oder die Überlassung anderer Werte (Lagerscheine, Konnossemente), die Zession von Forderungen (eines Kaufschillings, einer Darlehensschuld, einer Wechselschuld; RG. vom 2. Juli 1907 LZ. 1908, 72, 608), den Verzicht auf eine Berechtigung, die Begründung und Übertragung einer Dienstbarkeit, die Anweisung. Unter Sicherstellung von Ansprüchen versteht man u. a. die Verbürgung, Verpfändung, die Rechtsgeschäfte zu treuen Händen, die Sicherungswechselhingabe. Das Gemeinsame aller dieser Geschäfte ist die Deckung früher entstandener Forderungen, also fällt die Deckung neu entstehender Barzahlungspflichten nicht unter den § 3 Abs. 2.

e) Folgen der Mängel der Zustimmung im Hinblick auf § 6.

Mangelt die Zustimmung der Aufsichtsperson, so können die auf diesem fehlerhaften Wege erworbenen Gläubigeransprüche nicht durch Arreste und Zwangsvollstreckungen verfolgt werden. Dagegen wurde — m. E. mit Unrecht — wiederholt entschieden (OLG. Dresden vom 14. Oktober 1915 JW. 1915, 1377; OLG. Dresden vom 30. April 1915 LZ. 1915, 1115; Recht 1915, 454 Nr. 800; Recht 1915, 404 Nr. 712; OLG. Posen vom 11. März 1915 Recht 1915, 352 Nr. 623; ROLG. 30, 369; Kriegsbuch, Bem. B III 2 und die dort angeführte Literatur; Kipp, DJZ. 1914, 1032; Breit, JW. 1915, 170; DJZ. 1914, 1303; Recht 1914, 729; LG. Nürnberg vom 28. Februar 1916 A. 1263/1915; OLG. Nürnberg vom 5. Juli 1916 L. 57/1916; RG. vom 9. Dezember 1916 V 287/16), daß die Einklagung und Verurteilung des Beaufsichtigten zulässig sei, weil sie der künftigen Vollstreckung diene. Bloß sei im Tenor des Urteils ein diesbezüglicher Vorbehalt der Vollstreckung anzubringen (siehe auch RG. 29, 76; Breit 1915, 171; Bovensiepen, DJZ. 1915, 101; a. M.: LG. Karlsruhe, K. f. HS. in Pforzheim vom 19. Januar 1915 HH. 497/1914; Levis, Recht 1915, 171). Noch weiter ging der 8. Zivilsenat des OLG. Düsseldorf (DJZ. 1915, 216; siehe auch LZ. 1915, 158 und Kriegsbuch, Bem. B V d 3) am 4. Dezember 1914: „Die VO. des Bundesrats vom 8. August 1914 verbietet nur eine Zwangsvollstreckung in das Vermögen des Schuldners. Sie trifft aber keine Bestimmung, daß die Rechtskraft eines Urteils im Sinne des § 894 ZPO. während der bestehenden Geschäftsaufsicht gehemmt werde und ebensowenig, daß das Verfahren, das zu einem solchen Urteil führen kann, bis dahin auszusetzen sei." Diese vereinzelte Ansicht des OLG. Düsseldorf wird von der übrigen Rechtsprechung und Literatur nicht geteilt, steht auch mit dem Grundprinzip der §§ 3 und 6 der neuen VO. im Widerspruch.

Würde übrigens die Begründung der Entscheidung des OLG. Düsseldorf zutreffen, so würde, von der Verurteilung zur Abgabe einer Willenserklärung abgesehen, meine (eingangs unter e u. § 6 A b 7 geäußerte) Ansicht bestärkt sein, daß eine Einklagung und Verurteilung des Beaufsichtigten mit entsprechendem Vollstreckungsvorbehalt nicht der Tendenz der §§ 3 und 6 der neuen VO. entspricht. Näheres siehe: Cahn, BayZfR. vom 1. Oktober 1916.

f) Zustimmungspflicht zu vor Anwendung der Geschäftsaufsicht entstandenen Schulden.

Auch die Rechtsgeschäfte des Schuldners, die die Verwirklichung oder Bestätigung oder Umwandlung der Schulden, die vor Anordnung der Geschäftsaufsicht entstanden sind, zum Gegenstand haben, sind zustimmungspflichtig. Darunter fallen frühere Erklärungen des Schuldners auf Bestellung einer Hypothek, Wechselhingabe für eine bestehende Buchschuld, Vergleiche usw.

Bezüglich der Prolongierung von Wechseln verneint Mayer S. 168 die Berechtigung der Aufsichtsperson, während die überwiegende Mehrheit der Schriftsteller (Bendix, LZ. 1915, 196; Kitzinger, JW. 1915, 62; Breit, JW. 1915, 166, 200; M. Breit, Berliner Tageblatt vom 31. Dezember 1914) die auch einleuchtende Meinung ausgesprochen hat, daß der Gläubiger nicht vollstrecken könne, wenn die Aufsichtsperson ihre Zustimmung zur Ausstellung eines Prolongationswechsels gegeben hat. Die Wechselprolongierung ist nichts, wie eine Stundung. So wenig die hinterherige Ausstellung eines Wechsels für eine frühere Forderung eine Vollstreckungsberechtigung bezüglich des Wechsels ergibt, so wenig trifft dies bei der Prolongierung einer bestehenden Wechselschuld zu (siehe auch Korrespondenz der Berliner Ältesten vom 25. Januar 1915 S. 14). Weinberg (Berliner Tageblatt Nr. 547, Handelszeitung) vertritt dagegen die Ansicht, daß durch die Ausstellung von Prolongationswechseln Verbindlichkeiten im Sinne des § 9 der alten VO. (jetzigen § 13 VO.) begründet würden, wenn auch nicht für den ersten Erwerber, auf dessen Ansuchen der vor Einleitung der Geschäftsaufsicht begebene Wechsel prolongiert werde, so doch auf Grund gutgläubigen Erwerbes dritter Personen, welchen die aus dem Wechsel nicht ersichtliche Vereinbarung künftiger Prolongation nicht entgegengehalten werden könne.

g) Verbindlichkeiten zur Fortführung des Geschäftes.

Als erforderlich zur Fortführung des Geschäftes und demnach frei von der Zustimmungspflicht der Aufsichtsperson sind die Willenserklärungen und Rechtshandlungen, welche zur Erhaltung der Existenz des Geschäftes bestimmt sind. Fraglich ist, ob das Geschäft in seinem bisherigen Umfange zustimmungsfrei betrieben werden darf. Diese Frage wird nur von Fall zu Fall beantwortet werden können. („Erforderlich" ist strenger als „dienlich“ und „zweckmäßig“; RG. VI vom 11. Dezember 1916 365/1916; Recht 1917, 78 Nr. 118.) Der Anspruch des Schuldners soll privilegiert sein, damit das Geschäft durchgehalten werden kann. Grenzfälle sind hier sehr leicht denkbar. Bei Meinungsverschiedenheiten entscheidet nach § 29 VO. das Gericht. Man wird wohl davon ausgehen dürfen, daß Geschäftsschulden, die unumgänglich sind, wenn nicht die Grundlage des Geschäftes geopfert werden soll, zustimmungsfrei sind, während eine Ausdehnung des Geschäftes irgendwelcher Art, die das Kontrahieren von Schulden zur Folge hat, für die bestehende Gläubigerschaft riskant und daher zustimmungspflichtig ist. In letzterem Falle setzt die Unterstützung und Überwachung der Aufsichtsperson ein, welche gerade dazu da ist, um den Rahmen des Betriebes während der bestehenden Geschäftsaufsicht abzugrenzen. Der Kernpunkt der Frage beruht aber in dem Außenverhältnis: dritte Personen, welche mit dem Schuldner Geschäfte abschließen und der Schuldner selbst sind nur dann gedeckt, wenn offensichtlich die fragliche Bestellung oder Lieferung zur Fortführung des Geschäftes unentbehrlich ist. Beweispflichtig für die Unumgänglichkeit ist der Gläubiger; die bona fides schützt ihn nicht (Jaeger, JW. 1917, 139). Dem Maßstab werden die bestehenden Bücher, Rechnungen und Quittungen des bisherigen Betriebes abgeben. Im Interesse eines ungefährdeten gewerblichen Verkehres liegt es, diejenigen Maßregeln der normalen Wirtschaft nicht zustimmungspflichtig zu gestalten, welche nach der allgemeinen Auffassung der betreffenden Branche unvermeidlich sind, falls ein Geschäft weiter betrieben wird (Staub-Hachenburg Anm. 16—18 zu § 70 GmbHG.; Staub-Könige § 49, HGB. Anm. 19). Auch hier dürfte die Bemerkung der amtlichen Erläuterung zu §§ 2 und 3 VO. einschlagen, daß der Gesichtspunkt des § 54 HGB. analog angewendet werden kann: Rechtshandlungen, die der Fortbetrieb eines Handelsgewerbes oder die Vornahme derartiger Geschäfte gewöhnlich mit sich bringt, dürfen von Dritten, falls nicht die Aufsichtsperson ausdrücklich ihr Veto einlegt, als zustimmungsfrei angesehen werden. Schließlich ist daran zu erinnern, daß nach der ratio legis dem Schuldner der geschäftliche Verkehr nicht erschwert, sondern erleichtert werden soll (Breit, JW. 1915, 167; Kipp, DJZ. 1914, 1032; etwas strengerer Meinung: AG. Pforzheim Levis, Recht 1915, 239. Hier wird der rigorosere Maßstab der objektiven Notwendigkeit des einzelnen Rechtsgeschäftes angelegt, wenn auch die [unten zu § 5 der neuen VO. B am Ende besprochene] Ansicht überzeugt, ein Dienstvertrag mit einer zur Fortführung des Geschäftes unbedingt notwendigen Person könne ohne Genehmigung der Aufsichtsperson eingegangen, an einem bestehenden Dienstvertrag könne ohne solche keine Änderung vorgenommen werden; vgl. hiezu Heilberg, JW. 1915, 1086).

h) Zustimmungsfreiheit der Verbindlichkeiten zu bescheidener Lebensführung.

Bescheiden ist nicht dürftig oder notdürftig (BGB. § 1611), auch nicht standesmäßig (BGB. § 1610), d. h. der Lebensführung der gesellschaftlichen Stellung entsprechend. Der erste Faktor wäre für den Schuldner zu ungünstig, der zweite Faktor zu günstig. Der Geschäftsbeaufsichtigte genießt durch den § 3 der neuen VO. einen der Tendenz derselben entsprechenden Vorzug vor dem Gemeinschuldner des Konkurses. Letzterer hat nur notdürftigen Unterhalt anzusprechen, der Unterhalt muß zur Befriedigung der allereinfachsten Lebensbedürfnisse ausreichen. Der Anspruch des Gemeinschuldners ist ferner nicht obligatorisch. Es haben vielmehr die Konkursverwaltungsorgane darüber zu verfügen, ob Unterhalt zu gewähren ist (KO. § 129 M. 4 S. 198; Kohler, Lehrbuch S. 391; Seuffert S. 318). Da der Schuldner der Geschäftsaufsicht sein Geschäft weiterbetreibt und verfügungsberechtigt bleibt, soll er nicht nur ein beneficium ansprechen dürfen; die Grenze bildet vielmehr die bescheidene Lebensführung. (Beispiele der Einschränkung: Jaeger, JW. 1917, 139.) Ist auch der Begriff der Standesmäßigkeit nicht zugrunde zu legen, so muß doch die Auslegung individuell sein. Breit verweist (JW. S. 167) mit Recht darauf, daß, was bei dem Leiter eines industriellen Unternehmens bescheiden ist, bei dem kleinen Gewerbetreibenden unbescheiden sein kann. (So auch Weinberg, Gesch.-Auff. 1917, 40: „Großkaufmann" und „Trödler".) Fraglich ist, ob die Lebensführung der Familie ausdehnend auszulegen ist, d. h. ob die geschiedene Ehefrau oder das uneheliche Kind des Schuldners einzubegreifen sind. Die Mehrheit der Schriftsteller begreift diese Kategorien nicht in die Familie des Schuldners ein, und zwar mit Recht, weil doch wohl der Hausstand, wenn auch in weiterem Sinne, in Betracht kommt, wohl also die von dem Schuldner getrennt lebende Ehefrau, die rechtlich jederzeit den Anspruch auf Rückkehr in den gemeinschaftlichen Haushalt hat (Breit, JW. 1915, 167; Levy S. 43). Dagegen scheint mir die Formel von Breit a. a. O., es seien Unterhaltsansprüche von Familienmitgliedern auch ohne besondere Eingehung von Verträgen insoweit privilegiert, als sie einer bescheidenen Lebensweise des Unterhaltsberechtigten dienen, zu weit zu gehen. Die VO. hätte die Möglichkeit einer diesbezüglichen Redigierung gehabt, wollte sie aber offenbar nicht. (S. auch § 33 M 2a!)

i) Besondere Verpflichtungen zur Sicherung der Gläubiger.

Der Abs. 3 des § 3 ist neu. Er bedeutet eine kleine Einschränkung der schuldnerischen Bewegungsfreiheit (Michels, Recht 1917, 23). Offenbar stellte sich in den letzten Jahren der Anwendung der Bundesratsverordnung vom 8. August 1914 ein Bedürfnis zur Möglichkeit scharfer schuldnerischer Sicherheiten und Kontrolle heraus. Auf Anregung der Aufsichtsperson kann das Gericht bestimmen, daß der Schuldner über den Rahmen der gesetzlichen Verpflichtungen hinaus, für Sicherstellung der Gläubiger Sorge trägt. Das Gericht soll also normalerweise nicht ohne den Antrag der Aufsichtsperson handeln. Allerdings kann im Sinne der §§ 16, 29 usw. VO. das Gericht auch ohne den Antrag der Aufsichtsperson eine derartige Maßregel treffen, wenn z. B. ein Gläubiger oder eine Gläubigergruppe diesen Antrag stellt und die Aufsichtsperson in diesem Falle zu milde die Sachlage beurteilt. Es kann dem Schuldner auferlegt werden, die eingehenden Gelder bei einer Bank zu hinterlegen. Er kann verpflichtet werden, in gewissen Zeitabschnitten zu inventieren und bilanzieren. Es kann ihm erklärt werden, daß nur dann die Geschäftsaufsicht aufrechterhalten wird, wenn die oder jene Schulden durch Personal- oder Real-Verbürgung sichergestellt werden Das Verbot der Wechselzeichnung kann erlassen (Werner, LZ. 1917, 234), der Einkauf neuer Waren kann untersagt werden (Weinberg, Gesch.-Auff. 1917, 40). Mit dem Grundsatz der Geschäftsaufsicht als solchem stehen derartige besondere Sicherungen natürlich nicht im Widerspruche. Es kann auch angeordnet werden, daß die (oben unter g behandelten) zur Fortführung des Geschäftes erforderlichen Verbindlichkeiten der ausnahmsweisen Zustimmung der Aufsichtsperson bedürfen. Der Schuldner kann leichtsinnig, unerfahren oder kränklich, dem Rate oder Einfluß einzelner Gläubiger oder Gläubigergruppen allzu zugänglich sein. Unter solchen Umständen besteht ein Bedürfnis, ihn auch im Betriebe der normalen Fortführung des Geschäftes nicht allein schalten und walten zu lassen. Wo somit im Sinne des Schlußpassus des § 3 Abs. 2 die Handhabung der Aufsichtsperson zu verantwortungsvoll gegenüber der Gläubigerschaft erscheint, kann die außerordentliche Maßregel des Schlußabsatzes des § 3 Platz greifen.

C. Keine Einwirkung der Geschäftsaufsicht auf nicht vermögensrechtliche Eigenschaften und öffentliche Rechte des Schuldners.

Die Beschränkung in dieser Hinsicht findet nur im Konkursfalle statt. Geschäftsaufsicht und Zwangsvergleich außerhalb des Konkurses wirken auf die nicht vermögensrechtlichen Eigenschaften und öffentlichen Rechte des Beaufsichtigten in keiner Weise ein. Das ist mit der Zweck der Konkursverhütung. Die Anwendung der Geschäftsaufsicht steht z. B. einer Wahl zum Stadtverordneten nicht entgegen (Ges. u. Recht 1917, 120; Simonis, Preuß. VBl. 37, 141; Güthe-Schlegelberger, Kriegsbuch 1916, 121) ebensowenig grundsätzlich der Zulassung als Anwalt und Aufstellung als Schiedsrichter, Schöffe, Geschworener. Der Beaufsichtigte kann aber auch zum Vormunde bestellt werden (im Gegensatz zum concursifex; § 1781 Nr. 3 BGB.). Freilich kann das Vormundschaftsgericht prüfen, ob in der Zahlungsunfähigkeit als solcher und in der Anordnung der Geschäftsaufsicht ein wichtiger Grund im Sinne des § 1886 BGB. liegt (Schlegelberger, GruchotsBeitr. 59, 214; Mayer S. 174).

§ 4.

Von dem Verfahren werden vorbehaltlich der im § 13 bestimmten Ausnahmen alle persönlichen Gläubiger betroffen, die einen vermögensrechtlichen Anspruch gegen den Schuldner haben.

Tragweite des Aufsichtsverfahrens.

A. Die von dem Verfahren betroffenen Gläubiger.

Diejenigen Gläubiger, welche die Wirkungen des Geschäftsaufsichtsverfahrens direkt erleiden, werden als von dem Verfahren betroffen in der VO. bezeichnet. Den nämlichen Ausdruck hat der § 1971 BGB., welcher sagt: „Gläubiger, die im Konkurse den Pfandgläubigern gleichstehen, sowie Gläubiger, die bei der Zwangsvollstreckung in das unbewegliche Vermögen ein Recht auf Befriedigung aus diesem Vermögen haben, werden durch das Aufgebot nicht betroffen.“ Ein gläubigerischer Anspruch, welcher in der VO. nicht besonders ausgenommen wird, fällt unter das Verfahren der Geschäftsaufsicht. Denn die VO. hat für diejenigen Gläubiger, welche ausgenommen, privilegiert und bevorrechtigt sind, also vom Verfahren nicht betroffen werden, den besonderen § 13 der neuen VO. (§ 9 der alten VO.) geschaffen. Ein dem § 4 der alten

VO. ähnlicher Paragraph bestand in der alten VO. nicht. Es hieß einfach im § 9 der alten VO.: „Von dem Verfahren werden nicht betroffen." Die Regel war nicht besonders erwähnt, nur die Ausnahme. Der § 4 der neuen VO. ist verwandt mit dem § 3 KO.: „Die Konkursmasse dient zur gemeinschaftlichen Befriedigung aller persönlichen Gläubiger, welche einen zur Zeit der Eröffnung des Verfahrens begründeten Vermögensanspruch an den Gemeinschuldner haben (Konkursgläubiger)." Hier wie dort werden zunächst einmal die persönlichen Gläubiger erwähnt.

B. Die persönlichen Gläubiger.

Zum Unterschiede vom § 3 KO. begreift der § 4 der neuen VO. alle persönlichen Gläubiger ein, die einen vermögensrechtlichen Anspruch gegen den Schuldner haben. Der § 3 KO. schränkt den Vermögensanspruch der persönlichen Gläubiger auf die Zeit der Eröffnung des Verfahrens ein. Mit anderen Worten: Der § 4 der neuen VO. ist allgemeiner: es ist im Geschäftsaufsichtsverfahren nicht ausschlaggebend, ob der Anspruch des Gläubigers bereits zur Zeit des Beginnes der Geschäftsaufsicht begründet war oder später erst begründet wurde. Die nicht privilegierten Gläubiger des § 3 fallen (wie sich Breit, JW. 1915, 165 ausdrückt) unter das Aufsichtsmoratorium. Wer von dem Verfahren des § 4 der neuen VO. betroffen wird, unterliegt den Stundungswirkungen der VO. und darf daher vor allem nicht vollstrecken oder arrestieren oder eine einstweilige Verfügung eintragen (§ 6). Er kann während der Dauer der Geschäftsaufsicht seine Forderung gegen den Schuldner unter gewissen Umständen nicht aufrechnen (§ 8). Erhebt er während der Dauer der Geschäftsaufsicht Klage auf Leistung, so fallen ihm für den Fall der schuldnerischen Anerkennung in der Regel die Prozeßkosten zur Last (§ 12). Dafür genießt der von dem Verfahren betroffene Gläubiger den Vorzug, daß die Verjährung seines Anspruches während der Dauer der Geschäftsaufsicht gehemmt ist (§ 7). Der von dem Verfahren betroffene Gläubiger unterliegt weiterhin den Wirkungen des Zwangsvergleiches außerhalb des Konkurses; doch bestehen hier verschiedene kleinere Ausnahmen, die im § 33 der neuen VO. niedergelegt sind. Der rechtskräftig bestätigte Vergleich ist für und gegen alle Gläubiger wirksam, welche von dem Geschäftsaufsichtsverfahren betroffen werden, auch wenn sie in dem Verfahren keine Erklärungen abgegeben haben (§ 60 der neuen VO.). Eine Anmeldung hat (im Gegensatz zu den §§ 138 ff. KO.) die VO. betreffend Geschäftsaufsicht nicht vorgesehen. Ohne Anmeldung, die fakultativ gegenüber dem Gerichte oder der Aufsichtsperson erfolgen kann, bewirken die vom Verfahren betroffenen Gläubiger Berücksichtigung bei der Verteilung des § 5 der neuen VO., soweit die Forderungen bekannt sind und insbesondere sich aus den Aufstellungen der §§ 20, 41 und 50 bzw. aus den Ermittelungen des § 16, ergeben. Im Zwangsvergleichsverfahren ist die Frage, ob die betreffenden Personen oder die betreffenden Firmen in Wirklichkeit von dem Verfahren betroffene Gläubiger sind, durch das Feststellungsverfahren der §§ 46, 47 und 50 der neuen VO. entschieden.

Die Bezeichnung „persönlich" bedeutet den Gegensatz von dinglich. Persönlicher Gläubiger ist derjenige, für dessen Forderung der Schuldner persönlich haftet. Im § 64 KO. ist der persönlich haftende Schuldner in Gegensatz gesetzt zu dem Gläubiger, welcher abgesonderte Befriedigung beansprucht. Im BGB. ist zwar wiederholt die Rede vom „persönlichen Schuldner“, vom „persönlich Verpflichteten“, sowie „persönlich Haftenden“, nicht aber vom persönlichen Gläubiger (näheres siehe Jaeger, KO. § 3 Anm. 3 S. 103). Die Ansprüche der persönlichen Gläubiger sind sowohl in Schuld-, als auch in Sachen-, Familien- und erbrechtlichen Verhältnissen denkbar. Schadensersatzansprüche aus sachenrechtlichen Verhältnissen, ferner Ansprüche des Eigentümers, die nicht in Herausgabe (Vindikation) bestehen (§ 13 Nr. 3 der neuen VO.), etwa des § 987 BGB. (Herausgabe von Nutzungen des Besitzers), fallen unter die persönlichen Gläubigerrechte. Das Nämliche ist der Fall bei Ansprüchen, die vom Schuldner und jedem Dritten persönlich vorgenommen werden können. (Jaeger führt Anm. 9 zu § 3 KO. die Errichtung einer Mauer an.) Dies sind Vermögensansprüche, welche in Höhe des tatsächlichen Kostenaufwandes im Geschäftsaufsichtsverfahren geltend gemacht werden können. Im Geschäftsaufsichtsverfahren durchführbare Unterhaltsansprüche der Verwandten, des unehelichen Kindes, der unehelichen Mutter (Wassermann-Erlanger, 3. Aufl. S. 257; Bendix, LZ. 1915, 198; a. M. Breit, JW. 1915, 167), sodann Ansprüche aus Pflichtteilsrechten und Vermächtnissen gehören ebenfalls hieher. Gläubigerrechte, etwa auf ein Darlehen eines Kommanditisten der Gesellschaft gegenüber, bilden Forderungen persönlicher Gläubiger im Geschäftsaufsichtsverfahren. Der stille Gesellschafter darf seine Einlage als persönlicher Gläubiger einfordern, wenn über das Vermögen des Inhabers des Handelsgeschäftes das Geschäftsaufsichtsverfahren verhängt wird, und zwar, soweit die Einlage den Betrag des auf ihn fallenden Anteiles am Verluste übersteigt (HGB. § 341). Auch die Vorteile neuer Unternehmungen und Verbesserungen hinsichtlich der Vermögensverhältnisse des Geschäftsinhabers kommen dem stillen Gesellschafter zugute. Hier steht das Verfahren der Geschäftsaufsicht wiederum im Gegensatz zu demjenigen des Konkurses, weil von dem Verfahren der Geschäftsaufsicht alle persönlichen Gläubiger betroffen werden, die überhaupt einen vermögensrechtlichen Anspruch gegen den Schuldner haben, nicht nur solche, die ihn zur Zeit der Eröffnung des Verfahrens haben. Ein von dem beaufsichtigten Inhaber eines Handelsgeschäftes während der Geschäftsaufsicht erzielter Geschäftsgewinn würde also — im Gegensatz zum Konkurse (Dresden vom 20. November 1900 SächsOLG. 23 S. 322) — dem stillen Gesellschafter mit zum Vorteile gereichen.

C. Vermögensrechtlicher Anspruch.

Darunter versteht man ein Guthaben, welches auf eine Leistung gerichtet ist, die aus dem Vermögen des Schuldners bewirkt werden kann. Ansprüche, die auf Herausgabe eines Gegenstandes abzielen, welches nicht zum Vermögen des Schuldners gehört, berechtigen zur Aussonderung im Sinne des § 13 Abs. 3. Ansprüche, welche auf Begründung von Rechten an Gegenständen gerichtet sind, die im schuldnerischen Vermögen stehen, etwa auf Übereignung eines gekauften Gegenstandes, sind, wenn sie von vorneherein nicht auf einen Geldbetrag gehen, im Sinne des § 69 KO. in Geld zu veranschlagen. Bei Ansprüchen aus einem gegenseitigen Vertrage, der zur Zeit der Anordnung der Geschäftsaufsicht noch nicht erfüllt war, z. B. bei einem Kauf- oder Tauschgeschäfte, wird der Gläubiger von dem Verfahren nicht betroffen

(§ 13 Abs. 2). Dagegen gelten betagte Ansprüche für die Geschäftsaufsicht als fällig.

Die unter § 13 Nr. 2 bezeichneten Gläubiger werden hinsichtlich ihrer Ansprüche auf Schadensersatz, soweit solcher in den §§ 9—11 der neuen VO. festgelegt ist, von dem Verfahren betroffen. Auch Schadensersatzforderungen, die schon vor der Geschäftsaufsicht entstanden waren, fallen unter den § 4 der neuen VO.

Es gibt persönliche Gläubiger, welche keinen vermögensrechtlichen Anspruch gegen den Schuldner haben. Die Motive II S. 25 KO. sprechen in diesem Falle von „Ansprüchen gegen den Gemeinschuldner auf Leistung einer individuellen, von seiner Person untrennbaren Handlung", etwa auf Rechnungslegung, Ausstellung eines Zeugnisses, auf Auskunftserteilung, auf ärztliche Behandlung. Aber auch Ansprüche auf Unterlassung schlagen hier nicht ein. Sie können nicht aus dem Vermögen befriedigt werden, sondern nur durch ein im § 890 ZPO. geregeltes Zwangsverfahren. Vor der Geschäftsaufsicht aus einer Zuwiderhandlung des Schuldners erwachsene Entschädigungsansprüche fallen unter den § 4. Die im Auge gehabten Gläubigerrechte müssen erzwingbar sein; sonst könnte nicht von einem Anspruch gegen den Schuldner die Rede sein. Es ist gleichgültig, ob ein ordentliches oder ein besonderes Gericht, ein Gericht oder eine Behörde, ein Gerichtsverfahren im Instanzenwege oder ein gewähltes Schiedsgericht, dem Anspruche gegen den Schuldner zum Ziele verhelfen müßte. Alle diese Ansprüche nehmen an dem Verfahren des § 4 teil. Auch der Rechtsgrund der Ansprüche ist bedeutungslos; sie mögen auf gesetzlichen Bestimmungen oder unerlaubten Handlungen, Rechtsgeschäften unter Lebenden oder von Todes wegen, privat- oder öffentlichrechtlichen Bestimmungen beruhen (Jaeger, KO. Anm. 12 zu § 3). Nicht aber fallen unter den Begriff des vermögensrechtlichen Anspruches die sogenannten natürlichen Verbindlichkeiten, die zwar von Gesetz und Recht nicht geschützt, doch moralisch und nach vornehmer Verkehrsauffassung zu berücksichtigen sind (Klingmüller, Lehre von den natürlichen Verbindlichkeiten 1905 S. 209 ff.; hierunter gehören die in den §§ 656, 762 ff. BGB., § 53 BörsG., §§ 656 und 222 BGB. geregelten Verhältnisse. Über die verjährten Ansprüche insbesondere siehe Jaeger, KO. Anm. 14 zu § 3, wo auch der Fall der rechtskräftig aberkannten Forderungen als nicht unter die vermögensrechtlichen Ansprüche gegen den Schuldner fallend behandelt wird).

§ 5.

Die vorhandenen Mittel sind, soweit sie nicht zur Fortführung des Geschäfts und zu einer bescheidenen Lebensführung des Schuldners und seiner Familie erforderlich sind, zur Befriedigung der Gläubiger zu verwenden, auch soweit die Gläubiger von dem Verfahren nicht betroffen werden. Die Reihenfolge der Befriedigung wird von der Aufsichtsperson unter entsprechender Anwendung der Grundsätze der Konkursordnung bestimmt; Abweichungen von diesen Grundsätzen sind nur mit Zustimmung des Gerichts zulässig.

Die Verteilung.

A. Verwendung der vorhandenen Mittel.

Der § 8 der alten VO. lautete: „Die vorhandenen Mittel sind, soweit sie nicht zur Fortführung des Geschäfts und zu einer bescheidenen Lebensführung des Schuldners und seiner Familie erforderlich sind, zur Befriedigung der Gläubiger zu verwenden; Umfang und Reihenfolge der Befriedigung bestimmen die Aufsichtspersonen nach billigem Ermessen. In Streitfällen entscheidet das Gericht." Nach der alten VO. war also das billige Ermessen der Aufsichtsperson maßgebend für die Frage, in welchem Umfang und in welcher Reihenfolge die Befriedigung aus den vorhandenen Mitteln erfolgen soll. (Ja sogar die Berücksichtigung streitiger Forderungen war der Aufsichtsperson anheimgestellt; Hess. Rechtspr. 1915, 157; JW. 1915, 1127; Güthe-Schlegelberger, Kriegsbuch 1916, 121.) Heute haben die Aufsichtspersonen die Grundsätze der KO. analog anzuwenden. Früher entschied in Streitfällen das Gericht. Heute sind Abweichungen von den konkursrechtlichen Grundsätzen nur mit Zustimmung des Gerichtes zulässig. Es sind also offenbar Klagen laut geworden, daß auch in dieser Hinsicht die Kompetenz der Aufsichtsperson zu wenig umschrieben, daher ihr und indirekt dem Schuldner zu freie Hand gelassen worden war. Man sah von Anfang an das den Aufsichtspersonen, wenn auch im Rahmen des billigen Ermessens, gelassene plein pouvoir als zu verantwortungsvoll an. Wenn nun auch durch die neue VO. jetzt eine gleichmäßige Befriedigung der Gläubiger als normale Maßnahme vorgesehen ist, so ist immerhin, mangels der Tabellen, des Prüfungstermines und anderer in der straffen Art des Konkursverfahrens gelegenen Kautelen, die Verantwortung noch eine ziemlich große für die Aufsichtsperson geblieben. Manche Verbindlichkeiten müssen nach der ganzen Sachlage von vorneherein befriedigt werden, weil sonst die betreffenden Gläubiger dem Aufsichtsverfahren hinderlich sind. Leistungen, die nicht gut auf längere Zeit hinausgeschoben werden können, wenn nicht die Aufsichtspersonen dem Schuldner und sich selbst den Gang des Verfahrens erschweren wollen, hängen eng mit anderen Leistungen zusammen. Kurz: es ist nicht gut möglich, sich strikt an eine gleichmäßige Befriedigung der Gläubiger zu halten. Dazu spielen noch die Ausgaben herein, die mit der Fortführung des Geschäftes und dem Lebensunterhalt des Schuldners in Zusammenhang stehen, so daß selbst die Aufstellung des gewissenhaftesten Tilgungsplanes nach dem Grundsatz: par conditio creditorum nicht eingehalten werden kann. Auch Breit (JW. 1915, 165), der zuvor den Satz aus den Motiven zur deutschen Konkursordnung S. 1273 erläutert: „Bevorzugung des einen Gläubigers enthält eine Rechtskränkung des anderen, die volle Befriedigung des einen geschieht auf Kosten des anderen" nimmt an, daß die gleichmäßige Verteilung, wie jede Schablone, für das Kriegswirtschaftsleben ungeeignet ist. Wenn z. B. der Schuldner in der Lage ist, einen Lieferanten, auf dessen weitere Lieferungen er für den Betrieb seines Geschäftes angewiesen ist, vor den anderen Gläubigern zu befriedigen und damit sein Unternehmen durchhalten kann, soll die Aufsichtsperson von der Methode der gleichmäßigen Befriedigung abgehen. Diese Ansicht vertritt freilich Breit zunächst nur für den Geltungsbereich der alten VO. § 8, doch wird auch heute eine Abweichung von den Grundsätzen der gleichmäßigen Befriedigung in solchen Fällen geboten sein und die Zustimmung des Gerichts leicht erlangen. Ein anderes einleuchtendes Beispiel gibt Werner (LZ. 1917, 235), wenn nämlich der bevorzugte Gläubiger gleichzeitig schwer verkäufliche Ware zu hohem Preise übernimmt. Auch die drohende Gefahr eines bestehenden Schadensersatzanspruches ist solch ein Ausnahmefall, weniger die Notlage des Gläubigers (wie Weinberg, Gesch.-Auff. 1917, 42 annimmt). Freilich wird man die Aufsichtsperson zur Haftung heranziehen können, wenn sie ohne solche Entschuldigung von der Regel abweicht (Levy S. 47; Mayer S. 168). Das billige Ermessen bringt es mit sich, daß unbedeutende dringliche Schulden sofort, andere bedeutende Beträge nur ratenweise, beglichen werden (Bendix, LZ. 1915, 198; Jaeger, Bankarchiv 14, 34; Sieskind S. 98 § 8 der alten VO. Anm. 23; Sintenis zu § 8 Anm. 1; Heilberg, JW. 1915, 856; Levy S. 47; Wassermann-Erlanger, 3. Aufl. S. 255; Cahen, Berliner Tageblatt vom 17. Dezember 1914 Nr. 640; Bovensiepen, GeschA. 1917, 43).

B. Mittel zur Fortführung des Geschäftes und zur Lebensführung.

Die Aufgabe der Aufsichtsperson, die Reihenfolge der Befriedigung zu bestimmen, setzt eigentlich erst ein, wenn noch Mittel vorhanden sind, die nicht zur Fortführung des Geschäftes, dann zur bescheidenen Lebensführung des Schuldners und seiner Familie, benötigt werden. Darf doch auch der Schuldner die zu seiner und seiner Familie bescheidenen Lebensführung erforderlichen Verbindlichkeiten ohne Zustimmung der Aufsichtsperson eingehen (§ 3 Abs. 2 der neuen VO.). Trotzdem wird man sagen dürfen, daß der Schuldner nicht uneingeschränkt schalten und walten darf, soweit es sich um die Mittel zur Fortführung des Geschäftes und zu einer bescheidenen Lebensführung dreht. Die Selbstsucht des Schuldners könnte sonst zu weit gehen, beklagen sich ja ohnedies die meisten Gläubiger, Privatleute, Banken usw. darüber, daß die vom Verfahren betroffenen Gläubiger seit Bestehen der Geschäftsaufsicht wenig oder nichts vom beaufsichtigten Schuldner zugeteilt erhalten. Immerhin soll der Schuldner vor dem Nachteil bewahrt bleiben, daß er sein Geschäft schließen muß. Durch den Krieg sind vielfach Geschäftsleute in Mitleidenschaft gezogen, die sonst ihr Geschäft mühelos weiterbetrieben hätten. Der § 5 soll dem soliden Schuldner Gelegenheit geben, die durch die Fortführung des Geschäftes bedingten, nicht vermeidbaren Ausgaben und Zahlungen vorzunehmen. Bendix, LZ. 1915, 198 verweist darauf, daß es an den das schuldnerische Privileg stützenden Voraussetzungen fehlen kann, z. B. wenn das Geschäft nur mit Kommissionswaren fortgeführt oder die Waren, gegen Verbürgung eines Verwandten oder hypothekarische Sicherstellung auf dessen Grundstück, geliefert werden oder wenn z. B. die Ehefrau die Geschäftsinhaberin ist und der Ehemann den Unterhalt für die Familie besorgt.

Hinsichtlich des Kreises der zur Fortführung des Geschäftes notwendigen Handlungen wird man allemal die Richtlinie gelten lassen dürfen, daß der Unternehmungs- oder gar spekulative Geist zurückzudrängen ist. Levis (Recht 1915, 239) berichtet von einer amtsgerichtlichen Entscheidung (offensichtlich des Amtsgerichts Pforzheim), es könne zwar ein Dienstvertrag mit einer zur Fortführung des Geschäftes unbedingt notwendigen Person ohne Genehmigung der Aufsichtsperson eingegangen, nicht aber an einem bereits bestehenden Dienstvertrage während des Laufes des Vertrages eine Änderung vorgenommen werden.

Heilberg (JW. 1915, 1086) bemerkt hiezu, die Frage sei von Fall zu Fall zu prüfen, im allgemeinen werde allerdings die Änderung eines bereits bestehenden und noch laufenden Vertrages nicht erforderlich sein. Dem ist beizupflichten: die Dankbarkeit für die Gewährung der gesetzlichen Stundung muß nach meinem Dafürhalten der Schuldner in die Praxis der Selbstbescheidung in geschäftlichen Angelegenheiten umsetzen, und lieber mehr, wie weniger, die Aufsichtsperson um Rat und eventuell Zustimmung fragen. —

Was unter bescheidener Lebensführung des Schuldners und seiner Familie verstanden wird, ist oben unter § 3 B h erläutert. Auf diese Erläuterung wird verwiesen.

C. Berücksichtigung auch der von dem Verfahren nicht betroffenen Gläubiger.

Neu ist im § 5 der neuen VO. auch die Bestimmung, daß die vorhandenen Mittel zur Befriedigung der von dem Verfahren nicht betroffenen Gläubiger ebenfalls zu verwenden sind. Dies will sagen, daß zwar das Verfahren der Geschäftsaufsicht als solches nur die Gläubiger einbegreift, die oben im § 4 näher behandelt sind, daß indes, soweit die vorhandenen Mittel reichen, die von dem Verfahren nicht betroffenen Gläubiger nicht zu kurz kommen dürfen. Es versteht sich dies eigentlich von selbst. Denn diese sind ja, wenn sie sich nicht mit dem Schuldner und der Aufsichtsperson einigen — was immer das Zweckmäßigste ist und gewöhnlich zu gewissen Abzahlungen führt — in der Lage, mit Arresten, einstweiligen Verfügungen und Zwangsvollstreckungen trotz Geschäftsaufsicht vorzugehen. Ihr Zugriff erstreckt sich ebenso auf die vorhandenen Mittel, wie auf die übrigen Teile des schuldnerischen Vermögens (Levy S. 46). Solche Gläubiger, zumal die unter 1., 2. und 3. des § 61 KO. angeführten gehen — was ihnen freilich zu verübeln ist, da auch sie Kriegszeit und -Recht einigermaßen berücksichtigen müßten — erfahrungsgemäß prompt vor. Soweit es demnach angeht, darf keine Aufsichtsperson die Rangordnung des § 61 KO. bei ihrem, wenn auch ungeschriebenen Teilungsplan, außer acht lassen.

D. Reihenfolge nach konkursrechtlichen Grundsätzen.

Während so die fälligen Ansprüche der Gläubiger regelmäßig nach der Rangordnung des § 61 KO., und bei gleicher Rangordnung nach Verhältnis ihrer Beträge, berichtigt werden, werden sich diejenigen Gläubiger, die nicht unter C obiger Erläuterung fallen, in der Kriegszeit gerne Teilleistungen gefallen lassen, zu welchen der Schuldner nach § 266 BGB. nicht berechtigt ist, die aber den Gläubigern, nachdem nun einmal die Vorschriften der §§ 12 und 6 Abs. 2 der neuen VO. bestehen, lieber sind, wie nichts. Was die bevorzugten Gläubiger des § 13 der neuen VO. anbetrifft, so sind, zumal die §§ 57 (Massekosten und Masseschulden), 58 (gerichtliche Kosten für das gemeinschaftliche Verfahren, Ausgaben für die Verwaltung, Verwertung und Vertretung der Masse), dann außer dem mehrfach zitierten § 61 der § 62 (Kosten, die dem Gläubiger vor Eröffnung des Verfahrens erwachsen sind; Vertragsstrafen usw.) analog heranzuziehen. Was speziell die absonderungsberechtigten Gläubiger des § 13 Nr. 4 betrifft, so schlägt § 64 KO. ein. Man kann aber nun durchaus nicht den Grundsatz aufstellen, daß alle diese Rangklassen oder vielleicht auch nur, mangels vorhandener Mittel, die ersten derselben zu berücksichtigen seien. Denn in einer großen Anzahl von bestehenden Geschäftsaufsichten dürfte es unmöglich sein, die Mittel für 100 % dieser privilegierten Gläubiger jeweils bei Fälligkeit bereitzuhalten. Konzessionen müssen in der Praxis vielmehr auch diese machen und zur Annahme von Abschlagungszahlungen, wenn es nicht anders geht, sich verstehen.

E. Schwierigkeiten bei der Verwendung.

Die KO. hat ein genau geregeltes Anmeldungs-, Prüfungs- und Verteilungs-Verfahren. Der § 151 KO. schreibt vor: „Vor der Vornahme einer Verteilung hat der Verwalter ein Verzeichnis der bei derselben zu berücksichtigenden Forderungen auf der Gerichtsschreiberei zur Einsicht der Beteiligten niederzulegen und die Summe der Forderungen sowie den zur Verteilung verfügbaren Massebestand öffentlich bekannt zu machen." Dem Geschäftsaufsichtsverfahren sind diese Stadien und Sicherheitsmaßregeln fremd. Es müssen daher die Gläubiger befriedigt werden, ohne daß ihre Forderungen angemeldet zu sein brauchen, ohne daß sie geprüft sind und ohne daß das öffentlich niedergelegte Verteilungsverzeichnis eingesehen ist. Ansprüche, die der Schuldner bestreitet, können nur dann von der Aufsichtsperson anerkannt und bei der Verwendung vorhandener Mittel berücksichtigt werden, wenn die Aufsichtsperson sich, auf Zutun des Gläubigers, von dem Ungrund der schuldnerischen Bestreitung überzeugt. Gewöhnlich wird die Aufsichtsperson über die diesbezüglichen Angaben des Schuldners nicht gut hinwegkommen und es wird dem Gläubiger überlassen bleiben, klagend gegen den Schuldner vorzugehen. Angesichts der schuldnerischen Bestreitung braucht ja der zuversichtliche Gläubiger die Bestimmung des neuen § 12 nicht zu befürchten. In den Fällen der Bestreitung wird die Aufsichtsperson gut daran tun, einen der Forderung entsprechenden Betrag zurückzustellen oder gar hinterlegen zu lassen (Harber, JW. 1914, 799; Levy S. 48; Bovensiepen, GeschA. 1917, 43), ohne hiezu verpflichtet zu sein (OLG. Darmstadt, JW. 1915, 1127). Diese Umstände tun die Schwierigkeiten bei der Verwendung vorhandener Mittel dar.

F. Abweichungen von den Grundsätzen des § 5.

Diese Abweichungen sind nur mit Zustimmung des Gerichtes zulässig. Durch diese neue Bestimmung ist die Tätigkeit des Gerichtes in diesem Betreff in einer bedenklichen Weise erweitert. Wie nun, wenn die Geschäftsaufsicht, wie dies beim größten Prozentsatz der praktischen Fälle zutrifft, am 25. Dezember 1916, dem Tage des Inkrafttretens der neuen VO. (§ 80), bereits seit ein oder zwei Jahren besteht, Abweichungen von den Grundsätzen der Parität aber gang und gäbe waren? Besteht doch ein gewaltiger Unterschied, ob in Streitfällen das Gericht entscheidet (alte VO.) oder Abweichungen von den Grundsätzen nur mit Zustimmung des Gerichtes zulässig sind. Schon die alte Vorschrift gab Bendix (LZ. 1915, 199) zu schweren Bedenken Anlaß. Er führte aus, den Aufsichtspersonen liege die Aufstellung eines Teilungs- oder Tilgungsplanes und dessen Bekanntgabe nicht ob. Die Gläubiger erführen also Näheres über die Art der Bestimmung der Befriedigung in der Regel erst nach der Ausführung, wenn eine Abänderung nicht mehr möglich sei. Oder sollte etwa der Schuldner befugt sein, wenn der Richter die Bestimmung der Aufsichtspersonen beanstande, von den begünstigten Gläubigern die Zahlung nach § 812 BGB. zurückzufordern? Als ultima ratio bleibe allerdings die Aufhebung des Aufsichtsverfahrens; damit werde aber den Gläubigern zumeist gar nicht gedient. Nicht anders liege die Sache, wenn der Schuldner der Bestimmung der Aufsichtsperson oder des Gerichtes, die dies billige, zuwiderhandle. Gerichtliche Entscheidungen zu ihren Ungunsten würde die Aufsichtsperson allerdings dadurch vermeiden können, daß sie sich vor ihrer Bestimmung — soweit dies eben irgend angängig sei — mit dem Gerichte ins Einvernehmen setzen würde.

Da diese Bedenken durch den Schlußpassus des neuen § 5 durchaus nicht behoben, vielmehr m. E. noch verstärkt sind, indem bei rigoroser Handhabung dieses neuen Passus dem Schuldner, der Aufsichtsperson, den Gläubigern und dem Gericht eine von der sonstigen Geschmeidigkeit des Geschäftsaufsichtsverfahrens sich weit abhebende Last erwächst, wird am besten auftauchenden Zweifeln dadurch begegnet werden, daß die Aufsichtsperson tunlichst häufig mündlich oder schriftlich ihre Richtlinien bei Einteilung und Verteilung der Mittel dem Gerichte bekanntgibt, das Gericht selbst, je nachdem diese Verteilungsfragen kompliziert sind, sich Berichte im Sinne des § 28 geben läßt und, wo Einwendungen von Gläubigern oder Gläubigergruppen zu erwarten sind, durch Ernennung eines Beirates die Entschließung der Aufsichtsperson erleichtert. Diffizile Tilgungsunterhandlungen zwischen Gläubigerschaft und Gericht einerseits, sowie Schuldner und Aufsichtsperson andererseits, liegen ganz gewiß nicht in der Absicht der BO. Wie vielmehr die amtliche Begründung darlegte, wollte der neue § 5, soweit er Abänderungen gegenüber früher aufweist, nur Willkürlichkeiten bei der Ausübung des Ermessens der Aufsichtsperson vorbeugen. (Michels [Recht 1917, 22] führt, als einfaches Beispiel der Zulässigkeit von Abweichungen mit Zustimmung des Gerichts, die Bevorzugung kleiner Handwerker und Zurücksetzung von Verwandtenforderungen an, Bendix [LZ. 1917, 162] die Berichtigung einer Arztrechnung vor Liblohn, wenn wegen der ersteren die Klage droht, wegen des letzteren aber nicht, die Bezahlung eines Wechsels, dessen Ausstellung zur Fortführung des Geschäftes unerläßlich war, vor sämtlichen Vorrechtsforderungen. Jaeger [JW. 1917, 194] hat die Vorwegdeckung fälliger Hypothekzinsen im Auge, um eine Versteigerung zu verhüten. Weitere Beispiele siehe § 5 A am Ende meiner Erl.)

G. Anfechtung von schuldnerischen Leistungen mit und ohne Beistimmung der Aufsichtsperson.

Streit besteht darüber, ob Leistungen, welche nach Weisungen der Aufsichtsperson während der Geschäftsaufsicht erfolgt sind und etwa nach Ansicht des anfechtenden Gläubigers das Prinzip der Gleichmäßigkeit verletzen, wegen Gläubigerbenachteiligung anfechtbar sind. Die Frage ist von Breit (JW. 1915, 174; Wassermann-Erlanger, 3. Aufl. S. 255) mit Recht für den Fall verneint worden, daß die Aufsichtsperson bezüglich der Verteilung der vorhandenen Mittel befragt worden war. Breit erklärt es für undenkbar, daß Maßnahmen, welche zur Zeit ihrer Vornahme mit den Gesetzen im Einklang standen, nachträglich durch Anfechtung als widerrechtlich hingestellt werden könnten. Müßte der Gläubiger, der von dem beaufsichtigten Schuldner Zahlung empfängt, mit der Gefahr späterer Anfechtung rechnen, so würde er sich hüten, sich überhaupt mit dem Schuldner in geschäftliche Verbindung einzulassen. (A. M. Levy S. 47, der ausführt, der bevorzugte Gläubiger könnte der Anfechtungsklage nicht mit dem Einwand begegnen, seine Begünstigung beruhe auf einer Beistimmung der Aufsichtsperson. Ebenso Jaeger, JW. 1917, 194, der nur eine innenrechtliche Wirksamkeit der Anordnung der Aufsichtsperson anerkennt.) Anders liegt die Sache dann, wenn der Schuldner ohne oder gegen den Willen der Aufsichtsperson von der Anwendung der Grundsätze der KO. abwich. Dem Schuldner erwächst nämlich aus dem § 5 der neuen VO. die neue — freilich bei gutem Einvernehmen zwischen Schuldner und Aufsichtsperson auch bis jetzt kaum unterlassene — Pflicht, die Aufsichtsperson zu befragen, welche Reihenfolge der Befriedigung eingehalten werden soll. Unterläßt dies der Schuldner oder verfehlt er sich gegen die Sollnorm des § 3 Abs. 2, so ist seine Verfügung freilich zunächst Dritten gegenüber wirksam (Hallbauer, SächsArchRechtspfl. 1914, 380). Fühlt sich indes ein zurückgesetzter Gläubiger beschwert, so muß der bevorzugte Gläubiger auf eine Anfechtung sich gefaßt machen.

§ 6.

Während der Dauer der Geschäftsaufsicht darf das Konkursverfahren über das Vermögen des Schuldners nicht eröffnet werden.

Arreste und Zwangsvollstreckungen in das Vermögen des Schuldners finden zugunsten der Gläubiger, die von dem Verfahren betroffen werden, nicht statt. Zu ihren Gunsten darf in Ansehung der Grundstücke des Schuldners sowie der für den Schuldner eingetragenen Rechte an Grundstücken oder an eingetragenen Rechten eine Vormerkung auf Grund einer einstweiligen Verfügung nicht eingetragen werden; das gleiche gilt von der Eintragung einer Vormerkung in Ansehung eines Schiffspfandrechts.

Die Folgen der Geschäftsaufsicht.

A. Vergünstigungen des geschäftsbeaufsichtigten Schuldners.

a) Kein Konkursverfahren während der Geschäftsaufsicht.

Der Abs. 1 des neuen § 6 (alten § 5) enthält einen der grundlegenden Leitsätze des Geschäftsaufsichtsrechtes. Ihm sind auch die Gläubigergruppen des § 13 der neuen VO. unterworfen. Kein Gläubiger kann das Konkursverfahren eröffnen lassen, weder der nicht privilegierte, noch der privilegierte. Breit, JW. 1915, 172 kleidet dies in die Formel: Es gibt keinen Sonderkonkurs zugunsten der privilegierten Gläubiger. Die beiden zeitlichen Möglichkeiten der Anträge müssen nun geprüft werden:

a) Der Antrag auf Konkurseröffnung ist gestellt. Ehe der Konkurs eröffnet ist, stellt der Schuldner den Antrag auf Anordnung der Geschäftsaufsicht. Folge, wenn letzterer begründet ist: Anordnung der Geschäftsaufsicht und Zurücknahme oder -Weisung des Konkursantrages.

b) Der Antrag auf Anordnung der Geschäftsaufsicht ist gestellt. Ein Gläubiger stellt nun den Antrag auf Konkurseröffnung. Folge, wenn ersterer begründet ist: Ablehnung des Konkursantrages.

Eine andere Lösung widerspräche der ratio legis, dem Zweck und Ziel der Verordnung (Wassermann-Erlanger, 3. Aufl. S. 240; Stern, Das Konkursverfahren, Leipzig 1914; Sintenis S. 365; DRZ. 1915, 56). Der Satz: während der Geschäftsaufsicht keine Konkurseröffnung bedeutet nicht, wie Levy (S. 20) beweisen möchte, Konkursverfahren und Aufsichtsverfahren vertragen sich nicht nebeneinander. Er bedeutet vielmehr: den Voraussetzungen der Geschäftsaufsicht muß der Konkursantrag vollkommen Platz machen. Es muß deshalb der Ansicht Levys (S. 20) entgegengetreten werden, weil immer mit der Möglichkeit einer Aufhebung der Geschäftsaufsicht gerechnet werden müsse, sei ein vor oder nach Anordnung der Geschäftsaufsicht seitens eines Gläubigers gestellter Konkursantrag nicht endgültig abzuweisen. Der Konkursantrag bleibe vielmehr in Schwebe. Dem Antragsteller sei mitzuteilen, daß mit Rücksicht auf § 5 der alten VO. (§ 6 der neuen VO.) über den Konkursantrag zurzeit nicht befunden werden könne (vgl. Mayer S. 156). Werde die Geschäftsaufsicht aus irgendeinem Grunde aufgehoben, so sei sofort im Anschlusse hieran über den Konkursantrag zu entscheiden. Dieses dem Wortlaute des alten § 5 (neuen § 6) und dem praktischen Bedürfnis entsprechende Verfahren ermögliche dem Konkursverwalter, Rechtsgeschäfte, die der Schuldner nach dem Konkursantrage vorgenommen habe, und Rechtshandlungen, die nach dem Konkursantrage oder 10 Tage vorher erfolgt seien, gemäß § 30 Nr. 1, 2 KO. anzufechten. — Levy schießt hier weit über das Ziel der VO. hinaus. Obige zwei Sätze a) und b) entsprechen dem Wortlaut und vor allem dem Sinn der Geschäftsaufsicht. Die VO. will das Damoklesschwert des Konkurses nicht über dem Haupte des Schuldners schweben lassen. Mit Recht verweist Wassermann-Erlanger (3. Aufl. S. 234) auf das prozessuale Analogon, daß der Streitrichter auch nicht befugt sei, die Entscheidung über eine Klage hinauszuziehen, bis die Prozeßvoraussetzungen gegeben seien. Auch Jaeger (JW. 1917, 195 b) erklärt es für unangemessen, Konkursanträge Jahr und Tag in der Schwebe zu lassen, während er den Aufschub zulassen will, wenn mit baldiger Aufhebung der Aufsicht zu rechnen ist. Die Befürchtung, daß ohne die Konstruktion Levys und Mayers S. 156 die Anfechtungsmöglichkeit dem Verwalter eines etwaigen späteren Konkurses geraubt werde, die schon Jaeger (Bankarchiv 1914, 34) unter dem Rechte der alten VO. mit der — m. E. unzutreffenden — Begründung zurückwies, die Dauer der Geschäftsaufsicht werde auf den Lauf der Anfechtungsfrist nicht angerechnet, muß durch den nunmehrigen § 75 VO. überwunden erklärt werden.

Es fragt sodann Breit: „Was hat zu geschehen, wenn sich herausstellt, daß das Vermögen des Schuldners nicht mehr ausreicht, um auch nur die privilegierten Gläubiger zu befriedigen? ... Es liegt auf der Hand, daß bei dieser Sachlage das Konkursverbot nicht mehr gerechtfertigt ist. Die Konkurseröffnung über das Vermögen des beaufsichtigten Schuldners ist ja nur deshalb verboten, weil der wirtschaftliche Zusammenbruch des Schuldners verhütet werden soll ... Mithin ist die Geschäftsaufsicht aufzuheben. Sache des Aufsichtsführers ist es, die Aufhebung zu beantragen.“ Ich erwidere, unter dem Eindruck der neuen

VO.: richtig ist, daß jeder Bericht der Aufsichtsperson an das Gericht eine Äußerung darüber enthalten soll, ob die Voraussetzungen für eine Fortdauer der Geschäftsaufsicht noch vorliegen. Das heißt aber nicht: ob während des Krieges auch nur die privilegierten befriedigt werden können. Das heißt vielmehr: ob Aussicht besteht, daß die Zahlungsunfähigkeit oder die Überschuldung nach Wegfall der Kriegsverhältnisse behoben oder der Konkurs durch ein Übereinkommen mit den Gläubigern abgewendet werden wird. Ist jede dieser drei Prognosen aussichtslos, dann, aber auch nur dann, muß die Aufsichtsperson diese Sachlage dem Gerichte bekanntgeben und dieses gemäß § 66, Abs. 2 der neuen VO. die Geschäftsaufsicht aufheben. Ich halte daher meinen (Recht und Wirtschaft, November 1914 S. 271 geäußerten, auch Weinbergs Ansicht im Berliner-Tageblatt vom 27. Oktober 1914 Nr. 547 — aber nicht Michels, Recht 1915, 9 — entsprechenden, von Breit, JW. S. 172, im Zusammenhang mit seiner obigen These bekämpften) Satz: „einzelne Gerichte hielten sich für befugt, die Verhängung der Geschäftsaufsicht wieder aufzuheben, wenn die Aussicht auf Behebung der Zahlungsunfähigkeit schwindet: ich bin anderer Ansicht" vollkommen aufrecht (siehe auch Einleitung gegenwärtiger Erläuterung unter III: Beendigung des Verfahrens!).

b) Keine Einzelvollstreckung während der Geschäftsaufsicht.

1. Arreste und Zwangsvollstreckungen im allgemeinen.

Auch das Sondervorgehen einzelner Gläubiger, die vom Verfahren betroffen werden, ist während der Geschäftsaufsicht ausgeschlossen. Die Weiterführung des Geschäftes soll, nicht behindert und nicht belästigt durch Pfändungen und Arreste, sich weiter entwickeln können. Wie der Konkursschuldner während des Friedens und Krieges, nachdem der Konkurs eröffnet worden ist, Gelegenheit bekommen soll, ein neues wirtschaftliches Dasein zu begründen (RG. vom 27. Oktober 1908 LZ. 1909 S. 75 Nr. 10 Mot. II S. 52), so soll erst recht der geschäftsbeaufsichtigte Schuldner, der infolge des Krieges herabgekommen ist, sein wirtschaftliches Dasein tunlichst kräftigen. Auch der alte § 5 verwehrte bereits für die Dauer der Geschäftsaufsicht den Einzelzugriff im Zwangswege. Es erschien aber eine weitere Einfügung in die neue VO. erforderlich: Zugunsten der vom Verfahren nicht betroffenen Gläubiger (die, soweit nicht Kriegsnotverordnungen sie hindern, im allgemeinen die Zwangsbefriedigung betreiben können) darf nunmehr bezüglich der Grundstücke des Schuldners, sowie der für ihn eingetragenen Rechte an Grundstücken oder an eingetragenen Rechten eine Vormerkung auf Grund einer einstweiligen Verfügung nicht eingetragen werden. Das Gleiche gilt von der Eintragung einer Vormerkung bezüglich eines Schiffspfandrechtes. Damit ist nun auch dieser Sonderzugriff den vom Verfahren betroffenen Gläubigern untersagt. Der § 6 entspricht beinahe wörtlich dem § 14 KO. Nur tritt jeweils an die Stelle der Konkursgläubiger der Begriff der vom Verfahren nicht betroffenen Gläubiger. Der eine Zugriff ist sowohl gegenüber demjenigen Vermögen den nicht privilegierten Gläubigern unmöglich, welches gelegentlich des Beginnes der Geschäftsaufsicht in den Händen des Schuldners war, als auch bezüglich des späterhin erworbenen. Würde der nicht privilegierte Gläubiger im Zwangswege ein Stück Aufteilung vornehmen, so wäre damit eine gleichheitliche Verwendung des Vermögens illusorisch gemacht. Weil das Vermögen des Schuldners dem Zwangszugriffe des nicht privilegierten Gläubigers verschlossen ist, ist weder eine Mobiliarvollstreckung, noch die Erlassung eines Pfändungsbeschlusses zugelassen; letzteres auch dann nicht, wenn vor der Anordnung der Geschäftsaufsicht bereits eine Pfändungsnachricht ergangen war. Die neuerliche Ansicht des Reichsgerichts vom 5. Dezember 1913 (Bd. 83, 334), die Pfändungsnachricht des § 845 ZPO. begründe bereits das Pfandrecht, wird in den weitesten Kreisen der Literatur mit Recht als unzutreffend bezeichnet. Die Pfändungsnachricht selbst begründet eben noch kein Pfandrecht. Mit der Zustellung der Pfändungsankündigung an den Drittschuldner entsteht nach Ansicht der einen ein durch fristgerechte Pfändung bedingtes Pfandrecht. Manche sprechen von einem aufschiebenden, andere von einem auflösenden bedingten Pfandrecht, während Stein (Komm. zur ZPO. 11. Aufl. Anm. zu §§ 845 und 803, ferner SächsArchRechtspfl. 1909) den Begriff eines einstweiligen Pfandrechtes einführt. In Wirklichkeit entsteht das Pfandrecht erst durch die gerichtliche Pfändung (Jaeger, KO. zu § 14 S. 260 Anm. 14; derselbe, JW. 1917, 193 Anm. 20; Mayer S. 158; LG. Karlsruhe vom 6. März 1915 JW. 1915, 319; Recht 1915, 228; Kirchberger, JW. 1915, 491; ferner Kirchberger: die Vorpfändung S. 30 ff.; ZZP. 38, 461; Reichsgericht, VII. Zivilsenat vom 15. Februar 1907; JW. 1907, 208; a. M.: Kullmann, JW. 1915 Nr. 7, 318; a. M. teilweise: Rothbarth, LZ. 1915, 963; Kell, SächsArchRechtspfl. 1911, 457).

Die Fortsetzung der Vollstreckung, die durch Pfändung des Anspruches auf Herausgabe begonnen war, ist daher nach verhängter Aufsicht durch Herausgabe zulässig (OLG. Colmar vom 15. Juni 1915 Recht 1915, 410 Nr. 770; ElsLothZ. 40, 329).

Ein Arrestbefehl, welcher vor Anordnung der Geschäftsaufsicht erlassen worden ist, ist nach Anordnung der Geschäftsaufsicht nicht vollziehbar. Auch wenn ein Arrestbefehl vor Zustellung an den Schuldner, sowie vor Anordnung der Geschäftsaufsicht vollzogen worden ist, kann nicht mehr im Sinne des § 929 Abs. 3 ZPO. nach verhängter Geschäftsaufsicht der Arrestbefehl mit der Wirkung zugestellt werden, daß Schuldner die Vollziehung anerkennen muß (Levis S. 20; a. M. Mayer S. 158). Der Arrestvollzug würde der Gleichstellung der Gläubiger im Wege sein. Auch der persönliche Sicherheitsarrest steht unter dem Verbote des § 6. Das Verwaltungszwangsverfahren ist ebenfalls während der Geschäftsaufsicht unzulässig, falls nicht die Voraussetzung des § 13 vorliegt. Der nicht privilegierte Gläubiger, welcher vor verhängter Geschäftsaufsicht ganz oder teilweise erfolglos mit Zwangsvollstreckung gegen den Schuldner vorgegangen war, kann denselben nicht zur Ableistung des Offenbarungseides vorladen, ebensowenig Haftbefehl gegen denselben beantragen. Ein Haftbefehl, welcher vor verhängter Geschäftsaufsicht verkündet war, ist der Vollziehung nicht fähig. Da jeder Teil der Haftbelassung ein Stück Zwangsvollstreckung bedeuten würde, ist der verhaftete Schuldner aus der Haft zu entlassen. Die Ladung der einzelnen Gesellschafter einer offenen Handelsgesellschaft zum Offenbarungseide auf Grund persönlichen Titels ist zulässig, auch wenn die betr. offene Handelsgesellschaft unter Geschäftsaufsicht gestellt ist. Nur erstreckt sich die Offenbarungspflicht nicht auf das Gesellschaftsvermögen (OLG. Dresden vom 6. März 1915 ROLG. 32, 282; Recht 1916, 403 Nr. 788).

Zwangshypotheken im Sinne der §§ 866 ff. ZPO. dürfen zur Sicherung von Forderungen vom Verfahren betroffener Gläubiger nicht eingetragen werden. Die in den §§ 883 ff. ZPO. bestimmte Erzwingung von nicht geldmäßigen Ansprüchen fällt auch in das Verbot des § 6 VO.

2. Wirkung der Geschäftsaufsicht bei Urteilen auf Vornahme und Unterlassung von Handlungen.

Ansprüche auf Vornahme nicht vertretbarer Handlungen, zur Ausstellung eines Zeugnisses, zur Rechnungslegung, zur Aufstellung und Mitteilung eines Inventars u. dgl. sollen angeblich (nach Breit, JW. 1915, 169 und Wassermann-Erlanger, 3. Aufl. S. 260 III; Jaeger, JW. 1917, 190 B) nicht unter den § 6 der neuen VO. (vielmehr § 5 der alten VO.) fallen. Man sagt, ein Vollstreckungszwang nach § 888 ZPO. müsse Platz greifen, da die Vollstreckung derartiger Urteile dem Schuldner keine Vermögenswerte entziehe, ihn in seinen geschäftlichen Entschließungen in keiner Weise behindere und auf die Möglichkeit der Durchhaltung seines Unternehmens keinerlei Einfluß ausübe. Eine Vollstreckung vertretbarer Handlungen nach § 887 ZPO. soll dagegen (nach Anschauung von Breit usw.) nur insoweit unstatthaft sein, als der Schuldner die Kosten der Handlung zu tragen hat. Das Prozeßgericht wird (nach Breit) den Gläubiger auf seinen Antrag ermächtigen dürfen, die Handlung auf Kosten des Schuldners vorzunehmen. Nur soll in diesem Falle der Anspruch auf Erstattung der Kosten nicht vollstreckbar sein. (Ebenso Karlsruhe vom 25. Juli 1916 DJZ. 1916, 1179; Recht 1917, 31 Nr. 44; Löwenwarter, JW. 15, 288.) Für die Forderungen auf Unterlassung hat man (Breit, Wassermann-Erlanger a. a. O.) ebenfalls den Satz aufgestellt, die Vollstreckung sei — im Gegensatz zum Wortlaut der VO. — zuzulassen, wenn die treffende Forderung nicht auf eine Minderung der Substanz des beaufsichtigten Vermögens gerichtet sei, wenn deren Vollstreckung vielmehr auf die Solvenz oder Insolvenz des Schuldners ihrer Natur nach keinerlei Einfluß übte. In solchen Fällen würde die Stundung die Gläubiger nur schädigen und dem Schuldner entweder überhaupt nichts nützen oder ihm einen offensichtlich rechtswidrigen Vorteil verschaffen. Dies treffe zu, wenn der Schuldner verurteilt sei, die Verletzung eines Patentes, eines Musterschutzes, eines Warenzeichenrechtes, zu unterlassen, keinen unlauteren Wettbewerb zu treiben, keine kreditschädigenden Behauptungen aufzustellen. Demgegenüber ist geltend zu machen, daß der Grundsatz des § 6 dem Wortlaute und Sinne nach so klar ist, daß auch die lichtvollen sozialen Betrachtungen vorstehender Art nichts an seiner Wirksamkeit ändern können. (Es bedarf daher gar nicht der Untersuchung, ob die Stundung solcher Ansprüche auf Vornahme oder Unterlassung von Handlungen bloß die Gläubiger schädigen und dem Schuldner keinen Nutzen oder einen offensichtlich unbegründeten Vorteil verschaffen würde.) Angenommen, es sei der geschäftsbeaufsichtigte Schuldner vor Anordnung der Geschäftsaufsicht verurteilt worden, die Verletzung eines Schutzrechtes zu unterlassen. (Nebenbei bemerkt, sind für gewöhnlich Schadensersatzansprüche mit solcher Klage verbunden.) Es fühlt sich nun der Schuldner beschwert. Er müßte also Berufung einlegen. Die Information, der Kostenaufwand, die Wahrnehmung der Termine und alle die damit verbundene Aufregung beeinträchtigt die Tätigkeit für das ohnedies notleidende Geschäft. Muß der geschäftsbeaufsichtigte Schuldner Rechnung legen oder ein Inventar aufstellen, so versäumt er Zeit, hat allenfalls Kostenaufwand hierauf und, wenn nicht direkt, so doch sicher indirekt, wird die Substanz des schuldnerischen Vermögens, sicherlich aber die ungestörte Geschäftsführung, belastet durch die judikatsmäßigen Maßnahmen. Damit ist nicht gesagt, daß ein loyaler Schuldner und eine ebenso loyale Aufsichtsperson nicht für Ausstellung eines Zeugnisses sorgen werde. Ich kann mich deshalb weder der Ansicht Breits, daß derartige Urteile für vollstreckbar zu erachten seien, noch der Darlegung von Jaeger (JW. 1917, 190 B), der Beugezwang der §§ 888, 890 ZPO., gerichtet auf ein persönliches Tun oder Unterlassen werde durch den § 6 nicht ausgeschaltet, noch der eingeschränkten Ansicht Wassermann-Erlangers, daß die Erlassung von Strafbeschlüssen gemäß §§ 888 ff. zulässig, wenn auch die Vollstreckung wegen der Geldstrafen und etwaigen Schadensersatzansprüche des Gläubigers erst nach Beendigung des Geschäftsaufsichtsverfahrens zu erfolgen sei, nicht anschließen. Das Argument Breits, daß, im Gegensatz zum Arrest, einstweilige Verfügungen ja überhaupt ganz allgemein zulässig seien, schlug zwar unter dem alten § 5, schlägt aber nicht mehr unter dem neuen § 6 letzter Absatz vollständig ein. Auch die von Levy (der im übrigen meiner Meinung ist, S. 21) verfochtene Ansicht, die von Breit erwähnten Unterlassungsansprüche könnten als privilegierte Forderungen, nämlich als Aussonderungsansprüche, im Sinne des § 13 Abs. 3 der neuen VO. durchgesetzt werden, leuchtet mir nicht ein. Levy bezieht sich dabei auf Jaeger, KO. S. 235 § 11 Anm. 1 a. Es ist aber nicht richtig, daß Jaeger die Behauptung aufgestellt hat, eine derartige wider den Schuldner gerichtete Unterlassungsklage bilde einen Aussonderungsanspruch; Jaeger hat vielmehr erklärt, eine derartige Unterlassungsklage bilde einen Teilungsmassegegenstreit im Sinne des § 11, wenn diese der Anmaßung von Rechten wehrt, welche im Falle ihres Bestehens zur Masse gehören würden. Alle diese Auslegungen erscheinen mir um so mehr nach dem klaren Wortlaut und Sinn des § 6 verfehlt, als ja auch die neue VO. keinerlei Einschränkungen hinsichtlich der Vollstreckungsausschaltung der nicht privilegierten Gläubiger vorgenommen hat und die angeblich privilegierten Ansprüche im § 13 wohlüberlegt nicht aufgezählt sind.

3. Verzicht des Schuldners auf Schutz oder Zustimmung der Aufsichtspersonen zu Vollstreckungshandlungen.

Der § 6 besagt, daß Arreste und Zwangsvollstreckungen zugunsten der Gläubiger, die von dem Verfahren betroffen werden, nicht stattfinden. Sie können also auch nicht stattfinden, wenn etwa der Schuldner sie gestattet (Breit, JW. 1915, 172; Weiteres über die Kontroverse Levy S. 24!) oder (wie sich Wassermann-Erlanger, 3. Aufl. S. 241 ausdrückt) auf den Schutz des § 6 verzichtet. Schon der Wirrwarr, welcher infolge solcher schuldnerischer Verzichte im Gang der Geschäftsaufsicht möglich wäre, die Vergünstigung auf der einen und die ungleichmäßige Behandlung auf der anderen Seite, mit den (von Wassermann-Erlanger a. a. O. selbst im Auge gehabten) Anfechtungsansprüchen der benachteiligten Gläubiger tut die Schädlichkeit derartiger in die Willkür des Schuldners gestellten, das Aufsichtsverfahren geradezu durchkreuzenden Maßregeln dar. Ebensowenig kann die Zustimmung der Aufsichtsperson, welche in diesem Betreffe schlechterdings nichts dareinzureden hat, die Unzulässigkeit der Vollstreckung aufheben, wenn anders es sich um

Gläubiger droht, die von dem Verfahren betroffen werden (OLG. Naumburg vom 16. November 1915 Recht 1916, 82; Naumburg, AZ. 1915, 73; Wassermann-Erlanger, 3. Aufl. S. 241; a. M.: Aehnelt, JW. 1915, 494). Nach alledem ist das Verbot ex officio zu beachten. (So auch Jaeger, JW. 1917, 196.)

4. Aufrechnung ist keine Vollstreckung.

Die Aufrechnung ist durch die Anordnung der Geschäftsaufsicht im allgemeinen nicht beschränkt. (A. M.: LZ. 1915, 1174; 1916, 179.) Sie darf nicht zu einer Bevorzugung eines gleichmäßig zu behandelnden Gläubigers führen. Nach dem neuen § 8 darf deshalb ein Gläubiger, der von dem Verfahren betroffen wird, während der Dauer der Geschäftsaufsicht seine Forderung gegen den Schuldner nicht aufrechnen, wenn er dem Schuldner erst nach der Anordnung der Geschäftsaufsicht etwas schuldig geworden ist oder wenn er dem Schuldner vor diesem Zeitpunkt etwas schuldig war, aber erst hinterher seine Forderung erworben hat.

Wo diese Voraussetzungen nicht zutreffen, ist die Aufrechnung gestattet, weil sie Nichtvollstreckung in der prozessualen Bedeutung des § 6 ist (PosMSchr. 16, 10, Posen V). Bezüglich des Zwangsvergleiches siehe § 36 (KO. § 65).

5. Einstweilige Verfügungen.

Der § 6 VO. spricht nur von Arresten und Zwangsvollstreckungen. Von einstweiligen Verfügungen im allgemeinen spricht der § 6 nicht. Soweit sie unter die Zwangsvollstreckung fallen, sind sie nichtsdestoweniger unzulässig (Wassermann-Erlanger, 3. Aufl. S. 243; OLG. Darmstadt vom 4. August 1915 W. 185/15 JW. 1915, 1127; Recht 1915, 562; Güthe-Schlegelberger, Kriegsbuch 1915, 344). Auf dem Wege der Zwangsvollstreckung soll das Vermögen des Schuldners — von den Fällen des § 13 der neuen VO. abgesehen — nicht angegriffen werden. Nun könnte es freilich auffallen, daß die neue VO. § 6 eine Vormerkung auf Grund einer einstweiligen Verfügung hinsichtlich der Grundstücke des Schuldners usw. besonders als unzulässig anführt. Deshalb, weil ferner im alten § 5 der Begriff einstweilige Verfügung überhaupt nicht vorkam und im neuen § 6 Arreste und Zwangsvollstreckungen allein angeführt werden, hat man vielfach angenommen, einstweilige Verfügungen seien während der Geschäftsaufsicht auch seitens der nicht privilegierten Gläubiger zulässig (Breit, JW. 1915, 170; OLG. Karlsruhe LZ. 15, 1534; zum Teil auch Wassermann-Erlanger, 3. Aufl. S. 243 zugunsten von Geboten und Verboten, insbesondere nach § 940 ZPO.; teilweise auch OLG. 30, 368; Recht 1915, 352). Das Kammergericht (12. Februar 1915 OLG. 30, 369; Recht 1915, 352) hat eine einstweilige Verfügung für den Fall zugelassen, daß Gläubiger den Anspruch auf Einsicht der schuldnerischen Bücher auf diesem Wege vorbrachte. Dagegen haben andere (Levy S. 20; Zieger S. 419 OLG. 32, 284 (München IV) überzeugend die Unzulässigkeit einstweiliger Verfügung während der Geschäftsaufsicht dargetan. Sie haben ausgeführt, die Zulassung der einstweiligen Verfügungen entspreche nicht dem Geiste der VO. und führe zu unbefriedigenden Ergebnissen. Es liege, gleicherweise wie bei der Arrestvollziehung und Zwangsvollstreckung, die Notwendigkeit vor, ein Sondervorgehen der nicht privilegierten Gläubiger zu hemmen. (Analog: Materialien zur Novelle der

KO.; Heymann 1898, 38). Der Zweck der Vorschrift sei erstens, daß keiner der Gläubiger vor seinen Mitgläubigern eine Sicherung oder Befriedigung wider den Willen des Schuldners erhalte, zweitens, daß der Schuldner durch Vollstreckungshandlungen in der ordnungsmäßigen Verwaltung und Verwertung seines Vermögens nicht behindert werden solle. Dieser Zweck würde nach beiden Richtungen vereitelt werden, wenn einstweilige Verfügungen zugelassen würden. Für die Zulassung derartiger einstweiliger Verfügungen bestehe während der Dauer der Geschäftsaufsicht auch kein Bedürfnis. überdies seien sowohl nach ihrer Stellung im Systeme der ZPO., wie nach ihrem Inhalte, die Bestimmungen über einstweilige Verfügungen vom Gesetze den Vorschriften über Arreste eng angelehnt. Es rechtfertige sich daher eine gleichmäßige Behandlung beider. Die Hervorhebung der Arreste neben den Zwangsvollstreckungen sei nur geschehen, um darzutun, daß Zwangsvollstreckungen nicht bloß zum Zwecke der Befriedigung, sondern auch zum Zwecke der Sicherung des Gläubigers, ausgeschlossen sein sollen. Arreste seien also gewissermaßen nur ein allgemeiner Begriff, zu welchen auch die einstweiligen Verfügungen zählen. Wie zutreffend diese — insbesondere von Zieger verfochtene — Ansicht ist, zeigt der Umstand, daß gerade die von Zieger im Auge gehabten und schon für das Gebiet der alten VO. von ihm bekämpften Vormerkungen auf Grund einer einstweiligen Verfügung in der neuen VO. (§ 6 Abs. 2) ausdrücklich als unzulässig ausgeschaltet wurden.

6. Unzulässigkeit der Zwangsvormerkung.

Die Vormerkungen, welche gemäß § 883 BGB. in das Grundbuch zur Sicherung von Ansprüchen eingetragen werden können, erfolgen teils von Amts wegen, teils infolge einer Bewilligung des Schuldners bzw. Eigentümers des Grundstückes, teils auf Grund einstweiliger Verfügung im Sinne der GBO. § 39 und der ZPO. § 935. Die Eintragung derartiger Vormerkungen zugunsten nicht privilegierter Gläubiger findet während der Dauer der Geschäftsaufsicht nicht statt. Eine Vormerkung dagegen, welche zur Zeit der Anordnung der Geschäftsaufsicht eingetragen war, bleibt (soweit nicht Gläubigeranfechtung geltend gemacht werden kann) wirksam. Sie führt zur Verfolgung der Ansprüche im Rahmen der Nummern 3 und 4 des § 13 der neuen VO.

Der Schlußpassus des § 6 betrifft die Eintragung einer Vormerkung in Ansehung des Pfandrechtes an einem eingetragenen Schiffe. Hierunter sind Schiffe aller Art, Binnenfahrzeuge und Seeschiffe, zu verstehen. Diese Vormerkung ist während der Dauer der Geschäftsaufsicht ausgeschaltet. Die im Auge gehabte Vormerkung wird gemäß § 1259 BGB. durch Eintragung in das Schiffsregister verwirklicht. Auch hier hat die bei Anordnung der Geschäftsaufsicht bereits bewirkte Vormerkung die Geltendmachung von Absonderungsansprüchen im Sinne des § 13 Nr. 4 der neuen VO. zur Folge.

Widersprüche, welche bestehende dingliche Rechte schützen, vermögen zur Geltendmachung eines bei Anordnung der Geschäftsaufsicht bereits bestehenden Aussonderungs- bzw. Absonderungsanspruches auch während des Geschäftsaufsichtsverfahrens eingetragen zu werden.

7. Urteile auf Abgabe einer Willenserklärung.

a) Der § 894 ZPO und der Vollstreckungsvorbehalt im Urteil.

Die Frage ist bereits oben (§ 3) gestreift worden. Der § 894 ZPO. spricht aus: „Ist der Schuldner zur Abgabe einer Willenserklärung verurteilt, so gilt die Erklärung als abgegeben, sobald das Urteil die Rechtskraft erlangt hat." Eine Zwangsvollstreckung außerhalb dieses Urteils ist daher unnötig. Trotz dieser Vollstreckungswirkung ist aber die Entscheidung in die Zwangsvollstreckungen, welche im Sinne des § 6 der neuen VO. ausgeschaltet sind, nicht einzureihen. Mit anderen Worten: eine Entscheidung im Sinne des § 894 vermag auch von einem nicht privilegierten Gläubiger erwirkt zu werden (OLG. Düsseldorf vom 4. Dezember 1914 LZ. 1915, 158 Nr. 22; DJZ. 1915, 216; Wassermann-Erlanger, 3. Aufl. S. 240; a. M. Mayer S. 158). Der § 6 steht also der Eintragung im Grundbuch auf Grund einer urteilsmäßigen Eintragungsbewilligung nicht entgegen, obschon der Beklagte geschäftsbeaufsichtigt ist und obschon der Gläubiger zu den von der Geschäftsaufsicht betroffenen Gläubigern gehört. Das Grundbuchamt muß demnach ein Urteil im Sinne des § 894 zur Vollziehung bringen. Dies ist — selbst bei mangelnder Zustimmung der Aufsichtsperson — die Folge des Nur-Soll-Charakters des § 3, was oben bereits erläutert ist. Der Schuldner und die Aufsichtsperson können indessen einem Urteil gemäß §§ 894 ff. ZPO. die sofortige Vollstreckungswirkung durch Beantragung eines entsprechenden Vollstreckungsvorbehaltes im Urteilstenor nehmen (Soergel, Kriegsrechtsprechung und Kriegsrechtslehre 1914/15 S. 121 und die dort zitierten Entscheidungen; Breit, JW. 1915, 170; RG. 26, 79; a. M. Oppenheimer, JW. 1915, 289; OLG. Karlsruhe Recht 1915, 137 in Nr. 324; Gilbert, Recht 1915, 186; Heilberg, JW. 1915, 853; Levy S. 22; Wassermann-Erlanger, 3. Aufl. S. 243 [im Gegensatz zur 2. Aufl.]; Goldschmit, JW. 1916, 1326 an der Hand der Entsch. OLG. München vom 22. August 1916 JW. 1916, 1212; zum Teil a. M.: Aehnelt, JW. 1915 Nr. 10 S. 495).

Breit (JW. 1915, 170) legt die RGE. 29, 176, in analoger Anwendung der Konkursbestimmungen auf das Aufsichtsrecht, etwas weiter aus, wie die anderen Schriftsteller. Er verlangt für alle Rechtsstreite, die ein Urteil gegen den Schuldner nach Anordnung der Geschäftsaufaufsicht zur Folge haben, den Ausspruch: die Zwangsvollstreckung darf erst nach Beendigung der Geschäftsaufsicht beginnen. Die Anschauung Breits führt zu der Zumutung an den Richter, in jedem Rechtsstreite zu prüfen, ob und wann die Aufsichtsperson ihre Zustimmung erteilt hat oder nicht bzw. ob der Kläger privilegierter oder nicht privilegierter Gläubiger ist.

β) Klagerecht auch des nicht privilegierten Gläubigers nach der Rechtsprechung.

Vorstehende sämtliche Untersuchungen sind nach meinem Dafürhalten dadurch hervorgerufen, daß der § 3, im Zusammenhalt mit § 6, eine von Fall zu Fall schwer auslegbare lex imperfecta darstellt. Der praktische Fall, der der RGE. V. ZS. vom 9. Dezember 1916 V 287/16 (JW. 1917, 161; Recht 1917, 78 Nr. 116) zugrunde lag, tut diesen Mangel der VO. dar: Im Innenverhältnis legt die Aufsichtsperson ein Veto ein und hindert so den korrekt verfahrenden Schuldner, dem Verlangen des Gläubigers auf Eintragungsbewilligung zu entsprechen. Dieser Gläubiger aber klagt und der Schuldner muß nun im Außenverhältnis sich gemäß § 894 ZPO. verurteilen lassen, wobei ihn einzig und allein die Klausel der erst nach der Geschäftsaufsichtsbeendigung möglichen Zwangsvollstreckung vor einer während der Geschäftsaufsicht sich ereignenden Vollstreckung schützt. Beruft sich in einem so gelagerten Falle der Schuldner auf das Veto der Aufsichtsperson, so scheint mir, wenn er keinen weiteren Einwand bringt, ein Rechtsschutzbedürfnis für den Gläubiger überhaupt nicht vorzuliegen. Die RGE. V. ZS. vom 9. Dezember 1916 V 287/1916 hat aber diese meine — in der BayZfR. vom 8. Oktober 1916 S. 317 zu ihrem praktischen Falle geäußerte — Ansicht bekämpft und ausdrücklich die Mehrheitsergebnisse der Rechtsprechung und Publizistik bestätigt. Hiebei faßt, als in seinem Sinne ergangene Entscheidungen und Aufsätze, das RG. folgende zusammen: OLG. München, Posen, Stuttgart, Celle, Düsseldorf, Frankfurt a. M., Breslau, Colmar, sowie vom IV. und IX. ZS. des OLG. zu Dresden (DJZ. 1914 Sp. 1303; LZ. 1915, 572; KGBl. 1915, 107; JW. 1916, 1215; PosMschr. 1915, 55, 147; Recht 1916, 201 Nr. 441; LZ. 1916 Sp. 176; DJZ. 1915 Sp. 216; Recht 1915 Sp. 173 Nr. 332; OLGRspr. 31, 388; JW. 1915, 1452; ElsLothZ. 1915, 275; OLGRspr. 31, 389; DJZ. 1916 Sp. 249; LZ. 1915, 1115); dann die Rechtswissenschaft: Kipp, DJZ. 1914 Sp. 1032; Breit, JW. 1915, 161; Wertheimer, ebenda S. 175; Jaeger, Bankarchiv 14, 35; Klien, JW. 1915, 769; Wassermann-Erlanger, 2. Aufl. S. 204; Aehnelt, JW. 1915, 494; Heilberg, ebenda S. 1085, 1304; Harder, ebenda S. 1052; Goldschmidt, ebenda 1916 S. 1326; Bendix, LZ. 1915 Sp. 193 Note 18; Hallbauer, SächsArchRechtspfl. 1915, 381; Gilbert, ZBlFrG. 15, 548; Güthe-Schlegelberger, Kriegsbuch I S. 346; Levis, DRZ. 1915 Sp. 407; Sieskind S. 96 § 5 Anm. 17; Levy S. 22; Mayer S. 154; Heß S. 123.

Nach alledem bringt die Klage eines nicht privilegierten Gläubigers auf Abgabe einer Willenserklärung durch. (Siehe auch zu obiger RGE. vom 9. Dezember 1916: Jaeger, JW. 1917, 161, zu 8; 196 und seine Bedenken bez. des Zwangsvergleichsverfahrens!) Nur muß gegenüber dem Einwand des Schuldners, der Gläubiger dürfe nicht vollstrecken, weil keine privilegierte Forderung vorliege, das Gericht seinem Verlangen nachkommen, daß der Ausschluß der Vollstreckbarkeit während der Dauer der Geschäftsaufsicht im Urteile zum Ausdruck gelange. Bovensiepen (DJZ. 1915, 101) fühlt offensichtlich ebenfalls diesen Mangel des § 3 der neuen VO., weil er sogar für die Versäumnisurteile den Ausspruch der Unzulässigkeit der Zwangsvollstreckung während der Dauer der Geschäftsaufsicht verlangt. So sehr anzuerkennen ist, daß mit dieser Anregung die Lücke des § 3 der neuen VO. im Interesse des geschäftsbeaufsichtigten Schuldners ausgefüllt werden soll, so sehr muß man, nachdem mit der VO. zu rechnen ist, wie sie nun einmal lautet (Levy S. 23 oben), einräumen, daß für die Ausschließung bestimmter Gläubiger von dem Rechte auf Zwangsvollstreckung die ZPO. keine Vorschriften kennt und der § 6 der neuen VO. (§ 5 der alten VO.) wohl die Vollstreckung aus den Urteilen, nicht aber die Vollstreckbarkeitserklärung der Urteile, hindert.

8. Rechtsmittel des Schuldners gegen eine unzulässige Vollstreckungshandlung.

Wie unter 7. dargelegt, geht die Meinung der meisten Rechtslehrer dahin, daß der Prozeßrichter die Unzulässigkeit der Zwangsvollstreckung nicht zu untersuchen habe. Der Schuldner bzw. die Aufsichtsperson sind daher auf die Regeln des § 766 ZPO. verwiesen. Dieser besagt: „über Anträge, Einwendungen und Erinnerungen, welche die Art und Weise der Zwangsvollstreckung oder das bei derselben vom Gerichtsvollzieher zu beobachtende Verfahren betreffen, entscheidet das

Vollstreckungsgericht." (Einwendungen gemäß § 766 ZPO. werden durch den in der VO. meist geltenden Beschwerdeausschluß nicht gehindert, ebensowenig sofortige Beschwerde gegen die Entsch. des Vollstreckungsgerichts. OLG. Colmar vom 27. April 1916 DJZ. 1916, 739; Recht 1916, 462 Nr. 919). Das Vollstreckungsgericht ist der geeignete Rechtszug zur Entscheidung. Der Fall liegt ähnlich, als wenn ein Gläubiger, der am Konkursverfahren nicht beteiligt ist, in die Konkursmasse vollstrecken will. In diesem Falle hat nämlich die RGE. 29, 76 die Anwendung des § 766 festgelegt (Breit, JW. 1915, 172). Gegenüber der überwiegenden Auffassung der Praxis und Rechtslehre, daß der Rechtsbehelf, um die Unzulässigkeit der sofortigen Zwangsvollstreckung dem für vollstreckbar erklärten Schuldtitel gegenüber geltend zu machen, der § 766 ZPO. sei, hat Bovensiepen (DJZ. 1915, 102) die Ansicht vertreten, Schuldner habe nach § 732 ZPO. gegen die Erteilung der Vollstreckungsklausel Einspruch beim Prozeßgericht zu erheben. (Anscheinend nun a. M.: Bovensiepen, GeschA. 1917, 49.)

Von Amts wegen hat weder bei Mobiliarpfändungen der Gerichtsvollzieher noch bei Forderungspfändungen usw. das Vollstreckungsgericht das Recht der Ablehnung der Vollstreckung, weil der Schuldner unter Geschäftsaufsicht stehe. (A. M.: Mayer S. 159, der die Würdigung der Zulässigkeit der Zwangsvollstreckung ex officio dem Vollstreckungsgericht und dem Grundbuchamt zur Pflicht machen will, und Bovensiepen, DJZ. 1915, 101 [geändert: Bovensiepen, GeschA. 1917, 48 Anm. 6]. Weinberg, GeschA. 1917, 44 empfiehlt dem Gerichtsvollzieher, den Gläubiger auf die bestehende Aufsicht aufmerksam zu machen, gleichwohl müsse er den Auftrag dann ausführen, wenn der Gläubiger es verlange.) Erst auf die Initiative des Schuldners hin muß eine Mobiliarpfändung oder ein Forderungspfändungsbeschluß aufgehoben werden, wenn die eine oder andere Art der Vollstreckung erst nach dem Zeitpunkt der Verhängung der Geschäftsaufsicht erfolgte und der Gläubiger nicht zu den nach § 13 der neuen VO. von dem Verfahren nicht betroffenen Gläubigern gehört. Bringt der Schuldner eine solche Einwendung, so hat er dem Vollstreckungsgerichte darzutun, daß das Rechtsgeschäft, auf welchem der Anspruch des Gläubigers beruht, ohne Zustimmung der Aufsichtsperson vorgenommen ist, nach § 3 der neuen VO. aber ohne diese nicht hätte vorgenommen werden dürfen. Mit anderen Worten: Sache des Vollstreckungsgerichtes ist die Prüfung, ob diese schuldnerische Rechtshandlung zustimmungsbedürftig im Sinne des § 3 der neuen VO. gewesen ist (§§ 766, 764 ZPO.). Mayer S. 158 Abs. 2 S. 159 Nr. 27; Löwenwarter (JW. 1915, 288) wollen die Erinnerung gemäß § 766 ZPO. auch den vom Verfahren nicht betroffenen Gläubigern des § 13 der neuen VO. (§ 9 der alten VO.) gewähren.

Die Aufsichtsperson als solche kann Erinnerungen gemäß § 766 ZPO. nicht einlegen (Levy S. 24; Löwenwarter, JW. 1915, 288; LG. Nürnberg, Beschwerderegister Nr. 443/15 vom 29. November 1915; Güthe-Schlegelberger, Kriegsbuch S. 358; a. M.: Bovensiepen, GeschA. 1917, 50). Denn die Anordnung der Geschäftsaufsicht wirkt nur innerrechtlich, sie beeinträchtigt nicht die Handlungsweise des Schuldners; nur dieser selbst, nicht die Aufsichtsperson, ist daher zur Einlegung von Erinnerungen und Beschwerden legitimiert.

Ist eine Sicherungshypothek mit Entscheidung des Grundbuchamtes eingetragen und zwar ebenfalls seitens eines nicht privilegierten Gläudigers nach Verhängung der Geschäftsaufsicht, so kann diese Eintragung weder mit der Erinnerung nach § 766 ZPO., noch mit der sofortigen Beschwerde nach § 793 ZPO., sondern nur mit der einfachen Beschwerde nach §§ 71 ff. BGB. angefochten werden. Hat das Grundbuchamt, unter Verletzung der gesetzlichen Vorschrift des § 6 der neuen VO., die Eintragung einer Sicherungshypothek vorgenommen, so muß mit dieser einfachen Beschwerde beantragt werden, daß von Amts wegen ein Widerspruch eingetragen werde (Meikel, GBO. zu § 54 S. 343).

Wenn ein nicht privilegierter Gläubiger, bevor vom § 766 ZPO. Gebrauch gemacht wird, sein Guthaben beigetrieben hat, so ist er gleichwohl nicht verpflichtet, dieses zurückzuzahlen, weil er nicht grundlos bereichert ist. Breit (a. a. O. S. 172) verweist darauf, daß der Fall rechtlich so liege, wie wenn ein Gläubiger sich aus unpfändbaren Vermögensbeständen befriedige (Rspr. 10, 378).

B. Unberührtheit der materiellen Rechte der Gläubiger.

Auf die materiellen Rechte des Schuldners ist die Anordnung der Geschäftsaufsicht ohne Einfluß. An der Fälligkeit und Verzinslichkeit der Forderungen wird durch sie nichts geändert. Wird seitens des beaufsichtigten Schuldners nicht zur rechten Zeit Zahlung geleistet, so hat der Gläubiger alle ihm nach dem BGB. bzw. HGB. zustehenden Rechte, welche die Folgen der gesetzlichen oder vertraglichen Säumnis sind. Dies gilt von Verzugszinsen, Verfallklauseln, Retentionsrechten. Bezüglich der Aufrechnung ist durch den neuen § 8 eine Änderung geschaffen (siehe § 8!). Soweit hiedurch nicht der Gläubiger bezüglich der Aufrechnung beschränkt wird, kann er auch mit seiner Forderung gegen eine schuldnerische Gegenforderung aufrechnen (Breit, JW. 1915, 170 und 171; Wassermann-Erlanger, 3. Aufl. S. 245; OLG. Celle vom 5. Oktober 1915 JW. 1915, 1376; OLG. Braunschweig vom 12. Oktober 1915 LZ. 1916, 177; Gilbert, Recht 1916, 38; Heilberg, JW. 1915, 1085, 1305; Frucht, JW. 1915, 1148; OLG. Braunschweig vom 5. November 1915 Recht 1916 Heft 1, 82). Einzelne Gerichte haben schlechthin die Aufrechnung gegen die Forderung eines Geschäftsbeaufsichtigten unter dem Rechte der alten VO. für unzulässig erklärt (OLG. Nürnberg vom 1. Juli 1915 LZ. 1915, 1174; Recht 1915, 521 Nr. 905; OLG. Braunschweig vom 22. Oktober 1915; DJZ. 1915, 1240; Recht 1916, 82; LG. Nürnberg vom 4. Februar 1915 JW. 1915, 937; Recht 1915, 521). Diese Gerichte werden aber m. E. ihre Ansicht nunmehr revidieren müssen, weil der § 8 nur unter zwei Voraussetzungen die Aufrechnung ausschließt, folglich für die anderen Fälle die Kompensierungsmöglichkeit zuläßt.

Das Rechtsverhältnis dem Bürgen gegenüber ist ebenfalls für den Zeitpunkt der verhängten Geschäftsaufsicht zu prüfen. Der Bürge genießt das Stundungsrecht des Schuldners nicht. Im Gegenteil: durch die Verhängung der Geschäftsaufsicht über das Vermögen des Hauptschuldners wird der Anspruch gegen den Bürgen fällig, weil hier ein Fall des § 773 Abs. 4 BGB. vorliegt: es ist anzunehmen, daß die Zwangsvollstreckung in das Vermögen des Hauptschuldners nicht zur Befriedigung des Gläubigers führen wird (OLG. Hamburg vom 12. Juli 1915 Recht 1915, 453 Nr. 797; Recht 1916, 403 Nr. 789; ROLG. 32, 286; Heilberg, JW. 1915, 1304). Trotzdem bleibt m. E. die Einrede der Vorausklage gemäß Abs. 4 des § 773 aufrecht, wenn sich nicht der gegen den Bürgen vorgehende Gläubiger ausreichend und nachweisbar zuvor bei dem Hauptschuldner und der Aufsichtsperson Gewißheit verschafft hat, daß der Hauptschuldner bis auf weiteres nicht zahlen wird und kann. (A. M.: obige Entscheidung des OLG. Hamburg, die keine Vorausklage beansprucht, sondern einen unmittelbaren Anspruch gegen den Bürgen gibt und OLG. Karlsruhe, I. ZS. Br. 3/1916 vom 13. Juni 1916 DJZ. 1916, 1002; Recht 1916, 592 Nr. 1128; zweifelnd: Klien, GeschA. 1917, 50 Anm. 4.)

Bezüglich der Verjährung des Anspruches eines Gläubigers siehe nunmehr § 7 der neuen VO., bezüglich der Anfechtung siehe § 75 der neuen VO.

C. Rechtsstreite des Gläubigers gegen den Geschäftsbeaufsichtigten.

Auch die Klagbarkeit der Forderung wird durch die Anordnung der Geschäftsaufsicht nicht gehindert. Bestehende Rechtsstreite werden nicht unterbrochen (RG. DJZ. 1914, 1303; Recht 1914, 729; OLG. Düsseldorf vom 4. Dezember 1914 DJZ. 1915, 216; OLG. Colmar vom 7. Mai 1915 ElsLothZ. 1915, 275; Kipp, DJZ. 1914, 1032; Bovensiepen, DRZ. 1914, 780; derselbe, DJZ. 1915, 101; Breit, JW. 1915, 171; ferner die bei Wassermann-Erlanger, 3. Aufl. S. 246 und bei Soergel, Kriegsrechtsprechung S. 121 Note 5, auch bei Levy S. 24 unten abgedruckten Entscheidungen). Einzelne Gerichte haben eine andere Ansicht ausgesprochen (OLG. Dresden vom 28. Oktober 1915 LZ. 1916, 77; Sächs.-ArchRechtspfl. 1915, 494; OLG. Dresden vom 16. März 1916 LZ. 1916, 762; JW. 1916, 866; Recht 1916, 404 Nr. 794; LG. Leipzig vom 8. April 1915 JW. 1915, 770; Recht 1915, 454; bekämpft von Klien [JW. 1915, 769; Heilberg, ebenda S. 1085]), nämlich die, aus der Gepflogenheit des Schuldners, die Leistung zu verweigern bzw. aus dem Veto der Aufsichtsperson folge die Versagung der Leistungsklage. Höchstens dürfe der Klageantrag auf Feststellung oder künftige Leistung gemäß §§ 256, 259 ZPO. lauten. Schließlich ist die Ansicht ausgesprochen worden, nur wenn der Gläubiger aus besonderen Gründen ein Interesse an der Erlangung eines Vollstreckungstitels habe, sei die Leistungsklage zulässig (Levis, DRZ. 1915, 409; letzteres ist übrigens ein etwas schwimmender Begriff). Nach meiner persönlichen Ansicht würde diese Auffassung der ratio legis weit mehr entsprechen, wie die gegenteilige (siehe oben § 3 und § 6, 7). Allein nicht nur die Mehrheit der gerichtlichen Entscheidungen und Schriftsteller, sondern auch der Umstand, daß der § 12 der neuen VO. die Klage auf Leistung implizite zuläßt, sprechen de lege lata gegen meinen grundsätzlichen Standpunkt.

Die Zahlungsfristenverordnungen des Kriegsnotrechtes kommen folgerichtig auch dem Geschäftsbeaufsichtigten zugut (Jaeger, Bankarchiv 14, 34; derselbe, JW. 1917, 193 d; Bovensiepen, DJZ. 1915, 10; Breit, JW. 1915, 171; OLG. Braunschweig vom 25. September 1914 DJZ. 1914, 1215; Wassermann-Erlanger, 3. Aufl. S. 246; Hachenburg, LZ. 1914, 1604; Kipp, DJZ. 1914, 1032).

An dem Klageantrag und dem Urteilsausspruch ändert sich im Prinzip durch die Anordnung der Geschäftsaufsicht nichts. Der § 146 KO. („auf die Feststellung ist im ordentlichen Verfahren Klage zu erheben") kann hier nicht analog angewendet werden. Auch tritt nicht, wie beim Konkurse der Verwalter, in dem Rechtsstreite die Aufsichtsperson an die Stelle des Schuldners (Levy S. 25; Breit 1915, 171; Hallbauer, SächsArchRechtspfl. 1915, 381).

Wie Klagen gegen den Schuldner grundsätzlich zulässig sind, so steht es auch mit dem Zahlungsbefehl, sowohl demjenigen der Prozeßordnung, als auch demjenigen der Bundesratsverordnung vom 9. September 1915. Die nicht privilegierten Gläubiger können auf Grund des Vollstreckungsbefehles die Vollstreckung nicht betreiben.

D. Vermögen des Schuldners.

Das vollständige Vermögen des Schuldners fällt unter die Geschäftsaufsicht und daher auch unter die Bestimmung des § 6. Es kann daher nicht ein beaufsichtigtes und nicht beaufsichtigtes Vermögen unterschieden werden. Beschlagfreie Vermögensteile, entstanden durch den Erwerb nach Anordnung der Geschäftsaufsicht (wie analog im Konkurs), bestehen nicht (Zieger, LZ. 1915, 420; Schlegelberger, GruchotsBeitr. 59, 201). Aber die Geschäftsaufsicht über das Vermögen eines Gesellschafters umfaßt nicht eo ipso das Gesellschaftsvermögen; und umgekehrt (OLG. Darmstadt vom 8. März 1915 DJZ. 1915, 724; Recht 1915, 406 Nr. 721; HessRspr. 1916, 125; LG. Guben vom 27. Februar 1915 JW. 1915, 422; zustimmend: Besas, JW. 1915, 422; LZ. 1915, 563; a. M.: Wertheimer, JW. 1915, 176; AG. Schwiebus, JW. 1915, 422). Die Geschäftsaufsicht über das Vermögen einer offenen Handelsgesellschaft hindert den Vollstreckungsbetrieb in das Privatvermögen der Gesellschaft nicht. Doch scheidet beim Offenbarungseide die Angabe des Gesellschaftsvermögens aus (OLG. Dresden vom 6. März 1915 LZ. 1915, 563; Recht 1915, 283 Nr. 453; OLG. Darmstadt, DJZ. 1915, 724; LG. Guben vom 27. Februar 1915 JW. 1915, 422; Besas, JW. 1915, 422; Bovensiepen, GeschA. 1917, 47 Anm. 5; Soergel, Kriegsrechtsprechung 1914/15, 122).

Die Scheidung von Wassermann-Erlanger — 3. Aufl. S. 244 VI a und Jaeger, JW. 1917, 69 — in ein von der Aufsicht erfaßtes und von der Aufsicht freies Vermögen, unter welchem pfandfreie Gegenstände gemäß § 811 ZPO., pfandfreie Lohn- und Gehaltsbeträge, das elterliche Nutznießungsrecht im Kindesvermögen, das ehemännliche Nutznießungsrecht, künftige Forderungen, Ansprüche aus Delikten und Unterhaltsansprüchen verstanden werden, hat in der VO. keinen Halt (so auch Levy S. 30; Zieger, LZ. 1915, 420).

E. Wirkung der Geschäftsaufsicht auf die elterliche Gewalt und den Güterstand.

Das ehemännliche Nutznießungsrecht beim gesetzlichen Güterstand gehört nicht zu dem der Geschäftsaufsicht unterworfenen Vermögen; die Früchte dagegen fallen unter das beaufsichtigte Vermögen. Ist die Geschäftsaufsicht über den Ehemann verhängt, so ist damit ein Anspruch auf Aufhebung der von ihm besorgten Verwaltung und bezogenen Nutznießung gemäß §§ 1391 und 1418 BGB. nicht gegeben. Die Ansprüche des Ehemannes werden ferner nicht berührt, wenn die Geschäftsaufsicht über das Vermögen der Ehefrau angeordnet ist.

Besteht Gütergemeinschaft, so fällt bei der Geschäftsaufsicht über den Ehemann das Gesamtgut unter die Geschäftsaufsicht. Besteht Geschäftsaufsicht über das Vermögen der Frau, so fällt das Vorbehaltsgut unter die Geschäftsaufsicht. Im Falle der Errungenschafts- und Fahrnisgemeinschaft fällt das eingebrachte und Vorbehaltsgut der Ehefrau, die unter Geschäftsaufsicht steht, unter das dieser unterworfene Vermögen. Eine Geschäftsaufsicht über das Gesamtgut einer fortgesetzten Gütergemeinschaft ist im § 73 Abs. 5 nunmehr geregelt. Nach der alten VO. ist die Möglichkeit einer Geschäftsaufsicht im Falle der fortgesetzten Gütergemeinschaft meist verneint worden (Wassermann-Erlanger, 3. Aufl. S. 245). Nunmehr siehe § 73 letzter Abs.! So wenig die Geschäftsaufsicht über den Mann zur Klage der Frau auf Aufhebung seiner Verwaltung und Nutznießung führt, so wenig kann sie ein Vorgehen des anderen Ehegatten auf Aufhebung der Gemeinschaft mit dem beaufsichtigten Ehegatten zur Folge haben (a. M.: Mayer S. 175). Doch können die Einzelumstände der Geschäftsaufsicht zu Maßregeln im Sinne der §§ 1468 ff. BGB. führen, wenn eine erhebliche Gefährdung des nicht beaufsichtigten Ehegatten zu besorgen ist.

So ist es auch mit der Verwaltung des Kindesvermögens, falls der betreffende verwaltende Elternteil unter Geschäftsaufsicht fällt. Auch in diesem Falle kann nicht prinzipiell, wohl aber unter Umständen, die Geschäftsaufsicht über das Vermögen des verwaltenden Elternteiles zu Maßregeln, die zur Abwendung der Gefahr des Kindes erforderlich sind, führen (§ 1667 BGB.).

F. Anfechtungsprozesse.

Die bei Anordnung der Geschäftsaufsicht schon eingeleiteten Anfechtungsstreite, nach dem Gesetze betreffend die Anfechtung von Rechtshandlungen eines Schuldners außerhalb eines Konkursverfahrens, können fortgesetzt werden, gleichviel, ob sie in der Klage, oder Einwendung oder Widerklage in Erscheinung treten (Wassermann-Erlanger, 3. Aufl. S. 241, 242; Levy S. 25). Zweifellos ist ferner, daß die privilegierten Gläubiger des § 13 der neuen VO. neue Anfechtungsstreite anhängig machen können. Bei Erfolg kann die Aufhebung des Geschäftsaufsichtsverfahrens eintreten, weil die Voraussetzungen eines Konkurses leicht gegeben sein können. Meinungsverschiedenheit besteht, ob die nicht privilegierten Gläubiger Anfechtungsklagen nach Anordnung der Geschäftsaufsicht zu erheben in der Lage sind. Die überwiegende Meinung versagt diesen vom Verfahren betroffenen Gläubigern die Anfechtung mit der Begründung, daß dieselben gemäß § 6 der neuen VO. (§ 5 der alten VO.) eine Zwangsvollstreckung in das schuldnerische Vermögen unterlassen müssen, so daß der Nachweis der während der Geschäftsaufsicht erfolglosen Vollstreckung ihnen unmöglich wird (Levy S. 25; Wassermann-Erlanger, 3. Aufl. S. 242; Jaeger, Bankarchiv 1914, 35; derselbe, JW. 1917, 197; Mayer S. 159; a. M.: OLG. 32, 283 [KG. XXI]). Eine andere Meinung vertritt Breit (S. 172), welcher den nach dem Anfechtungsgesetz erforderlichen Nachweis, daß die Zwangsvollstreckung in das Vermögen des Schuldners zu seiner Befriedigung nicht geführt hat oder daß anzunehmen ist, daß sie zu einer solchen nicht führen würde, für nicht nötig erachtet, weil der Schuldner ja selbst erklärt habe, daß er insolvent sei. Wenn der nicht privilegierte Gläubiger wirksam anfechte, so erlange er allerdings gemäß § 7 AnfG. mittelbar eine Befriedigung, die er unmittelbar nicht hätte erzwingen können. Aber deshalb werde die Vollstreckung des Anfechtungsanspruches gegen den Anfechtungsschuldner noch keine Zwangsvollstreckung in das Vermögen des unter Aufsicht gestellten Schuldners. Weder der Schuldner noch die privilegierten Gläubiger könnten verlangen, daß der erlangte Betrag in das Vermögen des Schuldners zurückgewährt werde. Der privilegierte Gläubiger sei auch nicht etwa als solcher berechtigt, Leistungen des Schuldners an den nicht privilegierten Gläubiger anzufechten. Es müßten die besonderen Voraussetzungen des § 3 AnfG. vorliegen. Der Ansicht von Breit kann nicht beigepflichtet werden. Die Einzelanfechtung würde in Widerspruch zu dem Zwecke der VO. stehen. Die Richtigkeit dieses Satzes ergibt sich auch aus der neuen Vorschrift des § 75 der neuen VO. (nebst amtlicher Erläuterung), welche den unter der Herrschaft der alten VO. (durch Levy S. 25; Wassermann-Erlanger S. 242 u. a.) gezeigten Ausweg für die nicht privilegierten Gläubiger, nach § 4 AnfG. die Anfechtungsabsicht dem Anfechtungsgegner anzukündigen und für zwei Jahre sich so die Anfechtungsmöglichkeit zu erhalten, unnötig macht.

Die (von mir bereits im November 1914 in Recht und Wirtschaft S. 271 anempfohlene) Normierung des § 75 der neuen VO., durch welche die Anfechtungsfristen §§ 31 und 32 KO. nun in Einklang mit dem Notgesetze gebracht werden, macht unmöglich, daß die Anfechtungsfristen verstrichen sind, wenn es zum Konkurse kommt. Dazu kommt, daß nach § 80 der neuen VO. der § 75 der neuen VO. mit rückwirkender Kraft vom 10. August 1914 ab ausgestattet ist. Jaeger (Bankarchiv 14, 35) hatte schon kurz nach Erlaß der VO. vom 8. August 1914 aus dem Zwecke der Geschäftsaufsicht gefolgert, daß die Dauer der Geschäftsaufsicht auf den Lauf der Anfechtungsfrist nicht anzurechnen sei. (Seine diesbez. Polemik siehe u. a. JW. 1917, 67.) Da die Meinungen hierüber geteilt waren (a. M. wie Jaeger, z. B. Levy S. 20) und aus dem Wortlaute der alten VO. nicht ohne weiteres auf die Absicht derselben, die Anfechtungsfristen nicht anzurechnen, geschlossen werden konnte, war es angezeigt, eine ausdrückliche diesbezügliche Norm in die neue VO. aufzunehmen.

§ 7.

Die Verjährung des Anspruchs eines Gläubigers, der von dem Verfahren betroffen wird, ist während der Dauer der Geschäftsaufsicht gehemmt.

Hemmung der Verjährung.

Die Bestimmung des § 7 fehlte in der alten VO. Da jedoch bei der gründlicheren Neuregelung der Vorschriften der Geschäftsaufsicht man die Erfahrungen, welche seit dem August 1914 gesammelt wurden, sich zunutzen machte, hat man auch die Bestimmung getroffen, daß während der Dauer des Verfahrens (das gemäß §§ 66 und 68 oder 69 endigt) die Verjährung der Ansprüche der nicht privilegierten Gläubiger gehemmt ist. Der § 7 bezieht sich auf die *Verjährungs-*, nicht etwa auch *Ausschluß-Fristen* (Inventarfrist im Nachlaßverfahren; Weinberg, GeschA. S. 46). Der § 7 bildet eine gewisse Gegenleistung des Gesetzgebers, der nach § 6 der neuen VO. ein wirklich *praktisches* Vorgehen der vom Verfahren nicht betroffenen Gläubiger unmöglich gemacht hat. Zwar können diese Klage stellen: sie sind aber nicht mehr dazu genötigt, die Verjährung zu unterbrechen, weil nunmehr durch den § 7 der neuen VO. („Waffenruhe" Jaeger, JW. 1917, 194 D a) eine Hemmung der Verjährung über das Geschäftsaufsichtsverfahren festgelegt ist. Erhebt ein Gläubiger, welcher zu den privilegierten gehört, trotzdem der Schuldner seinen Anspruch anerkennt, gleichwohl während der Dauer der Geschäftsaufsicht eine Leistungsklage, so fallen ihm nach § 12 der neuen VO. die Prozeßkosten zur Last. Dies gilt nicht, wenn der Gläubiger aus besonderem Grund an der alsbaldigen Erwirkung eines Urteiles ein berechtigtes Interesse hatte. Die Befürchtung der Verjährung gibt indes kein derartiges berechtigtes Interesse ab, weil ja nun der Gläubiger infolge der Bestimmung des § 7 sich auf diese nicht mehr berufen kann. Die Hemmung, die unabhängig von irgendeiner Tätigkeit oder Willenserklärung des Gläubigers eintritt, so daß die Dauer der Geschäftsaufsicht nicht in die Verjährungsfrist eingerechnet wird, ist keine Unterbrechung im Sinne des § 217 BGB., reicht aber aus, weil nach rechtskräftiger Beendigung der Geschäftsaufsicht (§§ 66 und 68) der von dieser (§ 70) benachrichtigte Gläubiger (§ 69) freie Hand gegen den Schuldner erhält, wenn nicht ein Zwangsvergleich geschlossen wurde. Der Zwangsvergleich enthält für den Fall der Stundung eine weitere Hemmung (§ 202 BGB.).

§ 8.

Ein Gläubiger, der von dem Verfahren betroffen wird, kann während der Dauer der Geschäftsaufsicht seine Forderung gegen den Schuldner nicht aufrechnen,

1. **wenn er dem Schuldner erst nach der Anordnung der Geschäftsaufsicht etwas schuldig geworden ist;**
2. **wenn er dem Schuldner vor der Anordnung der Geschäftsaufsicht etwas schuldig war und erst nachher seine Forderung erworben hat.**

Aufrechnung während der Aufsicht.

A. Die Aufrechnung im allgemeinen.

Soweit ein Gläubiger zu einer Aufrechnung befugt ist, kann er dieselbe auch während der bestehenden Geschäftsaufsicht geltend machen. Was die Bestimmungen der §§ 33 ff. der neuen VO. anbetrifft, welche sich ausdrücklich auf die entsprechende Anwendung der Vorschriften der §§ 64 ff. KO. beziehen, und somit die Fälligkeit betagter Forderungen für das neue Zwangsvergleichsverfahren statuieren (KO. § 65), so ist die Aufrechnung zugelassen, wenn der Anspruch des Gläubigers zur Zeit des Beginnes des Vergleichsverfahrens bloß betagt war.

Der Gläubiger konnte sich unter der Herrschaft der alten VO. durch Aufrechnung durchwegs befriedigen. Insbesondere standen die §§ 138, 394 BGB. nicht entgegen (RG. III vom 9. Januar 1917 321/16 Recht 1917, 122). Die Bestimmung des § 53 KO., daß ein zu einer Aufrechnung befugter Gläubiger seine Forderung im Konkursverfahren nicht geltend zu machen brauche, hatte für das Gebiet der Geschäftsaufsicht keine Geltung. Auch die Bestimmungen der §§ 54 und insbesonders 55 KO., welche eine Unzulässigkeit der Aufrechnung unter gewissen Umständen festlegen, galten für die Zeit der Geschäftsaufsicht nicht (OLG. Braunschweig vom 12. Oktober 1915 LZ. 1916, 177; OLG. Celle vom 5. Oktober 1915 JW. 1915, 1376; Recht 1916, 22; LZ. 1916, 178; PosMSchr. 16, 10 (Pos. V); JW. 16, 1037 (Stuttgart III); JW. 16, 1213 (Karlsruhe IV); LG. Flensburg SchlHolstAnz. 16, 85; Gilbert, Recht 1916, 38; Heilberg, JW. 1915, 854; RG. III vom

9. Januar 1917, 321/16 Recht 1917, 122). Die Nürnberger Gerichte (LG. Nürnberg vom 4. Februar 1915 JW. 1915, 937; OLG. Nürnberg vom 1. Juli 1915 LZ. 1915, 1174; Recht 1915, 521 Nr. 905) nahmen einen anderen Standpunkt ein. Sie wollten die Aufrechnung nicht zulassen, weil diese die Forderung gegen den Schuldner auf einem Umwege zur Vollstreckung bringe und eine Befriedigung eines Gläubigers auf einem anderen, als dem im § 8 der alten VO. vorgeschriebenen Wege, herbeiführe, auch, entgegen der Tendenz der VO., die zu der Lebensführung des Schuldners und der Aufrechterhaltung des Geschäftsbetriebes dienenden Einnahmen diesem Zwecke entziehen würde. (Ebenso: OLG. Braunschweig vom 22. Oktober 1915 DJZ. 1915, 1240; Recht 1916, 82. A. M.: OLG. Braunschweig vom 5. November 1915 Recht 1916 Heft 1; OLG. Celle vom 5. Oktober 1915 JW. 1915, 1376.) Allein Heilberg (JW. 1915, 1085) erklärt hiezu mit Recht, daß diese Erwägung höchstens ergeben würde, daß nicht in allen Fällen der Zweck der gesamten Einrichtung erreicht werde. Der klare Sinn der VO. könne durch diese Argumente nicht aufgehoben werden. Frucht (JW. 1915, 1148) hat ebenfalls die Ansicht der Nürnberger Gerichte bekämpft. Heilberg hat dann (JW. 1915, 1305) von neuem das Wort zu dieser Frage ergriffen. Er erklärte, der Meinung des OLG. Nürnberg, daß die Forderung des Aufsichtsschuldners für einen privilegierten Gläubiger nicht gepfändet, deshalb auch gegen sie nach § 394 BGB. nicht aufgerechnet werden könne, nicht beitreten zu können. Dem nicht privilegierten Gläubiger — sagt Heilberg — sei die Pfändung versagt, aber eben nur diesem. Die im Interesse des Schuldners und der öffentlichen Rechtsordnung eingeführten Pfändungsbeschränkungen stünden also der Aufrechnung nicht entgegen. Wenn das Spezialgesetz vom 8. August 1914 den nicht privilegierten Gläubigern die Zwangsvollstreckung verbiete, so folge daraus nicht, daß das allgemeine Gesetz des § 394 BGB. auch der Aufrechnung entgegenstehe. Daß die Auffassung Heilbergs mit der authentischen übereinstimmt, zeigt die amtliche Erläuterung zum neuen § 8, wonach die Aufrechnung durch die Anordnung der Geschäftsaufsicht im allgemeinen nicht beschränkt wird. (Siehe auch Jaeger, JW. 1917, 195 D a.)

B. Unzulässigkeit der Aufrechnung für den Fall späteren Erwerbes.

a) Bedeutung des § 8.

Die Vorschrift des § 8 der neuen VO. schaltet eine lebhafte Streitfrage aus. Der § 8 hat aber weder rückwirkende Kraft, noch stellt er eine Auslegung der früheren VO. vom 8. August 1914 dar (RG. III vom 9. Januar 1917, 321/16 Recht 1917, 122). Die Möglichkeit der Aufrechnung war nach der Meinung der Mehrheit bislang auch für die Fälle gegeben, in welchen dieselbe eine Bevorzugung der vom Verfahren betroffenen Gläubiger mit sich brachte. Damit war der Grundsatz der Parität, dem neuerdings noch besonders Ausdruck im § 5 hinsichtlich der Reihenfolge der Befriedigung verliehen ist, verletzt. Die bisherige generelle Zulässigkeit der Aufrechnung ermöglichte insbesonders auch gewisse Schiebungen: der nicht vom Verfahren betroffene Gläubiger konnte sich hinterher eine Gegenforderung verschaffen und damit einen Zugriff in das Vermögen des Schuldners vornehmen, der auf dem Wege der normalen Vollstreckung gemäß § 6 Abs. 2 ihm versagt war (Beres-Wiesbaden, Frankfurter Zeitung vom 29. Dezember 1916, Handelsblatt). Der neue § 8 führt den Grundsatz der Gleichberechtigung, zusammen mit vorerwähntem § 5 der neuen VO., mehr und mehr in das Geschäftsaufsichtsverfahren ein (Werner, LZ. 1917, 235; Buhmann, BayZfRechtspfl. 1917, 36; Weinberg, GeschA. 1917, 46; Michels, Recht 1917, 23; Jaeger, JW. 1917, 195 D a). Hiebei lehnt sich der § 8 an den § 55 Abs. 1 und 2 KO. an. Der § 55 besagt — abgesehen von Nummer 3, welche für das Gebiet der Geschäftsaufsicht nicht in Betracht kommt —: eine Aufrechnung im Konkursverfahren ist unzulässig:

1. wenn jemand vor oder nach der Eröffnung des Verfahrens eine Forderung an den Gemeinschuldner erworben hat und nach der Eröffnung etwas zur Masse schuldig geworden ist;
2. wenn jemand dem Gemeinschuldner vor der Eröffnung des Verfahrens etwas schuldig war und nach derselben eine Forderung an den Gemeinschuldner erworben hat, auch wenn diese Forderung vor der Eröffnung für einen anderen Gläubiger entstanden war.

Wie erwähnt, rechtfertigt sich die Eigenart des § 8 deshalb, weil die Masse zur gemeinsamen und möglichst gleichmäßigen Befriedigung der Gläubigerschaft bestimmt ist. Will die Bestimmung des § 5 der neuen VO. zweckmäßig durchgeführt werden, so muß die hinterherige Möglichkeit der Aufrechenbarkeit verhütet werden. Die beiden Nummern des § 8 werden dieser Absicht der Nichtschmälerung der Aufsichtsmasse gerecht. Würde, dem § 8 zuwider, eine Aufrechnung erklärt, so würde nicht bewirkt, daß die Forderungen, soweit sie sich decken, als in dem Zeitpunkt erloschen gelten, in welchem sie zur Aufrechnung geeignet einander gegenübergetreten sind. Der § 8 der neuen VO. enthält ius cogens: eine gegenteilige vertragliche Abmachung zwischen dem geschäftsbeaufsichtigten Schuldner und dem Gläubiger ist eo ipso unwirksam (RG. 40, 125; LZ. 1911, 82). Ebenso entbehrt eine Zustimmung der Aufsichtsperson, welche dem § 8 der neuen VO. zuwiderläuft, der Wirksamkeit; dies trifft nicht zu, wenn der Beaufsichtigte oder die Aufsichtsperson aktiv gegen einen Gläubiger im Sinne der Nummer 1 und 2 des § 8 aufrechnet (Jaeger, KO. § 55 S. 809; derselbe, JW. 1917, 195; Lang S. 248 ff.). Mit der Beendigung des Aufsichtsverfahrens endigt auch die Ausschaltung der Aufrechnung im Sinne des § 8. Wenn der Schuldner eine gemäß § 8 der neuen VO. der Aufrechnung entrückte Forderung gleichwohl an einen anderen übertragen hat, so wirkt die Unwirksamkeit der Aufrechnung zugunsten des Erwerbers der Forderung ebenfalls (Konsequenz des § 406 BGB.; OLGRspr. 21, 174). Ist die Geschäftsaufsicht beendigt, so wird eine Aufrechnung, von welcher der Gläubiger gemäß § 8 der neuen VO. keinen Gebrauch machen durfte, rückwirkend für denjenigen Zeitpunkt vollzogen, in welchem die Forderungen zur Aufrechnung geeignet einander gegenübergetreten sind. Diese fiktive Rückdatierung hat die Folge, daß der Zinsenlauf von dem Augenblick an, in welchem die beiderseitigen Forderungen gegenübertraten, als erloschen für den durch die Aufrechnung gedeckten Betrag gilt (RG. 34, 141 Nr. 34) und daß der Verzug, der wegen Nichterfüllung der einen oder anderen Forderung eingetreten war, mit seinen sämtlichen Nachteilen von dem Augenblicke an als beseitigt gilt, in welchem die Gegenforderung zur Aufrechnung geeignet gegenübergetreten ist.

b) Die Einzelbestimmungen.

1. § 8 Nr. 1.

Nach Anordnung der Geschäftsaufsicht wird ein Gläubiger Beträge schuldig, welche er auf Grund von neuerlichen Rechtsgeschäften mit dem

Schuldner selbst oder mit dem gemäß § 2 fungierenden Geschäftsführer, welcher die Aufsichtsperson sein kann, abgeschlossen hat. Auch Beträge, welche vom Standpunkte der ungerechtfertigten Bereicherung oder einer für den Schuldner vorgenommenen auftragslosen Geschäftsführung oder als Folge einer unerlaubten Handlung zu bezahlen sind, fallen unter die Verbindlichkeiten, die nach Geschäftsaufsichtseröffnung aus neuen Rechtsgeschäften entstanden sind. Wurde vor Verhängung der Geschäftsaufsicht für einen Gläubiger ein Guthaben begründet, welches nach Anordnung der Geschäftsaufsicht an den Schuldner abgetreten oder im Wege der Pfändung oder Überweisung auf den Schuldner übergegangen ist, so liegt wiederum ein Schuldigwerden an den Schuldner nach Anordnung der Geschäftsaufsicht vor. Anders ist es mit denjenigen Guthaben, die vor der Geschäftsaufsicht zustande gekommen sind und bei Anordnung derselben unter die Außenstände des Schuldners zählen. Für diesen Fall findet der § 8 Abs. 1 keine Anwendung (Jaeger, KO. § 55 S. 811 Anm. 5). Dies trifft bei Kauf- und Werklieferungsverträgen zu, deren Erfüllung nicht vom Schuldner gemäß § 9 der neuen VO. abgelehnt wird. Der Kontrahent des letzteren kann nun mit der Forderung aufrechnen, die vor Anordnung der Geschäftsaufsicht entstanden ist (OLG. Nürnberg vom 25. Mai 1906 SeuffBl. 7, 609 ff.; KG. vom 20. März 1906 OLG. 15, 226). Bezüglich der Ansprüche des Schuldners auf Schadensersatz wegen Nichterfüllung, hinsichtlich deren die Aufrechnung zu bejahen (OLG. Hamburg vom 21. März 1911 LZ. S. 635 ff.), der Sukzessivlieferungsverträge, bezüglich deren die Zulässigkeit der Aufrechnung zu bezweifeln (OLG. Hamburg vom 11. Oktober 1910 LZ. 1911, 81; vom 17. Januar 1913 LZ. S. 573 Nr. 7), der wiederkehrenden Ansprüche, bezüglich deren die Aufrechnung zu verneinen ist (RG. 33, 48; 40, 124; OLG. Hamburg vom 21. Januar 1882 SeuffArch. 37 Nr. 360) und der Geschäftsbesorgungsverträge vgl. die zum Teil analogen Darlegungen von Jaeger, KO. zu § 5 Anm. 5 und 6!

2. § 8 Nr. 2.

Die Aufrechnung ist auch zulässig zwischen einer Forderung, die bereits vor Anordnung der Geschäftsaufsicht zugunsten des Schuldners entstanden war, demnach zum Vermögen desselben bei Anordnung der Geschäftsaufsicht gehörte, und einer Gegenforderung, welche nach Anordnung der Geschäftsaufsicht erst erworben wurde. Anwendung hat diese Bestimmung auf zwei Fälle. Der erste Fall ist der, daß diese Gegenforderung erst nach Anordnung der Geschäftsaufsicht überhaupt entstanden ist. Der zweite Fall ist der, daß diese Gegenforderung vor Anordnung der Geschäftsaufsicht entstanden, hernach aber erst durch irgendwelche Rechtsgeschäfte (Zession u. dgl.) in die Hand des Schuldners des Geschäftsbeaufsichtigten gelangt war. Die Motive zur KO. II S. 235 begründen diese zwei Fälle zutreffend, wie folgt: bei dem ersten Falle ist eine Aufrechnung unzulässig, weil eine erst nach Konkursbeginn entstandene Forderung kein Anrecht auf Befriedigung aus der Masse gewährt. Analog angewendet bedeutet dies im Falle der Geschäftsaufsicht die Ausschaltung der Vollstreckung in das Vermögen des Schuldners zugunsten eines Gläubigers, welcher von dem Verfahren betroffen wird. Der zweite Fall, welcher wohl auch nach der amtlichen Erläuterung hauptsächlichen Anlaß für die neue Bestimmung des § 8 abgegeben hat, liegt so, daß die Aufrechnung unzulässig ist, um die Ausplünderung der

Masse durch frivolen Aufkauf von Passivforderungen zu verhüten. Mit anderen Worten: der Abs. 2 des § 8 ist gegen Schiebungen gerichtet, durch welche sich Gläubiger oder Gläubigergruppen nachträglich Gegenforderungen zu verschaffen und die Parität zu vereiteln suchen. (Weinberg, GeschA. 1917, 46; Beres a. a. O.)

Es ist unwesentlich, auf welchem Wege die Forderung hinterher erworben wurde. Es kann dies auf dem Wege des Wechselverkehrs (Giro, Indossament), durch Pfändung, Zession oder Überweisung, oder aber auch im Wege des Erbganges, geschehen. Der gute Glaube und die Nichtkenntnis der Geschäftsaufsicht schließt die Anwendung des § 8 Nr. 2 nicht aus. Zweck der Bestimmung des § 8 Nr. 2 ist, die Verringerung der Masse durch Rechtsgeschäfte der gedachten Art zu verhüten. Dagegen wird der Schuldner von seiner Verbindlichkeit auf dem Aufrechnungswege befreit, wenn die Gegenforderung durch einen aufrechnungsberechtigten Gesamtschuldner auf einen Mitschuldner übertragen wurde (RG. I. ZS. vom 9. Februar 1884, 11, 124 ff.).

§ 9.

Wenn ein gegenseitiger Vertrag zur Zeit der Anordnung der Geschäftsaufsicht von dem Schuldner und von dem anderen Teile noch nicht oder noch nicht vollständig erfüllt ist, so kann der Schuldner mit Ermächtigung des Gerichts die Erfüllung ablehnen. Die Ermächtigung soll nur erteilt werden, wenn die Nichterfüllung des Vertrags zur Erreichung des Zweckes der Geschäftsaufsicht geboten ist und dem anderen Teile keinen unverhältnismäßigen Nachteil bringt.

Lehnt der Schuldner die Erfüllung ab, so kann der andere Teil Schadensersatz wegen Nichterfüllung verlangen.

Gegenseitige Verträge.

A. Entstehungsgeschichte der §§ 9—11 VO.

1. Allgemeines.

Gegenseitige Verträge, welche zur Zeit der Anordnung der Geschäftsaufsicht von dem Schuldner und seinem Vertragsgegner noch nicht oder noch nicht vollständig erfüllt sind, werden an sich durch die Geschäftsaufsicht nicht berührt. Es hat sich aber in der praktischen Anwendung der bisherigen Bestimmungen über die Geschäftsaufsicht die Notwendigkeit herausgestellt, ähnlich wie beim Konkurse, vor Ablauf der den Schuldner belastenden (meist der l a n g f r i s t i g e n) Verträge eine Möglichkeit der Lösung eintreten zu lassen (Freund, Zeitschr. für Handelsr. 60, 67 ff.). Die amtliche Erläuterung führt als Beispiel den bekannten Fall an, daß die Zinsen eines Mietvertrages dermaßen anschwellen, daß die Masse des beaufsichtigten Schuldners stark in Mitleidenschaft gezogen wird. Der Vermieter eines Grundstückes hat gemäß § 559 BGB. für seine Forderungen aus dem Mietverhältnis ein Pfandrecht an den eingebrachten Sachen des Mieters. Die ungehinderte Ausübung dieses gesetzlichen Pfandrechtes während der vertraglichen Dauer der Miete beeinflußt begreiflicherweise erheblich das durch die Geschäftsaufsicht zu schützende

Vermögen. (Jaeger, JW. 1917, 140 nennt auch die Sukzessivlieferungsverträge und Anstellung teuerer Arbeitskräfte.) Eine vorzeitige Lösung dieser Vertragsbeziehungen erscheint um so notwendiger, wenn der Geschäftsbeaufsichtigte ein Zwangsausgleichsverfahren im Sinne der §§ 33 ff. beabsichtigt (Schourp, Zwangsvergleich 1916, 67). Der Gegenpartei des Schuldners im Sinne der §§ 17 ff. KO. die nämliche Berechtigung der verfrühten Lösung gegenseitiger Verträge zu gewähren, bestand nach der amtl. Begr. kein Anlaß. Der Vermieter, Verpächter und Angestellte werden durch das Verfahren nicht betroffen, sind somit durch die Vollstreckungsmöglichkeit des § 13 geschützt. Der Vermieter als solcher hat überdies das oben erwähnte gesetzliche Pfandrecht. Erfüllt daher der Schuldner seinen Vertrag, so ist nach der amtl. Begr. ein Bedürfnis zur verfrühten Lösung desselben für die Gegenpartei des Schuldners nicht gegeben. Erfüllt der Schuldner seinen Vertrag nicht, so kann sein Kontrahent, durch ordentliche oder außerordentliche Kündigung, auch durch vertraglichen bzw. gesetzlichen Rücktritt, sich helfen.

2. Die Gegenpartei kann nicht ablehnen.

Ein tiefer Eingriff in das Vertragsrecht wird durch den § 9 zum Rechtssatz erhoben. (Mein Gutachten 1914, 768; Freund, Zeitschr. f. Handelsr. 60, 67; Weinberg, GeschA. 1917, 47; gleichwohl befürwortet von Buhmann, LZ. 1916, 1213 und Schourp 1916, 67.) Beres-Wiesbaden (Frankfurter Zeitung vom 29. Dezember 1916 Nr. 359 S. 4) erblickt sogar in der (der österreichischen und ungarischen AusglO. von 1914 bzw. 1915 unbekannten) Einrichtung der §§ 9—11 eine unangebrachte Anlehnung an das Konkursrecht. Solche Eingriffe in das materielle Vertragsrecht hält Beres für grundsätzlich bedenklich. Eine derartige Entscheidung will er nicht einem instanzenlosen Offizialverfahren und einem Richter übertragen, aus dessen organischem Aufgabenbereich sie gänzlich herausfalle. Mindestens hätte man (nach den Ausführungen von Beres) die Vorschrift auf Verträge, die vor dem Kriege abgeschlossen worden seien, und auf den Fall des Zwangsvergleiches beschränken sollen. Mißbräuche und Irrtümer lägen nahe. Darum sei auf seiten der Gerichte äußerste Zurückhaltung zu empfehlen. Letzteren Satz unterschreibe ich vollkommen. Meine Darlegung unten unter B 1 (Schutzmaßregeln) geht gerade von dieser Auffassung aus, daß die Gerichte mit aller Vorsicht an die Anwendung der §§ 9 ff. herangehen und womöglich ausgleichend die vertragstreue Gläubigerschaft vor Eingriffen in ihre Rechtssphäre behüten sollen. Allein Kriegsrecht ist kein Friedensrecht. Dieser Gedanke geht, wie ein roter Faden, durch alle Kriegsnotgesetze. Der Richter hat längst lernen müssen, ein Stück ausgleichende Gerechtigkeit zu bilden. Auch seine Tätigkeit bei Bewilligung von Zahlungsfristen u. dgl. fällt aus dem Bereich seiner Friedensaufgaben, der Rechtsanwendung, heraus. In dieser gesamten, richterlichen Omnipotenz liegt etwas Bedenkliches. Und es wäre mehr wie bedenklich, wollte man dem Richter (wie Morchutt, JW. 15, 77; Bovensiepen, JLBl. 1916, 37; DRZ. 1917, 92 usw. anstreben) auch für die Friedenszeit eine so weitgehende Kompetenz zuweisen (Cahn, Stundungsrecht im Krieg und im Frieden, JW. 1915, 185; Gerichtsentlastung und Güteverfahren im Krieg und im Frieden, Guttentag 1916; Der zukünftige deutsche Rechtsstreit, Zeitschrift für Deutschen Zivilprozeß 1917, 46 Heft 3/4; ArchBürgR. 42 Heft 2). Im Rahmen der nun einmal für die Ausnahmsverhältnisse nötigen Toleranz läßt sich aber die richterliche Ermächtigung zur Ablehnung des weiteren Laufes gegenseitiger Verträge nicht wohl entbehren.

B. Die Ablehnung der Erfüllung durch den beaufsichtigten Schuldner.

1. Schutzbestimmungen zugunsten der Gegenpartei.

Während der Konkursverwalter frei wählen kann, ob er den bestehenden Vertrag weiterhin erfüllt oder ablehnt und letzteren Falles für die Zukunft, infolge der einfachen Erklärung des Konkursverwalters, die wechselseitigen Erfüllungsansprüche erlöschen (unbeschadet des Entschädigungsanspruches der Gegenpartei), darf der beaufsichtigte Schuldner die Erfüllung nur ablehnen, wenn das Gericht ihn hiezu ermächtigt. Die Regel darf dies natürlich nicht sein. Für gewöhnlich sind beide Parteien, der Beaufsichtigte und sein Vertragsgegner, gleichmäßig schutzbedürftig vor dem Gesetze. Die Ausnahme tritt ein, das Gericht soll dann, aber nur dann, die Ermächtigung zur Ablehnung der Erfüllung erteilen, wenn wiederum zwei Voraussetzungen gegeben sind. Die Nichterfüllung des Vertrages muß zur Erreichung des Zweckes der Geschäftsaufsicht geboten sein. Die Gegenpartei darf außerdem keinen unverhältnismäßigen Nachteil erleiden. Um dieses alles festzustellen wird das Gericht zur Aufklärung der Verhältnisse die erforderlichen Ermittelungen, insbesondere bei wichtigeren Fällen die allenfallsige Vernehmung von Zeugen und Sachverständigen, anordnen (§ 16). Handelt es sich um einen sehr einschneidenden Fall, so kann zur Erörterung der Verhältnisse eine Gläubigerversammlung einberufen werden (§ 16; Bendix, LZ. 1917, 164). Daß die Aufsichtsperson (die sonderbarerweise trotz der Wichtigkeit gerade dieser Maßregeln in der VO. unerwähnt bleibt [Jaeger, JW. 1917, 140 Anm. 18]) und der Vertragsgegner gehört werden müssen, ist selbstverständlich, weil beide die exzeptionelle Ablehnung rechtfertigende Voraussetzungen von allen Seiten durch das Gericht gewürdigt werden müssen. Dem Gericht ist in diesem Falle eine unter Umständen nicht unwichtige Entschließung anvertraut, denn die Stornierung an sich einwandfreier und vollwirksamer Verträge greift tief in zivilrechtliche Grundsätze ein (mein Gutachten S. 768). Die Entscheidung von solcher Tragweite und durchaus nicht prozessualem Charakter sollte daher nicht einem einzigen Rechtszug anvertraut sein (Beres, Frankf. Zeitg. vom 29. Dezember 1916 S. 4 Nr. 359; a. M.: Jaeger, JW. 1917, 140, der die erwünschte Beschleunigung rühmt). Je gründlicher unter diesen Umständen das Amtsgericht die Meinungserklärung aller Beteiligten einholt, desto befriedigender wird der Ausfall seiner Entscheidung werden. Die Verantwortlichkeit der Aufsichtsperson ist in den Fällen der §§ 9 ff. geringer, wie die des Konkursverwalters, weil die gerichtliche Ermächtigung den Ausschlag gibt (Jaeger, JW. 1917, 140 Anm. 18).

2. Erreichung des Zweckes der Geschäftsaufsicht.

Die Zwecke der Geschäftsaufsicht sind (im Gegensatz zu den Zwecken des Konkurses, die auf Versilberung gehen [Weinberg, GeschA. S. 47]) die, dem wirtschaftlich schwachen Schuldner die Durchhaltung seiner Existenz bis zum Wegfall der Kriegsverhältnisse möglich zu machen. Er soll in die Lage versetzt sein, seinen Gewerbebetrieb fortzuführen. Deshalb soll ihm gestattet sein, die Erfüllung derjenigen beiderseitigen Verträge abzulehnen, welche drückende alte Verbindlichkeiten steigern bzw. drückende neue Verbindlichkeiten hervorrufen. Der Wirt, welcher an einen im Verhältnis zu dem kleinen Geschäft drückenden Bierlieferungsvertrag gebunden ist, kann ihn lösen, wenn die vertragsmäßige Durchführung ständig die Schuldenlast erhöhen würde. Der Insertionsvertrag kann gelöst werden, wenn das weitere Inserieren im Verhältnis zur jetzigen Lage des Schuldners nicht mehr recht nötig oder gar überflüssig ist. Dasselbe gilt vom Mäkler-, Trödel-, Agentur-, Kommissions-, Speditions-, Fracht-, Möbelleih-, Verlags-, Versicherungs-, Dienst- und Werk-Vertrag, vor allem auch dem Kauf und Tausch, der Miete und der Pacht (siehe über letztere § 9 und § 10 VO.; im allgemeinen siehe Oetker, Einfluß der Eröffnung des Konkursverfahrens auf noch nicht erfüllte zweiseitige Verträge, ZZP. 1914).

Wenn die Erfüllung des Vertrages dem Schuldner keinerlei bleibende Nachteile bringt und ihm nicht Opfer auferlegt, welche die Fortführung des Geschäftes in Frage stellen würden, soll die Ermächtigung zur Ablehnung gerichtlich nicht erteilt werden. Freilich verfolgt die Geschäftsaufsicht den weiteren Zweck, die Gläubigerschaft vor einem in der Kriegszeit sich ungesund auswachsenden Konkurse zu behüten und (nach der neuen VO.) der wohlwollenden Mehrheit einen in absehbarer Zeit durchführbaren Zwangsvergleich zu gewährleisten. Würde also die Erfüllung des Vertrages der gleichmäßigen Behandlung der an der Geschäftsaufsicht beteiligten Gläubiger eine beträchtliche Einbuße bringen, wie z. B. ein jahrelang laufender Mietvertrag von nunmehr entbehrlichen Lagerräumen (Bendix, LZ. 1917, 165) oder das Fortlaufen hoher Saläre oder die Abnahmepflicht auf Grund alter Schlüsse, oder würde infolge der Nichterfüllung der Vermieter unfähig zur Zahlung seiner Hypothekzinsen oder der Abteilungsvorsteher eines Warenhauses brotlos (Henschel, DJZ. 1917, 191), so würde auch von diesem Gesichtspunkte aus das Gericht die Erfüllungsfrage zu behandeln haben.

3. Kein unverhältnismäßiger Nachteil für den anderen Teil.

Die Billigkeit gebietet, daß nicht nur, wie dies im Schlußabsatz des § 9 geschieht, der andere Vertragsteil schadlos gestellt, sondern auch, vor der gerichtlichen Genehmigung der Ablehnung, dessen Lage und Leistungsvermögen, auch die Folge der Ablehnung für diesen, gewürdigt werden muß. Der Begriff: „unverhältnismäßiger Nachteil für den anderen Teil" ist durch diese VO. vom 14. Dezember 1916 nicht zum erstenmal in die Literatur der Kriegsnotgesetze gebracht worden. Der § 1 VO. über die gerichtliche Bewilligung von Zahlungsfristen vom 7. August 1914 (RGBl. S. 359) enthält das nämliche Merkmal bei Würdigung der Lage des Schuldners. Nur wenn die dem Schuldner zu gewährende gerichtliche Zahlungsfrist dem Gläubiger nicht einen unverhältnismäßigen Nachteil bringt, soll die Bewilligung erfolgen. In beiden Fällen, der Verordnung über die Zahlungsfristen und dem § 9 VO. vom 14. Dezember 1916, handelt es sich um das billige Ermessen, das der Richter seiner Entscheidung zugrunde legen soll. Das Gemeinsame ist der Gedanke, daß die richterliche Bewilligung bzw. Ermächtigung nicht über wohlerworbene Rechte des Gegners des prinzipiell geschützten Schuldners hinwegschreiten darf: die Kriegsschäden schwächen die Schuldner- und Gläubigerschaft; hier soll sorgfältig abgewogen werden, wer die Last am besten tragen kann. Falls nun der dem Gläubiger durch das Ausbleiben der Leistung aus dem zweiseitigen Vertrag drohende Schaden den dem beaufsichtigten Schuldner bei Erfüllung des zweiseitigen Vertrages erwachsenden Nachteil überwiegt, soll das Gericht von der Ermächtigung des § 9 Satz 2 Umgang nehmen (analog OLG. Augsburg vom 20. Oktober 1914 Recht 1914, 706). Das Gericht hat überhaupt die Vermögensverhältnisse und die totale wirtschaftliche Lage der beiden Vertragsparteien zu untersuchen, das Für und Wider der Erfüllung und Nichterfüllung gegeneinander abzuwägen und danach festzustellen, wer der durch die eine oder andere Maßregel mehr Geschädigte ist (Güthe bei GruchotsBeitr. 59, 56). Denn auch der Vertragsgegner hat Verbindlichkeiten zu erfüllen, auch sein Geschäft darf nicht ruiniert, auch seine Gläubigerschaft muß befriedigt, kurz auch seine Lage in der kritischen Zeit muß wohlwollend gewürdigt werden (Unger, im Recht 1914 S. 690; Wassermann-Erlanger, 3. Aufl. S. 136 2; Sintenis S. 137; Bovensiepen, DRZ. 1914, 783; derselbe, GeschA. 1917, 58 Anm. 6, auf die Grundsätze von Stammler, Die Lehre vom richtigen Rechte 1902, aufmerksam machend).

Zu bedenken ist für den Richter der Umstand, daß der andere Teil Schadensersatz wegen Nichterfüllung verlangen kann. Ermöglichen also die in Betracht kommenden Rechtsvorschriften und Vermögensverhältnisse des Schuldners, daß dem anderen Teil ein halbwegs ausgleichendes Äquivalent im Falle der Ablehnung zuteil wird, so kann die Ermächtigung leichter erteilt werden. Ein billiger Vergleich wird herüber und hinüber in den Grenzfällen anzuraten sein. Die Aufsichtsperson kann und wird es an ihren guten Diensten nicht fehlen lassen, und das Gericht wird ihre Mitwirkung zur Ebnung der Sachlage nicht entbehren können.

C. Schadensersatz wegen Nichterfüllung.

1. Rechtliche Natur des Schadensersatzanspruches.

Macht der Schuldner von der Befugnis zur Ablehnung der Vertragserfüllung Gebrauch und hat das Gericht, trotz billiger Rücksichtnahme auf das Interesse des Vertragsgegners, seine Ermächtigung hiezu erteilt, so tritt an die Stelle der erloschenen Erfüllungsansprüche eine gewöhnliche Schadensersatzforderung wegen Nichterfüllung des Vertrages (Sydow-Busch, KO. 12. Aufl. S. 98 Note 14). Der Erfüllungsanspruch selbst ist zwar durch Nr. 2 des § 13 privilegiert, nicht aber der Anspruch auf Schadensersatz, wie dies ausdrücklich im Schlußpassus des § 13 ausgesprochen ist. Weil im Interesse des Schuldners und der vom Verfahren betroffenen Gläubigerschaft der Vertrag zum Nachteil der anderen Partei unerfüllt bleibt, muß billigerweise der letztere schadlos gehalten werden. Die wiederholt in der Literatur aufgeworfene Frage, ob der Vertragsgegner, wie dies im § 13 Schlußsatz geschehen ist, lediglich als nicht privilegierter Gläubiger oder als Gläubiger etwa im engeren Sinne der Nr. 1—6 des § 13 auftreten soll, ist zuungunsten des Schadensersatzberechtigten gelöst worden (siehe auch §§ 10 Abs. 2 Satz 2; 13 Abs. 1 Nr. 4). Würde er privilegiert erscheinen, so wäre der Schuldner und die vom Verfahren betroffene Gläubigerschaft vermutlich ebenso belastet, als wenn der Vertrag nicht abgelehnt worden, sondern weitergelaufen wäre.

Die weitere Zweifelsfrage des Konkursrechtes, ob ein Entschädigungsanspruch schlechthin oder nur ein solcher bestehe, den das allgemeine bürgerliche Recht anerkenne, ist (gegen Jaeger, KO. § 17 Anm. 43 mit RG. 26, 95; 63, 73) in letzterem Sinne zu beantworten. Es müssen also die Voraussetzungen jedes Schadensersatzanspruches dargetan werden. Nach der sog. Differenztheorie des bürgerlichen Rechts (Staub, HGB.,

Exkurs § 374 Anm. 24; Exkurs § 382 Anm. 83a; Planck, BGB. § 326 Anm. 2c; Jaeger, KO. § 17 Anm. 44 S. 316; derselbe, JW. 1917, 141 e β) wird das gegenseitige Vertragsverhältnis in einen einseitigen Anspruch des Vertragsgegners auf Schadensersatz wegen Nichterfüllung des Vertrags umgewandelt (RG. 11, 51; 17, 83; 22, 111; 41, 134; 64, 207; 73, 63; 78, 94; 79, 211; 86, 250; Sydow-Busch, KO. S. 92), was z. B. bezüglich des Gerichtsstandes des Ortes der Erfüllung des in dieser Hinsicht fortwirkenden Vertrages (§ 29 ZPO.) seine Wirkung äußert (JW. 1894, 181, 11; Sydow-Busch, KO. 12. Aufl. S. 91). Eine Vertragsstrafe kommt infolge des in dieser Hinsicht fortwirkenden Vertrags in Wegfall, wenn der Schuldner die Erfüllung ablehnt (RG. 49, 192).

2. Die Einzelheiten des Schadensersatzanspruches.

Der Vertragsgegner muß Grund und Höhe des Schadens beweisen. Er wird nicht unter allen Umständen entschädigt. Vielleicht hat er keinen wirklichen Schaden. Er kann durch einen anderweitigen Vertrag mit einem dritten Abnehmer die ihn sonst treffende Einbuße vielleicht von sich abwenden. Der Schadensersatzanspruch ist in Geld geltend zu machen. Bezüglich des zu verlangenden Geldbetrages fällt der Gläubiger im weiteren Verlaufe des Geschäftsaufsichtsverfahrens unter die Vorschriften der §§ 33 ff. gegenwärtiger VO. Der Gläubiger kann nicht nur das damnum emergens, sondern auch das lucrum cessans, ansprechen. Der Schaden kann abstrakt (RG. 60, 347) und konkret (RG. 61, 352) liquidiert, es kann von der einen zu der anderen Schadensform übergegangen werden. Ein Selbst- oder Mitverschulden des Vertragsgegners (§ 253 BGB.) kann in Betracht kommen.

D. Der Schuldner als Vermieter oder Verpächter.

Unter den § 9 fällt auch das Verhältnis des beaufsichtigten Schuldners als Vermieters oder Verpächters, sei es, daß das Mietobjekt bei Anordnung der Geschäftsaufsicht schon dem anderen Teil überlassen, sei es, daß dasselbe zu diesem Zeitpunkt noch zu überlassen war. Es kann z. B. im Interesse der Geschäftsaufsicht liegen, daß vom Schuldner vermietete Räume besser oder anders oder nicht mehr vermietet oder verpachtet bleiben, weil sparsamere oder praktischere geschäftliche Erwägungen des Schuldners oder der Aufsichtsperson dies bedingen.

E. Der Bürge des Beaufsichtigten als Kontrahenten.

Erlischt der Vertrag durch die Ablehnungserklärung, so erlischt auch die künftige Haftung des Bürgen, der für die vertraglichen Pflichten eingestanden ist, für die Erfüllung (Jaeger, KO. § 19 Anm. 9 S. 341; SeuffArch. 32 Nr. 234).

Anders steht es mit dem Schadensersatzanspruch, welcher nach § 9 Schlußabsatz dem anderen Teil bei der Ablehnung erwächst (siehe oben C zu § 9). Für diesen Schaden haftet der Bürge. Bezüglich der Verpflichtung des Bürgen ist nämlich der jeweilige Bestand der Hauptverbindlichkeit maßgebend. Dies gilt insbesondere auch, wenn die Hauptverbindlichkeit durch Verschulden oder Verzug des Hauptschuldners geändert wird (§ 767 BGB.). Es ist dies eine Folge der akzessorischen Natur der Bürgschaft. Im Zweifel gilt die Bürgschaft in omnem causam, d. h. für alle Nebenverpflichtungen, die sich als spätere Modifikation der Leistung ergeben (SeuffArch. 38 Nr. 180; RG. 8 Nr. 107; SeuffArch. 51 Nr. 177; ROHG. 10 Nr. 7 S. 52).

F. Kein Aufrechnungsrecht des anderen Teils.

Die Gegenpartei des Schuldners ist nicht berechtigt, die Initiative zur Ablehnung der Erfüllung zu ergreifen. Nach § 19 KO. kann sowohl der andere Teil, als auch der Verwalter, das Miet- oder Pachtverhältnis kündigen. In den §§ 9 und 10 VO. vom 14. Dezember 1916 ist dem anderen Teil kein derartiges Recht eingeräumt. Er hätte unter Umständen auch alles Interesse daran, das Verhältnis vorzeitig lösen zu dürfen und es ist bei Erörterung der Grundsätze der neuen VO. auch diese Frage — etwa die mit gerichtlicher Ermächtigung beschwerte Kündigung des Vertragsgegners, insbesondere hinsichtlich des Vermieters — in Erwägung gezogen worden. „Was dem einen Vertragsgenossen recht ist, sollte dem anderen billig sein" (Jaeger, JW. 1917, 140). Gegen die Zulassung eines entsprechenden Rechtes des Vertragsgegners zur vorzeitigen Lösung des gegenseitigen Vertrages sprach nach der amtlichen Erläuterung der Umstand, daß in der Regel die Gegenpartei keinen Anlaß hat, der Anordnung der Geschäftsaufsicht halber, den Vertrag zu lösen. Wird von seiten des beaufsichtigten Schuldners alles diesem Obliegende in Erfüllung des Vertrages getan, was ja auch durch den § 13 Nr. 2 VO. gewährleistet ist, so spielt die in der Person des Schuldners liegende Gefahr (die im Konkursfalle naturgemäß weit größer ist) keine Rolle. Der Umstand der Beaufsichtigung kann im Gegenteil dem Vertragsgegner förderlich sein. So wird erst in dem Zeitpunkt der andere Teil eine Lösung des Vertrags anstreben, in welchem der Beaufsichtigte seine Pflichten nicht mehr erfüllt; dann geschieht dies im Wege des Rücktrittes bzw. der ordentlichen oder der außerordentlichen Kündigung.

§ 10.

Hatte der Schuldner vor der Anordnung der Geschäftsaufsicht einen Gegenstand gemietet oder gepachtet, so kann er das Miet- oder Pachtverhältnis mit Ermächtigung des Gerichts kündigen. Die Vorschrift des § 9 Abs. 1 Satz 2 ist entsprechend anzuwenden. Die Kündigungsfrist ist, falls keine kürzere Frist bedungen war, die gesetzliche.

Kündigt der Schuldner, so kann der andere Teil Ersatz des ihm durch die Aufhebung des Vertrags entstehenden Schadens verlangen. Da dem Vermieter und dem Verpächter nach den §§ 559, 581, 585 des Bürgerlichen Gesetzbuchs zustehende Pfandrecht kann in Ansehung des Schadensersatzanspruchs nicht geltend gemacht werden.

Die Miete und Pacht.

A. Der beaufsichtigte Schuldner als Mieter oder Pächter.

Anlaß und allgemeine Gesichtspunkte.

Der § 10 ist nur eine Unterbestimmung des § 9. Während das Miet- und Pachtverhältnis, was die Berechtigung des Dritten als Vermieters oder Verpächters anbetrifft, durch die Anordnung der Geschäftsaufsicht nicht berührt wird, also weder das Kündigungsrecht (§ 19 KO.)

noch das Rücktrittsrecht (§ 20 KO.) dem Dritten als Vermieter oder Verpächter zusteht, hat der § 10 dem beaufsichtigten Schuldner als Mieter oder Pächter ein einseitiges Kündigungsrecht eingeräumt. Was das Verhältnis des § 10 zu dem vorausgehenden § 9 anlangt, so regelt der § 9 auch die Möglichkeit, daß der Schuldner als Vermieter oder Verpächter einen bei Aufsichtseröffnung schon überlassenen oder noch nicht überlassenen Mietgegenstand kündigen kann, während der § 10 lediglich den Schuldner als Mieter oder Pächter behandelt. Grundlegend sind zunächst die Bestimmungen des BGB. §§ 535 ff., dann auch das Gesetz zur Einschränkung der Miet- und Pachtzinsforderungen vom 8. Juni 1915 (RGBl. S. 327; Trendelenburg, Berlin 1915; Hagelberg, Berlin 1915; Wassermann-Erlanger S. 210 ff.; BayJME. vom 27. Juli 1915; BayJMBl. S. 55 ff. II B 1; PreußJME. vom 16. Juni 1915; PreußJMBl. S. 116 ff.). Der Miete sind nur Sachen unterworfen (Mobilien, Fuhrwerk, Automobile, Wohnräume, Grundstücke, Musikinstrumente, Telephonanlagen); der Pacht sind auch Rechte unterworfen (landwirtschaftliches Gut, Jagd-, Fischerei-, Patentrecht).

Miete und Pacht fließen oft ineinander, ebenso Pacht oder Miete und Kauf (RG. 26, 218; OLG. Braunschweig vom 9. April 1896 DJZ. 436 Nr. 10). Der § 10 macht keinen Unterschied, ob der Gegenstand der Miete oder der Pacht schon überlassen oder erst zu überlassen war. Der § 10 regelt auch die Beziehungen des Schuldners als Untermieters oder Unterpächters zu dem Dritten als Untervermieter oder Unterverpächter, ebenso wie der § 9 die Verhältnisse des beaufsichtigten Schuldners als Untervermieters oder Unterverpächters zum Dritten als Untermieter oder Unterpächter im Auge hat. Der § 10 bezieht sich weiter auf den beaufsichtigten Schuldner als Mitmieter oder Mitpächter, was zumal bei Eheleuten in Betracht kommt (Jaeger, KO. § 19 Anm. 7 a). Eine Unterscheidung zwischen selbständiger und unselbständiger Mitmiete (Oertmann, DJZ. 1915, 403; Eltzbacher, Mietverträge 1913, 69 ff.; Mittelstein §§ 11 a und 13 Nr. 8; Jaeger, KO. § 19 S. 340 Anm. 7 a) trifft der § 10 nicht. Nach der ratio legis fällt daher die selbständige und unselbständige Mitmiete unter den § 10.

B. Einseitiges Kündigungsrecht des Beaufsichtigten als Mieters oder Pächters.

Der dritte Kontrahent soll nicht berechtigt sein, auf Durchführung seines allenfalls langfristigen Vertrages zu bestehen. Der wirtschaftliche Erfolg der Verordnung könnte durch derartige Ansprüche lahmgelegt werden. Man mutet mit gutem Grunde (§§ 3 und 5) dem Beaufsichtigten eine bescheidene Lebensführung zu. Eine auf Wohnung oder Geschäftsräume sich erstreckende vertragliche Bindung könnte auf die Dauer diese gesetzliche Absicht illusorisch machen, wenn keine vorzeitige Lösung möglich wäre. Das Nämliche gilt von einem unter besseren oder anderen persönlichen oder gewerblichen Verhältnissen vom jetzigen Beaufsichtigten eingegangenen, vielleicht mehrjährigen Pachtvertrage. Die Kündigung führt zu einer Auflösung des Vertragsverhältnisses (RG. 7, 20; OLG. Dresden vom 30. Juni 1903 SächsArchRechtspfl. 1914, 266).

C. Der Bürge des Beaufsichtigten als Mieters oder Pächters.

Siehe § 9 E!

D. Die Kündigung durch den beaufsichtigten Schuldner als Mieter oder Pächter.

Schutzbestimmungen zugunsten der Gegenpartei.
Erreichung des Zweckes der Geschäftsaufsicht.
Siehe § 9 B!

E. Kündigungsfrist.

1. Im allgemeinen.

Die Kündigung darf nur erfolgen, wenn die gesetzliche Frist eingehalten wird (Sydow-Busch, KO. 12. Aufl. 1916 S. 98 Note 3), falls nicht im Vertrag eine kürzere Kündigungsfrist, als es die gesetzliche ist, oder gar keine vorgesehen ist (RG. 56, 247 ff.). Bezüglich der gesetzlichen Kündigungsfrist besagt der § 565 BGB.:

„Bei Grundstücken ist die Kündigung nur für den Schluß eines Kalendervierteljahrs zulässig; sie hat spätestens am dritten Werktage des Vierteljahrs zu erfolgen. Ist der Mietzins nach Monaten bemessen, so ist die Kündigung nur für den Schluß eines Kalendermonats zulässig; sie hat spätestens am 15. des Monats zu erfolgen. Ist der Mietzins nach Wochen bemessen, so ist die Kündigung nur für den Schluß einer Kalenderwoche zulässig; sie hat spätestens am ersten Werktage der Woche zu erfolgen. Bei beweglichen Sachen hat die Kündigung spätestens am dritten Tage vor dem Tage zu erfolgen, an welchem das Mietverhältnis endigen soll. Ist der Mietzins für ein Grundstück oder für eine bewegliche Sache nach Tagen bemessen, so ist die Kündigung an jedem Tage für den folgenden Tag zulässig. Die Vorschriften des Abs. 1 Satz 1 Abs. 2 gelten auch für die Fälle, in denen das Mietverhältnis unter Einhaltung der gesetzlichen Frist vorzeitig gekündigt werden kann.“

Der § 595 BGB. besagt:

„Ist bei der Pacht eines Grundstückes oder eines Rechtes die Pachtzeit nicht bestimmt, so ist die Kündigung nur für den Schluß eines Pachtjahrs zulässig; sie hat spätestens am ersten Werktage des halben Jahres zu erfolgen, mit dessen Ablaufe die Pacht endigen soll. Diese Vorschriften gelten bei der Pacht eines Grundstücks oder eines Rechtes auch für die Fälle, in denen das Pachtverhältnis unter Einhaltung der gesetzlichen Frist vorzeitig gekündigt werden kann.“

Der § 130 BGB., welcher von der Wirksamkeit empfangsbedürftiger Willenserklärungen, als welche sich die Kündigung kennzeichnet, handelt, besagt:

„Eine Willenserklärung, die einem Anderen gegenüber abzugeben ist, wird, wenn sie in dessen Abwesenheit abgegeben wird, in dem Zeitpunkte wirksam, in welchem sie ihm zugeht. Sie wird nicht wirksam, wenn dem Anderen vorher oder gleichzeitig ein Widerruf zugeht. Auf die Wirksamkeit der Willenserklärung ist es ohne Einfluß, wenn der Erklärende nach der Abgabe stirbt oder geschäftsunfähig wird. Diese Vorschriften finden auch dann Anwendung, wenn die Willenserklärung einer Behörde gegenüber abzugeben ist.“

Der § 132 BGB. besagt:

„Eine Willenserklärung gilt auch dann als zugegangen, wenn sie durch Vermittelung eines Gerichtsvollziehers zugestellt worden ist.

Die Zustellung erfolgt nach den Vorschriften der Zivilprozeßordnung. Befindet sich der Erklärende über die Person desjenigen, welchem gegenüber die Erklärung abzugeben ist, in einer nicht auf Fahrlässigkeit beruhenden Unkenntnis oder ist der Aufenthalt dieser Person unbekannt, so kann die Zustellung nach den für die öffentliche Zustellung einer Ladung geltenden Vorschriften der Zivilprozeßordnung erfolgen. Zuständig für die Bewilligung ist im ersteren Falle das Amtsgericht, in dessen Bezirke der Erklärende seinen Wohnsitz oder in Ermangelung eines inländischen Wohnsitzes seinen Aufenthalt hat, im letzteren Falle das Amtsgericht, in dessen Bezirke die Person, welcher zuzustellen ist, den letzten Wohnsitz oder in Ermangelung eines inländischen Wohnsitzes den letzten Aufenthalt hatte."

Die Kündigung muß nicht, wie beim § 569 BGB. und beim ZwVG. vom 8. Juni 1915, für den ersten Termin erfolgen, für welchen sie zulässig ist. Der Schuldner kann also, je nach dem Zwecke der Geschäftsaufsicht und je nach der Weisung der Aufsichtsperson, oder allenfalls des Gerichtes, eine gewisse Zeit über die Wohn- oder Geschäftsmiete beibehalten und erst für den Zeitpunkt kündigen, bis zu welchem eine Änderung des Verhältnisses der Aufsicht und dem Beaufsichtigten opportun erscheint (RG. vom 23. Dezember 1903 JW. 1904, 97; Jaeger, JW. 1917, 141 γ).

2. Kündigungsfrist des Erben oder eines anderen Vertreters des Nachlasses als Mieters oder Pächters bei der Geschäftsaufsicht über einen Nachlaß.

Handelt es sich um die Geschäftsaufsicht über einen Nachlaß (§ 73 VO.), so hat der Erbe oder ein anderer Vertreter des Nachlasses die Möglichkeit, entweder nach § 569 BGB. oder nach § 10 VO. das Mietverhältnis zu kündigen. Der § 569 BGB. besagt:

„Stirbt der Mieter, so ist sowohl der Erbe, als der Vermieter berechtigt, das Mietverhältnis unter Einhaltung der gesetzlichen Frist zu kündigen. Die Kündigung kann nur für den ersten Termin erfolgen, für den sie zulässig ist."

Der § 10 bietet also (wie oben unter E 1 am Schluß dargelegt) eine ungebundenere Handhabe für die Repräsentanten des Nachlasses, weil die Einengung auf „nur den ersten Termin, für welchen die Kündigung zulässig ist" dem Erben usw. oder seiner Aufsichtsperson unbequem sein kann.

F. Ersatz des durch die Aufhebung des Miet- oder Pachtvertrages entstehenden Schadens.

1. Allgemeines.

Kündigt der Schuldner auf Grund des § 10 Abs. 2, so ist der Dritte als Vermieter oder Verpächter befugt, Ersatz des ihm durch die Lösung des Vertrages erwachsenden Schadens zu verlangen (siehe § 9 C und die dortige Erläuterung!). Wenn der Vermieter anderweitig nicht oder nicht zum selben Preise vermieten kann, nachdem er sich in verkehrsüblicher Weise bemüht hat, den Schaden abzuwenden oder zu vermindern (§ 254 BGB. — moderata aestimatio), so kann der Vermieter den Betrag der übrigen Vertragszeit berechnen (RG. vom 10. Februar 1911 LZ. 1912, 235). Grund und Höhe des Schadens hat der Vermieter zu beweisen, dagegen ein allenfallsiges Verschulden des Vermieters der Beaufsichtigte.

2. Nichtausdehnung des gesetzlichen Pfandrechtes auf den Schadensersatzanspruch.

Der § 559 BGB. besagt:

„Der Vermieter eines Grundstücks hat für seine Forderungen aus dem Mietverhältnis ein Pfandrecht an den eingebrachten Sachen des Mieters. Für künftige Entschädigungsforderungen und für den Mietzins für eine spätere Zeit, als das laufende und das folgende Mietjahr kann das Pfandrecht nicht geltend gemacht werden. Es erstreckt sich nicht auf die der Pfändung nicht unterworfenen Sachen."

Der § 581 BGB. besagt:

„Durch den Pachtvertrag wird der Verpächter verpflichtet, dem Pächter den Gebrauch des verpachteten Gegenstandes und den Genuß der Früchte, soweit sie nach den Regeln einer ordnungsmäßigen Wirtschaft als Ertrag anzusehen sind, während der Pachtzeit zu gewähren. Der Pächter ist verpflichtet, dem Verpächter den vereinbarten Pachtzins zu entrichten.

Auf die Pacht finden, soweit sich nicht aus den §§ 582 bis 597 ein Anderes ergibt, die Vorschriften über die Miete entsprechende Anwendung.

Der § 585 BGB. besagt:

„Das Pfandrecht des Verpächters eines landwirtschaftlichen Grundstücks kann für den gesamten Pachtzins geltend gemacht werden und unterliegt nicht der im § 563 bestimmten Beschränkung. Es erstreckt sich auf die Früchte des Grundstücks sowie auf die nach § 715 Nr. 5 ZPO. der Pfändung nicht unterworfenen Sachen."

Ebenso wie für künftige Entschädigungsforderungen, kann also das gesetzliche Pfandrecht des Vermieters oder Verpächters, wenn er Vertragsgegner des Beaufsichtigten ist, nicht auf den Schadensersatzanspruch gegenüber dem Beaufsichtigten ausgedehnt werden.

§ 11.

Ein in dem Haushalt, Wirtschaftsbetrieb oder Erwerbsgeschäfte des Schuldners angetretenes Dienstverhältnis kann von dem Schuldner mit Ermächtigung des Gerichts gekündigt werden. Die Vorschrift des § 9 Abs. 1 Satz 2 ist entsprechend anzuwenden. Die Kündigungsfrist ist, falls keine kürzere Frist bedungen war, die gesetzliche.

Kündigt der Schuldner, so kann der andere Teil Ersatz des ihm durch die Aufhebung des Dienstverhältnisses entstehenden Schadens verlangen.

Der Schuldner als Dienstherr.

A. Allgemeines.

Die Grundregeln des § 11 sind die nämlichen, wie diejenigen des § 9 und insbesondere § 10. Die Bestimmung des § 11 ist der des § 22 KO. entlehnt. Nur ist beim § 11 — im Gegensatz zum § 22 KO. — bloß der Schuldner als Dienstherr, und nicht der Bedienstete, zu der Kündigung berechtigt. Hinsichtlich des Dienstvertrages besagt der § 611 BGB.:

„Durch den Dienstvertrag wird derjenige, welcher Dienste zusagt, zur Leistung der versprochenen Dienste, der andere Teil zur Gewährung der vereinbarten Vergütung verpflichtet. Gegenstand des Dienstvertrages können Dienste jeder Art sein."

Gegenstand des Dienstvertrages ist also nur die Leistung, nicht die Verschaffung von Diensten. Die Entgeltlichkeit der Dienstleistung ist dem Dienstvertrage wesentlich. Wenn durch den Vertrag ein Dienst unentgeltlich zugesichert wird, so kann Schenkung oder Auftrag oder überhaupt kein rechtsverbindliches Verhältnis vorliegen. Aber es ist nicht ausgeschlossen, die §§ 620 ff. BGB. auf unentgeltlich übernommene Dienste entsprechend anzuwenden, da die Vorschriften dieser Paragraphen mit der Entgeltlichkeit der Dienstleistung nicht im Zusammenhang stehen (Motive zu § 611 BGB.). Die Vorschrift des § 11 VO. indes bezieht sich nur auf den entgeltlichen Dienst, ferner nicht auf den Werkvertrag (§ 631 BGB.), welcher die Herstellung eines Werkes zum Gegenstand hat, ebensowenig auf den Auftrag, welcher die unentgeltliche Besorgung zum Gegenstand hat (§ 662 BGB.). Auch der Dienstvertrag ist ein gegenseitiger Vertrag, und unterliegt deshalb, wie eingangs bemerkt, der Grundregel des § 9 VO. Der § 11 VO. hat die locatio conductio operarum zum Gegenstande. Die durch den § 11 im Auge gehabten Dienstverträge setzen ein Dienstverhältnis zur fortgesetzten Verrichtung gleichartiger Dienste voraus. Es ist bedeutungslos, ob die Dienste nur in körperlicher Tätigkeit, oder in einer Leistung bestehen, welche wissenschaftliche oder technische oder kaufmännische Bildung oder eine sonstige Sachkenntnis oder Kunstfertigkeit erforderlich macht (Motive zur KO. II S. 83).

B. Einzelheiten.

Eine gründliche Zusammenstellung der Beispiele von Dienstleistungen bringen: vor allem Jaeger, KO. § 22 Anm. 6 ff.; dann derselbe, LZ. 1913, 355; derselbe, LZ. 1916, 930; derselbe, JW. 1917, 142; Schultzenstein, ArchBürgR. 23, 261. Das Agenturverhältnis ist kein Dienstverhältnis (RG. vom 16. März 1906 RG. 63, 73; RG., JW. 1908, 138; Sydow-Busch, KO. 12. Aufl. S. 106; Warneyer, KO. zu § 22). Bestritten ist die Frage, ob der Lehrvertrag ein Dienstverhältnis involviert. Der Lehrvertrag wird meist als Unterart des Dienstvertrages gekennzeichnet (Staub, HGB. § 76 Anm. 1 ff.; Düringer-Hachenburg, HGB. § 77 Anm. 1). Der Lehrvertrag muß nicht ein Dienstverhältnis zum Gegenstand haben, meist ist aber ein solches gegeben (Jaeger § 22 Anm. 7 S. 364). Die Frage wurde auch vielfach verneint (LG. Nürnberg vom 21. Oktober 1904; Aal, BayZfR. 1905, 260). Die Auslegung, daß der Lehrvertrag unter den § 11 fällt, wird den Zwecken der Geschäftsaufsicht entsprechen, weil die vorzeitige Kündigung bei Entgeltlichkeit des Lehrvertrags das schuldnerische Vermögen entlastet.

Verträge, die auf Besorgung von Geschäften gerichtet sind (Anwaltsmandat, Agentur-, Makler-, Fracht-, Kommissions-, Speditions-, Trödel-Verträge), unterstehen dem § 9, nicht dem § 11.

C. Das angetretene Dienstverhältnis.

Es dreht sich um ein angetretenes Dienstverhältnis. Die Dienstleistung muß begonnen haben. Es genügt nicht, daß der Zeitpunkt herangekommen war, zu welchem der Dienstanspruch fällig wurde. (A. M.:

Pfeiffer, LZ. 1913, 916.) Der § 11 gilt also nicht für ein Dienstverhältnis, welches noch nicht angetreten ist. (A. M.: Kohler, Lehrbuch S. 150.)

D. Die Kündigung durch den beaufsichtigten Schuldner als Dienstherrn.

Schutzbestimmungen zugunsten der Bediensteten. Erreichung des Zweckes der Geschäftsaufsicht. Siehe § 9 B 1 und 2 meiner Erläuterung!

E. Ersatz des durch Aufhebung des Dienstverhältnisses entstehenden Schadens.

Nicht die Vergütung kann der Bedienstete beanspruchen, wenn ihm vom Beaufsichtigten vorzeitig gekündigt wird, sondern Ersatz des Schadens (RG. III. ZS. vom 21. März 1916 316/15 [Celle]). Ob der Bedienstete, wenn er sich bemüht, den Schaden zu mindern oder gar auszuschalten (§ 254 BGB.), einen faktischen Ausfall erleiden wird, wird sich erst zeigen. Der Ersatzanspruch ist trotzdem nicht aufschiebend bedingt, sondern entsteht ohne weiteres durch die Entlassung (Sydow-Busch, 12. Aufl. S. 106). Findet der Bedienstete Beschäftigung, so vermindert sich der Ersatzanspruch (KG. vom 4. November 1903 OLG. 10, 195; 11, 370).

F. Neben-Wirkungen der Kündigung seitens des Beaufsichtigten.

Durch die Kündigung des Beaufsichtigten als Schuldners gegenüber dem Handlungsgehilfen entfällt das Wettbewerbsverbot (RG. vom 29. September 1903 JW. S. 389 Nr. 20; Gesetz zur Änderung der §§ 74, 75 und des § 76 Abs. 1 HGB. vom 10. Juni 1914, § 75 Abs. II). Bestritten ist — im analogen Konkursrecht, vgl. Jaeger § 22 Anm. 16 S. 368 — ob ein Wettbewerbsverbot weiterwirkt, wenn die Vorstandsmitglieder an solches für eine bestimmte Zeit nach ihrem Ausscheiden aus der Vorstandschaft gebunden sind, und ihnen seitens der unter Konkurs (hier Geschäftsaufsicht) stehenden Aktiengesellschaft gekündigt wird. Das Reichsgericht (10. Oktober 1906 LZ. 1907, 60; DJZ. 1911, 1, 375; JW. 1906, 762) spricht aus, daß in diesem Falle das Wettbewerbsverbot in Wegfall komme. Jaeger a. a. O. erklärt, daß diese Ansicht des RG. zu einer schweren Schädigung der Gläubigerschaft führe. Denn die entlassenen Vorstandsmitglieder dürften sofort einen Konkurrenzbetrieb eröffnen und damit das Geschäft des Gemeinschuldners völlig entwerten. Vom wirtschaftlichen Standpunkt aus sagt diese — auch von Kiel in Schlesw.-Holst. Anz. 1906, 66 vertretene — Auffassung von Jaeger zu. Allein in rechtlicher Hinsicht kann nicht ausschlaggebend sein, daß die reichsgerichtliche Auffassung eine Schädigung der Gläubigerschaft im Gefolge haben kann. Bei dem Wettbewerbsverbot zu Lasten der Vorstandsmitglieder muß nämlich vorausgesetzt werden, daß ihre Dienstzeit normal verläuft und nicht durch das außerordentliche Ereignis der — für gewöhnlich unvorhergesehenen — Geschäftsaufsicht, infolge der einseitigen Kündigungsberechtigung des § 11, gelöst wird.

G. Kein Kündigungsrecht des Dienstpflichtigen gemäß § 11, wohl aber aus den Gesichtspunkten der §§ 626 ff. BGB., § 70 HGB.

Im Gegensatze zu § 22 KO., kann nicht jeder Teil, sondern nur der Schuldner, kündigen. Damit ist aber nicht gesagt, daß besondere

Begleiterscheinungen der Geschäftsaufsicht nicht im Einzelfalle dem Bediensteten das Kündigungsrecht gewähren. Es kann gemäß § 626 BGB. das Dienstverhältnis von jedem Teile ohne Einhaltung einer Kündigungsfrist gekündigt werden, wenn ein wichtiger Grund vorliegt. Die Verhältnisse, die durch die Geschäftsaufsicht geschaffen werden, können also diesen wichtigen Grund abgeben, zumal ein Verschulden des Dienstherrn zur Begründung des außerordentlichen Kündigungsrechtes nicht erforderlich ist (Denkschrift zu § 626 BGB. S. 81). Welche Gründe in einem so gelagerten Falle als wichtige anzusehen sind, ist Sache des richterlichen Ermessens (SeuffArch. 37 Nr. 109). Ein gedeihliches Zusammenwirken unmöglich machende Mißhelligkeiten (RG. 7, 77) können durch die Folgen der Anordnung der Geschäftsaufsicht geschaffen sein. Die Autorität des Beaufsichtigten kann durch die Begleitumstände so gelitten haben, daß dem Dienstpflichtigen die unter anderen Voraussetzungen eingegangene Tätigkeit nicht mehr zugemutet werden kann (RG. 23, 170). Das Nämliche gilt von handelsrechtlichen Verhältnissen: Der § 70 HGB. gestattet jedem Teile die Kündigung des Dienstverhältnisses ohne Einhaltung einer Kündigungsfrist, wenn ein wichtiger Grund vorliegt.

H. Kündigungsrecht des beaufsichtigten Schuldners über den Rahmen des § 11 hinaus.

Wenn die oben unter § 11, G. behandelten Voraussetzungen des bürgerlichen oder Handelsrechtes vorliegen, so hat der Schuldner als Dienstherr die Berechtigung zur vorzeitigen Kündigung, auch wenn das Gericht die Ermächtigung nicht erteilt bzw. ohne daß diese nachgesucht zu werden braucht, und unbekümmert um die Frage, ob der andere Teil (der Dienstpflichtige) einen unverhältnismäßigen Nachteil durch die Kündigung des Beaufsichtigten davonträgt. In einem so gelagerten Falle braucht es sich auch nicht um ein bereits angetretenes Dienstverhältnis zu drehen. Maßnahmen des noch nicht eingetretenen Dienstpflichtigen können die wichtigen Gründe der §§ 626 ff. bzw. 70 HGB. abgeben.

§ 12.

Erhebt ein Gläubiger, der von dem Verfahren betroffen wird, während der Dauer der Geschäftsaufsicht Klage auf Leistung, so fallen ihm die Prozeßkosten zur Last, wenn der Schuldner den Anspruch sofort anerkennt. Dies gilt nicht, wenn der Gläubiger bei der Erhebung der Klage die Geschäftsaufsicht nicht kannte oder aus besonderem Grunde an alsbaldiger Erlangung des Urteils ein berechtigtes Interesse hatte.

Die Prozeßkosten bei Anerkennung.

A. Allgemeines und bisheriges Recht.

Der neue § 12 entspricht einer dringenden Anforderung der Praxis. (Goldschmit, JW. 1916, 1326, bei Erörterung der OLGE. München vom 23. August 1916 M 434/16 I JW. 1916, 1212; Recht 1916, 552 Nr. 1058; Güthe-Schlegelberger, Kriegsbuch I, 344; II, 110; Bovensiepen, GeschA. 1917, 60.) Die Frage, wer die Prozeßkosten einer Leistungsklage zu tragen habe, wenn der Beaufsichtigte derselben keinen Widerstand entgegensetzt, und wenn der Gläubiger nicht privilegiert, also gemäß § 6 der neuen VO. (§ 5 der alten VO.) außerstande ist, das Urteil während der Aufsichtszeit zu vollstrecken, war unter der VO. vom 8. August 1914 bestritten. (Michels, Recht 1917, 24 spricht von der leidigen prozessualen Streitfrage.) Ebensoviele Äußerungen, wie Meinungen. Die extremste Richtung legte dem Schuldner unter allen Umständen die Streitkosten auf, mochte er sogar förmlich anerkennen. Man begründete diese Meinung damit, von dem Anerkenntnis zur Zahlung sei noch ein weiter Schritt. Der Schuldner könne während der Aufsichtszeit scheinbar durch Anerkennung der Forderung sich dem Klageanspruch unterwerfen und hinterher — nach Erledigung der Aufsicht — dennoch um Einwendungen nicht verlegen sein (OLG. Frankfurt vom 14. Oktober 1915 Entsch. der OLG. 31, 388; OLG. Dresden vom 30. April 1915 LZ. 1915, 1115; Recht 1915, 454; OLG. Celle vom 20. November 1915 LZ. 1916, 176; Recht 1916, 82; KGBl. C. 1915, 107; JW. 1915, 852, 1452; Breslau AK. 1916, 9; Güthe-Schlegelberger, Kriegsbuch 1916, 111; Heß § 5 der alten VO. 3; Mendel, DJZ. 1915, 575; Wertheimer, JW. 1915, 175; Levy S. 25; Wassermann-Erlanger, 3. Aufl. S. 246; Harder, JW. 1915, 1052; Breit, JW. 1915, 171; Cahen, Berl. Tagebl. vom 23. Februar 1915 Nr. 99; Schwabe ebenda vom 26. Februar 1915 Nr. 105; Cöln vom 11. Oktober 1916 JW. 1916, 1491; Recht 1917, 31 Nr. 45). Dieses Argument schlug m. E. nicht durch. Denn selbst gegen ein rechtskräftiges Urteil oder im Vollstreckungsverfahren könnte, nach beendigter Geschäftsaufsicht, ein um Einreden nicht verlegener Schuldner aufbegehren. Andere Gerichte und Schriftsteller stellten daher die Entscheidung der Kostenpflicht auf die Lage des Einzelfalles, der eine Beurteilung gemäß § 93 ZPO. zur Pflicht mache, ab (Sintenis S. 365; OLG. Düsseldorf Recht 1915, 173; OLG. Dresden LZ. 1916, 79; JW. 1915, 1377; SächsArchRechtspfl. 1915, 458; Entsch. d. OLG. 31, 389; DJZ. 1916, 249; Recht 1916, 145; LZ. 1916, 252; Klien, JW. 1915, 769; OLG. Stuttgart vom 4. Februar 1916 Recht 1916, 201 Nr. 441 U 530/15; OLG. Düsseldorf vom 1. März 1915 Recht 1915, 173). Die mildere Auffassung ging dagegen dahin, daß ein außergerichtliches Anerkenntnis genüge. Die einen verlangten hiezu ein bedingungsloses schriftliches Zahlungsversprechen (Levis), andere das Anbieten eines Schuldtitels vor der Klage (LG. Leipzig vom 8. April 1915 JW. 1915, 770 und 806; AG. Frankfurt a. M. JW. 1916, 216; Recht 1916, 145) bzw. die freiwillige Unterwerfung unter die sofortige Zwangsvollstreckung in gültiger Form (KGBl. C. 1915, 107; Güthe-Schlegelberger, Kriegsbuch 1916, 111), andere wieder begnügten sich mit Aufnahme der Forderung in das Verzeichnis der Gläubiger, welche ja in Wahrheit das Bestreben des Schuldners, den Betreffenden als Gläubiger zu behandeln, dartut (OLG. Posen, Pos. Monatsschr. 1915, 147). Freilich wollte ein Teil derselben den gutgläubigen, d. h. mit der Tatsache der Geschäftsaufsicht nicht vertrauten, Gläubiger schützen. Eine weitere Richtung verlangte nichts, wie ein reines Anerkennen (OLG. Dresden vom 28. Oktober 1915 DJZ. 1916, 144; SächsArchRechtspfl. 1915, 494; EntschOLG. 31, 389; LZ. 1916, 77, 144; LG. Barmen vom 23. Oktober 1914 Recht 1914, 729; Jaeger, Bankarchiv 1914, 35; Peschke, HoldheimsMSchr. 1915, 229). Die mildeste Richtung mutet dem Schuldner nur zu, daß er nicht bestreite und lediglich die Erfüllung ablehne (Jaeger, Bankarchiv 34). Diese Auffassung allein schien im Rahmen der alten VO. mir mit der ratio legis vereinbar. In der BayZfR. 1916 Nr. 19 und 20 S. 319 hatte ich daher, unter Bekämpfung zweier übereinstimmender Entscheidungen des LG. Nürnberg vom 28. Februar 1916 A. 1263/15 und OLG. Nürnberg II. ZS. vom 5. Juli 1916 L. 57/161 (Recht 1916, 552 Nr. 1060), welch letzteres (wie OLG. München, Recht 1916, 552 Nr. 1059) das schuldnerische Angebot eines anderweitigen Titels zum Vollzug verlangte, folgendes ausgeführt:

„Nicht allein der Vollstreckungsaufschub ohne Konkursverfahren und die allmähliche gleichmäßige Befriedigung der Gläubiger ist das Ziel der VO. vom 8. August 1914. Hat vielmehr der Gläubiger, wie in concreto, an der Erwirkung des Urteils kein nachweisbares Interesse, so soll der Schuldner — dem Konkurszustand analog — tunlichst vor Klagen bewahrt werden, um, frei von Prozeß- oder gar Kostenlasten, in der schweren Zeit seine restige Habe beisammenzuhalten. Käme er doch zwischen zwei Puffer, wenn ihn der Aufsichtsführende an seiner Willenserklärung hindern und das Gericht ihn verurteilen könnte. Folgerichtig hat der Schuldner in unserem Falle erklärt: ‚Ich bin gehalten, die von mir übernommene Verpflichtung zu erfüllen, aber ich bin zurzeit unter Aufsicht, die mir die derzeitige Erfüllung untersagt. Hier stehe ich, ich kann nicht anders.' Durch diesen klaren Standpunkt des Schuldners ist und bleibt der Gläubiger vor späteren Rückfällen des ersteren ausreichend geschützt. Daß nach der inneren ratio des § 7 VO. die Wohltat des § 93 ZPO. hier einschlagen muß, ist m. E. jetzt schon de lege lata zweifellos, mindestens künftighin de lege ferenda festzulegen."

B. Neues Recht.

a) Sofortige Anerkennung des Klageanspruches.

Der § 12 huldigt einer milden Auffassung. Ihm genügt, daß der Beaufsichtigte den Anspruch sofort anerkennt, wenn der nicht privilegierte Gläubiger Leistungsklage erhebt. Die neue VO. stellt also die Entscheidung im Kostenpunkt auf das *eine* Merkmal des § 93 ZPO. ab, welcher lautet:

„Hat der Beklagte nicht durch sein Verhalten zur Erhebung der Klage Veranlassung gegeben, so fallen dem Kläger die Prozeßkosten zur Last, wenn der Beklagte den Anspruch sofort anerkennt."

Die Anwendung des § 93 ZPO. und somit auch der VO. § 12 hat zur Voraussetzung, daß Schuldner dem Klageanspruch sich pure unterwirft (BayrObLG. vom 4. Januar 1904 Recht 8, 106). Dies sollte nach dem Rechte des § 93 ZPO. in der mündlichen Verhandlung erfolgen (KG. vom 18. Dezember 1901 OLG. 3, 434). Mit dem Geiste der Geschäftsaufsicht und dem speziellen Zwecke des § 12 VO., welcher von der amtlichen Begründung mit Recht als Erweiterung des § 93 ZPO. bezeichnet wird, wäre dieser formalistische Standpunkt aber nicht zu vereinbaren. Sofortige Anerkennung irgendwelcher anderen Art, wenn die Leistungsklage gestellt ist (nachweisbar mündlich, telephonisch, erst recht schriftlich und zumal in einem förmlichen Schriftsatze) muß ausreichen, um Schuldner vor den Kosten zu schützen. Sein ganzes Verhalten nach der Klageerhebung kommt folglich in Betracht (KG. vom 20. März 1905 KGBl. 1916, 61; Stuttgart vom 23. Februar 1904

WürttJ. 1916, 313; Stuttgart vom 1. Oktober 1907 WürttZRV. 1, 412; Posen vom 13. Juni 1904 Pos. Monatsschr. 1904, 113). Nimmt der nicht privilegierte Gläubiger Versäumnisurteil und der Beaufsichtigte legt Einspruch ein, worauf er anerkennt, so reicht sogar dies aus, um die Wirkung des § 12 dem Beaufsichtigten zugute kommen zu lassen. Denn wenn auch die Worte des § 93 ZPO.: „hat der Beklagte nicht durch sein Verhalten zur Erhebung der Klage Veranlassung gegeben" nicht im § 12 enthalten sind, so läuft doch die Tendenz des letzteren auf den nämlichen Grundzug hinaus: es soll nicht unnötig gerichtliche Hilfe in Anspruch genommen (Braunschweig vom 17. Januar 1907 BraunschwZtg. 54, 26), es soll ohne Klage durch den nicht privilegierten Gläubiger eine Feststellung der Bereitwilligkeit des Beaufsichtigten zu erreichen versucht, es soll der Beaufsichtigte tunlichst vor Klagen bewahrt werden. Mit anderen Worten: hat der Beaufsichtigte dem nicht privilegierten Gläubiger keinen vernünftigen Grund zu der Annahme gegeben, daß derselbe ohne Klageerhebung nicht zu seinem Rechte gelangen werde (Hamburg vom 13. Februar 1905 HansGZ. 26 B. 87; EntschOLG. 11, 54), so treffen den Gläubiger die Kosten.

b) Keine Erfüllungsbereitschaft erforderlich.

Der für den allgemeinen Geltungsbereich des § 93 ZPO. von verschiedenen Gerichten (Hamburg vom 1. Februar 1907 OLGEntsch. 1915, 87; KG. vom 2. Dezember 1905 KGBl. 1906, 16; KG. vom 19. September 1906 KGBl. 1906, 108) — m. E. mit Unrecht — verlangte schuldnerische Nachweis der Erfüllungsbereitschaft kommt natürlich für den besonderen Geltungsbereich des § 12 in Wegfall. Denn der Beaufsichtigte darf nur, soweit seine Mittel reichen, nach der von der Aufsichtsperson bestimmten Reihenfolge und jeweils nach konkursrechtlichen Grundsätzen, leisten (§ 5), muß überdies in vielen Angelegenheiten (mindestens im Innenverhältnis) die Zustimmung der Aufsichtsperson beachten (§ 3) und hat gegenüber dem ihn mit der Leistungsklage bedrängenden nichtprivilegierten Gläubiger letzten Endes den Schutz des § 6. Der gerechtfertigte Anlaß der Leistungsklage des Nichtprivilegierten ist somit in dem Augenblicke widerlegt, in welchem der Beaufsichtigte ihm die Beruhigung der Anerkennung verschafft. Darüber hinaus hat der letztere in diesem Stadium keinerlei Verbindlichkeit.

c) Die Kosten treffen den Schuldner:

1. wenn der klagende Gläubiger die Geschäftsaufsicht nicht kannte.

Diesen Nachweis muß natürlich der Gläubiger führen. Der Beaufsichtigte und die ihn unterstützende Aufsichtsperson können durch ihre Beweismittel, oder auch nur Indizien, dieses Vorbringen entkräften. Erkundigungen, Äußerungen, auffällige Maßregeln, Beziehungen zu Eingeweihten, können dargetan werden, um den bösen Glauben des Nichtprivilegierten dem Prozeßgerichte, das über die Kostenpflicht zu urteilen hat, plausibel zu machen. Jedenfalls ist aus der Bestimmung des § 12 — zur Vermeidung der die Aufsichtsmasse belastenden Kosten — die gute Lehre für Schuldner und Aufsichtspersonen zu ziehen, die im § 22 VO. vorgeschriebene Mitteilung an alle Gläubiger recht gründlich und tunlichst nachweisbar zu besorgen bzw. im Laufe des Verfahrens nichts zu unterlassen, was einen in den Büchern oder sonstigem Schreibwerk eingetragenen Gläubiger über die Tatsache der bestehenden Geschäftsaufsicht aufklärt. Es ist dies ja auch im außerkonkurslichen Zwangsvergleichsverfahren, im Hinblick auf §§ 60 Abs. 1, 64 Nr. 2, rätlich. —

Der Gläubiger muß bei Erhebung der Klage in gutem Glauben sich befunden haben. Die Erhebung der Klage erfolgt durch Zustellung eines Schriftsatzes im Sinne des § 253 ZPO. Durch ein ohne Klageerhebung eingeleitetes Verfahren wird ein Rechtsstreit im Sinne der ZPO. überhaupt nicht eröffnet (Warneyer zu § 253 II; RG. vom 7. Dezember 1899 RG. 45, 395). Für die Frage nun, ob der Nichtprivilegierte im guten Glauben sich befindet, d. h. von der Geschäftsaufsicht ununterrichtet ist, ist der Zeitpunkt maßgebend, in dem die Zustellung der Klageschrift nebst Angabe des Verhandlungstermines gegenüber dem Schuldner erfolgt (RG. vom 21. Juni 1884 JW. 1884, 233; RG. 13, 334). Erfährt der Gläubiger vor diesem Zeitpunkte, also etwa nach Fertigung der Klageschrift, vor oder nach Beisetzung der Terminsnote, bei Übergabe der Klage an den Gerichtsvollzieher, von der bestehenden Geschäftsaufsicht, so ist sein guter Glaube zerstört. Er könnte dann höchstens die Auslagen an das Gericht, Anwalt und Gerichtsvollzieher bis zu dem Zeitpunkte begehren, bis zu welchem Punkte sein unzerstörter guter Glaube währte.

2. wenn der Gläubiger aus besonderem Grunde an alsbaldiger Erlangung des Urteils ein berechtigtes Interesse hatte.

Diese Klausel kann nicht als glücklich bezeichnet werden, denn sie ist lax und kautschukartig. Besonderer Grund und berechtigtes Interesse an alsbaldiger Erlangung des Urteils — sind vage, nicht abgegrenzte Begriffe. Sie werden nun erst recht Anlaß zu Meinungsverschiedenheiten und Prozeßstreitigkeiten abgeben. Auch die amtliche Erläuterung zum § 11 stillt den Wissensdurst nicht. Nur negativ warnt sie gewissermaßen vor der Ansicht, besondere Gründe lägen etwa schon in der Erwägung, daß Schuldner nicht gezahlt habe und daß die vorsorgliche Beschaffung eines Titels für den Fall der Beendigung dem Gläubiger stets Vorteil bringe. Diese Selbstverständlichkeit bringt uns keinen Schritt weiter. Denn anderenfalls müßten ja den Schuldner immer die Kosten treffen. Der besondere Grund muß also anderweitig aufgespürt werden. Er muß in der Eigenart des Gläubigers oder Schuldners oder der Schuld oder des Zeitpunktes des Urteiles liegen. Das reine Anerkenntnis muß bei dem besonders gelagerten Fall vom Standpunkte der Billigkeit aus nicht ausreichen. Vielleicht sind die Verhältnisse zwischen dem betreffenden Gläubiger und dem Beaufsichtigten so gespannte, daß letzterem nach der zu beweisenden Sachlage eine Intrigue, Schiebung, Verschleppung, Kollusion in Bezug auf Beweismittel, zuzumuten ist. Vielleicht sind Anhaltspunkte vorhanden, daß Schuldner das Anerkenntnis nicht ernst nimmt und bestimmte Einwendungen oder Prozeßmanipulationen, dieses Anerkenntnisses ungeachtet, vor hat. So müssen Anhaltspunkte dafür vorhanden sein, daß ohne Urteil, vielleicht ohne den bereitliegenden Vollstreckungstitel, der betreffende Gläubiger nach Verhängung der Geschäftsaufsicht leer ausgeht. Es kann auch an eine wesentliche Verschlechterung der Verhältnisse vom Augenblicke der Anordnung der Geschäftsaufsicht bis zu demjenigen der Urteilserwirkung und das nachweisbar nahe Bevorstehen eines Beschlusses des Aufsichtsgerichtes im Sinne des § 66 Nr. 2 VO. gedacht werden. Allemal muß der Begriff: alsbaldige

Erlangung des Urteils unterstrichen und als Regel die Kostenfreiheit des Schuldners im Auge behalten werden.

§ 13.

Von dem Verfahren werden nicht betroffen:

1. **die Gläubiger, deren Ansprüche auf Rechtshandlungen des Schuldners beruhen, die dieser nach der Anordnung der Geschäftsaufsicht mit Zustimmung der Aufsichtsperson vorgenommen hat oder ohne solche Zustimmung vornehmen durfte;**
2. **die Gläubiger, deren Ansprüche auf einem gegenseitigen Vertrage beruhen, der zur Zeit der Anordnung der Geschäftsaufsicht von dem Schuldner und von dem anderen Teile noch nicht oder noch nicht vollständig erfüllt war;**
3. **die Gläubiger, denen im Falle des Konkurses ein Anspruch auf Aussonderung zusteht;**
4. **die Gläubiger, soweit sie im Falle des Konkurses abgesonderte Befriedigung beanspruchen können;**
5. **die im § 61 Nr. 1 bis 5 der Konkursordnung bezeichneten und die ihnen gesetzlich gleichgestellten Gläubiger wegen ihrer bevorrechtigten Forderungen, auch soweit sie nach der Anordnung der Geschäftsaufsicht fällig werden;**
6. **die Staatskasse wegen der gerichtlichen Kosten des Verfahrens sowie die Aufsichtsperson wegen ihrer Ansprüche auf Erstattung von Auslagen und auf Vergütung.**

Die unter Nr. 2 bezeichneten Gläubiger werden hinsichtlich der im § 9 Abs. 2, § 10 Abs. 2, § 11 Abs. 2 bezeichneten Ansprüche auf Schadensersatz von dem Verfahren betroffen.

Von dem Verfahren nicht betroffen.

A. Allgemeines über die privilegierten Gläubiger.

Der § 13 nimmt in der VO. eine wichtige Stellung ein. **Er führt die privilegierten Gläubiger auf.** Damit bildet er ein Gegenstück zu dem § 6 nebst denjenigen folgenden §§ 7—12, welche von dem Verfahren betroffen werden und nicht privilegiert sind. Privilegiert sind demnach die im § 13 aufgeführten Gläubiger insoferne, als sie Arreste und Zwangsvollstreckungen in das Vermögen des Schuldners ausbringen, auch die im § 6 bemerkte Vormerkung auf Grund einer einstweiligen Verfügung eintragen lassen können. Während der Dauer der Geschäftsaufsicht darf aber das Konkursverfahren über das Vermögen des Schuldners selbst auf Antrag der privilegierten Gläubiger nicht eröffnet werden. Die bevorzugten Gläubiger des § 13 erleiden aber noch ein weiteres wichtiges Hemmnis durch die Geschäftsaufsicht. Auch sie müssen sich nämlich Abweichungen von der an sich gemäß § 5 konkursrechtlichen

Reihenfolge der Befriedigung gefallen lassen, wenn diese die Aufsichtsperson vorschlägt und das Gericht gestattet. Bendix (LZ. 1917, 162) führt als Beispiele an: Die Berichtigung einer Arztforderung vor Lidlohn, wenn wegen der ersteren die Klage droht, wegen des letzteren aber nicht; die Bezahlung eines Wechsels, dessen Ausstellung zur Fortführung des Geschäftes unerläßlich war, vor sämtlichen Vorrechtsforderungen. Der § 13 unterscheidet sich nur wenig von dem § 9 der alten VO. Neu ist die Nr. 2, wonach die Gläubiger, deren Ansprüche auf einem gegenseitigen Vertrage beruhen, welcher zur Zeit der Anordnung der Geschäftsaufsicht von dem Schuldner und von dem anderen Teile noch nicht oder noch nicht vollständig erfüllt war, von dem Verfahren nicht betroffen werden. Die den Vertragsgegnern des beaufsichtigten Schuldners zustehenden Ansprüche werden vom Verfahren der Geschäftsaufsicht und des Zwangsvergleiches (§ 59 Nr. 2) nicht betroffen, freilich nur solange, bis der Schuldner mit dem Abmaße der §§ 10 und 11 von der Kündigung nicht Gebrauch macht. Hinsichtlich der nach und infolge der Kündigung entstehenden Ersatzansprüche siehe letzten Absatz des § 13!

In der Nr. 2 der bisherigen VO. hieß es bis jetzt, daß von dem Verfahren nicht betroffen werden die Gläubiger, welchen nach § 43 KO. im Falle des Konkurses ein Anspruch auf Aussonderung zusteht; jetzt heißt es in Nr. 3 der neuen VO. schlechthin, daß von dem Verfahren nicht betroffen werden die Gläubiger, welchen im Falle des Konkurses ein Anspruch auf Aussonderung zusteht. Das hat die Bedeutung, daß auch die Ansprüche des Verkäufers oder Einkaufskommissionärs des § 44 KO. und die Befugnis des Aussonderungsberechtigten, die Abtretung des Rechtes auf die Gegenleistung, soweit diese noch aussteht, zu verlangen (§ 46 KO.), schließlich die dem § 392 HGB. entnommenen Forderungen aus einem Geschäfte, das der Kommissionär abgeschlossen hat — nicht nur die dem § 43 KO. entsprechenden Vindikationsansprüche — unter die Ansprüche der von dem Aufsichtsverfahren nicht betroffenen Gläubiger fallen. Unter Nr. 4 der alten VO. rangierten bisher nur die im § 61 Ziff. 1 und 2 KO. bezeichneten Gläubiger, nunmehr rangieren unter Nr. 5 weiterhin die unter Nr. 3—5 des § 61 KO. bezeichneten Forderungen. Die amtliche Erläuterung führt nur die Nr. 4 und 5 des § 61 KO. als Erweiterung im Verhältnis zur alten VO. auf; es ist aber auch Nr. 3 des § 61 KO. nunmehr mit hereingenommen. Die amtliche Erläuterung begründet die Herübernahme der weiteren Nummern des § 61 KO. in den neuen § 13 damit, daß bei einer längeren Geltungsdauer der VO. den Gläubigern dieser privilegierten Konkursforderungen eine weitere Hintansetzung nicht zugemutet werden könne. Die neue Nr. 5 hat im Verhältnis zur alten Nr. 4 auch dadurch eine mindestens redaktionelle Erweiterung erfahren, daß ausdrücklich erwähnt ist, den den Ansprüchen des § 61 Nr. 1—5 gesetzlich gleichgestellten Gläubigern werde wegen ihrer bevorrechtigten Forderungen das nämliche Privileg eingeräumt. Nr. 6 ist überhaupt neu und korrespondiert mit dem neuen § 78. Daß die Aufsichtsperson wegen ihrer Ansprüche auf Erstattung von Auslagen und auf Vergütung privilegiert ist, entspricht dem Standpunkte des RG. vom 26. Mai 1916 JW. 1916, 1021, ist aber zu aller Vorsorge nun auch förmlich statuiert,

B. Das Verhältnis der privilegierten Gläubiger zum Geschäftsaufsichtsverfahren.

Bestritten ist, wie die Aufsichtsperson zu den Ansprüchen der privilegierten Gläubiger sich zu stellen hat. Wassermann-Erlanger, 3. Aufl. S. 256 ist der Ansicht, die Aufsichtsperson habe dafür Sorge zu tragen, daß auch die Ansprüche der privilegierten Gläubiger, soweit es die vorhandenen Mittel erlauben, bei Fälligkeit befriedigt werden, während Jaeger (Bankarchiv 14, 35) die Meinung ausspricht, daß sich die Aufsichtsperson um diese Ansprüche überhaupt nicht zu kümmern habe. Nach meinem Dafürhalten liegt hier ein Streit um Worte vor. Die Aufsichtsperson unterstützt und überwacht die Geschäftsführung des Schuldners (§ 2). Zu diesem Zwecke kann sie die erforderlichen Maßnahmen treffen. Wie ist es nun praktisch möglich, daß die Aufsichtsperson bezüglich der privilegierten Gläubiger eine Vogel Strauß-Politik treibt? Reichen die Mittel, um die privilegierten Gläubiger, die jederzeit vollstrecken können, zu befriedigen, so wird und muß der Schuldner (ob sich nun die Aufsichtsperson darum kümmert oder nicht) selbstredend in erster Linie für die Privilegierten sorgen. Vollends der neue § 5, der den Zusatz enthält: „auch soweit die Gläubiger von dem Verfahren nicht betroffen werden", läßt keinen Zweifel, daß die Aufsichtsperson, welcher nun die konkursmäßige Reihenfolge der Befriedigung zu bestimmen obliegt, vor oder nach erfolgter Befriedigung eines Privilegierten einschreiten müßte, wenn der Schuldner etwa, solange sich die Aufsichtsperson nicht um diese Obliegenheiten bekümmert hätte, dies vernachlässigt hätte. Die Aufsichtsperson k a n n (siehe obige Erläuterung § 6 A a am Ende; nach Breit, JW. 1915, 172; Wassermann-Erlanger, 3. Aufl. S. 256, m u ß) nun den Konkurs eröffnen lassen, wenn das schuldnerische Vermögen nicht mehr genügt, um die Privilegierten zu befriedigen.

Die im § 13 aufgeführten Privilegierten sind nicht ohne weiteres mit den Bevorrechtigten des Konkursrechtes identisch (Cahen, Berliner Tagebl. vom 17. Dezember 1914 Nr. 640; Jaeger, JW. 1917, 189 A), wenn auch im großen und ganzen die Privilegierten des § 13 nicht unter die einfachen Konkursgläubiger, sondern unter die im 4., 5., 7. und 8. Titel (§ 61, 1—6) KO. aufgeführten vor den übrigen Konkursforderungen rangierenden Gläubigern fallen. Jaeger (JW. 1917, 189 A) nennt die privilegierten Gläubiger des § 13 vor allem im Hinblick auf den Wortlaut und Sinn des § 60 ff. „nicht beteiligte Gläubiger". Der Gläubiger, welcher als vom Verfahren nicht betroffener behandelt werden will, muß den B e w e i s für seine bevorzugte Eigenschaft führen, sonst fällt er unter die nach §§ 6 ff. behandelten (Sintenis S. 372; Heilberg, JW. 1915, 857; Breit, JW. 1915, 165).

Der § 13 weist vier verschiedene Kategorien von Forderungen, welche nicht unter das Verfahren fallen, auf:

a) Forderungen aus Rechtsgeschäften, zu welchen der Aufsichtsführer seine Zustimmung erteilte;
b) Forderungen, die aus der Berechtigung des Schuldners im Sinne der §§ 3 und 5 entstanden sind, sein Geschäft fortzuführen und die Mittel zur Lebensführung bereitzustellen;
c) die auf gegenseitigen Verträgen beruhenden Forderungen;
d) die auf den Normen des 4., 5., 7. und 8. Titels (§ 61, 1—5) KO. beruhenden Forderungen;

e) Forderungen der Staatskasse wegen der Kosten des Aufsichts-Verfahrens sowie Forderungen der Aufsichtsperson.

Entscheidend ist für diese vier Kategorien lediglich der objektive Bevorzugungsgrund und nicht die subjektive Auffassung des angeblich zu Privilegierenden (Breit, JW. 1915, 165; Wassermann-Erlanger, 3. Aufl. S. 1260). Der Irrtum oder die Unkenntnis des Gläubigers als Vertragsgegners des Beaufsichtigten ist bedeutungslos. (Breit, JW. 1915, 167 und 206, wo die Ausstellung von Prolongationswechseln während der Geschäftsaufsicht, im Zusammenhang mit den Aufsätzen von Kitzinger, JW. 1915, 62 und Weinberg, Berliner Tageblatt 1915 Nr. 547, unter Bezugnahme auf Breit, Berliner Tageblatt vom 31. Dezember 1914, in dem Sinne behandelt wird, daß der Beaufsichtigte aus den Prolongationswechseln, ohne Rücksicht auf die Zustimmung der Aufsichtsperson, wechselmäßig verpflichtet und zu verurteilen ist, daß aber die Unkenntnis des Wechselgläubigers von der bestehenden Geschäftsaufsicht an der Vollstreckungsunmöglichkeit nichts ändert; so auch Jaeger, Bankarchiv 14, 35; Wassermann-Erlanger, 3. Aufl. S. 261; Bovensiepen, DRZ. 1914, 781; a. M.: Kipp, DJZ. 1914, 1032.) (Zur Kategorie d wurde und wird gestritten, ob der Beaufsichtigte rechtsgeschäftlich Aus- und Absonderungsrechte während bestehender GeschAufs. an seinen Vermögensteilen begründen kann. Verneint von Wassermann-Erlanger, 3. Aufl. S. 258; Breit, JW. 1915, 168 für eigenmächtige, also ohne die Aufsichtsperson, erfolgende Verfügungen. Prinzipiell aber leider zu bejahen, da der § 3 Abs. 2 und 3, wie hiezu dargelegt, bedauerlicherweise nur eine Sollvorschrift enthält [so auch Jaeger, JW. 1917, 192 c]).

C. Die einzelnen bevorzugten Gruppen:

a) Forderungen aus Rechtsgeschäften, zu welchen der Aufsichtsführer seine Zustimmung erteilte.

1. Zustimmung der Aufsichtsperson.

Hinsichtlich der Zustimmung der Aufsichtsperson und ihrer Wirkungen wird auf § 3 B der Erläuterung verwiesen. Der § 182 BGB. besagt:

„Hängt die Wirksamkeit eines Vertrages oder eines einseitigen Rechtsgeschäfts, das einem Anderen gegenüber vorzunehmen ist, von der Zustimmung eines Dritten ab, so kann die Erteilung sowie die Verweigerung der Zustimmung sowohl dem einen als dem anderen Teile gegenüber erklärt werden. Die Zustimmung bedarf nicht der für das Rechtsgeschäft bestimmten Form. Wird ein einseitiges Rechtsgeschäft, dessen Wirksamkeit von der Zustimmung eines Dritten abhängt, mit Einwilligung des Dritten vorgenommen, so finden die Vorschriften des § 111 Satz 2, 3 entsprechende Anwendung."

Das BGB. hat als Allgemeinbegriff den Ausdruck Zustimmung aufgestellt, nennt Einwilligung schlechthin nur die vorherige Zustimmung (§ 183 BGB.) und beschränkt den Ausdruck Genehmigung auf die nachträgliche Zustimmung. Die Frage nun, welche Zustimmung hier im Auge gehabt ist, die Einwilligung (Sintenis S. 370 Note 3) oder die Zustimmung im allgemeinen, sei es die vorherige oder nachherige (Bendix, LZ. 1915, 196; Breit, JW. 1915, 168), ist nur zu beantworten, wenn man die ratio legis in Betracht zieht (Erläuterung zu § 3

Abs. 2 B a). Nur eine vorherige Zustimmung, also eine Einwilligung, der Aufsichtsperson kann den Schuldner und Privilegierten ausreichend vor den Wirkungen des § 6 schützen. Damit ist nicht gesagt, daß nicht nach Lage des Falles eine hinterherige Genehmigung angebracht und wirksam sein kann. Die vordringliche und normale Zustimmung muß schon deshalb die dem Geschäfte vorausgehende sein, weil ein pflichtbewußter Schuldner zur rechten Zeit des Einverständnisses der Aufsichtsperson sich versehen und sie so einholen soll, daß sein Vertragsgegner beim Abschluß klar unterrichtet ist, ob die Aufsichtsperson mit dem Rechtsakte einig geht. Die Erteilung der Zustimmung entspricht nach alledem in ihrer Wirkung der Vorschrift des § 182 BGB., die Verweigerung der Zustimmung aber leider nicht vollends, weil der § 3 nur instruktionell ist, somit die Verweigerung nicht die Vornahme des Geschäftes ausschaltet (siehe Erläuterung § 3 B a und e!). Die Zustimmung der Aufsichtsperson kann vor Abwickelung der Rechtshandlung widerrufen werden (Breit, JW. 1915, 169). Allenfallsige außerordentliche Maßregeln des Gerichtes an Stelle des nicht oder pflichtwidrig handelnden Aufsichtsführers können die Zustimmung der Aufsichtsperson ersetzen (a. M.: Bendix, LZ. S. 197).

2. Rechtshandlungen des Schuldners.

Unter diese fallen auch diejenigen Rechtsgeschäfte, welche die Aufsichtsperson für den Schuldner und in seinem Interesse vorgenommen hat. Es hieße der Intention der ganzen Einrichtung Zwang antun, wollte man bei Angelegenheiten, die unzweifelhaft und bestgewollt vom Aufsichtsführer selbst für das schuldnerische Unternehmen vorgenommen worden sind, allzu peinlich im Einzelfalle die Vertretungsmacht prüfen, wie dies Levy (S. 50 im Gegensatz zu Breit, JW. 1915, 168 und Mayer S. 160) tut. (Auch Jaeger, JW. 1917, 190 erklärt die Verbindlichkeiten vom Verfahren unberührt, die die Aufsichtsperson selbst oder ein von ihr Bevollmächtigter eingehen.) Grundsätzlich gilt in diesem Betreff das im § 2 meiner Erläuterung D (Rechtliche Stellung der Aufsichtsperson, 1. gegenüber dem Schuldner) Ausgeführte. In dubio muß aber die Rechtshandlung der Aufsichtsperson als das Vermögen des Schuldners be- und entlastend behandelt werden. Die Rechtshandlungen, welche der Aufsichtsführer als Geschäftsführer oder der von dem Aufsichtsführer bestellte Geschäftsführer vornimmt, sind denjenigen des Schuldners gleich zu behandeln.

Der Begriff Rechtshandlungen geht weiter, wie der Begriff Rechtsgeschäfte im engeren Sinn. (Erfüllung, Schadensersatz wegen Nichterfüllung bzw. wegen Verletzung eines Rechtes, Bereicherung, Wandelung, Minderung, Kündigung, Mahnung, Forderungen aus unerlaubten Handlungen.)

3. Nach Anordnung der Geschäftsaufsicht.

Privilegiert sind nur die Ansprüche, die auf Rechtshandlungen des Schuldners beruhen, welche dieser nach Anordnung der Geschäftsaufsicht mit Zustimmung der Aufsichtsperson vorgenommen hat. (Die diesbez. Gläubiger benennt Jaeger, JW. 1917, 190 a „Neugläubiger".) Der § 13 Nr. 1 findet also unter Umständen auch auf Rechtshandlungen Anwendung, welche der Schuldner nach Anordnung der Geschäftsaufsicht mit Zustimmung der Aufsichtsperson vorgenommen hat, und welche als Novation gelten, d. i. anstatt der alten Schuld eine neue Schuldverbindlichkeit begründen (Vergleiche, Anerkenntnisse). Dies gilt zumal, wenn der Gläubiger bei der Novierung darauf besteht, daß die Aufsichtsperson der Umwandelung zustimmt und bei Fälligkeit vollstreckt werden kann. (Beispiele siehe Breit, JW. 1915, 166.) Im Zweifel sind aber die novatorisch umgewandelten Schuldverhältnisse nicht privilegiert (Wassermann-Erlanger, 3. Aufl. S. 258; Breit, JW. 1915, 166; Jaeger, JW. 1917, 191 a). Bezüglich der hinterherigen Wechselbegebung für eine Warenforderung und der Ausstellung von Prolongationswechseln siehe meine Erläuterung oben § 13 B! Wassermann-Erlanger, 3. Aufl. S. 258; Breit, Berl. Tagebl. vom 31. Dezember 1914; Kitzinger, JW. 1915, 62 führen aus: Die Prolongierung eines Wechsels enthält nur eine Stundung der alten Verbindlichkeit. Weder die hinterherige Wechselbegebung über eine Warenforderung noch eine Prolongierung einer alten Wechselschuld schafft ein Vollstreckungsprivileg (Jaeger, JW. 1917, 191 a; a. M.: Weinberg, Berl. Tagebl. vom 27. Oktober 1914; derselbe, GeschAufs. 1917, 54; Levy S. 44; Wertheimer, JW. 1915, 174; Levis, DRZ. 1915, 408).

b) Forderungen, die aus der Berechtigung des Schuldners entstanden sind, sein Geschäft fortzuführen und die Mittel zur Lebensführung bereitzustellen.

Der Schuldner darf nach § 3 ohne Zustimmung der Aufsichtsperson Ansprüche befriedigen oder sicherstellen, die zur Fortführung des Geschäftes oder zu einer bescheidenen Lebensführung des Schuldners und seiner Familie erforderlich sind. (Siehe meine Erläuterung § 3 B g und h. Hier ist auch die Frage der Unterhaltsansprüche gegen den Schuldner gewürdigt und eine Abgrenzung gegen die nicht unter § 13 Nr. 1 fallenden Alimentierungspflichten, welche Breit, JW. 1915, 167 — und ihm neuerdings zustimmend Jaeger, JW. 1917, 190 a — weiter ausdehnt, vorgenommen.)

c) Die auf gegenseitigen Verträgen beruhenden Forderungen.

1. G e g e n s e i t i g e V e r t r ä g e.

Die Nr. 2 des § 13 ist neu gegenüber dem § 9 der alten VO. Das Sachverhältnis der Gläubigerschaft, deren Ansprüche auf einem gegenseitigen Vertrage beruhen, ist oben unter den §§ 9—11 erörtert. Es handelt sich um Verträge, die auf Leistung und Gegenleistung im Sinne der §§ 320 ff. BGB. gerichtet sind (GruchotsBeitr. 53, 1124). Unter § 9 meiner Erläuterung B 2. sind Einzelheiten der gegenseitigen Verträge aufgeführt. Herauszugreifen sind: Kaufvertrag (§ 433 BGB.), Tauschvertrag (§ 515 BGB.), Mietvertrag (§ 535 BGB.), Pachtvertrag (§ 581 BGB.), Dienstvertrag (§ 611 BGB.), Werkvertrag (§ 651 BGB., auf welchen sich die RGSt. 40 vom 3. April 1907 S. 105 ff. bezieht), der Gesellschaftsvertrag, der Kommissionsvertrag (§ 383 HGB.), der Speditionsvertrag (§ 407 HGB.), der Frachtvertrag (§ 425 HGB.), unter Umständen der Vergleich (§ 779 BGB.), dann der Verwahrungsvertrag (§ 688 BGB.), der Depotvertrag, der Lagervertrag (§ 416 HGB.), der Werklieferungsvertrag (§ 651 BGB.), der Lebensversicherungsvertrag (Petersen-Kleinfeller, KO. § 15 S. 67), der Agenturvertrag, der Vertrag des Schuldners mit einer Kommune auf Lieferung (OLG. 27, 243; siehe auch Jaeger, Verträge auf Lieferung, LZ. 6, 286), der Insertionsvertrag (Fuld, Inseratenforderungen, LZ. 4, 429; Bielschowski, Anmeldung von Inseratenforderungen 1909, 496), der Verlagsvertrag (Heine, Einfluß des Verlegerkonkurses, LZ. 3, 133; Oetker, Behandlung der

Verlagsverträge, DJZ. 6, 89; Riezler, Folgen der Erfüllungsablehnung im Verleger-Konkurse, LZ. 4, 641), der Mäklervertrag (§ 652 BGB.), der Werklieferungsvertrag, der Trödelvertrag usw.

Die Vorschrift des § 13 Nr. 2 bezieht sich nur auf gegenseitige Verträge, nicht auf solche, nach denen nur dem einen Vertragsteile eine Leistung obliegt (RG. vom 19. November 1908 GruchotsBeitr. 53, 1121; RG. JW. 86, 248). Bei Darlehen (§ 607 BGB.), Schenkung (§ 516 BGB.), Bürgschaft (§ 765 BGB.) obliegt nur dem einen Kontrahenten eine Leistung (RG. vom 25. Mai 1886 JW. 86, 248; RG. 35, 28; 84, 232; GruchotsBeitr. 53, 84k, 1124; JW. 86, 248). Bei dem Darlehen besteht bloß ein tatsächliches Band zwischen dem Versprechen und der Rückzahlung des zur Erfüllung Geleisteten. Auch gegen Übernahme der Verzinsung und Pfandbestellung ist ein Darlehensversprechen (§ 607 BGB.) regelmäßig nicht als gegenseitiger Vertrag zu behandeln (GruchotsBeitr. 53, 841; Sydow-Busch, KO. 12. Aufl. S. 87; Warneyer, KO. S. 37; Jaeger, KO. 5. Aufl. § 17 S. 293 Anm. 2; a. M.: Kohler, ArchBürgR. 25 S. 1). Die Auslobung (§ 657 BGB.) ist ebenfalls nur ein einseitig verpflichtender Schuldvertrag. Ist die Obliegenheit des Berechtigten nicht primär entgeltlich, so kommen die sogenannten unvollkommen gegenseitigen Verträge in Betracht, die aber nicht unter den § 13 Nr. 2 fallen. Es sind dies der Auftrag (§ 662 BGB.), die Geschäftsführung ohne Auftrag (§ 677 BGB.), die Leihe (§ 598 BGB.).

2. Noch nicht oder noch nicht vollständig erfüllte gegenseitige Verträge.

Der § 13 Nr. 2 setzt voraus, daß der Vertrag noch nicht oder noch nicht vollständig von der einen oder anderen Seite erfüllt ist. Hat der Vertragsgegner seine Verpflichtungen bereits vor Antragseröffnung vollständig erfüllt, so hat er keinen Anspruch auf Erfüllung, sondern eine vom Verfahren betroffene Forderung wegen Nichterfüllung, die, wenn sie nicht von vorneherein auf Zahlung von Geld gerichtet ist, nach ihrem Schätzungswerte in Geld zu befriedigen ist (RG. vom 25. Mai 1886 JW. 86, 248; vom 25. April 1906 63, 231; Planck, BGB. § 986 Anm. 1a; Düringer-Hachenburg, HGB. III S. 223). Erfüllt ist ein Anspruch, wenn die geschuldete Leistung bewirkt ist (§§ 267, 362 BGB.). Statt des vertragsmäßig Geschuldeten kann auch eine andere, als die geschuldete Leistung an Erfüllung Statt angenommen werden (§ 364 BGB.). Bei Leistungen, welche auf Erzielung eines Erfolges gerichtet sind (Jaeger Anm. 10 zu § 17 KO. führt beispielsweise die Sachübereignung an), muß erst der Erfolg eingetreten sein, wenn vollständige Erfüllung vorliegen soll. Teilleistung (§ 266 BGB.) führt zur Anwendung des § 13 Nr. 2. Denn noch nicht vollständige Erfüllung liegt auch dann vor, wenn nur noch eine geringe Leistung zu bewirken ist. Dies gilt auch von Nebenbeträgen, Zinsen usw. Hinterlegung (§ 372 BGB.) ist an sich keine Erfüllung. Ist die Rücknahme der hinterlegten Sache ausgeschlossen (§ 378 BGB.), so wird der Schuldner durch die Hinterlegung von seiner Verbindlichkeit in gleicher Weise befreit, wie wenn er zur Zeit der Hinterlegung an den Gläubiger geleistet hätte. Die befreiende Wirkung des Wegfalles des Rücknahmerechts wird fiktiv auf den Zeitpunkt der Hinterlegung zurückdatiert. Wenn eine teilbare Leistung in Betracht kommt, so gilt derjenige Teil des Anspruches im Sinne des § 13 Nr. 2 als erfüllt, bezüglich dessen Teilleistung und entsprechende

Teilgegenleistung erfolgt sind (Jaeger, KO. S. 300 Anm. 16). Dies kann für den Gattungskauf und die Sukzessivlieferung in Betracht kommen (Düringer-Hachenburg, HGB. II S. 270). Anders ist der Fall gelagert, wenn bei einem gegenseitigen Vertrag die restige Erfüllung infolge des Verzugs für den anderen Teil kein Interesse mehr hat (§ 326 BGB. Schlußabsatz). In diesem Falle schlägt der § 13 Nr. 2 ein (Düringer-Hachenburg III S. 221; Oetker S. 27; Kohler S. 137; Jaeger, KO. S. 300 Anm. 16; Petersen-Kleinfeller zu § 15 KO.). Hat der andere Teil bei Anordnung des Aufsichtsverfahrens bereits zum Teil erfüllt, so kann er, wenn der Schuldner die Vertragserfüllung ablehnt (siehe Erläuterung zu § 9 C 1), bloß seinen Schaden wegen Nichterfüllung als vom Verfahren betroffener Gläubiger geltend machen und nicht etwa die Teilleistung auf dem Wege des § 13 Nr. 3 vindizieren. Wenn ferner der Schuldner schon zum großen Teil geleistet hatte und nunmehr gemäß § 9 ablehnt, so muß der andere Teil Vorausleistungen auf den Schadensersatzbetrag sich anrechnen lassen. Bisher wurde allgemein angenommen (Jaeger S. 301 § 17 KO.; Oetker, ZZP. 14, 17 und 27), daß der Anspruch der Masse auf den entsprechenden Teil der vertragsmäßigen Gegenleistung für die in das Vermögen des Vertragsgegners gelangte und endgültig demselben verbleibende Teilleistung durch die Bestimmungen der KO. ausgeschlossen sei. Das RG. hat (18. Februar 1910 S. 63) dies als nicht richtig anerkannt. Es hat erklärt, daß die KO. weder im § 17 noch im § 26 eine ausdrückliche Bestimmung über die Rechte enthalte, welche der Masse, im Falle der Ablehnung der Erfüllung seitens des Verwalters, hinsichtlich der in das Vermögen des Vertragsgegners gelangten Teilleistungen des Schuldners, zustehen. Der andere Vertragsteil, welcher die Teilleistung endgültig behalte, sei der Verpflichtung zu ihrer Vergütung nicht enthoben.

d) Die auf den Normen des 4., 5., 7. und 8. Titels (§ 61, 1—5) KO. beruhenden Forderungen.

1. Die Aussonderung.

a) Rechtsnatur der Aussonderung nach der KO.

Der § 13 Nr. 4 bedeutet eine beträchtliche Erweiterung des alten § 9 Nr. 2, denn in der alten VO. wurden nur die nach § 43 KO. im Falle des Konkurses Aussonderungsberechtigten unter die Privilegierten einbegriffen. (Ausdehnend schon damals — mit Unrecht — ausgelegt von Jaeger, Bankarchiv 14, 35; siehe hierüber auch Jaeger, JW. 1917, 191 c.) Die Nr. 3 des § 13 begreift schlechthin die im Konkursfalle Aussonderungsberechtigten ein. Es rangieren also unter Nr. 3 auch die Aussonderungsansprüche der §§ 44, 45 und 46 KO. Der § 43 KO. behandelt im allgemeinen die Aussonderung. Der § 44 behandelt das Verfolgungsrecht des Verkäufers oder Einkaufskommissionärs. Der § 45 behandelt den Aussonderungsanspruch der Ehefrau in beschränkter Form. Der § 46 behandelt die sogenannte Ersatzaussonderung.

Gegenstände, welche dem Geschäftsbeaufsichtigten nicht gehören, unterliegen gemäß § 13 Nr. 3 (§ 43 KO.) der Aussonderung. Nicht nur auf körperliche Gegenstände erstreckt sich das Aussonderungsbegehren. Auch persönliche Ansprüche können in Betracht kommen, zumal restitutorischer Art (Hamburg vom 17. Mai 1905 OLG. 11, 359; Dresden vom 28. Mai 1909 OLG. 19, 210). Zu den Herausgabeansprüchen, welche in Schuldverhältnissen begründet sind, gehören die Forderungen auf Rückgabe einer Sache nach beendigter Miete, Pacht, Verpfändung, Geschäftsbesorgung, Leihe und Verwahrung. Gegenstand und Recht der Aussonderung sind hier etwas Verschiedenes. Es können also nicht nur dingliche Rechte an einer Sache, sondern auch persönliche Rechte in Ansehung einer Sache, zur Aussonderung führen. Unter den Aussonderungsansprüchen auf Grund persönlicher Rechte hat § 43 KO. also Sachen im Auge, die durch Verträge in den Besitz des Schuldners gelangt sind und auf Grund der Verträge zurückgefordert werden können, auch wenn der Forderungsberechtigte nicht Eigentümer der Sache ist, vorausgesetzt, daß sie nicht Eigentum des Gemeinschuldners sind (RG. vom 15. Mai 1906 63, 307). Wenn der Aussondernde ein Recht, z. B. auf Grund der Abtretung, für sich in Anspruch nimmt, sind Gegenstand und Recht der Aussonderung identisch, wie beim Eigentum. Einen Aussonderungsanspruch bildet die Forderung des Vermieters auf Rückgewährung der vermieteten, des Verpächters auf Rückgewährung der verpachteten, des Verpfänders auf Rückgewährung der verpfändeten, des Verleihers auf Rückgewährung der verliehenen (RG. 84, 215), des Verkäufers auf Rückgewährung der unter Eigentumsvorbehalt verkauften (RG. 63, 307; JW. 1906, 417[2]; 1907, 315[18]; OLG. 10, 198; 11, 357; 15, 235; 19, 210), des Hinterlegers auf Rückgewährung der verwahrten, des Geschäftsherrn gegen den Besorger, auf Rückgewährung der dem letzteren zwecks Ausführung eines Vertrages übergebenen Sache. Die auf Übertragung eines dem Schuldner gehörigen Gegenstandes an den Gläubiger gerichteten Ansprüche, zumal aus Kaufverträgen, auf Rückgewährung eines Darlehens (§ 607 BGB.), wegen Gläubigerbenachteiligung, werden als Verschaffungsansprüche im engeren Sinne (Jaeger § 43 KO. Anm. 28 und 31) bezeichnet, die nur mittelbar auf Herausgabe gerichtet sind. Sie werden von dem Geschäftsaufsichtsverfahren betroffen, und fallen nicht unter § 13 Nr. 3 (RG. 35, 79; 66, 390; 77, 110; OLG. 4, 381; Sydow-Busch 12. Aufl. S. 180).

Dagegen stellt die Abwehr des Eingriffs in absolute Rechte, welche keine Vermögensrechte zu sein brauchen (Patentrechte, Lizenzrechte, Warenzeichenrechte, Urheberrechte) eine Aussonderung dar (RG. 35, 56; Sydow-Busch, KO. 12. Aufl. S. 183). Der Anspruch auf Aussonderung von Patenten setzt voraus, daß der Gläubiger dartut, daß er nach den außerhalb des Konkursverfahrens geltenden Bestimmungen — so ist der maßgebende Wortlaut des § 43 KO. — den auszusondernden Gegenstand als ihm gehörig beanspruchen darf (Karlsruhe, 22. Mai 1901 OLG. 3, 55). Das Recht am eigenen Bilde kann auch als verletztes Recht, welches eine Aussonderung mit sich bringt, hier aufgeführt werden (RG. 45, 172; 69, 403; Kohler, Patentrecht S. 383). Die Vernichtung einer widerrechtlich erlangten photographischen Aufnahme ist ebenfalls als Aussonderungsanspruch zu behandeln (RG. vom 28. Dezember 1899, 75, 170).

Scheinübertragung (OLG. Posen vom 9. November 1914 Pos. Monatsschr. 1914, 154) und fibuziarische Rechtsübertragung (auf Grund eines Treuhandverhältnisses RG. 46, 165; 79, 122; 84, 218; RG. vom 18. September 1914 137/14 [Vertrag von Bauhandwerkern bzw. Übertragung der gemeinsamen Forderungen auf den Namen des Schuldners]; GruchotsBeitr. 37, 119; 54, 626; 59, 142; LZ. 1914, 1809; JW. 1901, 252; OLG. 11, 359; JW. 1915, 927; Recht 1914 Nr. 3046; 1915 Nr. 2375; SächsArchRechtspfl. 1915, 14; Jaeger, JW. 1917, 191 c) bringen ein Aussonderungsrecht mit sich.

Kein Aussonderungsanspruch erwächst dem Gläubiger, der einen Kaufvertrag wegen Kreditbetrugs um deswillen anficht, weil der Antrag auf Anordnung der GeschAufs. bald nach dem Kreditkauf erfolgte (Recht 1916, 404 Nr. 795 [München]).

β) Voraussetzungen und Einzelheiten.

Der Anspruch auf Aussonderung setzt ein Recht voraus, auf Grund dessen die Herausgabe eines Gegenstandes oder Ausantwortung eines Rechtes als eines dem Anspruchsteller, nicht dem Schuldner, gehörigen, verlangt werden kann. Das Recht des beanspruchenden Gläubigers kann ein dingliches oder persönliches sein (Sydow-Busch, KO. § 43 12. Aufl. S. 183; RG. 41, 1; 63, 307; 84, 215; OLG. 11, 359). Da der Anspruch nicht begründet ist, wenn die Verpflichtung des beaufsichtigten Schuldners dahin geht, einen dem Schuldner gehörigen Gegenstand herauszugeben (etwa auf Übereignung eines vermachten Anwesens, Jaeger, JW. 1917, 192 c; § 2174 BGB.), hat das Anfechtungsrecht hier keinen Platz, kann also nicht im Rahmen des § 13 Nr. 3 geltend gemacht werden (RG. vom 20. Januar 1885, 13, 5; 15. Oktober 1897, 40, 5). Ansprüche der übernommenen Aktiengesellschaft auf das übernommene Vermögen (§ 306 HGB.) begründen ein die übrigen Gläubiger der übernehmenden Gesellschaft ausschließendes Aussonderungsrecht (RG. 71, 380; abweichend RG. 84, 248, wo in Zweifel gelassen wird, ob durch die Sachlage nicht ein Absonderungsrecht geschaffen wird. Ersterer Standpunkt erscheint der richtige. Sydow-Busch, 12. Aufl. S. 184). Als Aussonderungsansprüche werden endlich nach oberstrichterlichen Entscheidungen (RG. 86, 240; JW. 96, 380) die actiones negatoriae, auf Beseitigung von Rechten des Schuldners an einer Sache des Beanspruchenden (Pfandrecht, Hypothek, Dienstbarkeit), erklärt (§§ 894, 952, 1163 BGB.). Ein Aussonderungsrecht steht demjenigen zu, der dem Schuldner zu einer Kautionsstellung mit der Abrede Geld geliehen hat, daß die Kautionssumme an ihn nach Beendigung des die Kaution bedingenden Verhältnisses wieder zurückzugeben sei (Hamburg vom 17. Mai 1905 OLG. 21, 359). Die Aussonderung des eingebrachten Gutes der Ehefrau (§§ 1419 ff. BGB.; RG. 35, 78) fällt schließlich ebenfalls unter § 13 Nr. 2. Maßgebend ist, daß der Gegenstand dem Schuldner materiell und wirtschaftlich, nicht formell und juristisch, gehört (RG. vom 23. Dezember 1899, 45, 80).

γ) Zeitpunkt des Aussonderungsanspruchs.

Der Aussonderungsanspruch kann verfolgt werden, wenn seine Fälligkeit herangekommen ist. Er wird nicht etwa durch Anordnung der Geschäftsaufsicht fällig. Der Vertrag (z. B. Mietvertrag) muß unter Umständen beendigt sein, ehe die mit dem Vertrag übergebene Sache (z. B. vom Vermieter) herausgefordert werden kann (Levy S. 51). Die vor Anordnung der Geschäftsaufsicht und die nach Anordnung unter den Voraussetzungen des § 13 Nr. 1 erworbenen Aussonderungsansprüche fallen unter § 13 Nr. 3, ersteres nach übereinstimmender Meinung (Wassermann-Erlanger S. 258; Levy S. 51), letzteres gegen Breit, JW. 1915, 168). Auch die nach Anordnung der Geschäftsaufsicht auf einer schuldnerischen Rechtshandlung (ohne die Voraussetzungen des § 13 Nr. 1) basierenden Aussonderungsansprüche als solche sind der Begünstigung des § 13 Nr. 3 teilhaftig. Es ist z. B. der Schuldner als Mieter verpflichtet, nach Beendigung der Mietzeit den gemieteten Gegenstand herauszugeben, gleichviel ob vor oder nach Anordnung der Geschäftsaufsicht er denselben gemietet hat (Levy S. 51; a. M.: Breit, JW. 1915, 168 sowie Wassermann-Erlanger, 3. Aufl. S. 258). Anders steht es in dem dritten Falle mit dem obligatorischen Anspruch (z. B. dem Mietzins), der, mangels der Voraussetzungen des § 13 Nr. 1, während der Geschäftsaufsicht vom Verfahren betroffen wird und nicht vollstreckbar ist (§§ 3 und 6). — Die Ansprüche aus § 13 Nr. 3 (§§ 43—46 KO.) sind während der Dauer der Geschäftsaufsicht verfolg- und vollstreckbar (Wassermann-Erlanger, 3. Aufl. S. 258; Breit, JW. 1915; JW. 1914, 855; Bendix, LZ. 1915, 98).

δ) Die Ansprüche aus §§ 44—46 KO.

Wie in der amtlichen Begründung und unter C d 1 α) erwähnt, waren die Ansprüche aus §§ 44—46 KO. in der alten VO. (§ 9, 2) ausgeschaltet. (So auch Levy S. 51; Bendix, LZ. 1915, 99; a. M.: Jaeger, Bankarchiv 14, 35; Jaeger, JW. 1917, 66; Wassermann-Erlanger, 3. Aufl. S. 258; Breit, JW. 1915, 68, die der Meinung waren, es habe die VO. vom 8. August 1914 im § 9 Nr. 2 nur den Regelfall des § 43 KO. angeführt, die §§ 44 ff. KO. und die Aussonderung des Kommittenten gemäß § 392 HGB. aber gleich behandelt wissen wollen. Auch DJZ. 16, 1000; JW. 16, 1355; LZ. 16, 1198; SächsArchRechtspfl. 16, 397 [Dresden FS.] wollten den § 9 Nr. 2 der alten VO. sinngemäß auf die Ersatzaussonderung des § 46 KO. ausdehnen.)

ε) Rechtsnatur des Verfolgungsrechts des Verkäufers oder Einkaufskommissionärs.

Der § 44 KO. regelt das sogenannte rigth of stoppage in transitu, das Verfolgungsrecht. Die Ware ist noch nicht oder noch nicht ganz bezahlt und unterwegs. Hier hat das Konkursrecht einen besonderen Anspruch des Verkäufers oder Einkaufskommissionärs geschaffen. Er kann seine Waren zurückfordern (siehe Düringer-Hachenburg, HGB. III S. 227). Diese Bestimmung entspricht einem alten handelsrechtlichen Grundsatze. Er ist dem code de commerce entlehnt. Die Bestimmung beugt den Bestrebungen böswilliger Schuldner vor, im letzten Augenblicke möglichst viele Waren von auswärtigen Kaufleuten zu beziehen. Die Auffassungen über die Rechtsnatur des Verfolgungsrechtes sind verschieden. Die einen erklären es für eine Art Restitution (ein Reszissionsrecht, so Goldschmidt, Petersen-Kleinfeller, Sarwey, Seuffert), die anderen für ein dingliches Recht (Staub), sonstige Rechtslehrer (Kohler, Düringer-Hachenburg) für ein persönliches Recht, wohl auch für ein gesetzliches Schuldverhältnis (Oetker, Sydow-Busch, KO. S. 185; RG. 41, 334).

Die Grundlagen des § 44 KO. sind ein Kauf- (oder Tausch-)Vertrag oder eine Einkaufskommission bezüglich Waren oder Wertpapiere. Die Waren brauchen nicht bestellt zu sein, der Ablieferungsort braucht nicht Leistungsort zu sein. Das Versendungsgeschäft kann auf Rechnung des einen oder anderen Vertragsteiles statthaben. Wer die Ware versandte, wer mit dem Spediteur oder Frachtführer kontrahierte, wer von den beiden Vertragsteilen die Beförderung besorgte, ob die Vertragsteile Kaufleute sind, ist unwesentlich (RG. 6, 60; JW. 99, 165). Nicht trifft der § 44 KO. zu, wenn die Ware einem Dritten zuzusenden ist. Gleichgültig ist, ob der Verkäufer dem Käufer die Ware durch einen auswärts wohnenden Lieferanten zusenden ließ. Im Auftrage des Käufers darf die Ware nicht abgesandt sein. Die Ware ist abgesandt, wenn sie aus der Verfügungsgewalt des Verkäufers entfernt ist, um an den Käufer zu gelangen. Die Ware braucht den Absendungsort noch nicht verlassen zu haben, muß sich aber schon im Gewahrsam des vom Käufer bestellten Spediteurs oder Frachtführers befinden (RG. 73, 145; RG. vom 4. Januar 1899 JW. S. 165). Dagegen ist das Verfolgungsrecht ausgeschaltet, wenn die Ware am Ursprungsorte einer für den Käufer ermächtigten Mittelsperson überantwortet und dann vom letzteren an den Gemeinschuldner abgesandt worden ist. Das Verfolgungsrecht ist erloschen, wenn die Ware zur Zeit der Anordnung der Geschäftsaufsicht bereits in den Gewahrsam des Schuldners übergegangen war. Der § 44 KO. bezieht sich nur auf Distanz-, nicht Platz-Geschäfte (RG. 33, 25; JW. 10, 394). Wenn der auswärtige Käufer oder eine für ihn handelnde Person beim Verkäufer selbst die Ware in Empfang nimmt, so wird aus dem Distanz- ein Platz-Geschäft, wenn auch die Versendung hernach an den Käufer erfolgt. Ein solches Geschäft unterliegt nicht dem § 44 KO., fällt also nicht unter den § 13 Nr. 3.

η) Wirkungen des Verfolgungsrechts.

Wenn ein Fall des § 44 KO. vorliegt, also die Ware noch nicht ganz bezahlt ist (es kann nur noch wenig fehlen; es kann auch gestundet sein, eine Wechselbegebung genügt nicht), gilt der Eigentumsübergang als rechtlich nicht geschehen (RG. 32, 20). Beweispflichtig für die Identität der abgeschickten und verfolgten Ware ist der Verkäufer. Teilzahlungen und Vorschüsse, die der Schuldner geleistet hat, muß der Absender erstatten. Die vertrags- oder übungsgemäß vom Käufer zu tragenden Kosten der Lieferung hat der Verkäufer nicht zu erstatten (Motive S. 168). Ist die Grundlage des § 44 KO. gegeben, dann ist die Verfolgung durch eine vor der Anordnung der Geschäftsaufsicht von dem Schuldner vorgenommene Weiterveräußerung ebenfalls nicht ausgeschlossen. Der Verkäufer kann sich wegen der Rückgabe auch an den dritten Erwerber der Ware halten (RG. 8, 84; 32, 20; SeuffArch. 69 Nr. 229; Petersen-Kleinfeller Anm. 22 zu § 36 a KO.; a. M.: Kohler, Leitfaden S. 115; Düringer-Hachenburg S. 231; Jaeger, KO. § 44 Anm. 29 S. 698). Übereinstimmung der Rechtslehrer besteht darin, daß der Erwerb des Dritten im guten Glauben geschützt wird (z. B. Sydow-Busch § 44 S. 187). Hat der Verkäufer die Ware einem Spediteur mit dem Auftrag übersandt, sie zur Verfügung des Käufers zu halten und dieser Anweisung zur Verladung gegeben, die Ware ist aber noch nicht abgesandt, so hindert, wenn ein Gläubiger des Käufers dessen Anspruch gegen den Spediteur auf Herausgabe pfändet, diese Pfändung ein vor derselben ausgeübtes Verfolgungsrecht des Verkäufers nicht (JW. 98, 486).

ϑ) Zeitpunkt des Verfolgungsrechtes.

Das Verfolgungsrecht entsteht im Zeitpunkt der Anordnung der Geschäftsaufsicht (analog für Konkurseröffnung: RG. 31, 137; 32, 21; 41, 334), also nicht im Zeitpunkt der Zahlungseinstellung oder des Eröffnungsantrages. Das Verfolgungsrecht besteht nicht, wenn die Ware vor der Anordnung der Geschäftsaufsicht abgeliefert wurde, mag die Ablieferung vor oder nach der Zahlungseinstellung, vor oder nach dem Antrag auf Anordnung der Geschäfts-Aufsicht, sich ereignet haben. Erfolgt trotzdem Rücklieferung, so ist Anfechtung möglich (RG. 31, 137). Der die Aussonderung beanspruchende Gläubiger hat zu beweisen, daß die Ablieferung der Ware vor der Anordnung der Geschäftsaufsicht nicht erfolgt ist. Eine Frist, innerhalb deren das Verfolgungsrecht auszuüben wäre, ist nicht bestimmt. Das Verfolgungsrecht endigt, sobald die Ware nicht mehr unterwegs (in transitu) ist, d. h. in dem Zeitpunkt, in welchem der Käufer oder ein für ihn handelnder Dritter die tatsächliche Innehabung der Ware erlangt (RG. 8, 86).

c) Der Aussonderungsanspruch der Ehefrau.

Durch die Vorschrift des § 45 KO. sollen die Gläubiger des Ehemannes gegen fahrlässige oder arglistige Maßregeln der Eheleute oder des Ehemannes, welche eine Vermischung des Vermögens vorgenommen haben, tunlichst geschützt werden. In der Ehe sind Verschiebungen dieser Art zuungunsten der Gläubigerschaft leicht möglich (Motive II S. 177). Präsumiert wird, nach dem Gedankengang des § 45 KO., daß der Erwerb der Ehefrau während der Ehe mit Mitteln des Ehemannes erfolgt ist. Das Gegenteil hat die Ehefrau zu beweisen. Mit anderen Worten: sie muß die Tatumstände behaupten und beweisen, die dartun, daß sie nicht mit Mitteln des Schuldners die Gegenstände erworben hat (Seuff.-Arch. 42 Nr. 71). Der nämliche Beweis liegt der Ehefrau ob, wenn die Aufsichtsperson bei einem Nachlaßverfahren (VO. vom 14. Dezember 1916 § 73) von der Ehefrau des Erblassers, welche mit ihm nicht in Gütergemeinschaft gelebt hat, Gegenstände, als zum Nachlaß gehörig, in Anspruch nimmt (SeuffArch. 66, 170). Unterstellt wird ferner, daß der Erwerb der Frau während der Ehe mit Mitteln des Mannes dem Schuldner gehört. Auf den Güterstand kommt es nicht an. Die Aussonderung der vor der Ehe von der Frau erworbenen Gegenstände fällt nicht unter den § 45 KO. Absichtlich erschwert im Interesse der Gläubigerschaft und zur möglichsten Hintanhaltung von Schiebungen ist der Nachweis, den der § 45 KO. von der Frau erfordert. Hier schlägt die sogenannte praesumtio Muciana des § 1362 BGB. ein. Dieser Paragraph lautet in seinem ersten Absatz:

> Zugunsten der Gläubiger des Mannes wird vermutet, daß die im Besitz eines der Ehegatten oder beider Ehegatten befindlichen beweglichen Sachen dem Manne gehören. Dies gilt insbesondere auch für Inhaberpapiere und für Orderpapiere, die mit Blankoindossament versehen sind.

Der § 45 KO. verlangt aber noch mehr, wie der § 1362 Abs. 1: den Nachweis nämlich, daß der Erwerb nicht mit Mitteln des Mannes erfolgte. Der Schuldner oder vielmehr die Aufsichtsperson und das ihn unterstützende Gericht — denn die Handlungen des Schuldners sind im Hinblick auf den eigenartigen § 45 KO. mit aller Vorsicht zu überwachen — haben daher dem Aussonderungsanspruch der Ehefrau den § 45 KO. entgegenzuhalten (siehe auch GruchotsBeitr. 47, 913). Anders ist es bezüglich der zum persönlichen Gebrauche der Ehefrau bestimmten Waren. Hier gilt die umgekehrte Vermutung (§ 1362 Abs. 2 BGB.). Der Schuldner — bzw. die Aufsichtsperson und das Gericht — sind hier beweispflichtig hinsichtlich des Zeitpunktes und des Rechtsgrundes des Erwerbes.

Nicht von dem § 45 KO. getroffen sind die Mittel (Werte in ökonomischer Hinsicht), welche die Ehefrau von dem Ehemann durch wirksame Rechtshandlungen erlangt hat (wenn sie also etwa als seine Kassiererin oder Geschäftsführerin nachweisbar vor Anordnung der Geschäftsaufsicht angestellt war (RG. 14, 21). Auch Schenkungen des

Mannes, soweit dieselben nicht anfechtbar sind, schließen die Anwendung des § 45 KO. aus. Unter die unentgeltlichen Zuwendungen, die der Ehemann der Ehefrau gemacht hat, ohne daß die Gläubigerschaft auf dem Wege des § 45 KO. dem Herausgabeanspruch der Ehefrau etwas anhaben kann, gehört auch eine Lebensversicherung zugunsten der Ehefrau (RG. 14, 21; OLG. Dresden vom 11. Dezember 1884 SächsOLG. 7, 254; Petersen-Kleinfeller alter § 37 Anm. 3). Allenfallsige Gläubigeranfechtung ist nicht ausgeschlossen. Der § 45 KO. bezieht sich nur auf die nach Eingehung der Ehe erworbenen Gegenstände. Bezüglich der zum Teil mit Mitteln des Mannes erlangten Gegenstände muß, wenn der Erwerb teilbar ist, die Aussonderung der Ehefrau zukommen, insofern nicht mit Mitteln des Schuldners die Gegenstände erworben sind. Komplikationen und Kontroversen ergeben sich bei unteilbaren Gegenständen, bei Miteigentum, bei Verbesserung eines mit Mitteln des einen Ehegatten angeschafften Gegenstandes durch Mittel des anderen (siehe Seuffert 99; Förster-Eccius, Preuß. Privatrecht IV § 206; Jaeger § 45 KO. 5. Aufl. Anm. 8). Statt des ursprünglichen Gegenstandes kann der an dessen Stelle erworbene beansprucht werden; eine bloße Ersatzforderung fällt nicht unter § 45 KO. resp. § 13 Nr. 3 (JW. 93, 428; 1916, 1355; Dresden vom 29. Juli 1916 Recht 1916, 632 Nr. 1206). Der Umstand, daß die Ehefrau von ihrem Manne getrennt oder geschieden ist, ändert an der Norm des § 45 KO. nichts.

κ) Die Ersatzaussonderung.

Der Aussonderungsanspruch des § 46 KO. ist ein ungewöhnlicher. Er wäre an sich verwirkt, wenn der Schuldner vor Anordnung der Geschäftsaufsicht über einen ihm nicht gehörigen Gegenstand verfügt hätte. Aus Billigkeit wird dem Anspruche auf Erstattung eine anormale Aussonderungsberechtigung verliehen. Der Beanspruchende kann sich an die Gegenleistung halten, die ihm abzutreten ist. Ferner kann er eine nach Anordnung der Geschäftsaufsicht zur Masse derselben einbezogene Gegenleistung selbst ansprechen. Als Rechtsgrund bezeichnen die einen Rechtslehrer (SeuffArch. S. 100) einen Masseanspruch, die anderen (Oetker, ZZP. 25, 71) eine Anspruchsart sui generis, andere wiederum (schon Petersen-Kleinfeller zum alten § 38 Note 4; Kohler S. 180) eine Kondiktion, während nach der herrschenden Ansicht ein Ausnahmefall der Vindikation vorliegt (Hellwig S. 247 ff.; RG. vom 29. Januar 1907 LZ. 1908, 855; RG. vom 4. Mai 1909 LZ. 1909, 787; Jaeger, KO. § 46 S. 713 Anm. 4). Der § 46 KO. gilt nur für Aussonderungs- nicht Absonderungsrechte (RG. vom 11. Juli 1891, 28, 149; a. M.: OLG. Köln vom 11. November 1903 ZeitschrBürgR. 35, 72 F; Jaeger § 46 S. 714; Warneyer, KO. § 46 S. 97).

Nicht nur durch Einigung und Übergabe übergangene körperliche Gegenstände, sondern auch übertragene Rechte hat der § 46 KO. im Auge. Wenn der Schuldner schon vor Anordnung der Geschäftsaufsicht die Gegenleistung eingezogen hat, so hat der Eigentümer nur eine gewöhnliche, vom Verfahren betroffene Forderung. Wenn der einbezogene Gegenstand noch ausscheidbar in der Geschäftsaufsichtsmasse vorhanden ist, so kann der Beanspruchende Herausgabe des Gegenstandes selbst verlangen. Ist der Gegenstand aber untergegangen, das Geld z. B. vermengt, so greift Aussonderung nicht mehr Platz (RG. vom 26. Januar 1898, 41, 2; JW. 1909, 424; vom 29. Januar 1907 LZ. 1908 S. 855).

Wenn eine im Augenblicke der Anordnung der Geschäftsaufsicht nicht bezahlte Forderung des beaufsichtigten Verkaufskommissionärs, deren Abtretung der Kommittent nach § 43 KO. und § 392 Abs. 2 HGB. hätte ansprechen können, vom Schuldner einbezogen worden ist, ist dem Kommittent der Gegenwert herauszuzahlen. Der § 46 KO. ist darauf begründet, daß für die Veräußerung ein Äquivalent gegeben worden ist, d. i. eine auf Grund von Kauf- oder Tauschverträgen usw. in Betracht kommende Gegenleistung, der Kaufpreis, der Tauschgegenstand usw. Wenn Werte bei einem Darlehen hingegeben worden sind, so bildet der Anspruch auf Rückerstattung desselben das Entgelt der Darlehenshingabe. Nach § 46 KO. hat der Beanspruchende ein Recht auf Abtretung der Forderung auf das zugesicherte Darlehen (Jaeger Anm. 13 zu § 46). Das Entgelt ist nur insoweit auszusondern, als es als Gegenleistung für den veräußerten Aussonderungsgegenstand angesprochen werden kann (RG. vom 21. Juni 1898 JW. S. 480 Nr. 16; vom 11. Januar 1899 JW. S. 96 Nr. 39). Wenn fremde Gegenstände mit Gegenständen des Schuldners veräußert worden sind, so fällt nur das nachweisbar für den fremden Gegenstand gewonnene Entgelt unter die Aussonderung (RG. vom 21. Oktober 1882, 8, 204). Die Befugnisse, welche das Zivilrecht dem Berechtigten gewährt, die Sache von dem Dritten zu fordern, sollen weder eingeschränkt noch erweitert werden (Motive II S. 185). Von dem Betrage der zur Geschäftsaufsichtsmasse gelangten Gegenleistung sind Kosten und Auslagen abzuziehen, welche die Gegenleistung erhöhen (JW. 99, 96). Wenn der Schuldner eine Sache, welche demselben unter Eigentumsvorbehalt verkauft war, zu einem höheren Preise weiterverkauft hat, ohne den Kaufpreis bezahlt zu haben, so steht dem ersten Verkäufer die Ersatzaussonderung an der vom Schuldner erzielten Kaufpreisforderung nur in Höhe des mit ihm vereinbarten Kaufpreises zu (OLG. 27, 253).

2. Die Absonderung.

a) Rechtsnatur der Absonderung nach der KO.

Die Gläubiger, soweit sie im Falle des Konkurses abgesonderte Befriedigung beanspruchen können, geben die vierte Gruppe der im § 13 aufgeführten privilegierten Gläubiger ab. Der Wortlaut der Nr. 3 und 4 ist verschieden. In Nr. 3 sind angeführt die Gläubiger, denen im Falle des Konkurses ein Anspruch auf Aussonderung zusteht. In Nr. 4 sind angeführt die Gläubiger, soweit sie im Falle des Konkurses abgesonderte Befriedigung beanspruchen können. Mit anderen Worten: der Kreis der von dem Geschäftsaufsichtsverfahren nicht betroffenen Absonderungsrechte wird durch die §§ 47—52, 221 KO. nebst den §§ 11—13 EG. hiezu begrenzt. Die Absonderungsrechte anderer Reichs- und Landesgesetze (§ 157, Gesetz über den Versicherungsvertrag vom 30. Mai 1908; Absonderungsrecht des Innungsvermögens, Landmann, Gewerbeordnung § 85 Anm. 7; LZ. 1910 S. 578; Krankenversicherungsgesetz § 73 VI) gehören nicht hieher. Die Absonderung geht auf vorzugsweise Befriedigung aus einem Gegenstande, der zur Masse gehört. Der § 47 KO. behandelt das Absonderungsrecht bezüglich des unbeweglichen Vermögens. Die §§ 48—49 KO. behandeln die Absonderung bezüglich des beweglichen Vermögens. Im § 48 KO. ist das vertragliche Pfandrecht, im § 49 KO. das gesetzliche und Pfändungspfandrecht behandelt. Der § 50 KO. behandelt die Ersatzpflicht desjenigen, der nach Eintritt der

Katastrophe eine vom Geschäftsaufsichtsverfahren betroffene Forderung dem im Ausland wohnenden Inhaber eines zur Masse gehörigen Gegenstandes oder in der Absicht, daß dieser die Forderung erwerbe, einer Mittelsperson, abtritt. Der § 51 KO. beschäftigt sich mit dem Miteigentum oder einer anderen Gemeinschaft und gibt demjenigen, der sich mit dem Schuldner in einer solchen befindet, ein Absonderungsrecht. Der § 52 KO. bestimmt, daß die Befriedigung der Lehen- u. dgl. Gläubiger nach den Vorschriften der Landesgesetze erfolgt.

β) Entstehung und Geltendmachung des Absonderungsrechtes.

Das Absonderungsrecht muß bei Anordnung der Geschäftsaufsicht bereits begründet sein. Nur dann genießt es den Vorzug des § 13 VO. vom 14. Dezember 1916 (OLG. Dresden vom 17. Februar 1917 JW. 1917, 302; Recht 1917, 177). Was die nach Anordnung der Geschäftsaufsicht entstandenen Absonderungsrechte anbetrifft, so schlägt der § 3 Abs. 2 VO. vom 14. Dezember 1916 ein, denn der Schuldner soll ohne Zustimmung der Aufsichtsperson Ansprüche nicht sicherstellen. Eine trotzdem vom Schuldner gebotene Sicherstellung kann gemäß § 6 Abs. 2 VO. vom 14. Dezember 1916 im Wege des Arrestes oder der Zwangsvollstreckung nicht geltend gemacht werden. Das während der Geschäftsaufsicht bestellte Vertragspfandrecht ist wirksam, gleichviel ob es gemäß § 13 Abs. 1 VO. vom 14. Dezember 1916 von dem Verfahren nicht betroffen oder betroffen wird. Das vom Verfahren betroffene Pfandrecht ist auf dem Wege des bürgerlich rechtlichen Pfandverkaufs durchführbar. Der einschlägige § 1228 BGB. lautet:

> Die Befriedigung des Pfandgläubigers aus dem Pfande erfolgt durch Verkauf. Der Pfandgläubiger ist zum Verkaufe berechtigt, sobald die Forderung ganz oder zum Teil fällig ist. Besteht der geschuldete Gegenstand nicht in Geld, so ist der Verkauf erst zulässig, wenn die Forderung in eine Geldforderung übergegangen ist.

Der Pfandgläubiger, welcher sein Pfandrecht erwarb, ohne daß gemäß § 3 VO. vom 14. Dezember 1916 der Aufsichtsführer zustimmte, kann den Verkauf des Pfandes nicht durch Zwangsvollstreckung vornehmen, während ihm der Pfandverkauf gemäß § 1228 BGB. bleibt. Nimmt demungeachtet der durch die Zustimmung der Aufsichtsperson nicht gedeckte Pfandgläubiger eine Zwangsvollstreckung vor, so steht dem Schuldner der § 766 ZPO. zur Seite. (Die Einwendungen dieses Paragraphen werden durch den größtenteils in der VO. durchgeführten Beschwerdeausschluß nicht gehindert, ebensowenig die sofortige Beschwerde gegen die Entsch. des Vollstreckungsgerichts (LOG. Colmar vom 27. April 1916 DJZ. 1916, 739; Recht 1916, 462 Nr. 919). Das Nämliche gilt für das gesetzliche Pfandrecht und für das vertragliche Pfandrecht bei Grundstücken. Jeweils hilft der § 766 ZPO. gegen die Zwangsvollstreckung nicht privilegierter Gläubiger.

Die Geltendmachung der Absonderungsrechte geht getrennt von dem Geschäftsaufsichtsverfahren vor sich (Jaeger, JW. 1917, 193 d). Wenn der Gläubiger ohne gerichtliches Verfahren die abgesonderte Befriedigung verfolgen kann, so ist dies auch während des Geschäftsaufsichtsverfahrens der Fall (§§ 1219, 1228, 1233, 1257, 1293, 1295 BGB.; §§ 368, 371 HGB.; § 20 BankG.). Wenn der Gläubiger sich nur im Wege der Zwangsvollstreckung befriedigen darf, so darf auch seine abgesonderte Befriedigung nur in dieser Form vor sich gehen (§§ 1107, 1147, 1192, 1199,

1268, 1272, 1277, 1282, 1293 BGB.; §§ 804, 814, 835, 844, 846 ZPO.). Das kaufmännische Retentionsrecht ist nur unter Mitwirkung des Gerichts durchführbar, die Befriedigung aus einer Hypothek auf dem Wege der §§ 794, 800 ZPO.; §§ 1147, 1192 BGB. Die Durchführung der Pfandklage erfolgt gemäß §§ 1113, 1191 BGB. (RG. vom 21. März 1906, 63, 183). Bloß eine Sicherung bieten das durch Arrest erwirkte Absonderungsrecht (§ 930 ZPO.) und die Zwangshypothek (§ 867 ZPO.). Die dem Konkursverwalter zustehende Befugnis, Gegenstände des Absonderungsrechtes gemäß §§ 126 ff. KO. zu verwerten, um einer Verzögerung seitens des absonderungsberechtigten Gläubigers vorzubeugen (Motive KO. 348; JW. 91, 11; Sydow-Busch 12. Aufl. KO. S. 309), ferner die Pflichten der Anzeige, des Vorweises und dringlichen Beweises des Ausfalles (§§ 118 ff. KO.) kennt die VO. vom 14. Dezember 1916, soweit sie sich auf die Geschäftsaufsicht im engeren Sinne bezieht, nicht; letzteres nur beim Zwangsvergleichsverfahren (§ 43).

γ) Nichtanwendung der §§ 29 ff. KO. auf die Geschäftsaufsicht.

Es besteht Streit, ob das Pfändungspfandrecht nach Anordnung der Geschäftsaufsicht ausgeübt werden kann, wenn demselben Anfechtungsgründe im Sinne der §§ 29 ff. entgegenstehen. Von dem Verfahren werden nicht betroffen die Gläubiger, soweit sie im Falle des Konkurses abgesonderte Befriedigung beanspruchen können. Der Wortlaut zeigt, daß der Anspruch der Absonderungsberechtigung beschränkt sein soll auf die engeren konkursrechtlichen Bestimmungen, daß mit anderen Worten die Sach- und Rechtslage nach dem Konkursverfahren behandelt werden soll. Ist dem aber so, dann kann ein Gläubiger, welcher die Anfechtung im Sinne der §§ 29 ff. KO. über sich ergehen lassen muß, des Privilegs des § 13 VO. vom 14. Dezember 1916 nicht teilhaftig werden. (So auch Jaeger, Bankarchiv 1914, 35; Wassermann-Erlanger, 2. Aufl.; a. M.: Wassermann-Erlanger, 3. Aufl. S. 259; DJZ. 1915, 56; Levy S. 54; OLG. Darmstadt vom 4. August 1915 JW. 1915, 1127; OLG. Hamburg vom 9. Oktober 1916 LZ. 1916, 1563; Recht 1917, 78 Nr. 119).

δ) Abgesonderte Befriedigung aus Immobilien.

Welche Gegenstände oder Rechte der Zwangsvollstreckung in das unbewegliche Vermögen unterliegen, ist in den §§ 864 ff. ZPO. geregelt. Welche Gläubiger bei der Vollstreckung in Gegenstände des unbeweglichen Vermögens einen Anspruch auf Befriedigung haben, ist in den §§ 10 ff. und 155 ff. ZVG. geregelt. Gegenstände oder Rechte, die der Zwangsvollstreckung in das unbewegliche Vermögen unterliegen, sind Grundstücke und Rechte, für die die Vorschriften, welche sich auf Grundstücke beziehen, anzuwenden sind (Bergwerkseigentum, Fischereigerechtigkeit, Weiderecht, Erbbaurecht), sodann die registrierten Schiffe (§ 870 ZPO.), auch der Anteil an einem registrierten Schiffe (§ 858 ZPO.), endlich die Mobilien, die von der Hypothek oder dem Schiffspfandrecht mit erfaßt werden (§ 865 ZPO., §§ 1120 ff. BGB.; RG. 69, 85; Josef, LZ. 1909, 521). Demnach sind absonderungsberechtigt die Hypotheken-, Grundschuld-, Rentenschuld-Gläubiger (§§ 1113, 1191, 1199 BGB.). Auch die Reallast (§ 1105 BGB.), überbau- und Notwegrente (§§ 912 ff. BGB.) kommen in Betracht. Die Reihenfolge der Befriedigung ergibt sich aus den §§ 10 ff. und 155 ZVG., soweit Grundstücke in Betracht kommen. Es sind dies acht Klassen: Zwangsverwaltungsauslagen (§ 155 ZVG.); Lidlohn (die

Ansprüche der zur Bewirtschaftung des Grundstückes angenommenen, in einem Dienstverhältnis stehenden Personen, zumal des Gesindes auf Lohn usw.); öffentliche Lasten; dingliche Rechte; Beschlagnahmevorrecht; Anspruch des Gläubigers, soweit er nicht in einer der vorhergehenden Klassen zu befriedigen ist; Ansprüche der vierten Klasse, soweit sie infolge der Beschlagnahme dem Gläubiger gegenüber unwirksam sind; die Ansprüche der dritten Klasse und die Ansprüche der vierten Klasse, wegen der länger als zwei Jahre rückständigen Beträge. Die Rangordnung für die Zwangsversteigerung von registrierten Schiffen ergibt sich aus § 870 ZPO. und §§ 162 ff. ZVG.

ε) Abgesonderte Befriedigung des vertraglichen Pfandrechts

aa) Rechtliche Natur.

Früher war die Bezeichnung Faustpfandrecht üblich. Die Novelle zur KO. hat an die Stelle dieser Bezeichnung den Ausdruck: durch Rechtsgeschäft bestelltes Pfandrecht im Sinne des BGB. §§ 1205 und 1257 gesetzt. Wie oben (2. Die Absonderung, β) Entstehung und Geltendmachung des Absonderungsrechtes) bereits im allgemeinen erwähnt, ist das während der Dauer der Geschäftsaufsicht entstandene Vertragspfandrecht, unabhängig davon, ob es nach § 13 Nr. 1 vom Aufsichtsverfahren ausgenommen ist oder nicht, wirksam. Der Unterschied besteht aber darin, daß das vom Geschäftsaufsichtsverfahren betroffene Vertragspfandrecht lediglich durch Pfandverkauf gemäß § 1228 BGB. ausübbar ist, während die vom Verfahren nicht betroffenen Gläubiger das Vertragspfandrecht durch einfache Zwangsvollstreckung gemäß §§ 1232 ff. verfolgen können. Gegenstand des vertraglichen Pfandrechtes sind: bewegliche Sachen (§ 90 BGB.), übertragbare Rechte (§§ 1204, 1273 ff. BGB.), zumal Forderungen (§ 1279 BGB.), Rechte aus Ordre- und Inhaberpapieren (§§ 1292 ff. BGB.). Soweit Ansprüche der Zwangsvollstreckung in das unbewegliche Vermögen unterliegen (§ 865 ZPO.), besonders Pertinenzien, Zinsforderungen, Versicherungsansprüche (§§ 1120 ff., 1265 BGB.), soweit ferner Rechte in Betracht kommen, welche den Vorschriften über Immobilien unterliegen (Erbbaurecht, registrierte Schiffe; siehe oben δ) Abgesonderte Befriedigung aus Immobilien) ist die Anwendung des Vertragspfandrechtes im Sinne des § 48 KO. ausgeschlossen. Das Absonderungsrecht auf Grund vertraglichen Pfandrechtes geht auf Befriedigung der Gläubiger nur wegen der Pfandforderung derselben. Das Pfandrecht ist nach dem jeweiligen Bestand der Forderung zu beurteilen, so daß es auch auf die Nebenleistungen sich bezieht. Aus dem Pfanderlöse werden nach der Vorschrift des § 48 KO. zunächst die Kosten (§ 1210 Abs. 2 BGB.), dann die gesetzlichen und vertraglichen Zinsen (§§ 288 ff. BGB., § 352 HGB. JW. 1902, 186), schließlich das Kapital (§ 1228 Abs. 2 BGB.) gedeckt.

bb) Die abgesonderte Befriedigung insbesondere im Hinblick auf das Zwangsvergleichsverfahren außerhalb des Konkurses.

Nach § 20 Abs. 2 VO. vom 14. Dezember 1916 soll bei Forderungen, für die im Falle des Konkurses abgesonderte Befriedigung beansprucht werden kann, die Höhe des mutmaßlichen Ausfalles angegeben werden. Nach § 43 VO. vom 14. Dezember 1916 sollen bei dem schuldnerischen Antrag auf Eröffnung des Zwangsvergleichsverfahrens Gläubiger, die abgesonderte Befriedigung beanspruchen können, zu dem Betrage mitgezählt werden, mit dem sie nach der Angabe im Vermögensverzeichnis mutmaßlich ausfallen werden. Nach § 47 Abs. 3 VO. vom 14. Dezember 1916 entscheidet das Gericht, ob und zu welchem Betrage Forderungen, für die abgesonderte Befriedigung beansprucht wird, in Ansehung des mutmaßlichen Ausfalles zum Stimmen berechtigen. Der absonderungsberechtigte, primär vom Verfahren nicht betroffene Gläubiger kann nämlich seinen Ausfall (analog KO. § 64) als vom Verfahren betroffene Forderung verfolgen, was für das Stadium des Zwangsvergleiches außerhalb des Konkurses im Sinne der §§ 33 ff. VO. von Bedeutung ist. Für diesen Fall ist die Reihenfolge der Anrechnung des Pfanderlöses (siehe oben meiner Erläuterung ε aa) von Wichtigkeit.

cc) Das Pfandrecht an beweglichen Sachen wird gemäß §§ 1204 ff. BGB. bestellt. Das vertragliche Pfand erfordert für gewöhnlich Besitzübertragung, während eine Rückgabe der Sache durch den Pfandgläubiger das Pfandrecht zum Erlöschen bringt. Dies gilt nicht, wenn der Besitz unfreiwillig verloren geht (§§ 1207, 985, 1007 BGB.). Erfordernisse der Begründung des Pfandrechtes sind Einigung über die Pfandbestellung, welche der Übergabe auch nachfolgen kann (JW. 1905, 290), ferner die Übergabe (RG. 53, 220). Die Pfandübergabe muß in erkennbarer Weise geschehen (RG. 52, 391; 66, 362). Die Übergabe kann durch Behändigung des Schlüssels zu einem die Sache enthaltenden Raum bewirkt werden (RG. 66, 259; 67, 421; 77, 207). Auch der Mitbesitz zwischen Pfandgläubiger und Pfandschuldner kann genügen (RG. 53, 221; 66, 258; 67, 421; 85, 438). Eine Übergabe ist nicht notwendig, wenn der Gläubiger die Pfandsache bereits im Gewahrsam hat (brevi manu traditio). Weil Erkennbarkeit erforderlich ist, genügt das sogenannte constitutum possessorium, bei welchem der Eigentümer den unmittelbaren Besitz behält, nicht. Dagegen ist eine Übergabe möglich durch Aushändigung des sich auf die Ware beziehenden Papiers an den nach der Urkunde zum Empfange Berechtigten (§§ 424, 450, 647 HGB.). Die Berechtigung eines Absonderungsrechtes mittels einer Treuhandverfügung, d. i. die fiduziarische Übereignung zum Zwecke der Sicherung, ist im allgemeinen anerkannt (RG. 57, 175; 59, 146; 61, 432; 62, 126). Die Pfandbestellung an einer Sache, welche ein anderer für den Pfandbesteller in Verwahrung hat, kann derart erfolgen, daß der Pfandbesteller den Anspruch auf Herausgabe der Sache an den Pfandgläubiger abtritt (§§ 868, 1205, 870 BGB.; RG. 52, 388; 85, 534). Wer einen Pfandgläubiger wegen seiner Forderung befriedigt und in seine Stellung einrückt, erlangt ebenfalls ein zur Absonderung berechtigendes Pfandrecht (RG. 67, 214; 70, 405). Auch ohne Übergabe kann durch Einigung und Abtretung, mit Verpfändungs-Anzeige an den Verwahrer, die hinterlegte Sache durch Übergabe eines Lagerscheines der absonderungsberechtigenden Pfändung unterworfen werden (§ 424 HGB.). Pfandrechte, welche am 1. Januar 1900 schon bestanden haben, sind nach Inhalt und Rang bestehen geblieben (EG. BGB. Art. 184; RG. 52, 392).

Rechte werden in der nämlichen Weise verpfändet, wie sie übertragen werden (§ 1274 BGB.). Zur Verpfändung einer durch Abtretungsvertrag übertragbaren Forderung ist eine Verpfändungsanzeige erforderlich (§ 1280 BGB.). Diese Verpfändungs-Anzeige muß bereits vor Anordnung der Geschäftsaufsicht betätigt worden sein (§§ 130 ff. BGB.). Eine Übergabe der Schuldurkunde reicht nicht aus. Die Sparkasse, die Versicherungsgesellschaft, muß vor Anordnung der Geschäftsaufsicht von der Verpfändung unterrichtet worden sein (RG. 68, 281; 79, 306). Über die Verpfändung der durch Brief-Hypothek, Grundschuld und Rentenschuld gesicherten Forderungen siehe §§ 873, 878, 952, 1154, 1192, 1199, 1274, 1278, 1292 BGB.; Jaeger, KO. § 48 S. 743 Note 15; über die Sicherung durch Vormerkung, z. B. bei Rangeinräumung, siehe OLG. Dresden vom 17. Februar 1917 JW. 1917, 302; Recht 1917, 177; über den Schutz des gutgläubigen Erwerbers im Hinblick auf die Pfandrechtsbestellung an Gegenständen und Inhaberpapieren, siehe §§ 1207, 1293 BGB.; §§ 366, 367 HGB.; RG. 54, 68; 71, 253 und 337; Jaeger, KO. § 48 S. 743 Note 16. Über die Kollisionen zwischen mehreren Pfandrechten siehe Motive 218, 220; §§ 932, 935, 1209, 1290 BGB.; § 177 HGB.; RG. 54, 68; Sydow-Busch, KO. 12. Aufl. S. 199 Note 6.

η) Die den Faustpfandgläubigern gleichstehenden Rechte.

aa) Allgemeines.

In dieser Hinsicht kann im großen und ganzen auf § 49 KO. verwiesen werden. Das Absonderungsrecht steht demnach den öffentlichen Kassen hinsichtlich der Abgaben, in Ansehung der zurückgehaltenen oder beschlagnahmten steuer- und zollpflichtigen Gegenstände zu (VerZollG., BGBl. 1869 S. 317 und 634; 1870 S. 516, 651 und 657; BGBl. 1871 S. 25; RGBl. S. 207; RStG. vom 15. Juli 1909; BranntwStG. § 8; TabStG. § 29; ZündwStG. § 6; KO. Motive II S. 208). Dieses Abgabenvorrecht rangiert vor den übrigen Absonderungsrechten der §§ 48 und 49 KO., was der Schlußsatz des § 49 KO. (Art. III EGK. Nov.) ausdrücklich ausspricht.

Hernach folgen die gesetzlichen Pfandrechte der Vermieter, Verpächter, Pächter, Unternehmer wegen der Ansprüche aus dem Werkvertrag und wegen Schadensersatzes (§§ 642 ff. BGB. und 27 KO.), Gastwirte (§ 701 BGB.), Sicherungsberechtigten bezüglich der Hinterlegung von Geldern und Wertpapieren (§§ 232, 273 BGB.; §§ 108, 713 ZPO.), gesetzlichen Pfandgläubiger (Kommissionäre, Spediteure, Lagerhalter, Frachtführer, Verfrachter, Schiffseigner, Vergütungsberechtigten usw.: §§ 410, 421, 440, 623, 674, 725, 751, 777 HGB.; §§ 77 und 89, 97 BinnenSchG.; § 20 StrandO.; § 28 FlößG.). Weiter steht ein gesetzliches Absonderungsrecht bei der Geschäftsaufsicht des Versicherungsnehmers dem Verletzten bezüglich des ihm gegen ersteren zustehenden Anspruchs aus der Schadensersatzforderung zu (§§ 701, 833 BGB.; § 82 KO.; RGBl. S. 437; § 157 Gesetz über den Versicherungsvertrag vom 30. Mai 1908).

bb) Das Vermieter-, Verpächter-, Miets-, Pfandrecht.

Das Vermieterpfandrecht außerhalb der Geschäftsaufsicht ist im BGB. §§ 554, 559, 563 geregelt. Das Vermieterpfandrecht innerhalb der Geschäftsaufsicht unterliegt den Beschränkungen des § 49 Abs. 2 KO. Es ergreift also nur die Zinsrückstände des letzten Jahres vor Anordnung der Geschäftsaufsicht und nicht den Entschädigungsanspruch wegen vorzeitiger Kündigung, wie dies im § 13 VO. vom 14. Dezember 1916, unter Bezugnahme auf die Abs. 2 der §§ 9 und 10 VO., ausdrücklich ausgesprochen ist. Näheres über das Pfand- und Absonderungsrecht des Vermieters, des Verpächters und Pächters siehe Warneyer, BGB. §§ 232, 559, 585, 590, 647; Warneyer, KO. zu § 49 S. 103 II; Sydow-Busch, KO. S. 204—208; Jaeger, KO. § 49 S. 754 ff. Anm. 13 ff.; Niendorff, Mietrecht 1914 § 54 ff.; E. Jaeger, Zur Lehre vom Mietpfandrechte, Zeitschrift f. deutsch. Bürgerl. Recht Bd. 26 und 27; Mittelstein, Miete 1913 S. 474.

Das Pfandrecht des Vermieters und Verpächters erstreckt sich auf die eingebrachten, pfändbaren Sachen des Mieters und Pächters selbst (RG. 60, 73; 80, 62). Nach § 560 BGB. besteht das Pfandrecht nicht, wenn die Sachen vor der Anordnung der Geschäftsaufsicht von dem Grundstücke entfernt sind, falls nicht die Entfernung ohne Wissen oder unter Widerspruch des Vermieters erfolgt ist. Nicht befugt zum Widerspruch ist der Vermieter bei einer Entfernung im regelmäßigen Geschäftsbetrieb bzw. bei offenbar ausreichender Sicherheit der verbleibenden Sachen (RG. 71, 418; 74, 247). Das Absonderungsrecht des Vermieters ist dann anzuerkennen, wenn die Forderung mit dem Wesen des Vertrags oder mit der Bemessung des Mietzinses im Zusammenhange steht (Seuff.-Arch. 61, 182; GruchotsBeitr. 26, 996; OLG. 9, 296; 27, 155). Zum Miet- und Pachtverhältnis gehört also nicht die Forderung auf Leistung einer vertragsmäßigen Pachtkaution (JW. 88, 289); ebensowenig die Forderung aus einem Darlehen, das der Verpächter dem Pächter als Betriebskapital gegeben hat (RG. 37, 88); auch nicht im Falle der Verpflichtung des Mieters zur Bierentnahme, die Forderungen des Vermieters aus Bierlieferungen (JW. 1905, 19). Das äußerliche Zusammenfassen eines weiteren Vertrags mit einem Pacht- oder Mietvertrage begründet für sich allein noch kein Absonderungsrecht für die weiteren Forderungen aus dem verbundenen Vertrage (RG. 38, 66). Dem Vermieter steht ein Absonderungsrecht auf eine vom Mieter für den Fall der Nichterfüllung seiner Verpflichtungen übernommene Konventionalstrafe nicht zu (Hamburg vom 30. April 1886 SeuffArch. 42 Nr. 180 für das alte Recht) auch nicht von der Vergütung für die neben den Mieträumen gewährte Dampfkraft (GruchotsBeitr. 26, 296). Das Absonderungsrecht erstreckt sich ferner nicht auf ein dem Pächter nach dem Pachtvertrage zu gewährendes Betriebskapital (RG. 37, 88).

Ein durch Pfändung erlangtes Pfandrecht an den eingebrachten Sachen steht dem Pfandrecht des Vermieters nach, es sei denn, daß die Sachen zur Zeit der Einbringung bereits gepfändet und auch mit den nach § 808 Abs. 2 ZPO. zur Erkennbarmachung der Pfändung erforderlichen Zeichen versehen waren (RG. 25, 284; 51, 186). Soweit der Vermieter seine Forderungen aus dem Mietsverhältnisse abtritt, geht auch das Pfandrecht auf den neuen Forderungsgläubiger über (BGB. § 1250 Abs. 1, § 1257). Dies gilt insbesondere, wenn der Vermieter eine ihm aus seiner Rechtsverfolgung wegen der Mietforderung erwachsene Kostenforderung abtritt. Überträgt der Vermieter aber eine Mietforderung und wird diese später eingeklagt, so kommt zwar der Mietforderung auch in der Person des Erwerbers das gesetzliche Pfandrecht zu, nicht aber der erst infolge einer Klage des Erwerbers in dessen Person zur Entstehung gelangenden Kostenforderung. Für diese Kostenforderung besteht kein Absonderungsrecht und damit auch keine Zwangsvollstreckung nach Anordnung der Geschäftsaufsicht (Landgericht Berlin I vom 16. Februar 1915 Recht 1915, 171 Nr. 326).

Das gesetzliche Pfandrecht des Verpächters ist gemäß § 581 BGB. dem Vermieterpfandrecht analog zu behandeln. Das Pfandrecht des Verpächters eines landwirtschaftlichen Grundstücks ergreift aber auch die Früchte des Grundstücks und das Wirtschaftsinventar. Es kann ferner für den vollständigen rückständigen, laufenden und künftigen Pachtzins geltend gemacht werden, und zwar auch gegenüber einem Pfändungspfandgläubiger (§ 585 BGB.). Hier liegt ein besonderes Privileg für die Landwirtschaft vor.

cc) Das Pfändungspfandrecht.

Hier ist die private und amtliche Pfändung gemeint. Erstere ist landesgesetzlich, letztere reichsrechtlich (§§ 804, 928, 930 ZPO.; §§ 325, 480 StPO.) bzw. nach Landesrecht (für den Verwaltungszwangsweg) geordnet. Das Pfändungspfandrecht der §§ 804 ff. ZPO. ist seiner Wirksamkeit, nicht seiner Entstehung nach, dem Vertragspfande ebenbürtig (RG. 26, 103; 40, 290). Das Pfändungspfandrecht erlischt, wenn der Gläubiger oder Gerichtsvollzieher das Pfand an den Schuldner oder Eigentümer zurückgibt, die Pfandzeichen entfernt oder entfernen läßt (§ 1253 BGB.; § 808 ZPO.). Wenn aber die Erkennbarkeit einer wirksamen Pfändung infolge zufälliger Umstände oder unbefugter Eingriffe aufhört, so wird kein Untergang des Pfandrechtes bewirkt, wie ja auch beim Faustpfand der unfreiwillige Besitzverlust nicht schadet (RG. 35, 333; ZPO. § 804 und Stein hiezu Anm. IV). Ein Pfändungspfandrecht an einer Sache, welche sich zur Zeit der Pfändung nicht im Eigentum des Schuldners befindet, wird durch späteren Eigentumserwerb des Schuldners wirksam (RG. 60, 70). Der Pfändungspfandgläubiger ist berechtigt, die Zwangsvollstreckung, welche er vor Anordnung der Geschäftsaufsicht begonnen hatte, weiterzubetreiben. (Hinsichtlich der Pfändungsnachricht des § 845 ZPO. siehe meine Erläuterung zu § 6 A b 1 und Jaeger, JW. 1917, 193 Anm. 20.) Dies gilt für gepfändete Mobilien und die Versteigerung von vor Anordnung der Geschäftsaufsicht beschlagnahmten Grundstücken (Landgericht I Berlin vom 5. November 1914 KGBl. 1915, 8 und 9; Recht 1915, 171; das nämliche Gericht vom 11. Januar 1915 Recht 1915, 105). Nach der VO. vom 7. August 1914 und derjenigen vom 20. Mai 1915 kann das Vollstreckungsgericht die Zwangsvollstreckung einstellen.

dd) Zurückbehaltungsrechte wegen nützlicher Verwendung.

Die Bestimmung unter § 49 Nr. 3 KO. ist, obwohl in Nr. 2 gesetzliche Pfandrechte allgemein den durch Rechtsgeschäft bestellten gleichgestellt sind, beibehalten, weil der Besitzer einer fremden Sache wegen seines Anspruchs auf Ersatz der von ihm gemachten Verwendung nach § 1000 BGB. nur ein Zurückbehaltungsrecht, nicht ein gesetzliches Pfandrecht, hat, so daß er sich durch Verkauf ohne gerichtliches Verfahren, wie beim Pfandverkaufe, nicht befriedigen kann. Jaeger und Sydow-Busch führen folgende Fälle derartiger Verwendungsansprüche an: §§ 102, 292, 304, 347, 450, 500, 538, 547, 592, 601, 670, 675, 683, 693, 850, 972, 994, 1049, 1057, 1216, 2022 in Verbindung mit §§ 273, 1000 BGB. Anderen, als den unter Nr. 3 und 4 des § 49 KO. aufgeführten Zurückbehaltungsrechten, kommt eine Wirksamkeit nach Anordnung der Geschäftsaufsicht nicht zu. Durch Parteiberedung kann eine obligatorisch wirksame Berechtigung zur Zurückbehaltung verabredet werden (RG. 66, 26 und die dort angeführten Zitate). Doch versagt solche Abrede gegenüber dem Geschäftsaufsichtsverfahren (Motive II S. 215; RG. 51, 86; 68, 282; 77, 438; OLG. Augsburg vom 26. September 1914 LZ. 1915, 79). Streit besteht über das Zurückbehaltungsrecht des Rechtsanwalts an den Handakten. Die einen verweigern dem Rechtsanwalt das Absonderungsrecht, weil der § 32 RAO. bloß die Nichtverpflichtung des Anwalts festlege, vor Empfang seiner Gebühren und Auslagen die Handakten dem Auftraggeber herauszugeben (Jaeger S. 770 § 49 Anm. 42).

Andere verneinen die Zugehörigkeit der Handakten des Anwaltes zur Masse (Meyer, SeuffBl. 68, 6). Dritte wiederum betrachten den Herausgabeanspruch des Auftraggebers als ein der anwaltschaftlichen Verschwiegenheitspflicht entsprechendes Persönlichkeitsrecht (Nissen, JW. 1909, 89; LZ. 1909, 384). Nach manchen Schriftstellern soll der Anwalt die Einsicht der Handakten auch ohne Empfang seiner Gebühren und Auslagen im Sinne des § 811 BGB. gestatten (Jaeger, KO. § 49 Anm. 42; AnnDR. 1903, 150; a. M.: Friedländer, RAO. § 32; LZ. 1909, 272; siehe ferner OLG. Hamburg, OLGEntsch. 20, 220; SeuffBl. (Landau) 75, 554). M. E. kann dem Zurückbehaltungsrecht des Anwalts die Berücksichtigung bei der Geschäftsaufsicht im Sinne des § 13 Nr. 4 nicht versagt werden, weil die Voraussetzungen des § 49 Nr. 3 vorliegen. Eine Einsicht der Handakten vor Empfang seiner Gebühren und Auslagen würde seine Berechtigung im Sinne des § 32 Abs. 1 RAO. illusorisch gestalten.

Der § 49 Nr. 3 gewährt eine Vorzugsbefriedigung aus dem Erlöse, welche der Beanspruchende selbst herbeiführen kann, da das Geschäftsaufsichtsverfahren eine dem Initiativrecht des Verwalters im Sinne des § 127 KO. gleichwertige Befugnis der Aufsichtsperson nicht kennt. Die Bestimmung des § 49 Nr. 3 bezieht sich nur auf bewegliche Sachen (a. M.: Seuffert S. 111), regelt übrigens nur einen persönlichen, nicht dinglichen, Anspruch (RG. 71, 424). Die abgesonderte Befriedigung aus Grundstücken ist übrigens ausschließlich im § 47, nicht in den §§ 48 und 49 KO. geregelt.

ee) Zurückbehaltungsrechte nach dem HGB.

Der § 49 Nr. 4 behandelt die Zurückbehaltungsrechte handelsrechtlicher Art. Sie stehen einem Kaufmann gegen einen Kaufmann an dessen in seinem Besitze befindlichen beweglichen Sachen oder Wertpapieren wegen Forderungen aus beiderseitigen Handelsgeschäften zu. Die Befugnis pfandrechtlicher Verwertung der zurückbehaltenen Sachen oder Wertpapiere erstreckt sich auf Aktien, Wechsel, Schecks usw., nicht aber auf reine Beweis- oder Legitimationspapiere (Versicherungspolicen, Sparkassebücher, Grundschuld- und Hypothekenbriefe; RG. 29, 297; a. M.: die antiquierten Entscheidungen ROHG. 3, 160; 6, 195; 9, 142). Die Urkunden, die vom kaufmännischen Rückbehaltungsrecht umfaßt werden, müssen Träger der Forderung sein. Ihnen muß ein selbständig zu verwirklichender Vermögenswert zukommen (RG. 51, 86; 66, 26; 68, 282; GruchotsBeitr. 53, 1126; KG. in OLG. 4, 434). Auch dann ergreift diese reinen Legitimationspapiere das Zurückbehaltungsrecht nicht, wenn es vertraglich eingeräumt ist, weil eben die Absonderungsrechte des § 49 KO., wie schon oben unter dd) dargelegt, vertraglich nicht erweitert werden können (RG. 68, 282; GruchotsBeitr. 53, 1126). Das Zurückbehaltungsrecht des HGB. ist beschränkter, wie dasjenige des § 273 BGB. Auf § 273 BGB. können Zurückbehaltungsrechte nach Anordnung der Geschäftsaufsicht nicht gestützt werden. Sie sind nur nach der Analogie des § 49 KO. Nr. 4 wirksam (RG. 77, 438).

ff) Rang- und Reihenfolge.

Durch den § 49 KO. erfolgt keine Rangregulierung. Konkurrieren mehrere Absonderungsrechte, so regelt sich der Rang nach dem bürgerlichen Recht. Was die gesetzlichen Pfandrechte anlangt, so wird auf die §§ 443, 771, 776, 777 HGB. verwiesen. Sonst unterscheidet die Priorität bzw. Anciennetät des Rechts (RG. 25, 288). Gemäß §§ 1208 und 1273 BGB., § 366 HGB. tritt freilich das ältere Recht hinter das jüngere Recht des gutgläubigen Erwerbers zurück.

ϑ) Absonderungsrecht des im Ausland Wohnenden.

Wird eine durch das Verfahren betroffene Forderung abgetreten, so daß nach dem Rechte des Auslands eine nach dem deutschen Konkursrecht nicht zulässige Absonderung geltend gemacht werden kann und zwar nach der erfolgten Krisis (in unserem Fall: Anordnung der Geschäftsaufsicht), so kann gegen den Abtretenden nach den Bestimmungen des § 50 KO., auf welche hieher Bezug genommen wird, vorgegangen werden. Diese Bestimmung rührt daher, daß die Absonderungsrechte nach dem Gesetze der belegenen Sache zu behandeln sind. Wenn nun das ausländische Konkursrecht eine Absonderung einräumt, welche nach unserem Konkursrechte nicht eingeräumt wird, macht der § 50 KO. den deutschen Gläubiger, der die Bestimmung des deutschen Gesetzes umgehen und durch eine Zession die Masse schädigen will, verantwortlich und ersatzpflichtig.

Es muß nicht gerade eine Abtretung im engeren Sinne des § 398 BGB. vorliegen; die Abtretung braucht auch nicht entgeltlich zu sein. M. E. fällt auch die Abtretung, welche in Erfüllung eines bereits vor Anordnung der Geschäftsaufsicht begründeten Anspruchs des Zessionars auf die Abtretung erfolgt ist, unter § 50 KO., der allgemein und ausnahmslos die Verantwortlichkeit des Abtretenden statuiert (a. M.: Jaeger § 50 KO. Anm. 3). Es ist gleichgültig, welcher Nation einerseits der im Ausland wohnende Inhaber eines zur Masse gehörigen Gegenstandes, andererseits der Abtretende, angehört. Bezüglich eines im Inlande wohnenden Inländers, welcher Sachen des Schuldners im Auslande besitzt, enthält der § 50 KO. keine den Abtretenden verantwortlich machende Bestimmung. Eine sich auf diesen Fall ausdehnende Auslegung erscheint nach dem klaren Wortlaute nicht angängig. (A. M.: Kohler, Lehrbuch S. 271 und Jaeger § 50 Anm. 4). Die Gerichte in den deutschen Schutzgebieten sind nicht als ausländische Gerichte anzusehen (Hamburg vom 29. März 1905 OLG. 13, 154). Die Schutzgebietsbezirke haben trotzdem dann als Ausland zu gelten, wenn eine kaiserliche Verordnung nicht das Gegenteil bestimmt. Aber der § 50 KO. ist aus zwei Gründen für die deutschen Schutzgebiete ohne Bedeutung. Einmal weil das Konkursrecht mit dem im Inland geltenden übereinstimmt (SchutzgebG. § 3; KonsGG. § 19; Jaeger, KO. § 50 Anm. 5), dann aber deshalb, weil weitaus die meisten deutschen Schutzgebiete während des Krieges, also während der Dauer des Aufsichtsrechtes, vom Feinde okkupiert sind.

Der Anspruch kann offensichtlich vom Schuldner bzw. im Sinne des § 2 VO. von der Aufsichtsperson erhoben werden. Nach Anordnung der Geschäftsaufsicht muß sinngemäß der Anspruch erlöschen (SeuffA. S. 107; Kohler, Leitfaden S. 161). Was der Masse durch Anwendung des ausländischen Absonderungsrechtes zu Verlust geht, ist zu ersetzen, d. h. die Differenz zwischen dem Werte der Sache und dem Betrage, welcher bei Geltendmachung des Anspruchs im Rahmen der vom Geschäftsaufsichtsverfahren betroffenen Forderungen auf denselben entfallen wäre. Dies ist, da keine förmliche Schlußverteilung im Aufsichtsverfahren stattfindet, schwer zu berechnen. Wenn dagegen ein Zwangsvergleich außerhalb des Konkurses im Sinne der §§ 33 ff. VO. vom

14. Dezember 1916 zustande kommt, so ist die Berechnung leichter durchführbar.

c) Das Absonderungsrecht des Gemeinschaftsteilhabers.

Der § 16 KO. lautet:

Befindet sich der Gemeinschuldner mit Dritten in einem Miteigentume, in einer Gesellschaft oder in einer anderen Gemeinschaft, so erfolgt die Teilung oder sonstige Auseinandersetzung außerhalb des Konkursverfahrens. Eine Vereinbarung, durch welche bei einer Gemeinschaft nach Bruchteilen das Recht, die Aufhebung der Gemeinschaft zu verlangen, für immer oder auf Zeit ausgeschlossen oder eine Kündigungsfrist bestimmt worden ist, wirkt nicht gegen die Konkursmasse. Das gleiche gilt von einer Anordnung dieses Inhalts, die ein Erblasser für die Gemeinschaft seiner Erben getroffen hat.

Auf Gemeinschaft gründet sich eine Forderung nur dann, wenn zu den ihre Entstehung in der Person des Gläubigers bedingenden Umständen die Gemeinschaft mit dem Schuldner gehört. Die Gemeinschaft muß den Inhalt der Forderung dahin beeinflussen, daß letztere selbst in das Gemeinschaftsverhältnis insofern eintritt, als sie bei der Auseinandersetzung mit berücksichtigt werden muß, den Anteil des Gläubigers vermehrt, den des Schuldners vermindert. Das ist aber nur der Fall, wenn die Forderung dem einen Gemeinschafter vermöge seiner Zugehörigkeit zur Gemeinschaft gegen den anderen Gemeinschafter nicht, wenn sie ihm unabhängig von der Gemeinschaft zusteht (RG. II. ZS. vom 29. September 1914 272/14 (München), Recht 1915 Nr. 1885; LZ. 1914, 1810; GruchotsBeitr. 59, 146).

Der nach Deckung der Gemeinschaftsschulden verbleibende Nettoanteil des Teilhabers an einer Gemeinschaft fließt zur Masse. Bis zur durchgeführten Auseinandersetzung bleiben die Gemeinschaftsverhältnisse durch die Krisis des Teilhabers unberührt (Motive II S. 61, 224; RG. 26, 113; 42, 105; 51, 345; GruchotsBeitr. 45, 623; JW. 1899, 539). Deshalb ist den Mitteilhabern auch für die persönlichen Forderungen, welche ihnen zum Zweck der erforderlichen Ausgleichung auf Grund des Gemeinschaftsverhältnisses gegen den einen geschäftsbeaufsichtigten Teilhaber erwachsen, ein Absonderungsrecht bezüglich des Gemeinschaftsanteils des beaufsichtigten Schuldners gewährt, wenn sie bei der Auseinandersetzung nicht befriedigt worden sind (RG. 26, 110; 67, 158, 756 BGB.). Solche absonderungsberechtigende persönliche Forderungen sind Ersatzforderungen wegen Verwendungen zu Gemeinschaftszwecken, Regreßforderungen wegen Heranziehung zur Zahlung von Schulden der Gemeinschaft, Schadensersatzforderungen wegen pflichtwidrigen Verhaltens eines Gesellschafters (§ 708 BGB.). Die Teilung oder sonstige Auseinandersetzung, welche, im Rahmen des § 16 KO., außerhalb des Geschäftsaufsichtsverfahrens vor sich geht, kann durch Teilung des Erlöses (§ 753 BGB.), auch durch Veräußerung des Gegenstandes, sich vollziehen (RG. 67, 157).

Der Fall der ehelichen Gütergemeinschaft ist durch den § 51 KO. mitumfaßt (RG. 9, 92; JW. 93, 428). Der Begriff Anteil, von welchem im § 51 KO. die Rede ist, umfaßt nicht den Fall, daß dem geschäftsbeaufsichtigten Schuldner die ganze Gemeinschaftsmasse zufließt (RG. 9, 92).

Bei der stillen Gesellschaft wird zwar gemäß § 340 HGB. die Auseinandersetzung betätigt. Der stille Gesellschafter hat aber kein Absonderungsrecht wegen seiner Forderungen bezüglich der Einlage (Motive 225; § 341 HGB.; GruchotsBeitr. 29, 998; JW. 84, 270; 1905, 719). Eine Vereinbarung, nach welcher der später geschäftsbeaufsichtigte Schuldner Ware einkaufen, am Gewinne und Verlust zur Hälfte beteiligt sein und das Verhältnis nach außen nicht ersichtlich sein soll, gibt kein Absonderungsrecht, wenn dem Schuldner auch Geld zur Bezahlung des Einkaufes gegeben wird (RG. vom 11. Oktober 1905 DJZ. 10, 1169).

Auch die Gewerkschaft hat kein Absonderungsrecht am Kuxe des Gewerken wegen rückständiger Zubußen (RG. 3, 274). Das Nämliche gilt von der eingetragenen Genossenschaft wegen ihrer Forderungen gegen den einzelnen Genossenschafter (unbestimmt: RG. 26, 110; a. M.: Petersen-Kleinfeller, alter § 44 KO. Anm. 2). Die Kreditgenossenschaft hat kein Absonderungsrecht am Geschäftsguthaben des Genossen für Forderungen an diesen aus erfolgter Kreditgewährung (RG. 26, 110). Gerät ein Gesellschafter einer Gesellschaft bürgerlichen Rechts unter Geschäftsaufsicht, so können die Gläubiger aus dem Geschäftsbetriebe der Gesellschaft nicht verlangen, daß sie aus den Vermögensstücken der Gesellschaft von vorneherein Befriedigung finden. Die §§ 16 und 51 KO., welche nach Jaeger (KO. § 51 S. 781 Anm. 2) in einer Vorschrift verbunden sein sollten, weil der Grundsatz des § 16 KO. aus der im § 51 KO. ausgesprochenen Anerkennung des Absonderungsrechtes der Gemeinschaftsgenossen am Gemeinschaftsanteil fließe, sind für die Geschäftsaufsicht über Mitglieder juristischer Personen nicht anwendbar, weil deren Vermögen nicht gemeinschaftliches Vermögen der Mitglieder ist.

Bis zur Durchführung der Auseinandersetzung bestehen die aus der Gemeinschaft entspringenden Rechtsverhältnisse sowohl unter den Gemeinschuldnern, als auch im Verhältnis zu den Gemeinschaftsgläubigern, unberührt durch die Anordnung der Geschäftsaufsicht über das Vermögen des einen Teilnehmers, fort (JW. 1899, 539). Dritte Gemeinschaftsgläubiger sind bei der Auseinandersetzung nicht beteiligt (RG. 42, 103). Der geschäftsbeaufsichtigte Teilhaber hat zwar die Befugnis, bei der Auseinandersetzung zunächst die Schulden zu tilgen. Die dritten Gemeinschaftsgläubiger sind aber nicht berechtigt, vorab aus dem Gemeinschaftsvermögen befriedigt zu werden. Vielmehr können die Teilhaber solche Gemeinschaftsschulden lediglich unter sich verrechnen, ohne die Gläubiger zu befriedigen. Die abgesonderte Befriedigung kann nicht aus der gemeinschaftlichen Vermögensmasse als Ganzem, auch nicht aus den Anteilsrechten des Schuldners an den einzelnen gemeinschaftlichen Vermögensstücken, sondern nur aus dem bei der Teilung oder sonstigen Auseinandersetzung, nach Tilgung der Gemeinschaftsschulden, verbleibenden Anteile des geschäftsbeaufsichtigten Schuldners verlangt werden (Motive, KO. S. 225; RG. 26, 113; 42, 105; GruchotsBeitr. 45, 622; JW. 99, 533). Da ein Gesellschafter in Richtung gegen den anderen bei der Auseinandersetzung zuvörderst die Berichtigung der gemeinschaftlichen Schulden ansprechen kann, darf er wegen der zu diesen Schulden gehörenden Verbindlichkeiten der Gesellschaft auch für den Fall Vorausbefriedigung verlangen, daß er bezüglich solcher Ansprüche als dritter Gläubiger in Betracht kommt, also etwa wegen der Ansprüche aus einem Darlehen, das er der Gesellschaft gewährt hat. Wenn ferner der Gesellschafter (etwa aus einem Darlehen) Schuldner der Gesellschaft geworden ist, so hat er seine Schuld bei der Auseinandersetzung zu bezahlen (§ 733 BGB.; § 149 HGB.).

κ) Das Absonderungsrecht der Lehen- usw. Gläubiger.

Insoweit die Substanz oder die Revenuen von Lehen-, Stammgütern oder Familienfideikommissen des in Konkurs verfallenen derzeitigen Besitzers überhaupt zu dessen Konkursmasse gehören, muß aus diesen die abgesonderte Befriedigung der Lehen- usw. Gläubiger vor den Allodialgläubigern, den vom Verfahren betroffenen Gläubigern, erfolgen (Mot. KO. S. 225; siehe Entwürfe eines preuß. Gesetzes über Familienfideikommisse 1903 § 88).

3. Die im § 61 Nr. 1—5 KO. bezeichneten und die ihnen gesetzlich gleichgestellten Gläubiger.

a) Rechtsnatur.

Der § 9 Nr. 4 der alten VO. vom 8. August 1914 lautete:

Von dem Verfahren werden nicht betroffen: die im § 61 Ziff. 1 und 2 KO. bezeichneten Gläubiger wegen der dort angegebenen Forderungen, auch soweit sie nach der Anordnung der Geschäftsaufsicht fällig werden.

Es sind also neuerdings in Nr. 5 des § 13 VO. vom 14. Dezember 1916 die Nr. 3, 4 und 5 des § 61 KO. hinzugekommen. (Denn die Nichterwähnung von Nr. 3 beruht doch offensichtlich auf einem Versehen. Ähnlich: Jaeger 1917, 193 Anm. 22.) Die amtliche Erläuterung bemerkt hiezu, daß bei der längeren Geltungsdauer der Verordnung, das ist also bei den länger, wie im August 1914 vorausgesehen, währenden Kriegsverhältnissen, den Gläubigern der privilegierten Forderungen § 61 KO. 3, 4 und 5 eine weitere Hintansetzung nicht zugemutet werden könne. Mit dieser Begründung läßt sich freilich die bessere Stellung jedes einzelnen Gläubigers rechtfertigen, da bei der längeren Geltungsdauer der Verordnung jede Hintansetzung, jede weitere Stundung und jede Ausschaltung der Vollstreckung, für die Gläubigerschaft stets fühlbarer wird. (Die Anordnung einer GeschAufs. enthält, indem sie den Konkurs- und Vollstreckungszugriff beschränkt, immer einen Eingriff in die Gläubigerrechte; JW. 1916, 1020 Nr. 10; Recht 1916 Nr. 1063 K.)

Aus öffentlichen und sozialen Gründen sind im § 61 KO. fünf Kategorien von Vorrechten geschaffen, deren Reihen- und Rang-Folge im Gesetze aufgezählt ist. Die Gläubiger der jeweils späteren Kategorien kommen demnach erst zum Zuge, wenn die vorausgehenden Klassen gedeckt sind. Mit der Kapitalsforderung werden an derselben Stelle angesetzt 1. die Kosten, welche dem Gläubiger vor der Eröffnung des Verfahrens erwachsen sind, 2. die Vertragsstrafen, 3. die bis zur Eröffnung des Verfahrens aufgelaufenen Zinsen (§ 62 KO.). Innerhalb der einzelnen Klassen ist der Rang der nämliche. Wenn also durch die Masse nicht alle Forderungen einer Kategorie gedeckt werden können, so erfolgt Befriedigung nur pro rata parte. Rechtsgeschäftlich kann kein von dieser Rangfolge abweichendes Vorrecht vereinbart werden, da der § 61 KO. ius cogens enthält. Die Vorrechte des § 61 KO. Nr. 1—5 sind nicht unbedingt an die Persönlichkeit des ursprünglichen Inhabers geknüpft. Sie können im Falle des Übergangs der Forderungen auf andere Personen mit übergehen (§§ 401, 412 BGB.; RG. 67, 214; 70, 405; OLG. 25,

333; JW. 91, 416). Das Vorrecht geht mit der Forderung von selbst auf den neuen Gläubiger über (§ 401 BGB.), sei es durch Abtretung, sei es kraft Gesetzes (§ 412 BGB.), sei es kraft richterlicher Entscheidung (§ 835 ZPO.), an einen Mitschuldner (§ 426 BGB.) oder Bürgen (§ 774 BGB.), unter Lebenden oder von Todes wegen, vor oder nach Anordnung der Geschäftsaufsicht. Die Gläubiger des § 61 Nr. 1—5 werden vor den vom Verfahren betroffenen Gläubigern befriedigt. Der neue § 5 verweist ausdrücklich auf diese Reihenfolge.

β) Die fünf Kategorien.

aa) Liblohn.

Zur ersten Kategorie gehören die Dienstbezüge von Personen, die sich dem Schuldner zur Leistung von Diensten verdungen haben und zwar gegen eine festgesetzte Vergütung (RG. 62, 229; JW. 1906, 315; OLG. 15, 241; 19, 216). Die Dienste können im Haushalt, in der Wirtschaft oder im Erwerbsgeschäfte verrichtet werden. Das Schutzbedürfnis der oft sozial Schwächeren rechtfertigt das Vorrecht. Nur die Rückstände des letzten Jahres vor Anordnung der Geschäftsaufsicht sind bevorrechtigt. Das Vorrecht ist nicht an die Tatsache der persönlichen Abhängigkeit und Unterwerfung durch einen Dienstvertrag im engeren Sinne geknüpft. Es ist gleichgültig, ob die Dienste körperlicher oder geistiger Natur, niederer oder höherer Art, sind. Es ist gleichgültig, ob die Tätigkeit des Bediensteten vollständig oder hauptsächlich in Anspruch genommen wird. Es ist gleichgültig, wie die Entschädigung bemessen wird. Es ist gleichgültig, ob der Bedienstete eine höhere bzw. selbständigere Stellung einnimmt (RG. 27, 226; 38, 113; 62, 231; OLG. 10, 205; 15, 241; SeuffBl. 66, 335). Es steht daher auch zu dem ständigen Fuhrmann, Fabrikarbeiter, Gesellen, gewerblichen Lohnarbeiter, Handlungsgehilfen, Wirtschaftsbeamten, Gärtner, Förster, Schreiber, Sekretär, Heimarbeiter, dem Bürstenbinder, der ständig dem Dienstherrn liefert, dem Ziegelmeister, der die Herstellung von Ziegeln übernimmt, dem Filialleiter, dem Provisionsreisenden, dem Vorstand einer Aktiengesellschaft, da dessen Bestellung regelmäßig auf einem Dienstvertrage mit der Gesellschaft beruht, auch dem Vorstande einer anderen juristischen Person und dem Geschäftsführer einer GmbH. (Mot. KO. S. 226; RG. 27, 226; 62, 231; GruchotsBeitr. 24, 526; OLG. 10, 205; 11, 361, 370; 15, 43; 19, 215; 29, 6; hinsichtlich des Vorrechts der Vorstände: Kohler, Leitfaden S. 191; Staub, HGB. § 231 Anm. 34; Staub-Hachenburg, GmbHG. § 35 Anm. 67; a. M.: Jaeger, KO. § 61 S. 857 Note 14 und LG. Frankfurt a. M. vom 1. Februar 1912 LZ. S. 718. Das Argument Jaegers in seiner neuesten Auflage, die Vorstände seien oft wirtschaftlich sehr gut gestellt, überzeugt nicht. Die gesetzliche Formulierung ist eben ganz allgemein gehalten). Das Vorrecht besteht, auch wenn nicht der Dienende selbst, sondern ein Dritter, durch dessen Vermittlung die Verdingung stattgefunden hat, den Lohn von dem Gemeinschuldner zu fordern hat (RG. 27, 226; OLG. 10, 205). Der Agent genießt das Vorrecht Nr. 1 nicht. Er ist selbständiger Kaufmann (RG. 62, 229; SächsOLG. 24, 139 und 27, 63; DJZ. 8, 179; OLG. 10, 205; Staub, HGB. § 88 Anm. 21; a. M.: DJZ. 7, 362; Goldmann, HGB. § 88; OLG. Naumburg vom 1. März 1901 Recht 5 Nr. 987). Richtig ist, daß es sogenannte Agenten mit fester Vergütung und Gebundenheit an die Weisungen des Prinzipals gibt, welche in Wirklichkeit Handlungsgehilfen sind. Diesen kann das Vorrecht der Nr. 1 nicht abgesprochen werden. Die Aufsichtsratsmitglieder genießen kein Vorrecht. Sie sind eben nur ganz vorübergehend tätig und nicht ständig in Beziehung zu dem diesbezüglichen Erwerbsgeschäfte (Staub, HGB. § 245 Anm. 18; Staub-Hachenburg, GmbHG. § 52 Anm. 26). Bezüglich des Kommanditisten, dem Prokura erteilt ist und dem ein Gehaltsanspruch gegen die Kommanditgesellschaft nicht zusteht, ist das Vorrecht aus § 61 Ziff. 1 KO. neuerdings (München vom 28. Dezember 1914 ROLG. 32, 369) verneint worden. Das Vorrecht kommt übrigens nur natürlichen, nicht juristischen Personen zu (SeuffA. 63 Nr. 107). Der Umstand, daß der Bedienstete nicht selbst, sondern durch andere, Dienste leistet, hindert die Anwendung des § 61 KO. Nr. 1 nicht (RG. 27, 223). Der Anspruch auf Vergütung beim Werkvertrage fällt nicht unter den § 61 KO. Nr. 1 (RG. 4, 234). Die Dienstleistungen der fest beim Theater Angestellten fällt unter Nr. 1, nicht aber das Engagement für Einelbetätigungen, etwa das Klavierbegleiten oder die Musik hinter der Bühne bei bestimmten Stücken, oder die Mitwirkung sonst privatisierender oder anderweitig engagierter Theater-Kräfte bei Einzelrollen (Riezler, Werkvertrag 1900 S. 33; SeuffA. 51 Nr. 241; SeuffBl. 70, 489). Die Verträge mit einem Meister auf Akkordlohn, mit einer zur Sanierung der Gesellschaft bestellten kaufmännischen Hilfskraft, mit einem Bücherrevisor, mit einem Rechtsanwalt als Justitiar, können Dienst- oder Werkverträge sein, je nachdem fortgesetzte und einheitliche oder bloß vorübergehende und dann nach Zeitepochen abgelohnte Mühewaltung in Betracht kommt. Sobald der Charakter eines Werk- oder Gesellschaftsvertrages einschlägt, scheidet die Anwendung des § 61 Nr. 1 aus.

Dienstbezüge sind Lohn, Gehalt, Honorar, Provision (OLG. 11, 370; bezüglich der Provision zum Teil a. M.: LZ. S. 714), Kostgeld, Tagegelder, Tantiemen, vereinbarte Weihnachtsgratifikation u. dgl., Reisespesen, Konkurrenzklauselentschädigungen, Naturalleistungen (Motive II S. 226; RG. vom 16. September 1913 SeuffA. 69 Nr. 36); Düringer-Hachenburg, HGB. § 59 Note 42), unter Umständen Schadensersatzansprüche, die an die Stelle von Lohn treten (Düringer-Hachenburg, HGB. § 70 Note 21; Staub, HGB. § 70 Note 21), nicht Auslagen, nicht Ansprüche auf Rückgabe von Sicherheiten bzw. Kautionen. Bevorrechtigt sind bloß die Rückstände des letzten Jahres. Auf die Fälligkeit der Lohnforderung kommt es nicht an (Motive II S. 267; RG. 22, 142). Zurückgerechnet wird ein Jahr vom Tage der Anordnung der Geschäftsaufsicht. Dreht es sich um einen Dienstvertrag, welcher erst nach Anordnung der Geschäftsaufsicht geschlossen worden ist, so wird der Bedienstete dann vom Verfahren nicht betroffen und genießt das Vorrecht des § 13 bzw. § 61 Nr. 1, wenn die Kautelen des § 3 Abs. 2 (Zustimmung der Aufsichtsperson, Erfordernis zur Fortführung des Geschäftes und seiner bescheidenen Lebensführung) gegeben sind (Wassermann-Erlanger, 3. Aufl. S. 260; Levy S. 54; Breit, JW. 1915, 168; a. M.: Josef, GruchotsBeitr. 59, 415).

aaa) Die dem § 61 KO. gesetzlich gleichgestellten Gläubiger.

Der § 61 KO. hat durch andere Reichsgesetze eine Ergänzung erfahren, welche deshalb unter Nr. 5 des § 13 BO. vom 14. Dezember 1916 fällt, weil in Nr. 5 die dem § 61 KO. gesetzlich gleichgestellten Gläubiger ausdrücklich wegen ihrer bevorrechtigten Forderungen mit den

Rangklassen des § 61 gleichmäßig rangieren. Der § 75e des G. zur Änderung der §§ 74, 75 und des § 76 Abs. 1 HGB. vom 10. Juni 1914 sagt: Die Entschädigung, die der Handlungsgehilfe auf Grund der Vorschriften der §§ 74 bis 75d für die Zeit nach der Beendigung des Dienstverhältnisses beanspruchen kann, gehört zu den Dienstbezügen im Sinne des § 61 Nr. 1 KO. Der § 227 Abs. 3 VersG. für Angestellte vom 20. Dezember 1911 sagt: Rückstände haben das Vorzugsrecht des § 61 Nr. 1 KO. Durch § 28 Abs. 3 RVO. vom 19. Juli 1911 ist den rückständigen Beitragsforderungen aller Träger der Reichsversicherung (Kranken-, Unfall-, Invaliden- und Hinterbliebenenversicherung) das Vorrecht aus § 61 KO. Nr. 1 beigelegt worden. Dieses Vorrecht der Berufsgenossenschaften unterliegt aber denselben zeitlichen Beschränkungen, wie die im § 61 Ziff. 1 KO. aufgeführten Forderungen (Königsberg vom 21. März 1916 OLGRspr. 32, 384). Ferner ist hier der § 61 PrivVUntG. vom 12. Mai 1901 zu erwähnen. Zugunsten der Versicherten sind Privilegien für die Krisis der Lebensversicherungsanstalt geschaffen. Endlich ist bei der Krisis einer Hypothekenbank für die Schuldverschreibungsgläubiger nach § 35 HypBankG. vom 13. Juli 1899 gesorgt (Stern, Die Schuldverschreibungsgläubiger; § 64 KO.; Jaeger, JW. 1917, 194 e).

bb) Öffentliche Abgaben.

Als zweite Kategorie kommen die Forderungen der öffentlichen Kassen und Verbände an die Reihe. Nur Geldleistungen sind berücksichtigt. Das Vorrecht der Nr. 2 gilt nur für Reichs-, Staats- und andere öffentliche Kassen, die im letzten Jahr vor Anordnung der Geschäftsaufsicht fällig wurden bzw. weil betagt, als fällig behandelt werden, oder erst nach Anordnung der Geschäftsaufsicht fällig wurden. Ausländischen Staatskassen steht das Vorrecht nicht zu (OLG. 25, 333). Der § 61 Nr. 2 berührt sich mit dem § 47 KO. (siehe oben unter II Absonderungsrecht). Für die Rückstände öffentlicher Abgaben auf ein Grundstück ist auch ein Absonderungsrecht des § 47 möglich (RG. 67, 221; 70, 405).

Hier schlagen ein: Steuern (auch Stempelsteuern — RG. vom 16. Oktober 1914 85, 841; OLG. Frankfurt vom 16. Dezember 1908 Recht 13 Nr. 355; a. M.: Frankenburger, DJZ. 3, 163), Zölle, Gebühren für Verwaltung und Justiz. Die Mehrheit der Entscheidungen gewährt aber den Gebühren für Verwaltung und Justiz (Gerichtskosten) das Privileg des § 61 KO. Nr. 2 nicht. Es wird nämlich die Bezeichnung Abgaben in dem engeren Sinne und nicht als Entgelt für staatliche oder kommunale Mühewaltung ausgelegt (RG. 21, 46; 28, 86; 83, 206; BayObLG. Sammlung n. F. 4, 301; OLG. Zweibrücken vom 6. Dezember 1904 BayZfR. 1905, 132; OLG. Stuttgart vom 30. Juni 1905 WürttJ. 18, 276; OLG. Dresden vom 7. Juli 1913 SächsArchR. 8, 414; a. M.: Seuffert S. 62). Mit gutem Grunde betont Jaeger (§ 61 S. 863 Note 20), daß ein Vorrecht für die Gerichtskosten einen beträchtlichen Teil der Masse verschlingen würde, weil der halb bankerotte Schuldner bekanntermaßen viel prozessiert. Dieser Gesichtspunkt schlägt um so mehr bei dem Aufsichtsverfahren durch, bei welchem die Geschäftsfreudigkeit dem Schuldner zu erhalten und die Schwächung der Masse, die der allgemeinen Gläubigerschaft tunlichst bereitgestellt werden soll, zu vermeiden ist. Es ist überhaupt ernstlich zu bezweifeln, ob die grundsätzliche Beibehaltung des Steuern- und Abgabenvorrechts in der VO.

vom 14. Dezember 1916 dem Zwecke der Verordnung und der Zeitlage entsprochen hat. Wenn auch der in mehrfachen Eingaben (z. B. Ausschuß des deutschen Anwaltsvereins vom 18. Juni 1916, Handelskammer Leipzig vom 12. August 1916) geäußerten Ansicht, daß die Forderungen im Sinne des § 61 Ziff. 2 und 3 unter gewissen Umständen in bzw. nach dem Aufsichtsverfahren gänzlich erlöschen sollen, nicht beigepflichtet zu werden braucht, so widerstreitet gleichwohl das Vorrecht im Sinne des § 61 KO. Nr. 2 der gesamten ratio legis. Was dem einen recht ist, sollte dem anderen billig sein, wenn selbst der andere der Fiskus ist.

Das Vorrecht des § 61 Nr. 2 wird konsequent verneint für Kanalisationsabgaben (neuerdings: Posen vom 5. Februar 1915 OLGRspr. 32, 386), Pflasterzölle und Schankkonzessionen. Auch hier liegen nur einzelne Betätigungen des Staates resp. der Gemeinde vor. Selbstredend entfällt das Vorrecht für Verhältnisse des reinen Zivilrechts, nach welchem etwa der Staat oder die Gemeinde, als Lieferanten oder Werkvertragsgegner im Regiebetrieb, mit dem nun beaufsichtigten Schuldner kontrahiert haben (Telephon, Gas, Elektrizität, Wasser). Wenn derjenige, dem die Ware verpfändet ist, den betreffenden Steuer- oder Zollanspruch bezahlt, so erwirkt er, da das dem Fiskus nach § 49 Nr. 1 KO. zustehende Absonderungsrecht einem gesetzlichen Pfandrecht gleichkommt, daß nach den §§ 1249, 1257, 268, 401 und 412 BGB. der Anspruch des Fiskus mit dem Vorrecht aus § 61 Nr. 2 KO. und das Absonderungsrecht aus § 49 Nr. 1 KO. auf ihn übergeht (RG. 67, 214; 70, 405; OLG. 25, 333).

cc) Forderungen der Kirchen, Schulen, öffentlichen Verbände.

Die alte VO. vom 8. August 1914 (§ 9) hatte die Nr. 3, 4 und 5 nicht aus dem § 61 KO. herübergenommen. Die neue VO. hat eine Änderung mit der amtlichen Motivierung eintreten lassen, den Gläubigern der drei Kategorien 3—5 könne eine weitere Hintansetzung nicht zugemutet werden. Man kann verschiedener Meinung über die Berechtigung der Ausdehnung des § 13 Nr. 5 sein. Man kann auch sagen, daß die Geschäftsaufsicht ein gewisses Kriegsunikum bildet, was man anfangs (bei der alten VO.) einigermaßen berücksichtigt, im Laufe von über zwei Jahren aber allmählich, der alten fiskalischen Tradition zulieb, mehr und mehr außer acht gelassen hat.

Das Vorrecht der Nr. 3 kommt nur Forderungen inländischer Kassen aus dem letzten Jahr zugut. In der Nr. 3 des § 61 KO. ist eine Bestimmung, wie diejenige der Nr. 2, welche die betagten Forderungen gleichstellt (siehe oben eingangs unter bb) nicht enthalten. Immerhin wird die Nr. 3 in diesem Sinne zu ergänzen sein. Wie oben unter bb) am Ende bemerkt, kommen auch hier Guthaben aus zivilrechtlichen Verträgen nicht in Betracht. Bloß die nach Gesetz oder Verfassung zu entrichtenden Abgaben und Leistungen sind gemeint. Als Kirchen sind zunächst die christlichen, einschließlich der Altkatholiken, anzuführen. Die Forderungen des einzelnen Geistlichen (Bischofs oder Pfarrers für Gebühren) scheiden aus. Das Vorrecht besteht auch für die nichtchristlichen Religionsgesellschaften (Juden, Herrnhuter, Mennoniten usw.). Unter Schulen sind nur die öffentlichen verstanden, unter öffentlichen Verbänden Korporationen des öffentlichen Rechts (Deichverbände, Wasser- und Waldgenossenschaften, Berufsgenossenschaften, Armenverbände, Knappschaftsvereine, Innungen, Handels-, Gewerbe-, Handwerker-, Landwirtschafts-, Anwalts- und Ärzte-Kammern) zugunsten ihrer Beiträge und Umlagen (RG. 22, 739; 30, 6; 63, 195; JW. 1900, 713). Öffentliche Feuerversicherungsanstalten sind ebenfalls eingeschlossen.

dd) Heil- und Pflegekosten.

Als vierte Kategorie ist diejenige der Ärzte aller Art, Apotheken, Hebammen und Pfleger, für die Kosten aus dem letzten Jahre vor Anordnung der Geschäftsaufsicht, aber nur für die gesetzlichen oder üblichen Taxen, bevorzugt. Maßgebend ist nicht, daß der Schuldner selbst gepflegt wurde. Es genügt, wenn er für die Kosten einzustehen hat. Also auch die Behandlung eines Familienangehörigen oder Hausgenossen fällt unter Nr. 4 des § 61. Streit besteht, ob nur die Behandlung des letzten Jahres privilegiert ist oder die Fälligkeit, so daß es also auf die Rechnungsstellung ankäme (Recht 16, 196). Offensichtlich hat der Gesetzgeber nur an erstere Auslegung gedacht: entscheidend ist die Zeit der Behandlung. Warenlieferungen, wie z. B. für orthopädische Zwecke, Gebisse usw. sind nicht bevorrechtigt, wohl aber die Kosten für Heilung, Pflege, Verköstigung und Behausung in Spitälern und privaten Krankenhäusern. Die Fleischbeschaugebühr ist nicht bevorrechtigt. Fraglich ist, wie die Sache zu handhaben ist, wenn keine Taxe vorhanden ist. Die einen wollen in diesem Fall jegliches Vorrecht streichen (Völderndorff I S. 336). Andere wollen in diesem Falle nur einem Pauschalsatz das Vorrecht zugestehen. Dritte geben der vollen Schuldsumme das Vorrecht und unterwerfen die Festsetzung dem richterlichen Ermessen (Jaeger, KO. § 61 Note 30; ferner über die Frage: Kohler, Lehrbuch S. 339; SeuffA. 46 Nr. 300). M. E. muß die betreffende Heilperson, mangels einer eruierbaren Taxe, den angemessenen Durchschnittsbetrag liquidieren. Er ist und bleibt bevorrechtigt, wenn auch nach Bestreitung eine prozeßrichterliche Herabsetzung möglich ist.

Die Motive (II S. 257) sagen: Wer in Berufserfüllung Kranken hilft, soll nicht erst um die Sicherung seines Honorars sorgen müssen. Indirekt wird auch der unvermögende Kranke durch das seiner Heilperson gesetzlich gewährte Vorrecht geschützt. Die Zahnärzte sind ebenfalls bevorrechtigt (Petersen-Kleinfeller, zum alten § 54 KO. Anm. 19; Kohler, Leitfaden S. 192; Stepp, LZ. 1914, 1841; Bovensiepen, GeschA. 1917, 68 [unter Zitierung von Bovensiepen, SächsArchRechtspfl. 1915, 392]). Bader und Masseure sind nur geschützt, soweit sie als Krankenpfleger in Betracht kommen, also nicht etwa als Operateure. Überhaupt sind die arztähnlichen Verrichtungen der nicht approbierten Persönlichkeiten, sodann die Forderungen der Inhaber von Apothekenabarten (Drogerien) nicht bevorrechtigt. Dagegen ist auch die Krankenanstalt als solche (Klinik, Universität, Diakonissenhaus, Entbindungsanstalt, Irrenhaus) bevorrechtigt. Zwischen In- und Ausländern als Heilpersonen wird kein Unterschied gemacht.

ee) Vorrecht der Kinder und Mündel.

Sie und die anderen unter § 61 KO. Nr. 5 aufgezählten Personen genießen ein Vorrecht gegenüber dem geschäftsbeaufsichtigten Verwalter ihres Vermögens. Dazu zählen die ehelichen, unehelichen, legitimierten und angenommenen Kinder, die Kinder aus geschiedenen und nichtigen Ehen, die Mündel, und zwar die minder- sowie volljährigen, die unter der Pflegschaft des Schuldners befindlichen Personen. Das Vorrecht der Nr. 5 schlägt bei Schadensersatzforderungen (§§ 1648, 1664, 1686, 1833, 1897, 1915 BGB.) und Forderungen wegen Verwendung **von Mitteln** des Kindes oder Mündels oder Pflegebefohlenen (§§ 1646, 1653, 1805 und 1839 BGB.) ein. Auch in Ansehung der den Kuranden gegen den Schuldner zustehenden Ersatzansprüche für nicht mehr vorhandene Vermögensstücke, deren Verlust der Kurator durch pflichtwidrige Verwaltung verschuldet hat (etwa gemäß §§ 1627 und 1664 BGB.) gilt das Vorrecht (RG. 17, 42; 45, 156; Warneyer, RGRspr. 1909, 420); ebenso in Ansehung der Forderungen gegen den Vater und Vormund usw., welche erst durch Abtretung oder Erbgang oder sonstwie auf die Kinder und Mündel übergegangen sind (RG. 17, 43; 39, 70; 45, 156; GruchotsBeitr. 46, 1116; 49, 1098; Warneyer, RGRspr. 10, 488; 11, 464; Sydow-Busch, KO. S. 244 Note 17). Das Vorrecht kommt aber nicht in Betracht, wenn der geschäftsbeaufsichtigte Schuldner die Verwaltung sich angemaßt hatte (RG. 42, 21). Sie gilt auch nicht für den Fall, daß der Schuldner eine ihm gesetzlich oder richterlich nicht anvertraute Funktion übernommen hatte (Motive II S. 264; Bolze 18 Nr. 583). Das gesetzlich dem Verwalter zustehende Recht kann durch Rechtsgeschäft bestätigt oder anerkannt sein. Auch dann ist die Grundlage des Vorrechts vorhanden (Bolze 2 Nr. 19, 191; 42, 20; JW. S. 274 Nr. 18). Das Vorrecht besteht nur gegen denjenigen, der der Verwalter war und nicht gegen dessen mit ihm in Gütergemeinschaft lebenden Ehegatten (RG. 11, 64).

Das Vorrecht steht den Kindern, Mündeln und Pflegebefohlenen nicht zu, wenn die Forderung nicht innerhalb zwei Jahre nach Beendigung der Vermögensverwaltung gerichtlich geltend gemacht und bis zur Anordnung der Geschäftsaufsicht verfolgt worden ist. Die Forderung muß freilich nicht immer gerichtlich geltend gemacht werden. Dies ist nur für den Fall notwendig, daß die Verwaltung schon länger als zwei Jahre vor der Anordnung der Geschäftsaufsicht nach den gesetzlichen Bestimmungen beendigt war (SeuffA. 50 Nr. 233; Petersen-Kleinfeller, alte KO. § 54 Anm. 27; Kohler, Lehrbuch S. 240 Nr. 3).

e) Forderungen der Staatskasse wegen der Kosten des Aufsichtsverfahrens sowie Forderungen der Aufsichtsperson.

Auch die Nr. 6 des § 13 VO. vom 14. Dezember 1916 ist neu. Vermutlich war man der Ansicht, bei der längeren Geltungsdauer der Verordnung könne dem Staat eine weitere Hintansetzung seiner Kosten nicht zugemutet werden. Übrigens ist ja das amtsgerichtliche Verfahren einschließlich der Pauschsätze der Geschäftsaufsicht gebührenfrei (§ 78 VO. vom 14. Dezember 1916). Auf die Auslagen sind die Vorschriften des 5. und 6. Abschnitts des Gerichtskostengesetzes entsprechend anzuwenden. Auch die Gebühren für das Zwangsvergleichsverfahren sind nicht hoch. Für die Beschwerdeinstanz (Landgericht) wird die in den §§ 45, 46 GKG. bestimmte Gebühr besonders erhoben. In den Fällen der §§ 42 Abs. 3, 59 Abs. 2, 68 VO. vom 14. Dezember 1916 sind die Vorschriften des § 52 GKG. entsprechend anzuwenden (§ 78 VO. vom 14. Dezember 1916).

Zweifellos war der zweite Teil der Nr. 6 des § 13 VO. vom 14. Dezember 1916, der nach der amtlichen Erläuterung lediglich eine Klarstellung enthält, gesetzlich geboten. In dieser Hinsicht wird zunächst auf meine Erläuterung oben (§ 2 D 1 [Rechtliche Stellung der Aufsichtsperson gegenüber dem Schuldner]), zumal bezüglich der Vergütung und Auslagen, welche die Aufsichtsperson anzusprechen hat, verwiesen. Die Aufsichtsperson kann nicht riskieren, daß sie die ohnedies oft schmal bemessenen schuldnerischen Leistungen für die verantwortungsvolle Mühewaltung der Aufsichtsperson dadurch einbüßt, daß sie mit den vom Verfahren betroffenen Gläubigern hinsichtlich der Stundung und etwaiger Nachlässe konkurrieren muß. Schon unter der Herrschaft der alten Verordnung hat das Reichsgericht (am 26. Mai 1916 DJZ. 1916, 897; JW. 16, 1021; WarnE. 16, 292) die persönlichen Ansprüche der Aufsichtsperson dadurch für bevorzugt erklärt, daß es für den Fall eines dem Geschäftsaufsichtsverfahren nachfolgenden Konkurses Gebühren und Auslagen der Aufsichtsperson als Massekosten im Sinne des § 58 KO. kennzeichnete. (Auch OLG. Dresden vom 13. Januar 1916 JW. 16, 684; LZ. 16, 1051; SächsArchRechtspfl. 16, 191; Jaeger, JW. 16, 1021; JW. 16, 978 (AG. Mülheim); Breit, JW. 1915, 173, der die Frage offen läßt, ob eine Masseschuld oder ein Vorrecht des § 61 Ziff. 1 KO. vorliegt; Wassermann-Erlanger, 3. Aufl. S. 252, obschon er formell — nicht mit Unrecht — die Anwendung des § 58 KO. auf die alte VO. vom 8. August 1914 mit einem Fragezeichen versieht; a. M.: Mayer S. 169; Levy S. 38; Bendix, LZ. 1915, 801; JW. 16, 976; KGBl. 16, 50 (KG. XII).

Die Frage wurde unter der alten Verordnung ebenfalls erörtert, ob die Ansprüche der Aufsichtsperson — vom Konkurse abgesehen — zu den vom Verfahren nicht betroffenen Ansprüchen im Sinne des § 9 Ziff. 1 und 4 der Bekanntmachung vom 8. August 1914 gehörten (der Meinung waren: Jaeger, Bankarchiv 14, 35; Bendix, LZ. 1915, 191), der allerdings die künstliche Fiktion, der Schuldner habe den Betrag zugesichert, zur Bejahung der Frage benötigt (Wassermann-Erlanger, 3. Aufl. S. 252; Breit, JW. 1915, 170, welcher einleuchtend darlegt, die Anordnung der Geschäftsaufsicht sei zur Fortführung des Geschäftes erforderlich gewesen und daher nach § 7 Abs. 2 der alten VO. — § 3 Abs. 2 der neuen VO. — ohne weiteres zu privilegieren). Weiterhin sprachen sich für die Bevorrechtigung des Anspruchs aus: JW. 16, 684; LZ. 16, 1051; SächsArchRechtspfl. 16, 191; JW. 16, 978; vor allem RG. VII DJZ. 16, 897; JW. 16, 1021; WarnE. 16, 292; Jaeger, JW. 16, 1021; freilich letzterwähnte Stellen hauptsächlich vom Standpunkte der Bevorrechtigung im später ausbrechenden Konkurse. A. M. war u. a. JW. 1916, 976; KGBl. 16, 50.

Die neue VO. hat das Fazit aus der Mehrheitsanschauung gezogen; sie hat durch die §§ 13 Nr. 6 sowie 71 teils während und nach der Geschäftsaufsicht die Ansprüche des Aufsichtsführers als privilegiert, teils für den Fall eines nachfolgenden Konkurses dieselben als Massekosten erklärt.

Auch was die gerichtliche Festsetzung der Vergütung und Auslagen anbetrifft, ist die Aufsichtsperson nach der neuen VO. besser gestellt. Denn der zweite Satz des § 27 gewährt ihr gegen den gerichtlichen Beschluß — im Gegensatz zu der alten VO. vom 8. August 1914 — eine sofortige Beschwerde. Da — im Gegensatz zu § 104 n. F. ZPO. — die Entscheidung über das Festsetzungsgesuch nicht durch den Gerichtsschreiber, sondern durch das Gericht, selbst erfolgt, kommt das Zwischenstadium der Erinnerungen gegen den Festsetzungsbeschluß (§ 104 n. F. III. Abs.) in Wegfall. Zur Zeit der alten VO. bestand Streit, ob der gerichtliche Beschluß einen Vollstreckungstitel bildet (angenommen von: Jaeger, Bankarchiv 1914, 35; Breit, JW. 1915, 170; Klien, JW. 1915, 770; OLG. Dresden vom 13. Januar 1916 JW. 1916, 684; LZ. 16, 1051 [Dresden I]; a. M.: Wassermann-Erlanger, 3. Aufl. S. 252; Heilberg, JW. 1915, 1086;

Mayer S. 169; Bendix, LZ. 1915, 194; Friedländer, JW. 1915, 956; Recht 1915, 521; LZ. 1915, 1182; Levy S. 38; JW. 16, 1221 [AG. Duisburg]). Wie schon oben in meiner Erläuterung (§ 2 D 1 am Ende) dargelegt ist, kennzeichnete sich die im § 6 letzter Absatz der alten VO. statuierte Festsetzung kaum als ein Vollstreckungstitel. Anders heute, wo durch ein zweitinstanzielles Festsetzungsverfahren ein vollstreckungsreifer förmlicher Festsetzungsbeschluß geschaffen ist.

II. Verfahren.

1. Allgemeine Vorschriften.

§ 14.

Auf das Verfahren finden, soweit sich aus dieser Verordnung nichts anderes ergibt, die Vorschriften der Zivilprozeßordnung entsprechende Anwendung.

Das Aufsichtsverfahren in prozessualer Hinsicht.

A. Allgemeines Wesen und Werdegang der äußeren Einrichtung.

Die Bekanntmachung bietet dem Schuldner einen prozessualen Schutz. In der alten VO. war nichts davon gesagt worden, nach welchen Vorschriften das Verfahren zu handhaben sei. Man hat wohl im großen und ganzen die Grundregeln der KO. beachtet. Nur hat man mit gutem Grund das Verfahren mehr und mehr innerhalb der vier Wände des Gerichts sich abspielen lassen, damit von der Geschäftsaufsicht möglichst wenig nach außen dringe. Denn die wirtschaftliche Stellung des Schuldners sollte, wie die Reichstagsdenkschrift ausführte, möglichst wenig in Frage gestellt werden. Dazu gehörte und gehört aber unausgesprochen eine gewisse verschwiegene Handhabung. So kam und kommt es, daß schon die reine Tatsache der bestehenden Geschäftsaufsicht meist nur innerhalb des engeren Fachgewerbes des Schuldners bekannt wurde und wird. Die Bekanntmachungen der Justizministerien (in Bayern JMBek. vom 21. August 1914; BayJMBl. 1914) hielten im allgemeinen diese Richtlinien bei, die auch von den Gutachtern für das gerichtliche Ausgleichsverfahren (Lieblich S. 322 ff.; Cahn S. 695 ff. z. B. S. 760 und 777 unten) anempfohlen worden waren. Der Ehrenpunkt soll so viel wie möglich behütet werden. Leute, welchen der Schuldner nichts schuldet, sollen womöglich gar nichts von der Anordnung der Geschäftsaufsicht wissen. Will man doch den Schuldner sein Geschäft fortbetreiben lassen. Dann darf aber sein Kredit nicht vernichtet werden. Man behandelt ja auch Steuer-, Hypotheken-, Güter- u. dgl. Angelegenheiten heutzutage seitens der betreffenden Behörden und Interessenten so diskret wie möglich. Das waren ungefähr die Sätze, die den angeführten Gutachten vorausgeschickt waren.

Aber auch auf die eigentliche Wesensart solcher konkursabwendender Maßregeln ist man bereits vor Schaffung der Geschäftsaufsicht eingegangen. Ich habe zum 32. deutschen Juristentag weiterhin das Folgende ausgeführt, was sich freilich zunächst auf den außergerichtlichen Zwangsausgleich bezieht: „Wie soll die äußere Gestaltung vor sich gehen? Quot capita tot sensus gilt hier von den bislang aufgetauchten Vorschlägen. Wie ich schon in der BayZfR. 1913 Nr. 8 darzulegen versuchte, besteht in erster Linie die Notwendigkeit, die Einrichtung unter richterliche Obhut zu nehmen. In diesem Betreff setzen sofort die verschiedenartigsten Vorschläge der Literatur ein. Handelskammern, Einzelrichter, Kollegialgerichte, Konkursgerichte sind vorgeschlagen. Bei der belgischen, französischen usw. Gesetzgebung sind Kollegialgerichte eingeführt. In maßgebenden Berliner Kaufmannskreisen neigt man (ausweislich einer Reihe von Denkschriften) der Wahl der Handelskammern zu. Andere bringen die Konkursrichter, weil sie am versiertesten seien, in Vorschlag. Mir schwebt bei der ganzen Neuerung ein dem Verfahren der freiwilligen Gerichtsbarkeit ähnliches, hinter verschlossenen Türen sich abspielendes Formularverfahren vor. Oetker hat das Konkursverfahren, wie folgt, definiert: ‚Der Konkurs ist an sich ein bloßes Verwaltungsgeschäft. Das Konkursverfahren ist materiell Verwaltungsverfahren. Eine Reihe vorwiegend administrativer Akte wird im Konkurse zur Einheit verbunden durch die Einheit des Zweckes. Die freiwillige Gerichtsbarkeit, die durchaus nicht lediglich von den Gerichten geübt wird, begreift eben die Gesamtheit der staatlichen Verwaltungsgeschäfte, welche sich auf die Rechtsordnung beziehen, in sich. Das Konkursverfahren gehört also zur freiwilligen Gerichtsbarkeit.‘ ‚Es mag dahingestellt bleiben, inwieweit Oetker hinsichtlich des eigentlichen Konkursverfahrens hier das Richtige trifft. Das Abwendungsverfahren aber dem Verfahren der freiwilligen Gerichtsbarkeit anzuzweigen, besteht, wenn einigermaßen Oetker und seine Anhänger auf dem richtigen Wege sind, ein starkes Bedürfnis. Das Stille, Interne und Diskrete dieses FG.=Verf. sehe ich als Attraktion an. Wenn bei der Gewerbewelt das geplante Verfahren Anklang finden soll, so muß ich ihr augenfällig die äußeren Formen und Ereignisse anders vorsetzen, wie bei dem miserabile auxilium des Gerichtskonkurses. Der Akkordschuldner darf vor allem nicht vom Regen in die Traufe kommen. Die Prozedur darf gar nicht verwickelt, beschämend, langwierig, kostspielig und aufreibend sein. Entweder — oder. Sich öfter wiederholende, kontradiktorische Auslassungen mit sich bringende, öffentlich ausgeschriebene Termine sind zu vermeiden. Erst recht sind Rechtszüge bei diesem Verfahren von übel. Aus den oben schon angegebenen Gründen darf eine Verwechslung der Hörer und Leser mit dem Konkurse gar nicht möglich sein. Wenn dieselben Persönlichkeiten, in denselben Gerichtsräumen, in der nämlichen Art der Ausschreibung, Verfügungen erlassen und Terminen vorstehen, wenn der Schuldner Eide leisten und manifestieren muß, wenn Meinungsverschiedenheiten komplizierter Art unter den einzelnen Gläubigerkategorien durch die neuen gesetzlichen Bestimmungen großgezogen werden, dann kommt wahrlich der Schuldner von der Szylla in die Charybdis. Dagegen ist es selbstverständlich, daß die Autorität eines Richters die Zweifel und Weiterungen zu beheben hilft. Ebenso ist es vonnöten, daß der Präventivakkord dem Plazet des Gerichts unterliegt.‘“

B. Mitwirkung des Gerichts.

Vorstehende Darlegung enthält nicht nur den Vorschlag geräuschloser Regelung des neuen Verfahrens, sondern auch vor allem die Anregung, dasselbe unter gerichtlichen Schutz zu stellen. In dieser Hinsicht sind in der Literatur und Praxis die verschiedensten Meinungen kundgegeben worden. Der erste Ausschuß des deutschen Anwaltsvereins hat in Eisenach am 18. Juni 1916 folgendes erklärt:

„Die Mitwirkung des Gerichts ist zwar nicht zu entbehren, aber, um das Verfahren den außergerichtlichen Vergleichen möglichst nahe zu bringen und eine Belastung der Gerichte zu vermeiden, in tunlichst geringem Maße in Anspruch zu nehmen. Die Tätigkeit des Gerichts ist erforderlich:

a) für die Eröffnung des Verfahrens, Prüfung der Voraussetzungen, amtliche Feststellung des für Anfechtungen im etwa nachfolgenden Konkurse maßgebenden Zeitpunktes,
b) für die Bestätigung des Ausgleichs zum Schutz gegen unlautere Handlungen und zum Schutz der Minderheit bei zweifelhaften Abstimmungsergebnissen,
c) als Aufsichtsbehörde.

Alle übrigen Geschäfte, Ladung der Gläubiger, Leitung der Gläubigerversammlung, Feststellung des Stimmrechtes, Prüfung des Vermögensstandes und des Vergleichsvorschlags, Durchführung des Verfahrens, können dem als Vertrauensmann zu bestellenden Rechtsanwalt übertragen werden. Die Rechtsanwälte sind mit diesen Geschäften aus ihrer Praxis in außergerichtlichen Vergleichen und in Konkursen vertraut. Insbesondere werden sie sich zur Feststellung des Stimmrechtes eignen, da auch in Konkursen bei vorläufiger Feststellung des Stimmrechts, beispielsweise in Wahlversammlungen, für das Konkursgericht die Ansicht des Konkursverwalters maßgebend zu sein pflegt. Festzuhalten ist aber an dem Erfordernis, daß der Vertrauensmann eine mit Rechtskenntnissen ausgestattete, zum Richteramt befähigte und einer Disziplinarinstanz unterstehende Persönlichkeit sein muß. Es wird daher folgende Vorschrift empfohlen:

„„Sofort nach Eröffnung des Verfahrens bestellt das Gericht einen Rechtsanwalt zum Vertrauensmann, dem die Durchführung des Verfahrens obliegt. Bei der Bestellung soll auf Vorschläge von Gläubigern oder des Schuldners Rücksicht genommen werden.““

Auch die Handelskammer Leipzig hat in ihrem Gutachten vom 12. August 1916 folgendes ausgeführt:

„Um einem Akkord Zwangswirkung und Vollstreckbarkeit zu sichern, braucht die Gesetzestechnik ebensowenig die Mitwirkung des Gerichts vorzuschreiben, wie etwa die wirtschaftliche Zweckmäßigkeit eines bestimmten Erlaßvertrags durch die Anhörung des Richters gewährleistet würde. Gesetzgeberische Vorschläge, die das Gericht völlig ausschalten oder es doch nur als Niederlegungsstelle für die vollzogene Akkordurkunde zulassen, sind in der Tat gemacht worden. Da indessen die Geschäftsaufsicht ein von dem Gericht eröffnetes Verfahren darstellt, innerhalb dessen das Gericht immerhin einige, wenn auch zum Teil schattenhafte, Funktionen ausübt, so wird ein auf Beendigung dieser Geschäftsaufsicht gerichtetes Vergleichsverfahren nicht vollständig von dem Gerichte losgelöst werden können. Soll aber weder die Schleunigkeit noch die Billigkeit des Verfahrens noch die Neigung der Gläubiger, auf einen Nachlaß einzugehen, beeinträchtigt, sollen vielmehr die Vorzüge des außergerichtlichen Privatausgleichs, die ihm trotz mancher Mängel eine starke Beliebtheit gesichert haben, auch dem gerichtlichen Akkord nach Möglichkeit gesichert werden, so wird die Tätigkeit des Gerichts nach Art und Gelegenheit auf das allergeringste Maß zu beschränken sein. Insbesondere ist jede Einwirkung des Gerichts auf den Inhalt der Vergleichsofferte und jede Prüfung des Inhalts eines formell einwandfrei zwischen Schuldner und Gläubiger zustande gekommenen Vergleichs grundsätzlich auszuschließen, auch nicht unter dem Gesichtspunkte des Schutzes der überstimmten Minorität oder gar wegen angeblicher persönlicher Unwürdigkeit des Schuldners zuzulassen."

Diesen Meinungen kann ich nicht beipflichten. Auf dem Gebiete des Ausgleichs hat man bei uns und vor allem auch in anderen Ländern (z. B. Österreich; siehe Cahn, JW. vom 2. Juni 1916 ff.) manche üble Erfahrungen gemacht. Nichts liegt bei diesen Maßnahmen näher, als der Versuch, auf unlautere Weise, sei es dem Schuldner, sei es einer Gläubigergruppe, zu rechtlich unzulässigen Vorteilen zu verhelfen. Hier hat der Berufsrichter ein weites Gebiet der Betätigung. Keine Einrichtung — selbst nicht diejenige des berufsmäßigen Parteivertreters — ist, wie des Berufsrichters, dazu angetan, unter Einsetzung seiner Autorität auf eine loyale Führung des Aufsichts- und anschließend Ausgleichsverfahrens hinzuwirken. Die Aufsichtsperson wird, wie nun einmal die Dinge liegen, am zweckmäßigsten dem beruflichen Gerichte unterstellt, das auf den bisherigen konkursrechtlichen Pfaden nur weiterzuwandeln braucht, um Ordnung und Übersicht in die Angelegenheit zu bringen. Daß die Unterscheidungsmerkmale zwischen Konkurs und Geschäftsaufsicht dabei zu beachten sind, darf man bei einem einsichtigen Richter voraussetzen. Übrigens ist er durch die amtliche Erläuterung und die justizministeriellen Entschließungen angewiesen, möglichst wenig dogmatisch das Kriegsnotgesetz zu handhaben.

C. Vorschriften der Zivilprozeßordnung.

Wenn aber schon das Gericht die Unzuträglichkeiten schuldnerischer oder gläubigerischer Manipulationen am besten hintanhält, dann waren die erprobten Vorschriften der ZPO. wohl geeignet, soweit nicht besondere Vorschriften ergingen, herübergenommen zu werden. Übrigens hat auch das Gesetz über die Angelegenheit der freiwilligen Gerichtsbarkeit vom 17. Mai 1898 (dessen Verfahren Breit, JW. 1915, 164 die Geschäftsaufsicht einreihen wollte; siehe hiezu auch Rintelen, ÖsterrAusglO. S. 494 und Bovensiepen, GeschA. 1917, 70; a. M.: Jaeger, Bankarch. 14, 33; Josef, Recht 1915, 163; Levy S. 16; Schlegelberger, GruchotsBeitr. 59, 207; Wassermann-Erlanger, 3. Aufl. S. 237, 1) in einer Reihe von Paragraphen (14, 15, 16, 27 u. a.) die Vorschriften der ZPO. für anwendbar erklärt.

Aus allen diesen Gründen hat der § 14 der neuen VO. beinahe wörtlich die Bestimmung des § 72 KO., die ja ohnedies praktisch bereits jetzt angewendet worden war, herübergenommen. Das Konkursverfahren als solches ist ein Stück Zivilprozeß. Dies gilt nun auch von dem Geschäftsaufsichtsverfahren. Daß das Gerichtsverfassungsgesetz entsprechende Anwendung findet, dürfte zweifellos sein (Hahn, Materialien des GVG. 1879 S. 187 und 370).

Die Folge des § 14 ist die Anwendung der Vorschriften über Prozeßleitung, Sitzungspolizei (§§ 144, 156 ff., 177 ff. ZPO.), Ladungen, Termine und Fristen, Niederschriften (§§ 159 ff., 510 ZPO.; 184 ff. GVG.), gesetzliche Prozeßfähigkeit, Vertretung und Vollmacht, Ausschließung und Ablehnung von Gerichtspersonen, Handhabung und Einsicht der Akten (welch letztere aber nur mit dem Abmaße der §§ 3, insbesondere 18, 28 und 31 der neuen VO. zu gestatten ist. Siehe meine Erläuterung oben zu § 2 D 2). Weil die Entscheidungen des Aufsichtsgerichts keine Urteile, sondern Beschlüsse sind, sind auch die Vorschriften der ZPO. über Urteile und Rechtsmittel, soweit nicht die sofortige Beschwerde zugelassen ist, unanwendbar (Seuffert S. 121; Meyer, KO. S. 147; Wilmowski S. 276). Die Fragen der fakultativen mündlichen Verhandlung (§ 15), Beweisaufnahme und Stoffsammlung von Amts wegen (§ 16), vereinfachte Art der Zustellung (§ 17) und Unterlassung der öffentlichen Bekanntmachungen (§ 18; siehe hiezu mein Gutachten S. 760; ferner amtliche Erläuterung zu gegenwärtiger VO.), die Beschränkung schließlich des Rechtsmittelverfahrens auf Ausnahmefälle (§ 19) sind in den weiteren Paragraphen geregelt.

Die Bestimmungen der ZPO. über Zwangsvollstreckung schlagen nach der ratio legis meist hier nicht ein. Ein fakultativer Eid, der die Richtigkeit und Vollständigkeit der schuldnerischen Vermögensaufstellungen, insbesondere des Gläubigerverzeichnisses, bekräftigen soll, ist für das Zwangsvergleichsverfahren vorgesehen. Die amtliche Erläuterung zu § 50 erklärt, es sei dies kein Offenbarungseid im Sinne der §§ 899 bis 915 ZPO., weil insbesondere der Zwang fehle. Dieser Meinung der amtlichen Erläuterung kann ich mich nicht anschließen (näheres siehe meine Erläuterung zu § 50 A und B).

Aus alledem ergibt sich, daß die Anwendung der ZPO., selbst abgesehen von den besonders bestimmten Abweichungen, eine dem besonderen Zwecke des Geschäftsaufsichtsverfahrens sich anpassende sein muß, demnach auszuschalten ist, wenn die Anwendung, der Eigentümlichkeiten des Geschäftsaufsichtsverfahrens halber zweckwidrig erscheint (Seuffert S. 115; Meyer, KO. S. 147; Wilmowski, Komm. S. 275).

§ 15.

Die Entscheidungen können ohne mündliche Verhandlung erfolgen.

Gerichtliche Entscheidungen.

A. Fakultative mündliche Verhandlung.

Der § 15 enthält die erste Besonderheit für das Geschäftsaufsichtsverfahren im Gegensatz zur ZPO. Der § 128 ZPO. sagt: „Die Verhandlung der Parteien über den Rechtsstreit vor dem erkennenden Gerichte ist eine mündliche.“ Der § 15 dagegen stellt die mündliche Verhandlung frei. Sie untersteht dem richterlichen Ermessen. Zu laden sind, je nach der Art des Falls, Schuldner, Aufsichtsperson, Gläubiger. Schriftliche Äußerungen der Beteiligten sind zulässig, ohne die Pflicht des Erscheinens grundsätzlich aufzuheben. (Jaeger, JW. 1917, 262 a.) Wie schon oben erwähnt (siehe meine Erläuterung zu § 14 am Ende), sind im Geschäftsaufsichtsverfahren deshalb die Entscheidungen keine Urteile, sondern Beschlüsse. Die Anfechtbarkeit ist im allgemeinen ausgeschlossen (§ 19); in einigen wenigen Fällen (§§ 27, 42, 59, 68) aber zulässig. Für die Regelfälle wird also der Beschluß mit der Erlassung rechtskräftig. Für die Ausnahmsfälle ist die sofortige Beschwerde des § 577 ZPO. das vorgeschriebene Rechtsmittel. Unter Entscheidungen werden alle Akte des Geschäftsaufsichtsgerichts verstanden. Solche sind enthalten: im § 16 (Anordnung von Ermittlungen und Berufung einer Gläubigerversammlung), § 18 (Gestattung der Akteneinsicht und der Abschrifterteilung), § 21 (Anordnung der Geschäftsaufsicht und Anhörung von Sachverständigen), § 22 (Bestellung der Aufsichtspersonen und Mitteilung an die amtlichen Fachstellen), § 25 (Ordnungsstrafen und Entlassung der Aufsichtsperson), § 26 (die verschiedensten Formen der Unterstützung der Aufsichtsperson), § 27 (Festsetzung der Vergütung usw. der Aufsichtsperson), § 28 (Anordnungen über die Häufigkeit der Berichte), § 29 (Streitfälle), § 30 (Bestellung eines Beirats), § 42 (Anhörung der Aufsichtsperson vor Eröffnung des Vergleichsverfahrens, eventuelle Zurückweisung des Antrags), § 43 (Frage der erforderlichen Zustimmungserklärungen), § 44 (Bestimmung des Vergleichstermines), § 47 (Entscheidung über das Stimmrecht), § 50 (Anordnung des Eides und Ergänzung der Aufstellung), § 52 (Anberaumung des zweiten Termines), § 53 (Bestätigung des angenommenen Zwangsvergleiches), §§ 54 und 55 (Verwerfung des Vergleiches), §§ 56, 57 (Einstellung des Vergleichsverfahrens), § 58 (Beschluß über Aufhebung oder Fortdauer der Geschäftsaufsicht). Die Zustellungen der Entscheidungen sind, im Verhältnis zu den Bestimmungen der ZPO. und KO., vereinfacht (§ 17). Der Zeitpunkt des Beginnes der Wirksamkeit der Beschlüsse ist in der VO. vom 14. Dezember 1916 nicht festgesetzt. Der § 108 KO. hat bezüglich des Eröffnungsbeschlusses bestimmt: der Eröffnungsbeschluß hat die Stunde der Eröffnung anzugeben. Ist dies versäumt worden, so gilt als der Zeitpunkt der Eröffnung die Mittagsstunde des Tages, an welchem der Beschluß erlassen ist. Eine ähnliche Festlegung fehlt in der VO. vom 14. Dezember 1916. Gleichwohl ist die Angabe der Stunde der Anordnung der Geschäftsaufsicht anzuempfehlen, da der Zeitpunkt vor oder nach Anordnung der Geschäftsaufsicht bei verschiedenen Stadien und Fragen derselben eine Rolle spielt. Die noch nicht in die äußere Erscheinung getretene Entscheidung kann abgeändert (RG. 57, 284), die in die äußere Erscheinung getretene Entscheidung berichtigt werden.

Weil die Entscheidungen ohne mündliche Verhandlung erfolgen können, sind auch alle schriftlichen Erklärungen des Schuldners, der Aufsichtsperson und der Gläubiger zuzulassen und zu prüfen. Die Entscheidungen sind mit Gründen zu versehen. Diese Vorschrift ist für die Fälle, in welchen sofortige Beschwerde möglich ist, selbstverständlich aber auch in den der Beschwerde entzogenen Fällen, nach den allgemeinen prozessualen Grundsätzen nicht zu umgehen. Entscheidungen, welche nicht in Gegenwart der Beteiligten verkündet werden (OLG. 15, 245), sind denselben zuzustellen, damit die Interessenten Gelegenheit haben, sie kennen zu lernen, darnach zu handeln und, wenn zulässig, anzufechten. Die auf die §§ 72, 73 Abs. 1 und 2 KO. gestützte Ansicht von Jwand, DJZ. 1916, 888 (Güthe-Schlegelberger, 3. Kriegsbuch, 1917 zu § 4 der alten VO.), im Zusammenhalt mit §§ 329 ZPO., 81 Abs. 2 und 108 Abs. 2 KO., daß die Wirksamkeit der Geschäftsaufsicht mit der Zustellung des Beschlusses, der die Anordnung verfüge, beginnt, dürfte mit einem Fragezeichen zu versehen sein, wenn es sich um eine Mehrheit von Schuldnern (Gesellschaftern, Geschäftsführern, Erben) dreht und die Zustellung zu verschiedenen Zeiten vor sich geht. (So auch Klien, GeschA. 1917, 66.) Ausnahmsweise ist die Zustellung ausdrücklich in der VO. vorgeschrieben (§§ 44; 95). Die Zustellung hat, je nachdem, an alle Gläubiger oder nur den einzelnen Antragsteller zu erfolgen. Vor maßgebenden Entscheidungen muß sinngemäß den Beteiligten Gelegenheit gegeben werden, sich zu äußern. Dies sehen die §§ 16, 22, 28, 42, 49, 53 usw. vor.

§ 16.

Das Gericht kann zur Aufklärung aller das Verfahren betreffenden Verhältnisse die erforderlichen Vermittlungen, insbesondere die Vernehmung von Zeugen und Sachverständigen anordnen. Er kann zur Erörterung der Verhältnisse eine Gläubigerversammlung berufen.

Informationseinziehung des Gerichts.

A. Aufklärung, Ermittelung, Vernehmung.

Der § 75 KO. lautet:

Das Konkursgericht kann zur Aufklärung aller das Verfahren betreffenden Verhältnisse die erforderlichen Ermittelungen, insbesondere die Vernehmung von Zeugen und Sachverständigen, anordnen.

Der § 16 VO. ist also um den Schlußsatz (Möglichkeit der Einberufung einer Gläubigerversammlung, welche die alte VO. nicht kannte) erweitert. Das Gericht kann, wie im Konkursverfahren, gemäß § 16 jede Art von Ermittelungen vornehmen. Ob hiebei die Vernehmungspersonen förmlich vernommen und beeidigt oder nur formlos gehört werden, ist dem Ermessen des Gerichts anheimgestellt. Die ZPO. kennt im allgemeinen, von den Ausnahmen der Anordnung des persönlichen Erscheinens, meist zum Zweck der Aufklärung oder Sühne, abgesehen, kein derartiges Verfahren von Amts wegen. Die Motive zur KO. (II S. 229) erklären, daß durch diesen Grundsatz eine glatte und beschleunigte Abwickelung des Verfahrens angestrebt werde. Gerade das Geschäftsaufsichtsverfahren erfüllt seinen gewollten Zweck am besten durch eine Fühlungnahme zwischen Gericht und den Beteiligten, falls Unklarheiten bestehen, die der Ermittelung des wirklichen Sachverhaltes bedürftig sind. Der § 16 enthält eine K a n n vorschrift: das Gericht ist befugt, diese Maßregeln zu treffen, braucht sie aber nicht zu treffen, wenn ohnedies der Sachverhalt durch die Erklärungen des Schuldners oder der Aufsichtsperson oder auch nur einzelner Gläubiger, mündlich oder auch nur schriftlich erstattet, klar zutage liegen. Naturgemäß müssen gerade diejenigen Maßnahmen richtig aufgeklärt und ermittelt werden, welche von Bedeutung sind: Widersprüche bezüglich der Vermögensangaben, des Gläubigerverzeichnisses, Unstimmigkeiten zwischen Aufsichtspersonen und Schuldner, Widerstand des Schuldners, Pflichtverletzungen der Aufsichtsperson, Verzögerungen von Erklärungen, unpünktliche oder ungenaue Berichte der Aufsichtsperson, insbesondere auch unzuverlässige oder widerspruchsvolle Erklärungen der Beteiligten im Vergleichsverfahren. Mit anderen Worten: der § 16 sieht eine mündliche Informierung des Gerichts vor, die oft besser und rascher zum Ziele führt, wie viele schriftliche Erklärungen. Diese Information kann das Gericht in jedem Stadium einziehen. Wie erwähnt, wird es im Zwangsvergleichsverfahren unter Umständen besonders nötig erscheinen. Die Ermittelung kann mit und ohne Antrag der Beteiligten beschlossen und vorgenommen werden (Wilmowski S. 281). Durch den im § 16 vorgesehenen Aufklärungsmodus können Streitigkeiten oder gar Rechtsstreite zwischen den

Beteiligten vermieden oder geschlichtet werden. (Jaeger, JW. 1917, 262a erwähnt prozeßersparende Klärung des Begründetseins von Aus- oder Absonderungsansprüchen, oder von Mängelrügen.) So ist die Ersparung von Zeit und Kosten hiedurch möglich; der Richter kann auch durch Fragen, Anordnung der Vorlage von Belegen, Anhörung von Zeugen und Sachkundigen (§§ 375, 404, 478 ZPO.), Treibereien des Schuldners oder von Gläubigern unterbinden, was zumal angezeigt erscheint, wenn die Aufsichtsperson den diesbezüglichen Antrag gestellt hat, um etwa die im § 3 vorgesehene, schuldnerische Verpflichtung des Schuldners diesem durch das Aufsichtsgericht einprägen zu lassen. Der Beaufsichtigte ist Partei. (Jaeger [JW. 1917, 262] verweist hiebei auf das Zeugnisverweigerungsrecht der Angehörigen und zitiert § 383, 1—3 ZPO.; Stern, LZ. 1913, 376.)

Die im § 16 vorgesehenen gerichtlichen Maßregeln haben ihre Grenzen in dem Grundsatz, daß die Aufsichtsperson für gewöhnlich die Unterstützung und Überwachung des Schuldners betreibt, die erforderlichen Maßnahmen (gegen welche der Rechtsweg unzulässig ist, Hamburg vom 7. Oktober 1916 Bf. VI 214/16; Recht 1917, 78 Nr. 115) hiezu trifft und über Art und Person der Geschäftsführung verfügt (§ 2), sich Einsicht und Auskunft verschafft (§ 3), und überhaupt den rechten Weg findet, um selbst die vollständige Aufsicht zu führen. Erfüllt der Aufsichtsführer diese Funktionen, liegen keine Vernachlässigungen oder Überschreitungen derselben vor, so würde das Gericht taktisch nicht klug handeln, wenn es in die Rechte und Pflichten des an sich zur Aufsicht Berufenen sich einmischen würde. Nur da, wo das Gericht sich die Kenntnis der tatsächlichen Hergänge auf dem eben gekennzeichneten normalen Wege nicht verschaffen kann, wo es von dem einen oder anderen Beteiligten im Stiche gelassen oder berechtigterweise zu Hilfe gerufen wird, wo Spannungen vorhanden sind, wo sich der eine oder andere Beteiligte seiner Pflicht entzieht, wo Eigenmächtigkeiten vorgekommen sind, greift das Gericht mit Fug ein. Dazu kommt noch, daß die Aufsichtsperson zwar sich über tatsächliche Geschehnisse oder Fachfragen bei Vernehmungspersonen informiert, gegen dieselben, wenn sie nicht auskunftbereit sind, aber keine Zwangsmaßnahmen vornehmen kann. Wenn mehrfach den Gerichten empfohlen wird, weit mehr, als bisher, bei den Konkursfragen, die amtliche Ermittelung in Anspruch zu nehmen (Jaeger, KO. zu § 75 S. 21 Anm. 2 a. E.; Seyfart, DJZ. 18, 638), so ist vom Geschäftsaufsichtsgericht zu sagen, daß eine gewisse Vorsicht und Zurückhaltung des richterlichen Organs für die Regelfälle angezeigt erscheint.

Die Aufklärung kann in der Anordnung der Zuziehung von Akten, Einholung von Auskünften durch Private oder Behörden, Verschaffung von Auszügen usw. bestehen. Als Zeugen können Beamte, Angestellte, Geschäftsführer, Bedienstete, Verwandte, Fachgenossen des Beaufsichtigten gehört werden. Die Vernehmungspersonen unterliegen den Bestimmungen der ZPO. hinsichtlich der Pflicht, auf Ladung (auch formlose, z. B. telephonische) zu erscheinen, auszusagen und die Aussage zu beschwören. Die übrigen prozessualen Normen (Zwangsmittel, Entschädigung, Beeidigung oder Nichtbeeidigung, Ablehnung des Sachverständigen, Zeugnisverweigerungsrecht) schlagen ebenfalls ein (OLG. Nürnberg vom 18. Juni 1909 OLGRspr. 19, 222; Stern, LZ. 1913, 375; Stepp, BayZfR. 1913, 146).

Aber auch hinsichtlich der materiellen Seite der Ermittelungen hat die Bestimmung des § 16 ihre Grenze. Wohl kann der beaufsichtigte Schuldner angehalten werden, freilich nur bei Meidung der Aufhebung der Geschäftsaufsicht im Sinne des § 66 Nr. 1, Einsicht in seine Geschäftsbücher und sonstiges Schreibwerk zu gewähren, auch Auskunft über den Status zu erteilen. Zu diesem Zwecke muß er seine Handelsbücher und andere Schriftstücke sowie Aufzeichnungen zur Verfügung stellen, auch dem Gericht, wenn es angeordnet wird, behändigen. Allein das Ermittelungsrecht geht nicht soweit, Gläubigern und anderen dritten Personen diese Einsicht und Auskunft vorzuschreiben. Derartiges kann im Rahmen der StPO., wenn hinreichender Verdacht eines Reates vorliegt, allenfalls der Strafrichter anordnen. Ein Rechtsmittel ist gegen die Anordnung der Ermittelung nicht zulässig.

B. Gläubigerversammlung.

Der § 16 enthält in seinem letzten Satz schließlich noch die Möglichkeit, daß das Gericht eine Gläubigerversammlung einberuft. Auch dies ist eine neue Maßregel, welche der alten VO. fremd war, ohne daß sie etwa unter ihrer Herrschaft ausgeschlossen war (§ 4 Abs. 2 der alten VO., § 75 KO.; Lewinsky, GenBl. 15, 394, der das Nichteinberufen einer Gläubigerversammlung, als Kontrolleurin der Aufsichtsperson, als unzweckmäßig erklärt; amtliche Erläuterung zur neuen VO. § 16). Wie nämlich einzelne oder mehrere Gläubiger im Sinne des ersten Satzes des § 16 jederzeit vom Gericht bestellt und befragt werden können, vielleicht soweit streitige oder Ausfallsforderungen im Sinne des § 47 Abs. 3 oder insbesondere auch das pro und contra ihrer Stellung zu einem Zwangsvergleiche den Gegenstand der Unterhandlung bilden, vielleicht um zu erforschen, ob die Aufsichtsperson ungeeignet ist (Jaeger, JW. 1917, 137, 4 h), so kann das Gericht bei ausschlaggebenden Fragen das Plenum der Gläubigerschaft zuziehen. Die Verantwortung für die Aufsichtsperson, oder auch das die Aufsichtsperson gemäß § 26 unterstützende Gericht, kann bei wichtigen Fragen zu groß sein, um ohne die gesamte Gläubigerschaft bzw. mindestens die erscheinende Mehrheit derselben, eine Erörterung der Verhältnisse vorzunehmen. Durch diese Versammlung kann der Schuldner und die Aufsichtsperson Direktiven erhalten, welche, etwa bezüglich der Reihenfolge der Befriedigung (§ 5), bezüglich unerfüllter Verträge (§§ 9 ff.), bezüglich Anerkennung von Forderungen (§ 12), bezüglich des Status (§ 20), bezüglich tunlichster Aufrechterhaltung des Geschäftsbetriebes (§ 28), bezüglich Unstimmigkeiten zwischen Aufsichtsperson und Schuldner (§ 29), bezüglich der Zuziehung eines Beirats (§§ 30 ff.) und insbesondere auch bezüglich aller sich auf einen künftigen Zwangsvergleich (§§ 33 ff.) beziehenden Fragen, die Führung der Geschäftsaufsicht erleichtern, dem Schuldner einen Begriff vom Ernst der Lage geben, die Möglichkeit oder Nichtmöglichkeit eines Zwangsvergleiches eruieren, vor allem auch das Bedürfnis der Aufrechterhaltung oder Aufhebung (§ 66) der Geschäftsaufsicht für die Aufsichtsperson und das Gericht klarstellen. Für das Konkursverfahren ist ja die Gläubigerversammlung, wenigstens was einige vorgeschriebene Tagungen anbetrifft (§§ 131, 186, 251 KO. — vom Zwangsvergleichstermin [§ 270 KO.] abgesehen —) obligatorisch. Sonst beschließt innerhalb des Konkursverfahrens über die Berufung der Gläubigerversammlung, die im Falle des § 93 KO. erfolgen muß, das Gericht. Im großen und ganzen hat die VO. vom 14. Dezember 1916, wie diejenige vom 8. August 1914, dieses Verwaltungsorgan entbehren zu können geglaubt, vielleicht deshalb, weil der übergroße Apparat der österreichischen Ausgleichsordnung (siehe meine Abhandlung JW. 1916, 697) vermieden werden sollte. Darum wird das nötigenfalls aufklärende, unterstützende und kontrollierende Verwaltungsorgan nur im Bedarfsfalle zugezogen. Seine Bestimmungen sind daher nicht begrenzt, wie in den §§ 80 ff. und 131 ff. KO. Seine Befugnisse sollen vielmehr nur darin bestehen, wenn das Gericht es angeordnet hat, dieses und die Aufsichtsperson zu informieren, dem Schuldner und der Aufsichtsperson, wenn es angezeigt erscheint, Instruktionen zu geben. Bei einer solchen wahlweisen Gläubigerversammlung wird zweckmäßigerweise, falls der Umfang der Geschäfte es erfordert, auch über die Tatsache und Besetzung eines Gläubigerbeirates im Sinne der §§ 30 ff. beraten werden können.

Bevollmächtigte ohne öffentlich beglaubigte Vollmachten (LZ. 1916, 1391) und Beistände sind zugelassen.

§ 17.

Bei Zustellungen bedarf es keiner Beglaubigung des zuzustellenden Schriftstücks.

Die Zustellungen an Personen, die sich im Ausland befinden, erfolgen durch Aufgabe zur Post; die Postsendungen sind mit der Bezeichnung „Einschreiben" zu versehen. Zustellungen an Gläubiger, deren Aufenthalt unbekannt ist, finden nicht statt.

Die Vorschriften des Abs. 2 finden keine Anwendung, wenn die Person, der zuzustellen ist, einen im Inland wohnhaften, zur Empfangnahme von Zustellungen befugten Vertreter hat, der dem Gerichte bekannt ist.

Vereinfachtes Zustellungswesen.

Wohlberechtigterweise sind im § 17, zur Entlastung des Gerichts, des Schuldners und der Gläubigerschaft, Vereinfachungen vorgesehen, die übrigens sehr wohl auch im Rahmen der ZPO. auf die nämliche Weise durchführbar wären. (S. m. Abhandlungen: Gerichtsentlastung und Güteverfahren 1916; Der zukünftige deutsche Rechtsstreit, ZZP. 1917, 445 ff.). Vielleicht bringt der Krieg in dieser Hinsicht überhaupt einigen praktischen Wandel. Die Vereinfachung der Zustellungen beim Geschäftsaufsichtsverfahren, für welche der Offizialbetrieb vorgesehen ist (Jaeger, JW. 1917, 262 b), soll nun zunächst darin bestehen, daß es einer Beglaubigung des zuzustellenden Schriftstückes nicht bedarf. Die Zustellung besteht gemäß § 170 ZPO., wenn eine Ausfertigung zugestellt werden soll, in deren Übergabe, in den übrigen Fällen in der Übergabe einer beglaubigten Abschrift des zuzustellenden Schriftstückes. Solche ordnungsmäßige Beglaubigung der Abschrift ist nach der ZPO. wesentlich. Es genügt, wenn sich auf der Abschrift ein Vermerk befindet, der in förmlicher Weise die Übereinstimmung des Inhalts der Abschrift mit dem Inhalte der Urkunde ausprägt (OLG. 9, 92). Mangelt es an der Beglaubigung, so ist die Zustellung unwirksam (RG. 6, 361; JW. 91, 178; 96, 187;

1900, 654). Diese Verpflichtung zur Beglaubigung kommt durch den § 17 in Wegfall. Schon die KO. hatte im § 77 Abs. 2 die Mitteilungen des Verwalters von den komplizierten Vorschriften über Zustellung befreit und außerdem eine Beglaubigung der Abschrift des neben der öffentlichen Bekanntmachung etwa noch zuzustellenden Schriftstückes erlassen. Während also im übrigen für die Zustellungen von Amts wegen die Beglaubigung durch den Gerichtsschreiber (§§ 170 und 210 ZPO.) vorgeschrieben ist, ist nunmehr für das ganze Gebiet der Geschäftsaufsicht diese Form als entbehrlich erklärt. Der Apparat soll eben tunlichst formlos und, da eine größere Anzahl der Beteiligten in Betracht kommen kann, tunlichst prompt und billig sein. Weder der Schuldner, noch die Aufsichtsperson, sondern das Gericht, sorgt für Ladung zu den von letzterem anberaumten Terminen (§§ 44, 52, 53).

Eine zweite Erleichterung ist für die Zustellung an Personen, die sich im Auslande befinden, vorgeschrieben. Nach den strengen Regeln der Prozeßordnung müßte nämlich die Zustellung im Auslande nach den Vorschriften der §§ 199, 203 usw. ZPO. erfolgen. An Stelle dieses Apparates tritt eine einfache Zustellung durch Aufgabe zur Post. Die betreffenden Schriftstücke erfolgen eingeschrieben. Gläubiger mit unbekanntem Aufenthalt erhalten überhaupt keine Zustellung. Diese Bestimmung war nötig, weil der § 18, dem Anlaß der VO. entsprechend, die öffentlichen Bekanntmachungen ausschaltet und somit der Person nach bekannte, aber dem Aufenthalt nach unbekannte Gläubiger in irgendeiner Form hätten in Kenntnis gesetzt werden müssen. Die amtliche Erläuterung fügt noch bei, daß nicht nur, wenn der Aufenthalt eines Gläubigers unbekannt ist, sondern auch, wenn er wohlbekannt, aber durch die deutsche Post auf dem Einschreibewege mit Zustellung nicht erreichbar ist, die Zustellung zu unterbleiben hat. Letzteres ist der Fall, wenn es sich um einen Gläubiger dreht, welcher sich im feindlichen Auslande aufhält, kann aber auch dann zutreffen, wenn sich der Gläubiger in vom Feinde besetzten Gebiet oder dem neutralen Ausland oder sogar innerhalb deutschen Schutzgebietes aufhält. Um alle Härten zu vermeiden, erfolgt gleichwohl eine Zustellung an Gläubiger im Auslande oder mit unbekanntem Aufenthalt, wenn im Inlande ein zur Zustellung legitimierter Bevollmächtigter vorhanden und dem Gerichte bekannt gemacht ist. Auch kann bei ausschlaggebenden Fällen das Gericht mit einer Abwesenheitspflegschaft helfen (Werner, LZ. 1917, 235).

Der § 17 soll nach alledem zur Erleichterung, Verbilligung, Beschleunigung und Entlastung dienen. Durch ihn ist aber nicht gesagt, daß in einem einzelnen Falle, soweit durchführbar, wenn besondere Vorsicht geboten, eine Verwechslung möglich, ein sehr maßgebender Adressat zu berücksichtigen, ein besonders verlässiger Nachweis anzustreben ist, die Zustellung auf Einzelanordnung in minder einfacher Form zu betätigen ist. So kann z. B., wenn im Zwangsvergleich eine Abstimmungs- oder Mehrheitsfrage auf dem Spiele steht, vom Aufsichtsgerichte ausnahmsweise eine Beglaubigung des zuzustellenden Schriftstückes verfügt werden.

§ 18.

Öffentliche Bekanntmachungen finden nicht statt.

Das Gericht kann den Gläubigern die Einsicht der Gerichtsakten gestatten und ihnen Abschriften daraus erteilen lassen

Die Einsicht in die Berichte der Aufsichtsperson darf keinem Gläubiger verweigert werden.

Bekanntwerden der Akte und Berichte.

A. Keine Veröffentlichung.

Der Satz 1 entspricht dem letzten Satz des § 4 der alten VO. Schon der prinzipielle Unterschied zwischen dem Konkurs- und Aufsichtsverfahren bringt den Unterschied zwischen der Öffentlichkeit dort und der Nichtöffentlichkeit hier mit sich. Das zur Abwendung des Konkurses bestimmte Verfahren will ja gerade die in der Öffentlichkeit des letzteren liegende Degradierung des Schuldners tunlichst hintanhalten. Die Ordnung der Angelegenheiten des Geschäftsbeaufsichtigten intra muros bildet geradezu die Quintessenz der ganzen Einrichtung. Auch die amtliche Erläuterung gibt in ihrer allgemeinen Einleitung zu, daß es sich hier um eine grundsätzliche Frage dreht, die freilich, soweit sie mit dem Zwangsvergleich außerhalb des Konkurses in Zusammenhang steht, bestritten ist. Nach meinem Dafürhalten würde eine Veröffentlichung der Anordnung des Verfahrens und gerichtlicher Entscheidungen den schuldnerischen Geschäftsbetrieb lahmlegen. Das gewerbliche Prestige des Geschäftsinhabers wäre mehr geschädigt, als der Gläubigerschaft im ganzen mit einer Veröffentlichung genützt werden kann. Das kaudinische Joch der Publizität, welches Nahrath unter keinen Umständen erleichtert oder gar abgeschüttelt haben will, soll (nach dessen und der anderen Anhänger der Öffentlichkeit Ansicht) eine Klärung des Status fördern, eine Verdunkelung der Gläubiger-, Schuldner- und Vermögens-Liste verhindern. Aber einerseits gibt es noch ganz andere Mittel, wie auch die amtliche Begründung zugibt, um Quertreibereien des Schuldners oder von Gläubigercliquen zu durchkreuzen. Andererseits feit auch die öffentlichste Öffentlichkeit nicht gegen raffinierte Schiebungen und klug angelegte Umtriebe. Geschäftliche Firmen und Verbände, die des öfteren sich über diese Fragen ausließen, haben daher in den seltensten Fällen von dem Behelf der Veröffentlichung gesprochen. (Für die Veröffentlichung waren bzw. sind Jubiläumsschrift des Verbandes der Vereine Kreditreform S. 58; Pollak, LZ. 1907, 107 ff.; ZHR. [Freund] 60, 67 ff.; 61, 305 ff.; JVJSchr. [Lieblich] 37, 131 ff.; 38, 1 ff.; Bendix, LZ. 1915, 189 und LZ. 1917, 154 und 155; Lehnstaedt 1916, 28; Jaeger, JW. 1917, 67; LZ. 1917, 583; Handelskammer Königsberg, „Handel und Gewerbe" XII S. 272, 312 ff.; ihr zustimmend Henschel, DJZ. 1917, 193. Gegen die Veröffentlichung: Bernicken S. 35; Tischbein S. 38; Bürgel, DRZ. 1913, 85; Jörissen in seinen verschiedenen Aufsätzen und Vorträgen; Kisch, Recht 1909 Nr. 20; Handelskammer Leipzig, Gutachten vom 12. August 1916; Bovensiepen, GeschA. 1917, 12; Cahn, Gutachten S. 760).

Einleuchtender ist das Argument (z. B. Wassermann-Erlanger, 3. Aufl. S. 237 II; Jaeger, JW. 1917, 67), gutgläubige Dritte könnten erheblich geschädigt werden, wenn sie dem Beaufsichtigten bei Geschäften, die unter § 13 der neuen VO. fallen, Kredit gewähren. Allein dagegen ist vorzubringen, daß ein Gläubiger, der am Rhein oder in Schlesien wohnt, dasjenige eine Exemplar des Fränkischen Kurier in Nürnberg oder der Münchener Neuesten Nachrichten auch kaum zu Gesicht bekommt, in der die öffentliche Bekanntmachung steht, so daß ein gewissenloser Schuldner — einer solchen Bekanntmachung ungeachtet — sehr wohl mit auswärtigen Firmen Geschäfte abschließen könnte, die nicht unter § 13 VO. fallen. Böswillige Schuldner aber werden ohnedies über kurz oder lang von der Aufsichtsperson als solche erkannt und, wenn eine Verwarnung oder ein gerichtliches Einschreiten nichts nützt, der Wohltat der Geschäftsaufsicht gemäß § 66 Nr. 1 verlustig. Weiter aber gäbe es Behelfe, um vor allem am Wohnorte des Schuldners Unregelmäßigkeiten desselben zu unterbinden. Dies wäre die von den verschiedensten Seiten de lege ferenda vorgeschlagene Anordnung der Geschäftsaufsicht in das Handelsregister und das Grundbuch der einschlägigen schuldnerischen Grundstücke. Kaufleute, Techniker und Anwälte sind mit diesen Registern und Büchern vertraut. Sie könnten sich also von Zeit zu Zeit überzeugen, ob eine Geschäftsaufsicht angeordnet ist, um sich oder ihre Klienten von einem derartigen Verfahren zu unterrichten. Nach außen würde infolge dieser Maßregel nicht leicht die Tatsache der Aufsicht dringen, da solche Personen meist verschwiegen und nicht gewohnt sind, auch gar keine Zeit haben, eine unzuträgliche Verbreitung eintreten zu lassen. Übrigens werden die Beteiligten durch ihre Fachorgane (Sekretariat, Presse, Gläubigerschutzvereine) meist hinreichend von bestehenden Krisen (Geschäftsaufsichten, Zwangsvergleichen) unterrichtet (Michels, Recht 1917, 23). Nichtöffentlichkeit bedeutet ja keineswegs Heimlichkeit (wie Bendix, LZ. 1917, 154 meint). Die wirklich Beteiligten müssen und sollen eingeweiht sein. Nichtöffentlichkeit oder besser Nichtveröffentlichung bedeutet nur tunlichstes, schonendes Nichtbetreten der breiten Öffentlichkeit, Nichtbenützen des Gerichtsanschlags, des Amtsblattes.

Mit dem Zwischenvorschlag (z. B. des I. Ausschusses des deutschen Anwaltsvereins vom 18. Juni 1916 sowie der Leipziger Handelskammer vom 12. August 1916), daß fakultativ der Schuldner oder der Vertrauensmann (eine Art Aufsichtsperson) die Veröffentlichung beantragen können, letzterer, wenn es im Interesse der Gläubiger liege, insbesondere wenn keine ordnungsmäßige Buchführung vorhanden sei oder Schuldner verbotswidrig Rechtsgeschäfte abschließe, könnte ich mich nicht befreunden. Welche Verantwortung läge zumal in diesem Schritte des Vertrauensmannes, welche Dissidien mit dem Schuldner und Gläubigergruppen könnte er zeitigen! Würde aber ein Teil der Schuldner die Veröffentlichung beantragen, so könnte erst recht in dem Umstand der Nichtveröffentlichung der anderen Fälle eine schädliche Neuerung gelegen sein, weil Nichtsahnende, irregeführt durch jene Publikationen auf schuldnerischen Antrag, meinen könnten, jede Geschäftsaufsicht werde öffentlich bekanntgegeben. Ich schließe dieses Kapitel mit einem Zitate aus dem Gutachten der Leipziger Handelskammer (vom 12. August 1916): „Es mag sein, daß durch die Nichtveröffentlichung gelegentlich Gläubiger geschädigt werden, weil sie von dem Verfahren erst nach Ausschüttung der Quoten erfahren. Solche Fälle sind aber auch bei Öffentlichkeit des Verfahrens nicht ganz auszuschließen. Ihre Berücksichtigung muß hinter dem starken Interesse des Wirtschaftslebens zurücktreten, die durch die Geschäftsaufsicht unfrei gewordenen Betriebe bald wieder zur vollen Entfaltung ihrer Kräfte zu bringen und das in ihnen festgelegte Gläubigervermögen freizumachen. Die Öffentlichkeit des Vergleichsverfahrens ist geeignet, den Kredit des Schuldners zu mindern und dadurch auch seine Geschäftsbestände zu entwerten."

B. Gestattung der Akteneinsicht und Abschriften.

Während öffentliche Bekanntmachungen nach § 18 Satz 1 nicht stattfinden, kann das Gericht den Gläubigern die Einsicht der Gerichtsakten — zu welchen die dem Gericht gemäß § 16 vorzulegenden Bücher und Schriftstücke nicht ohne weiteres zählen, RG. vom 4. März 1893, JW. 1893, 197 — gestatten und ihnen Abschriften daraus erteilen lassen. Mit anderen Worten: Das Gericht ist ermächtigt zu dieser Einsicht und Ausfertigung. Es wird von Fall zu Fall die Legitimation und das Bedürfnis prüfen. Kann sich ein Gläubiger nicht ausweisen oder kann er sein Bedürfnis zur Akteneinsicht nicht ausweisen, so wird das Gericht sein Ersuchen ablehnen. Freilich kann ein Gläubiger sehr daran interessiert sein, den Zusammenhang geschäftlicher und finanzieller Maßnahmen des Schuldners zu erfahren. Rechtfertigt sich nun die Akteneinsicht (allenfallsige Akten-Versendung, ZPO. § 299; KG. vom 3. Juni 1915 OLGRspr. 32, 407; Recht 1915 Nr. 1663; KG. vom 8. Juni 1915 Recht a. a. O.; JW. 1915, 731) oder Exzerpierung durch ein die unbezahlte Forderung selbst berührendes Interesse oder ist die gläubigerseits gewollte Auskunft dem Aufsichtsverfahren als solchem dienlich, etwa weil man hinter Schliche des Schuldners kommen will, so wird der Richter eher geneigt und verpflichtet sein, dem Antragsteller Zutritt zu gewähren. Ein rechtliches (§ 299 Abs. 2 ZPO.) nicht nur wirtschaftliches Interesse an der Akteneinsicht ist anzuerkennen, wenn der Gläubiger die Entscheidung des Gerichts darüber anruft, ob die Aufsichtsperson bei der Verteilung — gemäß § 5 — richtig verfährt. Aber auch hier, wie in anderen Fällen, in denen der Richter die Glaubhaftmachung eines rechtlichen Interesses des Gläubigers verlangt, wird der letztere nur insoweit Einsicht erlangen, als sein rechtliches Interesse wirklich reicht und die Zwecke der Geschäftsaufsicht es erfordern (Mendel, JW. 1915, 742, dessen Auffassung, die Gläubiger seien dritte Personen gemäß § 299, 2 ZPO.; Jaeger, unter Kennzeichnung der Einsicht als Parteirecht — unter Zitierung von Stein, ZPO. § 299 Anm. 18; KG. vom 3. Juni 1915 JW. 1915, 804 gegen KG. vom 8. Juni 1915, 731 — bekämpft). Will aber der Gläubiger offensichtlich nur einen mit der aufsichtsgegenständigen Forderung nicht im Zusammenhang stehenden, selbstsüchtigen geschäftlichen Vorteil durch die Akteneinsicht oder den Aktenauszug erlangen, oder gar „seine Kenntnis von den Kunden des Schuldners durch ein unlauteres Werben der Kundschaft zu Schaden des Schuldners verwerten" (AG. Hamburg vom 21. November 1914 DJZ. 1915, 322; Levy S. 36), will er mit anderen Worten Sonderinteressen verfolgen (Michels, Recht 1917, 23), so ist sein Wunsch abzulehnen. Auch hier gilt als suprema lex die Nichtverminderung des schuldnerischen Ansehens, Geschäftsbetriebs und Wettbewerbs. Vertrauliche Aktenteile sind zurückzuhalten und eventuell besonders einzuverleiben (Weinberg, GeschA. 1917, 57). Einiges über diese Frage ist oben zu § 2 D 2 beim Verhältnis der Aufsichtsperson zu den Gläubigern dargelegt.

Unbegründet ist jedenfalls die Auffassung, daß in diesem Falle gegen den richterlichen Ablehnungsbeschluß eine Beschwerde möglich sei. (Diese unbegründete Auffassung haben vertreten: LG. Frankfurt a. M. 6. ZK. vom 15. Dezember 1914 DJZ. 1915, 322; Cahen, Berliner Tageblatt vom 23. Februar 1915 Nr. 99; Jaeger, Bankarchiv 14, 33; Hahnemann, NachrDAB. 1914, 310; a. M.: AG. Hamburg vom 21. November 1914 DJZ. 1915, 322; Recht 1915, 171). Eine solche Beschwerde ist von der BO. nicht festgelegt. (Zugegeben von Jaeger, JW. 1917, 262 a.) Die Entscheidungen des Gerichts sind aber unanfechtbar, soweit diese BO. nichts anderes bestimmt (§ 19). Damit ist nicht gesagt, daß eine durch sonstige Umstände gebotene Dienstaufsichtsbeschwerde ausgeschlossen ist (Stein, ZPO. § 299 Anm. 23; § 567, VI Vorbemerkung). Gerade im Hinblick auf die Kannvorschrift des § 18 verlangt die Eingabe der Berliner Ältesten 1917 ein ausgedehnteres Beschwerderecht (siehe meine Erl. § 19 B), was Jaeger, LZ. 1917, 581 — m. E. mit Unrecht — gutheißt.

C. Die Berichte der Aufsichtsperson und die Gläubiger.

Kein Bedenken besteht nun freilich dagegen, daß die Berichte der Aufsichtsperson den Gläubigern auf Wunsch unterbreitet werden (§ 18 letzter Satz). Dazu sind ja diese Berichte mit da. Sie sollen das Gericht richtig und rechtzeitig informieren (§ 28), aber auch die Gläubigerschaft. Die Berichte der Aufsichtsperson sollen die (im Konkurs vorgeschriebene) Gläubigerversammlung, in der sich die Gläubiger vom Stand der Sache unterrichten können, einigermaßen ersetzen. Ein gewisses Fluidum zwischen der Aufsichtsperson und der Gläubigerschaft ist geradezu unentbehrlich. Dem Gläubiger muß Gelegenheit gegeben sein, Stellung für oder gegen Entschließungen des Schuldners und der Aufsichtsperson zu nehmen, diesen beiden Persönlichkeiten mit Belegen, Ergänzungen, Berichtigungen, Fachauskünften und Ratschlägen zur Seite zu stehen, sich mit anderen Gläubigern zusammenzuschließen, richterliche Entscheidungen zu provozieren, für und gegen Aufrechterhaltung der Geschäftsaufsicht sich zu äußern. Eine praktische Aufsichtsperson wird — dieses Schlußpassus des § 18 halber — jedenfalls nicht mehr in die Berichte schreiben, als sie der breiten Öffentlichkeit der Gläubigerschaft bekanntgeben will und darf. Sie wird zumal Alles unterlassen, was die vom Verfahren nicht betroffenen Gläubiger im Sinne des § 13 zu dem Geschäftsaufsichtsverfahren ungünstigen Maßnahmen veranlassen könnte oder was den Geschäftsbetrieb des Schuldners vor der Konkurrenz allzu offen legen würde.

Weist ein Rechtsanwalt oder eine andere verlässige Persönlichkeit die Vertretungsmacht nach, so besteht kein Hindernis, die fakultativen resp. obligatorischen Befugnisse des § 18 auch diesem Bevollmächtigten einzuräumen.

Zwischen vom Verfahren betroffenen und nicht betroffenen Gläubigern macht der § 18 keinen Unterschied. Man hätte sich auch denken können, daß nur ersteren die fakultative oder gar obligatorische Befugnis eingeräumt worden wäre. Hinsichtlich der fakultativen Befugnis erscheint nicht vom Verfahren betroffenen Gläubigern gegenüber Vorsicht und Zurückhaltung erst recht geboten.

§ 19.

Die Entscheidungen des Gerichts sind, soweit diese Verordnung nichts anderes bestimmt, unanfechtbar.

Rechtsmittel.

A. Anlaß und Werdegang des heutigen § 19.

Der § 11 der alten VO. hatte folgenden Wortlaut: die Entscheidungen des Gerichts sind unanfechtbar. Diese Bestimmung fand nicht allgemeinen Beifall. Vor allem wurde behauptet, daß die Unanfechtbarkeit der amtsgerichtlichen Entscheidungen die Einheitlichkeit der Rechtsprechung beeinträchtige (Wertheimer, JW. 1915, 175). Aus der Praxis heraus äußerten sich insbesondere Vertreter von Gläubigern, die anscheinend ungünstige Erfahrungen mit Versagung der Akteneinsicht usw.

gemacht hatten (Cahen, Generalsekretär des Gläubigerschutzverbandes, Berlin, Berliner Tageblatt vom 23. Februar 1915 Nr. 99) gegen die vollständige Ausschaltung von Rechtsmitteln. Man beklagte die übermäßige Verantwortung des Amtsrichters und bedauerte, daß die Unanfechtbarkeit zu einem Alleinherrschertum (Michels, Recht 1917, 22), einer Selbstherrlichkeit (appréciation souveraine, Jaeger, JW. 1917, 262, c) führe. Aber es wurde auch betont (Breit, JW. 1915, 164), durch den § 11 der alten VO. sei der Gefahr vorgebeugt, daß allgemeine Rechtssätze aus den Entscheidungen höherer Gerichte das freie Ermessen und die Berücksichtigung aller Umstände des Einzelfalles beeinträchtigen und an ihre Stelle schablonenmäßig wirkende Rechtseinheit setzen. Man habe offenbar den Aufsichtsrichter so freistellen wollen, wie nur möglich. Was an einem Orte sehr zweckmäßig sein könne, könne es an einem anderen Orte nicht sein. Zugegeben wurde, daß die Unzulässigkeit von Rechtsmitteln gegen die amtsgerichtlichen Verfügungen zweifellos in Einzelfällen eine schwer empfundene Härte bedeuten könne. Sie vermehre auch die Verantwortung des Einzelrichters, der so manchen zwecklosen Einwürfen ausgesetzt sein könne. Es gebe Richter, die ihre durch den § 11 der Bekanntmachung geschaffene Infallibilität lästig empfinden. Aber die Maßnahme sei trotzdem gesund. Ein Instanzenzug benähme die Vorzüge der Einrichtung: Schnelligkeit, Unauffälligkeit, Unaufschiebbarkeit (Cahn, Recht und Wirtschaft 1914, 221).

Wie nun de lege lata die Gerichte und Schriftsteller unter der alten VO. die Zulässigkeit einer Beschwerde rechtfertigen konnten, ist mir, angesichts des Wortlautes des § 11, unerfindlich. Trotzdem hat man einen künstlichen Unterschied machen zu dürfen geglaubt zwischen Entscheidungen, welche die Anordnung, Handhabung und Auflösung des Verfahrens betreffen und Entscheidungen, die sich nur auf Nebensächlichkeiten, wie z. B. Akteneinsicht, Buchauszüge u. dgl., beziehen (LG. Frankfurt a. M. 6. ZK. vom 15. Dezember 1914 DJZ. S. 322; Ähnliches wird von Cahen, Berl. Tageblatt vom 23. Februar 1915 Nr. 99, im Hinblick auf eine Kammergerichtsentscheidung berichtet; erfreulicherweise bekämpft von mehreren Beschlüssen des OLG. Hamburg vom 3. Februar 1915 DJZ. 1915, 322; Recht 1915, 173 Nr. 331; vom 21. Dezember 1914 Recht 1915, 106 Nr. 224; DJZ. 1915, 1044; Heilberg, JW. 1915, 1087). Andere haben wieder (entsprechend Stein, ZPO. § 707 Anm. III) einen Unterschied konstruiert zwischen einer unanfechtbaren Entscheidung des Amtsgerichts, die einen Antrag als unbegründet zurückgewiesen habe und einer anfechtbaren Entscheidung, welche einen Antrag als unzulässig, also a limine, zurückgewiesen habe (LG. Plauen vom 13. Januar 1915 DRAZ. 1915, 46, 8; LG. Frankfurt a. M. vom 15. Dezember 1914 DJZ. 1915, 322; Soergel, Kriegsrechtsprechung 1914/15, 124; Bujakowski, Recht 1915, 124, letztere bezüglich der Auswahl der Aufsichtspersonen; gebilligt von Wassermann-Erlanger, 3. Aufl. S. 263). Auch wurde bezüglich der Festsetzung der Vergütung der Aufsichtsperson von einzelnen angenommen, ein Rechtsmittel sei zulässig (bekämpft von Bendix, Bürgerlich. Kriegssonderrecht S. 101). Diese sämtlichen angeblich zutreffenden Ausnahmen von der Regel hatten auch nicht den mindesten Halt. Die Vorschrift des § 11 beansprucht ausnahmslose Geltung, wie sich das OLG. Dresden (IV. ZS. vom 18. März 1915 4 C. Reg. 89/15, mitgeteilt von Kretzschmar, LZ. 1915, 649 Note 10) ausgedrückt hat.

B. Die Regel der neuen VO.: Unanfechtbarkeit.

Dieses Prinzip der Unanfechtbarkeit der Entscheidungen des Aufsichtsgerichts hat wohlweislich im großen und ganzen die neue VO. herübergenommen, denn nur so kann von einer prompten Erledigung die Rede sein. (A. M.: Jaeger, JW. 1917, 262c; Eingabe der Berliner Ältesten 1917 und Jaeger hiezu, LZ. 1917, 581.) Die Aufsichtsrichter erhielten und erhalten mit der Zeit eine gewisse Routine, die durch die Kautelen der §§ 21, 22, 28, 30 usw. der neuen VO. noch erhöht wird. Für äußerste Fälle bleiben den Parteien die Syndikats- und Regreßklagen gegen das Gericht (BGB. §§ 839, 840, 1848, 1915; Jaeger, KO. § 83 Anm. 3; RG. 62, 369; HessRspr. S. 65; OLG. Dresden vom 12. März 1913; SächsArchRechtspfl. S. 380; Bendix, LZ. 1915, 189 ff.). —

Schließlich sei zweier Auswege gedacht: 1. der Vorstellung gegen gerichtliche Entscheidungen, um eine Überprüfung des Gegenstandes derselben zu erreichen (Weinberg, GeschA. 1917, 58); 2. der Wiederholung des Antrags mit verbesserten Gründen oder unter veränderten Umständen (Jaeger, JW. 1917, 263c). —

Der gesetzliche Beschwerdeausschluß hindert weder Einwendungen gemäß § 766 ZPO. (siehe meine Erläuterung § 6b) 8. und Löwenwarter, JW. 15, 288), noch sofortige Beschwerden gegen die Entscheidungen des Vollstreckungsgerichts (Colmar vom 27. April 1916 DJZ. 1916, 739; Recht 1916, 462 Nr. 919; ElsLothZ. 16, 244; JW. 16, 1355; LZ. 16, 1198; SächsArchRechtspfl. 16, 397 [Dresden FS.]).

C. Die Fälle der sofortigen Beschwerde.

In einigen besonderen Fällen hat die neue VO. die sofortige Beschwerde zugelassen. Zunächst im Falle der Festsetzung der Auslagen und Vergütung der Aufsichtsperson (§ 27 Abs. 2). Wie schon oben erwähnt (§ 2 D 3 Verhältnis der Aufsichtsperson zum Gericht), könnte, zumal in den kleineren Amtsgerichtsbezirken, eine zu gute oder zu schlechte Beziehung zwischen Aufsichts- und Richter-Person Unzuträglichkeiten zeitigen, wenn die Festsetzungsfrage nur einen Rechtszug passieren dürfte. Einschneidend ist sodann auf dem Zwangsvergleichsgebiete die Verbescheidung des Antrages auf Eröffnung des Vergleichsverfahrens. Gegen den Zurückweisungs- (nicht gegen den Zulassungsbeschluß) ist die sofortige Beschwerde zulässig (§ 42). Gegen den Beschluß, durch den der Vergleich bestätigt oder verworfen wird, steht dem Schuldner und jedem beteiligten Gläubiger, der stimmberechtigt war oder seine Forderungen glaubhaft macht, die sofortige Beschwerde zu. Gegen den Beschluß, durch den das Vergleichsverfahren eingestellt wird, steht dem Schuldner die sofortige Beschwerde zu. Die Beschlüsse werden erst mit der Rechtskraft wirksam (§ 59). Hier gewährleistet und will die VO. offensichtlich die Möglichkeit der Nachprüfung der schwerwiegenden amtsgerichtlichen Entscheidungen und zwar so, daß die Rechtsmittel mit aufschiebender Wirkung ausgestattet sind. Nicht gleichgültig ist schließlich die Frage, ob eine Geschäftsaufsicht aus den Gründen des § 66 aufgehoben wird. Die Entscheidung von solcher Tragweite soll nicht einem Richter anvertraut sein (§ 68).

D. Keine weitere sofortige Beschwerde.

Damit genug. Einen noch umständlicheren Apparat will die VO. nicht errichten. Die landgerichtlichen Beschlüsse beschreiten die Rechtskraft. Die Entscheidungen des zweiten Rechtszuges in den (unter C erläuterten Ausnahms-) Fällen der §§ 27, 42, 59 und 68 sind unanfechtbar, weil die VO. nicht Anderes bestimmt und die amtliche Erläuterung die Unanfechtbarkeit der beschwerdegerichtlichen Entscheidungen authentisch festlegt. (A. M. m. E. mit Unrecht: Jaeger, JW. 1917, 262 c, der eine weitere Beschwerde gemäß §§ 568 und 577 ZPO. anerkennen möchte.)

2. Eröffnung des Verfahrens.

§ 20.

Mit dem Antrag auf Anordnung der Geschäftsaufsicht hat der Schuldner ein Verzeichnis der Gläubiger unter Angabe ihrer Adressen, eine Übersicht des Vermögensstandes in Form einer Gegenüberstellung der einzeln aufzuführenden Aktiven und Passiven und, sofern er Kaufmann ist, auch die letzte Bilanz einzureichen.

Das Verzeichnis der Gläubiger soll die sämtlichen Gläubiger des Schuldners enthalten, auch die, welche von dem Verfahren nicht betroffen werden, und die, deren Ansprüche der Schuldner bestreitet. Die Gläubiger, die von dem Verfahren nicht betroffen werden, sollen getrennt von den übrigen Gläubigern aufgeführt werden. Bei Forderungen, für die im Falle des Konkurses abgesonderte Befriedigung beansprucht werden kann, soll die Höhe des mutmaßlichen Ausfalls angegeben werden.

In der Vermögensaufstellung sollen sämtliche Vermögensgegenstände des Schuldners unter Angabe des Wertes aufgeführt werden. Bei Forderungen sollen die Schuldner nach Namen und Wohnort, der Forderungsbetrag und der Schuldgrund angegeben, auch die vorhandenen Beweismittel, insbesondere Wechsel und sonstige Urkunden, sowie Nebenrechte, insbesondere Hypotheken, Pfandrechte und Bürgschaften bezeichnet werden.

Die Unterlagen des Aufsichtsantrags.

A. Allgemeines.

Der erste Absatz des § 20 ist fast wörtlich dem § 2 der alten VO. gleich. Dem Geschäftsaufsichtsantrag muß die Vorlage des Gläubigerverzeichnisses und eines Status vorangehen. Die Abs. 2 und 3 des § 20 der neuen VO. enthalten die Einzelheiten über das Gläubigerverzeichnis einerseits und den Status andererseits. Die Einzelheiten sind in der diesmaligen VO. deshalb obligatorisch vorgeschrieben, weil sie zugleich dem Antrag auf Eröffnung des Zwangsvergleichsverfahrens als Grundlage dienen können (§ 41, zumal am Ende). Mit dem Antrag auf Eröffnung des Vergleichsverfahrens hat nämlich der Schuldner eine den Vorschriften dieses § 20 entsprechende Aufstellung über die Vermögenslage dem Gerichte zu unterbreiten (Näheres in meiner Erläuterung zu § 41 D.)

Der Antrag auf Anordnung einer Geschäftsaufsicht, welcher dem für die Eröffnung des Konkursverfahrens zuständigen Amtsgerichte vorzulegen ist, kann mündlich zur Niederschrift des Gerichtsschreibers gestellt werden. Der Antrag kann aber auch schriftlich eingereicht werden (Bay.-VollzVorschr. IV, 1; Mayer S. 144; Sieskind § 14). Näheres über das zuständige Gericht siehe oben bei der Erläuterung § 1 D! Eine der drei Alternativen des § 1 muß zutreffen und glaubhaft gemacht werden. — Grundsätzlich kann mit dem Antrage auf Anordnung der GeschA. auch der Antrag auf Eröffnung des Zwangsvergleichsverfahrens gemäß §§ 33 und 41 verbunden werden. Beide Anträge sind aber getrennt und hintereinander zu verbescheiden, weil die bestehende Geschäftsaufsicht gemäß § 33 Satz 1 die conditio sine qua non für das Zwangsvergleichsverfahren abgibt (Weinberg, GeschA. 1917, 60).

B. Das Verzeichnis der Gläubiger.

Durch die Vorlage des Gläubigerverzeichnisses, welches ausnahmsweise, falls es eilt, auch erst nach Anordnung der Geschäftsaufsicht vorgelegt werden kann (bezüglich Konkurs: Jaeger, KO. zu § 104 S. 83; a. M. bezüglich Geschäftsaufsicht: BayVollzVorschr. IV, 2; Jaeger, Bankarchiv 14, 32; Sintenis S. 363; Levy S. 10; Sieskind §§ 2, 5; Bovensiepen, GeschAufs. 1917, 76 Anm. 1), soll das Gericht einigermaßen von Anbeginn orientiert werden. Der Schuldner hat das Gläubigerverzeichnis einzureichen. D. h. es ist unumgänglich (a. M. für den Konkurs: Jaeger, KO. zu § 104 Anm. 2). Das Gläubigerverzeichnis soll die und die Gläubiger enthalten d. h. hier ist nur eine instruktionelle Vorschrift gegeben. Die Motive zur KO. geben als Grund der Vorlage dieses Verzeichnisses die Notwendigkeit an, die Formel des Eröffnungsbeschlusses usw. den ihrem Wohnorte nach bekannten Gläubigern zuzustellen (§ 111 KO.; ebenso § 22 der neuen VO.). Deshalb sei es rätlich, die Wohnung beizufügen. Der § 20 der neuen VO. schreibt letzteres ausdrücklich vor. Nachdem keine öffentlichen Bekanntmachungen erfolgen (§ 18), kann man um so mehr dem Schuldner zumuten, daß er so verlässig und genau, wie nur möglich, das Gericht und dadurch indirekt die Aufsichtsperson, wohl auch den einen oder anderen Gläubiger, über Zahl, Name, Adresse, Art und Bedeutung des Gläubigers orientiert. Die Forderungsbeträge dürfen m. E. nicht fehlen (a. M.: BerlAnwV. Komm., JW. 1914, 1796; Mayer S. 144; Levy S. 9). Denn gerade die Höhe der Kreditorenposten gibt ein gutes Bild von den Voraussetzungen der §§ 1, 3, 5, 6, 13 und 28 VO. Damit die Beteiligten aber auch zweckentsprechend das Verhältnis der vom Verfahren betroffenen und nicht betroffenen Gläubiger aus der schuldnerischen Liste ersehen, sind die von dem Verfahren nicht betroffenen Gläubiger des § 13, getrennt von den gewöhnlichen Gläubigern, kenntlich zu machen (Motive KO. II S. 329). Unbestrittene und bestrittene Posten sind ebenfalls separat aufzuführen. Bei denjenigen Gläubigern, die gemäß § 13 Nr. 4 abgesonderte Befriedigung ansprechen können, soll zugleich die Höhe des mutmaßlichen Ausfalles angegeben werden. M. E. darf bei keinem der Gläubiger die Adresse fehlen (so auch Jaeger, Bankarchiv 14, 32; gegenteiliger Meinung bezüglich der privilegierten Gläubiger der § 61 Ziff. 1 und 2 KO. mit Unrecht, weil gegen den Wortlaut der VO., die keinen Unterschied macht: BayJMBek. vom 18. August 1914; BayJMBl. 1914, 158).

C. Die schuldnerische Vermögensaufstellung.

Sach- und zweckmäßig wird eine gruppenartige Aufführung der Vermögensbestandteile (Waren, Bargeld, Außenstände, Grundstücke, Hypotheken) sein. Zunächst sind die Aktiva anzugeben, bei Dubiosen der Wahrscheinlichkeitswert: bei Waren der augenblickliche Verkaufswert (so auch Jaeger, Bankarchiv 14, 32); bei Außenständen die Namen, Adressen, Beträge, Rechtsgründe, Wechsel nach Höhe, Beschrieb und Fälligkeitstag, Aktivhypotheken nach Höhe, Grundbuchfolium, Zinsen und Kündbarkeitsklausel, Nebenbedingungen, Angaben notarieller Urkunden. Die Aufstellung muß eben so sein, daß man sich sofort auskennt. Sie muß richtige und wahrhaftige Angaben enthalten, also keine solchen, die Voraussetzungen einer Geschäftsaufsicht vorspiegeln, während vielleicht Schuldner glatt konkursfähig ist (Lehnstaedt 1916, 25). Die Angaben dürfen aber auch nicht oberflächlich und unüberlegt sein, also etwa Ziffern, Namen, Werte und Urkunden in sich bergen, die in Wirklichkeit längst überholt oder durch Aufsichtsperson durch absichtlich oder unabsichtlich falsche Aufstellungen irregeführt, so wird gerade die entgegengesetzte Wirkung des Zweckes einer solchen Vermögensaufstellung erzielt. Ein Schuldner, der derartige Aufschreibungen vorlegt, kann sich unter Umständen eines Betrugs oder Betrugsversuches schuldig machen. Falsche oder gar gefälschte Vermögensübersichten sind um so gefährlicher, wenn sie späterhin eine Grundlage im Sinne des § 41 bilden sollen. Hier kann aus der ersten und unverbindlichen Orientierung, welche sich vor Anordnung der Geschäftsaufsicht Aufsichtsgericht und -Führer verschaffen sollen, eine verbindliche Orientierung werden, die, soweit sie unrichtig ist, die Sach- und Rechtslage vollständig trüben kann. Der Anlaß der geradezu kasuistischen Form des § 20 ist also tunlichste Verhütung unheilvoller Ungenauigkeiten oder gar wesentlicher Unrichtigkeiten und Verschleierungen. Dem Kaufmann darf man eine bilanzartige Gegenüberstellung von Soll und Haben, eine Saldierung (Levy S. 10) zumuten. Die letzte Jahres-Bilanz (BayVollz.-Vorschr. IV, 21; Sieskind § 2, 7) vorzulegen, ist der Vollkaufmann, nicht aber der Minderkaufmann (HGB. § 4; Sintenis S. 363; Levy S. 10) verpflichtet, während derjenige Schuldner, der kein kaufmännisches oder gar kein Geschäft betreibt, sich mit nicht buch- oder kontokorrentförmiger Aufzählung begnügen darf. Auch die Schuldner und Schulden sind einzeln anzugeben. Darüber kann nach dem Wortlaut des § 20 der neuen VO. m. E. kein Zweifel bestehen (BayVollzVorschr. IV, 3; Mayer S. 144; a. M. für die alte VO.: Levy S. 9; Michels, Recht 15, 9). Eine Bilanz- bzw. Summenziehung, mindestens eine Ausgleichung des Aktiven- und Passiven-Standes, ist von dem die Geschäftsaufsicht Anstrebenden zu verlangen. Die nämliche Verpflichtung, wie dem Schuldner selbst, obliegt natürlich, wenn er unter Vormundschaft steht oder eine juristische Person ist, seinem Gewalthaber, Vertreter, Vormund, Pfleger, Geschäftsführer, Vorstand, Liquidator.

Rigoros darf der Richter nicht handeln, wenn der Schuldner und sein Antrag keinen ungünstigen oder gar auffälligen Eindruck machen, Gläubiger aber drängen und die Nichtverhängung der Geschäftsaufsicht Vollstreckungen sowie Veränderungen der ganzen Sachlage, zuungunsten des Schuldners, zeitigen würde. Hier werden dem Gerichte auch minder genaue Verzeichnisse und Aufstellungen vorerst genügen müssen, zumal wenn die Einzelaufstellung in dem Waren- oder Fabrikgeschäft eine Arbeit von Wochen erfordern würde (so auch Michels, Recht 1915, 9;

Wassermann-Erlanger, 3. Aufl. S. 236 oben; Bendix, LZ. 1917, 160). Deshalb ist der bereits oben von mir widerlegte kategorische Satz: „keine Entscheidung ohne die Listen", in der Praxis und der ratio der Verordnung entsprechend, nicht haltbar.

§ 21.

Das Gericht entscheidet über den Antrag nach freiem Ermessen.

Vor der Entscheidung soll es, wenn der Schuldner Handel- oder Gewerbetreibender oder Landwirt ist, in geeigneten Fällen die zuständige amtliche Vertretung des Handels, Handwerkes (Gewerbes) oder der Landwirtschaft oder einen Sachverständigen hören.

Die gerichtliche Entscheidung über den Antrag.

A. Der Aufsichtsantrag und richterliches Ermessen.

Der alte § 3 besagte: „Dem Antrag ist stattzugeben, wenn die Behebung der Zahlungsunfähigkeit nach Beendigung des Krieges in Aussicht genommen werden kann. Das Gericht entscheidet über den Antrag nach freiem Ermessen." Hier war der vom freien Ermessen des Gerichts handelnde Satz eher verständlich. Falls die Aussichten nach Kriegsbeendigung geeignet sind, dann entscheidet das Gericht über den Antrag nach freiem Ermessen. Das freie Ermessen ist das arbitrium boni viri, das Gutdünken des rechtschaffenen und aufgeklärten Beurteilers. Das freie Ermessen ist natürlich nicht Willkür, nicht Mitleid, nicht eine Auflehnung gegen die ratio legis, d. i. etwa die Überzeugung, daß mit der Geschäftsaufsicht abstrakt oder konkret nichts gedient ist, nicht das Bestreben, einen nach Ansicht des Gerichtes leichtsinnigen Menschen zu strafen. Es ist die Überzeugung, daß die Merkmale und Anforderungen der Anordnung der Aufsicht vorhanden sind und daß entweder nach Wegfall der Kriegsverhältnisse die Kalamität behoben oder in absehbarer Zeit der Konkurs durch einen Privat- bzw. Zwangsvergleich abgewendet werden wird (siehe meine diesbezügl. Erläuterung zu § 1 b und c). Der in der großen und schweren Zeit zur Verbescheidung derart einschneidender Fragen berufene Richter soll weder rigoros noch übertrieben tolerant vorgehen (Hörle, Recht 1915, 224; Levy S. 11; BayVollzVorschr. IV, 3). Manche Schriftsteller sagen mit dürren Worten: dem begründeten Antrag müsse das Gericht stattgeben (Wassermann-Erlanger, 3. Aufl. S. 237 oben; Bekanntmachung vom 18. August 1914 JMBl. S. 158).

Ein solches Muß ist nun freilich dem § 3 nicht zu entnehmen. Richtiger wird von denjenigen die Verpflichtung des Richters formuliert, welche erklären, daß die Geschäftsaufsicht anzuordnen ist, wenn der Richter die Überzeugung von dem Vorhandensein der Voraussetzungen derselben gewonnen hat (BayJMBek. vom 18. August 1914 JMBl. S. 158; Meyer S. 143). Man kann auch nicht eigentlich sagen, der Schuldner habe unter den gesetzlichen Voraussetzungen einen Anspruch auf Geschäftsaufsicht. Denn streng genommen können die gesetzlichen Voraussetzungen vorliegen und doch kann nach pflichtgemäßem Ermessen der Richter nach den ganzen Tatumständen die Überzeugung gewonnen haben, ein Konkurs sei unvermeidlich oder ein Privatvergleich angezeigt, oder ein Weiterarbeiten ohne Geschäftsaufsicht sehr wohl durchführbar. Die diesbezüglichen Zweifel muß der Richter zu beheben suchen, indem er zur Aufklärung aller Verhältnisse Ermittelungen anordnet (§ 16; Bay. JMBl. S. 158 ff.; Jaeger, Bankarchiv S. 158; Bendix, LZ. 1915, 97; Michels, Recht 1915, 9; Wassermann-Erlanger, 3. Aufl. S. 236). Nicht ganz einfach ist die Sachlage, wenn die beiden ersten Alternativen des § 1 (Zahlungsunfähigkeit und Überschuldung) nicht nach Wegfall der Kriegsverhältnisse behebbar erscheinen und wenn nur die Aussicht besteht, daß Schuldner einen Akkord abschließen kann. Hier wird erst recht der Richter nicht engherzig vorgehen. Denn wenn schon die Praxis, entgegen dem Wortlaut der alten VO. §§ 1 und 3, solche Aussicht auf einen Ausgleich als genügend angesehen hatte, um dem Geschäftsaufsichtsantrag stattzugeben (Dittrich, DJZ. 1916, 138; Michels, Recht 1917, 21), wie viel mehr muß nach der Neuformulierung des jetzigen § 1 eine duldsame richterliche Auslegung in solchen Fällen halbwegs voraussehbarer Vergleichsmöglichkeit einsetzen. Mit Recht ist bemerkt worden (Hallbauer, SächsArchRechtspfl. 14, 378), daß greifbare Unterlagen oft nicht vorhanden seien; dies trifft jetzt erst recht zu, weil die wirtschaftliche und gewerbliche Lage des Vaterlandes und seiner einzelnen Berufsstände nicht voraussehbar ist. In dubio pro reo.

B. Anhörung der Fachkammern bzw. Sachverständigen.

In eine Sollvorschrift ist sodann die Verpflichtung des Gerichts gekleidet, in geeigneten Fällen die amtliche Vertretung des Handels, Handwerks, Gewerbes oder der Landwirtschaft, überhaupt einen Sachverständigen, zuzuziehen, wenn sich der Einzelfall hiezu eignet. Praktisch ist in den größeren Städten dies schon längst geschehen. Zur Vermeidung von Kosten empfiehlt sich die allgemeine ehrenamtliche Heranziehung der Handelskammern und ihrer Mitglieder als Sachverständigen (GenossBl. 15, 425 — Handelskammer Elberfeld). In Nürnberg wurde — vgl. BayJMBek. vom 21. August 1914 JMBl. S. 175 — jeder einigermaßen hiezu geeignete Antrag der städtischen Handelskammer vorgelegt, welche sich dahin aussprach, ob die in dem § 1 der neuen VO. fixierten Aussichten vorhanden sind oder nicht, welche ferner eine geeignete Aufsichtsperson vorschlug und etwaige andere Richtlinien dem Gerichte anheimstellte. Zur Verbescheidung solcher Anträge hat die Handelskammer jeweils tunlichst die betreffenden Fachgenossen des Schuldners zugezogen. Das Amtsgericht München hat, auf der oben zitierten bayerischen Vollzugsvorschrift fußend, einen Ausschuß aus Mitgliedern der Handelskammer, der Handwerkskammer und des Münchener Anwaltsvereins, gebildet. Er gliedert sich in drei Unterausschüsse. Der erste besteht für industrielle Unternehmungen und Großfirmen, der zweite für eingetragene kleine Firmen, das Bankgewerbe und Privatpersonen mit größerem Vermögen, der dritte für Handwerker und Privatpersonen mit kleinerem Vermögen (Wassermann-Erlanger, 3. Aufl. S. 236; Soldan, DRAZ. 16, 54).

Nach denselben Gesichtspunkten wird auch der Abs. 2 des § 21 künftighin zu behandeln sein. Eine Anfrage mehr ist in solchen Fällen rätlicher, wie eine Anfrage weniger. Wenn natürlich aus dem Antrag und seinen Unterlagen sofort ersichtlich ist, daß die Merkmale einer Geschäftsaufsicht vorhanden sind, so kann die Anfrage bei der betreffenden

Handels-, Handwerks- oder Landwirtschaftskammer erspart werden. Wo aber die Kenntnis der Hergänge, Fachfragen und Aussichten durch eine gutachtliche Äußerung der betreffenden Fachkammern erleichtert wird, wo die Richtigkeit oder Unrichtigkeit der Vermögensaufstellung, die Wahl der passenden Aufsichtsperson und die künftige Behebungsaussicht Bedenken erregt, erst recht da, wo ein Konflikt zwischen Konkurs oder Geschäftsaufsicht vorhanden ist, soll sich der Richter, ohne bürokratische Schwerfälligkeit, vertrauensvoll an die vorhandenen Ausschüsse oder Korporationen oder Sachkundigen wenden, welche die Verhältnisse des Schuldners würdigen und die Faktoren der §§ 1, 20 und wohl auch 13 ins Auge fassen. Auch die Prüfung der Frage, ob die Zahlungsunfähigkeit infolge des Krieges entstanden und voraussichtlich nach dem Kriege behoben ist, unterliegt der Beurteilung der Kammern. In allen nur irgendwie zweifelhaften Fällen ist die Anhörung von Sachkundigen dringend erwünscht (GenossenschBl. 15, 425 — Handelskammer Elberfeld; Güthe-Schlegelberger, Kriegsbuch 1916, 103; Lehnstaedt 1916, 36). Bei Sachverständigen wird an Bücherrevisoren, als Konkursverwaltern bewährten Kaufleuten und Kennern des besonderen Geschäftszweiges gedacht (Weinberg, GeschA. 1917, 61). Wenn das Gericht dagegen die einschlägigen Verhältnisse selbst genau kennt und sich die notwendige Sach- oder Fachkunde zutraut, überdies vielleicht die Entscheidung eilt, dann ist es durchaus **nicht gebunden**, sich an die betreffenden Kammern und Experten zu wenden (ähnlich: Michels, Recht 1917, 21). Besondere Sicherheiten, von welchen etwa die Anordnung der Geschäftsaufsicht abhängig gemacht werden darf, kann das Gericht nicht anordnen (Levy S. 16; Wassermann-Erlanger, 3. Aufl. S. 237).

3. Aufsichtsperson und Gläubigerbeirat.

§ 22.

Wird die Geschäftsaufsicht angeordnet, so bestellt das Gericht einen oder mehrere Aufsichtspersonen und teilt allen Gläubigern die Anordnung der Geschäftsaufsicht und die Aufsichtsperson mit. Ist der Schuldner Handel- oder Gewerbetreibender oder Landwirt, so ist die Anordnung der Geschäftsaufsicht auch der zuständigen amtlichen Vertretung des Handels, Handwerkes (Gewerbes) oder der Landwirtschaft mitzuteilen. Die Mitteilungen können ohne besondere Form erfolgen.

Der Schuldner und jeder Gläubiger, der von dem Verfahren betroffen wird, können innerhalb drei Wochen nach Bestellung der Aufsichtsperson unter Darlegung der Gründe die Bestellung anderer oder weiterer Aufsichtspersonen beantragen.

Anordnung der Aufsicht und Einsetzung der Aufsichtsperson.

A. Die Bestellung einer oder mehrerer Aufsichtspersonen.

Zunächst enthält der amtliche § 22 einen Druckfehler: „einen" statt „eine". In meiner Erläuterung zu § 2 ist bereits die Frage der Bestellung der Aufsichtsperson oder Aufsichtspersonen behandelt. Ich verweise insbesondere auf B 1. Bestellung, 2. Auswahl, 4. Mehrheit der Aufsichtspersonen. Die Gläubiger, welche dem Gericht durch die Vorschrift des § 20 bekanntgemacht sind, haben ein selbstverständliches Anrecht darauf, die Anordnung der Geschäftsaufsicht und die Personen, welche mit der Führung der Aufsicht gerichtlich betraut wurden, mitgeteilt zu bekommen. Sie brauchen nicht weiter zu kreditieren, wenn ihnen die Verhältnisse nicht zusagen, sie können die Warenlieferung vorsichtiger oder anders oder in geringerem Maße von nun ab vernehmen. Sie können Maßregeln ergreifen, die mit ihren Rechten im § 13 im Zusammenhang stehen. Sie können sich nun tunlichst bald unterrichten, ob zur Fortführung des Geschäfts oder zur bescheidenen Lebensführung des Schuldners sowie seiner Familie weitere oder geringere Lieferungen erforderlich sind. Sie können sich mit der neuernannten Aufsichtsperson verständigen, um deren Stellungnahme im Sinne der §§ 3, 5, 6, 9, 10, 11, 12 zu erfahren. Das sind alles Tatsachen und Umstände, an welchen die Gläubiger ungemein interessiert sind. Der Anordnungsbeschluß ist daher für sie sehr wesentlich. Die Mitteilung desselben ist um so angebrachter, als — entgegen der Bestimmung der §§ 80, 93 KO. — weder eine Gläubigerversammlung obligatorisch noch eine solche insbesondere berechtigt ist, die Aufsichtsperson zu wählen. Unter § 2 ist dargelegt, daß kein Initiativantrag der Gläubiger hinsichtlich der Aufsichtspersonen besteht. Einen beschränkten hinterherigen Einfluß hat gleichwohl der Abs. 2 des § 22 ihnen gewährt. Die Gläubiger sind oft Berufsgenossen des Schuldners; sie können vielleicht besser, wie der Richter, die Geeignetheit der Aufsichtsperson, die Würdigkeit des Schuldners und die Richtigkeit seiner Angaben im Sinne des § 20 würdigen. Durch die Mitteilung des Anordnungsbeschlusses wird ihnen volle Gelegenheit gegeben, sich zu äußern. Ob ihre etwaige Äußerung berücksichtigt wird, ist eine weitere Frage, da irgendwelche Bevormundung den Gläubigern nicht zukommt, und höchstens in Gestalt des Beirats (§ 30) eine gewisse Mitwirkung ihnen gestattet werden kann.

Nicht etwa nur die vom Verfahren betroffenen Gläubiger, sondern die Gläubiger ohne Ausnahme, werden von der Anordnung der Geschäftsaufsicht und der Person der bestellten Aufsichtsperson unterrichtet. Einerseits ist damit, daß der Schuldner eine Sonderung der privilegierten Gläubiger vorgenommen hat, noch keineswegs festgestellt, daß diese Abgrenzung eine richtige ist (BayJMBek. vom 18. August 1914 BayJMBl. 1914 S. 158; Jaeger, Bankarchiv 14, 32; Wassermann-Erlanger, 3. Aufl. S. 235). Eine Nachprüfung kann ergeben, daß, vom Gesichtspunkte der §§ 3, 5, 6, 9 ff. und 13, eine andere Charakterisierung der betreffenden Gläubiger, als der Schuldner in seinem Verzeichnis sie vornahm, notwendig ist. Andererseits aber ist auch der privilegierte Gläubiger ein Gläubiger. Er hat — genau wie der durch das Geschäftsaufsichtsverfahren **unmittelbar** betroffene — ein Anrecht darauf, von der Krisis des Schuldners unterrichtet zu werden. Er wird darauf Bedacht nehmen, daß seine Rechte ihm durch keine Maßregeln des Schuldners oder der Aufsichtsperson verkümmert werden. Er ist vielleicht Verkäufer oder Verkaufskommissionär, der das Verfolgungsrecht ausüben darf (siehe oben zu § 13 Nr. 3, Erläuterung C d 1 $\varepsilon, \eta, \vartheta$) oder er ist absonderungsberechtigt (Erläuterung C d 2); eine ungehörige oder unvernünftige Handlung des Schuldners könnte sein Aus- oder Absonderungsrecht unterbinden. Die vom Verfahren nicht betroffenen, in Wahrheit doch **mittelbar** vom Verfahren betroffenen, Gläubiger des

§ 13 sind daher wohl befugt, eine Benachrichtigung im Sinne des § 22 entgegenzunehmen.

B. Nachricht an die Fachkammern.

Wenn der Schuldner einem der in den §§ 21 und 22 angegebenen Berufe angehört, so soll die zuständige amtliche Vertretung seines Spezialberufes von der Anordnung der Geschäftsaufsicht und Bestellung der Aufsichtsperson unterrichtet werden. Also nicht nur vor, sondern auch nach der Anordnung, ist die betreffende Fachvertretung (Handels-, Gewerbe-, Landwirtschafts-Kammer) zu unterrichten. Es ist nicht etwa nur vom statistischen, ökonomischen und allgemein wirtschaftlichen Standpunkt aus von Interesse, daß diese betreffenden Kammern die einer Krisis unterworfenen Unternehmungen kennen lernen, um vielleicht im Interesse des Handels oder Handwerks oder der Landwirtschaft irgendwelche gemeinsamen Schritte zu unternehmen. Es ist vielmehr auch notwendig, daß die betreffenden Korporationen aufgeklärt sind, um — freilich wiederum der öffentlichen Wohlfahrt zuliebe — Ratschläge, Aufklärungen und Benachrichtigungen vorkommenden Falles dem Gerichte, der Aufsichtsperson, dem Schuldner, den Gläubigern oder Gläubigergruppen, zukommen lassen zu können. Ein Unternehmen hängt oft am anderen, ein Konkurs kann Nachteile für die Allgemeinheit mit sich bringen (Herzfelder, Das Problem der Kreditversicherung S. 151 ff.; Rothnagel, Exekution durch soziale Interessengruppen, Wien 1899; Kisch, Die Vermeidung des Konkurses durch Vergleich, 1909 S. 681; Tischbein, Der gerichtliche Zwangsvergleich 1914 S. 16—26; Cahn, Gutachten S. 701 ff.). Die Vorschrift der Benachrichtigung der betreffenden gewerblichen Vertretungen ist daher durchaus gesund, um so mehr, als ja eine allgemeine Veröffentlichung unterbleibt (§ 18).

Daß man die Mitteilungen möglichst formlos zuläßt, entspricht wiederum der neuzeitlichen Auffassung, daß die ganze Einrichtung mit bürokratischen Langsamkeiten, zeitraubenden und kostspieligen Schwerfälligkeiten, sich nicht verträgt.

C. Abänderungsanträge der Beteiligten.

Eine Beschwerde gegen die Bestellung ist — im Gegensatz zum Konkursverfahren — ausgeschlossen. (Bedauert von Jaeger, JW. 1917, 135 f.) Durch den letzten Absatz des § 22 der neuen VO. ist man deshalb, hinsichtlich des Einflusses des Schuldners und der Gläubigerschaft auf die Besetzung der Posten einer Aufsichtsperson, einen Schritt weiter, wie bisher, gegangen: unter zeitlicher Begrenzung des Antragsrechtes auf drei Wochen, ist sowohl dem Schuldner, als auch den vom Verfahren unmittelbar betroffenen Gläubigern, die Berechtigung eingeräumt, die Bestellung anderer oder weiterer Aufsichtspersonen zu beantragen. Das Gericht kann sich bezüglich der Würdigkeit, Verlässigkeit, Sach- und Fachkunde, Tatkraft und überhaupt Geeignetheit der Aufsichtsperson, getäuscht haben. Es kann unter Umständen, bei der dem Gericht oder der Aufsichtsperson unbekannt gebliebenen Komplikation des Betriebes, die Zuziehung mehrerer Aufsichtspersonen angezeigt erscheinen. Hier soll der Einfluß des Schuldners und der zuvörderst am Verfahren beteiligten Gläubiger — die privilegierten hat man hier ausgeschaltet — nicht gänzlich ausgemerzt, es soll vielmehr ihnen Gelegenheit gegeben werden, sich wegen der Personenfrage der Aufsichtsführer zu rühren und auszulassen. Selbstredend haben nur solche Anträge überhaupt eine gewisse Aussicht, bei denen Gründe angegeben werden. Die Aufsichtsperson kann befangen sein. Sie kann mit dem Schuldner zu gut oder zu schlecht stehen. Sie kann der einen oder anderen Gläubigergruppe so nahe stehen, daß eine Objektivität nicht zu erwarten ist. Die betreffende Aufsichtsperson kann sich schon in einem anderen Fall, sei es bei einem Konkurse, sei es bei einem Privatausgleich, sei es bei einem anderen Verfahren, sei es überhaupt im Berufsleben, nicht gut bewährt haben. Sie kann, nach Anschauung des Antragstellers oder mehrerer Antragsteller, nichts von dem Fach verstehen. Ihre Vergütungsansprüche können nach Lage der Sache als zu hoch eingeschätzt werden. Es kann aber insbesondere auch aus räumlichen Gründen oder wegen Verschiedenheit der Sparten geboten erscheinen, es bei der einen Aufsichtsperson nicht bewenden zu lassen. Das Gericht hat nach freiem Ermessen diese Vorstellungen und Einsprüche zu prüfen; im großen und ganzen wird es nicht auf jeden Wunsch eingehen können. Es ist auch zu vermuten, daß es sich schon zuvor richtig informiert hat. Stellt sich aber heraus, daß die Bestellung eines anderen Aufsichtsführers zweckmäßiger, verlässiger, billiger, der Allgemeinheit erwünschter ist, so wird das Gericht, welches nicht einfach über begründete Anträge zur Tagesordnung übergehen darf, eine Änderung oder Ergänzung eintreten lassen, vielleicht auch eine Zeitlang zusehen, wie sich die beanstandete Aufsichtsperson oder die einzelnen Aufsichtspersonen in der praktischen Handhabung ihres Amtes bewähren. Was hier innerhalb drei Wochen nach Bestellung zulässig ist (von Buhmann, BayZfRechtspfl. 1917, 37 als nicht verständliche Einengung der Befugnis bezeichnet), ist im Prinzip in jedem einzelnen Stadium des Aufsichtsverfahrens nicht verboten, denn eine in sachlicher Weise vorgebrachte Darstellung des Schuldners oder der Gläubiger kann auch späterhin zu einer Maßregel im Sinne des § 25 oder aber einer Ergänzung der Aufsichtsperson führen. Die amtliche Begründung sagt noch, daß wichtige Gründe im Sinne des § 25 zu einer Änderung der Aufsichtsperson im Sinne des § 22 Abs. 2 nicht vorzuliegen brauchen. Damit soll dargetan werden, daß kurz nach der Bestellung der Aufsichtsperson vorbeugende Maßregeln angebracht erscheinen können, ohne daß in diesem Zeitpunkt Zuwiderhandlungen oder gar Pflichtwidrigkeiten vorgekommen sein müssen. Denn „ein Fehlgriff in der Wahl der Aufsichtsperson kann das Verfahren gefährden" (Henschel, DJZ. 1917, 191; ähnlich Jaeger, Bankarchiv Jahrg. 15, 337; Jaeger, JW. 1917, 135 f.); Lehnstaedt 1916, 35).

§ 23.

Der Aufsichtsperson ist über ihre Ernennung eine urkundliche Bescheinigung zu erteilen. Die Bescheinigung ist bei der Beendigung des Amtes dem Gerichte zurückzureichen.

Der Ausweis für die Aufsichtsperson.

Im § 6 der alten VO. war auf § 81 KO. Bezug genommen: dem Verwalter ist eine urkundliche Bescheinigung seiner Erneuerung zu erteilen. Er hat dieselbe bei der Beendigung seines Amtes dem Gericht zurückzureichen. Die neue VO. hat den § 81 KO. nicht einfach zitiert.

Sie hat ihn vielmehr in den § 23 beinahe wörtlich herübergenommen. Die neue VO. ist eben nicht mehr eine auf kurze Kriegszeit berechnete, in einige Paragraphen zusammengedrängte, sondern eine methodischere und als Vorstufe des Zwangsvergleichs ausgebaute Gesetzesarbeit. Im § 2, auf dessen obige Erläuterung ich verweise, ist über die Rechtsnatur und den Werdegang des Amtes der Aufsichtsperson Näheres dargelegt. Die Bestallungsurkunde soll die Aufsichtsperson legitimieren. Es ist im Prinzip denkbar, daß dies gegenüber dem Schuldner erforderlich ist. Erst recht kann dies gegenüber den Gläubigern notwendig erscheinen. Vielleicht muß die Aufsichtsperson Reisen antreten. Dann kann der Ausweis vonnöten sein. Öffentlich wird ja der Name ohnedies nicht bekannt gemacht, wenn auch gemäß § 22 die Benachrichtigung der Gläubiger und amtlichen Fachvertretungen erfolgt. Im Interesse des Verkehrs und zur Erleichterung des Nachweises der Bestallung ist darum die urkundliche Bescheinigung vorgeschrieben. Vorsorglich wird Vor- und Zuname, Stand, Wohnort und Adresse, genau angegeben werden. Die Bestallungsurkunde ist keine Vollmacht im engeren Sinne. Die Aufsichtsperson ist ja auch nicht der Bevollmächtigte des Schuldners oder des Gerichts oder der Gläubiger. Ich verweise auf § 2 meiner Erläuterung und die Kennzeichnung der Aufsichtsperson nach ihrer Rechtsnatur, ihrem Verhältnis zu Gericht, Schuldner und Gläubigerschaft. Die Bestallung ist — ähnlich wie beim Vormund, § 1791 BGB. — eine gerichtliche Bescheinigung, daß die Aufsichtsperson, welche als solche durch die Urkunde legitimiert wird, vom Gericht bestellt worden ist. Es ist eine öffentliche, deklaratorische, aber nicht konstitutive Urkunde. Das Rechtsverhältnis wird durch sie nicht geschaffen, sondern bestätigt. Da eine öffentliche Bekanntmachung im Aufsichtsverfahren fehlt, können aus einer irrig ausgefertigten Bestallungsurkunde unter Umständen Ansprüche gegen das Gericht erwachsen, falls ein Gläubiger sich auf den Inhalt der Bestallungsurkunde verlassen hat. Es könnte dadurch an eine unrichtige Person gezahlt, es könnte mit solcher ein Vertrag abgeschlossen, es könnte ein Vertrag ihr gegenüber oder auch durch sie gekündigt werden. Wer in gutem Glauben an eine solche Person etwas geleistet hat, wird durch die Leistung nicht ohne weiteres befreit (Motive KO. IV S. 1079 ff.). Freilich darf der Dritte jeweils nur voraussetzen, daß die Bestallung einer Aufsichtsperson den Rahmen der normalen Befugnisse der Verordnung nicht überschreitet, so daß die Vertretung oder Bevollmächtigung des Schuldners z. B. dem Dritten gegenüber anders, wie durch eine Bestallungsurkunde des Gerichts, nachgewiesen werden müßte. Geht eine Bestallungsurkunde verloren, so kann eine neue ausgestellt werden. Kraftlos braucht die erst ausgestellte nicht erklärt zu werden.

Läuft das Amt ab, sei es auf normalem Wege der rechtskräftigen Aufhebung der Geschäftsaufsicht (§ 69), oder der von der Aufsichtsperson beantragten und vom Gerichte genehmigten Niederlegung des Amtes — die Genehmigung ist nach BayJMBl. 1914, 162; Wassermann-Erlanger, 3. Aufl. S. 252; Jaeger, KO. § 78 Anm. 2 und § 84 Anm. 6 erforderlich; a. M.: Bendix, LZ. 1915, 191; siehe oben meine Erläuterung zu § 2 D 4) — oder auf anormalem Wege der Entlassung (§ 25), die unter Umständen infolge eines Antrags gemäß § 22 Abs. 2 sich zutragen kann, so ist die Bestallungsurkunde dem Gerichte zurückzugeben. Es ist dies ein Zeichen dafür, daß die Aufsichtsperson keine weiteren

Funktionen ausüben darf. Die Vorschrift ist gegeben, damit die Urkunde nicht mißbraucht wird (siehe § 1893 BGB.). Gibt die Aufsichtsperson die Bestallungsurkunde nicht freiwillig heraus, so ist eine Ordnungsstrafe gemäß § 25 möglich, weil auch die Herausgabe der Urkunde noch unter die amtliche Obliegenheit der Aufsichtsperson fällt (Senft, Handbuch S. 72; Jaeger, KO. § 81 Anm. 3; a. M.: Petersen-Kleinfeller, KO. § 73 alte F. Anm. 8). Ein Klageanspruch des Gerichts oder Schuldners auf Rückgabe der Bestallungsurkunde ist nicht zulässig. Wenn eine unberechtigte Persönlichkeit oder die Aufsichtsperson nach Beendigung des Amtes Funktionen ausübt, kommt sie als falsus procurator (§§ 177 ff. BGB.) in Betracht.

§ 24.

Die Aufsichtsperson ist für die Erfüllung der ihr obliegenden Pflichten allen Personen verantwortlich, deren Interessen sie kraft ihres Amtes zu berücksichtigen hat.

Haftpflicht der Aufsichtsperson.

A. Verantwortlichkeit der Aufsichtsperson allen Interessenten gegenüber.

Was die Stellung der Aufsichtsperson zu den einzelnen Beteiligten (Schuldner, Gericht, Gläubigerschaft) anbetrifft, so wird auf meine Erläuterung § 2 verwiesen. Die „mit großem Scharfsinn aufgestellte, wenn auch mit Recht bekämpfte Theorie, die Geschäftsaufsicht bestehe im ausschließlichen Interesse des Schuldners" (so Beres, Frankf. Zeitg. vom 29. Dezember 1916 S. 4 Nr. 359, gegen Breit, JW. 1915 a. a. O.) ist durch die Fassung der neuen VO. (zumal § 24) widerlegt. Die Verantwortung des Aufsichtsführers geht nicht so weit, daß er den Gläubigern jede Auskunft zu erteilen hätte. Dazu ist er nur in beschränktem Maße verpflichtet. Es kann im Gegenteil häufig seine Aufgabe sein, nicht einseitig Gläubiger oder Gläubigergruppen zu unterrichten (RG. vom 3. März 1906 LZ. 1907, 297; Haberstumpf, LZ. S. 213). Der § 24 hat nun sehr präzis die Verantwortlichkeit der Aufsichtsperson für die Erfüllung der ihr obliegenden Pflichten allen Personen gegenüber festgelegt, deren Interesse sie kraft ihres Amtes zu berücksichtigen hat. Nachgebildet ist der § 24 dem § 82 KO., welcher in der alten VO. nur der Paragraphenzahl nach zitiert war. Im § 82 KO. ist die Rede von allen Beteiligten, während der § 24 von den Personen spricht, deren Interessen zu berücksichtigen sind. Daß damit der Schuldner, der nach dem Aufsichtsrecht von einer gewissenhaften Aufsichtsperson mit Sorgfalt zu betreuen ist, und die vom Verfahren betroffenen Gläubiger, gemeint sind, dürfte keinem Zweifel unterliegen. Die vom Verfahren nicht betroffenen Gläubiger (die vielleicht gemäß RG. vom 12. Oktober 1910 74, 258, primär im Auge gehabt sind) können aber auch in Betracht kommen. Denn die Aufsichtsperson, die z. B. Schuld daran trägt, daß die Reihenfolge der Befriedigung den Grundsätzen der Konkursordnung zuwider verläuft, ohne daß die Abweichung von diesen Grundsätzen gerichtliche Zustimmung erfährt (§ 5), könnte von Gläubigern in Anspruch genommen werden, welche durch eine verfehlte Reihenfolge Schaden nehmen. Die Aufsichtsperson darf nur dem Schuldner gehörendes Vermögen als solches behandeln und muß ihr bekannte oder bekannt werdende fremde Ansprüche (etwa von Aussonderungs- oder Absonderungsberechtigten; RG. 42, 87; 69, 90; 74, 109) bei richtiger Erfüllung ihrer Aufgabe beachten. Die Aufsichtsperson hat eben immer zu beachten, was sie kraft ihres Amtes zu tun und zu unterlassen hat. Michels (Recht 1917, 22) bezweifelt, ob die scharfe Hervorhebung des § 24 geeignet ist Aufsichtspersonen im freiwilligen Ehrenamte besonders zu erfreuen. Ich glaube, daß weniger die scharfe Hervorhebung, die doch an der bisher schon gegoltenen Bestimmung des § 82 KO. nichts geändert hat, unerfreulich ist, als die längst wirksame Tatsache, daß das Amt der Aufsichtsperson ein sehr verantwortungsvolles und daher keineswegs, wie man zu Beginn des Krieges annahm und anempfahl, zu ehrenamtlichem Betrieb, der den größten materiellen Rückgriff eines Beteiligten mit sich bringen kann, geeignetes ist. Siehe hierüber meine Erläuterung und Zitate zu § 2 D 1!

Daß Beteiligter zwar nicht jeder Dritte ist, der durch die Handlung der Aufsichtsperson benachteiligt ist, sondern nur ein am Geschäftsaufsichtsverfahren irgendwie Beteiligter (RG. 74, 260; a. M.: Jaeger zu § 82 Anm. 2), daß aber hiezu auch Aus- und Absonderungsberechtigte zählen, wie sie der § 13 Nr. 3 und 4 aufzählt (RG. 34, 29; OLG. 1, 440; 15, 240; SeuffBl. 70, 105; OLG. München vom 20. Dezember 1915 OLGRspr. 32, 389), ist nach Obigem zweifellos. Für das Konkursrecht ist entschieden und daher hier für das Verfahren gemäß §§ 33 ff. analog anzuwenden, daß auch der Zwangsvergleichsbürge zu den Beteiligten gehört, welcher sich an den schuldhaften Aufsichtsführer halten kann (RG. 74, 258 gegen ein Urteil des OLG. Breslau, OLGRspr. 21, 176; Jaeger verneint, daß im Verhältnis zu dem Vergleichsbürgen, der erst im späteren Stadium in Erscheinung treten kann, eine besondere Obliegenheit gegeben ist. Der Zeitpunkt erscheint mir aber unwesentlich).

B. Umfang der Haftung.

Die Aufsichtsperson haftet für Vorsatz und Fahrlässigkeit (§§ 276, 827 BGB.). Selbst wenn die Aufsichtsperson unentgeltlich ihr Amt führt, ist die Verantwortung nicht auf die diligentia quae in suis, nicht auf die Sorgfalt, die sie in eigenen Sachen anzuwenden pflegt, beschränkt. Mangel an Beaufsichtigung der Lebens-, Geschäfts-, Buch- und Kassen-Führung des Schuldners, des Wechsel- und Scheckverkehrs, der Hypothekenregelung, des Ein- und Verkaufes, kann die Grundlage einer Verantwortlichkeit der Aufsichtsperson bilden. Insbesondere können ihr aus Verfehlungen gegen § 28 Ersatzansprüche entgegengehalten werden. Ein Rechtsirrtum ist von ihr in der Regel zu vertreten. Er kann aber entschuldbar und die Haftung daher ausgeschlossen sein (JW. 99, 491; 19, 73; Gruchot 44, 1224; 45, 1182; RG. 27, 113; 36, 94; 39, 100). Wenn die Aufsichtsperson Laie ist, kann die Entschuldbarkeit des Rechtsirrtums leichter durchschlagen (JW. 1900, 73 Nr. 8; RG. vom 28. November 1894 Bolze 19 Nr. 809). Die Pflichtwidrigkeit der Aufsichtsperson kann auch durch eine Unterlassung vor sich gehen. Sie kann eine Eigenschaft verschweigen, nicht genügend informieren, eine nach Lage der Sache pflichtgemäße Zustimmung unterlassen, ein Veto gegen schuldnerische oder gläubigerische Maßregeln nicht erheben (RG. 34, 26; 78, 187), eine Kassaüberwachung nicht vornehmen (Jaeger, JW. 1917, 135 f.). Durch den Umstand allein freilich, daß eine Handlung oder Unterlassung der Aufsichtsperson für den Geschäftsbetrieb des Beaufsichtigten nachteilig ist, ist der Nachweis einer Fahrlässigkeit noch nicht erbracht. Darauf darf sich die Aufsichtsperson nicht berufen, daß sie mit der Geschäftsführung, Überwachung oder Beaufsichtigung nicht vertraut gewesen sei. Denn dieser Umstand hätte sie bestimmen müssen, entweder das Amt abzulehnen oder niederzulegen oder sich, soweit tunlich, zu informieren, beziehungsweise durch Sachverständige beraten zu lassen. Ob und in welchem Umfange allenfalls die Aufsichtsperson verantwortlich ist, entscheidet sich nach bürgerlichem Rechte. Da in einer Reihe von Angelegenheiten das Ermessen der Aufsichtsperson maßgebend ist, zumal auch, wenn die Reihenfolge der Befriedigung der Gläubiger innerhalb des konkursrechtlichen Rahmens eine verschiedene Auslegung möglich macht, so kann naturgemäß in einer dem Ermessen der Aufsichtsperson anheimgestellten Verfügung oder Weisung selbst dann kein Verschulden liegen, wenn diese Verfügung oder Weisung für einen Gläubiger schädlich ausgefallen ist. Denn nur dann wird eine persönliche Entschädigung (arg. OLG. Colmar vom 23. November 1911 LZ. 1912, 247) von der Aufsichtsperson verlangt werden können, wenn dieselbe die ihr obliegende Sorgfalt nicht betätigt und durch ihr Verschulden einen Schaden derjenigen Personen verursacht hat, zu welchen sie kraft ihres Amtes in einem dauernden Rechtsverhältnisse steht. Das Unzweckmäßige und Unvorteilhafte involviert noch keine Verantwortlichkeit im Sinne des § 24 (RG. vom 7. November 1895 JW. 1896, 34 Nr. 23). Die Grundsätze der §§ 249 ff. BGB. und 286 ff. ZPO. sind für den Schadensersatzanspruch maßgebend. Die §§ 839 und 852 BGB. scheiden mangels eines Beamtenreats i. e. S. aus. Der Ersatzanspruch gegen die Aufsichtsperson ist kein Anspruch aus unerlaubter Handlung (§ 823 BGB.), der aber kumulativ dazu kommen kann, vielmehr ein Anspruch wegen Pflichtverletzung gemäß § 149 BGB., bezüglich deren Haftpflichtversicherung möglich ist. Der Beweis der Verschuldung ist von dem Kläger zu führen, welcher Ersatz beansprucht (RG. vom 7. November 1895 JW. 1896, 34 Nr. 23). Zu exkulpieren hat sich die Aufsichtsperson gemäß § 827 Abs. 1 und 2, auch § 254 BGB. Bezüglich des Verletzten ist jeweils die Frage des Selbst- oder Mitverschuldens zu prüfen (RG. vom 10. Mai 1912 LZ. 6, 694; OLG. 19, 224; SeuffArch. 68 Nr. 30).

Wenn eine gemäß § 16 einberufene Gläubigerversammlung oder der gemäß §§ 30 ff. einberufene Gläubigerbeirat die betreffende Handlung der Aufsichtsperson genehmigt haben oder das Gericht gemäß §§ 5, 9 ff., 26, 29 usw. seine Zustimmung erteilt hat, wird für gewöhnlich die Aufsichtsperson von ihrer Verantwortlichkeit gemäß § 24 frei. (Neuerdings: OLG. München vom 4. Mai 1916 LZ. 1916, 972; amtliche Erläuterung zu den §§ 30—32; a. M. mit Unrecht: Jaeger, JW. 1917, 136.) Es sei denn, daß sie einen dieser Beschlüsse erschlichen oder, ihrer Pflicht zuwider, in Streitfällen gemäß § 29 das Gericht nicht gegen Beschlüsse der Gläubigervertretung angerufen hat. Die Frage ist streitig, wenn Gläubigerversammlung oder Gläubigerbeirat oder sonstige Gläubigervertretung anzuhören keine Verpflichtung bestand (OLG. Celle vom 8. April 1908, OLG. 19, 223; OLG. Cöln vom 26. Januar 1909 LZ. 1909, 406). Der Anspruch verjährt gemäß § 852 BGB. nicht in drei, sondern erst in 30 Jahren (RG. 78, 190; LZ. 695; KG. vom 24. April 1900 OLG. 1, 440; §§ 187 ff., 195 BGB.; Jaeger, KO. § 82 Anm. 5 und 7; Jaeger, JW. 1917, 136 f.).

§ 25.

Die Aufsichtsperson steht unter der Aufsicht des Gerichts.

Das Gericht kann gegen die Aufsichtsperson Ordnungsstrafen bis zu zweihundert Mark festsetzen und sie aus wichtigen Gründen ihres Amtes entlassen. Vor der Entscheidung ist die Aufsichtsperson zu hören.

Die gerichtliche Aufsicht.

A. Zweck und Tragweite.

Der 1. Absatz des § 25 entspricht vollständig dem § 83 KO. Der 2. Absatz des § 25 ist dem § 84 KO. nachgebildet. Schon oben (m. Erl. § 2 D 3) ist über das Verhältnis der Aufsichtsperson zum Gericht Näheres auseinandergesetzt. Auch die a. V. vom 8. August 1914 kannte diese Bestimmung. Denn im § 6 Abs. 2 waren die §§ 83 und 84 KO. der Zahl nach zitiert. Das Amtsgericht ist das Aufsichtsgericht nicht nur gegenüber dem Schuldner, sondern auch gegenüber dem Aufsichtsführer. Dies hängt mit dem Prinzip der ganzen Einrichtung zusammen, welche unter gerichtliche Obhut genommen ist. Die hiebei vom Gericht einzuhaltenden Linien sind nicht ganz einfach (Henschel, DJZ. 1917, 191). Es ist vor allem daran festzuhalten, daß das Gericht nicht etwa die Tätigkeit der Aufsichtsperson leitet. Es beaufsichtigt dieselbe nur. Es schreitet gegen Pflichtverletzungen der Aufsichtsperson gebietend und verbietend nötigenfalls ein. Ordnungsstrafen zur Erfüllung der Verbindlichkeiten stehen dem Gericht zur Verfügung. Die Aufsichtsperson ist dem Gericht gegenüber im weitesten Maße bericht- und auskunftpflichtig (§ 28). Das Verhältnis ist ähnlich, wie dasjenige des Vormundschaftsgerichts (§§ 1837, 1915 BGB.). Das Gericht kann die Aufsichtsperson zur Vollziehung ihrer Pflichten anhalten. Dies trifft beispielsweise beim § 5 (Reihenfolge der Befriedigung der Gläubiger; analog ZZP. 8, 492) und § 9 (Prüfung des Ablehnungsrechtes bei zweiseitigen Verträgen) zu. Im Zwangsvergleichsverfahren kann das Gericht die Aufsichtsperson auffordern, sich richtig und rechtzeitig, vollständig und sachgemäß, gemäß §§ 42, 45, 49, 53 usw. zu äußern und umzutun. Die Aufsichtsperson hat kein Imperativ-Mandat des Gerichts. In Ermessensfragen werden der Aufsichtsperson keine Vorschriften gemacht. Entscheidend ist immer die Frage, ob in der Handlung oder Unterlassung der Aufsichtsperson eine Pflichtwidrigkeit liegt (Motive II KO. 306; RG. 29, 83; SeuffArch. 55 Nr. 59; LZ. 1907, 297; OLG. Bamberg vom 10. November 1906 LZ. 1907, 365). Ein Richter, welcher sich in das ganze System eingelebt hat, weiß, wo sein Einfluß auf die Aufsichtsperson anfängt und aufhört. Ein Konfliktsstoff wäre gegeben, wenn das Gericht sich unbefragt und, ohne daß eine Verfehlung der Aufsichtsperson vorläge, in die Verwaltung einmischen würde. Die Aufsicht beginnt und endigt mit dem Anfang und Ende des Amtes der Aufsichtsperson. Die Aufsicht wird seitens des Gerichts, in Vollziehung der öffentlichen Gewalt, ausgeübt (EG. BGB. Art. 77 JW. 1904, 85 Nr. 1). Der Richter kann bei Verletzung seiner Aufsichtspflicht gemäß § 839 BGB. zum Schadensersatz verpflichtet sein. Dies trifft zu, wenn ein Verschulden des Richters festzustellen ist, zumal wenn er von der Pflichtwidrigkeit der Aufsichtsperson Kenntnis hatte (argumento e contrario: HessRspr. 6, 65). Der Schuldner und jeder Gläubiger haben die Berechtigung, ein Vorgehen des Aufsichtsgerichts zu beantragen. Selbstredend wird nicht wahllos der Richter auf solche Anträge reagieren, wenn er sie auch sorgfältig zu prüfen hat. Selbstsüchtigen Querelen bei Versagung von Wünschen ist erfahrungsgemäß immer ein gewisses Bedenken entgegenzusetzen. Eine Beschwerde bei Vorgehen oder Nichtvorgehen steht den Beteiligten nicht zu (§ 19). Die sofortige Beschwerde ist aber im Falle des § 27 zugelassen.

B. Das Einschreiten.

Hat die Aufsichtsperson die richterlichen Anordnungen nicht beachtet, so kann Zwang zur Erfüllung dieser Anordnungen angewendet werden. Nur eine Geldstrafe ist möglich. Der Betrag von 200 Mk. bildet das Maximum. Die Geldstrafe kann aber wiederholt ausgesprochen werden. Zweifellos ist, daß die uneinbringliche Geldstrafe in eine andere Strafe umgewandelt werden kann. Dagegen hat der § 25 eine vorherige Androhung (die für das Gebiet des § 83 KO. Jäger zu § 84 Anm. 2a für erforderlich hält) nicht vorgeschrieben. Immerhin wird ein nicht rigoroses Vorgehen des Gerichts eine solche Androhung, im Sinne des § 23 des Gesetzes betreffend freiwillige Gerichtsbarkeit, vorausgehen lassen, wenn die Aufsichtsperson Anstalten macht, sich ihren Pflichten und gerichtlichen Anordnungen zu entziehen. Vorgeschrieben ist für den Fall des äußersten Vorgehens, der Entlassung, eine Anhörung, also Gelegenheit zur Rechtfertigung. Es liegt nahe, daß nur bei besonderen Umständen der Richter von seiner diesbezüglichen Machtbefugnis Gebrauch macht. Meist wird der Antrag des Schuldners oder der Gläubigerschaft vorausgehen. Untauglichkeit, Unzuverlässigkeit, Unbotmäßigkeit, Unwürdigkeit, Erkrankung, Vermögensverfall der Aufsichtsperson wird den Anlaß geben (§ 1886 BGB.; Bayer. Vollzugsvorschriften betreffend Bekanntmachung vom 8. August 1914, IV, 11; Mayer 147, 169; Levy S. 28). Auch hier wird das Gericht zunächst der Aufklärungsmöglichkeiten des § 16, ja sogar nötigenfalls der Einberufung einer Gläubigerversammlung, sich bedienen. Die Entlassung wirkt von Zustellung des diesbezüglichen gerichtlichen Beschlusses an (Jaeger, JW. 1917, 136).

Die Aufsichtsperson kann ihr Amt nicht gegenüber dem beaufsichtigten Schuldner kündigen (etwa nach §§ 626, 671 BGB.; siehe auch Jaeger, KO. § 78 Anm. 2; § 84 Anm. 6; JW. 1917, 136 f.; a. M.: Bendix, LZ. 1915, 192). Kontrovers ist, ob die Aufsichtsperson ohne weiteres ihr Amt niederlegen kann. Es dürfte vielmehr anzunehmen sein, daß dieselbe eine Enthebung — wegen Dissidien mit Schuldner oder Gläubigern, Erkrankung, Unabkömmlichkeit, Befangenheit, Unzulänglichkeit — beantragen muß (OLG. Cöln vom 8. September 1906 Recht 1910 Nr. 29, 16; Bayer. Vollzugsvorschriften IV/1; Levy S. 28; Jaeger, KO. 41 Anm. 6).

§ 26.

Das Gericht hat die Aufsichtsperson auf ihren Antrag bei der Erfüllung ihrer Aufgaben in angemessener Weise zu unterstützen.

Die Unterstützung der Aufsichtsperson durch das Gericht.

Wenn die Aufsichtsperson es beantragt, so hat das Gericht dieselbe bei Erfüllung ihrer Pflichten zu unterstützen. Die Meinung über die aufsichtsgerichtliche Kompetenz war bisher grundverschieden. Den einen sagte die „schattenhafte" Mitwirkung zu (Eingabe des deutschen Anwaltsvereins 1916, Vorschlag der Leipz. Handelsk. 1916); andere beklagten die Passivität (referierend: Michels, Recht 1917, 21). Das Aufsichtsgericht, welches im allgemeinen in die Verwaltung nicht einzugreifen hat und die eigentlich laut §§ 2, 3, 5, 9 ff., 28 sowie 33 ff. dem Aufsichtsführer zustehenden Arbeiten ihm nicht abzunehmen hat, hat auch in letzterer Hinsicht, soweit es berechtigt, praktisch und angemessen erscheint, mitzuwirken, sobald die Aufsichtsperson selbst es beantragt hat. Es ist möglich, daß der Schuldner unvernünftig, unpraktisch und unbotmäßig sich benimmt, Auskünfte verweigert, in Vertragsangelegenheiten der §§ 9 ff. oder 13 gegen den guten Rat der Aufsichtsperson handelt, keine Ordnung und Übersicht in seine Kassa bringt, kurz die Zwecke des Geschäftsaufsichtsverfahrens nicht fördert oder gar vereitelt. In solchem Falle erwächst für das Gericht ein weiteres Gebiet seiner verantwortungsvollen Betätigung (Henschel, DJZ. 1917, 191). Die Aufsichtsperson baut mit Recht auf seine Hilfe. Denn der Zuspruch und das Veto des Gerichts kann vielleicht den Schuldner auf den richtigen Weg bringen. Aber auch entscheidender Einfluß gegenüber einem Gläubiger oder mehreren kann seitens des Gerichts gewonnen werden.

Die Bestimmung des § 26 ist um so notwendiger, als für gewöhnlich die Gläubigerversammlungen, welche in der KO. vorgeschrieben sind, beim Geschäftsaufsichtsverfahren mangeln und nur ausnahmsweise eine fakultative Gläubigerversammlung im Sinne des § 16 vom Gericht einberufen werden kann. Das Gericht hat die Amtsobliegenheit, auf Antrag der Aufsichtsperson die Unterstützung eintreten zu lassen, wenn es natürlich auch eine ganz zwecklose Mitwirkung unter Vorbringung von Gründen versagen kann. Die autoritative Tätigkeit des Gerichts macht es vielleicht unnötig, daß das Geschäftsaufsichtsverfahren im Sinne des § 66 Nr. 1 aufgehoben wird. Die Androhung eines solchen Schrittes seitens des den Schuldner belehrenden Gerichtes kann genügen. Der Schuldner glaubt vielleicht der Aufsichtsperson allein nicht; das Gericht läßt ihn kommen, es gibt, an der Hand des Gesetzes und gestützt auf die Sachlage, die erforderlichen Belehrungen. Nach solcher Maßnahme ist vielleicht das Zusammenarbeiten zwischen Schuldner und Aufsichtsperson weit gedeihlicher.

Die Unterstützung, welche das Gericht der Aufsichtsperson antragsgemäß angedeihen läßt, kann aber auch auf anderem Gebiete liegen. Das Gericht kann Ermittlungen im Sinne des § 16 in jedem Stadium des Geschäftsaufsichtsverfahrens vornehmen. Es kann durch Requisition die Beiziehung von Akten beschließen. Die Aufsichtsperson hat keine Berechtigung, Zeugen und Sachverständige zu vernehmen. Wohl aber kann dies das Gericht. Insbesondere ist die Einberufung einer Gläubigerversammlung durch die Aufsichtsperson weniger wirkungsvoll, wie eine gerichtliche. Angestellte des Schuldners, Gläubiger oder gar irgend welche Dritte können der Aufsichtsperson erklären, daß sie deren Erforschungswunsch nicht stattgeben. Das Gericht aber kann hier seine autoritative Macht einsetzen. Auf diese Weise werden die Maßnahmen, insbesondere Informationsbegehren, des Aufsichtsführers durch die Hilfe des Aufsichtsgerichts ergänzt und ersterer erreicht seinen Zweck prompt und nachhaltig. Prozesse können ebenfalls durch eine rechtzeitige Ermittlung des Gerichtes vermieden werden. Warnt dasselbe den Schuldner oder Gläubiger vor gewissen Rechtsverletzungen, Vertragsbrüchen oder Halsstarrigkeiten, so können Meinungsverschiedenheiten ausgeglichen werden, die sonst prozeßgerichtlich beurteilt werden müßten. Auch die Bräuche des betr. Handels- und Berufsstandes, dem der Schuldner angehört, kann sich der Richter leichter zugänglich machen, wie gewöhnlich die Aufsichtsperson, indem einerseits der Richter der letzteren die mehrfachen Erfahrungen bekannt gibt, welche das Gericht im Verlaufe anderer Geschäftsaufsichtsverfahren oder Konkurse gesammelt hat, andererseits die in den §§ 21 und 22 angeführten Kammern und Ämter in Streitfällen um gutachtliche Äußerungen oder Überlassung von Akten ersucht.

§ 27.

Die Aufsichtsperson hat gegen den Schuldner Anspruch auf Erstattung angemessener barer Auslagen und auf Vergütung.

Die Festsetzung erfolgt durch das Gericht. Gegen den Beschluß findet sofortige Beschwerde statt.

Die persönlichen Ansprüche der Aufsichtsperson.

A. Vergütung und Auslagen der Aufsichtsperson.

Die Aufsichtsperson braucht nicht unentgeltlich tätig zu sein, aber es können Verwandte, Freunde, Berufsgenossen des Schuldners ein unentgeltliches Arbeiten übernehmen. Regelmäßig wird die Geschäftsführung der Aufsichtsperson nicht nach den Normen des Auftrages (§ 662 BGB.) beurteilt. Zu Beginn des Krieges wurde von seiten der Justiz- und Handelsministerien (Preuß. Handelsminist. vom 11. August 1914) die Anregung dazu gegeben, daß möglichst ehrenamtliche Tätigkeit einsetzen soll. Damals wurde wohl nicht vorausgesehen, welche Verantwortung vielfach für die Aufsichtspersonen erwachsen und welches Risiko sie folglich, auch in vermögensrechtlicher Hinsicht, übernehmen werde. Es wird auf § 24, m. obige Erläuterung hiezu und die Äußerungen von Michels im Recht 1917, 22 sowie Bovensiepen, GeschA. 1917, 87 verwiesen. Man hat wohl auch erklärt, die Aufsichtsperson nehme an der Kriegshilfe teil (Levy 38), ihre Vergütung müsse sich daher in bescheidenen Grenzen halten (AG. Pforzheim, Recht 1915, 172; Mayer 169). Grundsätzlich ist gegen diesen Gedankengang nichts einzuwenden; er wurde übrigens aktuell, als zu Beginn des Krieges eine rasche Beendigung desselben vermutet, die umfangreiche und sehr verantwortliche Handhabung des Amtes, insbesondere des Zwangsvergleichsdienstes, durch die Aufsichtsperson nicht vorausgesehen wurde. Die Zeitverhältnisse, die gewaltige Teuerung, die Einengung des Tätigkeitsfeldes der zur Ausübung des Aufsichtsamtes sich eignenden Berufe, die Erhöhung aller Auslagen und dergleichen, machen den wenigsten Aufsichtsführern eine nur ehrenamtliche Funktion möglich. Zum Schaden des Beaufsichtigten darf aber nicht die Wahl weniger geeigneter Personen, die vielleicht billiger oder gar umsonst arbeiten, vorgezogen werden.

Die Aufsichtsperson bezieht ihre Vergütung aus dem schuldnerischen Vermögen. Die Höhe der Vergütung richtet sich nach Art, Ort, Größe, Zeitaufwand, Schwierigkeit, Erfolg und nicht zuletzt Verantwortlichkeit der geführten Geschäftsaufsicht. Auch die Vorbildung und die übrigen Erwerbs- sowie Einkommensverhältnisse der Aufsichtsperson können mit ausschlaggebend sein. Entstehen Meinungsverschiedenheiten, so wird der Schuldner, wohl auch der eine oder andere Gläubiger, bzw. eine der in den §§ 21 und 22 aufgeführten Kammern, Ämter oder ein Sachverständiger, zur Beurteilung des richtigen Satzes zugezogen werden. Die Handakten, Berichte und schriftlichen Aufzeichnungen des Aufsichtsführers sind wertvolle Behelfe bei Bemessung des Umfangs, der Verwickeltheit, des Zeitaufwandes.

Der Auslagenersatz ist selbstverständlich. Nicht etwa nur die notwendigen bzw. vorteilhaften Auslagen, sondern die angemessenen Barauslagen sind zu ersetzen. Hiezu zählen Porti, Bestellgelder, Depeschen- und Telephongebühren, Stempelmarken, Aufwendung für Schreibwerk, Entschädigung eines Schreibgehilfen, eines Stenographen, eines Maschinenschreibers, Straßenbahn- und Reisekosten, durch Fahrten erforderlich gewordene Zehrgelder, Auslagen für Automobile, falls das teuerere Verkehrsmittel durch die erforderliche Raschheit einer Handlung angezeigt erschien. Die Tätigkeit, die ein Rechtsanwalt oder Notar als Aufsichtsperson nebenher, im Interesse der Geschäftsaufsicht oder für den Schuldner (siehe § 2 D 1 m. obigen Erläuterung; Hallbauer, LZ. 1917, 115), im anwaltschaftlichen oder notariellen Dienste entwickelt, wird durch die Vergütung des § 27 nicht mit abgegolten. Die Prozeßführung bzw. notarielle Verlautbarung richtet sich vielmehr nach den Grundsätzen der Gebührenordnung für Rechtsanwälte, der Rechtsanwaltsordnung, der Gebührenordnung für Notare und der Notariatsordnung.

Ein Tarif für die Vergütung besteht nicht. In besonders großen oder schwierigen Fällen können die von den Justizverwaltungen in Württemberg (20. Oktober 1900 JMBl. S. 144) und Baden (12. Juni 1903 und 17. März 1905; BadRspr. 1903, 186; 1905, 126; OLG. Karlsruhe vom 27. Juli 1906 BadRspr. 1906, 284) erteilten Richtlinien, sowie die Verfügung des OLG.-Präsidenten von Colmar vom 4. Oktober 1887 GS. 5, 269; Reichstagdrucksachen 1893/94 Nr. 278 S. 44) auch die preuß. Justizministerialverordnung vom 17. März 1887 I, 647, dann der für das Amtsgericht Berlin Mitte seit dem 1. Januar 1910 angewendete Tarif und die Braunschweiger Vergütungsstaffel (LZ. 1908, 144), sämtlich für Konkursverwalterhonorare, zu Rate gezogen werden. Brauchbare Sätze mit skalenartiger Bemessung (Vermögensstand von unter 1000 Mk. bis zu solchem über 100 000 Mk. — Vergütung monatlich 50 Mk. bis 500 Mk.) schlägt speziell für die Geschäftsaufsicht Lehnstaedt 1916, 41 vor.

Fraglich ist, in welchem Zeitpunkt der Anspruch der Aufsichtsperson erwächst, ob nach gewissen Zeitabschnitten (so AG. Pforzheim vom 9. Januar 1915 Recht 1915, 172; Levy S. 39) oder erst nach Beendigung des Amtes (Mayer S. 169). Da die Geschäftsaufsicht des Krieges halber sich meist auf Jahre erstreckt, werden Teilvergütungen und Auslagenvorschüsse (§§ 669, 675 BGB.) zu gewähren sein. Eine allmähliche, etwa quartaliter, erfolgende Vergütung entlastet den Schuldner überdies mehr, wie die Geltendmachung auf einmal (a. M. Breit, JW. 1915, 173, der die Festsetzung der Gebühren während des Aufsichtsverfahrens als Erschwerung des Unternehmens vorsieht). Die Frage des Zeitpunktes der Vergütung ist am besten von Fall zu Fall zu entscheiden.

B. Festsetzung durch das Gericht.

Nicht der Gerichtsschreiber, welcher nach der Prozeßordnungsnovelle zunächst die Verbescheidung der Festsetzungsgesuche vorzunehmen hat (die Erinnerungen hiegegen verbescheidet das Gericht), sondern das Amtsgericht hat zunächst die Festsetzung der Vergütung und Auslagen vorzunehmen. Über die Höhe entscheidet das freie, vernünftige Ermessen des Aufsichtsgerichts. Dabei ist in erster Linie stets auf die besonderen Umstände der einzelnen Geschäftsaufsichtsgebühren Rücksicht zu nehmen. Die Bedeutung der Arbeitsleistung und der damit übernommenen Verantwortlichkeit muß ins Gewicht fallen. Auch der Zeitverlust, die allenfalls im übrigen Beruf entstandene Einbuße und die Ersprießlichkeit der Tätigkeit ist ausschlaggebend (analog: OLG. Karlsruhe vom 21. Februar 1914 BadRspr. 1915, 19).

Der Festsetzungsbeschluß war nach der a. V. unanfechtbar und bildete auch keinen Vollstreckungstitel, so daß der Aufsichtsführer klagend gegen den Schuldner vorgehen mußte (Wassermann-Erlanger 3. Aufl. S. 252; Heilberg, JW. 1915, 1086; Bendix, LZ. 1915, 194; Mayer S. 169; Levy S. 38; Friedländer, JW. 1915, 1182; JW. 1916, 1221 (AG. Duisburg); a. M.: OLG. Dresden vom 13. Januar 1916 JW. 1916, 684; LZ. 16, 1051; Recht 1916, 502 **Nr.** 976; Klien, JW. 1915, 770).

Nach der neuen Verordnung unterliegt aber der Festsetzungsbeschluß der sofortigen Beschwerde. (Die Unanfechtbarkeit gäbe zu Mißhelligkeiten Anlaß; Michels, Recht 1917, 21). Nunmehr findet also unzweifelhaft, wie auch die amtliche Erläuterung zugibt, die Zwangsvollstreckung aus den gerichtlichen Festsetzungsbeschlüssen statt. Denn der § 794 Nr. 3 ZPO. sagt, daß aus Entscheidungen, gegen welche das Rechtsmittel der Beschwerde stattfindet, die Zwangsvollstreckung stattfindet.

Die Beschwerde können der Schuldner, die Aufsichtsperson (OLG. Karlsruhe vom 27. August 1906 BadRspr. S. 284) und ein Gläubiger, der sich durch die Festsetzung in seinen Rechten verkürzt glaubt (OLG. Colmar vom 19. Januar 1909 LZ. S. 331) ergreifen. Ein sonst interessierter Dritter kann die Beschwerde nicht ergreifen (OLG. Kiel vom 8. Oktober 1907; SchlHolstAnz. S. 331). Das Beschwerdegericht hat die Höhe und Angemessenheit der Vergütung, sowie die Auslagen zu prüfen. Die sofortige Beschwerde, für welche gemäß § 577 ZPO. eine Notfrist von zwei Wochen gilt, nimmt mit der Zustellung des Feststellungsbeschlusses ihren Anfang. Die Einlegung bei dem Beschwerdegericht genügt zur Wahrung der Notfrist, auch wenn der Fall für nicht dringlich erachtet wird. Das Amtsgericht ist zu einer Änderung seiner der Beschwerde unterliegenden Entscheidung nicht befugt.

Weder das Amtsgericht noch das Beschwerdegericht braucht vor der Festsetzung den Schuldner oder einen Gläubiger oder den Gläubigerbeirat zu hören, kann und wird aber in Zweifeln die Aufsichtsperson, nötigenfalls auch den Schuldner und den eventuell gemäß § 30 bestellten Gläubigerbeirat hören, bzw. Ermittlungen (§ 16) anstellen, um Einseitigkeiten zu vermeiden (Michels, Recht 1917 S. 21).

C. Vergütung und Auslagen der Aufsichtsperson sind vom Verfahren nicht betroffen und im Konkursverfahren Massekosten.

Nach der alten VO. war bestritten, ob der Anspruch der Aufsichtsperson unter § 7 Abs. 2 a. V. falle, m. a. W. eine schuldnerische Verbindlichkeit bedeute, die zur Fortführung des Geschäftes erforderlich sei (so Breit, JW. 1915, 170; Wassermann-Erlanger 3. Aufl. S. 252; OLG. Dresden vom 13. Januar 1916; Mayer S. 167). Andere wieder erklärten, daß die Aufsichtsperson zu den bevorrechtigten Gläubigern des § 61 Ziff. 1 KO. zähle (Bendix, LZ. 1915, 191; AG. Mülheim-Ruhr vom 20. Januar 1916 JW. 1916, 978; Recht 1916, 463 Nr. 926; a. M. KG. vom 3. Mai 1916 JW. 1916, 976; Recht 1916, 463 Nr. 927; KGBl. 1916, 50). Es wurde auch geltend gemacht, die Ansprüche der Aufsichtsperson gehörten zu den vom Verfahren nicht betroffenen Ansprüchen im Sinne des alten § 9 Ziff. 1 und § 4 der Bekanntmachung vom 8. August 1914 (Wassermann-Erlanger, 3. Aufl. S. 252; Jaeger, BankArch. 14, 35; Bendix, LZ. 1915, 191). Andere bestritten dies Heß, zu § 6; Levy S. 38).

Dann war strittig, ob der Anspruch der Aufsichtsperson bevorrechtigt sei, wenn es hernach zum Konkurs komme. Diejenigen, welche die Frage bejahten (Breit, JW. 1915, 170; OLG. Dresden vom 13. Januar 1916; Wassermann-Erlanger, 3. Aufl. S. 252; JW. 16, 684; LZ. 16, 1051; SächsArchRechtspfl. 16, 191; vor allem aber auch unter analoger Anziehung der § 224, 4 KO.; § 155 ZVG., RG. vom 26. Mai 1916 VII. ZS. 73/16 DJZ. 1916, 897; LZ. 1916, 1053; JW. 16, 1021; Recht 1916, 502 Nr. 975; WarnE. 16, 292; Jaeger, JW. 16, 1021; JW. 16, 978 (AG. Mülheim), hielten sich immerhin das Bedenken vor, eine Anwendung des § 58 KO. sei nicht ausdrücklich vorgeschrieben. Von manchen Seiten wurde die Bevorrechtigung des Anspruches innerhalb des Konkursverfahrens strikt verneint (Bendix, LZ. 1915, 801; Levy S. 38; Mayer S. 169; JW. 16, 976; KGBl. 16, 50 [KG. XII]).

Die n. V. hat diese Streitfragen beseitigt: Sie hat einerseits ausdrücklich unter Nr. 6 des § 13 die Aufsichtsperson wegen ihrer Ansprüche auf Erstattung von Auslagen und auf Vergütung als vom Verfahren nicht betroffen bezeichnet. (So auch Österr. AusglO. § 23; Rintelen S. 545). Sie hat andererseits im § 71 für den im Anschluß an eine Geschäftsaufsicht ausbrechenden Konkurs die Gebühren und Auslagen der Aufsichtsperson als Massekosten (§ 58 KO.) privilegiert.

§ 28.

Die Aufsichtsperson hat darauf Bedacht zu nehmen, daß der Geschäftsbetrieb des Schuldners tunlichst aufrechterhalten und sein Vermögen nicht geschmälert wird. Sie hat die Ursachen der Zahlungsunfähigkeit oder der Überschuldung zu ermitteln, die geschäftlichen Verhältnisse des Schuldners zu prüfen und dem Gericht unverzüglich zu berichten, sobald sie die erforderliche Übersicht erlangt hat.

Das Gericht bestimmt, in welcher Weise und in welchen Zeiträumen die Aufsichtsperson weitere Berichte zu erstatten hat.

Jeder Bericht soll eine Äußerung darüber enthalten, ob

die Voraussetzungen für eine Fortdauer der Geschäftsaufsicht noch vorliegen.

Der Wirkungskreis der Aufsichtsperson.

A. Die Aufrechterhaltung des Geschäftsbetriebes.

Es wurde unter der Herrschaft der a. V. darüber geklagt, daß die Kompetenz der Aufsichtsperson zu wenig umschrieben sei. Erschien einem Schuldner oder Gläubiger das Auftreten einer Aufsichtsperson unbequem, so konnte seine Auslegung der Rechte und Pflichten dem Vorgehen der Aufsichtsperson im Wege stehen. Die n. V. hat einigermaßen abzuhelfen und die Geschäftstätigkeit der Aufsichtsperson zu umgrenzen gesucht. Auf der einen Seite hat sie der Aufsichtsperson mehr Spielraum gelassen, indem dieselbe gemäß § 2 die Geschäftsführung mehr oder weniger selbst übernehmen und so einen nachhaltigeren Einfluß auf die Begebenheiten ausüben kann. Auf der anderen Seite ist die Aufsichtsperson nach § 5 n. V. nunmehr verpflichtet, eine bestimmte Reihenfolge der Verteilung einzuhalten, während sie bisher hinsichtlich des Umfangs und der Reihenfolge der Befriedigung freie Hand hatte (§ 8 a. V.). Im § 24 wird die Aufsichtsperson daran erinnert, daß sie für die Erfüllung der ihr obliegenden Pflichten jedem Interessenten verantwortlich ist. Der § 28 vollends bringt eine Zusammenstellung der hauptsächlichen Aufgaben der Aufsichtsperson. An der Spitze derselben steht die tunlichste Aufrechterhaltung des Geschäftsbetriebes des Schuldners. Hier setzt so richtig der vaterländische Hilfsdienst der Aufsichtsperson ein. Es soll Alles daran gesetzt werden, schwache wirtschaftliche Existenzen über den Krieg hinaus zu halten, weil jeweils immer der eine ernstliche Sturz den anderen zur Folge haben kann. Der Konkurs brächte nicht nur immer dem jeweiligen Schuldner eine große Einbuße, sondern auch der Allgemeinheit. Dazu kommt das öffentliche Gewissen: Der Schuldner selbst ist vielleicht an der Kriegsinsolvenz unschuldig; er würde schlecht und recht fortgekommen sein, wenn die Kriegsverhältnisse nicht eingesetzt hätten. Um nun den Schuldner und sein Geschäft tunlichst zu erhalten, muß die Gläubigerschaft Opfer bringen. Sie muß auf richtige, mindestens rechtzeitige, Zahlung verzichten. Nur so kann die schuldnerische Einzelwirtschaft aufrecht erhalten werden. Das ist nicht sehr einfach und durchaus nicht schlechthin durchführbar. Ist das schuldnerische Unternehmen innerlich krank, entziehen ihm die Lieferanten, weil sie ihm kein Vertrauen schenken, den weiteren Kredit, so kann die Aufsichtsperson den Zusammenbruch nicht aufhalten. Ist zu vermuten, daß bei Wiederkehr friedlicher Verhältnisse das Geschäft wieder in die Höhe kommen werde, so muß der Betrieb auf feste Füße gestellt, Buchhaltung, Kassa, Eingang der Gelder, Briefwechsel, Reiseverkehr, Lagerung der Waren, Versicherung derselben, Ordnung der Hypotheken, des Wechsel- und Scheckverkehrs, überwacht, geordnet oder neuorganisiert, vereinfacht und verbilligt werden. Schikanen oder Machenschaften von Gläubigern ist in Güte durch Zuziehung des Aufsichtsgerichtes (§ 26), nötigenfalls auf dem Zivil- oder Strafrechtsweg, zu begegnen. Würde durch Aufbrauchung der vorhandenen Mittel der Betrieb lahmgelegt werden, so müßte diese Gefahr durch Stornierung von Zahlungen vermieden werden. Zuerst ist an den Bestand des Geschäftes zu denken. Dieser

Grundsatz entspricht dem volkswirtschaftlichen Zwecke der Einrichtung. Dann erst, wenn der Betrieb durch Berücksichtigung der Gläubigerschaft in seinem Fundament nicht gerüttelt wird, sind die Interessen der alten Gläubiger zu wahren. Denn das ist selbstverständlich, daß die neuen Gläubiger, d. h. die Lieferanten während der Geschäftsaufsicht, nur liefern und somit den Geschäftsbetrieb stützen, wenn sie selbst sofort bezahlt oder gesichert werden.

B. Die Nichtschmälerung des Vermögens.

Im großen und ganzen deckt sich die Aufrechterhaltung des Geschäftsbetriebes und die Nichtschmälerung des Vermögens. Dem Bedürfnisse des Wirtschaftslebens entspricht die Nichtvertreibung kriegsinsolventer Schuldner von Haus und Hof, die Erhaltung also des Grundstockes des Besitzes. Wer ein Haus, ein Anwesen, vor dem Kriege besaß und den kritischen Zustand des Geschäftes nicht verschuldet hat, soll, wenn nach der Kriegszeit seine Werte wieder eingehen oder bessergestellt werden, nicht sein Grundstück verkaufen und versteigern lassen müssen. Ein beaufsichtigter Schuldner, der sein Vermögen in englischen usw. Effekten angelegt hat, soll diese oder anderes Kapital nicht während der Geschäftsaufsicht auf den Markt bringen müssen, nur weil er jetzt mit seinen ausländischen Werten nichts anfangen kann. Dem Fabrikanten oder sonstigen Industriellen, der hohe russische Außenstände hat, soll seine Fabrik, sein Bergwerk, sein Sägewerk, nicht während der Geschäftsaufsicht unter den Hammer kommen. Mit allen rechtlichen Mitteln soll die Aufsichtsperson darauf Bedacht nehmen, daß solche nie wieder gut zu machende Entblößungen des schuldnerischen Vermögens vermieden werden. Der minder erfahrene und in eigenen Dingen natürlich befangene Schuldner hat zu dem Zwecke die sach-, fach- und rechtskundige Aufsichtsperson zur Seite, daß sein Vermögen verwaltet und vor gänzlicher Entäußerung bewahrt bleibt. Unter Umständen muß die Aufsichtsperson den Schuldner vor sich selbst schützen, wenn dieser etwa, durch die trüben Zeitläufte erregt, unvernünftig, unwirtschaftlich und unkaufmännisch haust, so daß sein Kapital, sein Anwesen und sein sonstiges Vermögen ohne die Hilfe der Aufsichtsperson in die Brüche gehen würde.

C. Die Ermittelung der Ursachen der Krisis und die Prüfung der schuldnerischen Verhältnisse.

Es geht natürlich nicht an, daß ein Schuldner einfach die Behauptung aufstellt, seine Insolvenz sei vom Kriege abhängig und dann allgemeine Stundung erreicht. Solcher Mißbrauch des Instituts muß unterbunden werden. Nach und nach übersieht die berufene Aufsichtsperson, welche der Fülle von Aufgaben und Pflichten selbstredend erst allmählich gerecht werden kann, die Gründe der Krisis. Sie stellt fest, durch welche Umstände sich die Dinge so zugespitzt haben, sie läßt sich keine Verdunkelung des Sachverhaltes gefallen. Stehen ihr doch die Mittel der §§ 2, 3, 16, 26, 30 usw. zur Verfügung. Die wachsame Aufsichtsperson bemerkt bald, ob sozusagen der Schuldner die Kriegsinsolvenz nur geheuchelt oder wirklich erlitten hat. Dabei bedient sich die Aufsichtsperson der Einsicht des Buch- und Schriftwerkes, der Rücksprache mit Angestellten, Verwandten, Gläubigern, Fachleuten, Fachkammern und nötigenfalls anderen Sachverständigen. Verdunkelungen, die der Schuldner oder Gläubiger versuchen, verhütet die Aufsichtsperson durch den ihr vom Aufsichtsgericht gemäß §§ 16, 26 und 30 gewährten Apparat der Aktenadhibierung, des Gläubigerbeirats, der Gläubigerversammlung. Anfechtbaren Rechtsgeschäften (Beiseiteschaffung von Waren, der Gesamtgläubigerschaft nachteiligen Vertragsschlüssen) hat die Aufsichtsperson nachzugehen (Bendix, LZ. 1915, 199; 1917, 165), ihre Wirkung tunlichst in Güte abzustellen oder bei Scheitern solcher Versuche (gemäß D gegenwärtiger Erl.) Bericht zu erstatten, damit die benachteiligte Gläubigerschaft durch das Ventil des § 18 Abs. 2 Kenntnis und Gelegenheit zu weiterem Vorgehen erhält. Nach alledem vermag der Aufsichtsführer über kurz oder lang sich ein Bild vom geschäftlichen Werde- und Niedergang zu machen, Umstände, die sich dem Geschäftsbetrieb und Vermögenserhalt entgegenstellen, zu unterbinden, und die Wirkungen frivoler Anträge des Schuldners auf Anordnung der Geschäftsaufsicht durch sachgemäße Anträge hinterher abzuwenden (§ 66).

D. Die Berichterstattung der Aufsichtsperson.

Auf die Berichterstattungstätigkeit legt die VO. einen ausschlaggebenden Wert. Das hat seine volle Berechtigung. Die in der Konkursverordnung vorgesehenen Termine fehlen. Demnach fehlt auch der dem Verwalter obliegende Bericht der ersten Gläubigerversammlung (§ 31 KO.). Der mündliche oder schriftliche Bericht soll daher gemäß § 18 jedem Gläubiger wunschgemäß zugänglich gemacht werden. Der Gläubiger, der das Opfer weitgehender Stundung bringen muß, will wenigstens wissen, wie er daran ist, wie das Aufsichtsverfahren zustande kam, ob es Aussichten für die Zukunft bietet und welche. So muß also zuallernächst über die Ursachen der Entstehung der Geschäftsaufsicht seitens der Aufsichtsperson Bericht erstattet werden. Sie muß über die Lage der Sache, über die ergriffenen und zu ergreifenden Maßregeln, über das Ergebnis der eingehenden Erkundigungseinziehung, über Wahrnehmungen, die sich auf anfechtbare Rechtsgeschäfte beziehen, sich in dem Berichte auslassen. Eine Auskunft über Stand der Bücher und Bilanz muß sich anschließen. Schriftlicher Bericht ist im § 28 nicht vorgesehen. Bei größeren Berichten versteht er sich aber von selbst, da weder das Gericht noch die Aufsichtsperson ihr Augenmerk auf die eine Sache lenken können, zudem der Bericht ja auch zu den Akten einzureichen und gemäß § 18 antragsgemäß Gläubigern zu behändigen ist.

Wann und wie oft solche Berichterstattung wiederkehrt, ordnet — im Gegensatz zu der ersten Gläubigerversammlung der KO. § 132 Abs. 2 — das Gericht an. Bei größeren Gerichten und Geschäftsaufsichten ist eine periodische (meist vierteljährliche) Einreichung weiterer schriftlicher Berichte üblich; sie hat sich auf den Fortgang der Geschäftsführung, die Verwertung, die Verteilung, Mitteilung von Rechtsstreiten, Rechnungsauslegung usw. zu erstrecken. Gericht und Gläubigerschaft muß so auf dem Laufenden gehalten und vor Überraschungen bewahrt werden. Der Einzelgläubiger hat keinen Anspruch auf solche Berichterstattung (Haberstumpf, LZ. 1907, 213), wenn auch diesbezügliche vernünftige Wünsche ihm nicht leicht abgeschlagen werden können. Beanspruchen kann jeder Gläubiger die Einsicht in die Berichte, welche die Aufsichtsperson regelmäßig dem Gerichte zu unterbreiten hat.

Da für den Fall des § 66 Nr. 2 (wenn die Voraussetzungen für die Anordnung der Geschäftsaufsicht nachträglich weggefallen sind) allenfalls die Geschäftsaufsicht aufzuheben ist, darf in keinem der Berichte die Aufsichtsperson unterlassen, anzugeben, ob diese Voraussetzungen noch vorhanden sind, d. h. ob Aussicht besteht, daß die Krisis nach Wegfall der Kriegsverhältnisse behoben oder der Konkurs durch ein Übereinkommen mit den Gläubigern abgewendet werden wird. Dies ist vielleicht der schwierigste Teil der Aufgabe der Aufsichtsperson. Denn die Verhältnisse nach Schluß des Krieges lassen sich weder im allgemeinen noch besonderen voraussehen, so daß auch der gewissenhafteste Kaufmann, Gewerbetreibende und Fachkundige nicht eine verläßige Prognose abgeben kann, ob die Symptome der wirtschaftlichen Schwächung des Schuldners bei Aufhören der Kriegsverhältnisse weichen werden. Die Aufsichtsperson wird sich daher darauf beschränken müssen, wirkliche Verstöße des Schuldners, die eine Fortführung der Geschäftsaufsicht in Frage stellen oder aber eine gänzliche Aussichtslosigkeit jeder Besserung dem Gerichte bekannt zu geben, während er mit hypothetischen Äußerungen aus besagtem Grunde zurückhaltend sein wird.

Vernachlässigt die Aufsichtsperson ihre Verpflichtungen zur Berichterstattung, so kann sie gemahnt, allenfalls gemäß § 25 mit Ordnungsstrafen zur Erstattung des Berichtes angehalten oder, wenn auch dies nichts nützt, entlassen werden.

§ 29.

In Streitfällen über die Verwendung der vorhandenen Mittel und in Streitfällen, die sich aus Anordnungen der Aufsichtsperson zwischen ihr und dem Schuldner ergeben, sowie bei Meinungsverschiedenheiten mehrerer Aufsichtspersonen entscheidet das Gericht.

Entscheidung des Aufsichtsgerichts in Streitfällen.

Auch der § 29 ist neu. Er lehnt sich an zwei Bestimmungen der a. VO. an, einmal den Schlußsatz des ersten Absatzes des § 6 a. VO.: „Widerspricht der Schuldner, so hat das Gericht das Erforderliche anzuordnen"; ferner § 8 a. VO. letzter Satz: „In Streitfällen entscheidet das Gericht". Die Streitfälle, welche Anlaß zu einem Ausspruch des Gerichtes bieten können, sind im § 29 angeführt. Zunächst dreht es sich um die Verwendung der vorhandenen Mittel. (Beispielsweise die Ausschüttung einer Abschlagsdividende, Beres, Frankfurter Zeitung vom 29. Dezember 1916 S. 4 Nr. 359.) In dieser Hinsicht knüpft der Paragraph an den § 5 n. VO. an, wonach die vorhandenen Mittel, soweit sie nicht zur Fortführung des Geschäftes und zu einer bescheidenen Lebensführung des Schuldners sowie seiner Familie erforderlich sind, zur Befriedigung der Gläubiger zu verwenden sind, auch soweit die Gläubiger von dem Verfahren nicht betroffen werden. Das Bestimmungsrecht bezüglich der Reihenfolge der Befriedigung, die nach den konkursrechtlichen Grundsätzen zu betätigen ist, steht zunächst der Aufsichtsperson zu (siehe meine Erläuterung zu § 5 D-F). Da nun in diesem wichtigen Punkte die Aufsichtsperson mit dem Schuldner, bzw. dem einen oder anderen Gläubiger, naturgemäß verschiedener Meinung sein kann, gibt das

Gericht den Ausschlag, falls eine Einigung ohne dasselbe nicht erzielt wird. Eine den konkursmäßigen Gläubigerversammlungen ähnliche Gläubigerversammlung besteht beim Aufsichtsrat nicht, auch ist für gewöhnlich kein Gläubigerausschuß vorhanden. Diese Organe, welche im Rahmen des Konkursrechtes dem Konkursverwalter die eine oder andere Direktive geben können, fehlen im Aufsichtsverfahren. An die Stelle dieser naturgemäßen Ratgeber des Verwalters tritt das Gericht. Mit dem Satze des § 5, daß die Reihenfolge der Befriedigung von der Aufsichtsperson unter entsprechender Anwendung der konkursrechtlichen Grundsätze bestimmt wird, ist es natürlich nicht getan. Auch die Grundsätze der Konkursordnung können nicht so kasuistischer Natur sein, daß für jeden einzelnen Fall Sorge getragen ist. Dreht es sich nun um größere Summen, die für die Verteilungsfrage einschneidend sind, so können die erwähnten Interessenten leicht mit der Aufsichtsperson kollidieren. In derartigen Fällen gibt das Gericht den Ausschlag und setzt — selbstredend nach genauer Prüfung des ganzen Sachverhaltes — die Reihenfolge der Mittelverwendung fest. Auch dies wird erst geschehen, wenn die Streitenden gehört und nötigenfalls die Ermittlungen im Sinne des § 16 vorgenommen sind.

Aber auch sonstige Anlässe von Meinungsverschiedenheiten sind denkbar, zumal zwischen dem Aufsichtsführer und dem von ihm beaufsichtigten Schuldner. Diese Streitfälle können so mannigfach sein, wie das ganze Gebiet der Tätigkeit der Aufsichtsperson. Es braucht nur auf meine Erläuterung zu § 2, die Modalitäten der Geschäftsführung und die verschiedenen Maßnahmen, verwiesen zu werden, welche die Aufsichtsperson anordnen kann: Kassa- und Buchführung, Scheck- und Wechselverkehr, die Beziehung zu den Angestellten, den Reiseverkehr, die Regelung von Grundbuchangelegenheiten, die Fortsetzung oder den Abbruch von Beziehungen mit bisherigen Kunden oder Lieferanten, die Vereinfachung, Verbilligung, Umwandlung und Zusammenlegung des Betriebes oder einer Sparte desselben. Alle diese und andere Angelegenheiten des täglichen geschäftlichen Lebens können zum Konfliktstoff zwischen der Aufsichtsperson und dem Schuldner werden. Es wäre bedauerlich, wenn wegen jedes einzelnen derartigen Falles die Aufsichtsperson sich nicht helfen, auch nicht Mittel und Wege finden könnte, um ohne das Gericht Ordnung in die Sache zu bringen, den Schuldner zu beruhigen und zu überzeugen, oder aber selbst ein anderes Verfahren einzuschlagen. Der beste Bundesgenosse für alle diese Angelegenheiten ist die Zeit: wenn der Schuldner sich allmählich überzeugt, daß die Aufsichtsperson nur sein Bestes will, wenn er vertrauensvoll zu ihr aufblicken kann, dann findet die Aufsichtsperson von selbst den rechten Weg. Umgekehrt ist auch ein gewisses Entgegenkommen der Aufsichtsperson erforderlich. Mit Schroffheit ist meist nicht gedient, und die Aufsichtsperson wird weit ergiebiger tätig sein können, wenn sie den Schuldner nicht verletzend behandelt. Wo aber selbst ein maßvoll verfahrender Aufsichtsführer sich und seine Weisungen gegenüber dem Schuldner nicht in Respekt setzen kann, wird als ultima ratio nichts weiter übrig bleiben, als vom Gericht die Dissidien schlichten zu lassen.

Endlich sieht der § 29 noch die gerichtliche Entscheidung für den Fall vor, daß mehrere Aufsichtspersonen verschiedener Meinung sind. Ich verweise hinsichtlich der gemeinsamen oder getrennten, kollektiven oder Einzelvertretung durch mehrere Aufsichtspersonen auf meine Erläuterung unter § 2 B 4. Wo nun die Verwaltung gemeinschaftlich geführt wird, also nicht für bestimmte Sparten jeweils einzelne Aufsichtspersonen bestellt sind, ist die gerichtliche Entscheidung maßgebend, falls eine Einigung der mehreren Aufsichtsführer nicht zu erzielen ist. Hier ist dasselbe zu sagen, wie oben: nur bei ernstlicheren Differenzen in wesentlichen Punkten wird man das Gericht bemühen. Es bleibt ohnedies, wenn solche Fälle vor dem aufsichtsführenden Gericht ausgetragen werden, leicht eine gewisse Gereiztheit zurück.

§ 30.

Das Gericht kann, wenn der Umfang der Geschäfte es erfordert, aus der Zahl der Gläubiger oder ihrer Vertreter einen Gläubigerbeirat bestellen. Es kann die Bestellung zum Mitglied des Beirats widerrufen.

Auf die Mitglieder des Beirats sind die Vorschriften des § 24 entsprechend anzuwenden.

Der Gläubigerbeirat.

Das Geschäftsaufsichtsverfahren kennt weder eine obligatorische Gläubigerversammlung (siehe meine Erläuterung § 16 B), noch einen Gläubigerausschuß mit den konkursrechtlichen Befugnissen. Die alte VO. kannte auch keinen Gläubigerbeirat, obschon die Bestellung eines solchen grundsätzlich nicht ausgeschlossen war. Nunmehr soll (nach dem Vorbild der ÖsterrAusglO. § 36; siehe Rintelen S. 513; Schourp S. 84) das Gericht dann einen Gläubigerbeirat bestellen, wenn der Umfang der Geschäfte es erfordert (ebenso ÖsterrAusglO. § 36: Bestellung durch den Ausgleichs-Kommissär). Schon der terminus: Beirat statt Gläubigerausschuß verweist auf den Unterschied (Veres, Frankf. Ztg. vom 29. Dezember 1916 S. 4 Nr. 359). Nicht gewählt wird also dieser Gläubigerbeirat (etwa von einer Gläubigerversammlung), sondern vom Gerichte ernannt. (Offizialprinzip, siehe Rintelen, ÖsterrAusglO. S. 505.) Damit ist nicht gesagt, daß nicht das Gericht Vorschläge der Gläubigerschaft, sei es in bezug auf die Tatsache der Einsetzung, sei es in bezug auf die aufzustellenden Persönlichkeiten, berücksichtigen kann. (Ebenso ÖsterrAusglO. § 36 Abs. 1.) Im Gegenteil: ein seiner Aufgabe gewachsenes Gericht wird sehr wohl sachgemäße und angemessene Vorschläge der Gläubigerschaft beachten, wenn denselben auch klar gemacht werden kann, daß sie einen formellen Anspruch auf solche Vorschläge nicht hat. Der vorläufige Ausschuß im Konkursverfahren wird vor der ersten Gläubigerversammlung (§ 110 KO.) vom Gerichte ebenfalls nach freiem Ermessen bestellt. Erst der endgültige Ausschuß wird von der Gläubigerversammlung berufen (§ 87 KO.). Das aufgestellte Ausschußmitglied ist nicht verpflichtet, die Bestellung oder Wahl anzunehmen. Ebensowenig ist das Gläubigerbeiratsmitglied des Aufsichtsrechtes verpflichtet, die Bestellung anzunehmen. Der Gläubigerbeirat kann aus natürlichen oder juristischen Personen bestehen, weil er aus der Zahl der Gläubiger oder ihrer Vertreter bestellt ist, ein Gläubiger aber auch eine juristische Person sein kann. Rätlich ist der Abstimmung halber eine ungerade Zahl der Mitglieder. Es ist nicht vorgeschrieben, daß der Gläubigerbeirat aus mindestens drei Mitgliedern bestehen muß; zu empfehlen ist dies immerhin. Ein Beirat von nur zwei Gläubigern erfordert Stimmeneinheit (OLG. Düsseldorf vom 24. April 1913 LZ. 1913, 572; Jaeger, KO. § 87 Anm. 2; § 90 Anm. 2; JW. 1917, 136 g).

Der Gläubigerbeirat muß nicht bestellt werden. (Selbst nicht bei Genossenschaften; anders § 103 GenG.) Wenn die Verhältnisse einfach liegen, ist er zwecklos. Es ist statistisch festgestellt, daß nur bei $1/_3$ aller Konkurse Gläubigerausschüsse bestellt sind, wenn auch in der letzten Zeit der Prozentsatz bedeutend, und zwar fast bis zur Hälfte aller Konkurse, gestiegen ist, was vor allem bei den Großstädten zutrifft. (Siehe Vierteljahrsheft zur Statistik des Deutschen Reiches und die übrigen bei Jaeger, KO. zu § 87 Anm. 3 S. 51 gegebenen statistischen Ziffern). Das durch den Umfang der Geschäfte gegebene Erfordernis einer Bestellung des Gläubigerbeirats ist natürlich ein dehnbarer Begriff. Man wird aber davon ausgehen dürfen, daß für gewöhnlich die Beigabe eines Beirats nicht erforderlich ist. Die österreichische Ausgleichsordnung hat obligatorisch einen etwas zu großen Verwaltungsapparat (siehe Rintelen § 89: Die Subjekte des AusglV.) festgelegt (Cahn, JW. vom 15. Mai 1916 ff.; Seyferth, Vortr. Leipz. Anwaltsv. vom 24. Mai 1916 JW. 1916, 301), und es ist zu begrüßen, daß die VO. vom 14. Dezember 1916 sich eine größere Beschränkung auferlegt hat. In den meisten Fällen ist wohl eine wirksame und ausreichende Überwachung der Aufsichtsperson ohne den Gläubigerbeirat möglich. Dann aber, wenn, nach der ganzen Situation, die Verantwortung für die Aufsichtsperson doch zu groß wäre und eine gewisse Rückendeckung angezeigt erscheint, wird — sei es von Anfang an, sei es, wenn sich dieser Umfang herausstellt — die Beigabe eines Gläubigerbeirats zu empfehlen sein.

Die der Aufsichtsperson zustehenden Funktionen (siehe § 2 meiner Erläuterung C-F) stehen dem Gläubigerbeirat nicht zu. Er ist nur im Innern tätig, hat also keinerlei Vertretungsmacht. Es wird ihm deshalb auch keine Bestallungsurkunde erteilt, wie der Aufsichtsperson (§ 23). Der Gläubigerbeirat ist in bezug auf seine Geschäftsordnung selbständig. Vorschriften hierüber bestehen nicht. Hinsichtlich der Gültigkeit seiner Beschlüsse siehe § 32. Das Gericht kann bloß Gläubiger oder Vertreter von solchen zu Beiratsmitgliedern bestellen. Es genügt, daß das Gericht die betreffenden natürlichen oder juristischen Personen als Gläubiger kennt, sei es aus dem schuldnerischen Verzeichnis (§ 20), sei es auf Grund der Berichte der Aufsichtsperson (§ 28). Die Bestellung ist widerruflich (Bendix, LZ. 1917, 166; ebenso ÖsterrAusglO. § 36 Abs. 3), sei es, weil es sich herausstellt, daß das vom Gericht bestellte Beiratsmitglied kein Gläubiger ist, sei es, weil sich die Ungeeignetheit oder Unzuverlässigkeit des betreffenden Gläubigers herausstellt. Das Gericht wird gut daran tun, keine Gläubiger als Beiratsmitglieder zu bestellen, die in Rechtsstreite mit dem Schuldner verwickelt sind, mit ihm, oder der Aufsichtsperson zu gut oder zu schlecht stehen, Sonderberücksichtigung irgendwelcher Art beanspruchen, wenn es auch nicht die des § 13 zu sein brauchen. Der § 30 hat nicht ausgesprochen, daß die Gläubiger des § 13 ohne weiteres ausgeschaltet sind; praktisch wird für gewöhnlich die Bestellung solcher privilegierten Gläubiger nicht sein. Wo über drei (ÖsterrAusglO. § 36 Abs. 3—5) Gläubigerbeiratsmitglieder oder wo allenfalls Ersatzmitglieder bestellt sind, kann ein für die Beratung oder Beschlußfassung einer bestimmten Angelegenheit beteiligtes oder befangenes Mitglied vorübergehend ausscheiden.

Die Mitglieder des Beirats (deren Vertretung nur auf eigene Gefahr und Kosten denkbar [ebenso ÖsterrAusglO.; Rintelen S. 513], für die aber keine Annahmepflicht vorgeschrieben ist [strenger: ÖsterrAusglO. § 36 Abs. 2]) sind für die Erfüllung der ihnen obliegenden Pflichten allen Interessenten gegenüber verantwortlich (siehe meine Erläuterung zu § 24). Das Einzelbeiratsmitglied haftet aus Pflichtverletzungen, die ihm selbst oder dem Gesamtbeirat zu Lasten fallen. Für Verfehlungen des gesamten Beirats haftet das einzelne Mitglied desselben nur dann, wenn ein Verschulden festzustellen ist. Wenn z. B. ein Beiratsmitglied die im § 31 geregelten Obliegenheiten vernachlässigt hat, wenn ferner ein Kausalzusammenhang zwischen der Vernachlässigung und der eingetretenen Entschädigung besteht, ist ein Haftungsfall gegeben (RG. vom 2. April 1906, 63, 133; OLG. Dresden vom 9. Juli 1914 SeuffA. 71 Nr. 151). Mehrere Beiratsmitglieder haften als gesetzliche Gesamtschuldner (BGB. §§ 421, 426; RG. vom 16. September 1909 LZ. 1910, 159). Da die Mitglieder des Gläubigerbeirats für die Erfüllung der ihnen obliegenden Pflichten allen Beteiligten verantwortlich sind, wird es angezeigt erscheinen, daß die Aufsichtsperson, wohl auch das Gericht, eine Belehrung über ihre Pflichten eintreten läßt, wie dies für den Gläubigerausschuß und seine Pflichten, gemäß § 89 KO., nach Übung und ministerieller Weisung geschieht (BayJMBl. 1907, 227; PrJMB. vom 23. Mai 1907 I 726).

Nachdem die Verantwortung des Gläubigerbeirats keine geringe und auch — analog — von der Judikatur (RG. 31, 119; LZ. 1910, 159) streng beurteilte ist, will mir die Bemerkung der amtlichen Erläuterung, daß ein Anspruch auf Vergütung oder gar auf Erstattung barer Auslagen den Mitgliedern des Beirats nicht zusteht, in keiner Weise einleuchten. Wie man Leuten im Beruf, um die es sich wohl meist dreht, eine unter Umständen materiell sehr bedeutsame Verantwortung zumutet, ohne sie irgendwie zu entschädigen, ist mir nicht faßbar. Derartige unentgeltliche Funktionen übernimmt niemand gerne, der das Risiko eines beträchtlichen Regresses läuft (siehe auch Buhmann, BayZfRechtspfl. 1917, 37; Schourp S. 84; Bovensiepen, DRZ. 1917, 92 und bezüglich eines ähnlichen Gesichtspunktes Michels, Recht 1917, 22; übrigens auch gegen das österreichische Recht, welches Unentgeltlichkeit der Tätigkeit der Ausschußmitglieder vorsieht, Deutsche KO., Protokolle S. 64; a. M.: Jaeger, JW. 1917, 136 zur Verhütung der „Konkurshyänen"). Nach alledem bin ich der festen Überzeugung, daß jedes Gericht und jede Aufsichtsperson die Festsetzung der Auslagen und der Vergütung des Gläubigerbeirats verantworten kann, wenn auch gegen den Beschluß die sofortige Beschwerde des § 27 nicht anwendbar ist.

§ 31.

Die Mitglieder des Beirats haben die Aufsichtsperson in ihren Obliegenheiten zu unterstützen und zu beraten. Sie können sich von dem Gange der Geschäfte unterrichten, die Bücher und Schriften der Aufsichtsperson und des Schuldners einsehen und den Bestand der Kasse untersuchen. Der Beirat ist berechtigt, von der Aufsichtsperson Auskunft über die Lage der Sache und der Geschäftsführung zu verlangen.

Der Wirkungskreis des Gläubigerbeirats.

Dieser Paragraph entspricht beinahe wörtlich dem § 88 KO.: Doch ist den Mitgliedern des Gläubigerausschusses die Unterstützung und Überwachung, den Mitgliedern des Beirats dagegen — gemildert — nur die Unterstützung und Beratung zur Aufgabe gemacht. (Ob absichtlich, in Frage gestellt von Buhmann, BayZfRechtspfl. 1917, 37.) Auch ist der Gläubigerausschuß berechtigt, von dem Verwalter Berichterstattung über die Lage der Sache und die Geschäftsführung zu verlangen, während der Beirat — gemildert — nur berechtigt ist, Auskunft hierüber zu verlangen. Endlich ist der Gläubigerausschuß zur Kassarevision verpflichtet, und zwar für wenigstens einmal in jedem Monat. Diese Bestimmung fehlt im § 31. Es ist die Frage aufgeworfen worden, ob es wünschenswert gewesen wäre, dem Gläubigerbeirat, entsprechend dem Gläubigerausschuß — und ähnelnd dem Prüfungsausschuß der ungar. AusglO. (§§ 26 ff.; siehe Jaeger, JW. 1916, 703; 1917, 136) — ein Mitwirkungsrecht bei gewissen wichtigen Geschäften einzuräumen (Beres, Frankfurter Zeitung vom 29. Dezember 1916 S. 4 Nr. 359) indem man z. B. seine Zustimmung obligatorisch gemacht hätte bei der Veräußerung von Aktiven über den Rahmen des normalen Geschäftsverkehres, Schließung des Geschäftes, Vorlage von Abschlagszahlungen an die Gläubiger, Bemessung der Höhe der Unterstützung des Aufsichtsschuldners, Prozeßführung sowie Abschluß von Vergleichen über einen gewissen Betrag, u. dgl. Grundsätzlich konnte man freilich dieser Kompetenzerweiterung des Beirats zuneigen, obwohl von Fall zu Fall Schuldner und Aufsichtsperson — auch ohne die ausdrückliche Statuierung — sich gerne eine Rückendeckung durch den Beirat verschaffen werden. Die obigen Beispiele für das Erweiterungsbedürfnis aber sind zum Teil nicht gut gewählt. Denn Schließung des Geschäfts und finanzielle Unterstützung des Aufsichtsschuldners durch die Masse können nicht auf der Tagesordnung einer Beiratssitzung stehen, während freilich die Reihenfolge der Befriedigung gemäß § 5 und die Frage einer Prozeßführung oder Vergleichsschließung unter Umständen, keineswegs immer, in den Rahmen der Beiratsberatungen fällt.

Da ein Beirat nur eingesetzt wird, wenn der Umfang der Geschäfte es erfordert, ist auch die Unterstützung der Aufsichtsperson durch die Mitglieder des Beirats erklärlich. Denn auch der verläßige und routinierte Aufsichtsführer kann bei Geschäften größeren Umfanges und komplizierterer Art eine Unterstützung sehr wohl benötigen. Von taktvoll handelnden Mitgliedern des Beirats wird diese Unterstützung nicht aufgedrängt werden. Um so lieber wird die Aufsichtsperson solcher Unterstützung sich bedienen, wo die Sachlage nicht ganz so einfach, und der Erfahrungsgrundsatz anwendbar ist, daß mehrere Köpfe immer mehr verstehen, wie einer. Der Beirat kann von Bedeutung werden, wenn ein größeres Unternehmen unter Aufsicht steht, dessen Verwaltung kaufmännische, technische und rechtliche Fragen verwickelterer Art aufrollt. Hier setzt insbesondere die Beratungsberechtigung und -Verpflichtung ein. Eine gewandte und weitblickende Aufsichtsperson wird praktisch die Sache so handhaben, daß sie, wie dies auch im Konkursverfahren geschieht, von Zeit zu Zeit den Stoff, der nicht glatt geregelt werden kann, zusammenstellt, um ihn als Tagesordnung periodisch wiederkehrender Gläubigerbeiratssitzungen vorzutragen und durch Beschlußfassung erledigen zu lassen. Die Beschlußfassung wird zumal dann angezeigt erscheinen, wenn die Eigenart des schuldnerischen Geschäftes sachkundige Mitwirkung erheischt. Jedenfalls handelt die Aufsichtsperson verständig, wenn sie bei minder einfachen Punkten sich der Unterstützung und des Rates der Mitglieder des Beirats bedient, weil sie dann selbst für die Erfüllung der ihr obliegenden Pflichten sachkundige Personen mit heranzieht.

Aber auch ohne und gegen den Wunsch und Willen der Aufsichtsperson kann und muß der Beirat tätig werden. Stellt sich innerhalb oder außerhalb einer Sitzung etwa heraus, daß der Schuldner oder (und) die Aufsichtsperson die Einnahmen und Ausgaben in ganz unübersichtlicher Weise bucht, so daß die vereinnahmten und verausgabten Beträge in umständlicher Weise erst auf Grund der Notizen in den Handakten der Aufsichtsperson festgestellt werden könnten und so der Kassenbestand ermittelt werden müßte, so ist es Sache des Beirates, auf das Ordnungswidrige in der Geschäftsführung der Aufsichtsperson hinzuweisen und den Erfolg dieser Rüge in möglichst kurzer Zeit zu kontrollieren. Hat ferner die Aufsichtsperson Gelder der Geschäftsaufsicht in ein auf ihren Namen laufendes Bankbuch der Hinterlegungsstelle eingelegt, in dem schon Einlagen aus der Zeit vor der Geschäftsaufsicht enthalten waren, so hat der Beirat dafür zu sorgen, daß dieser schon mit Rücksicht auf die Zinsberechnung ordnungswidrige Zustand beseitigt wird und die Gelder der Geschäftsaufsicht in ein neues Buch eingelegt werden, dessen Bezeichnung zu ergeben hat, daß es sich um Geld der X.schen Geschäftsaufsicht handelt (analog: OLG. Dresden vom 9. Dezember 1914 SächsArchRechtspfl. 1915, 106).

Um in der gedachten Weise funktionieren zu können, muß natürlich der Beirat sich selbst geeignet informieren. Es ist daher jedes einzelne Mitglied des Beirates ermächtigt, sich über den Gang der Geschäfte Klarheit zu verschaffen. Dasselbe kann von den Aufzeichnungen, Briefen und Geschäftsbüchern sowohl des Schuldners, als auch der Aufsichtsperson — sei es auch nur mittels Stichproben (Bendix, LZ. 1917, 167) — Kenntnis nehmen und sich davon überzeugen, wie es mit der Kasse bestellt ist. Würde der Schuldner oder die Aufsichtsperson berechtigten diesbezüglichen Wünschen eines Beiratsmitgliedes Widerstand entgegensetzen, so würde das Gericht gemäß §§ 25 und 29 einschreiten können.

Während in den ersten zwei Sätzen des § 31 von den Mitgliedern des Beirates, also den Einzelpersonen die Rede ist, spricht der letzte Satz von dem Beirat als solchem. Nur dieser ist befugt, von der Aufsichtsperson Auskunft über die Lage der Sache und die Geschäftsführung zu verlangen. Daraus wird zu folgern sein, daß nur das Plenum des Beirats solche Wünsche äußern kann, demnach einen Beschluß herbeiführen muß, wenn der Aufsichtsführer um Auskunft angegangen werden soll (RG. vom 9. Januar 1900 JW. S. 132). In der Praxis gestalten sich derartige Angelegenheiten meist weit einfacher, wie in der Theorie, denn niemand lastet sich gerne unnötige Arbeit auf. Eine rationelle Mitwirkung von verantwortlichen Gläubigern oder Vertretern von solchen läßt sich meist eine Aufsichtsperson und ein Schuldner gerne gefallen, weil ja schließlich die sämtlichen Beteiligten nur an dem einen Strange ziehen, da sie eine möglichst günstige Abwickelung der schuldnerischen Geschäfte gemeinsam beabsichtigen.

§ 32.

Ein Beschluß des Beirats ist gültig, wenn die Mehrheit der Mitglieder an der Beschlußfassung teilgenommen hat und der Beschluß mit absoluter Mehrheit der abgegebenen Stimmen gefaßt ist.

Die Beschlüsse des Gläubigerbeirats.

Der Inhalt des Paragraphen entspricht wörtlich demjenigen des § 90 KO. Hier kommt förmlich zum Ausdruck, daß kollegiale Beschlüsse bei den maßgebenden Beratungen herbeizuführen sind, daß somit nicht das Einzelmitglied seine Willenserklärungen in bedeutsameren Angelegenheiten kundgibt, sondern der Beirat als solcher. Wie nun ein solcher Beschluß des Beirats herbeigeführt wird, ist ihm selbst vollständig anheimgestellt. Es ist hier an die Motive II zu KO. S. 313 zu erinnern, wo es heißt: der Festsetzung des kompletten Ausschusses bleiben vorbehalten „die Form der Berufung, die Leitung der Verhandlungen, die Art der Abstimmung, welche unbedenklich in geeigneten Fällen auch auf schriftlichem Wege geschehen kann, die Beurkundung, Mitteilung und Ausführung der Beschlüsse". Wie schon unter § 31 erwähnt, wird für gewöhnlich die Aufsichtsperson den Beirat einberufen und ihm den Entwurf einer Tagesordnung vorlegen. Der Beirat wird meist gerne sich an diese Tagesordnung halten, wenn er davon überzeugt ist, einen pflichteifrigen und verlässigen Aufsichtsführer vor sich zu haben. Aber gerade in der Ergänzung der Tagesordnung kann die Ausübung der im § 31 dem Beirat gegebenen Rechte gelegen sein. Die Aufsichtsperson wird wohl auch, wie dies bei Konkursen üblich ist, den Vorsitz führen und Beschlußfassung sowie Abstimmung geeignet herbeiführen, ferner für die Niederschrift, Unterzeichnung und Zirkulation der Beschlüsse Sorge tragen. Wenn die Tagesordnung einfacher Natur ist, oder wenn die angeregte Beschlußfassung sich nur auf einzelne Punkte erstreckt, kann im Wege der Kurrende ein Beschluß herbeigeführt werden. Die Niederschriften über Beiratssitzungen sind nicht den Gerichtsakten einzuverleiben, zumal die Beschlußfassung sich auf Angelegenheiten von Gläubigern beziehen kann, die so Kenntnis der Entschließungen des Beirats sich verschaffen können, welche im Interesse der Geschäftsführung geheimzuhalten sind.

Die Bestimmung des § 32, daß die Mehrheit der Mitglieder an der Beschlußfassung teilgenommen haben und der Beschluß mit absoluter Mehrheit der abgegebenen Stimmen gefaßt sein muß, enthält ius cogens. Durch anderweitige Regelung oder Vereinbarung kann also eine Änderung dieses Beschluß- und Abstimmungsmoduses nicht herbeigeführt werden. Es wird aber zwischen der gesetzlichen Tätigkeit des Beirats und einer vertraglich vorgesehenen Genehmigung desselben zu unterscheiden sein. Eine Genehmigung des Beirats letzterer Art ist auch gültig, wenn einfacher Mehrheitsbeschluß erzielt ist (RG. vom 23. September 1893 JW. S. 487).

Verfehlt sich der Beirat, die Aufsichtsperson oder der Schuldner irgendwie gegen die Bestimmungen der §§ 30—32, so kann das Gericht angerufen werden.

4. Zwangsvergleich.

§ 33.

Auf Antrag eines Schuldners, der unter Geschäftsaufsicht steht, kann zwischen ihm und seinen Gläubigern ein Zwangsvergleich zur Abwendung des Konkurses geschlossen werden.

An dem Vergleichsverfahren sind nicht beteiligt Gläubiger, die nach § 13 von dem Verfahren nicht betroffen werden, sowie Gläubiger, deren Ansprüche zum Gegenstande haben:

1. Geldstrafen;
2. die im § 3 Abs. 2 der Konkursordnung bezeichneten Unterhaltsleistungen, soweit sie für die Zukunft geltend gemacht werden, es sei denn, daß der Schuldner als Erbe des Verpflichteten haftet;
3. Leistungen aus einer Freigebigkeit des Schuldners;
4. die seit der Eröffnung des Vergleichsverfahrens laufenden Zinsen;
5. die Kosten, die durch die Teilnahme an dem Vergleichsverfahren erwachsen.

Das Verfahren.

A. Allgemeines.

Nur der Schuldner, der unter Geschäftsaufsicht steht, kann an einen Zwangsvergleich zur Abwendung des Konkurses denken. Die VO. vom 14. Dezember 1916 hat einen Zwangsvergleich wohl außerhalb des Konkurses, aber nicht außerhalb der Geschäftsaufsicht, eingeführt. Über die Schattenseite dieser Einrichtung siehe Einleitung meiner Erläuterung II 1 sowie unten § 33 D! Um aber einigermaßen jedem Zwangsvergleichsfähigen außerhalb des Konkurses die Wohltat dieser Einrichtung zu ermöglichen, hat die neue VO. durch den Schlußpassus des § 1 die Anordnung der Geschäftsaufsicht erleichtert. Dem Antrag auf Anordnung einer Geschäftsaufsicht ist nämlich auch stattzugeben, wenn Aussicht besteht, daß der Konkurs durch ein Übereinkommen mit den Gläubigern abgewendet werden wird. (Siehe meine Erläuterung zu diesem Passus des § 1 B c!) Unter einem Zwangsvergleich außerhalb des Konkurses ist ein zwischen den nichtbevorrechtigten, allenfalls auch bevorrechtigten, Gläubigern und dem Schuldner abgeschlossener, der Bestätigung des Gerichts bedürfender Vertrag zu verstehen, mit welchem, gegen Vereinbarung und allenfallsige Sicherstellung einer von der Gläubigerschaft nach freiem Ermessen zu genehmigenden Dividende, einerseits, und gegen unbeschränkten Verzicht auf die unbezahlten Prozente andererseits, mit Zwangswirkung gegen die nicht beigegangenen, nicht bevorrechtigten, allenfalls auch bevorrechtigten, Gläubiger die Eröffnung des Konkurses abgewendet werden soll, ohne daß bei Scheitern oder Nichtbestätigung des Vergleichs die Konkurseröffnung von Amts wegen zu erfolgen hat.

B. Der Zwangsvergleich innerhalb des Konkurses.

Der Zwangsvergleich war bisher mit dem Konkurse eng verbunden. Bezüglich der Rechtsnatur und Rechtsfolgen, der Tendenzen und Vorzüge des konkursmäßigen Zwangsvergleichs, wird auf mein Gutachten S. 706 ff., und die dort angegebene Literatur, verwiesen. Bezeichnend für die Grundtendenz des konkursmäßigen Zwangsvergleichs, die zugleich einen guten Führer für das Problem des außerkonkursmäßigen abgeben kann, ist das Geleitwort der Motive zur KO. (S. 128): „Die Gesetzgebung muß dem als sittlich und nützlich für Alle erkannten Willen der Mehrheit Anerkennung verschaffen. Sie kann es um so mehr, als der Vorteil aus dem Beschluß dem Widersprechenden in gleichem Maße zustatten kommen soll, wie dem Zustimmenden, als dieser Vorteil selbst denen zufließen soll, die an dem Verfahren nicht teilgenommen haben, welche daher bei einer Verteilung der Masse nichts erlangen würden: Gleicher Vorteil, gleicher Zwang."

Von den Vorzügen jedes Zwangsvergleichs, also auch des konkursmäßigen, sind herauszugreifen: die größere Dividende, weil dem Schuldner nahestehende Personen ein übriges tun, um die Durchführung des eigentlichen Konkurses zu verhindern, die raschere Beendigung und Verbilligung, weil die förmliche Konkursabwicklung nicht abgewartet zu werden braucht, allenfalls die Erhaltung des Geschäfts und der dem Schuldner gehörigen Werte, die Fähigkeit der Gründung einer frischen wirtschaftlichen Existenz, der Zwangsnachlaß bezüglich der unbezahlten Prozente, die nicht, wie ein Damoklesschwert, die Konkursschuldner weiter verfolgen, schließlich der Fortfall der Konkursbeengung überhaupt. Gerade der Zwang ist das Gesunde der Einrichtung. Überstimmte, ausbleibende und sich am Verfahren nicht beteiligende Gläubiger sind gebunden. Die gezwungene Gläubigerminderheit kann nicht schikanieren, kann nicht durch Hartnäckigkeit den Schuldner reizen, Konzessionen über seine Kraft zu machen. Mit einer qualifizierten Summen- und Personenmehrheit vereinbart der Schuldner die Tilgung seiner Schulden. Daß der anständige Schuldner — dem nachgewiesenermaßen unredlichen ist ja die Pforte des Zwangsvergleichs verschlossen — einen erfreulichen Ausblick, eine zeitige Möglichkeit der Lösung, hat, ist ebenso berechtigt, wie das Fortbestehen des Schuldenrestes als Naturalobligation.

Der die Minorität bindende reichsdeutsche Zwangsvergleich beruht auf dem Grundsatz gleichheitlicher Behandlung durch Hauptschuldner und Garanten (§ 181 KO.). Unsere Gesetzgebung geht nach allebem von dem Gedanken aus, die größere Majorität vermöge zu beurteilen, was für die Gesamtgläubigerschaft vonnöten sei. Das rein selbstsüchtige Postulat des Vermögens- und Forderungsrechtes muß auch auf sonstigen Rechtsgebieten altruistischen Erwägungen weichen. Die überwiegende Anzahl der Gläubigerschaft weiß als solche, was not tut, was angebracht ist, was akzeptiert werden darf. Rücksichten auf Schuldner, Gläubiger und Allgemeinheit müssen unter einen Hut gebracht, dem die Existenzen Vieler bedrohenden Zustande muß, unbekümmert um den Protest der bei der Abstimmung Unterlegenen, möglichst rasch ein Ende gemacht werden. Die Sonderwünsche werden höherstehenden sozialen und ethischen Erwägungen geopfert. Ist diese Problemstellung gelungen, so kann das moderne Fallissementswesen ruhig ein Stück weiter fortschreiten. Dieser weitere Schritt vorwärts ist der Zwangsvergleich außerhalb des Konkurses.

C. Der Zwangsvergleich außerhalb des Konkurses.

Einen Zwang der Gläubigermehrheit kannte schon das römische Recht (1. 7 D. II, 14: leges 8 ff. D. II, 14: „omnes facere videntur, quot facit maior pars"). Die Voraussetzungen des Erlaßvertrages (pactum de non petendo) und die Stimmenzählung sind hier schon geregelt. Der Zwangsvergleich wurde durch eine Verfügung des praetor wirksam und gab die Unterlage des exceptiv pacti. Die Zwangswirkung konnte nur bei einer überschuldeten Erbschaft erzielt werden. Auch die Zwangswirkung bei der Stundung war bekannt. Sie wurde dem Schuldner zur Hintanhaltung der cessio bonorum bewilligt (Lex. 8, C, qui bonis cedere poss. 7, 71).

Bezüglich des außerkonkursmäßigen Zwangsvergleichs im Ausland — zunächst finden wir ihn im italienischen Recht — beziehe ich mich auf Lieblich, Gutachten S. 355 ff. und Cahn, Gutachten S. 717 ff., sowie die hier und bei Jaeger, KO. 5. Aufl. S. 314 zitierte Literatur. Der Entwurf einer Gemeinschuldordnung hatte, nach Vorbildern in Sachsen, Württemberg, Baden, Hannover, Kurhessen und den Hansastädten, ein Konkursabwendungsverfahren vorgeschlagen (siehe österr. Ges. vom 18. Mai 1859; 15. Juni 1859; 17. Dezember 1862 und Motive, KO. I Bd. 2 S. 218). Allein es blieb bei dem Entwurf und bei der sich fortpflanzenden Ablehnung der zentralen Behörde. Das Reichsjustizamt hat noch vor zehn Jahren in einer Denkschrift vom 1. Dezember 1906 seine Bedenken gegen das gerichtliche Zwangsvergleichsverfahren außerhalb des Konkurses zusammengestellt; die Erwartung, daß in einem gerichtlichen Vergleichsverfahren außerhalb des Konkurses die Vergleichsraten dieselbe Höhe erreichen könnten, wie bei außergerichtlichen Angeboten, sei unbegründet. Aber auch die Hoffnung, daß sich wenigstens ein besseres Ergebnis erzielen lassen werde, als bei Abschluß eines Zwangsvergleichs im Konkurse, dürfte, wenn anders das Vergleichsverfahren mit den notwendigen Garantien ausgestattet sein solle, nicht gerechtfertigt sein. Unerläßliche Voraussetzung einer Mitwirkung des Gerichtes sei eine sichere Feststellung der Forderungen und der Stimmenberechtigung der Gläubiger, sowie der Vermögensmasse des Schuldners. Daß das Vergleichsverfahren sich ferner nicht unter Ausschluß der Öffentlichkeit vollziehen könne, sei selbstverständlich und ergebe sich aus dem Bedürfnis einer sicheren Feststellung der beteiligten Gläubiger. Andererseits sei die Auffassung, daß nur die Tatsache der Konkurseröffnung als solche die Ehre des Schuldners treffe, seinen Kredit schädige und die Masse entwerte, sachlich nicht gerechtfertigt. Es bleibe neben dem Zwangsvergleich im Konkurs kein Raum für ein gerichtliches Zwangsvergleichsverfahren außerhalb des Konkurses. Beschränke man die Wohltat des Vergleichs auf achtbare Schuldner, so werde dem Konkursverfahren der Stempel der Ehrenrührigkeit aufgedrückt. Durch die Einführung des Verfahrens werde, sofern dieses weniger streng gestaltet werde, die gewissenhafte Tätigkeit des deutschen Kaufmannstandes gefährdet. Es könne eine laxere Auffassung in Ansehung der Zahlungseinstellungen zur Herrschaft gelangen. Wenn den Gläubigern der Abschluß des Vergleichs vorteilhafter erscheine, als die Eröffnung des Konkurses, werden sie bei der Prüfung der Würdigkeit des Schuldners in der Regel ziemlich weitherzig verfahren. Schon die Möglichkeit, sich auf dem Wege des Zwangsvergleichs eines Teiles seiner Schulden entledigen zu können, bringe die Gefahr mit sich, daß der Schuldner weniger sorgfältig und gewissenhaft zu Werk gehen werde. —

Die Bewegung für den Zwangsvergleich außerhalb des Konkurses ließ aber nicht nach. Handelskammern, gewerbliche und industrielle Vereine, der Handels- und Anwaltstag, Großhändlerverbände, politische Parteien usw., haben sich — zumal in den Jahren 1905 bis 1912 — für den Zwangsvergleich ohne Konkurs ausgesprochen. (Jörissen, LZ. 1913, 50 und Schourp S. 10 über die Berl. Indust.-Vers. vom 2. Dezember 1912). Die Berliner Handelskammer hat 1910 berechnet, daß 38 Millionen Mk. jährlich durch den Präventivakkord erspart würden (Vortrag Seyferth, Leipz. Anwaltsv. vom 24. Mai 1916, 900). Die in der Einleitung erwähnten Gutachten zum Deutschen Juristentag in Düsseldorf (welcher des Krieges halber vorläufig unterblieben ist) haben die Argumente der Denkschrift des Reichsjustizamtes vom 1. Dezember 1906 zu widerlegen versucht. Zunächst ist das Argument der Denkschrift, die Quote des Zwangsvergleichs könne nicht so hoch sein, wie beim Privatvergleich, verfehlt. Sowohl beim Privatvergleich, als auch bei dem Zwangsvergleich außerhalb des Konkurses, raffen der Schuldner und seine Angehörigen alle irgendwie erlangbaren Mittel zusammen, um das Odium des Gerichtskonkurses von sich fernzuhalten. Auch die ausländischen einschlägigen Normen verstehen es, durch die Vertrauensmänner eine Überprüfung und Überwachung der Forderungen, Stimmberechtigung und Vermögensmasse sich zu verschaffen. Da der Ablehnung des außerkonkursmäßigen Zwangsvergleichs leicht der Konkurs auf dem Fuße folgen kann, hütet sich der Schuldner von selbst vor Unregelmäßigkeiten in bezug auf die Masse. Manchen Einrichtungen, insbesondere dem Konkurse, klebt ein Makel von alters her an, ohne daß die derzeitige Struktur derselben eine juridische Berechtigung abgibt. Die öffentliche Meinung verbindet mit dem Konkurs eine Bloßstellung für den Schuldner und seinen Geschäftsbetrieb. Die Deduktion der Denkschrift, der Gerichtskonkurs wäre durch die Neueinführung des Zwangsvergleichs ohne Konkurs zu einem Verfahren gegen Ehrenrührige herabgemindert, ist ebenso unrichtig, wie unwesentlich. Das nun — nach dem schwesterlichen Vorbilde der ÖsterrAusglO. vom 10. Dezember 1914 — zugelassene Verfahren „wird ein Antrieb sein für jeden Schuldner, im ersten und rechten Augenblick seinen Vermögensverfall freimütig zu bekennen, und nicht aus Furcht vor den Nachteilen eines Konkurses seine und seiner Gläubiger Lage durch vergebliche Anstrebungen hinziehend zu verschlimmern, oder gar auf Kosten der Gläubiger eine Raubwirtschaft fortzusetzen".

D. Der Zwangsvergleich im Kriege — ein Versuch.

Die amtliche Begründung betont, daß die grundsätzlichen Erörterungen der Reichsverwaltung über die Frage des Zwangsvergleiches außerhalb des Konkurses, welche, durch die lebhaften Bestrebungen der Praxis und die Entschließung des Reichstages vom Jahre 1913 (StenB. 1913, 3749 A; siehe auch Lieblich, Gutachten S. 326 und Jörissen,

LZ. 1913, 279) hervorgerufen worden seien, durch den Kriegsausbruch unterbrochen worden seien. Die amtliche Begründung erinnert an den bisher ablehnenden Standpunkt der (unter II meiner Erläuterung besprochenen) Denkschrift des Reichsjustizamtes vom 1. Dezember 1906 (Drucksachen des Reichstages, II. Legislaturperiode, II. Session 1905/07 Nr. 596) und unterläßt nicht anzufügen, die grundsätzliche Lösung der Frage werde der ordentlichen Gesetzgebung vorzubehalten sein. Unbeschadet dieser grundsätzlichen Lösung, deren Reifheit erst nach weiterer Vorbereitung und Auseinandersetzung mit den Bedenken erlangt werden könne, erscheine es angängig, den Zwangsvergleich als Mittel zur Beendigung der Geschäftsaufsicht einzuführen (Jaeger, JW. 1917, 66 bekämpft diesen „geheimnisvollen Hinweis" auf die Notwendigkeit der Auseinandersetzung mit den Bedenken; s. auch LZ. 1907, 132, 584). Mit anderen Worten: den großen Schritt des Zwangsvergleiches außerhalb des Konkurses schlechthin, grundsätzlich und allgemein, traut sich, ohne die Aufbietung des eigentlichen Gesetzgebungsapparats, die Zentralbehörde nicht zu gehen. Sie macht sich und dem lediglich zum Abbau der Geschäftsaufsicht in die Welt tretenden Zwangsvergleiche außerhalb des Konkurses alle Vorbehalte. Der Zwangsvergleich soll im Kriege seine Pflicht und Schuldigkeit auf Zeit tun. Wenn er seine Arbeit getan hat, kann er bis auf weiteres gehen. Daß nun die Reichsregierung zu dem prinzipiellen Schritte selbst sich nicht aufraffen konnte, ist zu bedauern. Noch wirken also leider die in der Denkschrift des Reichsjustizamtes vom 1. Dezember 1906 verkörperten und durch sie gesteigerten Gefühle der Angst vor dem neuzeitlichen Gebilde nach. Aufgabe der Praxis und Praktiker wird es sein, unsere oberste Leitung von diesen Beklemmungen zu kurieren und die Überzeugung in ihr zu befestigen, daß, was der Kriegszeit recht, der Friedenszeit billig ist. Deshalb noch Einiges zum derzeitigen und künftigen Bedürfnis des Zwangs*ausgleiches*! So bezeichne ich zum Unterschiede vom konkursmäßigen Zwangsvergleich gerne die neue Einrichtung. (Andere benennen sie Schuldnachlaß [Wagner], Konkursabwendungsvergleich [Jaeger, KO. § 173 S. 310 Anm. 15], Präventivakkord [Kohler, Leitfaden S. 163; Tischbein; Bernicken; Staub-Könige, Exkurs zu § 350 HGB.], Arrangement im engeren Sinne [wahlweise auch Jaeger], Ausgleichsverfahren [Lieblich], Vergleichsverfahren [Schourp 1916], Vorkonkurs [Pollak, AllgÖsterrGerZ. 1895 Nr. 46 S. 390, mit Recht von der österr. Denkschr. z. AusglO. S. 150 verpönt, s. Schourp S. 15]). Das Bedürfnis zum Zwangsausgleich ist durchaus nicht nur in der fehlerhaften Einrichtung des Konkursverfahrens begründet, verschwindet auch nicht mit ihm (Motive, KO. II S. 431; Protokolle S. 126 ff.). Andere (Schourp, Der Zwangsvergleich außerhalb des Konkurses S. 13) argumentieren, wie folgt: daß die deutsche Gesetzgebung bisher in der Einführung eines außerkonkurslichen Zwangsvergleiches hinter so zahlreichen Auslandsstaaten habe zurückbleiben können, sei nur durch den Vorsprung möglich gewesen, den die deutsche Konkursgesetzgebung vor den Auslandstaaten besitze. Freilich werde ihr dieser Vorteil jetzt durch die Neubearbeitung der österreichischen Konkursordnung streitig gemacht. Allein weder die Mangelhaftigkeit, noch der Vorsprung der deutschen Konkursordnung erklärt oder beeinflußt die Bedürfnisfrage. (Brauchbarste neuerliche Erwägungen bringt Werner, LZ. 1917, 231 in seiner volkswirtschaftlichen Einleitung!) Denn jeder Konkurs jeder Konkursordnung entwertet das schuldnerische Vermögen und übt so den wirtschaftsfeindlichen Rückschlag auf die Allgemeinheit aus. Jeder Konkurs jeder Konkursordnung muß, wenn selbst die hervorragendsten Verwalter, Ausschüsse und Gerichte ihn betreiben, sich länger hinziehen und beträchtlichere Kosten verursachen, wie ein Vergleich außerhalb des Konkurses. Dazu kommt die treffliche Wirkung des Zwanges im Verhältnis zu den privaten Vergleichen, die durch die Akkordstörer und Begünstigungsabreden entwürdigt und verschrieen sind, die autoritative Bedeutung der gerichtlichen Leitung des Zwangsvergleiches außerhalb des Konkurses, welche der zuverlässigen Ermittelung der Gläubiger und den lauteren Abstimmungen zugute kommt. Alle diese sozialpolitischen Vorteile werden und müssen schon im Verlaufe des kriegsmäßigen Zwangsvergleiches bahnbrechend in die Erscheinung treten. Es wird sich herausstellen, daß das Zwangsvergleichsverfahren als Endstadium des Geschäftsaufsichtsverfahrens wohl angebracht und wirtschaftlich erfolgreich ist. Es wird sich aber auch herausstellen, daß das wichtige Problem, losgelöst von dem Geschäftsaufsichtsverfahren, nicht minder und erst recht gute Früchte zeitigen kann, nicht nur, weil das Ausland es unabhängig von der Geschäftsaufsicht erprobt hat, sondern auch, weil die Einrichtung des Zwangsausgleichs mit dieser wohl verquickt werden *kann*, nicht aber *muß*. Was im Kriege die Aufsichtsperson unter gerichtlicher Leitung erreicht, erreicht ebenso im Frieden der Vertrauensmann oder Vergleichsführer. Auch dann wird sich der grundlegende Unterschied zwischen dem Konkurs und dem konkurslosen Zwangsvergleichsverfahren, der Unterschied zwischen Veröffentlichung und Nichtveröffentlichung, Bloßstellung und Nichtbloßstellung des Schuldners, Geschäftsschließung und Geschäftsfortführung, Entwertung und Werterhaltung, Langwierigkeit und Promptheit, Teuerkeit und Verbilligung, bewähren. Bewähren wird sich endlich der grundlegende Unterschied zwischen dem Privat-Arrangement und dem konkurslosen, aber gerichtlichen Zwangsausgleich, dem unbeaufsichtigten und beaufsichtigten, dem den Umtrieben der Minderheit ausgesetzten und entzogenen, dem bezüglich Gläubigerliste und Stimmrecht unkontrollierten und überwachten Verfahren. Je korrekter und praktischer aber, je wirtschaftlicher, großzügiger, von Aufsichtsperson, Gläubigerbeirat und Gericht wohlberatener, die Zwangsvergleiche außerhalb des Konkurses und innerhalb des Krieges sich abspielen, je günstigeres statistisches Material mit anderen Worten sie der Reichsleitung abgeben werden — *und solche Statistik möge auf allen Gebieten der Geschäftsaufsicht sowie des Zwangsvergleiches ehestens eingeleitet werden* — desto sicherer kann der Zwangsvergleich im Kriege als der Vorkämpfer seines Bruders im Frieden angesprochen werden. Der erste Schritt ist getan. „Wir betreten Neuland" (Bendix, LZ. 1917, 168).

E. Wesen des Zwangsvergleiches außerhalb des Konkurses.

Im großen und ganzen ist freilich die Regelung der KO. beibehalten worden. Doch der Grundsatz des gleichen Rechtes für alle ist etwas mehr unterbrochen. Auch nach der KO. ist eine ungleiche Bestimmung der Rechte mit ausdrücklicher Einwilligung — freilich sämtlicher — zurückgesetzter Gläubiger statthaft. (Ähnlich ÖsterrAusglO. § 46; Rintelen S. 450, 499.) Die Verordnung vom 14. Dezember 1916 nimmt diese Bestimmung auf, geht aber über sie noch hinaus und legt die

Möglichkeit der Majorisierung der zurückgesetzten Gläubiger fest. Das Gericht kann eine ungleiche Bestimmung der Rechte zulassen, wenn die Mehrheit der Gläubiger, die weniger bekommen, zustimmt und die Gesamtsumme der zustimmenden Gläubiger wenigstens $^3/_4$ der Gesamtsumme der weniger bekommenden Gläubiger beträgt (§ 34). Ist der Schuldner eine eingetragene Genossenschaft, so darf der Vergleich nur auf Stundung gerichtet sein (§ 35). Der Vergleich bringt einen Teilerlaß, meist unter Sicherung des nicht erlassenen Teiles der Forderung, oder eine Stundung, oder beides zusammen. Nach der herrschenden Lehre ist der Zwangsvergleich ein Vertrag (siehe mein Gutachten S. 706 ff. und die dortigen Zitate, ferner diejenigen bei Jaeger, KO. § 173 Anm. 8 S. 306; siehe auch Jaeger, JW. 1917, 326). Auch das Reichsgericht u. a. Gerichtshöfe haben den Vertragscharakter bejaht (RG. VII vom 6. April 1911 LZ. S. 556; RG. II vom 15. November 1911, 77, 404; RG. 1914, 493; neuerlich KG. vom 25. Juni 1913 ROLG. 32, 400). Der Endzweck des Parteivertrages, der, vereint mit der gerichtlichen Vergleichsbestätigung, im Sinne der §§ 53 und 59, den Vergleichsabschluß besorgt, ist und bleibt — der gerichtlichen Leitung ungeachtet — Befriedigung der Gläubiger durch den Schuldner selbst, wogegen sein Vermögen freigegeben wird. Der Vertrags- und Vergleichscharakter des Zwangsvergleiches ergibt sich aus dem Umstande, daß beide Kontrahenten — der Schuldner und die als Gemeinschaft zur gesamten Hand, besser als Prozeßpersonenverein oder als Interessengemeinschaft auftretenden Gläubiger — Opfer bringen. Ist der Zwangsvergleich auch kein gewöhnlicher Prozeßvergleich, so unterliegt er dennoch, wie Wach (Handbuch des Deutschen Zivilprozeßrechts I § 6 Nr. 21 und S. 590) sich ausläßt, mutatis mutandis den Vergleichsprinzipien. Die Guthaben der Gläubiger stehen durch die §§ 41 und 47 fest, so daß die Gläubigerschaft in unserem Falle das Geschäftsaufsichtsverfahren weiterbetreiben oder bessere Zeiten abwarten oder nicht abwarten und späterhin Konkurs eröffnen lassen könnte. Allein die Gläubigerschaft opfert — weil die Erreichung ihres Zieles, mindestens der Zeitpunkt desselben, ungewiß ist — einen Teil der Guthaben und gewährt zivilrechtliche Erleichterungen, wogegen ihr der andere Teil, unter besserer Gewährleistung, z. B. unter Beitritt eines Dritten (§ 35 Abs. 1, § 49) sogleich oder bald behändigt wird. Der Schuldner muß meist zur Masse etwas zulegen. Mit anderen Worten: jeder der Vergleichsteile gibt etwas nach und gewinnt etwas. Ist dem so, so sind die Merkmale des § 777 BGB. gegeben. Die Abstimmenden paktieren, weil nach Lage des Falles sie so mehr oder eher etwas erreichen, wie bei Fortführung des Geschäftsaufsichtsverfahrens oder bei künftiger Konkurseröffnung.

F. Wesen der gerichtlichen Mitwirkung.

Die Bestätigung wird von der Urteilstheorie (welche das Konkursverfahren als ein Stück streitiger Gerichtsbarkeit kennzeichnet; siehe mein Gutachten S. 708 und die dortigen Zitate) als eine dem Urteil ebenbürtige Entscheidung gekennzeichnet. Die Bestätigung ist freilich eine Entscheidung, doch ist sie nicht dem Urteile äqual. Sie ist vielmehr eine den Verfügungen der freiwilligen Gerichtsbarkeit analoge und verwandte Maßnahme. Ähnlich gestaltet ist die obervormundschaftliche Genehmigung (BGB. § 1822). Die Bestätigung bezweckt den

Schutz der Mehrheit und der Minderheit, die Verhütung von Umtrieben und den Störungen des Privatvergleichs. Die Bestätigung tritt in zivilprozessualer Form auf (§ 14). Sie bedeutet die Konstatierung, daß der Vergleich nach den Vorschriften der §§ 33 ff. zustande gekommen ist. Das Gericht hat die Verpflichtung, den rite angenommenen Vergleich zu bestätigen, nachdem es die Beteiligten gehört hat (§ 53). Das Gericht hat die Verpflichtung, den Vergleich zu verwerfen, wenn die Vorschriften oder schuldnerischen Pflichten verletzt oder unlautere Machenschaften ausschlaggebend gewesen oder wenn infolge unredlichen Verfahrens nicht mindestens 20% Dividende gewährt sind (§§ 54 und 55). Diese Bestätigung und Verwerfung liegt nicht im richterlichen Ermessen. Das Gericht kann auch nicht etwa die Bestätigung mit Gründen versehen oder von weiteren Bedingungen abhängig machen oder auch irgendwie modifizieren. Maßgebend ist vielmehr der Parteienvertrag (E meiner obigen Erläuterung). Er wird durch das Ergebnis der gesamten Abstimmung (§§ 46, 47, 51, 52) bekundet. Das gerichtliche Bestätigungsverfahren aber stellt nur fest, daß der ausschlaggebende Wille der vom Verfahren betroffenen Gläubiger im Vergleichstermine zustande gekommen und durch den Mehrheitsbeschluß die Minderheit gebunden ist.

G. Der Antrag des Schuldners.

Nur der geschäftsbeaufsichtigte Schuldner kann einen Vergleichsvorschlag bringen. (Anders in der österr. AusglO., wo die Einleitung des AusglVerf. zur Aufhebung der GeschA. führt; österr. VO. vom 17. September 1914 § 10; Rintelen S. 525.) Eine andere Persönlichkeit, die nicht unter Geschäftsaufsicht steht, aber notleidend ist, kann den Zwangsvergleichsvorschlag nicht bringen (meine diesbezügl. Kritik siehe unter der Einleitung, sowie unter A und D des § 33). Allein es besteht ein Ausweg. Es ist nämlich dem Antrage auf Anordnung der Geschäftsaufsicht stattzugeben, wenn Aussicht besteht, daß der Konkurs durch ein Übereinkommen mit den Gläubigern abgewendet werden wird (§ 1 und meine Erläuterung hiezu). Ist also ein notleidender Schuldner, der nicht unter Geschäftsaufsicht steht, soweit, daß er Zusagen maßgebender, z. B. mit größeren Forderungen ausgestatteter, Gläubiger zur Hand hat oder gar, was das Zweckmäßigere ist, die bald zu erlangende Mehrheit im Sinne des § 37 plausibel machen kann, so kann er der Geschäftsaufsicht, in welcher er nach der Vorschrift des § 33 antichambrieren muß, teilhaftig werden, auch ohne den Nachweis der Behebbarkeit der Zahlungsunfähigkeit oder Überschuldung. (Werner, LZ. 1917, 234.)

Der beaufsichtigte Schuldner oder auch sein Vertreter muß den Vorschlag bringen (ebenso ÖsterrAusglO. § 1; siehe Denkschrift S. 153), nicht die Aufsichtsperson, nicht ein Bürge, nicht eine Gläubigermehrheit. Für den nicht prozeßfähigen Schuldner bringt sein gesetzlicher Vertreter (event. Gewalthaber), für den Mündel sein Vormund, für die juristische Person ihr Vorstand, oder Geschäftsführer oder Liquidator, den Vergleichsvorschlag ein. Mehrere Direktoren, Geschäftsführer, Liquidatoren und Sozien einer offenen Handelsgesellschaft, die nur kollektiv auftreten können, können nur zusammen und einheitlich den Vorschlag einbringen (ebenso ÖsterrAusglO. §§ 1 und 60). Die Aufsichtsperson, das Gericht, der Gläubigerbeirat (§ 30), die Gläubigerversammlung (§ 16), können die Anregung zu einem Antrage des Schuldners im Sinne des § 33 geben. Aber sie selbst können den Antrag nicht stellen. Der Antrag wird gewöhnlich schriftlich eingereicht. Er kann natürlich auch zu Protokoll des Gerichtsschreibers erklärt werden.

H. Zeitpunkt des Antrags; Frage des vorherigen Versuchs eines Privatvergleichs.

Über den Zeitpunkt der Einreichung des Antrages ist nichts vorgesehen. Daß er grundsätzlich zugleich mit dem Aufsichtsantrag, jedenfalls sehr rasch nach Anordnung der Geschäftsaufsicht eingereicht werden kann, zeigt der Abs. 2 des § 1. Selbstredend wird er vernünftigerweise erst gebracht, wenn die Vorschriften und Voraussetzungen der §§ 34, 35, 37, 38, 41 usw. erfüllt werden können. Wenn der Konkurs eröffnet ist, kann der Zwangsvergleich außerhalb des Konkurses nicht mehr eingereicht werden. Dann ist nur für den Zwangsvergleich innerhalb des Konkurses gemäß §§ 173 ff. KO. Raum. Der Schuldner, dessen Vergleichsvorschlag zurückgenommen (§ 56), zurückgewiesen (§ 42), abgelehnt oder verworfen (§ 54) worden ist, kann, falls das Geschäftsaufsichtsverfahren fortdauert, Zurückweisungsgründe des § 42 oder Verwerfungsgründe des § 54 aber nicht bzw. nicht mehr vorliegen, den Antrag von neuem bringen.

Die amtliche Begründung denkt sich den Normalfall jedes Zwangsvergleiches so, daß zunächst gewöhnlich dem gerichtlichen Vergleichsverfahren der Versuch eines privaten Abkommens vorhergehen wird. Zu jenem werde nur geschritten werden, wenn der Schuldner bereits eine Mehrheit der Gläubiger auf seiner Seite habe und es sich nur noch darum handle, Widerstände einzelner Gläubiger zu überwinden. Die Beschaffung dieser Mehrheit sei Sache des Schuldners, welchem dabei die Unterstützung und Fürsprache der Aufsichtsperson zugute komme. Richtig ist, daß dieser Werdegang auch in Österreich der übliche ist (Pollak, Der Gläubigerschutz in der AusglO. S. 46; Ofner, AllgÖsterrGerZeitg. 1915, 214; Cahn, JW. 1916, 890). Meines Erachtens könnte man über diese Reihenfolge der schuldnerischen Versuche keine Freude haben. Denn wenn das gerichtliche Ausgleichsverfahren erst nach dem Scheitern eines Privatarrangements angewendet wird, dann sind die Umtriebe desselben sehr wohl möglich und können eher in das Ausgleichsverfahren noch hereinspielen, als wenn sofort das gerichtliche Ausgleichsverfahren beantragt worden wäre. Wozu auch den Schuldner und den wohlwollenden Teil der Gläubigerschaft erst dieses Stadium, ohne die Kontrolle des § 41 und die Überwachung der §§ 46 und 47 durchmachen lassen, wenn hinterher doch noch der gerichtliche Zwangsvergleichsapparat einsetzen soll? Die zweifelnde Frage ist um so mehr gestattet, wenn doch schon Geschäftsaufsicht und damit der erste Teil des ganzen Apparats besteht. Ich idealisiere mir also die reichsdeutsche Regelung ohne die Phase des Privatabkommens, von ganz glatten und gerechten Fällen abgesehen. Das Ausgleichsverfahren soll nicht bloß ein Surrogat sein, das erst nach dem Versagen des Privatarrangements angewendet wird. In Österreich hängt die Übung, daß zuerst ein außergerichtlicher und dann ein gerichtlicher Ausgleich versucht wird, mit Umständen zusammen, die bei uns nicht zutreffen. Einerseits erfolgt in Österreich leider — im Gegensatz zu uns — eine öffentliche Kundgebung des gerichtlichen Ausgleichs (Kundmachung durch Edikt §§ 4 ff. ÖsterrAusglO. und § 117 Abs. 2 ÖsterrZPO.; Rintelen, Handbuch 1915, 503 und 519; anerkennend: Bovensiepen, ÖsterrAusglO. S. 8; Jaeger, LZ. 1916, 105; JW. 1917, 67;

Bendix, LZ. 1917, 155; dagegen Wagner, 1904; Jörissen, DJZ. 1913, 85; Tischbein S. 38; mein Gutachten S. 759 und JW. 1916, 699). Dieses öffentliche Edikt scheut naturgemäß zunächst der Schuldner. Er fürchtet die durch die Veröffentlichung möglichen Wertzerstörungen, die Schädigungen seines Rufes und Kredites. Folglich versucht er in Österreich zunächst einen privaten Vergleich ohne solche Veröffentlichung. Dann kommt hinzu, daß die §§ 39, insbesondere 41 ff. ÖsterrAusglO., welche sich mit der Zession beschäftigen, bei den Gläubigerschutzvereinen und einer ehrlichen Gläubigerschaft schon jetzt höchst unbeliebt sind (Cahn, JW. 1916, 785). Letztere muß immer befürchten, daß eine dem Schuldner gefällige Gläubigergruppe ihn bei etwaigen Umtrieben der Stimmprozedur unterstützt. Diese Schattenseite des österreichischen Ausgleichsverfahrens wird ebenfalls befürchtet. Auch deshalb versucht man es in Österreich zunächst mit einem Privatvergleich. Veröffentlichung unterbleibt bei uns (§ 18). Die Regelung des Stimmrechts gibt bei uns keinen Anlaß zur Beunruhigung (§§ 46 ff.). Aus all diesen Gründen erscheint es mir überflüssig und unzuträglich, daß dem gerichtlichen Vergleichsverfahren regelmäßig der Versuch eines außergerichtlichen Abkommens vorhergehe.

Davon verschieden ist die Bestimmung des § 41, daß der Schuldner bei Einreichung des Vorschlags die Aussicht seines Vorschlags glaubhaft zu machen hat, so daß in gewissem Maße ein vorbereitendes außergerichtliches Verfahren erforderlich ist (Buhmann, BayZfRechtspfl. 1917, 38).

J. Für welche Schuldner ist der Vergleich statthaft?

Wer sich unter Geschäftsaufsicht befindet, kann einen Zwangsvergleichsvorschlag einreichen. Der Schuldner kann Kaufmann sein oder nicht; ein Geschäft oder Gewerbe betreiben oder nicht. (Ebenso Österr. AusglO.; siehe Rintelen S. 496; Jaeger, DJZ. 1905, 759; Frankl, Revision S. 16; Gutachten von Lieblich S. 357; Cahn S. 792.) Eine offene Handelsgesellschaft, Aktiengesellschaft, Gesellschaft mit beschränkter Haftung (RGBl. 1898, 846), eine Erwerbs- und Wirtschaftsgenossenschaft (RGBl. 1898, 810; §§ 35 Nr. 2, 72 VO. vom 14. Dezember 1916), eine Kommanditgesellschaft auf Aktien (§ 72), ein Nachlaß (§ 73), aber keine Versicherungsunternehmung, die der Beaufsichtigung nach Maßgabe des Gesetzes über die privaten Versicherungsunternehmungen vom 12. Mai 1901 (RGBl. S. 139) unterliegt (§ 74), kann des Zwangsvergleiches teilhaftig werden. Eine Erwerbs- und Wirtschaftsgenossenschaft (ausgeschlossen von ÖsterrAusglO. § 1 Abs. 5) kann aber als Schuldnerin im Zwangsvergleichswege nur eine Stundung, allein oder in Verbindung mit einem Erlasse von Zinsen für die Dauer der Stundung, nicht einen Teilerlaß, erhalten (§ 35 Nr. 2). Diese Ausnahme hängt mit der persönlichen Haftung der Mitglieder zusammen, welche durch einen auf Erlaß gerichteten Zwangsvergleich beeinflußt würde, da den Gläubigern Gewähr für die volle Befriedigung zu bieten ist.

K. Zur Abwendung des Konkurses.

Dies heißt: der Vergleich mit Zwangswirkung soll den geschäftsbeaufsichtigten Schuldner davor behüten, daß über ihn während oder nach der Kriegszeit, wenn die Voraussetzungen hiezu gegeben sind, der Konkurs verhängt wird. Die Geschäftsaufsicht einerseits und der Zwangsvergleich andererseits dienen zur Abwendung des Konkurses. Dies heißt aber nicht: der beaufsichtigte Schuldner, dessen Zwangsvergleichsvorschlag zurückgezogen (§ 56), zurückgewiesen (§ 42), verworfen (§ 54), oder nicht rechtskräftig bestätigt wird (§§ 58 ff.), fällt eo ipso in Konkurs. Richtig ist, daß theoretisch derartige Vorschläge — nach dem englischen, belgischen, französischen und argentinischen Muster; siehe Art. 26 des belg. Ges. vom 29. Juni 1887 und Art. 19 des franz. Ges. vom 4. März 1889, ferner siehe österr. Entwurf 1904 und ungar. GesEntw. Näheres Rintelen, ÖsterrAusglO. S. 524; Freund S. 74 — gemacht waren (siehe Jaeger, KO. zu § 103 5. Aufl. S. 80 III Anm. 5; Motive II S. 325; Oetker, Grundbegriffe I S. 174 ff.; Könige, Recht 1905, 451; erfreulicherweise dagegen: Popper, Der Vorkonkurs in der Praxis S. 15). Der Schuldner, dessen Vorschlag zurückgenommen oder zurückgewiesen oder verworfen oder nicht bestätigt worden ist, kann unter Umständen sich anderweitig sanieren. Es liegt nahe, daß ein Gläubiger oder er selbst seinen Konkurs beantragt. Dies kann ihnen niemand wehren. Von Amts wegen indes und ohne weiteres darf es nicht, eines zurückgenommenen oder zurückgezogenen oder abgelehnten oder nicht bestätigten oder verworfenen Zwangsvergleiches halber, zum Konkurse kommen.

L. Beteiligte Gläubiger.

Den Vorschriften über den Zwangsvergleich liegt das Motiv zugrunde, einerseits, dem Schuldner möglichst bald die unbeaufsichtigte Disposition über die Masse zurückzugeben, um ihn dadurch zur Fortsetzung seiner vollen Geschäftstätigkeit, die keinerlei fremde Zustimmung benötigt, in den Stand zu setzen, andererseits die Gläubiger gegen die Nachteile längeren Zuwartens oder das Risiko eines Konkurses zu schützen (RG. 22, 325). Geschützt zu werden brauchen aber nur die vom Verfahren betroffenen Gläubiger, welchen gemäß § 6 der Zugriff in das Vermögen des Schuldners während der Dauer der Geschäftsaufsicht versagt ist. Sie sind die Kontrahenten des Zwangsvergleiches, mit welchen eine Art „Waffenstillstand" geschlossen wird (siehe österr. Denkschrift zur AusglO. S. 160; Rintelen S. 525). Jaeger (JW. 1917, 190 A) nennt sie die „Vergleichsgläubiger". Von dem Verfahren werden, vorbehaltlich der im § 13 bestimmten Ausnahmen, alle persönlichen Schuldner betroffen, die einen vermögensrechtlichen Anspruch gegen den Schuldner haben (§ 4 und meine Erläuterung B hiezu!), einschließlich der erst nach Eröffnung des Verfahrens zu Gläubigern gewordenen. Diesen vom Verfahren betroffenen Gläubigern müssen — von der Ausnahme des § 34 abgesehen — gleiche Rechte gewährt werden. Ihre Forderungen allein zählen bei § 37 mit und kommen alle in Betracht, bis auf die im § 40 ausgenommenen. Der bestimmte Vergleichsvorschlag des beaufsichtigten Schuldners hat sich nur auf sie zu erstrecken (§ 41 Nr. 1); ihre Erklärungen, daß sie der Eröffnung des Vergleichsverfahrens auf der Grundlage des schuldnerischen Vorschlages zustimmen, sind ausschlaggebend und beizubringen (§ 41 Nr. 2). Für gewöhnlich sind auch nur sie im Gläubigerbeirat vertreten (§ 30 und meine Erläuterung hiezu), so daß die Anhörung ihrer diesbezüglichen Delegierten — außer der Aufsichtsperson —, für den Fall des Bestehens des Gläubigerbeirats, vor Entscheidung über den Antrag zu erfolgen hat (§ 42). Die Verhandlung über das Stimmrecht (§ 46) und die Erörterung der Forderungen (§ 47) bezieht sich — von den Ausfallforderungen des § 47 Abs. 3 abgesehen — nur auf sie. Im Falle des § 55 (Unredlichkeit oder Leichtsinn des Schuldners) muß oder kann der Vergleich verworfen werden, wenn sie nicht mindestens eine Zwangsvergleichsquote von 20% gewährt erhalten. Der rechtskräftig betätigte Vergleich ist für und gegen sie wirksam, auch wenn sie in dem Verfahren Erklärungen nicht abgegeben oder gegen den Vergleich gestimmt haben. Unberührt bleiben die Ansprüche der Gläubiger, die in den von dem Schuldner vorgelegten Verzeichnissen nicht aufgeführt sind (§ 60). Unbeschadet der durch den Vergleich gewährten Rechte kann jeder der am Vergleichsverfahren beteiligten Gläubiger den vergleichsmäßigen Erlaß oder die vergleichsmäßige Stundung seiner Forderung im Falle des § 64 Nr. 1 und 2 anfechten. Die rechtskräftige Verurteilung des Schuldners zu den im § 65 erwähnten Reaten hebt für die Gläubiger, welche vom Verfahren betroffen sind, Erlaß und Stundung wieder auf, unbeschadet der ihnen durch den Vergleich gewährten Rechte.

Zwischen inländischen und ausländischen Gläubigern macht der § 32 keinen Unterschied. (Die ÖsterrAusglO. verlangt bezüglich der letzteren Gegenseitigkeit; Rintelen S. 554; Beißer, GerZ. 1915, 200.) Letzteres ist wichtig, zumal, angesichts der Bekanntmachungen des Bundesrats, über die Geltendmachung von Ansprüchen von Personen, die im Ausland ihren Wohnsitz haben. Solche Bekanntmachungen sind am 7. August 1914 (RGBl. 1914, 360 Nr. 4457); 22. Oktober 1914 (RGBl. 1914, 449 Nr. 4521); 21. Januar 1915 (RGBl. 1915, 31 Nr. 4617); 22. April 1915 (RGBl. 1915, 236 Nr. 4718); 22. Juli 1915 (RGBl. 1915, 451 Nr. 4814); 21. Oktober 1915 (RGBl. 1915, 679 Nr. 4920); 6. Januar 1916 (RGBl. 1916, 1 Nr. 5007); 13. April 1916 (RGBl. 1916, 273 Nr. 5141); 13. Juli 1916 (RGBl. 1916, 694 Nr. 5319); 5. Oktober 1916 (RGBl. 1916, 1132 Nr. 5493); 31. Juli 1916 (RGBl. 1916, 878 Nr. 5368); 20. April 1915 (RGBl. 1915, 231 Nr. 4715); 25. Juni 1915 (RGBl. 1915, 361 Nr. 4777); 18. Februar 1916 (RGBl. 1916, 109) erschienen. Die in diesen Bekanntmachungen verkörperten Vergeltungsmaßregeln gegen das Ausland gipfeln darin, daß Personen, die im Ausland (mit Ausnahme von Österreich-Ungarn und Schweiz) ihren Wohnsitz haben, sowie juristische Personen, die im Ausland ihren Sitz haben, vermögensrechtliche Ansprüche, die vor dem 31. Juli 1914 entstanden sind, bis zu gewissen, immer wieder verlängerten Zeitpunkten, vor inländischen Gerichten nicht geltend machen können. Ist ein Anspruch vor dem Inkrafttreten dieser Vorschrift bereits rechtshängig geworden, so wird das Verfahren bis zu den immer wieder verlängerten Zeitpunkten unterbrochen (Sintenis S. 333 ff.; Wassermann-Erlanger, 3. Aufl. S. 405 ff.). Allein diese Vorschriften tangieren die Teilnahme an dem Zwangsvergleichsverfahren des § 33 ff. nicht. In der Annahme oder Nichtannahme des schuldnerischen Vergleichsvorschlages wird nämlich keine gerichtliche Geltendmachung vermögensrechtlicher Ansprüche erblickt, weil keinerlei Initiative von den Gläubigern selbst ausgeht. Beim Geschäftsaufsichtsverfahren findet keine Anmeldung der Forderungen statt, wie dies im Konkursrechte der Fall ist. Anders liegt die Sache, wenn gemäß § 61 VO. vom 14. Dezember 1916 aus dem rechtskräftig bestätigten Zwangsvergleich, in Verbindung mit einem Auszuge aus dem Gläubigerverzeichnis, wegen der darin als anerkannt vermerkten Forderungen beteiligter Gläubiger, gegen den Schuldner und seine Bürgen, die Zwangsvollstreckung stattfinden soll, was natürlich nach den Bekanntmachungen vom 7. August 1914 unzulässig ist (Wassermann-Erlanger, 3. Aufl. S. 412 ff.). Nicht einmal Gläubiger, welche dem feindlichen Staat zuzurechnen sind, sind von der Teilnahme vom Zwangsvergleichsverfahren ausgeschaltet. Bezüglich der Vollstreckung gilt aber bei ihnen das Nämliche, wie bei den im Ausland wohnhaften Personen und Gesellschaften. Eine Komplikation bezüglich der feindlichen Ausländer stellt sich erst bei der Mehrheitsfeststellung, im Sinne des § 37, ein. Hier schlagen die Bestimmungen über die Überwachung ausländischer Unternehmungen vom 4. September 1914 (RGBl. 1914, 397 Nr. 4487); 26. November 1914 (RGBl. 1914, 487 Nr. 4558); 24. Juni 1915 (RGBl. 1915, 351 Nr. 4772); 10. Februar 1916 (RGBl. 1916, 89 Nr. 5055); 24. August 1916 (RGBl. 1916, 961 Nr. 5406); 4. März 1915 (RGBl. 1915, 133 Nr. 4669); 28. September 1916 (RGBl. 1916, 1099 Nr. 5480) und die Bekanntmachung, betreffend die Liquidation britischer Firmen vom 31. Juli 1916 (RGBl. 1916, 871 Nr. 7365), ein. Nach diesen Bestimmungen können Guthaben feindlicher Gläubiger vergeltungsweise mit Zustimmung des Reichskanzlers zwangsweise unter Verwaltung gestellt werden. Wo dies geschehen ist, ist der Zwangsverwalter berechtigt, bezüglich der Forderung über den Zwangsvergleichsvorschlag, verbindliche Erklärungen für den ausländischen Gläubiger abzugeben, so daß durch diese indirekte Teilnahme und Abstimmung des ausländischen beteiligten Gläubigers eine Mitwirkung desselben beim Abschluß des Vergleichs nicht gehindert ist. („Ein vielleicht etwas umständlicher, aber doch gangbarer Weg", meint Weinberg, GeschA. 1917, 68. M. E. macht die Beteiligung keinerlei Umstände, wenn einmal die Zwangsverwaltung besteht. Nur birgt unter Umständen die Erklärung des Zwangsverwalters etwas Gewalttätiges in sich.) Bezüglich dem Aufenthalt nach unbekannter oder unerreichbarer beteiligter Gläubiger ist eine Abwesenheitspflegschaft zu bestellen.

M. Die nichtbeteiligten Gläubiger.

Aufgeführt sind im § 33 zunächst die Gläubiger, welche nach § 13 VO. vom 14. Dezember 1916, von dem Geschäftsaufsichtsverfahren nicht betroffen werden. Ich verweise auf § 13 und meine Erläuterung hiezu. Außerdem sind an dem Zwangsvergleichsverfahren nicht beteiligt die Gläubiger der fünf in § 13 besonders aufgezählten Nummern. (Ähnlich ÖsterrAusglO. § 27; Rintelen S. 551.)

1. Geldstrafen.

Diese Bestimmung erinnert an den § 63 Nr. 3 KO. Unter Geldstrafen sind zunächst die Strafen zu verstehen, welche im eigentlichen Strafverfahren verhängt werden. Dann gehören aber auch die Ordnungsstrafen sowie die Strafen des Zwangsvollstreckungsrechtes (§§ 888 und 890 ZPO.) hieher. Einschlägig sind sowohl die Strafen der Gerichte, als auch der Verwaltungsbehörden, ferner die Steuerstrafen mit einigen (bei Jaeger, KO. zu § 61 Anm. 22 und § 63 Anm. 4 angegebenen) Ausnahmen. Vertragsstrafen (RG. 49, 192), Buße (RG. 24, 397; 31, 334) und die Kosten des Strafverfahrens sind hier nicht eingerechnet. Auch die Einziehung bzw. Konfiskation des StGB. bedeutet keine Geldstrafe. Anders ist es, wenn sich die Einziehung in eine Geldstrafe verwandelt (z. B. StGB. § 335; VerZollG. § 155).

2. Die Unterhaltsleistungen des § 3 Abs. 2 KO.

a) Die Regel: Nichtbeteiligung der Unterhaltsgläubiger am Zwangsvergleichsverfahren.

Der § 3 Abs. 2 KO. lautet: „Unterhaltsansprüche, die nach den §§ 1351, 1360, 1361, 1578—1583, 1586, 1601—1615, 1708—1714 BGB. gegen den Gemeinschuldner begründet sind, sowie die sich aus den §§ 1715, 1716 BGB. ergebenden Ansprüche, können für die Zukunft nur geltend gemacht werden, soweit der Gemeinschuldner als Erbe des Verpflichteten haftet." Diese familienrechtlichen Unterhaltsansprüche des gegenwärtigen und des früheren Ehegatten (auch des unschuldig geschiedenen, Jaeger, JW. 1917, 436), der Verwandten in gerader Linie, des unehelichen Kindes, auch die Ersatzansprüche der unehelichen Mutter (mit Ausnahme derjenigen der §§ 823, 825, 847, 1300 BGB.) können im Zwangsvergleichsverfahren für die Zukunft, d. h. für den Zeitpunkt nach Eröffnung des Zwangsvergleichsverfahrens (KO., Kommissionsbericht S. 1950) nicht geltend gemacht werden. Diese Gläubiger können also auch während des Geschäftsaufsichts- und Zwangsvergleichsverfahrens, unbekümmert um § 6 VO. vom 14. Dezember 1916, einen Zugriff in das schuldnerische Vermögen vornehmen, wie ja unter gewissen Umständen selbst das unpfändbare Vermögen des Schuldners durch die Vollstreckung der Gläubiger derartiger Unterhaltsansprüche ergriffen werden kann (§ 708 Nr. 6; § 850 IV ZPO.). Auch nach Abschluß des Zwangsvergleichs kann ein Gläubiger derartiger Unterhaltsansprüche mit Zwangsvollstreckung gegen den beaufsichtigten Schuldner vorgehen.

Allein der § 33 Nr. 2 sieht eine Ausnahme vor.

b) Die Ausnahme der Nr. 2 (Haftung des Beaufsichtigten als Erben des Verpflichteten).

Diese findet Anwendung, insoweit der beaufsichtigte Schuldner als Erbe des Verpflichteten haftet (§ 1967 BGB.); siehe auch § 1 Abs. 3 ÖsterrKO. und Rintelen S. 551). Beim Geschäftsaufsichtsverfahren über einen Nachlaß (§ 73 VO. vom 14. Dezember 1916) beteiligen sich daher die Ansprüche auch für den Zeitpunkt nach Eröffnung des Zwangsvergleichsverfahrens, wenn die Pflicht des Unterhalts für die Zukunft auf den Erben des früheren Schuldners übergeht. Anders da, wo die gesetzliche Unterhaltspflicht nicht vererblich ist (§§ 1360, 1361, 1615 BGB.). Zu den Ausnahmsfällen des § 33 VO. vom 14. Dezember 1916 Nr. 2 Abs. 2 („es sei denn, daß der Schuldner als Erbe des Verpflichteten haftet") gehören daher die Fälle der §§ 1351, 1582, 1586, 1712, 1715 BGB. (Jaeger, KO. § 3 Anm. 37 S. 124).

Der Umstand, daß der Unterhaltsanspruch durch vertragliche Vereinbarung oder richterliches Urteil anerkannt und festgestellt wird, ändert an der Tatsache, daß er, soweit für die Zukunft geltend gemacht, an dem Zwangsvergleichsverfahren nicht beteiligt ist, nichts (SeuffA. 37 Nr. 31; 56 Nr. 42).

Nach dem zitierten § 3 KO. und § 33 Nr. 2 VO. vom 14. Dezember 1916 sind nur die Unterhaltsansprüche, die für die Zukunft geltend gemacht werden, am Vergleichsverfahren nicht beteiligt, wohl aber die für die Vergangenheit geltend zu machenden Unterhaltsansprüche familienrechtlicher Art.

3. Leistungen aus einer Freigebigkeit des Schuldners.

Die Nr. 3 des § 33 erinnert an § 63 Nr. 4 KO. (Forderungen aus einer Freigebigkeit des Schuldners unter Lebenden oder von Todes wegen). Auch diese Forderungen sind beim Zwangsvergleichsverfahren nicht beteiligt. Hieher gehört das Schenkungsversprechen im engeren Sinne (LZ. 1908, 606; RG. 72, 191), der Anspruch der Tochter auf Aussteuer (BGB. § 1620), das Ausstattungsversprechen (§ 1624 BGB.; RG. 49, 371; JW. 1903 Beilage 129), wenn es über die Vermögensverhältnisse der Eltern geht, das Stiftungsgeschäft (BGB. § 80), die Auslobung. Wenn das Schenkungsversprechen schon erfüllt ist (z. B. durch Hingabe eines Wechsels), so gilt § 33 Nr. 3 nicht mehr (JW. 1886, 274). Die Eigenart der Freigebigkeit geht durch Zession oder Urteil nicht verloren. Nur eine Freigebigkeit des **Schuldners** kommt in Betracht. Vermächtnisnehmer können an dem Zwangsvergleich über das Vermögen des unbeschränkt haftenden Erben teilnehmen, da ihr Anspruch nicht auf eine Freigebigkeit des beaufsichtigten Schuldners, sondern des Erblassers desselben, beruht (RG. 43, 236).

4. Die seit der Eröffnung des Vergleichsverfahrens laufenden Zinsen.

Auch diese Bestimmung ist an § 63 (Nr. 1) KO. angelehnt und im § 27 Abs. 1 ÖsterrAusglO. wiederzufinden.

Die Zinsverpflichtung besteht hinsichtlich der seit der Eröffnung des Zwangsvergleichsverfahrens laufenden Zinsen, an sich weiter. Diejenigen, welche neben dem beaufsichtigten Schuldner für die Schulden haften (Gesamtschuldner und Bürgen), sind zu der Entrichtung der Zinsen verpflichtet. Nur am Vergleichsverfahren des beaufsichtigten Schuldners nehmen die seit der Eröffnung des Zwangsvergleichsverfahrens laufenden Zinsen nicht teil.

Einschlägig sind auch Zinserweiterungen, welche z. B. bei Hypothekenbanken üblich sind und unter dem Namen von Provisionen im Verkehr auftreten. Hier dreht es sich nicht um eine Provision im engeren Sinne, sondern um Zinszuschläge, die meist mit dem Pfandbriefverkehr und dessen gesetzlicher oder statutarischer Prozenteregelung im Zusammenhang stehen. Im kaufmännischen Kontokorrentverkehr sind solche Zinserweiterungen ebenfalls unter dem Namen von Provisionen üblich. Die Nr. 4 des § 33 erstreckt sich auch auf diese Art von Zinsen.

5. Die Kosten, die durch die Teilnahme an dem Vergleichsverfahren erwachsen.

Diese letzte Nummer des § 33 steht wieder im Zusammenhang mit der entsprechenden Bestimmung des § 63 Nr. 2 KO. (Ebenso § 27 Abs. 1 ÖsterrAusglO.) Zu diesen Kosten gehören die Rechtsanwaltsgebühren (§§ 53 ff. RAGebO.; § 79 VO. vom 14. Dezember 1916). Aber auch sonstige Kosten, welche durch die Teilnahme eines Gläubigers oder seines Bevollmächtigten erwachsen, sind einschlägig. Es dreht sich um die Kosten, die nach Eröffnung des Zwangsvergleichsverfahrens entstehen. Zweifel kann bestehen bezüglich der Kosten des Eröffnungsantrages, weil diese schon **vor** der Teilnahme am Zwangsvergleichsverfahren erwachsen sind. Allein die ratio legis erfordert, daß auch diese Kosten, als an dem Vergleichsverfahren nicht beteiligt, behandelt werden (Seuffert S. 57; a. M.: Jaeger, KO. § 63 Anm. 3 S. 876; Willenbücher, KO. S. 137; Wilmowski, KO. S. 239; Meyer, KO. S. 134).

§ 34.

Der Vergleich muß allen beteiligten Gläubigern gleiche Rechte gewähren. Eine ungleiche Bestimmung der Rechte ist

nur mit ausdrücklicher Einwilligung der zurückgesetzten Gläubiger zulässig. Das Gericht kann jedoch eine ungleiche Bestimmung der Rechte zulassen, wenn die Mehrzahl der zurückgesetzten Gläubiger zustimmt und die Gesamtsumme der Forderungen der zustimmenden Gläubiger wenigstens drei Vierteile der Gesamtsumme der Forderungen der zurückgesetzten Gläubiger beträgt.

Jedes andere Abkommen des Schuldners oder anderer Personen mit einzelnen Gläubigern, durch das diese bevorzugt werden sollen, ist nichtig.

Grundsatz der Parität und seine Ausnahmen.

A. Gleichmäßige Behandlung der beteiligten Gläubiger.

Die an dem Vergleichsverfahren beteiligten Gläubiger müssen gleichmäßig bedacht werden. (Ebenso ÖsterrAusglO.; siehe Rintelen S. 499, 504, 558.) Kein Gläubiger darf durch das Versprechen einer Sonderbegünstigung veranlaßt werden, für den Zwangsvergleich seine Stimme abzugeben. Dadurch sind alle Gläubiger, die am Verfahren beteiligt sind, auch an der Tatsache und Art des Vergleichsabschlusses gleichmäßig interessiert (RG. 28, 98; 61, 298; LZ. 1909, 571). Die Abrede, es sollten die Gläubiger anerkannter Forderungen einen ziffernmäßig bestimmten Prozentsatz erhalten, ist mit Rücksicht auf den § 34 so zu verstehen, daß die Rechte aus dem Vergleich allen Gläubigern zukommen, deren Forderungen bei dem Abschlusse des Vergleichs anerkannt sind oder später anerkannt werden (RG. vom 17. September 1906 LZ. 1907, 283; RG. 67, 83). Das Nämliche ist hinsichtlich des Umfanges der Haftung eines Zwangsvergleichsbürgen der Fall (LZ. 1912, 792; ZZP. 11, 88; OLG. München vom 26. März 1915 ROLG. 32, 402; SeuffArch. 71 Nr. 200). Die Aufsichtsperson und das Aufsichtsgericht haben darüber zu wachen, daß die Parität eingehalten wird. Das Verbot des § 34 richtet sich gegen beide Teile (RG. 25, 258).

Künstliche Auslegungen des § 34 („Schleichgeschäfte, Jaeger, JW. 1917, 439) versagen vollständig. Die gleichmäßige Behandlung ist wirtschaftlich und materiell zu verstehen. Keiner der Gläubiger darf, hinsichtlich der praktischen Wirkung, im Enderfolg vor den anderen Gläubigern begünstigt sein. Keine Verfehlung der gleichmäßigen Behandlung liegt vor, wenn der eine Gläubiger erst später, wie der andere, auf Grund des rechtskräftigen Zwangsvergleichs, vollstreckt und so zu kurz kommt. Die Gleichmäßigkeit erstreckt sich auf alle einzelnen Bedingungen der Haupt- und Nebensache nach Art, Höhe und Zeitpunkt der Raten.

Jede Modalität der Zahlung wird von dem Erfordernis der unbedingten Gleichheit der Rechte ergriffen. Bestritten ist die Frage bei der Bestellung mehrerer gleichsicherer Bürgen je mit der Haftung für verschiedene Gläubiger, oder bei der Übernahme der Haftung durch mehrere Bürgen in der Art, daß jeder für einen bestimmten Prozentsatz aller Forderungen einsteht. Eine solche Abmachung verletzt den § 34 KO. nicht (Willenbücher S. 244; Kohler, Konkursrecht S. 484; Meyer, KO. S. 272; a. M.: Sarwey-Bossert, KO. S. 785).

Der Grundsatz der Gleichmäßigkeit trifft alle an dem Vergleichsverfahren beteiligten, bekannten und unbekannten Gläubiger, ohne Rücksicht, ob sie in der Gläubigerliste des § 20 verzeichnet sind oder nicht, ob sie mündlich oder schriftlich zugestimmt haben, oder überhaupt nicht.

Die objektive Bevorzugung genügt nicht. Vielmehr ist wenigstens das Bewußtsein der Bevorzugung auf seiten des Schuldners oder des bevorzugten Gläubigers notwendig (RG. 41, 42; 72, 47; LZ. 1908, 943). Es genügt jedoch, daß die eine Vertragspartei den Zweck des Abkommens kennt; daß sie auch weiß, daß sie gegen § 34 verstößt, ist nicht erforderlich (RG., JW. 1909, 723; SeuffA. 45, 214). Der Zwangsvergleich als solcher muß in Betracht gezogen sein (Warneyers Rechtsprechung 1909 Nr. 333).

Eine unstatthafte Bevorzugung kann in dem Versprechen der Hingabe eines Wechselwertes für die ganze Forderung liegen (JW. 93, 427; RG. 72, 46). Eine unstatthafte Bevorzugung kann in dem Verkauf der Forderung zu einem höheren Betrage, als dem Prozentsatze des Vergleichsvorschlages, an einen Dritten, etwa den Vergleichsbürgen, liegen, um durch diesen Verkauf das Zustandekommen des Zwangsvergleichs zu ermöglichen (RG. 30, 22). Auch die Übernahme der Verpflichtung seitens eines Dritten an den Gläubiger, nach Abzug der Vergleichsrate, den Rest der Forderung zu bezahlen, enthält eine gemäß § 34 unzulässige Begünstigung (RG. 28, 96; 72, 46). Eine Bevorzugung kann bestehen in der Gewährung eines Darlehens seitens des Gläubigers an den beaufsichtigten Schuldner, unter Bürgschaftleistung eines Dritten, behufs Ermöglichung des Zustandekommens des Vergleichs, mit der Abrede, daß die ursprüngliche Forderung des Gläubigers, entgegen den Vergleichsbedingungen, ganz bezahlt werden soll (JW. 88, 17). Auch ein bereits vor der Eröffnung des Zwangsvergleichsverfahrens, seitens des Schuldners oder eines Dritten, abgegebenes Versprechen, dem Gläubiger, für den Fall des Zwangsvergleichs, einen den in Aussicht genommenen Vergleichsprozentsatz übersteigenden Betrag oder eine bestimmte Summe außer diesem Prozentsatz zu bezahlen, bedeutet eine Verletzung des § 34 (Gruchot 43, 1194; JW. 99, 96).

Keine Vergünstigung wurde in einer Vereinbarung erblickt, wonach ein Gläubiger für seine Vergleichsquote eine erhöhte Sicherheit durch Schuldübernahme seitens eines Dritten und Versicherungspolicen erhielt, dafür aber sich zu einer zehnjährigen Ratenbewilligung verstehen mußte, während die übrigen Gläubiger die Hälfte der Quote sofort, die andere Hälfte schon nach einem Jahre bezogen (RG. VI. ZS. vom 19. Juni 1916 141/16, Frankfurt). Die nämliche Entscheidung erklärte die Zulässigkeit einer Vereinbarung, wonach ein Dritter bestimmten Gläubigern gegenüber die Zahlung der Zwangsvergleichsquote oder eines Teiles davon neben dem Schuldner übernahm, als rechtlich bedenkenfrei.

B. Die Ausnahmen.

1. Die Einwilligung der zurückgesetzten Gläubiger.

Fraglich ist, ob die ausdrückliche Einwilligung der zurückgesetzten Gläubiger mit einer ungleichen Bestimmung der Rechte außerhalb oder innerhalb des Vergleichstermines abgegeben werden muß. Jaeger (§ 181 KO. S. 328 Anm. 3) ist der Anschauung, daß eine Zusicherung vor dem eigentlichen Vergleichstermine nur Ankündigungskraft hat (a. M.: Meyer, KO. S. 272; Seuffert S. 421; Sarwey S. 786; Willenbücher S. 245). Da das Geschäftsaufsichts- und außergerichtliche Zwangsvergleichsverfahren sich möglichst von jedem Formalismus freihält, bin ich der Ansicht, daß auch eine im Termine vorzulegende schriftliche Erklärung genügt. (Ebenso Rintelen, ÖsterrKO. S. 450 Anm. 3 und S. 499.) Denn es kann ja auch die Zustimmung zu dem Vergleichsvorschlage selbst durch schriftliche Erklärung gegenüber dem Aufsichtsgerichte erfolgen (§ 51). Da eine ungleiche Bestimmung der Rechte nur mit ausdrücklicher Einwilligung der zurückgesetzten Gläubiger zulässig ist, ist den unbekannten Gläubigern stets das Recht des begünstigten, und nicht des zurückgesetzten, Gläubigers zu gewähren. Auf ein anderes Abkommen kann das Aufsichtsgericht sich nicht einlassen.

2. Die Möglichkeit der Ungleichheit für den Fall der Mehrheit der zurückgesetzten Gläubiger.

Der dritte Satz des § 34 bringt eine Neuheit in Form einer Kannvorschrift. Das Aufsichtsgericht kann nämlich eine ungleiche Bestimmung der Rechte auch zulassen, ohne daß sämtliche zurückgesetzten Gläubiger ihr Einverständnis erklärt haben. Diese exzeptionelle Befugnis steht dem Gericht dann zu, wenn die Mehrheit der zurückgesetzten Gläubiger ihre Zustimmung erklärt, und wenn die Gesamtsumme der Guthaben der zustimmenden Gläubiger mindestens $3/4$ der Gesamtsumme der Forderungen der zurückgesetzten Gläubiger ausmacht. Hier ist an die Voll- oder Mehrzahlung an einige kleine Gläubiger gedacht, wie z. B. alle Gläubiger unter 50 Mk., oder alle Lieferanten von Nahrungsmitteln bzw. sonstigen Waren für den häuslichen Bedarf des Schuldners. Schon früher ist bei Privatabkommen eine derartige Ausnahme üblich gewesen. Die größeren Gläubiger haben meist kein Interesse daran, daß diese kleinen Gläubiger, welche sonst gewöhnlich nicht zustimmen, nicht ihr ganzes Guthaben oder wenigstens eine größere Quote erhalten. Um nun möglichst den Bedürfnissen der Praxis zu entsprechen, ist das Gericht in die Lage versetzt, wenn es sich von den Bedürfnissen eines solchen Sonderabkommens überzeugt, die Ungleichmäßigkeit der Befriedigung zuzulassen. Die Feststellung der hier vorgeschriebenen Mehrheiten erfolgt in der nämlichen Weise, wie die Feststellung der Mehrheiten für den Vergleich als solchen.

Es ist nicht leicht, für das Gericht hier die richtige Grenze zu ziehen. Wenn es dem Erfordernis der Billigkeit Rechnung trägt, so wird es vor allem prüfen, ob die Posten, um die es sich dreht, bedeutungslos im Verhältnis zu dem gesamten Schuldenbetrag sind. Außerdem wird sich das Gericht, um Unzuträglichkeiten zu vermeiden, schon vor der eigentlichen Abstimmung ein Bild davon machen, ob die Vergünstigung nach der ganzen Sachlage angebracht ist oder nicht. Dieser dritte Satz des § 34 könnte natürlich leicht zu irgendwelchen unsauberen Machenschaften benützt werden. Das Gericht, welches die Aufsichtsperson vor und nach der jeweiligen Prüfung solcher Fragen zur Hand hat, wird die Gefahr, daß die Ausnahmebestimmung illoyal mißbraucht werden kann, nicht außer acht lassen. Der § 16, der Ermittlungen, die Anhörung von Vernehmungspersonen und nötigenfalls die Einberufung einer Gläubigerversammlung vorsieht, sowie die §§ 30 ff., welche die Bestellung eines Gläubigerbeirates möglich machen, bieten dem Gerichte weitere Handhaben, um ungerechte Bevorzugungen zu vermeiden. Unter allen Umständen ist es rätlich, schon mit der Erklärung des § 41 Abs. 2 die maßgebenden Zustimmungserklärungen bezügl. der ungleichartigen Behandlung vorzulegen, um längere gerichtliche Ermittelungen hintanzuhalten (Weinberg, GeschA. 1917, 70).

C. Die Nichtigkeit der Sonderabkommen.

Der Satz 3 enthält ein Verbotsgesetz: jedes andere Abkommen des beaufsichtigten Schuldners oder anderer Personen mit einzelnen Gläubigern, welches eine Bevorzugung durch Leistung einer besseren Sicherheit, oder durch Vollzahlung, oder durch Zusage einer höheren Summe, als die Vergleichsdividende, enthält, ist nichtig (RG. 72, 48). Die Nichtigkeit ist nicht heilbar (§ 139 BGB.). Sie tritt auch dann ein, wenn der Zwangsvergleich nicht zustande kommt oder wenn der bevorzugte Gläubiger sich an der Abstimmung nicht beteiligt (RG. 28, 100; 30, 22; 37, 144; 39, 19; RG. VI. ZS. vom 20. Januar 1912, 5211 Recht 1912 Nr. 933; RG. 78, 183; RG., JW. 1893, 427; JW. 1912, 404). Jeder Einzelne, auch der Schuldner, darf sich auf die Nichtigkeit berufen. Die Nichtigkeit kann nicht durch einen späteren Verzicht der zurückgesetzten Gläubiger geheilt werden (a. M.: RG. 28, 99). Auch das den Zwangsvergleich nur vorbereitende Sonderabkommen ist nichtig (LZ. 3, 553). Die Nichtigkeit betrifft nur das Privatabkommen. Der rechtskräftig bestätigte Zwangsvergleich selbst wird dadurch nicht berührt (JW. 93, 269). Weiter geht die ÖsterrAusglO. (§§ 3, 50, 58; Rintelen S. 500, 563, 577).

Wie eingangs erwähnt, sind sowohl die Versprechungen des Schuldners, als diejenigen Dritter, welche zur Förderung des Zwangsvergleichs sich anheischig machen, nichtig (RG. vom 13. März 1907 BayZfR. 3, 236). Ein Sonderabkommen, durch welches ein Gläubiger ungünstigere Bedingungen geboten bekommt, als der Zwangsvergleich sie bietet, ist zulässig. Gleichgültig ist, ob das Sonderabkommen mit dem Zustandekommen des Vergleichs im ursächlichen Zusammenhang steht oder nicht. Schon die bloße Möglichkeit der Benachteiligung der Gläubiger durch solche Sonderabkommen ist verpönt (RG. 28, 100; 39, 22). Steht ein Sonderabkommen, welches erst nach Bestätigung des Zwangsvergleichs abgeschlossen wird, nicht in ursächlichem Zusammenhang mit einer verbotswidrigen Abmachung, so schlägt der letzte Satz des § 34 nicht ein (RG. VI. ZS. vom 20. Januar 1912, 5211 Recht 1912 Nr. 933; RG. 78, 183; JW. 1912, 404). Anders läge der Fall, und Nichtigkeit läge vor, wenn das nachträglich geschlossene Abkommen lediglich die Verwirklichung einer Sonderbegünstigung bildet, die bereits vor der Abstimmung über den Zwangsvergleich in Aussicht gestellt worden war (RG. 61, 297). Da jedes andere Abkommen des Schuldners oder anderer Personen mit einzelnen Gläubigern, durch das diese bevorzugt werden sollen, nichtig ist, ist auch der Kauf einer dem Zwangsvergleich unterliegenden Forderung zur Ermöglichung desselben nichtig (RG. 30, 23; 61, 299).

Rückforderung des auf Grund eines nichtigen Abkommens Geleisteten ist gemäß § 817 Satz 2 BGB. ausgeschlossen, weil sowohl der Empfänger durch die Annahme, als auch der Leistende durch die Gewährung der Leistung gegen ein gesetzliches Verbot, im Sinne der Vorschrift des § 34, verstößt (RG., JW. 90, 12; RG. 72, 46; LZ. 1910, 784; Jaeger, KO. § 181 Anm. 8 und JW. 1917, 439).

Nach Abschluß des Zwangsvergleichs kann der Schuldner einzelnen Gläubigern Vollzahlung gültig versprechen oder sonst hinterher eine ungleichmäßige Behandlung dem einen oder anderen Gläubiger zuteil werden lassen (Willenbücher S. 245; Sarwey S. 787; Wilmowski S. 450; a. M. Petersen-Kleinfeller S. 502).

§ 35.

Der Vergleich kann auf Erlaß oder Stundung oder beides gerichtet sein. Im übrigen darf er nur Bestimmungen enthalten, die der Sicherung seiner Durchführung dienen.

Ist der Schuldner eine eingetragene Genossenschaft, so darf der Vergleich nur auf Stundung, allein oder in Verbindung mit einem Erlasse von Zinsen für die Dauer der Stundung, gerichtet sein.

Die zulässigen Vergleichsarten.

A. Erlaß oder Stundung.

Nur diese beiden Formen sind möglich, entweder jede für sich allein oder beide verbunden (Bendix, LZ. 1917, 169 beanstandet mit Recht diese Beschränkung des Selbstbestimmungsrechts der Parteien, die, wie ich hinzufügen möchte, mit dem Vertragscharakter in Widerspruch steht). Die gewöhnlichste Art eines Zwangsvergleiches ist die des Erlasses. Die Gläubiger erhalten gewisse Prozente ihrer Forderungen. Es kann aber auch bloß Stundung den Gläubigern unterbreitet werden. Die Gläubiger erhalten ihre Forderungen auf einmal oder in Raten nach festgelegten Monats- oder Jahresabschnitten. Erlaß und Stundung können verbunden sein: gewisse Prozente werden erlassen, der Rest wird gestundet, d. h. in Teilzahlungen erledigt. Für den Fall der Stundung und für den Fall der Verbindung beider Arten sind Verbürgungen oder Hinterlegungen oder hypothekarische Einträge üblich. Beim Geschäftsaufsichtsverfahren, bzw. beim Zwangsvergleich außerhalb des Konkurses, gibt es keine dritte Art der Erledigung. Nach den Motiven der KO. (II S. 406) ist eine Befriedigung der Gläubigerschaft durch eine außergerichtliche Liquidation der Masse, mit oder ohne Zuziehung von Vertretern der Gläubigerschaft, möglich. Darunter wäre ein Zwangsvergleich zu verstehen, nach welchem das Geschäft des Schuldners für Rechnung der Gläubigerschaft, vielleicht bis zur Tilgung einer bestimmten Schuldenhöhe, weitergeführt wird, während hinsichtlich des Restbetrages Erlaß eintritt. Es ist nicht recht einzusehen, warum diese, gerade dem Geschäftsaufsichtsverfahren unschwer anzupassende, Form des Zwangsvergleichs gänzlich durch die VO. vom 14. Dezember 1916 ausgeschaltet wurde. Bei einer solchen außergerichtlichen Liquidation der Masse ist beinahe Alles bestellt, wie bei dem gewöhnlichen Geschäftsaufsichtsverfahren: Der Schuldner arbeitet mit, wenn vielleicht auch nur beschränkt und begrenzt. Die Gläubigerschaft führt die Aufsicht. Die Einnahmen werden ihr nach grundsätzlichen Gesichtspunkten zugeführt. Freilich kann auch die Liquidation durch geeigneten Verkauf des ganzen Geschäftes ihre Erledigung finden. Gewiß sind Schwierigkeiten möglich, schon der unbekannten Gläubiger halber. Auch ist zuzugeben, daß in einzelnen Fällen die Gläubigerschaft sich nicht gerne derartige schwerer kontrollierbare und unter Umständen mit einem neuen Risiko verbundene Verhältnisse gefallen läßt. Wahlweise hätte trotzdem auch der Modus einer außergerichtlichen Liquidierung durch den § 35 der Gläubigerschaft anheimgestellt werden können. Noch andere Formen wären im Wege des Zwangsvergleiches denkbar und sind von ausländischen Gesetzgebungen auch aufgenommen worden. In Frankreich hat ein Gesetz vom 17. Juli 1856 das Concordat par abandon d'actif eingeführt (Lyon-Caën und Renault Nr. 1100, Denkschrift des Reichsjustizamtes vom 1. Dezember 1906 S. 39; Kohler, Leitfaden S. 285; Gertscher, GerZtg. 1905 Nr. 16): der Schuldner überläßt an Zahlungs Statt sein Vermögen der Gläubigerschaft. Da das überlassene Gesamtkonkursvermögen allen Gläubigern zur Verfügung steht, diejenigen derselben aber, die sich nicht melden, nicht hiezu gezwungen werden können, müßte, bei praktischer Anwendung des abandon, eine Hinterlegung oder eine sonstige Sicherungsmaßnahme, zugunsten der sich zunächst nicht meldenden Kreditoren, erfolgen. Diese Art der Fallissementbeendigung ist gesetzlich überhaupt in Deutschland nicht normiert, wäre aber de lege ferenda sehr wohl anwendbar (mein Gutachten S. 711; weniger der Einführung geneigt: Jaeger, KO. § 174 S. 316 Anm. 3 am Ende) und ist nach ÖsterrKO. § 157 Abs. 2 sowie der Österr. AusglO. zulässig [Rintelen S. 501]). Damit ist die Aufzählung der prinzipiellen Möglichkeiten noch nicht beendet. Es kann z. B. eine Gläubigergesellschaft zwecks Fortführung des Geschäftes des Schuldners gegründet werden usw.

B. Sicherung der Durchführung des Vergleichs.

Damit, daß der § 35 besagt: „Erlaß oder Stundung, tertium non datur", ist die Art der einzelnen Durchführung nicht festgelegt. Normalerweise hat die Beaufsichtigung mit Beendigung des Zwangsvergleiches ihr Ende erreicht. Ausnahmsweise ist aber sehr wohl denkbar, daß, laut Vorschlag und Beschluß, zur Sicherung der Durchführung irgendeine Aufsicht bestehen bleibt. Z. B. kann das Vermögen des Schuldners einer Treuhandgesellschaft übermittelt werden, die für Verwertung und Erfüllung der vergleichsmäßigen Ansprüche sorgt (Weinberg, GeschA. 1917, 71).

Die Sicherung muß nicht im Vergleiche genannt werden. Sie entspricht aber dermaßen dem allgemeinen Brauch, daß sie wohl in den meisten Zwangsvergleichsvorschlägen wiederkehrt. Der § 35 läßt übrigens nicht die Deutung zu, daß ein Vergleichsvorschlag, welcher die Sicherung außer acht ließe, unzulässig wäre (so auch für den Konkursfall: F. Wach S. 17; a. M.: Jaeger, KO. § 174 S. 316 Anm. 4).

Bezüglich der Sicherungsmittel sagt der § 232 BGB.:

„Wer Sicherheit zu leisten hat, kann dies bewirken durch Hinterlegung von Geld oder Wertpapieren, durch Verpfändung von Forderungen, die in das Reichsschuldbuch oder in das Staatsschuldbuch eines Bundesstaats eingetragen sind, durch Verpfändung beweglicher Sachen, durch Bestellung von Hypotheken an inländischen Grundstücken, durch Verpfändung von Forderungen, für die eine Hypothek an einem inländischen Grundstücke besteht, oder durch Verpfändung von Grundschulden oder Rentenschulden an inländischen Grundstücken.

Kann die Sicherheit nicht in dieser Weise geleistet werden, so ist die Stellung eines tauglichen Bürgen zulässig."

Dem Ermessen der Gläubigerschaft ist vollständig anheimgestellt, ob sie eine der im § 232 BGB. vorgesehenen Sicherheiten oder aber eine andere oder diese kumuliert beansprucht. Bürgschaft oder passives Gesamtschuldverhältnis (§ 421 BGB.), dann privative Schuldübernahme eines Dritten statt des Schuldners (Seuffert S. 414; Kohler, Lehrbuch S. 470; Wilmowski, KO. § 174 Anm. 2; a. M.: Jaeger, KO. § 174 Anm. 5), sind zulässig.

C. Der Zwangsvergleich der eingetragenen Genossenschaft.

Der § 116 I GenossG. bestimmt, daß im Falle des Konkurses eine Aufhebung desselben durch Zwangsvergleich nicht stattfindet (siehe auch KO. EG. § 6, 2). Gegenüber dem Zwangsvergleich innerhalb des Konkurses, auch gegenüber der ÖsterrAusglO. § 1 Abs. 5, bringt nun der § 35 Abs. II das Neue, daß für eingetragene Erwerbs- und Wirtschaftsgenossenschaften die Möglichkeit eines Zwangsvergleiches überhaupt erschlossen wird. Freilich darf dieser Zwangsvergleich ausnahmsweise nur auf Stundung gerichtet sein. Dieser Satz ist so zu erklären, daß die nach dem Genossenschaftsgesetz bestehende persönliche Haftpflicht der Einzelmitglieder, welche der Gläubigerschaft für den Fall einer Krisis die vollständige Befriedigung garantieren soll, durch den Zwangsvergleich beeinflußt wird. Wenn nun bloß ein Zahlungsaufschub und kein Erlaß den Inhalt des Zwangsvergleichs bildet, sind die Einzelmitglieder materiell nicht in Mitleidenschaft gezogen. Der § 76 bildet eine Ergänzung dieser Bestimmung, indem die Möglichkeit des Ausscheidens von Genossen während des Laufes der Stundung, und damit ihre Befreiung von der Haftpflicht zum Schaden der Gläubigerschaft, verhütet wird. Mit der Stundung kann der Erlaß von Zinsen für deren Dauer vorgeschlagen sein. Die Haftpflicht der Genossen besteht ohne Veränderung fort.

§ 36.

Die Vorschriften der §§ 64 bis 66, 68 bis 70 der Konkursordnung sind entsprechend anzuwenden.

Absonderungsberechtigte. Betagte und bedingte Forderungen. Gesamtschuldner. Abschätzung, Umwandlung, Hebungen.

A. Die entsprechende Anwendung der Vorschriften der §§ 64—66, 68—70 KO.

Von dem Aufsichtsverfahren sind die im § 13 aufgeführten sechs Kategorien nicht betroffen. Diese und die fünf Arten von Gläubigern, welche im § 33 aufgeführt sind (s. oben § 33 M), sind an dem Zwangsvergleichsverfahren nicht beteiligt. Anders ist es mit den persönlichen Forderungen bestellt, die außer den bevorzugten und an dem Vergleichsverfahren nicht beteiligten in Betracht kommen. So z. B. der absonderungsberechtigte Gläubiger. Er kann für den Betrag verhältnismäßigen Anteil verlangen, zu welchem er auf abgesonderte Befriedigung verzichtet oder mit welchem er bei der abgesonderten Befriedigung ausgefallen ist (§ 64 KO.).

Näheres siehe unten unter B! Absonderungsberechtigten den Beweis gemäß § 153 KO. aufzuerlegen oder die Vollstreckung von Gläubigern, die kurz vor der Ausgleichs-Eröffnung erfolgt ist, unwirksam bzw. anfechtbar zu erklären (ÖsterrAusglO. §§ 12, 13; Rintelen S. 527; Jaeger, LZ. 1916, 112; UngarAusglO. § 19), hat die VO. vom 14. Dezember 1916 abgelehnt. (Beklagt von Henschel, DJZ. 1917, 196; Werner, LZ. 1917, 243). Die Länge der Anfechtungsstreite (DRZ. 1916, 331) war offensichtlich und mit Fug ausschlaggebend.

Betagte Forderungen gelten als fällig. Auch die konkursrechtliche Berechnung der betagten Forderung wird beim Zwangsvergleichsverfahren außerhalb des Konkurses angewendet (§ 65 KO.). Forderungen unter auflösender Bedingung werden, wie unbedingte, geltend gemacht (§ 66 KO.; betr. Österr. AusglO. siehe Rintelen S. 552). Das Gläubigerrecht der Gesamthaftung (§ 68 KO.), sowie die Kapitalisierung der wiederkehrenden Hebungen (§ 70 KO.) finden ebenfalls analoge Anwendung.

B. Absonderungsberechtigte als am Vergleichsverfahren beteiligte Gläubiger.

Nur für den Betrag kann der absonderungsberechtigte Gläubiger (z. B. der Pfandbriefgläubiger einer beaufsichtigten Hypothekenbank, Jaeger, JW. 1917, 193 und 436) verhältnismäßige Befriedigung verlangen, zu welchem er auf abgesonderte Befriedigung verzichtet, oder mit welchem er bei der letzteren ausgefallen ist. Er darf nicht für seine ganze Forderung das Pfand und außerdem das Vermögen des Schuldners ansprechen. Zunächst darf also nur für den Fall der absonderungsberechtigte Gläubiger seine Forderung vollständig der Masse gegenüber liquidieren, wenn er auf die Geltendmachung des Absonderungsrechtes Verzicht leistet. Wenn er dagegen sein Absonderungsrecht betätigt, so kommt ihm der Anteil aus der Masse nur für denjenigen Betrag zu, für welchen er bei der abgesonderten Befriedigung Ausfall erlitten hat. (Ebenso nach **Österr.** AusglO. §§ 10, 11 und 63; Anwendung der Grundsätze der ÖsterrKO. § 103 Abs. 3; Rintelen S. 540). Der absonderungsberechtigte Gläubiger kann aber nicht etwa zuerst aus der Masse, und dann für den Restbetrag aus dem Gegenstande der Absonderung seine Befriedigung nehmen (Motive, KO. II S. 273; RG. 16, 70). Diese Regel gilt, wie im Konkursrecht, so auch für den Zwangsvergleich im Geschäftsaufsichtsverfahren. Mit anderen Worten: Die persönliche Haftung kommt immer erst sekundär in Betracht.

Dem Gläubiger ist es unbenommen, ehe er Befriedigung aus dem Pfande gefunden hat, seinen **vollen** Betrag im Zwangsvergleichsverfahren bekanntzugeben (RG. 26, 112; 77, 75). Zweckmäßigerweise wird der Gläubiger selbst, der Schuldner und vor allem die Aufsichtsperson dafür sorgen, daß bei der Bekanntgabe der Forderung eines absonderungsberechtigten Gläubigers der auch im Konkursrecht übliche Zusatz erfolgt: „als Ausfallforderung" oder „in Höhe des Ausfalles". Nach § 43 sind solche Gläubiger — zunächst bei Zusammenstellung der Mehrheiten im Sinne des § 41 — zu dem Betrage mitzuzählen, zu dem sie nach der Angabe im Vermögensverzeichnisse mutmaßlich ausfallen werden. Nach § 47 entscheidet aber in dem eigentlichen Vergleichstermine (§ 46) das Gericht, ob und zu welchem Betrage solche Forderungen, in

Ansehung des mutmaßlichen Ausfalls, zum Stimmen berechtigen (Österr. AusglO. § 44 Abs. 1). Dem absonderungsberechtigten Gläubiger werden die nach dem Gesichtspunkte der §§ 43 und 47 zu bemessenden Quoten zurückgehalten, aber nicht eher ausbezahlt, als bis die Frage feststeht, inwieweit der absonderungsberechtigte Gläubiger als persönlicher Gläubiger in Betracht kommt. Jedenfalls hat der absonderungsberechtigte Gläubiger tunlichst bald für die Verwertung seines Pfandes zu sorgen. Denn die schließliche Vergleichsrate kann nur aus dem wirklichen, und nicht aus dem mutmaßlichen, Ausfalle berechnet werden.

Eine bestimmte Form für den Verzicht auf abgesonderte Befriedigung besteht nicht (RG., JW. 1906, 205 Nr. 27). Der Verzicht geht dadurch vor sich, daß das Recht, welches die Grundlage der abgesonderten Befriedigung bildet, uneingeschränkt aufgegeben wird. Für das Pfandrecht an Mobilien kommen die §§ 1253 ff. und 1278, 1293 BGB., für Immobilien die §§ 875, 1168 ff. BGB., sowie die §§ 27 ff. und 47 GBO. in Betracht. Selbst stillschweigend kann der Verzicht erklärt werden, wenn nur das betreffende Recht definitiv aufgegeben wird.

Der Verzicht ist sowohl für den ganzen, als auch für einen bestimmten Teilbetrag der durch das Absonderungsrecht gesicherten Forderung möglich (RG., Bolze 17 Nr. 852; RG. 64, 427). Die Aufgabe des Rechts, welches den Anspruch auf abgesonderte Befriedigung mit sich bringt, kann auch durch konkludente Handlungen erfolgen, muß aber dann unzweifelhaft erkennbar, bestimmt und unbedingt sein. Ob ein Verzicht in dem einzelnen Falle gemeint ist, ist Tatfrage. Er kann in der vorbehaltslosen Annahme der Zwangsvergleichsrate für den ganzen Betrag der Forderung erblickt werden (RG., LZ. 1910, 158; 64, 428; 77, 403; abweichend: RG. 37, 16; RG., JW. 1896, 35 Nr. 26; RG., JW. 1906, 205 Nr. 27; RG., LZ. 1908, 607). Jaeger (§ 64 KO., 888 Anm. 16) sagt: mit der Absicht des § 64 KO. und mit der Verkehrstreue (§ 157 BGB.) ist nur die Auslegung vereinbar, daß der absonderungsberechtigte Gläubiger, welcher die Vergleichsrate für den vollen Betrag annimmt, das Absonderungsrecht aufgibt. Deshalb und weil Judikatur und Literatur hier stark auseinandergehen (z. B. neuerdings JW. 1914, 569), wäre de lege ferenda eine exakte Fassung des Verzichtpunktes im § 64 rätlich.

C. Betagte Forderungen.

1. Im allgemeinen.

Im Rahmen des Zwangsvergleichsverfahrens soll natürlich das gesamte Schuldenwesen geordnet werden. Es werden deshalb bloß betagte Forderungen, die zur Zeit der Eröffnung des Zwangsvergleichsverfahrens zwar bereits begründet, aber noch nicht fällig sind, als fällig behandelt. Die Forderungen, deren Fälligkeit von einer Kündigung abhängig ist, fallen ebenfalls darunter. Die ratio legis will verhüten, daß den Gläubigern betagter Guthaben die Mittel weggenommen werden, ferner sollen nicht die ausmachenden Beträge bis zur Fälligkeit zurückgehalten werden.

Wenn gegen den Hauptschuldner das Zwangsvergleichsverfahren außerhalb des Konkurses eröffnet worden ist, wird eine betagte Forderung nicht auch dem Bürgen gegenüber fällig (RG. 3, 357; ROLG. 6, 365). Umgekehrt tritt keine Fälligkeit zum Vorteile des Bürgen ein (RG., LZ. 1916, 243). Die Fälligkeit der betagten Forderung gilt also nur immer innerhalb des Zwangsvergleichsverfahrens, aber nicht gegenüber Mitverpflichteten (RG. 86, 249). Die Bestimmung betrifft ferner nur die an dem Zwangsvergleichsverfahren beteiligten Forderungen, nicht aber betagte Absonderungsrechte (Hypotheken, Grundschulden). Unter betagten Forderungen sind auch solche zu begreifen, deren Entstehung durch einen Anfangstermin hinausgeschoben ist (Sydow-Busch, KO. S. 251; JW. 1902 Beilage 191).

2. Betagte unverzinsliche Forderungen.

Der § 272 BGB. besagt:

„Bezahlt der Schuldner eine unverzinsliche Schuld vor der Fälligkeit, so ist er zu einem Abzuge wegen der Zwischenzinsen nicht berechtigt.“

Der Abs. 2 des § 65 KO. bildet hievon eine Ausnahme: Die unverzinsliche Forderung wird hienach um den Zwischenzins (Interusurium, Rabatt, Diskont) gekürzt. (Ebenso ÖsterrAusglO. § 14.) Schon das BGB. hatte sich für die Hoffmannsche Methode der Berechnung der Zwischenzinsen entschieden (Dernburg, Pandekten Bd. 2 § 35). Näheres siehe Jaeger, KO. § 65 Anm. 5—8; Sydow-Busch zu § 65 S. 252; Meyer, KO. S. 138; Willenbücher S. 141; Seuffert S. 48; Rintelen, ÖsterrKO. S. 311; Kaserer S. 53; Pollak S. 258; ÖsterrAusglO. § 14 Abs. 3.

D. Forderungen unter auflösender Bedingung.

Die Berücksichtigung dieser Forderungen unter auflösender Bedingung (§ 158, 2 BGB.) erfolgt im Zwangsvergleichsverfahren auf ihre volle Höhe. Tritt die Bedingung im Laufe des Zwangsvergleichsverfahrens ein, so wird der Wegfall der Forderung durch Bestreiten geltend gemacht. Auch die Vollstreckungsgegenklage des § 767 ZPO. ist gegeben (RG. 21, 331). Der verteilte Betrag kann wegen ungerechtfertigter Bereicherung herausverlangt werden (§ 812 BGB.). Der Gläubiger ist verpflichtet, Sicherheit für etwaige Rückzahlung zu leisten, wenn der Schuldner solche nach der Sachlage beanspruchen kann. Die Zurückbehaltung der Anteile auf eine auflösend bedingte Forderung tritt ein, wenn der Gläubiger hienach zur Sicherheitleistung verpflichtet ist, die Sicherheit aber nicht leistet (§ 168 KO.). — Bez. der ÖsterrAusglO. § 16 siehe Rintelen S. 552!

Was aufschiebend bedingte Ansprüche betrifft, die im § 67 KO. geregelt sind, so ist in den §§ 43, 47 und 48 VO. vom 14. Dezember 1916 nähere Bestimmung getroffen. (Siehe meine Erläuterung § 43 B, 47 B, 48 C hiezu!)

E. Gesamtschuldnerische Haftung.

Wenn mehrere Schuldner nebeneinander für die nämliche Forderung derart haften, daß ein jeder wegen des ganzen Betrages in Anspruch genommen werden kann (§§ 421, 431, 773 BGB.), über das Vermögen eines dieser Verpflichteten aber die Geschäftsaufsicht eröffnet wird, und der Gläubiger berechtigt ist, zur Zeit der Eröffnung des Zwangsvergleichsverfahrens gegen den einen Schuldner, die Forderung gegen alle Schuldner zu betreiben, so kommt der § 68 KO. in Anwendung (Protokolle, KO. S. 55 ff.; Willenbücher S. 143; Meyer, KO. S. 141). Der Rechtsgrund der Haftung ist bedeutungslos. Es kann sich um Vertrags- oder Deliktschulden, auch um Wechselschulden, drehen (RG. 11, 19; 27, 141; 74, 233; JW. 90, 411). Der Gläubiger kann seine Forderung zum vollen Betrage bei verschiedenen Zwangsvergleichsverfahren geltend machen (ebenso ÖsterrAusglO. § 18; Rintelen S. 553) und bleibt, ohne Rücksicht auf spätere Teilzahlungen, mit diesem Betrage am Verfahren beteiligter Gläubiger bis zu seiner vollen Befriedigung (Motive S. 285; RG. 74, 233; JW. 90, 411). Die Teilnahmeberechtigung bemißt sich nach der Höhe des Guthabens zur Zeit der Eröffnung des Zwangsvergleichs. Teilzahlungen, welche vor der Eröffnung des Zwangsvergleichs erfolgt sind, vermindern das Guthaben (RG. 11, 18). Teilzahlungen, welche der Gläubiger nach der Eröffnung des Zwangsvergleichsverfahrens von Seite eines anderen, als dem Schuldner, erhalten hat, werden nicht angerechnet (RG. 9, 77; RG., Bolze 11 Nr. 938). Ist der Gläubiger zur Absonderung an einem Gegenstand berechtigt, so kann er in dem Zwangsvergleichsverfahren, zu dessen Masse der Gegenstand gehört, und in dem er das Absonderungsrecht ausübt, eine persönliche Forderung nur in Höhe des Ausfalls geltend machen (§ 64 KO.; RG. 52, 171). Bei denjenigen Zwangsvergleichsverfahren, bei welchen er nicht absonderungsberechtigt ist, ist er zum vollen Betrage teilnahmeberechtigt (RG. 52, 169; JW. 10, 950). Ob die Masse des einen gegen den anderen Verpflichteten ein Rückgriffsrecht oder ein Recht auf Befriedigung durch Zahlung der Dividende hat, bestimmt sich nach dem Rechtsverhältnis unter den Mitverpflichteten (§§ 426, 774 BGB.; Art. 25, 29, 41 WO.; JW. 1900, 184; 1903, 245). Mehr als die an den Gläubiger gezahlte Dividende kann, auch wenn ein Rückgriffsrecht besteht und bei einem anderen Zwangsvergleichsverfahren geltend gemacht werden kann, in keinem Falle erstattet verlangt werden (Sydow-Busch, KO. § 68 S. 257).

F. Abschätzung und Umwandlung.

Die Verteilung im Zwangsvergleichsverfahren kann nur in Geld vor sich gehen. (Ebenso ÖsterrKO. § 14 Abs. 1; Rintelen, ZHR. 61, 165; KO. S. 359; AusglO. S. 552.) Ansprüche, welche nicht auf eine Geldsumme gerichtet sind, oder deren Geldbetrag nicht bestimmt, oder ungewiß, oder nicht in Reichswährung festgesetzt ist, müssen daher nach ihrem, zur Zeit der Eröffnung des Zwangsvergleichsverfahrens bestehenden Schätzungswert — unter Berücksichtigung der Zeit der Leistung in Reichswährung — umgesetzt werden, damit die Berechtigung der Teilnahme am Zwangsvergleichsverfahren auf einen bestimmten Geldbetrag festgesetzt werden kann. Solche Forderungen sind z. B. die Ansprüche auf Übereignung. Nicht auf einen Geldbetrag gerichtet sind Forderungen auf Leistung bestimmter Gegenstände, etwa aus einem Kauf- oder einem Tauschgeschäfte. Auch Forderungen auf Abtretung einer Grundschuld, zu welcher sich der beaufsichtigte Schuldner gegen Entgelt verpflichtet hat, sind hieher zu rechnen (RG. 63, 231). Ein Anspruch auf Wandlung und Rücknahme eines verkauften Grundstückes wegen Mängel stellt ebenfalls eine solche Forderung dar (RG. 65, 132). Weiter eine Forderung auf Rechnungslegung über die Geschäfte oder Geschäftsbesorgungen des beaufsichtigten Schuldners (ObLGRspr. 25, 336). Ansprüche auf Übertragung bestimmter Gegenstände, Forderungen auf Leistungen in natura (Wohnung, Verköstigung, Beheizung, Kleidung) sind hier aufzuzählen. Bestritten ist, ob die Unterlassungsansprüche hier einzureihen sind (dieser Meinung sind: Motive, KO. II S. 290; a. M.: Jaeger, KO. § 69 S. 907 Anm. 2). Ferner sind Forderungen eines ungewissen oder unbestimmten Geldbetrages anzuführen. Solche sind die Ansprüche auf wiederkehrende Leistungen, z. B. Leibrente (RG. 68, 342). In solchem Falle kann der gesamte kapitalisierte Betrag der Rente gefordert werden.

Die Veranschlagung des § 69 KO. ist Sache des Gläubigers. Bei dem Widerspruche gegen den angemeldeten Betrag und seiner Höhe erfolgt die Feststellung im Rechtsstreite (Seuffert S. 37; Meyer, KO. S. 142; RG. 24, 62; 65, 133). Nicht werden die Ansprüche in Geldforderungen verwandelt, sondern der § 69 regelt nur den für die Beteiligung am Zwangsvergleichsverfahren einzuhaltenden Modus der Schätzung und Umwandlung. Wenn also z. B. der Vergleich zurückgewiesen (§ 42), zurückgenommen (§ 56), verworfen (§ 54) wird, so lebt der Anspruch, welcher noch nicht erfüllt ist, in seiner früheren Form wieder auf. Zu bemerken ist noch, daß der § 69 auf Aussonderungsansprüche keine Anwendung findet. Maßgebend ist der Schätzungswert zur Zeit der Eröffnung des Zwangsvergleichsverfahrens. Handelt es sich um eine spätere Zeit der Leistung, so ist der Wert festzustellen, welchen diese Leistung zur Zeit der Eröffnung des Zwangsvergleichsverfahrens hat (Petersen-Kleinfeller, KO. § 62 alte Folge).

G. Kapitalisierung der wiederkehrenden Hebungen.

Weil das Zwangsvergleichsverfahren eine Klarstellung der Vermögenslage des Schuldners herbeiführen soll, müssen wiederkehrende Hebungen, die nach Betrag und Zeitdauer bestimmt sind, und die nicht immer erst mit den einzelnen Raten und Terminen entstehen, kapitalisiert werden. Hebungen, deren Dauer unbestimmt ist, sind im Sinne des § 69 KO. (siehe oben unter F) zu behandeln. Die Forderung besteht bei den wiederkehrenden Hebungen aus dem nunmehrigen Werte der Gesamtheit aller künftigen Hebungen, aus dem unter Anschlag der Zwischenzinsen und der anderen Tatumstände festzustellenden Kapitalbetrage (Motive, KO. II S. 291; ÖsterrAusglO. § 15). Die Kapitalisierung geht dadurch vor sich, daß die einzelnen Hebungen zusammengezählt werden, unter Abrechnung der Zwischenzinsen nach einem gesetzlichen Zinsfuß von 4 vom 100 (BGB. § 246). Der Gesamtbetrag darf den zum gesetzlichen Zinssatze kapitalisierten Betrag der einzelnen Hebungen nicht übersteigen. Im Auge gehabt sind Bezüge auf Grund vertraglicher oder testamentarischer Anordnungen. Auch hier gilt der Satz, daß der Gläubiger die Abschätzung vorzunehmen hat; ein Widerspruch gegen die Höhe der Schätzung muß streitig ausgetragen werden (RG. 24, 62; 65, 133). Dem Schuldner selbst gegenüber bleibt (wie oben unter F) die ursprüngliche Forderung bestehen, falls das Zwangsvergleichsverfahren nicht zu einem Abschlusse gebracht wird (Motive S. 292; Willenbücher S. 146; a. M.: Seuffert S. 51). Die auf den kapitalisierten Betrag fallenden Dividenden werden nicht etwa nur sichergestellt, sondern zur Auszahlung gebracht (Motive S. 291). Der kapitalisierte Betrag ist für das Stimmrecht des § 46 ff. maßgebend.

§ 37.

Zum Abschluß des Vergleichs ist erforderlich, daß

1. die Mehrzahl der beteiligten Gläubiger dem Vergleiche zustimmt,

2. die Gesamtsumme der Forderungen der zustimmenden Gläubiger wenigstens drei Viertel der Gesamtsumme der Forderungen der beteiligten Gläubiger beträgt.

Die Vergleichsmehrheiten.

Die Mehrheiten des § 37 sind nach dem § 182 KO. geformt. Doch ist nicht die Mehrzahl der in dem Termine anwesenden stimmberechtigten Gläubiger entscheidend, sondern die Mehrzahl der beteiligten Gläubiger. (Nach Buhmann, BayZfRechtspfl. 1917, 38 eine wesentliche Verschlechterung, weil so die gleichgültigen und unbekannten Gläubiger als Gegenstimmen anzusehen sind.) Auch ist erforderlich, daß die Gesamtsumme der Forderungen der zu stimmenden Gläubiger wenigstens drei Vierteile der Gesamtsumme der Forderungen der beteiligten Gläubiger (nicht aller zum Stimmen berechtigenden Forderungen, wie auch in der ÖsterrAusglO. § 42 Abs. 1) beträgt. Weil sämtliche beteiligten Gläubiger den Ausschlag geben, werden auch diejenigen, deren Aufenthalt nicht bekannt ist, mitgezählt. Sie werden denjenigen zugezählt, welche gegen den Vergleich stimmen. (Auch hier beklagt Buhmann a. a. O. mit Grund die wesentliche Schlechterstellung des Schuldners gegenüber dem öffentlichen Zwangsvergleich. Der von ihm empfohlene Ausweg, öffentliches Aufgebot, ist gleichwohl nicht gutzuheißen.)

Erfreulicherweise hat man von einer Mindestquote in jeder Form Umgang genommen. Dieser Meinung sind auch: Jaeger, DJZ. 1905, 760; KO. § 187 Anm. 3; Bernicken; Pollak, JurLitBl. 1895, 604; Gertscher, AllgÖsterrGerZ. 1905, 124; Frankl, Zur Reform S. 116; Wach, Der Zwangsvergleich S. 88; mehrere Handelskammern, Handel und Gewerbe, 12, 343, 417, 589; Popper, Der Vorkonkurs S. 5; Buhmann, BayZfRechtspfl. 1917, 38 gegen die Schablonisierung und für die innere Billigkeit des Vergleichsvorschlags; a. M.: Pollak, Gutachten S. 78; Pollak, AllgÖsterrGerZtg. 1905, 298; Wagner: Jörissen; (u. a. DRZ. 1917, 138); vor allem auch Kisch, Recht 1909, 686. Betr. ÖsterrAusglO. (25% und die VO. des Justizm.) siehe österr. Denkschrift S. 154 und Rintelen S. 501!

Nach dem Entwurf Wagner (siehe mein Gutachten S. 772) sollte der nachgesuchte Schuldnachlaß 60% nicht übersteigen dürfen. Nach dem Entwurf Bernicken sollten zur Annahme des Vergleichs, soferne er den Gläubigern mehr als 30—40, mehr als 40—50, mehr als 50—60, mehr als 70—75, mehr als 75%, ihrer Forderungen gewährt, 90% der anwesenden stimmberechtigten Gläubiger, die 90% der Gesamtsumme aller stimmberechtigten Forderungen vertreten, dann 80% der anwesenden stimmberechtigten Gläubiger, die 85% der Gesamtsumme aller stimmberechtigten Forderungen vertreten usw., dem Vergleiche ausdrücklich zustimmen müssen. Auch die Auslandstaaten haben Staffeltarife eingeführt (siehe Denkschrift über das gerichtliche Zwangsvergleichsverfahren außerhalb des Konkurses vom 1. Dezember 1906 S. 11 bis 43; Zusammenstellung in der Eingabe des ersten Ausschusses des Deutschen Anwaltsvereins vom 18. Juni 1916). Die ziffernmäßige Abgrenzung hat immer etwas Willkürliches an sich. Die redlichsten Schuldner können oft nicht mehr als 25—30% bieten, während im Konkursfall 10 oder sogar 5% herauskommen würden.

Während also im § 37 keine Mindestquote vorgesehen ist, hat der § 55 bestimmt, daß der Vergleich zu verwerfen ist, wenn er den Gläubigern nicht mindestens 20% gewährt, und dieses Ergebnis auf ein unredliches Verhalten des Schuldners zurückzuführen ist. Der Vergleich kann auch dann verworfen werden, wenn das gleiche Ergebnis auf ein leichtsinniges Verhalten des Schuldners zurückzuführen ist. Hierin und in den Voraussetzungen für die Zurückweisng eines Antrages (§ 42), sowie einer Verwerfung des Vergleichs (§ 54) liegen immerhin ausreichende Handhaben gegen unredliche schuldnerische Maßregeln.

Nach § 37 ist die Kopf- und die Summenmehrheit festzustellen. Nicht die anwesenden oder vertretenen Gläubiger, sondern alle beteiligten Gläubiger werden bei der Kopfmehrheit gezählt. Wenn ein nach der Aufstellung des Schuldners oder der Kontrolle der Aufsichtsperson am Verfahren beteiligter Gläubiger in keiner Weise sich rührt, nichts unternimmt, nichts schreibt und bekannt gibt, so wird er dennoch mitgezählt, gleichviel ob sein Aufenthalt bekannt ist oder nicht. Die Gläubiger aber, deren Aufenthalt unbekannt ist, werden als ablehnend gezählt, weil sie dem Vergleiche nicht ihre Zustimmung erklären, was Nr. 1 des § 37 erfordert. Ein Gläubiger mit mehreren Forderungen wird nur einmal aufgezählt. Auch juristische Personen und Gesellschaften werden nur als eine Kopfstimme gerechnet. In Betracht kommt die Zahl der Gläubiger im Augenblicke der Abstimmung, nicht im Augenblicke der Eröffnung des Zwangsvergleichsverfahrens. Der Ehegatte des Schuldners und der Zessionar desselben, der innerhalb des letzten Jahres von ihm eine Forderung erwarb, sind von der Abstimmung grundsätzlich ausgeschlossen (§ 40).

Außer der Kopfmehrheit ist die Summenmehrheit gemäß § 37 Nr. 2 erforderlich. Gläubiger, deren Ansprüche durch den Zwangsvergleich keinerlei Einbuße erleiden, werden weder bei der Kopf- noch bei der Summenmehrheit mitgerechnet. Dies trifft für diejenigen Gläubiger zu, welche etwa, im Sinne des § 34, 100% ihrer Forderungen erlangen (§ 39). Bei einem Zwangsvergleich, der nur auf Stundung für ein Jahr — sei es verzinslich, sei es zinsenlos — gerichtet ist, braucht die Summenmehrheit nicht mindestens drei Vierteile, sondern nur mindestens die Hälfte zu betragen (§ 38).

Werden beide Mehrheiten erreicht, die Voraussetzungen der §§ 46, 47 ff. erfüllt und der angenommene Zwangsvergleich bestätigt (§ 53), so ist der Vertrag im Sinne des § 60 wirksam.

Der § 37 behandelt die Erfordernisse der Majoritäten zunächst nicht sowohl vom Standpunkte der eigentlichen Abstimmung, die erst in dem Stadium der §§ 44 ff., d. i. im Vergleichstermine, vor sich geht, als vielmehr zunächst vom Standpunkte der für den Antrag des § 41 vorgesehenen Erfordernisse, d. i. des Stadiums der Voraussetzungen eines brauchbaren Antrages. Gleichgültig ist nach dem § 37, ob nur eine oder keine der zwei Mehrheiten erreicht wird. Nach dem letzten Absatz des § 182 KO. und der ÖsterrAusglO. § 42 Abs. 2 (Rintelen S. 561), die die Festsetzung der neuen Tagsatzung dem Ausgleichskommissär zur Pflicht macht, kann der Schuldner, wenn eine der Mehrheiten erreicht wird, die Wiederholung der Abstimmung verlangen. Eine entsprechende Bestimmung ist der VO. vom 14. Dezember 1916 fremd.

§ 38.

Soll der Vergleich nur auf Stundung bis zur Dauer von längstens einem Jahre nach der Bestätigung allein oder in Verbindung mit einem Erlasse von Zinsen für die Dauer der Stundung gehen, so genügt es, wenn die nach § 37 Nr. 2 erforderliche Gesamtsumme wenigstens die Hälfte der Gesamtsumme der Forderungen der beteiligten Gläubiger beträgt.

Einjährige Stundung.

Ein nur einjähriges verzinstes oder zinsenloses Moratorium hat keine für die Gläubigerschaft so weittragende Bedeutung, daß die rigorosere Summenmehrheit des § 37 Nr. 2 erreicht werden muß. Hier ist die Hälfte der Gesamtsumme ausreichend. Ein Zwangsvergleichsvorschlag, welcher darüber hinausgeht, also schon eine Stundung von 13 Monaten, ist der strengeren Bestimmung des § 37 Nr. 2 unterworfen. Die Jahresfrist wird vom Tage der Bestätigung an gerechnet.

§ 39.

Bei der Berechnung der Mehrheiten bleiben die Gläubiger, deren Rechte durch den Vergleich nicht beeinträchtigt werden, außer Betracht.

Die nicht interessierten Gläubiger.

Nur derjenige Gläubiger, welcher die Wirkung des Zwangsvergleichs sozusagen am eigenen Leibe spürt, der also ein Opfer irgendwelcher Art, sei es durch Erlaß, sei es durch Stundung, bringen soll, wird bei der einen und anderen Mehrheit des § 37 Nr. 1 eingerechnet. Werden gemäß § 34 gewisse Gläubiger oder Kategorien derselben, sei es durch einstimmiges Votum der Zurückgesetzten, sei es mit richterlicher Ermächtigung und Dreiviertelmehrheit der letzteren, durch den Schuldner oder einen Dritten, voll ausbezahlt — etwa die Lieferanten des täglichen schuldnerischen Bedarfes oder alle Gläubiger unter 50 oder 100 Mark oder mehr (jeweils nach Größe des schuldnerischen Betriebs) —, so werden diese glücklicheren Gläubiger den Mehrheiten nicht zugezählt (ebenso ÖsterrKO. § 143 Abs. 1 und ÖsterrAusglO. § 39; Rintelen S. 461 und 558). Sie wären ja befangen, denn sie würden vermutlich dem Zwangsvergleichsvorschlage, der andere zu Opfern veranlaßt, ohne weiteres zustimmen.

Auch eine weitere Klasse von Gläubigern kann uninteressiert sein beim Zwangsvergleiche. Es sind dies die Gläubiger mit betagten Forderungen (s. oben zu § 36 VO. vom 14. Dezember 1916 und KO. § 65), falls letztere erst nach dem Zeitpunkte eines den Gegenstand des Zwangsvergleichsschlages bildenden Moratoriums fällig werden. Auch ihnen tut die Stundung nicht weh, sie haben auszuscheiden bei der Kopf- und Summenmehrheit des § 37.

§ 40.

Bei der Berechnung der Mehrheiten bleibt der Ehegatte des Schuldners außer Betracht, wenn er dem Vergleiche zugestimmt hat.

Das gleiche gilt von demjenigen, dem der Ehegatte des Schuldners während der Dauer der Geschäftsaufsicht oder in dem letzten Jahre vorher eine Forderung gegen den Schuldner abgetreten hat, soweit das Stimmrecht auf der abgetretenen Forderung beruht. Diese Vorschrift findet keine Anwendung, wenn der Ehegatte zu der Abtretung durch das Gesetz oder durch einen Vertrag verpflichtet war, der früher als ein Jahr vor der Anordnung der Geschäftsaufsicht geschlossen wurde.

Der Ehegatte des Schuldners.

Der Ehegatte des Schuldners und sein Zessionar als Zwangsvergleichsgläubiger.

1. Sinn der Bestimmung.

Der § 40 ist dem § 183 KO. nachgebildet, aber deshalb nicht sympathischer. Der Gatte des Schuldners und — von einer Ausnahme abgesehen — sein Zessionar, falls die Zession nicht länger als 1 Jahr vor Anordnung der Geschäftsaufsicht zurückreicht, haben bei der Berechnung der Mehrheiten beiseite zu stehen. Sie werden nicht mitgezählt.

Verschiedene Gesetzgebungen haben Verwandtenforderungen von der Abstimmung und Berücksichtigung überhaupt ausgeschlossen. Auch der § 43 ÖsterrAusglO. sagt (wie der § 148 Österr KO.; siehe Rintelen S. 460 und 558): „Die nahen Angehörigen des Schuldners (§ 32 KO.) sowie Rechtsnachfolger, die deren Forderungen nicht früher als sechs Monate vor der Eröffnung des Verfahrens erworben haben, werden bei Berechnung der Mehrheit der Gläubiger und deren Forderungen bei Berechnung der Gesamtsumme der Forderungen nur mitgezählt, wenn sie gegen den Antrag stimmen." Ich kann — im Gegensatz zur amtlichen Denkschrift der ÖsterrAusglO. S. 42 ff. und Bovensiepen S. 18 — die dieser Norm zugrunde liegende Anschauung nicht billigen. Ist es schon erstaunlich, mit welcher Kaltblütigkeit und Unüberlegtheit viele Konkursverwalter und Gläubigerausschußmitglieder bei der Prüfung von Forderungen, Stimmrechtserteilung, Dividendenschätzung und konkursmäßigen Zwangsvergleichsfragen, Verwandtenguthaben wie ein reines Nichts behandeln, so ist die Festlegung eines Grundsatzes, daß Verwandtenforderungen nicht zu berücksichtigen seien, ein nicht zu billigender Eingriff in diese wohlerworbenen Rechte. Folgendes scheint in Vergessenheit geraten zu sein: so gut der Verwandte — was ganz richtig ist — oft Schiebe-Subjekt — und noch mehr — -Objekt bildet, so gut ist er doch auch durch die Natur der Verhältnisse derjenige, an welchen sich zuerst wahrhaftig und wirkungsvollst der notleidende Schuldner wendet. (Ebenso Schourp S. 95.) Den Verwandten das Stimmrecht entziehen — sagt Benedikt S. 32 — ist nicht nur gegenüber den ehrlichen verwandten Gläubigern ein Unrecht; es ist eine überflüssige Härte.

Die Verordnung vom 14. Dezember 1916 hat nur den jeweiligen Gatten (nicht einen sonstigen Angehörigen) als Gläubiger zweiten Grades behandelt. Der § 183 KO., dem der § 40 nachgebildet ist, hat beinahe wörtlich die nämliche Bestimmung. Der Kommissionsbericht (1894 S. 2037; siehe auch Mot. II S. 414) begründet diese — unter anderem auch von Jaeger § 183 KO. S. 339 Anm. 2, ferner DJZ. 1905 S. 761; JW. 1917, 440; Cahn, Gutachten S. 789; Pitreich, ZHR. 77, 74; Tischbein S. 45; Makower S. 18; Gertscher S. 185; Schourp S. 95 [die fakultative Verweigerung des Gattenstimmrechts befürwortend] als sehr fragwürdig gekennzeichnete — Bestimmung (mit welcher einig gehen: Kisch, Recht 1909, 687; Rausnitz S. 10; Lieblich, JVJSchr. 38, 15 [unentschieden der Nämliche, Gutachten S. 378]; Wagner § 21) mit den Durchstechereien und Manipulationen, die ein reicher Ehegatte, wenn Gütertrennung da sei, in der Krisis des anderen Ehegatten zu machen imstande sei. Der Ehegatte könne sich leicht in den Besitz des größten Teiles der Forderungen setzen und die kleineren Gläubiger durch Zusagen zugunsten des Akkords umstimmen, so daß eine Schädigung der nicht zustimmenden Gläubiger möglich sei. Als ob die reichen Ehegatten und die unbegründeten Forderungen derselben die Regel und als ob durch diese Bestimmung allenfallsige Machenschaften vermeidbar wären! Dazu kommt die Ausschaltung jedes noch so gutgläubigen Zessionars!

2. Die Nichtberücksichtigung des Ehegatten bei den Mehrheiten.

Nur der Ehegatte bleibt außer Betracht, welcher für den Zwangsvergleichsvorschlag stimmt, nicht der gegen den Vorschlag stimmende. (Der amtlichen Erläuterung zu § 40 passierte hier der kleine Lapsus, nur von der Ehefrau des Schuldners zu sprechen, als wenn es nicht auch einen Ehemann der Schuldnerin geben könnte.) Selbstredend muß die betreffende Persönlichkeit zur Zeit der Berechnung der Mehrheiten Ehegatte des Schuldners sein. Ein Verlobter, der am Vormittage einer nachmittags stattfindenden standesamtlichen Trauung seine Zustimmung erklärt, wird mitgezählt. Da aber, wie oben am Ende von § 37 erläutert, der § 37 zunächst sich nur auf das Vorstadium und die Vorbereitung des § 41 bezieht, so darf weiterhin bei der Feststellung des Stimmrechtes im Vergleichstermine (§ 46) die betreffende Persönlichkeit noch nicht mit dem Schuldner verheiratet sein, wenn sie mit zustimmen will. Eine rechtskräftig vom Schuldner geschiedene Persönlichkeit (§ 1564 BGB.) und der Gatte einer vollkommen nichtigen Ehe (§§ 1317, 1324, 1329 BGB.) kommt für den § 40 nicht in Betracht (Obertribunal vom 12. Juli 1864, 53, 349; Hartmann-Frankenburger S. 134; Wilmowski S. 144; Otto S. 198; Fitting § 105; a. M.: Völderndorff S. 64; Jäckel S. 111 und Cosack S. 124). Der Gatte der unvollkommen nichtigen (§ 1323 BGB.) und anfechtbaren Ehe (§ 1330 BGB.) fällt während der Schwebezeit unter den § 40. Auch durch die rechtskräftige Aufhebung der ehelichen Gemeinschaft (§ 1575 und § 1586 BGB.) wird das eheliche Band nicht vollkommen gelöst, so daß in letzterem Falle die betreffende Persönlichkeit nicht zugunsten des Schuldners bei den Mehrheiten gerechnet wird (Staudinger, BGB. § 1586 Anm. 9; Dernburg, Familienrecht 1907 § 31; Kohler, Familienrecht 1915, 178; Jaeger, KO. Anm. 24 zu § 31; a. M.: Hartmann-Meikel S. 174).

3. Der Rechtsnachfolger des Ehegatten.

Bei der Berechnung der Majoritäten wird auch der Rechtsnachfolger des Ehegatten unter der Voraussetzung ausgeschlossen, daß die Forderungsabtretung während der Dauer der Geschäftsaufsicht oder im letzten Jahre vor Anordnung derselben erfolgte und das Stimmrecht auf der abgetretenen Forderung beruht. Der gute Glaube und die Redlichkeit des Rechtsnachfolgers ist bedeutungslos. Der Rechtsnachfolger kann sich nicht durch den Nachweis des guten Glaubens beim Erwerb exkulpieren.

Unter Abtretung ist zunächst diejenige des § 398 BGB. zu verstehen, dann die Anweisung der Pfändung und Nießbrauchbestellung (RG. 45, 372). Nicht hieher gehört der Übergang der Forderung kraft Gesetzes (§§ 268, 426, 774 BGB.), nicht die Pfändung und Überweisung der Forderung, nicht die Abtretung von Todes wegen (Erbfolge, Vermächtnis). Der zweite und dritte Rechtsnachfolger scheidet ebenfalls bei der Berechnung der Mehrheiten aus. Handelt es sich um einen Vertrag, der vor dem Zeitpunkt eines Jahres vor Anordnung der Geschäftsaufsicht abgeschlossen wurde, so bleibt der Zessionar oder sonstige Rechtsnachfolger bei der Berechnung der Zwangsvergleichsmehrheiten nicht außer Betracht. Wenn in der maßgebenden Zeit — also während der Dauer der Geschäftsaufsicht oder in dem letzten Jahre vorher — die Forderung abgetreten wird und zur Zeit der Abstimmung die Persönlichkeit, welche die Abtretung vornahm, Gatte des Schuldners geworden ist, so bleibt der Zessionar oder Rechtsnachfolger bei der Berechnung der Mehrheiten außer Betracht (Cosack S. 121; Jaeckel S. 110). Wie nun, wenn in dem maßgebenden Jahre der Ehemann Zedent war und zur Zeit der Abstimmung eine der unter 2 behandelten Ehelösungen stattgefunden hat? M. E. ist auch für diesen Fall der § 40 anwendbar, weil zur Zeit des Vertragsabschlusses die Konspiration möglich war und die Verhütung jeder solchen der ratio legis entspricht. Nur dann ist der Rechtsnachfolger ausgeschaltet, wenn das Stimmrecht auf der abgetretenen Forderung beruht. Wenn dagegen der Rechtsnachfolger auf Grund einer anderen Forderung das Stimmrecht hat, gilt die Beschränkung des § 40 Abs. 2 nicht. Bestritten ist die Frage, wie es zu halten ist, wenn ein Ehegatte, gemeinsam mit anderen Gläubigern, derart stimmberechtigt ist, daß er nur mit ihnen zusammen von seinem Stimmrechte Gebrauch machen kann, z. B. als Miterbe. Hier verneinen die einen (Wilmowski § 183 Anm. 3; Jaeger § 183 KO. S. 341 Anm. 8) die Ausschaltungsmöglichkeit des Gemeinschaftsgläubigers, die anderen bejahen sie (Petersen-Kleinfeller Anm. 6). Nach der ratio legis soll jede mögliche Schiebung, die von seiten eines Ehegatten zugunsten des Schuldners stammen kann, verhütet werden. Es muß daher die strengere Lösung, nämlich die Ausschaltung des Gemeinschaftsgenossen, de lege lata angenommen werden.

Das Stimmrecht des Ehegatten versagt auch beim Zwangsvergleich einer offenen Handelsgesellschaft (Gottschalk, DJZ. 7, 198; Meyer, DJZ. 7, 342; Gretzer, LZ. 4, 650; LG. Insterburg vom 6. Juli 1903 PosMSchr. 1903, 132). Beim Geschäftsaufsichtsverfahren über den Nachlaß (§ 73) ist der Ehegatte des Erben und Miterben ebenfalls im Sinne des § 40 beschränkt.

4. Die Ausnahme.

Bei der Berechnung der Mehrheiten bleibt der Rechtsnachfolger des Ehegatten des geschäftsbeaufsichtigten Schuldners nicht außer Betracht, wenn der Ehegatte zur Abtretung verpflichtet war:

a) durch das Gesetz. Es wird hier auf die §§ 255, 281, 346 BGB. verwiesen;

b) durch einen Vertrag, der früher als ein Jahr vor Anordnung der Geschäftsaufsicht geschlossen wurde.

In diesen beiden Fällen wird auch der zustimmende Rechtsnachfolger bei der Majoritätenberechnung mitgezählt (Motive S. 204 und 311; Seuffert S. 425).

§ 41.

Mit dem Antrag auf Eröffnung des Vergleichsverfahrens hat der Schuldner vorzulegen:

1. **einen bestimmten Vergleichsvorschlag (§§ 34, 35) mit der Angabe, in welcher Weise die Befriedigung der Gläubiger erfolgen sowie ob und in welcher Art ihnen Sicherheit geleistet werden soll,**
2. **die schriftlichen Erklärungen der zum Abschluß des Vergleichs nach Zahl und Forderungssumme erforderlichen Mehrheit von Gläubigern (§§ 37 bis 40), daß sie der Eröffnung des Vergleichsverfahrens auf der Grundlage des Vorschlags des Schuldners zustimmen,**
3. **eine den Vorschriften des § 20 entsprechende Aufstellung über die Vermögenslage zur Zeit des Antrags (Vermögensverzeichnis); das Vermögensverzeichnis soll nach Möglichkeit glaubhaft gemacht werden.**

Zur Nachholung fehlender Erfordernisse kann das Gericht dem Schuldner vor der Entscheidung über den Antrag eine Frist bewilligen. Es kann zulassen, daß an Stelle eines neuen Vermögensverzeichnisses ein Nachtrag zu der mit dem Antrag auf Anordnung der Geschäftsaufsicht eingereichten Aufstellung vorgelegt wird.

Die Vorlagen des Schuldners zum Vergleichsantrag.

A. Der Inhalt des schuldnerischen Vergleichsvorschlages.

Das Verfahren des außerkonkurslichen Zwangsvergleichs unterscheidet sich von dem konkurslichen nicht in bezug auf die verlangten Mehrheiten, nicht wesentlich in bezug auf die Wirkungen, nicht wesentlich in bezug auf die ihm entgegenstehenden Hemmungen, wohl aber in bezug auf die ganze Struktur. Schon vor dem gerichtlichen Termine, der sich mit dem Zwangsvergleiche beschäftigt, finden im Konkursverfahren Termine statt. Zuerst wird eine Gläubigerversammlung abgehalten. Dann folgt der allgemeine Prüfungstermin. So ist im Konkursverfahren schon ein gewisser Unterbau vorhanden. Dazu kommt die Anmeldung im

Konkursverfahren, welche die österreich. Ausgleichs-Ordnung vom 10. Dezember 1914 (Rintelen S. 555 oben) wohlweislich beibehalten hat. Die Tabelle orientiert über die Forderungen, ihre Art, ihre Belege, ihre Richtigkeit, ihre Bedenken. Alles dies ist bei dem sich an das Geschäftsaufsichtsverfahren anlehnenden Zwangsvergleichsverfahren für gewöhnlich noch nicht bekannt, noch nicht vorbereitet, noch nicht übersehbar. Um so dringender ist, im Interesse der Ordnung, Verlässigkeit und Kontrollierbarkeit, das Erfordernis eines bestimmten Vorschlages, wie die Befriedigung und wie die Sicherheit erfolgen soll, ferner aber — im Gegensatz zum Konkursverfahren, das die Vorlage der Erklärungen der Gläubiger nicht erheischt — des Nachweises, daß die gläubigerischen Mehrheiten dem Vorschlage zustimmen und der Glaubhaftmachung des Vermögensverzeichnisses. Diese Grundlage für das Vergleichsverfahren soll nun eben einigen Ersatz für die mangelnden Termine und Tabellen bieten. Der Vergleichsvorschlag ist die Vertragsofferte, über die verhandelt werden soll (Motive, KO. II S. 408). Die schriftlichen Erklärungen der Gläubigerschaft sind sozusagen die Schriftsätze, welche die Verhandlung vorbereiten, ausgestattet mit den orientierenden Beweisbehelfen, damit sich die Beteiligten, falls sie unzulänglich sind, keine unnötige Mühe machen und damit sie letzterenfalls, unter der Kontrolle des Aufsichtsgerichts und der Aufsichtsperson, richtig gestellt oder ergänzt oder verbessert oder weiter glaubhaft gemacht werden sollen. (Siehe auch Weinberg, GeschAufs. 1917, Musterbeispiel III, Antrag auf Eröffnung des Vergleichsverfahrens nebst Anlage.)

B. Der Vergleichsvorschlag.

Das erste Merkmal des Vergleichsvorschlags muß die Bestimmtheit sein. Allgemeine Redensarten nützen die Gläubigerschaft nichts. In dem Antrage, der den Vorschriften der ZPO. unterliegt (§ 14; Bendix, LZ. 1917, 155) und somit schriftlich oder zu Protokoll des Gerichtsschreibers, vom Schuldner oder seinem Vertreter eingereicht werden kann, muß klar und deutlich ausgesprochen werden, was eigentlich der Schuldner bietet. Die Verschiedenheiten der Antragsmöglichkeit ergeben die §§ 34 und 35 (siehe meine Erläuterung). Der Vorschlag muß klar machen, wie, wann und wodurch der Schuldner seine Gläubiger befriedigen, ob und wie, wann und wodurch er Sicherheiten gewähren will. Muß nun der Vergleichsvorschlag unbedingt sein? Nein (a. M.: Seuffert S. 414), wenn der Schwebezustand vor dem Vergleichstermine (§ 46) in Wegfall kommt. „Wenn ich am kommenden 1. Januar bei der Firma X. X. Stellung finde und dann von meinem Prinzipal 5000 Mark Vorschuß erhalte.“ Derartige Bedingungen sind zulässig. Wird die Bedingung bis zum Vergleichstermin zuungunsten des Schuldners entschieden, so muß der Antrag des Schuldners zurückgenommen (§ 56) oder zurückgewiesen (§ 42 Nr. 2) werden; und umgekehrt. Der Vorschlag muß sich darüber aussprechen, wieviel Prozente die Gläubiger empfangen sollen, zu welchem Zeitpunkt, in welchen Raten oder wie lange gestundet werden soll (Näheres siehe in meiner Erläuterung § 35). Die Frage, ob Sicherheit geboten werden kann, nach welchen Formen des § 232 BGB., oder wie sonst, darf nicht außer acht gelassen werden, weil sie einen hauptsächlichen Anhaltspunkt für Brauchbarkeit des Vorschlags überhaupt bildet. Unstimmigkeiten können zur Zurückweisung des Antrags gemäß § 42 Nr. 2 führen, Ungenauigkeiten freilich nur das

Gericht veranlassen, Nachholung gemäß § 41 letzter Absatz anzuordnen. Da der § 41 sich nur auf das Vorbereitungsstadium bezieht und das Abstimmungsverfahren erst im Stadium des § 45 ff. vor sich geht, ist eine Änderung des Vorschlags möglich. Es können selbstredend günstigere, aber auch ungünstigere Bedingungen, wie im ersten Antrage, eingebracht werden. Letzterenfalls natürlich mit Erfolg nur dann, wenn sich die schriftlichen Erklärungen des § 41 Nr. 2 auf den ungünstigeren Vorschlag beziehen.

C. Die gläubigerischen Erklärungen.

Die Bestimmung des § 41 Nr. 2 schreibt die Vorlage informatorischer Behelfe vor. Das Gericht, die Aufsichtsperson und die Gläubigerschaft soll sich durch die vom Schuldner vorzulegenden schriftlichen Erklärungen der zum Abschluß des Vergleichs erforderlichen Mehrheit, daß sie der Eröffnung des Vergleichsverfahrens auf der Grundlage des schuldnerischen Vorschlages zustimmen werden, ein Bild machen, ob es einen Zweck hat, das Vergleichsverfahren überhaupt zu eröffnen. Diese Bestimmung ist — gegenüber dem konkurslichen Zwangsvergleichsrecht (übrigens auch dem Rechte der ÖsterrKO. und ÖsterrAusglO.) — neu, vor allem deshalb, weil der Gang der Dinge im Konkursverfahren ein anderer ist. Dort wird nämlich der schuldnerische Vorschlag eingereicht, vom Konkursverwalter und Gläubigerausschuß begutachtet. Der schuldnerische Vorschlag und das Gutachten dieser beiden Verwaltungsorgane geht an die Gläubigerschaft hinaus. Die Gläubigerschaft erscheint dann in dem vom Gericht anzuberaumenden Vergleichstermine oder läßt sich in demselben vertreten. Dort fehlt es also, aus den oben bereits angegebenen Gründen, an den präparatorischen schriftlichen Erklärungen, welche der Schweizer Konkursordnung von 1889 entlehnt sind. Nach dieser reicht nämlich der Schuldner bei der sogenannten Nachlaßbehörde den Entwurf eines Nachlaßvertrages ein. Die Majorität der Gläubiger, welche die Hälfte der Forderung repräsentiert, muß den Entwurf von vornherein unterschrieben haben. Die Voraussetzungen für Fälle innerhalb und außerhalb des Konkurses sind nach dem Schweizer Rechte die nämlichen (siehe Keller S. 113, 127; Weber und Brüstlein S. 29; Das Bundesgesetz betreffend Schuldbetreibung und Konkurs 1901; Vortrag über dasselbe von Hofmann; Baer, JW. 1917, 343). Über den Nachlaßvertrag enthält weitere Bestimmungen das schweizerische Gesetz vom 11. April 1911. Die erschwerende Bestimmung des Schweizer Rechtes, daß dem Entwurf des Nachlaßvertrages die Majorität der Gläubiger, welche zugleich mehr als die Summenhälfte darstellen muß, vorläufig schriftlich zustimmen muß, soll der endgültigen Stellungnahme der Gläubiger nicht vorgreifen. (Der schließliche Nachlaßvertrag erfordert $^2/_3$ der Kopf- und Summenmehrheit).

Auch nach dem Rechte der Verordnung vom 14. Dezember 1916 wird durch die Erklärung gemäß § 41 Nr. 2 der endgültigen Stellungnahme der Gläubiger nicht vorgegriffen. Denn nach § 51 gilt nur dann die vorherige schriftliche Erklärung im Sinne des § 41 Nr. 2 als Zustimmung zu dem Vergleichsvorschlage, wenn der Gläubiger in dem Vergleichstermine nicht erschienen ist und die Erklärung bis zu dem Termine nicht widerrufen hat (§ 51 Nr. 2). Erscheint er in dem Termine oder widerruft er die Erklärung des § 41 Nr. 2 bis zu dem Vergleichstermine, so ist ihm anheimgestellt, eine von der ursprünglichen, vorbereitenden Erklärung abweichende abzugeben. Buhmann, BayZfRechtspfl. 1917, 40 bekämpft die Notwendigkeit der zwei Gläubiger-Erklärungen, einerseits dem Schuldner (§ 41 Ziff. 2), andererseits dem Gericht (§ 51) gegenüber, meint, praktischer wäre die Zusammenfassung gewesen, so daß die erstmalige Erklärung auch der Regel nach als geeignet dem Gericht gegenüber abgefaßt werden könnte. M. E. wollte aber die VO. eine Bindung der Gläubigerschaft in diesem Stadium der Regel nach (siehe auch § 51 Abs. 2) vermeiden.

Grundlegend sind für diese schriftlichen Erklärungen die Bestimmungen der §§ 37—40. Je nachdem ein Erlaßvertrag, oder ein reiner Stundungsvertrag, oder eine Beteiligung des Ehegatten usw. in Frage kommt, ist die jeweilige schriftliche Erklärung zu gestalten. Ein Präjudiz wird durch die Erklärung, daß der betreffende Gläubiger der Eröffnung des Vergleichsverfahrens zustimmt, nur mit dem Abmaße des § 51 Nr. 2 geschaffen. Es ist dem Gläubiger unbenommen, anzufügen, daß er auf der Grundlage des Vorschlages des Schuldners nicht zustimmt, daß er vielmehr eine Änderung oder Besserung in dem oder jenem Sinne beansprucht. Der Gläubiger kann auch beifügen, daß er der Grundlage des Vorschlages grundsätzlich zustimmt, aber eine andere oder bessere Sicherung beansprucht. Gibt nun die Erklärung des Gläubigers oder der Gläubiger, welche modifizierte Zustimmungserklärungen abgeben können, einen Ausschlag bezüglich der Kopf- und Summenmehrheit, so ist dem Schuldner zu bedeuten, daß er entweder die betreffenden gläuberischen Bedenken beiseiteschafft oder seinen Vorschlag verbessert. Gibt aber, der Mehrheit nach, die modifizierte Zustimmung des Gläubigers keinen Ausschlag, so kann das Gericht über diese zunächst hinweggehen, weil ja, falls nicht noch Änderungen des Stimmenverhältnisses bei der eigentlichen Abstimmung eintreten, die Verbesserungswünsche des betreffenden Gläubigers majorisiert werden.

Zu erwähnen ist noch, daß auch die anormale Zustimmungserklärung des § 34, im Falle der Gewährung ungleicher Rechte, mit vorgelegt werden muß.

Buhmann, BayZfRechtspfl. 1917, 30, meint, durch dieses außerhalb der richterlichen Tätigkeit sich abspielende Verfahren werde beim nicht öffentlichen Zwangsvergleich das Gericht kaum mehr in die Lage kommen, sich mit einem aussichtslosen Zwangsvergleichsverfahren vergeblich beschäftigen zu müssen. Im großen und ganzen ist die Prognose zutreffend.

D. Vermögensverzeichnis.

Der § 41 Nr. 3 bringt eigentlich nur eine Wiederholung des § 20. Die dortige Vermögensaufstellung (siehe meine Erläuterung § 20 C) muß ad hoc erneuert werden, weil seit dem Antrag auf Anordnung der Geschäftsaufsicht andere Zeiten und Umstände günstiger oder ungünstiger Art eingetreten und die damaligen Vermögensverhältnisse verschoben sein können. Da die Behelfe der obligatorischen Gläubigerversammlungen, Inventuren (§ 124 KO.) nebst fakultativem Offenbarungseid (§ 125 KO.) im Geschäftsaufsichtsverfahren fehlen, soll das Verzeichnis des Vermögens, welches dem Zwangsvergleichsverfahren zugrunde gelegt wird, tunlichst glaubhaft gemacht werden. Da die Aufsichtsperson Einsicht in die Geschäftsbücher und sonstigen Aufzeichnungen des Schuldners gewährt erhält, auch Auskunft über den Stand des Vermögens und über die Geschäfte des Schuldners bekommen muß (§ 2), da ferner ein Gläubigerbeirat sich von dem Gange der Geschäfte unterrichtet, die Bücher und Schriften des Schuldners einsieht und die erforderlichen Auskünfte erhält (§ 31), fällt die Glaubhaftmachung des § 41 Nr. 3 dem Schuldner, der sich von diesen Personen die Richtigkeit seines Status bestätigen lassen kann, nicht schwer. Dem Gericht ist es übrigens anheimgestellt, von der Glaubhaftmachung allenfalls Umgang zu nehmen, wenn sie auf Schwierigkeiten stößt, die mit der Würdigkeit und Verlässigkeit des Schuldners, insbesondere auch der Glaubwürdigkeit seiner Vermögensangabe, nichts zu tun haben. Ein für die Aufstellung des Verzeichnisses geeignetes Münchener Musterformular bringt Dittrich, BayZfR. 1917, 80 ff. Er empfiehlt peinlichste Gewissenhaftigkeit, da das Verzeichnis formell und materiell die Hauptgrundlage des Verfahrens bildet.

E. Nachholung und Erleichterung.

Der Schlußpassus des § 41 bestimmt zunächst, daß die fehlenden Erfordernisse nachgeholt werden können. Damit aber nicht der Schuldner zum Schaden seiner Gläubigerschaft diese Nachholung verschleppen kann, erscheint es angezeigt, ihm eine Frist zu stecken. Benützt er sie zur Ergänzung und Verbesserung seiner Belege und Vorschläge, so wird die Entscheidung über den Antrag seiner Anregung entsprechen. Ist er während der Frist untätig, oder gelingt ihm die Nachholung der fehlenden Erfordernisse nicht, so erfolgt Entscheidung über den Antrag, der aber grundsätzlich nicht deshalb zurückgewiesen zu werden braucht, weil unwesentliche Erfordernisse fehlen. Fehlen wesentliche Erfordernisse, so ist der Antrag gemäß § 42 Nr. 2 zurückzuweisen.

Schließlich enthält der Schlußpassus aber auch noch eine wohlwohlberechtigte Erleichterung für den Schuldner. Wenn nämlich seit dem Zeitpunkte, zu welchem das Verzeichnis, gemäß § 20, eingereicht worden ist, die Verhältnisse sich nur wenig verschoben haben, so genügt auch ein Nachtrag zu der alten Aufstellung, den das Gericht zulassen wird, wenn die Fertigung eines neuen Verzeichnisses zur Aufklärung der jetzigen Sachlage überflüssig erscheint.

§ 42.

Vor der Entscheidung über den Antrag soll die Aufsichtsperson und, wenn ein Gläubigerbeirat bestellt ist, auch dieser gehört werden.

Der Antrag ist zurückzuweisen:

1. **wenn Tatsachen vorliegen, welche die Vertrauenswürdigkeit des Schuldners in Frage stellen;**
2. **wenn den Erfordernissen des § 41 nicht genügt ist.**

Gegen den Beschluß, durch den der Antrag zurückgewiesen wird, steht dem Schuldner die sofortige Beschwerde zu.

Die Äußerung der Aufsichtsorgane und die Gründe der Zurückweisung des Antrags.

A. Die Anhörung der Aufsichtsperson und des Gläubigerbeirats.

In diesem Stadium des Verfahrens kann und soll sich zumal die Aufsichtsperson, dann aber auch ein etwa gemäß §§ 30 ff. bestellter

Gläubigerbeirat, richtig und praktisch bewähren. Denn die Funktionen der Aufsichtsperson der VO. vom 14. Dezember 1916, die denjenigen des Sachwalters des schweizerischen Rechtes, auch des Ausgleichsverwalters des österreichischen Rechts (§§ 31 ff. ÖsterrAusglO.), entsprechen, beziehen sich ja im wesentlichen auf die Sicherung und Ermittlung des Vermögens. Auch die Erhebung der für den Ausgleich maßgebenden Verhältnisse, die Ermittlung des Schuldenstandes — sagt Rintelen S. 509 — hat vorwiegend den Zweck, einen Überblick über den gesamten Status und eine Basis für einen eventuellen Stimmenrechtsstreit zu erzielen. An der Hand dieser Geschäftsaufgabe ist die Aufsichtsperson besonders geeignet, dem Gericht, bevor es eine Entscheidung trifft, an die Hand zu gehen, die Aussichten des Vorschlages zu begutachten, die Erklärungen der Gläubiger zu würdigen und sich über den Status auszusprechen. Der Gläubigerbeirat ferner, der zur Unterstützung der Aufsichtsperson ihm beigeordnet ist (so auch § 36 ÖsterrAusglO.), soll der Aufsichtsperson bei ihren Ermittlungen über den Stand des Schuldners behilflich sein und sich mit der Aufsichtsperson in den seiner Entscheidung überlassenen Fällen beraten können (siehe Österr. Denkschrift zur AusglO. S. 164; Rintelen S. 513; meine Erläuterung zu § 31). Es liegt nahe, daß ein Gläubigerbeirat vom Gerichte gehört wird, ebenso wie eine Erklärung des Gläubigerausschusses gemäß §§ 177 ff. KO. eingeholt wird. Es ist zweckmäßig, der Aufsichtsperson und dem Gläubigerbeirat eine gewisse Frist zur Abgabe ihrer Erklärungen zu belassen, damit dieselben sich nötigenfalls noch über die schuldnerischen Vorlagen des § 41 näher informieren können. Der Gläubigerbeirat gibt als solcher — nicht durch seine Einzelmitglieder — seine Erklärungen ab. Es wird daher rätlich erscheinen, daß er sich beschlußmäßig äußert. Buhmann, BayZſRechtspfl. 1917, 39, bedauert, daß durch die neuen Vorschriften, die doch das Schwergewicht auf die Tätigkeit **vor** Einreichung des Vorschlags legen, die Pflichten der Aufsichtsorgane für diese entscheidende Zeit nicht ausdrücklich festgelegt seien. Man kann auch der Meinung sein, daß die Nichtfestlegung die Elastizität der Aufsichtsorgane erhöht.

B. Die Zurückweisung des Antrages.

1. Die Vertrauensunwürdigkeit des Schuldners.

Diese Bestimmung ist absichtlich allgemein gehalten und man ist auf die Einzelheiten des § 175 KO. in der VO. nicht eingegangen, damit von Fall zu Fall die Frage der Zulassung oder Zurückweisung des Antrages weder zu streng, noch zu milde, beurteilt werden kann. Im Vordergrunde steht das Bedürfnis der Gläubiger. Es wäre daher wenig ratsam, einen Zwangsvergleichsvorschlag, welcher der Gläubigerschaft förderlich ist, zurückzuweisen, weil der Schuldner eine suspektive Persönlichkeit ist. Mit anderen Worten: Zwischen der Vertrauensunwürdigkeit des Schuldners und dem Vorschlage selbst muß ein Zusammenhang bestehen. Oder aber: in Richtung gegen die Gläubiger muß das Gebaren des Schuldners ein die Sicherheit des Vergleichs gefährdendes sein. Aber auch hier darf keineswegs der allgemein ungünstige Eindruck oder das Vorleben des Schuldners entscheidend sein, sondern in concreto müssen greifbare Tatumstände gegeben sein, welche das Mißtrauen gegen den Schuldner, speziell als Antragsteller des gegenwärtigen Vergleichs, rechtfertigen. Nichts liegt näher, als daß in dieser heiklen Frage das

Gericht aller Behelfe sich bedient, die ihm zur Seite stehen: der Aufsichtspersonen, allenfallsiger Vernehmungspersonen (§ 16), der Gläubigerversammlung (§ 16), der Fachkammern und -Behörden oder anderer Sachkundiger (§§ 21 und 22). Erst wenn diese Grundlagen einer sicheren Beurteilung gegeben sind, kann und darf sich das Gericht schlüssig machen. Es greift mit seinem Zurückweisungsantrag unter Umständen stark in die Existenz des Schuldners ein; um so sorgfältiger muß der maßgebende Antrag überlegt und begründet sein.

Welche Umstände die Vertrauenswürdigkeit des Schuldners in Frage stellen, ist, wie gesagt, absichtlich nicht im § 42 bestimmt. Jede starre Norm sollte vermieden und gleichwohl dem Gericht die Möglichkeit gegeben werden, auch in anderen Fällen, als den im § 175 KO. angegebenen, eine Unwürdigkeit des Schuldners als vorhanden anzunehmen. Daß die krassen Fälle des § 175 ausreichend sind, um die Zurückweisung des Antrages zu rechtfertigen, bedarf keiner Erwähnung. Ist der Schuldner flüchtig, sind Strafverfahren wegen Vermögensdelikte anhängig u. dgl., so werden wohl die Tatsachen des § 42 Nr. 3 ohne weiteres gegeben gegeben sein. Nicht aber reicht ein Strafverfahren aus, welches sich auf Reate bezieht, die gar nichts mit dem Geschäftsaufsichtsverfahren oder Zwangsvergleich gemeinsam haben (mein Gutachten S. 777; siehe ferner über diese Frage: Kisch, Recht 1909, 686; Wagner, Schuldnachlaß § 2 S. 10; Tischbein S. 54). Aber andererseits sind Unzulässigkeitsgründe denkbar, die über die Normen des § 175 hinausgehen: grobe Mängel der Buchführung und Bilanzziehung etwa, die zweifelhaft erscheinen lassen, ob nicht Vermögensstücke beiseite geschafft sind, oder Anhaltspunkte für wesentliche Verschleierungen, reichen aus, um die schuldnerische Unwürdigkeit zu kennzeichnen.

2. Nichterfüllung der Erfordernisse des § 41.

Hier kann auf die Erläuterung zu § 41 Bezug genommen werden. Da eine Nachholung der fehlenden Erfordernisse, innerhalb einer vom Gericht zu steckenden Frist, dem Schuldner vergönnt ist, wird eine beharrliche Unterlassung der von dem Gerichte, nach Anhörung der Aufsichtsperson und des allenfallsigen Gläubigerbeirates, geforderten Erklärungen und Belege auf eine Aussichtslosigkeit des Vergleichsverfahrens schließen lassen. Eine rigorose Handhabung entspräche der VO. nicht, aber auch durchaus nicht eine laxe Handhabung des gesamten Zwangsvergleichsverfahrens, die dem Leichtsinn, möglicherweise auch der Unredlichkeit des Schuldners, nicht gebührend steuern würde.

C. Die sofortige Beschwerde.

Da die Zurückweisung des Antrages von größter Bedeutung für das Gewerbsleben des Schuldners ist, hat er die Berechtigung, die im § 42 geregelten Fragen durch einen zweiten Rechtsspruch nachprüfen zu lassen. Die Frage der persönlichen und gewerblichen Unwürdigkeit des Schuldners ist unter Umständen ein dehnbarer Begriff. Dem Schuldner gelingt es vielleicht, mit seinem Rechtsmittel die Bedenken des Gerichts zu zerstreuen, zumal wenn der Schuldner sein Vorbringen durch geeignete neuerliche Glaubhaftmachung bekräftigen kann. Vielleicht erkennt er, oder eine ihn bisher nicht genügend unterstützende Gläubigerschaft, erst durch die Tatsache der Zurückweisung des Antrages den Ernst der Sachlage, so daß es dem sich beschwerenden Schuldner hernach gelingt, das zweite Gericht von dem Ungrund der bisherigen Bedenken zu überzeugen. Vor allem kann auch der Schuldner zwischen dem Zurückweisungsantrag und der Verbescheidung der Beschwerde unter Umständen die Erfordernisse des § 41 nachholen. Wird der Beschluß des Amtsgerichtes aufgehoben, weil die von ihm seiner Entscheidung zugrunde gelegten Zurückweisungsgründe des § 42 dem Beschwerdegericht nicht ausreichen, so hat das Amtsgericht gemäß § 44 einen Vergleichstermin anzuberaumen. Verbleibt es aber bei dem amtsgerichtlichen Beschlusse, so kann die Geschäftsaufsicht entweder aufgehoben (§ 66) oder fortgesetzt werden. Auch nach rechtskräftiger Zurückweisung des Antrags durch den ersten oder zweiten Rechtszug kann der Schuldner den Antrag auf Eröffnung des Vergleichsverfahrens erneuern, was weniger leicht im Falle des Zurückweisungsgrundes Nr. 1 zutreffen wird.

Die sofortige Beschwerde untersteht insoweit den Bestimmungen der ZPO., als sie binnen einer Notfrist von zwei Wochen einzulegen ist und die Einlegung bei dem Beschwerdegerichte zur Wahrung der Notfrist genügt. Das Amtsgericht ist zu einer Änderung seiner der Beschwerde unterliegenden Entscheidung nicht befugt (§ 577). Eine weitere sofortige Beschwerde, die das Zivilprozeßrecht vorsieht, kennt aber die VO. vom 14. Dezember 1916 nicht (§ 19 und meine Erläuterung unter D hiezu).

§ 43.

Bei der Entscheidung der Frage, ob die nach § 41 Abs. 1 Nr. 2 zur Eröffnung des Vergleichsverfahrens erforderlichen Zustimmungserklärungen vorliegen, sind die Gläubiger bestrittener Forderungen, soweit nicht das Bestreiten offenbar unbegründet ist, und die Gläubiger aufschiebend bedingter Forderungen nicht mitzuzählen; Gläubiger, die abgesonderte Befriedigung beanspruchen können, sind zu dem Betrage mitzuzählen, zu dem sie nach der Angabe im Vermögensverzeichnisse mutmaßlich ausfallen werden.

Stimmrecht der bestrittenen, absonderungsberechtigten und bedingten Forderungen.

A. Bestrittene Forderungen.

Bezüglich der vom Schuldner anerkannten Forderungen ist die Zusammenstellung der Mehrheitsliste gemäß § 41 nicht schwierig. Wo sich ferner die Meinungsverschiedenheiten zwischen dem Schuldner und betreffenden Gläubiger hinsichtlich einer vom ersteren ursprünglich nicht anerkannten Forderung, durch die Bemühung des Aufsichtsführers und allenfalls des Gläubigerbeirats, in dem oder jenem Sinne beilegen lassen, ist unschwer die Liste der beteiligten Gläubiger zusammenzustellen. Schwierigkeiten entstehen erst, wenn es bei der Bestreitung des Schuldners verbleibt, ohne daß die gerichtliche Entscheidung des § 47 in diesem Stadium noch möglich ist. Hier mußte also ein gesetzlicher Ausweg geschaffen werden. Der § 43 unterscheidet nun zwei Möglichkeiten. Die eine ist die, daß der Schuldner seine Bestreitung nicht aufgibt, was ja in den meisten Fällen seinen guten Grund haben wird; denn vor dem im § 41 vorgesehenen Zeitpunkte wird sich der Schuldner über die Gläubigerliste gründlich mit der Aufsichtsperson beraten. Macht also die Bestreitung den Eindruck, daß sie berechtigt ist, so kann man sie zur Gläubigerliste nicht zulassen. Anders liegt der Fall, wenn offensichtlich die Bestreitung die Begründung entbehrt, sei es, weil der Schuldner sich auf einen unvernünftigen oder tatsächlich aussichtslosen Standpunkt versteift, sei es weil eine Voreingenommenheit des Schuldners vorliegt, oder wie sonst. In diesem Falle ist das Risiko des Gerichts nicht groß, den Gläubiger der bestrittenen Forderung in die Gläubigerliste mit einzusetzen. Es bleibt dem Schuldner und den ihn überwachenden Organen dann immer noch unbenommen, bis zum Vergleichstermine die Frage, ob die Forderung berechtigt ist oder nicht, tunlichst zu erklären. Das Gericht kann, wenn es sich um einen oder mehrere beträchtliche Posten dreht, die bestritten sind und die bei der Mehrheitsberechnung ausschlaggebend sind, sehr wohl sich Gewißheit durch die Aufklärungsmöglichkeiten des § 16 verschaffen. Überhaupt spielt ja diese ganze Frage nur dann eine eigentliche Rolle, wenn es bei der Mehrheitsberechnung auf diese bestrittenen Gläubiger rechnerisch ankommt. (Ähnliche Regelung im belgischen, schweizerischen, italienischen, norwegischen und dänischen Recht, ferner in der ÖsterrAusglO. § 44; die Entscheidung trifft bei letzterer der Ausgleichskommissär; Rintelen S. 557.)

B. Aufschiebend bedingte Forderungen.

Die Frage, inwieweit und wann die Gläubiger aufschiebend bedingter Forderungen überhaupt während des Geschäftsaufsichtsverfahrens zum Zuge kommen werden, ist meist nicht einfach. Sind derartige Forderungen in der Gläubigerliste vermerkt, so muß Klarheit herrschen, ob sie mitgezählt werden können, oder nicht. Auch in der KO. sind besondere Maßnahmen für die aufschiebend bedingten Forderungen vorgeschrieben (§§ 67, 96). Da die Durchführbarkeit oder das Zustandekommen der betreffenden Forderung vom Eintritt eines in der Zukunft liegenden Ereignisses abhängt, ist es fraglich, ob und inwieweit die noch nicht entstandene Forderung überhaupt zu berücksichtigen ist. Im Konkursrecht (§ 67) wird dem bedingt forderungsberechtigten Gläubiger die Quote nicht ausbezahlt. Seine Forderung berechtigt nur zu einer Sicherung (§ 67 KO.), doch steht ihm diese Sicherungsbefugnis allemal zu (RG. 85, 212). Solange nun die Bedingung schwebt, ist die Stimmberechtigung des betreffenden Gläubigers zu prüfen. Nach der KO. § 96 steht dem Gläubiger das Stimmrecht für den ganzen Betrag seiner Forderung zu, solange nicht widersprochen wird. Auf Widerspruch entscheidet das Gericht unanfechtbar, ob und zu welchem Betrage der Forderung ein Stimmrecht zukommt. Um nun im Zwangsvergleichsverfahren außerhalb des Konkurses alle Weiterungen zu vermeiden, hat man die aufschiebend bedingten Forderungen überhaupt aus der Gläubigerliste des § 42 ausgemerzt, während im eigentlichen Termine das Gericht seine Entscheidung trifft, ob Forderungen unter aufschiebender Bedingung zum Stimmen berechtigen (§ 47). Es wird sich im letzteren Falle fragen, ob der Eintritt oder Ausfall der Bedingung zeitlich und inhaltlich mehr zu vermuten ist.

C. Absonderungsberechtigte Gläubiger im Hinblick auf die Gläubigerliste.

Wie es mit persönlichen Forderungen der absonderungsberechtigten Gläubiger bestellt ist, ist vor Verwertung des Pfandes oder vor Verzicht auf abgesonderte Befriedigung (siehe oben § 36; ferner § 64 KO.) nicht zu bestimmen. Die VO. vom 14. Dezember 1916 hat nun eine doppelte Methode eingeschlagen. In dem Vorstadium des § 41, d. h. solange es sich nur um den Antrag auf Eröffnung des Vergleichsverfahrens dreht, ist die schuldnerische Erklärung im Vermögensverzeichnisse maßgebend hinsichtlich des mutmaßlichen Ausfalls der absonderungsberechtigten Gläubiger. Der Schuldner wird freilich anzuhalten sein, seine Schätzung zu belegen, ob es sich nun um eine Hypothek oder ein Faustpfand oder dgl. handelt. Sind größere Ausfallforderungen zu erwarten, so wird die schuldnerische Angabe im Vermögensverzeichnis einer Würdigung der Aufsichtsorgane zu unterziehen sein. Im eigentlichen und maßgebenden Stadium der Erörterung des Stimmrechtes, d. h. im Vergleichstermine, entscheidet das Gericht (nach der ÖsterrAusglO. § 44 Abs. 2 und 3 der Ausgleichskommissär), ob und zu welchem Betrage Forderungen, für die abgesonderte Befriedigung beansprucht werden, in Ansehung des mutmaßlichen Ausfalls zum Stimmen berechtigen (§ 47).

§ 44.

Gibt das Gericht dem Antrag statt, so bestimmt es einen nicht über einen Monat hinauszusetzenden Vergleichstermin. Der Beschluß ist dem Schuldner, der Aufsichtsperson und allen Gläubigern, auch den im § 33 Abs. 2 bezeichneten, zuzustellen. Den beteiligten Gläubigern ist mit dem Beschlusse der Vergleichsvorschlag des Schuldners mitzuteilen.

Die Ansetzung des Vergleichstermines.

Dieser Paragraph ist wiederum der KO. (§ 179) nachgebildet. Nicht etwa listenmäßig oder auf schriftlichem Wege spielt sich die Entscheidung der Gläubigerschaft über den Zwangsvergleichsantrag ab, der nicht vom Amtsgericht zurückgewiesen wurde, oder dessen Nichtzurückweisung das Landgericht auf schuldnerische Beschwerde beschloß, sondern in einem förmlichen Termine des Amtsgerichtes, dem Vergleichstermine. Die zeitliche Bestimmung der KO., daß dieser Termin nicht über ein Monat hinaus anberaumt wird, ist beibehalten. Der Vergleichstermin, die einzige gerichtliche Verhandlung im engeren Sinne, welche überhaupt die VO. vom 14. Dezember 1916 kennt, ist für das Zustandekommen des Zwangsvergleichs von ausschlaggebender Bedeutung. Deshalb ist der förmliche diesbezügliche gerichtliche Entschluß den sämtlichen Interessenten zuzustellen. Diese Zustellung („Vielheit amtlicher Einzelzustellungen", Jaeger, JW. 1917, 438) vertritt die Stelle der öffentlichen Bekanntmachung des § 179. Adressaten dieser Zustellung sind 1. der Schuldner, 2. die Aufsichtsperson, 3. sämtliche Gläubiger, einschließlich derjenigen, welche im § 33 Abs. 2 angeführt sind, also einschließlich der nach § 13 von dem Verfahren nicht betroffenen und einschließlich der Gläubiger, deren fünf Klassen im § 33 aufgeführt sind. Letzteres könnte auffallen, da die im § 33 Abs. 2 aufgeführten Gläubiger bei der eigentlichen Abstimmung über den Zwangsvergleich ja doch nicht beteiligt sind. Dies hat aber seinen Grund darin, daß die Interessen der gesamten Gläubigerschaft doch ineinanderfließen. Sollte nach Ansicht eines der am Zwangsvergleichsverfahren nicht beteiligten Gläubiger z. B. das Vermögen nicht ausreichen, um den privilegierten Gläubigern und Zwangsvergleichsgläubigern zugleich zu genügen, so soll dadurch, daß den privilegierten Gläubigern ebenfalls der künftige Vergleichstermin bekanntgegeben wird, ihnen Gelegenheit gegeben werden, zur rechten Zeit zu dieser Frage des unzulänglichen Vermögens Stellung zu nehmen (siehe auch § 48 Schlußpassus). Sollten hinterher weitere Gläubiger bekannt werden, so ist auch diesen der gerichtliche Beschluß hinsichtlich des Vergleichstermines zuzustellen. Die am Zwangsvergleichsverfahren beteiligten Gläubiger im engeren Sinne werden nur dadurch anders behandelt, wie die gesamte Gläubigerschaft, daß ihnen der Zwangsvergleichsvorschlag des Schuldners, welcher ja auch für sie in erster Linie bestimmt ist, mit bekanntgegeben wird. Die Vereinfachungen des § 17 sind bei Anwendung des § 44 zu berücksichtigen. Da die im § 41 vorgeschriebenen schuldnerischen Vorlagen zu den Akten des Aufsichtsgerichtes genommen werden, ist es für den Regelfall dem am Zwangsvergleichsverfahren beteiligten Gläubiger unbenommen, die diesbezüglichen Aktenstücke einzusehen, wenn auch die Ermächtigung gemäß § 18 seitens des Gerichtes erteilt werden muß, um irgendwelchen selbstsüchtigen Bestrebungen des einen oder anderen Gläubigers zu steuern (siehe meine Erläuterung § 18 B).

§ 45.

Die Aufsichtsperson soll vor dem Vergleichstermine, soweit es erforderlich erscheint, mit den Gläubigern verhandeln, insbesondere mit den beteiligten Gläubigern, die der Eröffnung des Vergleichsverfahrens noch nicht zugestimmt haben oder deren Forderungen bestritten sind.

Die Verhandlungen der Aufsichtsperson mit den Gläubigern vor dem Vergleichstermine.

In diesem Stadium, zwischen dem vom Gericht angenommenen Antrag auf Eröffnung des Vergleichsverfahrens (§ 44) und dem Vergleichstermine (§ 46), setzt markant wiederum die Tätigkeit der Aufsichtsperson ein. Da sie die Geschäftsführung des Schuldners unterstützt und überwacht, zu diesem Zwecke die erforderlichen Maßnahmen trifft (§ 2), Einsicht in die Geschäftsbücher und Aufzeichnungen des Schuldners nimmt, Auskunft über den Stand seines Vermögens erhält und erteilt (§§ 3, 31), dafür sorgt, daß der Geschäftsbetrieb des Schuldners tunlichst aufrechterhalten wird, die Ursachen der Krisis prüft (§ 28), vor der Entscheidung über den Antrag auf Eröffnung des Vergleichsverfahrens mit dem Gericht sich ins Benehmen setzt (§ 42), ist niemand berufener, mit den Gläubigern zu konferieren, ehe es zu den eigentlichen und maßgebenden gerichtlichen Erörterungen des Zwangsvergleichsantrages (§§ 46 ff.) kommt. Mit Gläubigern, deren Forderungen einerseits vom Schuldner anerkannt, und die andererseits laut ihrer schriftlichen Erklärungen (§ 41 Nr. 2) mit dem Zwangsvergleichsvorschlag des Schuldners einverstanden sind, gibt es — wenigstens über ihre eigenen Forderungen — nichts zu verhandeln. Sie können höchstens als Mitberater hinsichtlich der bestrittenen oder bedingten oder absonderungsberechtigten Forderungen (§ 43) anderer Gläubiger oder hinsichtlich der dem schuldnerischen Vorschlage nicht zustimmenden Gläubiger oder hinsichtlich der anfechtbaren Rechtshandlungen des Schuldners mit der einen oder anderen Gläubigergruppe für die Aufsichtsperson in Betracht kommen. Die hauptsächliche Tätigkeit der Aufsichtsperson erstreckt sich daher in diesem Zeitpunkte auf die Unterhandlung mit Gläubigern, bezüglich deren irgendwelche Komplikation vorliegt, die die Aufsichtsperson zu beseitigen, aufzuklären, zu schlichten, berufen und imstande ist. Dazu dient eben deren Kenntnis der Bücher, Urkunden, Sach- und Rechtslage. Sie kann sich bei derartigen Unterredungen aber auch der Mitwirkung des Beirates (§§ 30 und 31) bedienen, vom Gerichte sich in angemessener Weise unterstützen (§ 26) und durch Verfügungen desselben Aufklärungen verschaffen lassen (§ 16). Die Mühewaltung der Aufsichtsperson kann Streitigkeiten im Vergleichstermine unterbinden, Differenzen über Grund und Höhe der Forderungen beilegen, beabsichtigte Umtriebe einzelner Gläubiger lahmlegen und einen entscheidenden Einfluß auf einen ruhigen Gang des künftigen Vergleichstermines ausüben. Vielleicht findet die Aufsichtsperson auch den rechten Weg, um Meinungsverschiedenheiten wegen anfechtbarer Rechtsgeschäfte zu begegnen und diese selbst, zur Vermeidung der Ablehnung oder Verwerfung des Vergleichs, bzw. eines sich anschließenden Konkursantrages, zu beseitigen (Bendix, LZ. 1917, 169). Schließlich werden die Unterhandlungen auch mit Gläubigern zu führen sein, die am Verfahren nicht beteiligt sind, zumal wenn ein Fall des § 48 Abs. 2 vorliegt, d. i. die Frage aktuell sein sollte, ob das Vermögen für die Ansprüche der nichtbeteiligten Gläubiger überhaupt ausreicht bzw. welche Schritte zur Herbeiführung dieses Erfolgs zu unternehmen sind. Es ist nicht vorgeschrieben, daß die Aufsichtsperson diese und andere Maßregel in mündlicher Rücksprache trifft. Das weite Gebiet ihrer Betätigung wird vielmehr teils mittels Briefwechsels (allenfalls Rundschreiben), teils mittels Aussprache, erledigt werden. Über das Ergebnis der Unterhandlungen wird das Amtsgericht einen Bericht nebst Aufstellung von der Aufsichtsperson einfordern. (Weinberg, GeschAufs. S. 79, vergleicht hier die Gehilfentätigkeit der Aufsichtsperson mit derjenigen des Kalkulators im Kaufgelderbelegungstermine.) Das Geschäftsaufsichtsverfahren, welches dem Zwecke dient, die wirtschaftliche Existenz des Schuldners zu erhalten, soll tunlichst durch den Zwangsvergleich seine Lösung finden. Von dieser Erwägung muß der Aufsichtsführer ausgehen. Er wird seiner Aufgabe gerecht, wenn er gerade in dieser Lage des Verfahrens alle nicht glatten Verhältnisse zu ebnen unternimmt.

§ 46.

In dem Vergleichstermine wird das Stimmrecht der Forderungen, soweit es bestritten wird, festgestellt und über den Vergleichsvorschlag verhandelt und abgestimmt.

Das Verfahren im Vergleichstermin. Die einzelnen Vorgänge.

A. Die erscheinenden Personen.

Der Vergleichstermin, welcher den Höhepunkt des ganzen Verfahrens bedeutet, von welchem ab normalerweise das Zwangsvergleichs- und Geschäftsaufsichtsverfahren wieder ihrem Ende zuneigen, wird vom Gerichte geleitet. Eine Bestimmung (wie in der ÖsterrAusglO. § 37;

Rintelen S. 559), daß der Schuldner persönlich zu erscheinen hat, kennt die VO. vom 14. Dezember 1916 nicht, würde auch angesichts der Einberufungen (für welche Weinberg a. a. O. S. 81, Erwirkung einer Beurlaubung durch die Kommandostelle anempfiehlt), nicht immer durchzuführen sein. Immerhin wird dieses persönliche Erscheinen sehr rätlich und tunlichst vom Gerichte anzuordnen sein, weil die §§ 47 und 48 die Abgabe von Erklärungen, der § 50 eine allenfallsige Eidesleistung vorschreiben (Bendix, LZ. 1917, 170), der Schuldner am besten sich in seinen gewerblichen Angelegenheiten auskennt, Unklarheiten also persönlich leichter beseitigt, schließlich auch eine Einstellung des Verfahrens riskiert, wenn dem Gerichte eine Pflichtverletzung erheblicher Art vorzuliegen scheint. In der Abwesenheit des Schuldners an sich eine derartige Pflichtverletzung zu erblicken, wie es die amtliche Erläuterung zu § 46 und mit ihr Weinberg a. a. O. S. 81 tut, gibt der von ihr zitierte § 57 jedoch keinen Anlaß. Der Schuldner kann sich jedenfalls eines Bevollmächtigten bedienen, auch wenn er — was ja schon des § 50 halber angezeigt sein wird — selbst kommt. Ist er minderjährig oder bevormundet oder eine juristische Person usw., so wird wiederum das persönliche Erscheinen seines gesetzlichen Vertreters die Regel sein.

Die Aufsichtsperson hat erst recht im Vergleichstermine anwesend zu sein. Denn sie hat sich gemäß § 49 über die wirtschaftliche Lage und Geschäftsführung des Schuldners, auch wohl, wenn es gefordert wird, über die Ursachen seines Vermögensverfalles, über die Angemessenheit des Zwangsvergleichsvorschlages, über die Einbringlichkeit der Außenstände, über den mutmaßlichen Ausfall der absonderungsberechtigten Forderungen, kurz über alle Umstände auszusprechen, welche für die Entschließung der Gläubigerschaft wesentlich sind (§ 49). Die Aufsichtsperson hat ja auch das Recht und die Pflicht, gegen das ihr nicht zutreffend erscheinende Stimmrecht eines Gläubigers Widerspruch zu erheben (§ 47) und sich über die Art, Höhe, auch Angemessenheit der gebotenen Sicherheiten, auszulassen (§ 49). Bevor der Gerichtsschreiber das Ergebnis der Abstimmung in das Verzeichnis der Gläubiger einträgt, kann und muß die Aufsichtsperson, falls die Forderung nicht in Ordnung geht, Widerspruch erheben. Sie bildet also sozusagen die rechte Hand des Aufsichtsgerichts im Vergleichstermine. Sind der Schuldner oder die Aufsichtsperson aus wichtigen Gründen abgehalten, zu erscheinen, so liegen die besonderen Gründe vor, welche eine Vertagung des Termines rechtfertigen (§ 52 letzter Absatz).

Die Gläubiger müssen nicht erscheinen. Sie können erscheinen, ihr Stimmrecht geltend machen, verhandeln und abstimmen. Sie können aber auch schriftlich sich beteiligen, indem sie auf diesem Wege ihre Zustimmung zum schuldnerischen Vergleichsvorschlag bekunden. Hat ein Gläubiger in dem ersten Stadium (vor Eröffnung des Vergleichsverfahrens) eine dem § 41 Nr. 2 entsprechende schriftliche Erklärung bereits abgegeben, so gilt diese, wenn er im Vergleichstermine nicht kommt und die erstmalige Erklärung bis zum Vergleichstermine nicht widerruft, als Zustimmung zum Vergleiche (§ 51). In dem vollständigen Untätigbleiben eines Gläubigers gegenüber dem Zwangsvergleichstermin kann übrigens unter Umständen ein nach Maßgabe des Zwangsvergleichsvorschlags wirksamer Verzicht gefunden werden (RG. VI. ZS. vom 27. März 1916 14/16 [Breslau]).

Gläubiger, welche in keiner Weise, also auch nicht eventuell (§§ 43 und 47), mitstimmen können, haben im Vergleichstermine keinen Platz. Das Gericht kann ihre Anwesenheit verbieten, aber auch zulassen, wenn die Frage, ob das Vermögen ausreicht (§ 48 Schlußsatz), aufgeworfen werden kann.

B. Sitzungsleitung und Stimmrecht.

Zunächst werden wohl die Fragen der Vollmacht und Vertretungsmacht erledigt werden. Das Gericht kann das Wort erteilen und entziehen, nicht am Verfahren beteiligte Persönlichkeiten ausschließen, weil der Termin nicht öffentlich ist (Protokolle, KO. S. 68; § 170 GVG.; außerdem ratio legis). Eine Niederschrift der Sitzungsvorgänge entspricht den §§ 159 ff. ZPO. und § 14 VO. vom 14. Dezember 1916.

Das Stimmrecht gewähren nur die an dem Vergleichsverfahren beteiligten Forderungen. Ist ein Gläubiger, z. B. aus einem Pfande, bereits voll befriedigt, so scheidet er als stimmberechtigt aus. Der Gläubiger einer bestrittenen Forderung scheidet nicht ohne weiteres als stimmberechtigt aus. Im Falle des Widerspruchs ist vielmehr über die Frage, ob und in welcher Höhe ihm ein Stimmrecht zu gewähren sei, zu verhandeln. Mangels Einigung stimmt er zunächst mit. Kommt es auf die bestrittene Stimme an, so entscheidet das Gericht über die Frage des Stimmrechts (§ 47). Diese Entscheidung gilt auch für den allenfallsigen zweiten Termin (§ 52), solange nicht rechtskräftig durch Urteil des Prozeßgerichtes die Forderung aberkannt ist. Ein neuer Widerspruch in der neuen Tagung ist also unmöglich (anders: KO., Motive II S. 315, weil im Konkursrecht andere diesbezügliche Regelung). Auch in eigenen Angelegenheiten besteht die Stimmberechtigung (LZ. 1911, 796; Recht 1912, 282). Die Gläubiger, deren Rechte durch den Vergleich nicht beeinträchtigt werden, weil sie im Sinne des § 34 vollberücksichtigt werden, oder weil es sich um betagte verzinsliche Ansprüche dreht, die erst nach dem Zeitpunkt der zu gewährenden Stundung fällig werden (§ 39), haben aber kein Stimmrecht.

Auch die Gläubiger derjenigen Forderungen müssen mit ihrem Stimmrecht berücksichtigt werden, welche bei den schriftlichen Erklärungen im ersten Stadium des § 41 Nr. 2 noch nicht aufgeführt waren.

C. Verhandlung und Abstimmung über den Vergleichsvorschlag.

Durch die Zustellung des Gerichtsbeschlusses und die Mitteilung des Vergleichsvorschlags (§ 44) sind die Gläubiger über den Gegenstand der Verhandlung unterrichtet. Die Gesamtgläubigerschaft erhielt den Beschluß des Gerichtes und die am Vergleichsverfahren beteiligte Gläubigerschaft den schuldnerischen Vergleichsvorschlag richtig und rechtzeitig zugestellt (§ 44), so daß der Gegenstand der Verhandlung und Abstimmung, über welchen sich die beteiligten Gläubiger nötigenfalls auch durch vom Gericht zu genehmigende Einsicht der Gerichtsakten unterrichten konnten (§ 18), ihnen nicht fremd ist.

Eine — dem § 98 KO. ähnliche — Vorschrift, daß der Gegenstand, über welchen ein Beschluß gefaßt werden soll, vorher bekanntgemacht werden muß, so daß die Nichtbekanntmachung Nichtigkeit nach sich zöge (LZ. 1910, 798: argumentum e contrario: JW. 1893, 487), existiert in der VO. vom 14. Dezember 1916 ebensowenig, wie die Folge der Nichtigkeit im Falle des Unterbleibens einer Zustellung im Sinne des § 44 Abs. 2. Auch die Gläubiger derjenigen Forderungen können sich an der Verhandlung und Abstimmung beteiligen, welche bei den schriftlichen Erklärungen im ersten Stadium des § 41 Nr. 2 noch nicht aufgeführt waren.

Der Gang der Verhandlung ist durch den § 47 geregelt, nur die in dem Vergleichstermine abgegebenen Erklärungen führen zum Zustandekommen des Vergleiches. (Eine vorherige Vereinbarung zwischen Schuldner und Gläubiger, daß letzterer verpflichtet ist, den Vorschlag anzunehmen, und ersterer berechtigt ist, gemäß § 894 ZPO. die Verurteilung des letzteren zur Annahmeerklärung herbeizuführen, ist unzulässig. Stepp, Recht 1913, 165; Jaeger, JW. 1917, 327). Einzurechnen sind freilich die im § 51 vorgesehenen schriftlichen Erklärungen. Die früheren Erklärungen des § 41 Nr. 2 haben also nur vorbereitende Bedeutung (anders gewünscht von Buhmann a. a. O. S. 40, s. meine Erläut. § 41 C!) und können, soweit die Gläubiger anwesend sind, zurückgenommen oder geändert werden (siehe jedoch § 51). Da die Anwesenheit des Schuldners zwar rätlich und für gewöhnlich schon des § 50 halber nicht leicht zu entbehren, immerhin nicht gesetzlich unumgänglich ist, so kann grundsätzlich die Verhandlung und Abstimmung auch ohne seine Anwesenheit vor sich gehen. Die Motive II, KO. S. 412 sagen in dieser Hinsicht: „Der Schuldner wird sich allerdings seiner Pflicht, Auskunft zu erteilen (§§ 100, 101) nicht entziehen dürfen: er wird auch im eigenen Interesse dem Erscheinen ohne Not sich nicht entziehen wollen. Zu einer gesetzlichen Vorbedingung für den Abschluß ist dasselbe aber nicht zu machen. Der Abschluß kann auf Grund des urkundlich festgestellten Vorschlags, und die Verhandlung über diesen kann durch einen Vertreter des Schuldners erfolgen. Oft mag sogar, von Krankheits- und Verhinderungsfällen abgesehen, eine Vertretung des Schuldners für den Abschluß förderlicher sein, als dessen persönliches Erscheinen."

§ 47.

Die Forderungen der beteiligten Gläubiger werden an der Hand des Verzeichnisses erörtert, der Schuldner hat sich darüber zu erklären.

Soweit gegen eine Forderung weder von dem Schuldner noch von einem beteiligten Gläubiger noch von einer Aufsichtsperson Widerspruch erhoben wird, gilt sie als stimmberechtigt. Soweit widersprochen wird, ist zu erörtern, ob und zu welchem Betrag ein Stimmrecht gewährt wird. In Ermangelung einer Einigung nimmt der Gläubiger, dessen Stimmrecht streitig ist, zunächst an der Abstimmung teil. Stellt sich heraus, daß es für das Ergebnis der Abstimmung auf die bestrittene Stimme ankommt, so entscheidet das Gericht; die Wirkung der Entscheidung beschränkt sich auf die Frage des Stimmrechts.

In gleicher Weise entscheidet das Gericht, ob und zu welchem Betrage Forderungen, für die abgesonderte Befriedigung beansprucht wird, in Ansehung des mutmaßlichen Ausfalls, sowie

Forderungen unter aufschiebender Bedingung zum Stimmen berechtigen.

Der Gerichtsschreiber hat nach der Erörterung einer jeden Forderung das Ergebnis in das Verzeichnis der Gläubiger einzutragen. Soweit gegen eine Forderung weder von dem Schuldner noch von einem beteiligten Gläubiger noch von einer Aufsichtsperson Widerspruch erhoben wird, ist zu vermerken, daß die Forderung anerkannt ist.

Tagesordnung des Vergleichstermines.

A. Die Erörterung der Forderungen.

Das Verzeichnis, welches nach § 41 hergestellt und nötigenfalls zu ergänzen ist, bildet die Grundlage der Erörterung der Forderungen. Zweckmäßig wird die Durchsicht des Verzeichnisses durch das Gericht und die Anlegung einer förmlichen Stimmliste bereits vor dem Termine sein. Sie dient zur Ausmerzung und demnach Berichtigung unbrauchbarer gläubigerischer Erklärungen — etwa einer solchen in außerdeutscher Sprache und Währung, oder eines nicht rite vertretenen Gläubigers — und erleichtert den Gang der Verhandlung. Sie ist unter Leitung der Aufsichtsperson herzustellen, die ihrerseits sich bei dem Schuldner, allenfalls bei Gläubigern (§ 45) oder bei dem Gläubigerbeirate (§§ 31 und 42) näher informiert. Im Termine werden dann die einzelnen Posten, die im Verzeichnisse stehen und vorbereitend in die Stimmliste übertragen sind, durchgegangen. Bedenken sind in allen Variationen möglich. Mehrere Anwärter einer und derselben Forderung — etwa in einem Erbschaftsfalle oder bei einer Wechselforderung, oder bei Gesamtgläubigern, oder bei einer Abtretung — können auftreten: eine Forderung kann von einem und demselben Gläubiger öfter geltend gemacht werden. Hier kann vorsorgliche Bestreitung am Platze sein.

Die Erörterung geht nun — äqual derjenigen beim konkurslichen Prüfungstermin — dermaßen vor sich, daß Name, Klagegrund, Betrag, Urkunde, auf die sich der Gläubiger bezieht und Vorrecht bei Ausfallsforderungen, Posten für Posten vorgelesen werden. Der Schuldner, oder der gesetzliche Vertreter (Vater, Vormund, Vorstand, Geschäftsführer, Liquidator) oder der Bevollmächtigte desselben, dann aber zumal die Aufsichtsperson, äußern sich mit Ja oder Nein, Auskunft erteilend oder Widerspruch ergreifend, im Termine. Widerspricht weder der Schuldner, noch die Aufsichtsperson, noch ein Gläubiger, der im Falle der Bestreitung für sich allein und nicht für die Gläubigerschaft handelt, freilich, eventuell letzterer nützt (RG. 58, 374) dem einzelnen Posten, so steht das Stimmrecht fest. Erfolgt aber Widerspruch, der nicht auf schriftlichem Wege ergreifbar, dagegen zurücknehmbar und — im Gegensatz zum konkurslichen Prüfungsverfahren — sinngemäß wegen seiner Konsequenzen, begründet werden muß, so wird in eine Verhandlung über die Frage eingetreten, ob oder in welcher Höhe das Stimmrecht zu gewähren sei. Wird nach Besprechung des Für und Wider (Vorlage weiterer Belege durch die Gläubiger, Erholung der Geschäftsbücher des Schuldners oder des betr. Gläubigers, mündliche oder telephonische Auskunfteinziehung) Einigung erzielt, das heißt das Stimmrecht anerkannt, so kann es sofort ausgeübt werden. Verbleibt es beim Protest, so stimmt der Gläubiger der bestrittenen Forderung bis auf weiteres mit. Erst wenn sich bei der weiteren Abstimmung herausstellt, daß die Stimme des bestrittenen Gläubigers bei der Mehrheitenberechnung ausschlaggebend ist, entscheidet das Aufsichtsgericht die Stimmrechtsfrage. Das Nämliche gilt, wenn bei Ausfallsgläubigern die Höhe des Ausfalls bestritten ist oder behauptet wird, daß überhaupt keine persönliche Forderung des Absonderungsberechtigten seine Mitwirkung im Vergleichsverfahren ermöglicht, endlich bei aufschiebend bedingten Ansprüchen (siehe § 43).

B. Das Problem des Stimmrechts.

Dieses Problem bildet einen wichtigen Teil des ganzen Zwangsvergleichsrechtes überhaupt. Nach dem französischen Rechte (Ges. vom 4. März 1889 Art. 12) war — wie im deutschen Konkursrechte §§ 141 ff. KO. und im österr. Entwurfe von 1904 resp. 1910 — für den Präventivakkord ein eigener Prüfungstermin vorgesehen. Die ÖsterrAusglO. vom Dezember 1914 hat aber schon eine wichtige Schwenkung vorgenommen. Sie ging dabei von der Erwägung aus, „daß die Prüfung der Forderung sich lediglich auf das Stimmrecht bezieht und insbesondere keinerlei Rechtskraft für die angewendete Forderung hervorruft, so daß die Bedeutung der Prüfung und ihr Einfluß auf das Verfahren wesentlich herabgemindert wird. Zu einer Prüfung der Forderung kommt es daher nur, wenn und so weit als die einzelne Forderung für die Mehrheitsbildung entscheidend ist. Da sich dies aber erst aus der Abstimmung ergibt, so bestimmt die Ausgleichsordnung nach dem Beispiele des belgischen, schweizerischen, italienischen, norwegischen und dänischen Rechtes, daß Gläubiger, deren Stimmrecht bestritten ist, vorläufig an der Abstimmung teilnehmen" (Rintelen, Ausgleichsrecht § 94 S. 557; ÖsterrAusglO. § 44). Diese Methode wird bei der eigentlichen Bestreitung, aber auch bezüglich der Höhe des Ausfalls Absonderungsberechtigter, angewendet.

In diesem Punkte wirkte das schwesterliche Vorbild nicht günstig. M. E. ist diese — von der BO. vom 14. Dezember 1916 herübergenommene — Lösung keine glückliche, weil nur die Prüfung aller, zumal der bedenklichen, Forderungen eine verläßige Kontrolle gewährleistet, und eine bloß fakultative Prüfung die Sachlage erschweren kann (Beisser, AllgÖsterrGerZtg. S. 202; Cahn, JW. 1916, 784). Dazu kommt, daß die ÖsterrAusglO. einen Rekurs in diesem Betreff vorsieht, während der gewichtige gerichtliche Entscheid des § 47 BO. vom 14. Dezember 1916 der Nachprüfung eines weiteren Rechtszuges entbehrt. Allemal ist deshalb dem Gerichte und der Aufsichtsperson eingehendste Vorbereitung des Vergleichstermines im Sinne der §§ 16, 26, 30, 42 und 45, oder, wenn Bedenken über den Gegenstand der fakultativen Prüfung überraschend im Vergleichstermin sich einstellen und nicht gütlich behoben werden sollten, Vertagung, behufs Anstellung solcher Vorarbeit im Sinne des § 52, anzuempfehlen.

C. Eintragung in das Verzeichnis.

Diese Maßnahme entspricht dem Vorgange im Prüfungstermin der KO. § 145. Der Gerichtsschreiber, unter dem Vorsitz des Aufsichtsrichters, trägt, sobald der betreffende Posten besprochen ist, das Ergebnis in das Verzeichnis der Gläubiger ein, für welches vermutlich einheitliche Formulare geschaffen werden. Es wird bestimmte Rubriken aufweisen, die den Anforderungen der §§ 41, 43, 47 entsprechen. Einzutragen ist Bestand, Betrag nach Haupt- und Nebensache (Kapital, Zinsen, Kosten), allenfalls Ausfall-, Betagungs-, Bedingungseigenschaft, Bevorzugung (gemäß § 34), Person des Widerspruch Ergreifenden, Umfang des Widerspruches (nicht der Bestreitungsgrund), Gewährung des Stimmrechts in Ansehung der Eigenheiten des § 47.

Außer dem Eintragungsvermerk erfolgt der Anerkennungsvermerk, soweit Widerspruch von keiner Seite erfolgt ist. Er wirkt gegenüber dem Schuldner und den Gläubigern, gleichviel ob letztere im Vergleichstermine anwesend waren, schriftlich (§ 51) oder mündlich (§§ 46, 47), ihre Zustimmung erklärt haben (Arg.: Motive, II KO. S. 364; RG. 37, 2).

Das Gläubigerverzeichnis nebst Eintragungs- und Anerkennungsvermerken ist nach dem Vergleichstermine mit den Unterschriften des terminsleitenden Richters und des Gerichtsschreibers zu versehen. Wird der Zwangsvergleich rechtskräftig bestätigt, so findet aus demselben gemäß § 61, in Verbindung mit einem Auszuge etwa aus dem Gläubigerverzeichnis oder seinen Nachträgen wegen der in denselben als anerkannt vorgemerkten Forderungen gegen den Schuldner und seine Garanten die Zwangsvollstreckung unter Anwendung der §§ 724—793 ZPO. und 164, 3 KO. statt. Mit anderen Worten: durch die rechtskräftige Bestätigung wird der Anerkennungsvermerk des § 47 zu einem rechtskräftigen Titel bereift. (Argumento: RG. 55, 160; JW. 1911, 118). Vollstreckungsgegenklage gemäß § 767 ZPO. ist gleichwohl, wie gegenüber einem Urteile, zulässig (RG. 21, 331; 57, 271; 85, 54; 75, 188). Auch für spätere Rechtsstreite schafft der Anerkennungsvermerk eine unverrückbare Grundlage (RG. 55, 60; 75, 158). Er wirkt gegen den Schuldner, falls er keinen Widerspruch erhoben hat, für die Zeit nach dem Geschäftsaufsichtsverfahren (Arg.: Gruchot 27, 1129; RG. 35, 80; JW. 95, 329; 97, 110). Behauptet wurde, daß ein derartiger Vermerk gegen den durch die Anerkennung an sich geschützten Gläubiger selbst in der Art wirkt, daß er hinterher ein Vorrecht nicht geltend machen könne (RG. 20, 413; a. M.: Jaeger, KO. § 145 Anm. 9). Diese Auffassung erscheint nicht begründet, wie ja auch die Meinung vorwiegt, daß der Gläubiger seine Forderung trotz des Anerkennungsvermerks noch erweitern könne (GruchotsBeitr. 42, 1127; JW. 98, 417). Eine Wiederaufnahme ist, wie beim Urteile, auch gegenüber dem Anerkennungsvermerk möglich (§§ 578 ff. ZPO.; KO., Motive II S. 364; RG. 37, 386; 57, 271). Auch die Restitutionsklage des § 580, 7 ZPO. ist zulässig (RG. 37, 386).

§ 48.

Soweit das Vermögen des Schuldners nicht zu der den Gläubigern angebotenen Befriedigung oder Sicherung ausreicht, hat der Schuldner glaubhaft zu machen, daß die Erfüllung des vorgeschlagenen Vergleichs hinreichend gesichert ist.

Auch der Anteil für aufschiebend bedingte Forderungen ist sicherzustellen, es sei denn, daß die Möglichkeit des Eintritts

der Bedingung so entfernt ist, daß die Forderung einen gegenwärtigen Vermögenswert nicht hat. Ob der Anteil für bestrittene Forderungen sicherzustellen ist, bestimmt das Gericht. Bei der Prüfung der Frage, ob das Vermögen ausreicht, sind die Ansprüche der nicht beteiligten Gläubiger mit Ausnahme der im §§ 33 Abs. 2 Nr. 5 bezeichneten mit zu berücksichtigen.

Sicherungen der Erfüllung des Vergleiches.

A. Die Glaubhaftmachung des Schuldners.

Die Abstimmung über den Vergleich hat natürlich nur einen praktischen Wert, wenn das Angebotene auch wirklich vom Schuldner geleistet werden kann. Was in der unter Geschäftsaufsicht befindlichen Masse liegt, muß dem Schuldner und einer rührigen Aufsichtsperson bekannt sein. Beide müssen sich daher längst vor dem Vergleichstermine ein Bild gemacht haben, ob in der Tat der Schuldner in der Lage ist, dasjenige auch zu erfüllen, was er mit dem Vergleichsvorschlage versprochen hat. Das ist ja gerade der Zweck der Vorschriften und Handhaben der §§ 2, 3, 5, 6, 9 ff., 16, 20, 28, 42 und 45, daß durch das Einvernehmen des Schuldners mit der Aufsichtsperson ein klares Bild der schuldnerischen Potenz gewonnen und im Interesse der Gläubigerschaft dieser im maßgebenden Zeitpunkte, d. i. eben im Zwangsvergleichstermine, dargeboten wird. Der Schuldner und die Aufsichtsperson kennen den Wert der unverarbeiteten, halbfertigen und fertigen Waren, der Barbeträge, Wertpapiere (nach Nenn- und Kurswert), der Außenstände (nach Fälligkeit, Bedingtheit, wertvollen und wertlosen Posten), der Aktivhypotheken, der Mietrenten usw. Rechtzeitig vor dem Vergleichstermine müssen die beiden kalkuliert haben, ob und wie weit alle die Vermögensstücke ausreichen, um die Zwangsvergleichsdividende oder die Raten des angebotenen Moratoriums zu begleichen und sichern. Kommen sie zu der Überzeugung, daß die schuldnerische Masse allein, wenn sie ausgeschüttet werde, nicht zureiche, so müssen sie nach Bürgen im Verwandten- und Freundeskreise des Schuldners sich umsehen. Selbstredend kann auch noch auf andere Weise (z. B. durch Hinterlegung, Verpfändung von Forderungen und beweglichen Sachen, Bestellung und Verpfändung von Hypotheken § 232 BGB.) Sicherheit gesucht und geleistet werden. In den meisten Fällen muß ein tauglicher Bürge aus den dem Schuldner nahestehenden Kreisen herhalten, der überdies die an der Masse behufs Erfüllung des Vergleichs noch fehlende Summe auf einer Bank hinterlegt. Ist dies bis zum Vergleichstermine schon geglättet und der betreffende Nachweis der Verbürgung, bzw. Hinterlegung, bereit, so spielt sich die im § 48 dem Schuldner zur Pflicht gemachte Glaubhaftmachung ungemein einfach ab. Ergeben sich aber Bedenken oder Schwierigkeiten — wie z. B., daß der Bürge nicht tauglich oder nicht genügend leistungsfähig, das Pfand oder die hinterlegte Summe ungenügend, die Berechnung seitens des Schuldners zu optimistisch angestellt oder der und jener ungünstige Faktor außer acht gelassen ist — so obliegt dem Schuldner die Darlegung seiner Vermögenslage und Rechtfertigung seiner Aufstellung. Ihm wird die Aufsichtsperson, soweit sie es verantworten kann, zur Seite stehen oder aber da und dort widersprechen. Der am besten gleich mitgebrachte, nötigenfalls herbeigerufene, Bürge wird den oder die Gläubiger beruhigen, indem er sein schriftliches Versprechen mündlich wiederholt oder erläutert, seine allenfalls angezweifelte Solvenz bekräftigt oder glaubhaft macht oder durch Hinterlegung, bzw. Erhöhung derselben, für hinreichende Sicherung besorgt ist. Bei diesen Darlegungen und Berechnungen, die der Glaubhaftmachung des Schuldners unterliegen, kann derselbe sich aller Beweismittel, mit Ausnahme der Eideszuschiebung, bedienen, auch zur Versicherung an Eides Statt zugelassen werden. Das Maß der erforderlichen Bescheinigung der glaubhaft zu machenden Tatsache läßt sich nicht allgemein bestimmen. Es muß vielmehr dem Aufsichtsrichter überlassen bleiben, mit Rücksicht auf die Verhältnisse des einzelnen Falles zu ermessen, ob die vorgebrachten und bescheinigten Tatsachen geeignet sind, die Tatumstände genügend wahrscheinlich zu machen (RG. 7, 322). Das Gericht ist nicht an die den Regelfall des vollen Beweises gegebenen Formvorschriften, namentlich nicht diejenigen des § 286 ZPO. gebunden (RG. 30, 376; JW. 93, 15).

B. Hinreichende Sicherung.

Es hängt von der Gläubigermehrheit ab, welche Sicherheitsleistung sie anspricht. Sie bemißt sich, in Ermangelung besonderer Festsetzung, nach dem Werte des zu sichernden Rechtes. Der § 232 BGB. sagt über die Sicherungsmittel:

„Die Hinterlegung von Geld- und Wertpapieren hat, in Ermangelung sonstiger Festsetzung, bei denjenigen Behörden und Anstalten zu erfolgen, bei welchen nach den Landesgesetzen Geld oder Geldeswert mit der Wirkung der Erfüllung hinterlegt werden kann."

Wertpapiere, das sind Urkunden über Vermögensrechte, die mit voller Wirksamkeit und zugleich mit der Urkunde verwertet werden können, sind mit Zins-, Renten-, Gewinnanteil- und Erneuerungsscheinen zu hinterlegen. Mit Wertpapieren kann Sicherheit nur in Höhe von drei Vierteilen des Kurswertes geleistet werden (§ 234 BGB.). Oft wird Sicherheit in der Weise geleistet, daß neben dem Schuldner ein Angehöriger oder Freund desselben für seine Verbindlichkeiten sich anheischig macht. Auch ein Gesamtschuldverhältnis ist dem Garantiezwecke dienlich (§ 421 BGB.). Ein Dritter kann ferner — wenn die Gläubigerschaft es billigt — statt des Schuldners den Zwangsvergleichsvertrag mit den Gläubigern schließen (Kohler S. 470; Seuffert S. 414; Wilmowski § 174 Anm. 2; a. M.: Jaeger, KO. § 174 Anm. 5). Die Zulässigkeit einer Vereinbarung, wodurch ein Dritter bestimmten Zwangsvergleichsgläubigern gegenüber die Zahlung der Zwangsvergleichsquote oder eines Teiles derselben neben dem Schuldner übernimmt, ist rechtlich bedenkenfrei (RG. VI. ZS. vom 19. Juni 1916, 141/16).

Die Haftung des Zwangsvergleichsbürgen erstreckt sich, wenn nach dem Zwangsvergleiche die Gläubiger der anerkannten Forderungen eine bestimmte Quote erhalten sollen, und wenn nicht ausdrücklich eine Beschränkung auf die in das Verzeichnis eingetragenen Forderungen ausgesprochen worden ist, nicht nur auf den zwangsvergleichsmäßig (§ 47 und meine Erläuterung C hiezu) anerkannten, sondern auch auf diejenigen Forderungen, die späterhin vor und nach Aufhebung der Geschäftsaufsicht (§§ 66 und 69), allenfalls durch Feststellungs- oder Leistungs-Klage festgestellt werden, selbst wenn sie dem Bürgen unbekannt waren. Der Mangel der zwangsvergleichsmäßigen Feststellung bewirkt nur, daß es gegen den Bürgen noch eines besonderen Titels der Zwangsvollstreckung bedarf (Colmar vom 1. März 1912 LZ. 1912, 792; Colmar vom 21. November 1912 LZ. 1913, 407; OLG. München vom 26. März 1915 OLGRspr. 32, 402; SeuffArch. 71 Nr. 200; Soergel, Rspr. 1916, 839; LZ. 1915, 1468).

Die Belastung von Grundstücken mit einer Höchstbetragshypothek (§§ 1115 und 1190 BGB.) bietet eine weitere Sicherheit. Sie kann ferner auf fiduziarischen Wege bestellt werden, nämlich durch Übereignung und Abtretung von Rechten, sowie Forderungen (RG. 24 Nr. 31; 30 Nr. 80).

C. Besondere Sicherstellungen.

Vor Eintritt des künftigen Ereignisses, von dessen Zustandekommen die Forderung bei einer aufschiebenden Bedingung abhängt, also während der Schwebe, hat zwar der Gläubiger einen Anspruch auf die Anerkennung der Forderung und Sicherung, nicht aber auf Auszahlung der Quote. Diese Quote für eine aufschiebend bedingte Forderung gibt nur im Zwangsvergleichsverfahren ein Recht auf Sicherung durch Hinterlegung der fällig gewordenen Vergleichsrate. Die Anwartschaft des betreffenden Gläubigers kann aber aussichtslos sein, wenn nämlich die Möglichkeit des Eintrittes der Bedingung nach Mehrheitsansicht der übrigen Beteiligten und, wenn Zweifel bestehen, des Gerichtes, so fern abliegend ist, daß die bedingte Forderung keinen gegenwärtigen Vermögenswert aufweist (ebenso: § 154 KO.).

Dem Ermessen des Gerichtes, das aber wiederum ohne Anhörung des Schuldners, der Aufsichtsperson, des Beirates, eventuell der Mehrheit, nicht zum Ausdruck gelangen soll, untersteht ferner die Frage, ob der Anteil für bestrittene Forderungen sicherzustellen ist. Erscheint den erwähnten Interessenten die Forderung so willkürlich oder aussichtslos oder wenigstens ganz unbegründet, daß ein Erfolg nicht vorauszusehen ist, so kann das Gericht von einer schuldnerischen Sicherstellung absehen; und umgekehrt. Das Gericht wird freilich gut daran tun und vorsichtig handeln, wenn es eine Sicherstellung mehr, wie weniger, in derartigen Fällen beansprucht.

Beinahe selbstverständlich ist die Bestimmung, daß bei Würdigung der Frage, ob die Vermögensbestandteile und Garantien des Schuldners ausreichen, nicht etwa nur die die Quote oder das Moratorium ansprechenden am Zwangsvergleichsverfahren beteilgten Gläubiger mitzuzählen sind. Zu berücksichtigen sind vielmehr erst recht auch die privilegierten Gläubiger samt und sonders, d. h. die in §§ 13 und 33 aufgeführten Kategorien, mit Ausnahme der Kosten, die durch die Teilnahme an dem Vergleichsverfahren erwachsen. Werner (LZ. 1917, 238) führt als Beispiel an, daß eine Aufsichtsmasse zwar zur Deckung der am Vergleich beteiligten Forderungen, nicht aber zur Deckung der Warenschulden, die während der Geschäftsaufsicht entstanden sind, ausreicht, so daß der Schuldner nachzuweisen hat, wie er die gesamten Ansprüche, Vergleichsschulden und Warenschulden, decken will.

§ 49.

Die Aufsichtsperson hat in dem Termin über die Sachlage zu berichten und sich darüber zu äußern, ob sie den Vergleich

und die für die Erfüllung angebotenen Sicherheiten für angemessen erachtet.

Der gutachtliche Bericht der Aufsichtsperson.

Diese Bestimmung hätte auch mit derjenigen des § 48 verbunden werden können. Denn gerade dadurch, daß dem freien Ermessen des Gerichtes die Erbringung der Glaubhaftmachung der einzelnen Fragen des Status und der Sicherstellung überlassen bleibt (§ 294 ZPO.), verläuft dieser Abschnitt des Zwangsvergleichsverfahrens unmöglich schematisch. Die Auskünfte, Berichte, Erläuterungen und Darlegungen des Schuldners und der Aufsichtsperson fließen vielmehr ineinander. Das Gericht wird nach Äußerungen des Schuldners sich unmittelbar bei der Aufsichtsperson über deren Richtigkeit und Verlässigkeit vergewissern. Mit anderen Worten: eine zeitliche Abgrenzung wird sich nicht leicht in dem Sinne herstellen lassen, daß nach zuvor bestimmter Reihenfolge die am Zwangsvergleichsverfahren teilnehmenden Organe zum Wort kommen. Immerhin scheint die VO. vom 14. Dezember 1916 den Hergang sich so zurechtgelegt zu haben, daß dem Aufsichtsführer förmlich das Wort zu verstatten ist, damit er sein Referat und Gutachten über den Vergleich und seine Sicherheiten in geordneter Form vorzubringen in der Lage ist. Bei der Verantwortlichkeit des Amtes, gerade in diesem Stadium, ist in wichtigeren Fällen, erst recht da, wo eine starke Minderheit besteht, sogar ein s c h r i f t l i c h e s Exposé der Aufsichtsperson zu empfehlen, das zum Gerichtsakte genommen und auf alle Fälle dort verwahrt wird.

Der Bericht schließt am besten an die vorausgegangenen Mitteilungen des Schuldners sich an. Da es selten zu einem Vergleichstermine kommen wird, wenn der Schuldner unwürdig und sein Vorbringen unwahr oder zum Vergleiche unbrauchbar ist, wird meist die Aufsichtsperson dem Schuldner die Richtigkeit seiner Aufstellungen attestieren, dann aber vor allem auch im Zusammenhange den Werdegang des Geschäftsaufsichtsverfahrens schildern. Den Anlaß und die Entstehung der Zahlungsunfähigkeit, die bisherige Geschäftsführung des Schuldners, seine eigenen Maßregeln wird er schildern, die Einbringlichkeit der Außenstände, den Wert der übrigen Aktiven, die Chancen der Gläubigerschaft ohne und mit Zwangsvergleich wird er abwägen, die Buchführung und Bilanzierung des Schuldners wird er in einigen markanten Ziffern behandeln und über diejenigen gesamten Umstände die Gläubiger unterrichten, welche für ihre Entschließung irgendwie ausschlaggebend sein können. Die Anwendung des jedem Gläubiger und natürlich auch dem Gerichte zustehenden Fragerechtes soll, in Verbindung mit dem Berichte der Aufsichtsperson, die Klarstellung der Sache fördern (Motive, KO. S. 351). Anders und komplizierter liegt die Sache, wenn zwischen den Aufstellungen des Schuldners und der Aufsichtsperson eine wesentliche Verschiedenheit besteht. Das Gebaren des Schuldners kann — anfechtbarer Rechtshandlungen halber oder sonstwie — pflichtgemäß die Aufsichtsperson zu Beanstandungen veranlassen, zumal wenn vorherige Rücksprachen (§ 45; Bendix, LZ. 1917, 169) sowie Erkundigungen nichts Auffälliges ergaben und oft im letzten Augenblick Unstimmigkeiten sich herausstellen. Hier wird tunlichst bald, ehe noch andere Maßnahmen erfolgten, die Aufsichtsperson sich zum Worte melden und eine Entgegennahme sowie etwaige Besprechung ihres Berichtes veranlassen, allenfalls auch eine Verlegung des Termines gemäß § 52 anregen, damit weitere Verhandlungen oder Ermittelungen über zweifelhafte Punkte ermöglicht sind. Ein derartiges Einschreiten ist insbesondere auch dann veranlaßt, wenn kurz vor oder in dem Termine die Aufsichtsperson herausbringt, daß die Vermögensverhältnisse des Schuldners besser gelagert sind, als man bisher angenommen hat, was die Stellungnahme zu einer Änderung des Vergleichsvorschlages und wiederum eine Verlegung gemäß § 52 zur Folge haben kann.

Bestehen zwischen Aufsichtsperson und Gläubigerschaft oder zwischen Aufsichtsperson und Gericht verschiedene Meinungen über wesentliche Positionen, so wird die Aufsichtsperson ihre der Erstattung des Berichtes vorausgegangenen Erhebungen bekanntgeben, bzw., wenn sich die Aufsichtsperson von der Begründetheit des anderen Vorbringens überzeugt, resp. bedenklich wird, eine Vertagung herbeiführen, um durch sachkundige, mit dem Geschäftszweig des Schuldners vertraute Personen die strittigen Fragen prüfen oder sonstige Erhebungen vornehmen zu lassen. Einzuschließen ist in die gutachtliche Äußerung der Aufsichtsperson vor allem auch die Beurteilung der Höhe, Güte und Angemessenheit der Sicherheiten, die verdeutlicht, ergänzt und verbessert werden können.

§ 50.

Das Gericht kann von dem Schuldner die Leistung eines Eides dahin verlangen,

daß er nach bestem Wissen sein Vermögen und seine Gläubiger so vollständig angegeben habe, als er dazu imstande sei.

Soweit erforderlich, hat der Schuldner die Vermögensaufstellung und das Gläubigerverzeichnis zu ergänzen. Die Vorschriften der §§ 899 bis 915 der Zivilprozeßordnung finden auf den Eid keine Anwendung.

Von der Abnahme des Eides ist abzusehen, wenn anzunehmen ist, daß es auch im Falle der Eidesleistung zur Einstellung des Vergleichsverfahrens oder zur Verwerfung des Vergleichs kommen wird.

Der Eid des Schuldners.

A. Berechtigung des Eides.

Daß den Schuldner, vor allem als Auskunftsperson, im Geschäftsaufsichts- und erst recht im Zwangsvergleichsverfahren gewisse Pflichten treffen müssen, ist von keiner Seite bestritten. Dem eigenen Interesse und dem der Gläubigerschaft dient die im § 3 zum Ausdruck gelangte Verpflichtung, die zur Geschäftsführung der Aufsichtsperson erforderlichen Aufklärungen zu erteilen. Der Schuldner soll die Zustimmung der Aufsichtsperson in gewissen Fragen einholen (§§ 3, 5 usw.), die Ermächtigung des Gerichts in anderen Fällen nachsuchen (§§ 5, 9ff.).

Er soll aber insbesondere wahrheitsgetreu den Stand seines Vermögens den ihn überwachenden Organen darlegen und erläutern (§§ 20, 28, 30, 41 und 48). Von Zwangsmitteln zur Erlangung derartiger Aufklärungen (Vorführung, Haftnahme, Beschlagnahme, Zwang, den Wohnort nicht zu verlassen (§ 101 KO.), überhaupt von allen in die persönliche Rechtssphäre des Schuldners eingreifenden gerichtlichen Anordnungen (§ 101 KO.), haben die VO. vom 8. August 1914 und 14. Dezember 1916 Umgang genommen. Nur der indirekte Zwang, bestehend in Aufhebung der Geschäftsaufsicht, wenn der Schuldner in erheblichem Maße seine Pflichten verletzt oder den Interessen der Gläubiger zuwiderhandelt, d. h. die Auskunft verweigert, Zustimmung oder Ermächtigung nicht einholt oder Zweckwidriges gegen Gebot und Verbot vornimmt, ist gegeben.

De lege ferenda war nun — außer der Frage der Öffentlichkeit und Veröffentlichung — am meisten die Frage bestritten, ob im Zwangsvergleichsverfahren zur Bekräftigung seiner Angaben der Schuldner zur Eidesleistung angehalten werden soll. Die einen haben erklärt, der Vergleichseid sei, mit Rücksicht auf den Zwang, dem die Minderheit unterliegt und dem Risiko, das die Gläubigerschaft durch die Nichtveröffentlichung läuft, eine wesentliche Voraussetzung für den Vergleich (Entwurf Wagner Nr. 9; Schourp S. 87; Bernicken, der eine etwa zeugeneidliche Beschwörung aller schuldnerischen Angaben und Darlegungen vorschlägt, während Nahrath eine eidesstattliche Versicherung vorschreibt). Andere (Bernicken) haben den Eid der Gläubiger statuiert, welche zum Nachweis ihrer Forderung zum Schwur angehalten werden können. Den den Eid befürwortenden Schriftstellern und Fachverbänden stehen indes zahlreiche Gegner des Eides im Zwangsvergleichsverfahren außerhalb des Konkurses entgegen. Von ihrer Seite wird darauf hingewiesen, daß der außerkonkursliche Zwangsvergleich mit dem konkurslichen, und erst recht mit dem allgemeinen Konkursverfahren, nicht allzuviel gemeinsam haben dürfe, wolle man den Schuldner nicht empfinden lassen, daß er vom Regen in die Traufe komme. Der Zwangsvergleich außerhalb des Konkurses soll ein den Kredit und die wirtschaftliche Existenz des Schuldners schonendes Verfahren bilden. Da es das Ansehen des Schuldners nicht herabmindern soll, soll bei dem ganzen Apparat Alles vermieden werden, was dem Schuldner das Odium des Konkurses eintragen kann (Tischbein S. 36; Cahn, Gutachten S. 778, 788). Der Grundsatz, daß eine Verordnung, oder künftighin im Frieden ein Gesetz, gar nicht auf das Konkursrecht verweisen würde, wäre durchaus nicht, wie Hellwig (DJZ. 1907, 800) annimmt, gleichgültig und unwesentlich. Das Unfreie, Demütigende und nach den Ansichten der Gewerbewelt Degradierende jedes den Vermögensstand erhärtenden Eides sollte dem Schuldner der Geschäftsaufsicht und des außerkonkurslichen Zwangsvergleichs erspart bleiben. Ist er ja doch, wie die ratio legis des § 1 dartut, mehr oder weniger ein Opfer der ernsten Zeitlage und somit von allen Maßregeln zu verschonen, die ihm für die Dauer, wenn selbst nur unter seinen Fachgenossen, einen Makel anheften könnten. Außerdem geht ein Zug gegen Abschaffung unnötiger Eide (Reichstag II. Session 1909/11, Drucksache Nr. 731 S. 2ff.; Kleinfeller, LZ. 1911, 413) durch unser ganzes Rechtsleben. Die beklagenswertesten Eidesverletzungen beobachtet man da, wo der Schwur Vermögen und Existenz zu erhalten vermag. So hat die Vorschrift eines Vergleichseides letzten Endes nur eine doktri=

näre Bedeutung, wenn es sich um nicht skrupulöse Schuldner dreht, die man doch vor allem treffen will. Die Beeidigung des Schuldners im Vergleichsverfahren muß daher, nach wie vor, als bedenklich erklärt werden.

Weil dies vielfach erkannt wird, hat man wohl auch die nicht zwingende Leistung des Offenbarungseides, sondern ihn nur als äußerstes Mittel vorgeschlagen, während für gewöhnlich in den Abstimmungsmehrheiten, der gerichtlichen und der Aufsichtsperson Überwachung, auch dem Bestätigungsbeschluß, eine ausreichende Gewähr gegen Unklarheiten und Schiebungen erblickt wurde (Deutscher Anwaltverein vom 18. Juni 1916). Die ÖsterrAusglO. schreibt vor, daß der Schuldner im Vorstadium sein Vermögensverzeichnis eigenhändig unterschreiben und sich zugleich zum Offenbarungseid für die Richtigkeit und Vollständigkeit zu erbieten (ÖsterrAusglO. § 2 Abs. 3; Denkschrift S. 154; Bovensiepen, ÖsterrAusglO. S. 6), im Vergleichstermine aber den Offenbarungseid abzulegen hat, wenn der Ausgleichsverwalter oder auch Gläubiger die Annahme des Eides beantragt oder der Ausgleichskommissär (richterlicher Beamter ad hoc) von Amts wegen die Ablegung des Offenbarungseides anzuordnen findet (ÖsterrAusglO. § 38, 2; Rintelen S. 560).

Die VO. vom 14. Dezember 1916 hat sich zunächst damit salviert, daß sie die ominöse Bezeichnung Offenbarungseid absichtlich vermeidet (Beres, Frankf. Zeitg. vom 29. Dezember 1916 S. 4 Nr. 359). In ihrer amtlichen Begründung bekennt sie sich weiter zu den prinzipiellen Bedenken gegen denselben, indem sie feststellt, der Eid des § 50 sei kein Offenbarungseid im Sinne der §§ 899 bis 915 ZPO. Er könne insbesondere nicht erzwungen werden. Zu entgegnen ist, daß es eben dann ein Offenbarungseid sui generis, der Offenbarungseid des neuen Zwangsvergleichsrechts, und wenn auch — erfreulicherweise — nur fakultativ, so doch vom Standpunkte der ernsten Einwürfe gegen denselben nicht einwandfreier ist.

B. Der Eid des Zwangsvergleichs.

Nur auf gerichtliches Verlangen, nicht auf dasjenige eines Gläubigers, nicht auf schuldnerisches Erbieten, kann, nicht soll oder gar muß, der Schuldner den Eid dahin leisten, daß er nach bestem Wissen sein Vermögen und seine Gläubiger so vollständig angegeben habe, als er dazu imstande ist. Der Wortlaut des Eides ist demjenigen der ZPO. (§ 807) fast gleich. Nur sind die Gläubiger noch eingeschlossen. Nach dem deutschen Konkursrechte (§ 125) kann der Verwalter oder ein Konkursgläubiger nach der Anfertigung des Inventars bereits den Gemeinschuldner in eine Sitzung des Amtsgerichtes zur Ableistung des Offenbarungseides laden. Auch hier ist die Eidesformel diejenige des § 807 ZPO. Ein Zwangsvergleich im Konkursrechte ist unzulässig, solange der Gemeinschuldner die Ableistung des Offenbarungseides verweigert (§ 175). Die Struktur des konkurslichen und konkurslosen Zwangsvergleichseides ist also ganz verschieden. In unserem Falle ist die Sachlage durch das Gericht zu würdigen. Folgt man den Argumenten derjenigen, welche gegen unnötige Eide eifern, so wird man einen Anlaß zur Eidesleistung nur dann als gegeben erachten, wenn die anderen Anhaltspunkte für die Wahrhaftigkeit des schuldnerischen Vorbringens versagen. Ist ein Antrag nicht wegen Vertrauensunwürdigkeit des Schuldners zurückgewiesen (§ 42 Nr. 1), und hat er auch den

Erfordernissen des § 41 genügt (§ 42 Nr. 2), begutachtet die Aufsichtsperson den Vergleich und die Sicherheiten (§ 49), so wird normalerweise die Eidesbelastung vermieden werden können. Dem Gericht ist hier keine leichte Aufgabe gestellt. Es wird in der Tat — selbst nach der amtlichen Begründung — den Eid nur als ultima ratio behandeln, wenn erhebliche Verdachtmomente vorliegen, wenn die Mehrheit der Gläubigerschaft erhebliche Bedenken gegen das Vorbringen des Schuldners äußert, wenn die Aufsichtsperson Zweifel verrät oder ihre grundlegende Auskunft durch Ergebnisse des Vergleichstermines widerlegt wird. Es empfiehlt sich Termins-Benachrichtigung der Aufsichtsperson, des Beirats und auskunftfähiger Gläubiger, auch Zulassung von Vorhaltungen (Weinberg, GeschAufs. 1917, 83).

Trotzdem der Wortlaut des Eides sich mit demjenigen des § 807 ZPO. deckt, hat er alles mögliche Besondere an sich. In der Tat befreit auch die Leistung dieses Eides im Zwangsvergleichsverfahren nicht von der Leistung des Offenbarungseides im Zwangsvollstreckungsverfahren (KG. vom 7. April 1902 KGBl. 13, 60; OLG. 1, 245).

Im Zwangsvollstreckungsverfahren beschwört der Schuldner nach erfolgloser Pfändung auf Antrag des Gläubigers sein Unvermögen. Beim konkurslosen Zwangsvergleich beschwört der Schuldner nach gerichtlichem Ermessen weniger sein Unvermögen, als den Stand seiner Aktiven und die Nichtverschweigung von Gläubigern. Mit anderen Worten: der Endzweck beider Eide ist ganz verschieden. Dort ist er eine Art Vollstreckungsakt (Kohler, Lehrbuch S. 395); hier ist er ein Auskunfts- und Zwangsmittel. Dort muß der Bestand der Forderung des ladenden Gläubigers und die nicht gelungene Vollstreckung dargetan werden, hier geht grundsätzlich keinerlei Vollstreckung voraus. Die Voraussetzung der Eidespflicht des § 50 ist das Zwangsvergleichsbegehren des beaufsichtigten Schuldners. Schließlich begreift der Vergleichseid des § 50 auch die Schulden ein („seine Gläubiger"), so daß — im Gegensatz zum gewöhnlichen Offenbarungseid — eine unrichtige Angabe der Gläubiger im Vergleichseid Meineidsstrafe zur Folge hat (Werner, LZ. 1917, 238).

Ist der Schuldner im Vergleichstermine nicht anwesend, so kann er herbeigerufen werden. Eine Erzwingung der Eidesleistung durch Anordnung der Haft (§§ 901 ff. ZPO.) ist ausgeschlossen. Ist der Schuldner prozeßunfähig, so leistet sein gesetzlicher Vertreter (Vater, Gewalthaber, Vormund, Vorstand, Geschäftsführer, Liquidator) den Eid (Jaeger, LZ. 1914, 1651). War der Schuldner prozeßunfähig, und wird im Laufe des Zwangsvergleichsverfahrens prozeßfähig, so leistet er selbst, und nicht sein gesetzlicher Vertreter, den Eid (BayZfRechtspfl. 1907, 283). Der Erbe leistet den Eid bei der Geschäftsaufsicht zur Abwendung des Konkurses über einen Nachlaß (§ 73). Die Mitglieder einer offenen Handelsgesellschaft, über welche das Geschäftsaufsichtsverfahren verhängt ist, leisten sämtlich den Eid des § 50.

C. Die allenfallsigen Ergänzungen der Aufstellungen.

Vom Augenblicke der Anlegung des Verzeichnisses im ersten Stadium des § 20, d. i. seit dem Antrage auf Anordnung der Geschäftsaufsicht, wohl auch seit der Vorlage im zweiten Stadium, d. i. seit dem Antrage auf Eröffnung des Vergleichsverfahrens (§ 41) bis zum Vergleichstermine, können sich die Vermögens- und Schulden-Verhältnisse verschoben haben. Aktive und Passiva sind daher, wenn sich Unvollständigkeiten im Vergleichstermine ergeben, zu ergänzen. Das ist eine natürliche Folge der Eidespflicht, die sich auf den Vermögensstatus im Augenblicke des Schwurs bezieht. Übrigens will der Satz auch besagen, daß der Eid ein Zwangsmittel ist und sein soll, das im letzten und rechten Moment den Schuldner veranlassen kann und soll, fahrlässig oder absichtlich verschleierte oder falsch angegebene Teile der Aktiven oder Passiven richtig zu stellen.

D. Nichtanwendbarkeit des 8. Buchs 4. Abschnitts der ZPO.

Der Eid ist kein Offenbarungseid im Sinne der §§ 899—915 ZPO. — sagt die amtliche Erläuterung. Er wird nicht beim Vollstreckungsgericht (§ 899 ZPO.), sondern beim Aufsichtsgericht, geleistet; nicht der Antrag des Gläubigers und die ihm (gemäß § 900 ZPO.) obliegenden Vorlagen gehen ihm vorher. Vor allem wird im Nichterscheinens- oder Verweigerungsfall keine Haft angeordnet (§ 901 ZPO.). Alle Bestimmungen über Haft und Verhaftung, zumal auch das Verzeichnis der Manifestanten (§ 915 ZPO.), entfallen.

Die Folge des Nichterscheinens und der Eidesverweigerung ist die Einstellung des Vergleichsverfahrens (§ 57 a. E.). Die Aufhebung des Geschäftsaufsichtsverfahrens kann, nicht muß, der Einstellung auf dem Fuße folgen (§ 58). Die Eröffnung des Konkurses kann, nicht muß, die Folge der Aufhebung des Geschäftsaufsichtsverfahrens bilden, wird aber naturgemäß von Seite eines oder mehrerer Gläubiger beantragt werden, die eine fruchtlose Hinschleppung des Geschäftsaufsichtsverfahrens nicht dulden wollen. Von Amts wegen erfolgt auch in diesem Falle keine Konkurseröffnung. (Siehe hiezu: Jaeger, KO. § 103; Motive II S. 325; Oetker, Grundbegriffe I S. 174 ff.; Könige, Recht 1905 S. 451; gegen die obligatorische Konkurseröffnung insbesondere: Popper, Der Vorkonkurs S. 15.) Da die eben erwähnten Folgen begreiflicherweise die Eidesverweigerung begleiten, ist, wie oben dargelegt, die Ermächtigung des Gerichtes, den Eid anzuordnen, ohne daß auch nur ein Rechtsmittel gegeben ist, in Grenzfällen ein zweischneidiges Schwert. Freilich ist der Beschluß, durch den das Vergleichsverfahren eingestellt wird, durch sofortige Beschwerde des Schuldners anfechtbar (§ 59), so daß er, wenn das Landgericht anderer Meinung sein sollte — was freilich nach der Istvorschrift des § 57 Abs. 2 unwahrscheinlich ist — wenigstens vor der äußersten Konsequenz seiner Eidesverweigerung bewahrt wäre.

E. Kein Eid bei Aussichtslosigkeit des Vergleiches.

Der Schlußsatz bedeutet eine kleine, aber naheliegende Konzession gegenüber dem neuzeitlichen Grundsatze, daß überflüssige Eide vermieden werden. Wenn nämlich vorauszusehen ist, daß trotz des Eides das Verfahren mit der Einstellung oder Verwerfung des Vergleiches endigen wird, hat das Gericht die Leistung des Eides nicht zu verlangen. Dies läßt den Rückschluß zu, daß der Eid abzunehmen ist, wenn das Vergleichsverfahren Aussicht hat, dagegen irgendein Verdacht ausgesprochen oder unausgesprochen gegen den Schuldner vorliegt. Damit ist der Eid zu einer Art Ergänzungseid gestempelt: die Merkmale des von der Gläubigerschaft als annehmbar erachteten Vergleiches sind gegeben.

Aber die schuldnerischen Angaben erscheinen noch nicht ganz glaubhaft oder ganz vollständig. Sie sollen nun durch den Eid ergänzt werden, damit die Gläubigerschaft beruhigt sein kann.

§ 51.

Die Zustimmung zu dem Vergleichsvorschlage kann auch durch schriftliche Erklärung gegenüber dem Gericht erfolgen.

Die schriftliche Erklärung eines Gläubigers, daß er der Eröffnung des Vergleichsverfahrens auf der Grundlage des Vergleichsvorschlags zustimmt, gilt als Zustimmung zu dem Vergleichsvorschlage, wenn der Gläubiger in dem Termine nicht erschienen ist und die Erklärung bis zu dem Termine nicht widerrufen hat.

Die schriftliche Erklärung.

A. Keine obligatorische mündliche Abstimmung.

Nicht formalistisch soll das ganze Verfahren sein, sondern einfach, rasch und sozusagen nicht bureaukratisch. Die Hauptsache ist, daß einwandfreie und hinsichtlich ihres Ursprunges nicht bestrittene Erklärungen der Gläubiger vorliegen. Ob mündlich, wie im konkurslichen Zwangsvergleich, wo wenigstens der Bevollmächtigte des auswärtigen und nicht anwesenden Gläubigers abstimmen muß, oder schriftlich, ist gleichgültig. (So auch de lege ferenda Lieblich, Der Zwangsvergleich ohne Konkurs, JVJSchr. 37, 131 ff.; 38, 1 ff.; Schourp S. 94; a. M. waren: de lege ferenda Kohler; Tischbein S. 77; ebenso österr. Motive zum Entwurfe eines Ges. über die Einberufung der Gläubiger 1904.) Eine nachträgliche schriftliche Stimmenabgabe (wie sie binnen 10 Tagen nach dem Termin in der Schweiz möglich ist und Bernicken, Entwurf § 13, binnen 5 Tagen vorschlägt) kennt der § 51 nicht. Es ist richtig — was Kohler in seinem Lehrbuch ausführt — daß nur bei mündlicher Zustimmung vor Gericht eine erschöpfende Diskussion zu erwarten ist. Allein das Fernbleiben der Gläubiger wird seltener sein, wie beim Zwangsvergleich im Konkurs, da in dem einen Termine — im Gegensatz zu dem längeren Konkursverfahren mit mehreren Terminen — die Interessen der Gläubigerschaft intensiv behandelt und wesentliche Aufklärungen durch Schuldner und Aufsichtsperson erteilt werden (Tischbein S. 78; Frankl, AllgÖsterrGerZtg. 1904, 104; Thaller 2, 186, 233 ff.).

B. Bezugnahme auf die Erklärung im ersten Stadium.

Der Satz 2 des § 51 verrät erst recht die Abneigung der Verordnung gegen formalistische Handhabung der Abstimmungen. Es ist überhaupt keine Abstimmung erforderlich, wenn eine schriftliche Erklärung eines Gläubigers im Sinne des § 41 Nr. 2 vorliegt, daß er nämlich der Eröffnung des Vergleichsverfahrens an der Hand des schuldnerischen Vorschlags zustimmt. Kommt dieser Gläubiger nicht zum Zwangsvergleichstermine und kommt auch kein Widerruf desselben, so verbleibt es bei der alten Zustimmung, die aus der dem § 41 Nr. 2 konformen Erklärung ersichtlich ist. (Mit Unrecht beanstandet von Jörissen, DRZ. 1917, 138, weil Gläubiger ohne Kenntnis des Sachverhalts dem Vergleich zustimmen können.)

§ 52.

Hält das Gericht oder die Mehrheit der erschienenen stimmberechtigten Gläubiger eine Vertagung zum Zwecke weiterer Verhandlungen oder Ermittlungen oder behufs Stellungnahme zu einer Änderung des Vergleichsvorschlags für erforderlich, so ist ein neuer, nicht über einen Monat hinausgehender Termin zur Fortsetzung der Verhandlung anzuberaumen.

Im übrigen ist eine Vertagung nur zulässig, wenn sie aus besonderen Gründen geboten erscheint.

Der zweite Termin.

A. Das Ausland.

Verschiedene ausländische Gesetze kennen den zweiten Termin. Das belgische Gesetz vom 29. Juni 1887 kennt eine zweite, spätestens innerhalb 15 Tagen abzuhaltende Versammlung. Das französische Gesetz vom 4. März 1889 (la loi portant modification de la Legislation des Faillites) kennt zwei Termine: einerseits le jugement declaratif de la liquidation judiciaire, andererseits la vericification des créances. Nach § 45 ÖsterrAusglO. kann die Verhandlung erstreckt werden, wenn der Ausgleichsantrag geändert oder bei der Ausgleichstagsatzung ein neuer Antrag zugelassen wird oder wenn eine Änderung der für die Entschließung der Gläubiger maßgebenden Umstände in nächster Zeit zu erwarten ist (§ 56 Ziff. 1 ÖsterrAusglO.). Die Dauer des österr. Vergleichsverfahrens überhaupt ist für die Regel auf drei Monate begrenzt. (ÖsterrAusglO. § 56 Abs. 1.) Denn der Vergleichszustand darf nicht unbeschränkt sein und fordert eine alsbaldige Lösung (Jaeger, LZ. 1916, 123; Schourp S. 97; Weinberg, GeschA. 1917, 85).

M. E. sollte eine Vertagung schlechthin möglich sein (siehe mein Gutachten S. 763; a. M.: Tischbein S. 82; Lieblich, JBJSchr. 37, 131; 38, 1), wenn auch tunlichste Vermeidung derselben durch die Aufsichtsperson und eventuell den Beirat, die für rechtzeitige Klärung zu sorgen haben, anzustreben ist (Weinberg a. a. O.; Jaeger, JW. 1917, 442 Bc).

B. Die Bestimmung des § 52.

Aus folgenden Gründen, also nur ausnahmsweise, ist eine Vertagung, nicht über einen Monat hinaus, möglich:

1. Wenn die Mehrheit der im ersten Vergleichstermine erschienenen stimmberechtigten Gläubiger weitere Verhandlungen oder Ermittelungen anstellen oder anstellen lassen, d. h. selbst oder durch die Aufsichtsperson oder durch den Gläubigerbeirat oder durch Anträge an das Gericht einzelnen Fragen, die im ersten Termine noch nicht gereift erschienen, nachgehen will. Sind die erstmaligen Erklärungen mangelhaft, so muß der Schuldner sie auf gerichtliche Anordnung ergänzen. Alle die Schäden der Unklarheit, die man bei dem Privatvergleich beklagt, können und sollen durch Befragung und Anleitung bei dem Abwendungsakkord verhindert werden.

2. Behufs Stellungnahme zu einer Änderung des Vergleichsvorschlags. Dieser Vergleichsvorschlag kann schon im ersten Termin geändert worden sein. Er muß aber nun natürlich von neuem **im Sinne**

des § 44 Abs. 2 den Gläubigern bekanntgegeben werden, die ja zum Teil nicht erschienen sind und den neuen Vorschlag noch nicht kennen. Weitere Informationen können jetzt erforderlich werden. Die Änderung kann — wie wohl in der Überzahl der Fälle — eine Besserung, im Prinzip aber auch eine Verschlechterung, des Vorschlages sein, letzteren Falles, wenn bei der Berechnung die Undurchführbarkeit des besseren Vorschlags sich herausgestellt hat. Die Gläubigerschaft muß ein zweitesmal Gelegenheit bekommen, schriftlich vor oder mündlich in dem neuen Termine Stellung zu dem geänderten Vorschlage zu nehmen.

3. Aus besonderen Gründen. Der Schuldner, die Aufsichtsperson, der gesetzliche Vertreter (Gewalthaber, Vormund, Vorstand, Geschäftsführer, Liquidator) oder Bevollmächtigte des Schuldners, ein maßgebendes Mitglied des Gläubigerbeirats, ein größerer Gläubiger, der Konkursrichter, können erkrankt oder gestorben sein, irgendein Fall der höheren Gewalt kann sich ereignen, ein politischer Feiertag kann angesetzt werden. Einer der oben erwähnten Interessenten kann den Zug versäumt haben. Die Vorlage einer wesentlichen Urkunde kann vorübergehend unmöglich geworden sein. Im letzten Augenblick kann eine Änderung der Gesinnung eines Gläubigers oder der Gläubigermehrheit telegraphisch durch den Schuldner herbeigeführt, aber förmlich noch nicht (mündlich oder schriftlich im Vollmachtswege) bekundbar geworden sein. Dies alles sind besondere Gründe einer Vertagung, die, wenn auch ein dritter Termin sicherlich unerwünscht ist, prinzipiell wiederholt in Erscheinung treten können.

§ 53.

Der angenommene Zwangsvergleich bedarf der Bestätigung des Gerichts.

Das Gericht entscheidet, nachdem es die Gläubiger, den Schuldner, die Aufsichtsperson und den Gläubigerbeirat in dem Vergleichstermin oder einem zu verkündenden Termine gehört hat.

Die gerichtliche Bestätigung.

Dieser Paragraph berührt die rechtliche Natur des Zwangsvergleichs überhaupt (siehe oben meine Erläuterung zu § 33 E u. F!). Der endgültige Abschluß des Vergleiches erfolgt in der Weise, daß der Parteivertrag (so wiederum RG. vom 25. Juni 1913 RDLG. 32, 400) durch einen Gerichtsentscheid bestätigt wird. Durch die Bestätigung des vom Schuldner offerierten und von den Gläubigern auf Grund ihres Stimmrechtes sowie der vorgeschriebenen Mehrheiten angenommenen Zwangsvergleiches wird den bekannten und unbekannten, an- und abwesenden Gläubigern die Beruhigung zuteil, daß das den Vergleichstermin leitende Aufsichtsgericht eine Benachteiligung weder der Mehrheit noch der Minderheit zugelassen, sondern die Beachtung der Vorschriften überwacht hat. (Oetker, Konkursr. Fragen S. 35, Grundbegriffe 222, 452; ZHR. 66, 194; Eccius, Gruchot XXX; Kohler S. 445; Löhr, ZZPr. XVI, 335; Seuffert S. 400 ff.; Hellmann S. 523 ff.; Lieblich, Zwangsausgl., PrJVJSchr. XXI u. XXII; Frankl, Revision S. 114 ff.; Ofner, JurBl. 1893 Nr. 25; Rintelen, Handbuch S. 446.) Mängel der Vertretungsmacht, der Geschäftsfähigkeit, der Zustimmung, der Erklärungen, der

Aufstellungen, der Stimmrechtsfragen, hat vor der Bestätigung das Aufsichtsgericht zu prüfen. Denn mit der Bestätigung — die sich auf das ganze Vergleichsverfahren zu erstrecken hat, Rintelen S. 562 — wird — abgesehen von den Fällen der §§ 64 und 65 — der nicht beachtete Mangel geheilt (RG. 57, 275). Die Bestätigung muß erteilt werden, wenn kein gesetzlicher Grund dagegen spricht. Ist die Bestätigung erteilt, so kann das Bestätigungsgericht eine Änderung nicht mehr vornehmen; wohl aber haben die Beteiligten gemäß § 59 Abs. 2 das Recht der sofortigen Beschwerde, beginnend von der Verkündung des Beschlusses an. Ist der Zwangsvergleich aufschiebend bedingt (etwa durch die Übernahme der Bürgschaft eines Garanten), so kann grundsätzlich die Bestätigung sofort erfolgen, ehe die Bedingung eingetreten ist. Jedoch ist es, da im Falle des Nichteintritts der Bedingung das Geschäftsaufsichts- und Zwangsvergleichsverfahren fortgesetzt werden müßte, zweckmäßig, die Entscheidung bis zum Eintritte der Bedingung auszusetzen (RG. 56, 72). Das Gericht hat zwei Möglichkeiten: im Vergleichstermine oder in einem neuen Termine, der aber im Vergleichstermine zu verkünden ist, die Bestätigung zu erteilen. Eine weitere Zustellung, etwa in der Art des § 44 Abs. 2, ist nicht nötig. Die Bestätigung oder Verwerfung erfolgt, nachdem die Aufsichtsorgane und alle Beteiligten Gelegenheit bekommen haben, sich gegenüber dem Aufsichtsgericht auszusprechen. Alle Mängel, wie sie oben angeführt sind, dann auch des Antrags, des Vergleichsverfahrens, des Stimmrechts und der in den §§ 47 sowie 48 vorgesehenen Modalitäten, können gerügt und müssen, wenn erheblich, vom Gericht gewürdigt werden. Wenn sich niemand äußert, oder nicht jeder Berechtigte äußert, hat gleichwohl das Gericht über Bestätigung, resp. Verwerfung Beschluß zu fassen und zu verkünden (§ 59). Fraglich könnte es sein, ob auch schriftliche Rügen und Verwahrungen von den hiezu Berechtigten vorgebracht werden können. Im Einklang mit dem Grundsatz des § 51 und dem nicht formalistischen Gepräge der Einrichtung überhaupt, wird die Frage zu bejahen sein (so auch Völderndorff, § 170 Anm. 2; Jaeger, KO. § 184 Anm. 6; a. M.: bzw. mindestens dahingehend, daß im Termin ein anwesender Gläubiger die Erklärung vorträgt, Sarwey S. 184; Wilmowski § 184 Anm. 2; Petersen-Kleinfeller § 170 a. F. Anm. 3; Willenbücher S. 249; Meyer, KO. S. 276).

§ 54.

Der Vergleich ist zu verwerfen:

1. **wenn die für das Verfahren und den Abschluß des Vergleichs gegebenen Vorschriften in einem wesentlichen Punkte nicht beobachtet sind und das Fehlende nicht ergänzt werden kann;**
2. **wenn der Schuldner in dem Verfahren in erheblichem Maße seine Pflichten verletzt oder den Interessen der Gläubiger zuwidergehandelt hat;**
3. **wenn die Vermögenslage des Schuldners so verworren ist, daß sie ein Urteil über den Vergleich ohne zeitraubende Ermittlungen nicht ermöglicht;**

4. wenn der Vergleich durch Begünstigung eines Gläubigers oder sonst in unlauterer Weise zustande gebracht ist;
5. wenn der Vergleich dem gemeinsamen Interesse der beteiligten Gläubiger widerspricht.

Die Verwerfung des Vergleichs und deren Gründe.

Die Verordnung greift sechs Klassen von Gründen heraus, die zu einer Verwerfung des Vergleiches führen müssen. Fünf derselben sind im § 54 behandelt, der sechste im § 55.

1. Die Nichtbeobachtung wesentlicher Vorschriften des Verfahrens und Vergleichs.

Der § 186 KO. spricht schlechthin von der Nichtbeobachtung der Vorschriften des Verfahrens und des Vergleichsabschlusses. Die VO. vom 14. Dezember 1916 betont nur die Nichtbeobachtung in einem wesentlichen Punkte (ÖsterrAusglO. § 50: „es sei denn, daß die Mängel nach der Sachlage nicht erheblich sind"). Die Verfahrensvorschriften sind in den §§ 33—45, die Vorschriften über den Abschluß des Vergleichs in den §§ 46—52 enthalten. Wesentlich ist die Verletzung, wenn sie in das Wesen, den Kern, den Hauptzweck der Sache, eingreift. Das gleiche Recht für Alle, die vorgeschriebenen Mehrheiten, die Nichteinrechnung des Gatten, der Mangel der Nachweise des § 48, dann aber auch der Vertretungsmacht und Prozeßfähigkeit, sind wesentliche Fehler, die von Amts wegen, aber auch auf die Initiative der sich gemäß § 53 äußernden Interessenten, zur Verwerfung des Vergleichs führen. In diesem Stadium noch kann eine Vollmacht, eine Zustimmung, eine Genehmigung, nachgebracht werden. Die Beseitigung heilbarer Fehler ist demnach, ehe es zum gerichtlichen Ausspruch kommt, doch möglich. Fraglich ist, ob Gläubiger nachträglich zustimmen und so die Mehrheiten zugunsten des Schuldners ändern können. Freilich betrifft dies nicht die Verfahrens- und Vergleichsabschlußvorschriften im engeren Sinne. Denn mit dem § 54 Nr. 1 ist der Grundsatz, nicht aber die konkret ungenügende Beteiligung, gemeint. Immerhin entspricht die Zulassung hinterheriger Beitrittes von Gläubigern dem nicht formalistischen Standpunkte. Wird der Beitritt zugelassen und damit die Mehrheit erreicht, so kann wiederum dem Verfahrensmangel abgeholfen sein.

2. Erhebliche Pflichtverletzung oder Zuwiderhandlung des Schuldners.

Sowohl die Begriffe „wesentlich" als auch „erheblich" sind dehnbar. Dem Ermessen des Gerichtes ist beide Male die Würdigung anheimgestellt. Der Verwerfungsgrund der Nr. 2 muß sich logischerweise erst nach Zulassung des Antrages im Sinne des § 44 eingestellt haben; anderenfalls müßte ja schon der Antrag gemäß § 42 Nr. 1 oder 2 zurückgewiesen worden sein. Entweder müssen also Verfehlungen vorliegen, die sich erst im Vergleichstermine herausgestellt oder die sich durch das Gebaren des Schuldners im Vergleichstermine selbst entwickelt haben. Ein Grund der ersten Art, d. h. eine vorhergehende Verfehlung, kann eine Verschleierung von Posten sein, die im Termine aufgedeckt wurde und den Status beeinflußt, oder eine Abschiebung von Waren und Werten zum Nachteil der Gläubiger oder eine

Schiebung zugunsten von Verwandten oder — was speziell eine Zuwiderhandlung gegen die gläubigerischen Interessen bedeutet — eine Verschleuderung von Gegenständen, um sich Geld zu machen. Ein Grund der zweiten Art, d. i. eine Verfehlung im Vergleichstermin selbst, kann in unwahrhaftigen Schilderungen der Vermögensbestandteile, Verdeckung von Außenständen, Vereitelung von Sicherheiten, gelegen sein. Allemal muß die Ungehörigkeit oder Unregelmäßigkeit die Lage oder die Interessen der Gläubigerschaft ernstlich berühren. Denn es dreht sich nicht etwa um eine Disziplinierung des Schuldners für ungeeignetes oder unmoralisches Verhalten, sondern um ein erhebliches Maß die gläubigerischen Zwecke wirklich schädigender Handlungsweise, die mit dem Vergleich selbst im engsten Zusammenhang steht. Die Folge der Verwerfung ist schwerwiegend: der § 66 Nr. 1 bezeichnet gerade die Verfehlung des § 54 Nr. 2 als wichtigen Grund für die Aufhebung der Geschäftsaufsicht, die Begleiterscheinung der Verwerfung des Vergleiches.

3. Die verworrene schuldnerische Vermögenslage.

Über die Frage war theoretisch gestritten worden. Die Gegner der ganzen Einrichtung kritisieren gerade die öfter vorhandene Unübersichtlichkeit außerkonkurslicher Akkorde. Aber auch manche Anhänger der Einrichtung beklagen eine im Verhältnis zum Konkurs geschmälerte Übersicht. (Frankl, Zur Reform des Konkursrechts; Strauß, Das außergerichtl. Arrangement und seine gesetzl. Regelung, HessRspr. 6, 118 ff., 127 ff.). Die Bestimmung des § 54 Nr. 3 ist daher in einzelnen ausländischen Konkursabwendungsvergleichen (Norwegen, Ägypten usw.) ebenfalls enthalten. (Die ÖsterrAusglO. § 51 Abs. 2 bringt sie in Form einer Kannvorschrift.) In der Praxis wird gerade dieser Verwerfungsgrund nicht rigoros behandelt werden dürfen. Die Aufsichtsperson, der Beirat und nicht zuletzt der Schuldner selbst, haben die Verpflichtung, den Überblick über die Verhältnisse tunlichst herbeizuführen. Einem Sachkundigen kann die Entwirrung einfacher erscheinen, wie einem mit der Prüfung der Bücher und Belege minder vertrauten Gläubiger. Zumal dann, wenn ohne Schuld des Schuldners ein Überblick über seine Verhältnisse schwer möglich ist, ist rechtzeitig ein gewandter Revisor oder sonstiger Vertrauensmann zuzuziehen. Prüfungen der Bücher, Wechsel, Verträge und Grundlagen — Maßnahmen, die man meist nicht übers Knie brechen kann — dürfen nicht gescheut, freilich schuldnerische Verschleppungsabsichten eines z. B. pflichtwidrig mit der Buchführung rückständigen Schuldners (Weinberg a. a. O. S. 87) nicht geduldet werden. (Näheres in meinem Gutachten S. 765, gegen Tischbeins Verwerfungsgrund e.)

4. Gläubigerbegünstigung oder sonstige Unlauterkeit des Vergleichs.

Nr. 4 und 5 des § 54 entsprechen dem § 188 KO. Aber der § 188 enthält eine Kautel, die im § 54 vermißt wird. Denn die Verwerfung ist in der KO. abhängig von dem gläubigerischen Antrag. Richtig ist, daß ein vorsichtiger Richter die schwerwiegenden Entschließungen der Nr. 4 und 5 des § 54 kaum ohne gläubigerische Anträge treffen wird. Denn, wenn nicht rechtlich, so doch praktisch, muß das Gericht (da ja ein Parteienvertrag, der Zwangsvergleich, in Frage steht; [so wiederum KG. vom 25. Juni 1913 ROLG. 32, 400]) den zivilprozessualen Grundsatz anwenden: ne eat iudex ultra petita partium.

Auch überzeugt die amtliche Begründung zu § 54, im außerkonkurslichen Vergleichsverfahren sei kein Verwalter vorhanden, daher ein Einschreiten von Amts wegen gegen schuldnerische Machenschaften angebracht, keineswegs. Die Aufsichtsperson ersetzt den Verwalter, wenn auch dem Schuldner die Verfügung über die Masse bleibt. Stellt kein Gläubiger den Antrag auf Verwerfung, so kann die Interessenschmälerung kaum gravierend sein. Eine Zurückhaltung des Gerichts hinsichtlich der Punkte 4 und 5 ist folglich anzuempfehlen, mindestens eine sorgfältige zuvorige Ermittelung gemäß § 16. In den Protokollen zur KO. (S. 112) ist bezüglich des § 188 KO. ausgesprochen, daß nur, wenn das Gericht die volle Überzeugung vom Vorliegen eines gesetzlichen Verwerfungsgrundes gewinne, es die Verwerfung auszusprechen habe. Wievielmehr in den Fällen des konkurslosen Zwangsvergleiches, wo einerseits der Sinn der Verordnung auf möglichst friedliche Paktierung der Parteien hinausläuft und andererseits der gläubigerische Antrag bei den Nr. 4 und 5 des § 54 ausgeschaltet, somit doppelte Vorsicht des Gerichtes am Platze ist. (Auch die ÖsterrAusglO. bringt die Bestimmung, daß die Bestätigung zu versagen **ist** (§ 50 Abs. 3), wenn einem Gläubiger besondere Vorteile eingeräumt sind, unabhängig von gläubigerischem Antrage.)

Was nun die Unlauterkeit des Zustandebringens des Vergleiches anbetrifft, so wird darunter das Verwerfliche (corruptly — déloyale) verstanden. Das Unlautere ist gegenüber dem Strafbaren, also auch dem Betruge des § 64, der weitere Begriff (RG. 39, 21). Alles was gegen Treu und Glauben im Rechts- und Handels-Verkehr verstößt, ist unlauter (Protokolle, KO. S. 114; Seuffert S. 430). Die unlautere Weise ist der Oberbegriff, die Begünstigung eines Gläubigers nur der Unterbegriff. Die Begünstigung eines Gläubigers, welche also eine der Arten des unlauteren Zustandebringens des Zwangsvergleiches darstellt, muß mit der Perfektion desselben im Zusammenhang stehen (Kohler S. 489; Seuffert S. 457; Willenbücher S. 250; Petersen-Kleinfeller S. 173 a. F. Anm. 11; Meyer, KO. S. 280; a. M.: Pollak S. 406). Der Schuldner muß weiter den Willen gehabt haben, durch das unlautere Verhalten die Wirkung des Vergleiches hervorzurufen (a. M.: Jaeger, KO. § 188 Anm. 5 S. 351). Zweifellos muß aber der Gläubiger den Willen haben, die Bevorzugung zu erhalten. Der Vorsatz ergreift also die ursächliche Beziehung zwischen dem unlauteren Verhalten und der Bevorzugung (RG. 41, 42). Beispiele der Begünstigung sind der Ankauf gläubigerischer Ansprüche zu einem die Dividende des Zwangsvergleiches übersteigenden Betrage, die Teilung der Ansprüche zur künstlichen Erzielung der Kopfmajorität, der Stimmenkauf, der nach § 77 zudem strafbar ist.

5. Der dem gemeinsamen Gläubigerinteresse widersprechende Vergleich.

Das Ermessen des Gerichts hat zu entscheiden, ob der Vergleich nach seinem Inhalt und wirtschaftlichen Erfolge dem gemeinsamen Interesse der beim Zwangsvergleiche beteiligten Gläubiger zuwiderläuft. (Diese [in der ÖsterrAusglO. § 51 Abs. 1 in eine Kannvorschrift gekleidete] richterliche Aufgabe ist weder leicht, noch mit der Vertragstheorie des Zwangsvergleichs, bzw. der Gläubigerautonomie, gut vereinbar; Oetker, Grundbegriffe S. 56; Freund, ZHR. 60, 98). Die Bestimmung ist z. B. anwendbar bei nicht genügender Sicherung der Erfüllung des

Vergleichsversprechens, was dann vorliegt, wenn die persönlichen — etwa in früherem Konkurs- oder Vergleichsverfahren zutage getretenen — oder moralischen oder materiellen oder im konkreten Falle gegebenen schuldnerischen Verhältnisse keine Gewähr für die Durchführung des Vergleichsangebotes bieten oder wenn derartige ungünstige Aussichten bei dem Bürgen vorliegen, welcher die quotale Befriedigung der Gläubiger garantiert oder übernommen hat. Der § 54 Nr. 5 findet auch Anwendung, wenn die Vergleichsquote zu dem aus der Geschäftsaufsichtsmasse bei einigem Zuwarten zu erhoffenden Resultate in einem wesentlichen Mißverhältnis steht (Wilmowski S. 457; Seuffert S. 430; Meyer, KO. S. 280). Der § 54 Nr. 5 findet ganz besonders dann Anwendung, wenn der Konkurs den beteiligten Gläubigern günstigere Aussichten bieten würde, vor allem deshalb, weil er die Unwirksamkeits- bzw. Anfechtungsmöglichkeiten gewährleistet, die dem Geschäftsaufsichtsverfahren — im Gegensatz zur ÖsterrAusglO. § 12 und ungar. Ausgl. § 19 — versagt sind (Jaeger, JW. 1917, 326; Buhmann, LZ. 1916, 1209 ff.; Jaeger, LZ. 1916, 112; Werner, LZ. 1917, 243; Henschel, DJZ. 1917, 193; Bovensiepen, GeschA. 1917, 122 Anm. 10). Nicht in den § 54 Nr. 5 einzureihen ist m. E. der Fall, daß der Vergleich durch die Stimmen von Verwandten des Schuldners zustande gekommen ist. Denn der Vergleich muß objektiv dem gemeinsamen Interesse der beteiligten Gläubiger zuwiderlaufen, was sich sehr wohl mit der eben erwähnten Abstimmung verträgt. Anders liegt der Fall, wenn offensichtlich das Gesamtinteresse der Gläubigerschaft infolge der Verwandtenstimmenmehrheit ad hoc nicht auf seine Rechnung kommt (ZZP. 8, 494; LZ. 1912, 719).

§ 55.

Der Vergleich ist zu verwerfen, wenn er den Gläubigern nicht mindestens den fünften Teil ihrer Forderungen gewährt und dieses Ergebnis auf ein unredliches Verhalten des Schuldners zurückzuführen ist. Der Vergleich kann verworfen werden, wenn das gleiche Ergebnis auf ein leichtsinniges Verhalten des Schuldners zurückzuführen ist.

Das unredliche und leichtsinnige schuldnerische Verhalten.

A. Vorgeschichte und Grund der Vorschrift.

Einige ausländische Gesetze bestimmen, daß der konkurslose Zwangsausgleich nur dem redlichen und unglücklichen Schuldner zugute kommen soll. (Das belgische Gesetz konstruiert den débiteur malheureux et de bonne foi. Siehe neuerdings: Henschel, DJZ. 1917, 196). Eine derartige Auszeichnung des Schuldners mit dem guten Konduitenbogen würde den wirtschaftlichen Zweck der ganzen Einrichtung vollständig verkennen. Denn einerseits ist, im Zusammenhang mit dem Krieg und § 1 BO. vom 14. Dezember 1916, nur schwer die Grenze zwischen dem Unglück und einigem eigenen Verschulden zu ziehen. Andererseits besteht die Hauptsache darin, daß die Allgemeinheit, vor allem auch die Gläubigerschaft, nicht allzu stark durch die Krisis in Mitleidenschaft gezogen werde. Tischbein (S. 51) weist darauf hin, daß man durch solche Bestimmung nicht nur einen Punkt, über den man sehr leicht verschiedener Meinung sein kann, weil bei seiner Beurteilung subjektive Momente mitwirken, in das Ermessen des Richters stellen, sondern auch dem Gerichte eine sehr untunliche Prüfung zur Pflicht machen würde, die überdies nach der Natur des Präventivakkordes, eines Vertrages a priori, durchaus Sache der Gläubiger sei (a. M.: Gertscher, AllgÖsterrGerZtg. 1905, 20).

Noch auf einem anderen Wege wollte man einen Antrieb auf den Schuldner ausüben, frivole Schuldenmacherei zu unterlassen, um etwa auf einen Akkord mit geringen Prozenten hinzuarbeiten. Nach dem Antrag Rintelen (Kommissionsbericht 1893/94 S. 2035) sollte ein Vergleich verworfen werden, der nicht mindestens 25 vom Hundert, zahlbar längstens binnen zwei Jahren nach der Bestätigung, biete, es sei denn, daß der Schuldner lediglich ohne sein Verschulden ins Abwesen geraten sei. Dieser Antrag wurde aber abgelehnt. Die in verschiedenen Auslandsgesetzen vorgesehenen Mindestdividenden (Schweiz, Schweden, Norwegen, Rumänien) haben erfreulicherweise weder im Konkursgesetze, noch erst recht in der VO. vom 14. Dezember 1912, einen Platz gefunden.

Die deutschen Gantbestimmungen wollen einerseits keine allgemeine feste Vergleichsquote und wollen andererseits dem Unredlichen und Leichtsinnigen keine Prämie für seine Treibereien gewähren. In letzterem Betreff machte man den Widersachern des neuen Instituts eine kleine Verbeugung (Freund, GoldschmidtsZ. 60, 67; Kleinrath, LZ. 1908 Nr. 4 S. 270; Kühlewein, BayZfRechtspfl. Nr. 13 S. 295 ff.). Der § 187 KO. und der analoge § 55 bedeuten also einen (von den österr. und ungar. AusglO. mit Recht vermiedenen) Mittelweg, damit der Schuldner nicht mutwillig auf einen schmalen Akkord hinarbeite und sein Vermögen oder Geschäft herunterwirtschafte. Allein auch diese schematische Festlegung einer Mindestquote, wenn auch nur für den Fall unredlichen oder gar nur leichtsinnigen Verhaltens, ist nicht gutzuheißen. Jede Grenze eines einzelnen Gantfalles ist eine relative (Jaeger, KO. § 187 Anm. 3 S. 347 und seine statistischen Zitate; derselbe, JW. 1917, 443 mit Anm. 50; Kleinfeller, LZ. 1911, 416; Cahn, Gutachten S. 777).

B. Die Istvorschrift.

Für den Fall des ursächlichen Zusammenhangs zwischen der Unredlichkeit des Schuldners und einem Zwangsvergleichsvorschlag unter 20% ist obligatorisch der Vergleich zu verwerfen. Nicht ist vorgeschrieben eine von Stundung freie, also sofortige Zahlung von 20% (a. M.: Wilmowski, KO. § 187 Anm. 4). Die Unredlichkeit ist in einem absichtlichen Hinausziehen des Antrages auf Anordnung der Geschäftsaufsicht zu erblicken. Bedenkt man indes, daß normalerweise die Voraussetzungen des § 1 (Zahlungsunfähigkeit oder Überschuldung infolge des Krieges) vorliegen müssen, so kann gerade im Verfahren der Geschäftsaufsicht nicht so leicht, wie im Konkursfalle, ein unredliches Tun oder Unterlassen des Schuldners gegeben sein. In den Kommissionsverhandlungen zur KO. (S. 1966) wurden Krisen, große Zahlungsstockungen und besonders Krieg als Fälle, in denen jedes Verschulden des Schuldners ausgeschlossen sein kann, angeführt. Diese Erwägung läßt schwer begreifen, wann eigentlich im Geschäftsaufsichtsverfahren ein Fall des § 55 sich praktisch ereignen kann. Es müßte höchstens der Notfall des § 1 Schlußpassus vorliegen, wonach dem Geschäftsaufsichtsantrag auch stattzugeben ist, wenn Aussicht besteht, daß der Konkurs durch ein Übereinkommen mit den Gläubigern abgewendet werden wird. Der Schuldner wird mehr oder weniger sich immer mit den besonderen Verhältnissen der letzten Jahre entschuldigen können, was den ursächlichen Zusammenhang zwischen seiner angeblichen Unredlichkeit und dem geringen Ergebnisse durchlöchert.

Zum unredlichen Verhalten gehört eine vorsätzliche Handlung (Tun oder Unterlassen) des Schuldners. Wird über das Vermögen einer offenen Handelsgesellschaft oder einer der anderen Gesellschaften, die der § 72 im Auge hat, oder eines Nachlasses (§ 73) die Geschäftsaufsicht angeordnet, so genügt die Unredlichkeit des einen Gesellschafters, Vorstandes, Geschäftsführers, Miterben (Seuffert S. 417; a. M.: hinsichtlich der juristischen Personen Jaeger, KO. § 187 Anm. 10 S. 349).

C. Die Kannvorschrift.

Der Vergleich kann von Amts wegen verworfen werden, wenn er den Gläubigern nicht mindestens 20% gewährt und dieses Resultat auf ein leichtsinniges Verhalten des Schuldners zurückzuführen ist. Leichtsinniges Verhalten bedeutet ein Unbekümmertsein um die wirtschaftlichen Folgen (RGSt. 29, 17). Der zweite Fall kann vorliegen, wenn der Schuldner das Geschäft leichtsinnigerweise ohne genügende Mittel angefangen hat (Kommissionsbericht S. 39). Hier ist erst recht nicht einzusehen, wie es zu einem Antrag auf Anordnung der Geschäftsaufsicht gemäß § 1 gekommen und dennoch hinterher die dem Gerichte freistehende Verwerfung des Vergleiches begründet sein soll.

D. Der Schutz des Schuldners und der Gläubigerschaft gegen die Verwerfung des § 55.

Gegen den Beschluß, durch den der Vergleich verworfen wird, steht dem Schuldner und jedem beteiligten Gläubiger, der stimmberechtigt war oder seine Forderungen glaubhaft macht, die sofortige Beschwerde zu. Die Beschwerdefrist beginnt mit der Verkündung des Beschlusses. Die Beschwerde kann darauf gestützt werden, daß das Ermessen des Gerichts kein billiges, kein der ganzen Sachlage Rechnung tragendes, gewesen sei. Es kann nur immer wieder betont werden: suprema lex creditorum voluntas. Der Zwangsvergleich ist ein Privatvertrag. Die Rettung einer weiteren Existenz und die möglichst geringe Einbuße der Gläubigerschaft steht obenan.

§ 56.

Nimmt der Schuldner den Vergleichsvorschlag zurück, so hat das Gericht das Vergleichsverfahren einzustellen. Die Zurücknahme ist nur bis zur Annahme des Vergleichs zulässig.

Antragszurücknahme und -Änderung.

A. Die Antragszurücknahme.

Der Vergleichsvorschlag ist ein Antrag. Der Antrag kann zurückgenommen werden, solange er nicht angenommen ist (Seuffert S. 415; Sarwey S. 767; Petersen-Kleinfeller S. 489; Willenbücher S. 240; Meyer, OK. S. 266). Mit der Annahme im Vergleichstermin wird der Antrag für den Schuldner und seinen Bürgen bindend (Seuffert S. 145;

Jaeger, KO. § 173 S. 313). Nach der Urteilslehre würde er erst mit Rechtskraft des verkündeten Bestätigungsbeschlusses wirksam werden (Wilmowski S. 439, welcher Antragszurücknahme bis zur gerichtlichen Bestätigung zulassen möchte).

Das Ableben des Schuldners vor der Annahme bewirkt den Wegfall des Vergleichsvorschlages, wenn nicht dessen Aufnahme durch die Erben erfolgt (Petersen-Kleinfeller S. 494; Willenbücher S. 240; Meyer, KO. S. 266; Jaeger § 173 Anm. 24). Das Ableben des Schuldners nach der Annahme, jedoch vor der Bestätigung, ändert an der Rechtswirkung und Notwendigkeit der Bestätigung nichts (Wilmowski S. 445; Sarwey S. 781). Der Erblasser übernimmt in solchem Falle die Zwangsvergleichsschuld als Nachlaßverbindlichkeit (Josef, LZ. 1911, 125). Die Folge der Zurücknahme des Vergleichsvorschlages durch den Schuldner ist die Einstellung des Zwangsvergleichsverfahrens durch das Gericht. In solchem Falle hätte die sofortige Beschwerde, welche dem Schuldner gegen den Einstellungsbeschluß zusteht (§ 59) keinen Sinn. Es müßte denn der Schuldner behaupten, daß in der vom Gericht dem Einstellungsbeschluß zugrunde gelegten Willenserklärung des Schuldners keine Zurücknahme des Zwangsvergleichsantrages gelegen gewesen sei. Die Folge der Zurücknahme des Vergleichsvorschlags ist nicht ohne weiteres die Aufhebung der Geschäftsaufsicht (siehe meine Erläuterung zu § 58). Freilich wird das Gericht die Glaubhaftmachung der Aussicht eines neuerlichen Vergleichsvorschlags mit Recht skeptischer beurteilen (Weinberg a. a. O. S. 88).

B. Die Antragsänderung.

Wenn der Schuldner den Vergleichsvorschlag abändert, ehe das Verfahren eingestellt oder der Vergleich bestätigt oder verworfen ist, so kann er einen zweiten Termin im Sinne des § 52 beantragen. Dann setzen selbstredend die Maßregeln der §§ 41, 42, 43, 45—51 von neuem ein, weil eben ein Vertragsantrag vorliegt. Dies gilt grundsätzlich für den Fall, daß der Vorschlag günstiger oder ungünstiger ist, wie der erstmalige. Anders freilich liegt die Sache und eine Abstimmung noch in dem erstmaligen Vergleichstermine ist möglich, wenn offensichtlich die in den §§ 37—40 vorgesehenen Mehrheiten noch in dem ersten Termin für den abgeänderten Vergleichsvorschlag stimmen werden (etwas anderer Meinung: Jaeger, KO. § 174 Anm. 6 — unter Zitierung von Seuffert S. 421; Petersen-Kleinfeller Anm. 4 —, welcher schlechthin über jeden günstiger abgeänderten Vorschlag die Abstimmung im ersten Vergleichstermin zulassen will). [Der § 37 Abs. 2 Österr AusglO. läßt eine Anderung nur zu, wenn diese für die Gläubiger nicht ungünstiger ist. Anders, wenn alle stimmberechtigten Gläubiger anwesend sind. (Volenti non fit iniuria.)]

§ 57.

Das Gericht kann bis Annahme des Vergleichs das Vergleichsverfahren einstellen, wenn ihm der Verdacht begründet erscheint, daß der Schuldner in erheblichen Maße seine Pflichten verletzt oder den Interessen der Gläubiger zuwiderhaudelt oder wenn mit Bestimmtheit anzunehmen ist, daß es zu einem Vergleichsabschlusse nicht kommen wird.

Das Vergleichsverfahren ist einzustellen, wenn die zur Annahme des Vergleichs erforderlichen Mehrheiten ihm in dem Vergleichstermine nicht zugestimmt haben oder der Schuldner die Leistung des ihm nach § 50 auferlegten Eides verweigert hat.

Die gerichtliche Einstellung.

A. Die Einstellung wegen Pflichtverletzung oder Aussichtslosigkeit.

Der § 57 hat kein Analogon im Konkursrecht. Offensichtlich will er die Aufbietung des nicht geringen Apparates eines Vergleichstermines verhüten, falls gröbliche Pflichtverletzungen vorliegen, die den Schuldner des beneficium des Zwangsvergleiches unwürdig erweisen oder keinerlei Aussichten bestehen, daß der Vergleich angenommen wird. Die Einstellung ist die dritte Form der Ablehnung der schuldnerischen Vergleichsanregung. Die erste ist die Zurückweisung (§ 42), die zweite ist die Verwerfung (§ 54). Nach dem gewöhnlichen Verlauf der Dinge muß sich wohl die Einstellung zwischen die Zurückweisung und Verwerfung zeitlich einschieben; gibt das Gericht dem Antrag statt (§ 44), ist für die Zurückweisung (§ 42) kein Raum mehr, während die Verwerfung erst nach Annahme des Zwangsvergleiches durch die Gläubigermehrheiten einsetzen kann. Mit anderen Worten: wenn nach Zulassung des Antrags, aber vor Annahme des Vergleichs, der Verdacht sich verdichtet, daß Schuldner in erheblicher Weise Pflichten verletzt oder den Interessen der Gläubiger zuwidergehandelt hat, bzw. bestimmt die Aussichtslosigkeit der Akzeptierung des Vergleiches feststeht, kann das Gericht zur Einstellung schreiten. Die zum § 54 Nr. 2 (siehe oben meine Erläuterung) angeführten Kriterien der Pflichtenverletzung usw. schlagen auch hier ein. Der Richter, welcher — nach Anwendung der Behelfe der §§ 16, 28, 30, 42 und vielleicht auch schon 45 — die Beobachtung gemacht hat, daß der Schuldner sich nicht bemüßigt fühlt, seinen Pflichten in bezug auf Klarlegung ausschlaggebender Rechtsgeschäfte nachzukommen oder durch ihn selbst, bzw. seine Angehörigen, erfüllbare Opfer zu bringen, bedient sich des Einstellungsbeschlusses, damit dem unnötigen Vergleichsverfahren alsbald ein Ende gemacht wird. Kann ferner der Schuldner durch keinerlei Verbürgungen usw. seine Position verbessern, erreicht er also gewiß den beabsichtigten Zweck nicht, so hat wiederum die Ausdehnung des Verfahrens keinen Wert.

B. Die Einstellung wegen Ablehnung des Antrages oder Verweigerung des Eides.

Das Gericht darf nur einen Bestätigungsbeschluß erlassen, wenn eine Übereinkunft der Gläubiger erzielt ist. Ist dies nicht der Fall, so bleibt nichts anderes übrig, als dem Zwangsvergleichsverfahren durch Einstellung ein Ende zu bereiten. Nicht anders liegt die Sache, wenn der Vergleichseid verweigert wird. Seine Auferlegung steht im richterlichen Ermessen. Fügt sich der Schuldner der richterlichen Autorität nicht, so muß es folgerichtig zur Einstellung kommen.

In den sämtlichen Einstellungsfällen steht dem Schuldner das Rechtsmittel der sofortigen Beschwerde zu, welche aufschiebende Wirkung hat (§ 59). Diese Beschwerde wird in den Fällen des § 57 Abs. 1

leichter von Bedeutung werden, wie in denjenigen Abs. 2, weil die Frage, wann schuldnerische Pflichten verletzt und keine Vergleichsaussichten bestehen, verschieden auslegbar, dagegen die Nichterzielung der Mehrheiten oder die Eidesverweigerung Tatsachen sind, über die kein Rechtszug hinwegkommen kann.

§ 58.

In dem Beschlusse, durch den der Vergleich verworfen oder das Vergleichsverfahren eingestellt wird, hat das Gericht von Amts wegen zugleich über die Aufhebung oder Fortdauer der Geschäftsaufsicht zu beschließen.

Die Aufhebung oder Fortdauer der Geschäftsaufsicht.

Nach § 66 ist es als wichtiger Grund der Aufhebung der Geschäftsaufsicht anzusehen, wenn der Schuldner in erheblichem Maße seine Pflichten verletzt oder den Interessen der Gläubiger zuwiderhandelt, ferner wenn die Voraussetzungen für die Anordnung der Geschäftsaufsicht nachträglich weggefallen sind. Für die sechs Verwerfungsfälle nun der §§ 54 und 55, sowie die sechs Einstellungsfälle der §§ 56 und 57 wird, ob sie nun vereinzelt, oder, wie dies häufig zutreffen wird, untereinander kumuliert, vorliegen, einer der wichtigen Gründe des § 66, der zur Aufhebung der Geschäftsaufsicht führt, einschlägig sein. Die in der ganzen VO. vom 14. Dezember 1916 innegehaltenen Richtlinien lassen wohl meist keine andere Lösung zu. Selbstsüchtigen, pflichtvergessenen, unredlichen Schuldnern, die in erheblichem Maße gesetzliche und vertragliche Grundsätze mißachten, nicht das wirkliche Bestreben, freilich auch die wirtschaftliche Fähigkeit, besitzen, eine brauchbare Übereinkunft mit der Gläubigerschaft abzuschließen, haben meist kein Anrecht auf die weitere Wohltat der Geschäftsaufsicht.

Immerhin kann, trotz Einstellung des Vergleichsverfahrens oder Verwerfung des Vergleichsantrages, die Aussicht bestehen, daß die Zahlungsunfähigkeit oder Überschuldung nach Wegfall der Kriegsverhältnisse behoben wird. Vielleicht ist der Zwangsvergleichsvorschlag während des Krieges den Gläubigern unterbreitet und zu erfüllen, was sich aber, nach näherer Würdigung der ganzen Situation, als undurchführbar erweist. Demungeachtet kann sehr wohl nach Wegfall der Kriegsverhältnisse, wenn die Außenstände eingehen oder eine andere Verwertung der Waren, Werte, des Grundbesitzes, möglich ist, ein Zwangsvergleich oder eine sonstige Gesundung der schuldnerischen Lage nicht ausgeschlossen sein. In diesem Falle, aber auch dann, wenn noch während des Krieges ein anderer Vergleichsvorschlag Aussichten hat, erscheint es angezeigt — zumal einem redlichen Schuldner — Chancen und Schutz der Geschäftsaufsicht nicht zu benehmen. Liegt die Sache so, dann wird das Gericht die Fortdauer der Geschäftsaufsicht zu beschließen haben. Bezüglich eines eventuellen neuerlichen Vergleichvorschlages siehe meine Erläuterung zu § 56 A am Ende!

Gegen den Beschluß, durch den die Geschäftsaufsicht aufgehoben wird, steht dem Schuldner die sofortige Beschwerde, welche aufschiebende Wirkung hat, zu (§ 68). Gegen den Beschluß, welcher sich für Fortdauer der Geschäftsaufsicht ausspricht, hat die Gläubigerschaft kein Beschwerderecht, was nach der ratio legis angezeigt erscheint. Dem Schuldner mangelt das Interesse, gegen den die Fortdauer verfügenden Beschluß ein Rechtsmittel zu ergreifen.

§ 59.

Der Beschluß, durch den der Vergleich bestätigt oder verworfen wird, ist zu verkünden; der Beschluß, durch den das Vergleichsverfahren eingestellt wird, ist dem Schuldner, der Aufsichtsperson und allen Gläubigern zuzustellen.

Gegen den Beschluß, durch den der Vergleich bestätigt oder verworfen wird, steht dem Schuldner und jedem beteiligten Gläubiger, der stimmberechtigt war oder seine Forderung glaubhaft macht, die sofortige Beschwerde zu; die Beschwerdefrist beginnt mit der Verkündung des Beschlusses. Gegen den Beschluß, durch den das Vergleichsverfahren eingestellt wird, steht dem Schuldner die sofortige Beschwerde zu.

Die Beschlüsse werden erst mit der Rechtskraft wirksam.

Beschlüsse und Rechtsmittel.

A. Verkündung und Zustellung der Beschlüsse.

Sowohl der Bestätigungs- als auch Verwerfungsbeschluß ist im Vergleichstermine selbst oder einem weiteren Termine zu verkünden (§ 53). Die Beschwerdefrist beginnt bereits mit der Verkündung des Beschlusses, damit keine unnötige Verzögerung eintritt. Der Beschluß muß nicht mit Gründen versehen werden (RG., JW. 1900, 50). Damit ist nicht gesagt, daß eine Begründung ausgeschlossen und nicht häufig rätlich erscheint. Bei der, unter Leitung des Aufsichtsgerichtes, durch den Gerichtsschreiber vorzunehmenden Niederschrift über den Hergang des Termines ist zu vermerken, daß die Verkündung erfolgt ist (§ 160 ZPO.). Die Bestimmung des § 59 entspricht dem § 329 ZPO., wonach die, auf Grund einer mündlichen Verhandlung, ergehenden Beschlüsse des Gerichts verkündet werden müssen.

Nicht der Beschluß, durch welchen der Vergleich verworfen wird, wohl aber der Beschluß, durch welchen das Vergleichsverfahren eingestellt wird, sei es aus dem Grunde des § 56, sei es aus dem Grunde des § 57, ist allen Beteiligten (Schuldner, Aufsichtsperson und sämtlichen Gläubigern) zuzustellen. Die Unterscheidung zwischen den auf Verwerfung und Einstellung gerichteten Beschlüssen hinsichtlich der Zustellung hat die Bewandnis, daß die Verwerfung des Vergleichs gewöhnlich in dem Vergleichstermine oder einem zu verkündenden weiteren Termine verkündet wird, während der Einstellungsbeschluß gemäß §§ 56 und 57 sehr wohl außerhalb des Termines erfolgen kann, sobald die Voraussetzungen zuvorliegen. Der Beschluß, durch den das Vergleichsverfahren eingestellt wird, kann, muß aber nicht, verkündet werden, wenn sich gerade in einem dieser Termine Gelegenheit für das Gericht dazu gibt. Somit besteht für gewöhnlich das Bedürfnis, durch Zustellung die Beteiligten von der Tatsache der Einstellung in Kenntnis zu setzen. Die Zustellungsform ist die vereinfachte des § 17.

B. Die sofortige Beschwerde.

Gegen die drei Formen der Verbescheidung des Vergleichs, Bestätigung, Verwerfung und Einstellung, ist die sofortige Beschwerde zugelassen (wie ja auch gegen die Zurückweisung; § 42). Die Bestimmungen des § 577 ZPO. über die sofortige Beschwerde schlagen ein. Sie ist demnach binnen einer Notfrist von zwei Wochen, welche bei den zu verkündenden Bestätigungs- und Verwerfungsbeschlüssen mit der Verkündung, bei den nicht zu verkündenden Einstellungsbeschlüssen mit der Zustellung beginnt, einzulegen. Die Einlegung bei dem Beschwerdegerichte genügt zur Wahrung der Notfrist, auch wenn der Fall für dringlich nicht erachtet wird. Das Amtsgericht ist zu einer Änderung seiner der Beschwerde unterliegenden Entscheidung nicht befugt. Die sofortige Beschwerde kann hinsichtlich der Einstellungsbeschlüsse wirksam auch schon vor Zustellung erhoben werden (RG., SeuffA. 39 Nr. 266; RG. 43, 415; BayObLG. 2, 37). Die sofortige Beschwerde des § 59 hat aufschiebende Wirkung. Diese Abweichung von der Bestimmung des § 572 ZPO. ist zugunsten des Schuldners erlassen, dem, solange die Verwerfungs- oder Einstellungsbeschlüsse nicht rechtskräftig sind, die Vorzüge des Geschäftsaufsichts- und Zwangsvergleichsverfahrens nicht geraubt werden sollen. Da übrigens auch die Bestätigungsbeschlüsse erst mit der Rechtskraft wirksam werden, kommt die Vergünstigung der aufschiebenden Wirkung der Beschwerde in diesem Falle dem sich beschwerenden beteiligten Gläubiger zugut (was die amtliche Erläuterung zu § 59 übersehen hat).

Beschwerdeberechtigt ist in den drei Fällen der Bestätigung, Verwerfung und Einstellung der Schuldner. In den Fällen der Bestätigung und Verwerfung ist auch jeder am Zwangsvergleichsverfahren beteiligte Gläubiger, welcher stimmberechtigt war, oder seine Forderung glaubhaft macht, beschwerdeberechtigt. In den Fällen der Einstellung ist kein Gläubiger beschwerdeberechtigt. Nicht beschwerdeberechtigt sind die Aufsichtsperson oder einer der Gläubiger der §§ 13 und 33, soweit nicht eine persönliche Schuld aus dem jeweiligen Anspruch eines dieser am Verfahren nicht beteiligten Gläubiger resultiert. Beschwerdeberechtigt ist auch nicht ein Vergleichsgarant. Bei der Geschäftsaufsicht über eine Handelsgesellschaft ist jeder Gesellschafter (§ 72), bei der Geschäftsaufsicht über einen Nachlaß ist jeder Miterbe (§ 73) beschwerdeberechtigt.

In dem zweiten Rechtszuge kann eine wiederholte erschöpfende Erörterung der gesamten Sach- und Rechtslage stattfinden, wie sie sich durch die Vorschriften der §§ 33—58 ergibt (Willenbücher S. 251; Sarwey S. 805; Meyer, KO. S. 281). Die Beschwerde kann auch auf neue Tatsachen und Beweise gestützt werden (ZPO. § 570). Ein früherer Antrag kann besser begründet, ein völlig neuer Antrag kann nicht mit der Beschwerde vorgebracht werden (RG. 35, 428; Wach, Zwangsvergleich S. 42; Sarwey § 189 Anm. 5; a. M.: Wilmowski § 189 Anm. 2; Seuffert S. 432).

Eine weitere Beschwerde ist ausgeschlossen (§ 19; ebenso § 189 KO.). Auch dann ist nach der VO. vom 14. Dezember 1916 eine weitere Beschwerde ausgeschlossen, wenn die Beschwerde als unzulässig, a limine, verworfen worden sein sollte. Der § 19 steht eben schlechthin einer weiteren Anfechtbarkeit entgegen.

§ 60.

Der rechtskräftig bestätigte Vergleich ist wirksam für und gegen alle beteiligten Gläubiger, auch wenn sie in dem Verfahren Erklärungen nicht abgegeben oder gegen den Vergleich gestimmt haben. Unberührt bleiben die Ansprüche der Gläubiger, die in den von dem Schuldner vorgelegten Verzeichnissen nicht aufgeführt sind.

Die Rechte der Gläubiger gegen Mitschuldner und Bürgen des Schuldners sowie die Rechte aus einem für die Forderung bestehenden Pfandrecht, aus einer für sie bestehenden Hypothek, Grundschuld oder Rentenschuld oder aus einer zu ihrer Sicherung eingetragenen Vormerkung werden durch den Vergleich nicht berührt.

Rechtsfolgen des Vergleichs.

A. Rechtskraft des Zwangsvergleichsbeschlusses.

Ist eine sofortige Beschwerde gegen die gerichtliche Bestätigung des Zwangsvergleichsbeschlusses nicht innerhalb der zweiwöchigen Frist des § 577 ZPO. eingelegt oder aber ist diese Beschwerde vom Beschwerdegericht verworfen worden, so tritt die Rechtskraft des Bestätigungsbeschlusses gemäß § 705 ZPO. ein. Damit erfolgt die Heilung der Verfahrens- und Vergleichsmängel der §§ 34, 37, 38, 39, 40, 43, 44, 47, 48, 50, 51, 54, 55. Anders steht es mit den Voraussetzungen der §§ 64 und 65. Jeder beteiligte Gläubiger kann nämlich den vergleichsmäßigen Erlaß oder die vergleichsmäßige Stundung seiner Forderung anfechten, wenn die Kriterien des § 64 gegeben sind. Eo ipso wird Erlaß und Stundung durch die rechtskräftige Verurteilung des Schuldners wegen der im § 65 angegebenen Reate aufgehoben (RG. 57, 275).

B. Wirksamkeit des rechtskräftig bestätigten Vergleichs.

Der § 60 entspricht in diesem Betreff dem § 193 KO. Zunächst wirkt der Vergleich zu Gunsten aller in den schuldnerischen Verzeichnissen aufgeführten Gläubiger, gleichviel ob sie in dem Vergleichstermine anwesend oder vertreten waren, gleichviel ob sie für oder gegen den Vergleich gestimmt haben (ebenso ÖsterrAusglO. § 53 Abs. 1), gleichviel ob sie durch Nichtgewährung des Stimmrechtes für eine zum Stimmen berechtigende Forderung an dessen Ausübung behindert worden sind (RG. III. ZS. vom 18. Juni 1915, 80/15 [KG.] Recht 1915 Nr. 2145; JW. 1915, 1029), gleichviel ob sie bekannt oder unbekannt waren oder sind, gleichviel ob sie selbst — z. B. wegen Verschollenheit — keine Kenntnis von dem Verfahren erhalten haben. (Bendix, LZ. 1917, 172.) Entscheidend ist somit die Aufführung der Gläubiger in den Verzeichnissen der §§ 20 und 41 Nr. 3 (siehe meine Erläuterung hiezu). Der Vergleich wirkt aber auch gegen diese sämtlichen Gläubigerarten, falls sie in den schuldnerischen Verzeichnissen aufgeführt waren. Die in den Verzeichnissen des Schuldners (gemäß §§ 20 und 41 Nr. 3) nicht benannten Gläubiger büßen ihren vollen Anspruch auch nach Rechtskraft des Zwangsvergleichs nicht ein. Die amtliche Begründung weist darauf hin, daß hierin ein Ansporn für den Schuldner liegt, seine Verzeichnisse tunlichst zu vervollständigen. Denn er riskiert, wenn er es unterläßt, daß die von ihm in den Verzeichnissen übergangenen Gläubiger ihren uneingeschränkten Anspruch, des rechtskräftigen Zwangsvergleichs ungeachtet, erheben und eventuell im Klageweg feststellen lassen können. Mit anderen Worten: Die Bestimmung ist ein Gegengewicht gegen die Ausschaltung der Veröffentlichung (Weinberg a. a. O. S. 91; Buhmann, BayZfRechtspfl. 1917, 40, der mit Recht darauf aufmerksam macht, daß so umgekehrt der Schuldner einen Gläubiger absichtlich in die Liste nicht aufnehmen und begünstigen kann. Buhmann betont noch, daß in den Fällen des unverschuldeten Unbekanntbleibens von Gläubigern die Bestimmung des § 60 Abs. 1 Satz 2 eine ungewöhnliche Härte enthält).

Schuldgrund und Beschaffenheit der Forderung werden durch den rechtskräftig bestätigten Zwangsvergleich nicht geändert. Fraglich ist, ob der Zwangsvergleich einen Verzicht auf Einreden involviert. Das Reichsgericht (37, 144) hat erklärt, daß der Schuldner arglistig handelt, wenn er, unter Festhaltung der ihm durch den Zwangsvergleich gewährten Vorteile, eine Gegenforderung geltend machen will (a. M.: Kohler, Lehrbuch S. 462; Jaeger, KO. § 193 Anm. 2).

Forderungen, welche nicht auf einen Geldbetrag gerichtet sind (§§ 36, 69 KO.), oder Gläubiger wiederkehrender Hebungen (VO. § 36; KO. § 70) haben nach Rechtskraft des Zwangsvergleichs eine Geldleistung anzusprechen. Die Wirkung des rechtskräftig bestätigten Zwangsvergleichs erstreckt sich auch auf eine betagte unverzinsliche Forderung (VO. § 36; KO. § 65). Bezüglich der aufschiebend bedingten Forderungen (§§ 43 und 47) erwächst durch die Rechtskraft des Zwangsvergleichs ein Anspruch auf Sicherung (siehe meine Erläuterung zu §§ 43 B und 47 A).

C. Wirkung des Zwangsvergleichs hinsichtlich der Forderung.

Der Schuldner ist von der späteren Erstattung des Ausfalles befreit. Die erlassene Restforderung ist weder klag- noch vollstreckbar, sie bleibt indes als natürliche Verbindlichkeit zurück (RG. 42, 118; 71, 364; 78, 77). Dafür, daß die erlassene Forderung nicht vollkommen erloschen ist, spricht auch der Fortbestand der Rechte der Gläubiger gegen Mitschuldner und Bürgen des Schuldners, sowie der Rechte aus einem Pfandrecht, einer Hypothek und einer Vormerkung. Sie werden sämtlich Pfandrecht, einer Hypothek und einer Vormerkung. (Ebenso ÖsterrKO. § 151.) Sie werden sämtlich durch Vergleich nicht berührt. Auch ist die nachträglich übernommene Verpflichtung, die Differenz zu bezahlen, gültig (Österr. Entsch. vom 4. April 1878 Z. 12349 JurBl. 1878 Nr. 22 GU. 6902).

Gleichwohl kann in einem späteren Konkurse oder Zwangsvergleiche die Forderung des Gläubigers gegen den Schuldner selbst nur auf die Höhe der Akkordsumme geltend gemacht werden (Petersen-Kleinfeller S. 521; Meyer, KO. S. 284). Mit anderen Worten: gegenüber dem Schuldner selbst verbleibt hinsichtlich des unbezahlten Teiles der Zwangsvergleichsforderung nur eine naturalis obligatio, eine moralische und keine rechtliche Schuld, so daß die Leistung der Restschuld nicht gemäß § 814 BGB. kondiziert werden kann (Oertmann, BGB. § 814 Anm. 5; Jaeger, KO. § 193 Anm. 5 S. 364; Pfaff-Krainz-Ehrenzweig 5. Aufl. 2. Bd. § 295 S. 5; a. M.: Planck, BGB. § 813 Anm. 2;

Rintelen, Handb. S. 471 Anm. 3). Die Erfüllung der durch den Zwangsvergleich erlassenen Rechtsschuld ist nicht als Schenkung anzusehen. Sicherheiten zugunsten des erlassenen Teiles der Forderung können fortbestehen (LZ. 1910, 158; SeuffArch. 66 Nr. 87), ebenso ein Eigentumsvorbehalt (§ 455 BGB.). Die Aufrechnung, soweit sie während des Geschäftsaufsichtsverfahrens zulässig ist (§ 8 und meine Erläuterung hiezu), ist auch nach rechtskräftig bestätigtem Zwangsvergleich zugelassen. Dagegen kann ein Gläubiger den erlassenen Teil der Forderung nicht gegen eine nach Rechtskraft des Zwangsvergleichs zur Entstehung gelangende Forderung des früheren Schuldners aufrechnen. Die Anerkennung der erlassenen Forderung kann nicht zurückgefordert werden (SeuffArch. 65 Nr. 20). Zur Klagbarkeit des beim Zwangsvergleiche ausgefallenen Teiles der Forderung bedarf es der Form des abstrakten Schuldversprechens (OLG. München vom 28. Juni 1913 SeuffArch. 69 Nr. 190).

D. Ausschaltung der Vergleichswirkung.

a) Gegenüber dem Schuldner.

1. Die von dem Schuldner in den Verzeichnissen nicht aufgeführten Ansprüche.

Wie oben schon erwähnt, sieht die Verordnung darauf, daß die dem Schuldner obliegenden Verzeichnisse der §§ 20 und 41 Nr. 3, möglichst vollständig dem Gerichte vorgelegt werden. Unterläßt er die Anführung von Gläubigern, so riskiert er die Bestimmung des § 60, daß die nicht aufgeführten Gläubiger vom Zwangsvergleich unberührt bleiben. (Bovensiepen, GeschA. 1917, 128.)

2. Die bevorrechtigten Forderungen der §§ 13 und 33 VO. vom 14. Dezember 1916 werden vom Zwangsvergleiche nicht betroffen. Hat einer dieser Gläubiger eine schriftliche Erklärung abgegeben, daß er der Eröffnung des Vergleichsverfahrens auf der Grundlage des Vorschlages des Schuldners zustimme (§ 41 Nr. 2), und hat er sich an der Verhandlung sowie Abstimmung beteiligt (§§ 46 ff.), so liegt in dieser Erklärung und Beteiligung kein Verzicht auf sein Vorrecht, wenn es ihm zur Zeit der Erklärung, Verhandlung und Abstimmung unbekannt war. Hat ein bevorrechtigter Gläubiger vor dem Vergleichstermine auf sein Vorrecht verzichtet und an dem Vergleichsverfahren sich beteiligt, so ist der Vergleich gegen ihn wirksam. Insoweit ein absonderungsberechtigter Gläubiger auf abgesonderte Befriedigung verzichtet oder seinen Ausfall nach Befriedigung durch das Pfand im Vergleichsverfahren geltend gemacht hat, wirkt gegen ihn der rechtskräftig bestätigte Vergleich; aber nicht darüber hinaus. Der absonderungsberechtigte Gläubiger ist verpflichtet, zunächst sich aus dem Absonderungsrecht zu befriedigen und dann erst den Ausfall als persönliche Schuld geltend zu machen. Ein Gläubiger aber, der eine persönliche Forderung gegen den Zwangsvergleichsschuldner hat, kann zunächst die Vergleichsquote für seine volle Forderung beanspruchen und wegen des Restguthabens sich an das Pfand eines Dritten halten (RG. vom 19. Oktober 1909 LZ. 1910, 308).

3. Rechte aus einem Pfandrecht, einer Hypothek und Vormerkung.

Auch die Ansprüche aus einem für die Forderung bestehenden Mobiliar- und Immobiliarpfandrechte oder aus einer zu ihrer Sicherung eingetragenen Vormerkung (s. neuerdings OLG. Dresden vom 17. Februar 1917 JW. 1917, 302), werden durch den Zwangsvergleich nicht ergriffen, gleichviel ob der Schuldner außerdem persönlich haftet oder nicht. Gerade diese Absonderungsansprüche sollen ja den Gläubiger gegen die Gefahren, die er mit seiner persönlichen Forderung läuft, sichern und deshalb, unabhängig vom Schicksal der persönlichen Forderung im Zwangsvergleichsverfahren, weiterbestehen. Wenn nun auch die Rechte des Gläubigers aus einem für seine Forderung bestehenden Pfandrechte durch den Vergleich nicht berührt werden, so gilt dies nur für denjenigen Teil der Forderung, der nicht im Zwangsvergleiche geltend gemacht worden ist. Ob der Vergleich dem Gläubiger die Möglichkeit gibt, sein Wahlrecht rückgängig zu machen, ist dann nicht zu entscheiden, wenn er — im Bewußtsein seines Pfandrechtes — für den als Zwangsvergleichsforderung geltend gemachten Teil die Akkordraten verlangt und erhalten hat (RG. 64, 425). Auch der Gläubiger, für den eine Hypothek und Vormerkung nach § 648 BGB. eingetragen ist, kann sich nicht auf § 60 Abs. 2 berufen, wenn er — trotz des Bewußtseins seines Vorrechtes — in der Zwangsvergleichsverhandlung nicht ausdrücklich seine Rechte aus der Hypothek und Vormerkung aufrechterhalten und sein Sonderrecht im Vergleiche keine Aufnahme gefunden hat (RG. 77, 403).

Der Pfandhaftung stehen die durch Sicherungsübereignung und Eigentumsvorbehalt begründeten Deckungen gleich.

b) Gegenüber Dritten.

Durch den Zwangsvergleich wird weder die persönliche, noch die sachliche Haftung Dritter berührt. Bürgen und Mitschuldner des geschäftsbeaufsichtigten Schuldners haften weiter (Abweichung von §§ 767 ff. BGB.; 423, 425 BGB.; RG. 42, 120; Bovensiepen, GeschAufs. 1917, 127). Würde Konkurs eröffnet werden, so müßten die Mitschuldner und Bürgen wohl für einen größeren Betrag aufkommen, als im Zwangsvergleichsfalle. Die Bestimmung bezieht sich auch auf den Schadlosbürgen. Grundsätzlich ist, trotz der Bestimmung des § 60 Abs. 2, denkbar, daß der einzelne Gläubiger auf seine Rechte gegen Mitschuldner und Bürgen des Schuldners Verzicht leistet. Die Bestimmung des Abs. 2 bezieht sich auch auf diejenigen Mitschuldner und Bürgen, die erst während des Zwangsvergleichsverfahrens für den Schuldner eingestanden sind. Was die Regreßansprüche der Mitschuldner und Bürgen gegen den Schuldner selbst anbetrifft, so werden solche vom Zwangsvergleiche erfaßt (Motive, KO. II S. 423; RG. vom 16. November 1905 Gruchot 50, 1121).

§ 61.

Aus dem rechtskräftig bestätigten Zwangsvergleich in Verbindung mit einem Auszug aus dem Gläubigerverzeichnis oder seinen Nachträgen findet wegen der darin als anerkannt vermerkten Forderungen beteiligter Gläubiger gegen den Schuldner und die Personen, die in dem Vergleiche für dessen Erfüllung neben dem Schuldner ohne Vorbehalt der Einrede der Vorausklage Verflichtungen übernommen haben, die Zwangsvollstreckung

unter entsprechender Anwendung der §§ 724 bis 793 der Zivilprozeßordnung und des § 164 Abs. 3 der Konkursordnung statt.

Vollziehung des Vergleichs.

A. Die Vollstreckung des Zwangsvergleichs aus dem Gläubigerverzeichnis.

Wiederum ist eine Bestimmung der KO. (§ 194) grundlegend gewesen. Im Geschäftsaufsichtsverfahren ist nicht — wie im Konkursverfahren — die Tabelle, sondern das Gläubigerverzeichnis, mit seinen etwaigen Nachträgen die Urkunde, deren sich der Gläubiger im Vollstreckungsverfahren zu bedienen hat. Vollstreckungstitel ist die Anerkennung der Forderung im Vergleichstermine, welche von dem Gerichtsschreiber in das Verzeichnis der Gläubiger vermerkt wird (§ 47 letzter Absatz). Diese Anerkennung hat zu erfolgen, soweit gegen die Forderung weder von dem Schuldner, noch von einem beteiligten Gläubiger, noch von der Aufsichtsperson, Widerspruch erhoben wird. Ihr kommt Urteilskraft zu, und zwar im Zusammenhalt mit dem Wortlaut des Vergleichs, welcher die Einzelheiten (Bestand, Höhe, Prozente, Zeitpunkt der Bezahlung, Sicherungen) ersehen läßt. Der Anerkennungsvermerk im Gläubigerverzeichnis wirkt sowohl gegen den Schuldner, als auch gegen die Garanten des Zwangsvergleichs. Hiezu genügt die Unterwerfung des Garanten unter die aus dem Zwangsvergleichsvorschlage ersichtliche diesbezügliche Bedingung (RG. 56, 73). Der Zwangsvergleich muß freilich rechtskräftig bestätigt sein, gleichviel ob diese Bestätigung berechtigt oder unberechtigt ergangen ist (RG. 77, 270).

Die Bestimmungen der ZPO. schlagen ein. Der § 724 ZPO. besagt:

„Die Zwangsvollstreckung erfolgt auf Grund einer mit der Vollstreckungsklausel versehenen Ausfertigung des Urteils (vollstreckbare Ausfertigung). Die vollstreckbare Ausfertigung wird von dem Gerichtsschreiber des Gerichts erster Instanz und, wenn der Rechtsstreit bei einem höheren Gericht anhängig ist, von dem Gerichtsschreiber dieses Gerichts erteilt."

Der § 725 ZPO. besagt:

„Die Vollstreckungsklausel: Vorstehende Ausfertigung wird dem usw. (Bezeichnung der Partei) zum Zwecke der Zwangsvollstreckung erteilt, ist der Ausfertigung des Urteils am Schlusse beizufügen, von dem Gerichtsschreiber zu unterschreiben und mit dem Gerichtssiegel zu versehen."

Von Anerkennungen, deren Vollstreckung nach ihrem Inhalte von dem durch den Gläubiger zu beweisenden Eintritt einer anderen Tatsache, als einer dem Gläubiger obliegenden Sicherheitsleistung, abhängt, darf eine vollstreckbare Ausfertigung nur erteilt werden, wenn der Beweis durch öffentliche oder öffentlich beglaubigte Urkunde geführt wird. Hängt die Vollstreckung von einer Zug um Zug zu bewirkenden Leistung des Gläubigers an den Schuldner ab, so ist der Beweis, daß der Schuldner befriedigt oder im Verzuge der Annahme ist, nur dann erforderlich, wenn die dem Schuldner obliegende Leistung in der Abgabe einer Willenserklärung besteht (§ 726 ZPO.). Liegt der Fall so, daß die Vollstreckung von einem durch den Gläubiger zu beweisenden Eintritt einer bestimmten Tatsache abhängt, so darf die vollstreckbare Ausfertigung nur auf Anordnung des Vorsitzenden erteilt werden. Vor der Entscheidung kann der Schuldner gehört werden. Die Anordnung ist in der Vollstreckungsklausel zu erwähnen (§ 730 ZPO.). Das Nämliche gilt dann, wenn es sich um eine vollstreckbare Ausfertigung für den Rechtsnachfolger des in der Anerkennung bezeichneten Gläubigers handelt (§ 727 ZPO.). Der Gerichtsschreiber hat vor Erteilung der vollstreckbaren Ausfertigung nachzuprüfen, ob der Eintritt der Rechtskraft der Bestätigung vorliegt (§ 59). Bezüglich des Geschäftsgangs der Gerichtsschreibereien in diesen Angelegenheiten, vgl. BayGeschAnw. vom 2. März 1910 (amtliche Sonderausgabe, München 1910) § 197 III; PreußGeschO. vom 11. Oktober 1906 (JMBl. S. 305), in Form der Allg. Verf. vom 29. Januar 1910 (JMBl. S. 20). Bei der vollstreckbaren Ausfertigung gegen den Vergleichsbürgen ist die Bürgschaftserklärung beizufügen, und zwar, wenn in einer separaten Urkunde enthalten, in Ausfertigung derselben. Die Gerichtsschreiberei hat in dem Gläubigerverzeichnis zu vermerken, daß dieselbe eine vollstreckbare Ausfertigung erteilt hat (Kohler, ArchZivPrax. 81, 392; Jaeger, KO. § 194 Anm. 2 S. 374).

B. Die Vollstreckung gegen dritte Personen, die eine Verpflichtung übernommen haben.

Wenn in dem Vergleichstermine mündlich dritte Personen Verpflichtungen für Erfüllung des Zwangsvergleichs neben dem Schuldner übernommen haben, so bedarf es einer weiteren Unterwerfung unter die sofortige Zwangsvollstreckung gemäß § 794 ZPO. nicht (RG. 64, 85; 74, 261). Ein besonderer vollstreckbarer Titel neben dem Zwangsvergleiche ist gegen den Zwangsvergleichsbürgen nicht erforderlich (Motive, KO. 425; RG. 56, 73). Dies gilt auch dann, wenn der Zwangsvergleich unter der aufschiebenden Bedingung der Übernahme der selbstschuldnerischen Bürgschaft für die akkordmäßigen Verbindlichkeiten geschlossen war und der Vergleichsbürge, nach Bestätigung des Zwangsvergleichs, die Bürgschaftsübernahme zu gerichtlichem Protokoll erklärt hat (RG. 56, 70). Die Verpflichtung kann auf verschiedene Weise übernommen sein, sowohl als passives Gesamtschuldverhältnis im Sinne des § 421 BGB., als auch in Form der Bürgschaft (§§ 765 ff. BGB.). Die Bürgschaft kann mit und ohne die exceptio excussionis (Einrede der Vorausklage) übernommen sein. Wenn der Bürge die Befriedigung des Gläubigers verweigern darf, solange nicht der Gläubiger eine Zwangsvollstreckung gegen den Hauptschuldner ohne Erfolg versucht hat (§ 771 BGB.), so kann der § 61 VO. vom 14. Dezember 1916 auf den Bürgen keine Anwendung finden (Seuffert S. 44; Petersen-Kleinfeller § 179 a. F. Anm. 16; Jaeger, KO. § 194 Anm. 4 S. 375; a. M.: Völderndorff 2, 622; Wach S. 56, welche der Ansicht sind, daß nach ergebnisloser Vorausklage Vollstreckungsbefriedigung aus dem Zwangsvergleiche möglich sei). Übrigens ist die Einrede der Vorausklage, wenn sie nicht ausdrücklich vorbehalten ist, ausgeschlossen (§§ 771, 773 BGB.; Seuffert S. 445; Meyer, KO. S. 286; Endemann, BGB. 1, 865). Der Vergleichsbürge, welcher zugleich Konkursgläubiger ist, verliert seinen vollstreckungsfähigen Dividendenanspruch aus dem Zwangsvergleiche nicht (RG., JW. 1896, 5; Willenbücher S. 256).

C. Bevorrechtigte und Ausfallgläubiger.

Bevorrechtigte Gläubiger sind von dem Vergleichsverfahren an sich nicht betroffen. Ist die Forderung eines bevorrechtigten Gläubigers gleichwohl gemäß § 47 anerkannt und vom Schuldner nicht bestritten, so kann sie auf Grund dieses Anerkennungsvermerks in voller Höhe Vollstreckung beanspruchen. Wenn die Forderung selbst nicht bestritten ist, wohl aber das Vorrecht (z. B. das Absonderungsrecht), so ist der betreffende Gläubiger am Zwangsvergleichsverfahren unter der Bedingung beteiligt, daß die Anerkennung des Vorrechtes keinen Erfolg hat (§ 726 ZPO.). Die dritte Person, welche Garantie für die Erfüllung des Vergleichs übernommen hat, kann nur unter dieser Voraussetzung herangezogen werden. Durch hinterherigen Verzicht auf das Vorrecht kann der betreffende Gläubiger nicht Vollstreckungsbefriedigung aus dem Vergleiche erlangen.

Was nun die Ausfallgläubiger anbetrifft (§ 36 VO.; § 64 KO.), so kann die Vollstreckungsbefriedigung aus dem Vergleich nur für den Betrag angesprochen werden, zu welchem der Ausfallgläubiger auf abgesonderte Befriedigung verzichtet oder mit welchem er bei der letzteren ausgefallen ist (s. meine Erläuterung zu § 36 B). Mit anderen Worten: der nicht auf sein Absonderungsrecht verzichtende Gläubiger muß zunächst sich aus seinem Pfande zu befriedigen suchen. Wenn die persönliche Forderung des absonderungsberechtigten Gläubigers in dem Vergleichstermine weder vom Schuldner, noch von einem Gläubiger, noch von der Aufsichtsperson, bestritten und demnach (§ 47) in das Gläubigerverzeichnis als anerkannt vermerkt wurde, so kann zugunsten der persönlichen Forderung gemäß § 61 die Vollstreckung betrieben werden (RG. 22, 155).

§ 62.

Gegen die Gläubiger der im § 33 Abs. 2 Nr. 3 bezeichneten Ansprüche ist der durch den Vergleich begründete Erlaß oder die durch ihn gewährte Stundung wirksam. Die im § 33 Abs. 2 Nr. 5 bezeichneten Ansprüche gelten im Falle rechtskräftiger Bestätigung des Vergleichs als erlassen.

Sonderbestimmung für die Gläubiger des § 33 Nr. 3 und 5.

Die Gläubiger, welche im § 33 aufgeführt sind, das sind sowohl diejenigen, welche gemäß § 13 von dem Verfahren nicht betroffen werden, als auch die fünf Klassen des § 33 selbst, sind im allgemeinen an dem Zwangsvergleichsverfahren nicht beteiligt. Allein das Zwangsvergleichsverfahren außerhalb des Konkurses hat hier zwei Ausnahmen eintreten lassen. Im § 33 Abs. 2 Nr. 3 sind nämlich, als an dem Vergleichsverfahren nicht beteiligt, auch Leistungen aus einer Freigebigkeit des Schuldners aufgeführt. Nach der amtlichen Erläuterung erschien es unbillig, diese Forderung zu ihrer vollen Höhe bestehen zu lassen, nachdem andere Forderungen, die nach Ansicht der amtlichen Erläuterung besser berechtigt sind, durch den Zwangsvergleich verkürzt werden. Wollte man diesen Grundsatz, der prinzipiell nicht unbedenklich ist, folgerichtig durchführen, so dürfte man andere Forderungen, die an dem Vergleichsverfahren nicht beteiligt erklärt werden, ebensowenig protegieren. Ich habe dabei die Geldstrafen im Auge (§ 33 Abs. 2 Nr. 1), die im § 61 Nr. 2 und 3 KO. bezeichneten und die ihnen gesetzlich gleichgestellten Gläubiger (Steuern, Abgaben usw.). Die Berechtigung des Arguments, daß bei Geldstrafen wegen der Natur des staatlichen Strafanspruchs für eine Erwägung, wie sie die amtliche Erläuterung hinsichtlich des § 33 Abs. 2 Nr. 3 anstellt, kein Raum ist, ist, wenn die ratio legis in Betracht gezogen wird, ebensowenig einzusehen, wie der überlieferte Grundsatz, daß alle fiskalischen Ansprüche trotz der allgemeinen Wirtschaftslage kein Opfer zu bringen haben.

Die zweite Ausnahme, welche der § 62 schafft, ist eine berechtigte. Im § 33 Abs. 2 Nr. 5 sind nämlich die Kosten (z. B. diejenigen für die anwaltschaftliche Vertretung) angeführt, welche durch die Teilnahme an dem Zwangsvergleichsverfahren erwachsen. Sie zählen zunächst ebenfalls zu den gläubigerischen Ansprüchen, welche an dem Zwangsvergleichsverfahren nicht beteiligt sind. Ist aber ein Zwangsvergleich zustande gekommen, so entspricht es der allgemeinen Übung, daß diese Ansprüche als erlassen gelten sollen. So wird es auch bei Privatvergleichen fast immer gehalten. Der § 62 hat diese Übung gesetzlich festgelegt.

Vom gesetzestechnischen Standpunkte aus kann man sich fragen, ob nicht die Nrn. 3 und 5 des § 33, wenn schon nach dem Zustandekommen des Zwangsvergleichs die diesbezüglichen Ansprüche anders behandelt werden, wie die übrigen privilegierten, aus den Klassen der unbeteiligten Gläubiger hätten ausgeschaltet werden können.

§ 63.

Eine Klage auf Aufhebung des Vergleichs wegen Nichterfüllung findet nicht statt.

Die kassatorische Klausel wirkt nur vertraglich.

Nach ausländischem Rechte ist eine Klage auf Auflösung des Zwangsvergleichs wegen Nichterfüllung zum Teil in Anwendung, so nach französischem Recht auf Grund des a. § 1184; c. civ. (lex commiss. tacita) der a. § 520 II. c. com. (la resolution de ce traité en cas d'inexécution); belgischem, holländischem, schweizerischem, ungarischem, englischem, portugiesischem, italienischem und rumänischem Recht. Wenn die Regel des BGB. (§ 326) auf die ganze Zwangsvergleichslehre Anwendung fände, wäre eine Wiederaufnahme, die aber auch die Konkursordnung (§ 195) nicht vorsieht, im Prinzip anzuwenden. Allein in das bestehende Zwangsvergleichssystem paßt die Beigabe einer kassatorischen Klausel (obligatorisch oder stillschweigend) nicht (Kohler S. 497; Jaeger zu § 195 Anm. 1 S. 377; Oetker, Grundbegriffe S. 227; Fitting § 47; Löhr, Zeitschrift für Zivilprozeß 16, 390; Cahn, Gutachten S. 770 gegen die frühere Auffassung 1913 Nr. 8 BayZfRechtspfl.). Die eine auflösende Bedingung darstellende Verfallklausel des Sinnes, daß Erlaß und Stundung nebst den Sicherheiten eo ipso aufgehoben sein sollen, wenn die aus dem Vergleiche dem Schuldner und den Bürgen obliegenden Pflichten nicht richtig und rechtzeitig erfüllt werden, ist gleichwohl möglich. Denn die Gläubiger können vertragsmäßig in jedem Zwangsvergleiche die kassatorische Klausel sich vorbehalten (Seuffert,

Deutsches Konkursprozeßrecht 1899, 445; Jaeger, KO. § 195 Anm. 1; Cahn a. a. O. S. 771; a. M.: Wilmowski § 190 Anm. 1; Hellmann S. 528). Weil mehrfach vorgeschlagen war, die Berechtigung der vertraglichen kassatorischen Klausel ausdrücklich gesetzlich zu statuieren (Reichstag, 2. Session 1909/11 Drucksache Nr. 731 S. 3 ff.; Kleinfeller, LZ. 1911, 416), hat die amtliche Erläuterung zu § 63 ausdrücklich die Statthaftigkeit der Aufnahme der kassatorischen Klausel in den Zwangsvergleich festgelegt. Die Aufnahme der kassatorischen Klausel in den Zwangsvergleich ist demnach zulässig, aber auch anzuraten.

Letztere Frage kann besonders dann aktuell werden, wenn der Schuldner des außerkonkurslichen Zwangsvergleiches später doch in Konkurs gerät. Besteht keine kassatorische Klausel, so erhalten in diesem Konkurse die Gläubiger bloß den noch unbezahlten Teil der Zwangsvergleichsquote (Jaeger, KO. § 195 Anm. 2; a. M.: Köhler, Leitfaden S. 293). Angesichts dieser Rechtsfolge ist erst recht die Aufnahme einer kassatorischen Klausel in den Zwangsvergleichsvertrag rätlich.

Wenn in dem Vergleich bestimmt ist, daß der Nachlaß an dem einzelnen Guthaben unwirksam werden soll, falls der Schuldner oder sein Bürge in Verzug kommen, so ist der vergleichsmäßige Erlaß der Forderung, unbeschadet der den Gläubigern durch den Vergleich gewährten Rechte, aufgehoben, wie dies auch bei der Beseitigung des vergleichsmäßigen Erlasses in dem Falle, daß der Vergleich durch Betrug zustande gekommen ist, der Fall ist (§ 64; Wilmowski S. 468; Sarwey S. 818; Willenbücher S. 257; Petersen-Kleinfeller S. 526; Seuffert S. 445; Meyer, KO. S. 287).

§ 64.

Unbeschadet der durch den Vergleich gewährten Rechte kann jeder beteiligte Gläubiger den vergleichsmäßigen Erlaß oder die vergleichsmäßige Stundung seiner Forderung anfechten,

1. **wenn der Vergleich durch Betrug zustande gebracht ist,**
2. **wenn durch die Geltendmachung des Anspruchs eines nach § 60 Abs. 1 Satz 2 durch den Vergleich nicht betroffenen Gläubigers die Rechte der durch den Vergleich betroffenen Gläubiger gefährdet werden.**

Im Falle der Nr. 1 ist die Anfechtung nur zulässig, wenn der Gläubiger ohne Verschulden außerstande war, den Anfechtungsgrund in dem Verfahren über den Zwangsvergleich geltend zu machen.

Anfechtbarkeit des Zwangsvergleichs wegen Betrugs und wegen Gefährdung der nicht privilegierten Gläubiger.

A. Wegen Betrugs.

Besteht zwischen einem straf- oder auch nur zivilrechtlichem Betruge (§ 263 StGB. und § 123 BGB.) ein ursächlicher Zusammenhang mit dem abgeschlossenen Zwangsvergleiche, so kann jeder am Zwangsvergleiche beteiligte Gläubiger — aber keiner von den Gläubigern der §§ 13 sowie 33 Abs. 1, 2 und 4 (siehe auch § 62) — den Erlaß oder die

Stundung anfechten. Die einzelnen Tatbestandsmerkmale des § 263 StGB. brauchen nicht vorzuliegen. Nicht notwendig ist der in der Sache gegebene Nachweis der Erstrebung oder Erlangung eines besonderen Vermögensvorteiles (Sartwey S. 819). Der am Verfahren beteiligte Gläubiger geht seines Anfechtungsrechtes verlustig, sobald seine Forderung — z. B. durch einen Bürgen — vollständig befriedigt ist. Die Anwendung des § 64 Nr. 1 setzt nicht voraus, daß ohne Zustimmung des begünstigten Gläubigers der Vergleich nicht zustande gekommen wäre (RG. 39, 18). Sind Vermögensstücke verheimlicht oder beiseite geschafft, oder erdichtete Schulden aufgestellt, dann ist die Annahme eines betrüglichen Zustandekommens des Vergleichs ohne weiteres gerechtfertigt (RG. 39, 18). Gleichgültig ist, ob der Betrug vom Schuldner oder einer anderen Person ausgegangen ist (Petersen-Kleinfeller S. 528). Verschweigt der Schuldner arglistig eine ihm aus demselben Rechtsverhältnisse, aus dem die vergleichsgegenständige Forderung hervorgeht, zustehende Gegenforderung, und ist anzunehmen, daß der Gläubiger im Falle der Geltendmachung der Gegenforderung dem Zwangsvergleiche nicht zugestimmt hätte, so kann der Zwangsvergleich, als durch Betrug veranlaßt, angefochten werden (RG. 37, 142). Jedoch kann der Gläubiger auch die nachträgliche Aufrechnung gegen seine Vergleichsrate zurückweisen (RG. 37, 143). Bloßer Irrtum (§§ 119 ff. BGB.) oder Nichtbeobachtung der für den Vergleichsabschluß gegebenen Vorschriften z. B. §§ 37—40) berechtigt zur Anfechtung des Erlasses nicht (RG. 56, 270).

Die Anfechtungsberechtigung ist nicht beschränkt auf das Rechtsverhältnis zwischen Betrüger und Betrogenem. Ihr Erfolg erstreckt sich aber nur auf den anfechtenden Gläubiger (Sartwey S. 819; Sydow-Busch S. 384; Meyer, KO. S. 287). Die Anfechtung hat nur die Wirkung, daß die Beschränkung der Forderung des anfechtenden Gläubigers aufgehoben wird; der Zwangsvergleich selbst bleibt bestehen (anders bezüglich des § 65). Das Anfechtungsrecht hat jeder vom Zwangsvergleiche betroffene Gläubiger, gleichviel ob er sich im Termine eingefunden oder sonst beteiligt hat, oder nicht. Die Auszahlung der Vergleichsrate schließt das Anfechtungsrecht nicht aus, wohl aber die volle Befriedigung des betreffenden Gläubigers (etwa durch einen Bürgen). Die Anfechtung erfolgt formlos, sei es gerichtlich, sei es außergerichtlich, sei es im Wege der Leistungs- oder Feststellungsklage (§ 256 ZPO.; RG. 4, 437; 5, 393), sei es durch Klage oder Einwendung (Wilmowski S. 470; Sarwey S. 820; Jaeger, KO. § 196 Anm. 6 S. 381). Als Gerichtsstand ist der Ort der Vertragserfüllung maßgebend (§ 29 ZPO.; OLGRspr. 13, 79). Die Anfechtung unterliegt den Bestimmungen des § 124 BGB.; sie kann nur binnen Jahresfrist erfolgen. Die Frist beginnt mit dem Zeitpunkt, in welchem der Anfechtungsberechtigte den Betrug entdeckt. Auf den Lauf der Frist finden die für die Verjährung geltenden Vorschriften der §§ 203 ff. BGB. entsprechende Anwendung. Die Anfechtung ist ausgeschlossen, wenn seit der Abgabe der Willenserklärung 30 Jahre verstrichen sind.

Das Anfechtungsrecht geht nur auf die Aufhebung des vergleichsgemäßen Erlasses der Forderung, richtet sich ausschließlich gegen den Schuldner und läßt die durch den Zwangsvergleich, insbesondere gegen den Vergleichsbürgen, erworbenen Rechte unberührt (Seuffert S. 447; Sarwey S. 820; Wilmowski S. 469; Willenbücher S. 259; Meyer, KO. S. 288).

War der Gläubiger imstande, bereits früher (im Stadium und Rahmen der §§ 45 und 59), sei es schriftlich, sei es mündlich, sei es vor, sei es in dem Vergleichstermine, sei es gegenüber dem Amtsgericht, sei es im Beschwerdewege, sich auf den Betrug zu berufen, so entfällt sein Anfechtungsrecht. Geltendmachen ist nur im Sinne von Vorbringen, ohne Hinzutritt von Beweis **oder** Glaubhaftmachung, zu verstehen. Es kommt nicht darauf an, ob der Gläubiger in der Lage war, den Anfechtungsgrund zu beweisen oder glaubhaft zu machen (JW. 1903, 182; SeuffArch. 59 Nr. 49). Der Anfechtende hat zu beweisen, daß er ohne sein Verschulden früher außerstande war, den Betrug geltend zu machen. Für die schuldhafte Versäumung seines Vertreters hat der Gläubiger einzustehen (§§ 79 ff., 232 ZPO.; RG., LZ. S. 557).

B. Wegen Gefährdung der nicht privilegierten Gläubiger.

Der § 64 Nr. 2 enthält ein Novum, welches die Konkursordnung nicht kennt. Tritt nämlich ein Nachzügler, d. h. ein von dem Schuldner in seinen Verzeichnissen nicht aufgeführter Gläubiger, hinterher mit seinem Anspruche auf, macht solchen gemäß § 60 in der vollen Höhe seiner Forderung geltend und gefährdet so die Rechte der durch den Vergleich betroffenen Gläubiger, dann kann jeder am Zwangsvergleich beteiligten Gläubiger denselben anfechten. Wo eine kassatorische Klausel vertraglich ausgemacht ist (siehe meine Erläuterung zu § 63), ist eine solche Anfechtung nicht nötig. Denn dann kommt ohne weiteres die Vergleichswirkung in Wegfall, wenn der Schuldner oder Bürge die Verpflichtungen aus dem Vergleiche nicht erfüllen kann. Wo aber keine solche kassatorische Klausel vertraglich vereinbart ist, kann durch den hinterher auftauchenden Anspruch des in dem Gläubigerverzeichnis nicht aufgeführten Gläubigers die Erfüllung des Zwangsvergleichs ganz oder teilweise unmöglich werden. Der gewissenlose Schuldner hätte es, wenn die Bestimmung des § 64 Nr. 2 nicht bestehen würde — abgesehen von § 64 Nr. 1 — in der Hand, ihm nahestehende Gläubiger in Reserve zu halten, welche dann die durch den Zwangsvergleich erwachsenen Ansprüche der übrigen Gläubiger wirtschaftlich illusorisch machen könnten. (Buhmann, BayZfRechtspfl. 1917, 40.) Solchen und anderen Umtrieben des Schuldners, oder eines Gläubigers bzw. mehrerer Gläubiger, soll der § 64 Nr. 2 entgegenarbeiten. Die amtliche Erläuterung macht noch darauf aufmerksam, daß die Bestimmung des § 64 Nr. 2 insbesondere praktische Bedeutung gewinnen könnte, wenn der neu auftretende Gläubiger den Konkurs des Schuldners herbeiführt und sich in demselben — im Gegensatz zu den am Verfahren beteiligten Gläubigern — mit seiner vollen Forderung beteiligt.

Hinsichtlich der Anfechtung selbst, der Anfechtungsberechtigten und der Anfechtungswirkung gelten die zu A gebrachten Erläuterungen.

§ 65.

Die rechtskräftige Verurteilung des Schuldners wegen betrüglichen Bankerotts oder wegen vorsätzlicher Verletzung der Eidespflicht bei Leistung des ihm nach § 50 auferlegten Eides hebt für alle Gläubiger den durch den Vergleich begründeten Erlaß und die durch ihn gewährte Stundung auf, unbeschadet der ihnen durch den Vergleich gewährten Rechte.

Aufhebung des Vergleichs wegen Vergehen.

A. Verurteilung wegen betrüglichen Bankerotts.

Der § 239 KO. besagt:

Schuldner, welche ihre Zahlungen eingestellt haben, oder über deren Vermögen das Konkursverfahren eröffnet worden ist, werden wegen betrüglichen Bankerotts mit Zuchthaus bestraft, wenn sie in der Absicht, ihre Gläubiger zu benachteiligen,

1. Vermögensstücke verheimlicht oder beiseite geschafft haben,
2. Schulden oder Rechtsgeschäfte anerkannt oder aufgestellt haben, welche ganz oder teilweise erdichtet sind,
3. Handelsbücher zu führen unterlassen haben, deren Führung ihnen gesetzlich oblag, oder
4. ihre Handelsbücher vernichtet oder verheimlicht oder so geführt oder verändert haben, daß dieselben keine Übersicht des Vermögenszustandes gewähren.

Sind mildernde Umstände vorhanden, so tritt Gefängnisstrafe nicht unter drei Monaten ein.

Ist der Schuldner rechtskräftig aus § 239 KO. verurteilt, so ist — ohne Anfechtungsklage (also anders wie bei § 64) und ohne besonderen Ausspruch — von Rechts wegen die Wirkung des Vergleichserlasses für alle Gläubiger aufgehoben. Es muß sich aber um diejenige Krisis drehen, welche mit gegenwärtigem Zwangsvergleiche im Zusammenhang steht, nicht um einen Konkurs, der mit gegenwärtigem Geschäftsaufsichtsverfahren nicht konnex ist. Außerdem muß die Verurteilung eine rechtskräftige sein, damit die nötige Garantie für ein einwandfreies Strafurteil vorliegt. Wenn also der Schuldner zwischen dem Urteil des Landgerichts und der Entscheidung des Reichsgerichts stirbt oder geisteskrank wird, so liegt keine rechtskräftige Verurteilung und demnach nicht die Wirkung des § 65 vor. Eine Begnadigung ändert an der Wirkung des § 65 nichts. Wird der einzelne Erbe oder Miterbe bei der Geschäftsaufsicht über einen Nachlaß verurteilt (§ 73), so tritt die Wirkung des § 65 ein. Das Nämliche gilt von dem Gewalthaber, Vormund, Geschäftsführer, Vorstand, Liquidator.

Der Zwangsvergleich wird nicht aufgehoben infolge der rechtskräftigen Verurteilung, wohl aber der Erlaß. Statt der Prozente und statt des Moratoriums hat nun der Gläubiger Anspruch auf den vollen und fälligen Betrag.

B. Vorsätzliche Verletzung der Pflicht des Vergleichseides.

Der Schuldner, welcher den dem § 50 entsprechenden, vom Gericht verlangten Vergleichseid vorsätzlich falsch schwört und hiewegen rechtskräftig verurteilt ist (StGB. 9. Abschnitt), gewärtigt die — unter A erläuterten — Folgen des betrüglichen Bankerotts. Diese Bestimmung ist neu. Der § 197 KO., welcher die Bankerottfolge beim Zwangsvergleich vorsieht, hat für den Offenbarungseid des Konkurses keine analoge Bestimmung. Die Neuerung bezweckt einen erhöhten Gläubigerschutz, als Äquivalent gegen die Nichtöffentlichkeit des Zwangsvergleichsverfahrens. Der Inhalt des Eides muß objektiv falsch sein. Die beschworene Aufstellung der Aktiven oder Passiven muß in dem oder jenem Punkt anders beschaffen sein. Nur ein Teil des Inhalts braucht unrichtig zu sein und der Sachlage nicht zu entsprechen. Ferner wird erfordert, daß der Eid vorsätzlich falsch geschworen ist. Dolus eventualis genügt. Eine fahrlässige Eidesverletzung hat die Wirkung des § 65 nicht. Gewöhnlich wird es sich um Verschweigung von Vermögensstücken oder Verschleierung von Buchposten oder Erdichtung von Passiven drehen. Subjekt des Eides ist der Schuldner, bzw. sein Gewalthaber, Vormund, Geschäftsführer, Vorstand, Liquidator.

5. Beendigung des Verfahrens.

§ 66.

Die Geschäftsaufsicht ist aufzuheben, wenn der Schuldner es beantragt oder wenn ein wichtiger Grund für die Aufhebung vorliegt. Als ein wichtiger Grund ist es namentlich anzusehen,

1. **wenn der Schuldner in erheblichem Maße seine Pflichten verletzt oder den Interessen der Gläubiger zuwiderhandelt;**
2. **wenn die Voraussetzungen für die Anordnung der Geschäftsaufsicht nachträglich weggefallen sind.**

Aufhebung der Geschäftsaufsicht.

A. Auf Antrag des Schuldners.

Die Geschäftsaufsicht bildet ein beneficium des Schuldners. Gegen seinen Willen kann und darf das Verfahren nicht stattfinden oder fortdauern (siehe meine Erläuterung zu § 1 C 1, wonach nur der Schuldner antragsberechtigt ist; Reichstagsdenkschrift zur a. VO. S. 17). Stellt der Schuldner den Antrag auf Aufhebung der Geschäftsaufsicht, so erfolgt keine weitere Prüfung seines Gesuches (BayJMBl. 1914, 164; Breit, JW. 1915, 162; Wassermann-Erlanger, 3. Aufl. S. 261; Mayer S. 171; Levy S. 10; a. M.: Sieskind S. 99 Anm. 30; Jaeger, Bankarchiv S. 35; Heß, Anm. zu S. 10; Sintenis S. 374, welche meinen, ein Zwang zur Aufhebung liege nicht vor, auch wenn der Schuldner selbst den Antrag stellt). Die Streitfrage ist durch den § 66 Abs. 1 der neuen VO. zugunsten des Antrages des Schuldners entschieden. Er wird z. B. stets dann aktuell werden, wenn ohne das Geschäftsaufsichtsverfahren Schuldner mit seinen Gläubigern sich einigen kann, also insbesondere dann, wenn aus den Listen der §§ 20 und 41 (Dittrich, BayZfRechtspfl. 1917, 80 ff.) die bisher widerstrebenden Gläubiger ihre künftige Majorisierung klar erkennen und ihren nutzlosen Widerstand behufs Vereinfachung aufgeben (Weinberg, GeschAuff. 1917, 96).

Der Antrag des Schuldners kann in jedem Stadium des Geschäftsaufsichtsverfahrens gestellt werden; mit und ohne Zwangsvergleichsverfahren, vor und nach dem Antrag auf Eröffnung, vor und nach Verbescheidung desselben, vor, in und nach dem Vergleichstermine, vor und nach der Eidesleistung, vor und nach Zurückweisung, Einstellung, Bestätigung, Verwerfung und Aufhebung. Jaeger — JW. 1917, 263 b und Anm. 29 — unterscheidet zwischen dem Aufhebungsantrag des § 66

Satz 1 und der Zurücknahme des Aufsichtsantrags. Ersteren will er bei den Gesellschaften und Nachlässen jedem einzelnen Gesellschafter und Miterben gestatten, auch solchen, die nicht die Anordnung der Aufsicht beantragt hatten.

B. Wichtige Gründe für die Aufhebung.

a) Im allgemeinen.

Die Tatbestände des § 66 Satz 2 sind dem Ermessen des Gerichts unterstellt. (Den obligatorischen des § 56 Abs. 1 ÖsterrAusglO., fruchtlosen Ablauf einer Frist von 90 Tagen, oder gar des italienischen Rechts [Art. 4], Stattfinden der Ausgleichtagsatzung spätestens innerhalb 30 Tage, [siehe Rintelen, ÖsterrAusglO. S. 571] kennt erfreulicherweise die VO. vom 14. Dezember 1916 nicht. „Die Festsetzung einer starren, unabänderlichen Frist" [Österr. Denkschr. S. 41] war nicht gutzuheißen). Sämtliche wichtige Gründe für die Aufhebung können nicht aufgeführt werden. Der § 66 greift nur zwei Hauptveranlassungen heraus. Die Geschäftsaufsicht soll nicht fortdauern, wenn sie völlig nutz- und aussichtslos ist. Dieses Kriterium soll aber mild und nicht rigoros ausgelegt werden. Denn die wirtschaftlichen Zukunftsaussichten sind im allgemeinen unklar. Jede Vorhersage ist daher vorsichtig zu würdigen. Nur dann, wenn schlechterdings jede Behebung der kritischen Lage nach Wegfall der Kriegsverhältnisse ausgeschlossen ist oder wenn gerade die Fortführung der Geschäftsaufsicht die Interessen der Gläubigerschaft übermäßig benachteiligt, ist die Aufhebung der Geschäftsaufsicht ins Auge zu fassen. Kautelen sind durch die §§ 2, 3, 5, 6, 9 ff., 16, 20, 21, 22, 26, 28, 30, 42, 45, 48 und 49 ausreichend vorhanden. Da ein Privat- und Zwangsvergleich in jeder Lage des Geschäftsaufsichtsverfahrens möglich ist, kann nicht von vorneherein in einem Anwachsen der Passiven, etwa der vom Verfahren nicht betroffenen Gläubigerschaft, eine Gefahr für die Gläubigerschaft schlechthin erblickt werden, zumal da nach Wegfall der Kriegsverhältnisse sich der Status zugunsten des Schuldners verschieben kann (siehe Cahn, Recht und Wirtschaft 1914 S. 271 und meine Erläut. zu § 1 B b 6). Die ungünstige Situation darf nur nicht so weit gehen, daß die vom Verfahren nicht betroffenen Ansprüche der §§ 13 und 33 entweder selbst nicht zum Zuge kommen oder — selbst bei künftigem Eingang der durch den Krieg in Mitleidenschaft gezogenen Außenstände — die vorhandenen Mittel verschlingen (Bay.-JMBl. 1914, 163; Sieskind § 16 Anm. 30; Sintenis S. 373 Anm. 2; Heilberg, JW. 1915, 858; Jaeger, Bankarchiv 14, 35).

b) Im besonderen.

Der § 66 greift exemplifizierend heraus:

1. Pflichtverletzung des Schuldners und Zuwiderhandlung gegen die Interessen der Gläubiger.

Wenn der Schuldner, statt für die Wohltat der Verordnung dankbar zu sein, sich auflehnend, widerspenstig und grobnachlässig verhält, die Obliegenheiten der §§ 3, 5, 9 ff., 20, 28, 41, 48 verabsäumt und verletzt, die Geschäftsführung nicht ordentlich versieht, die Führung der Handelsbücher und Aufstellung der Bilanzen unterläßt (§ 38 HGB.), fortgesetzt — objektiv, erst recht subjektiv — unrichtige mündliche oder schriftliche Informationen gibt, Waren verschleudert, übermäßigen Verbrauch hat und im Vergleichsverfahren die zur Sicherung der Gläubigerschaft angeordneten Maßregeln außer acht läßt, wird im einzelnen Fall zunächst die Aufsichtsperson, der Beirat und das Gericht abhelfend und verwarnend einschreiten. Fruchtet dies aber nichts, so kommt es mit, oder ohne Antrag der Aufsichtsperson, des Beirates oder der Gläubiger, zu einer Aufhebung des Verfahrens. Diese kann das Aufsichtsgericht nicht willkürlich verfügen, sondern nur wenn der Schuldner durch sein ganzes Verhalten die Interessen der Gläubiger gefährdet. Die Aufsichtsperson ist verpflichtet, Aufhebungsgründe, die ihr bekannt werden, richtig und rechtzeitig zur Kenntnis des Gerichts zu bringen, und zwar bei Meidung eigener Haftung (§§ 28, 24; Levy S. 57; Breit, JW. 15, 172).

2. Wegfall der Voraussetzungen der Geschäftsaufsicht.

Sowohl wenn nachträglich eine Behebung der Zahlungsunfähigkeit oder Überschuldung für den Zeitpunkt nach Wegfall der Kriegsverhältnisse (siehe meine Erläuterung § 1 B b 6 und 7) oder aber ein künftiges Übereinkommen mit den Gläubigern (siehe meine Erläuterung § 1 B c) sich als ganz aussichtslos herausstellt, oder wenn nachträglich sich der vorherige Mangel der Voraussetzungen herausstellt, ist das Geschäftsaufsichtsverfahren aufzuheben. Es muß sich also ersterenfalls ergeben, daß heute nicht mehr die günstige Prognose zutrifft, letzteren Falles, daß die frühere Prognose irrig war. (Als gravierendes Beispiel führt Jaeger, JW. 1917, 263 — unter Zitierung von Stein, KonkursR. 1915, 155 — den Fall an, daß Schuldner vor Anordnung der Aufsicht den Hauptteil des Vermögens durch Schiebungen beiseitegeschafft hatte.) Bei dieser Würdigung darf, wie oben erwähnt, nicht streng verfahren werden. Daß dies auch der Absicht der Verordnung entspricht, ergibt ein Blick auf § 67: die Aussicht auf Vergleichsverhandlungen mit der Gläubigerschaft sichert dem Schuldner, trotz der mangelnden Voraussetzungen, die Fortdauer der Geschäftsaufsicht. Eine nachsichtige Beurteilung will die Verordnung, damit tunlichst eine schuldnerische Wirtschaft mehr den Krieg über durchgehalten werden kann.

Der Beendigung des Verfahrens kommt keine rückwirkende Kraft zu, wenn auch festgestellt werden sollte, daß die Voraussetzungen des Verfahrens nicht bestanden haben. (Anders § 116 KO.; Jaeger, JW. 1917, 264 e.)

C. Tod des Schuldners.

Stirbt der Schuldner, so kann die Geschäftsaufsicht zur Abwendung des Konkurses über den Nachlaß gemäß § 73 VO. vom 14. Dezember 1916, ferner §§ 217, 218, 221, 225 KO., angeordnet werden.

D. Nach Wegfall der Kriegsverhältnisse.

Nicht ohne weiteres nach Beendigung des Krieges, auch nicht sobald der Kriegszustand durch Kaiserl. VO. als beendigt gilt (Mayer S. 171), sondern nach Wegfall der Kriegsverhältnisse (§ 1 u. m. Erl. B b 7), endigen die Geschäftsaufsichten, die nicht vorher durch Zwangsvergleich oder wegen der Voraussetzungen des § 66 in Wegfall gekommen sind. Die bestehenden Geschäftsaufsichten werden auch nach Friedensschluß auf Grundlage der VO. vom 14. Dezember 1916 ihrem Ende zugeführt. Voraussichtlich werden dann überdies durch Bundesratsverordnung oder Reichsgesetz Übergangsvorschriften erlassen (Jaeger, Bankarchiv 14, 36; Breit, JW. 15, 175; Wertheimer, JW. 15, 175; Levy S. 58; Hörle, Recht 15, 221).

§ 67.

Vor der Aufhebung der Geschäftsaufsicht ist der Schuldner zu hören.

Macht der Schuldner glaubhaft, daß er in Vergleichsverhandlungen mit den Gläubigern steht, so darf die Aufhebung auf Grund des § 66 Abs. 2 Nr. 2 erst nach fruchtlosem Ablauf einer dem Schuldner von dem Gerichte zu bestimmenden Frist erfolgen.

Rechtfertigung des Schuldners vor Aufhebung.

Der Schuldner soll Gelegenheit haben vor der in seine Existenz eingreifenden Entscheidung sich oder seine Lage zu rechtfertigen. Er kann unter Umständen von einem Gläubiger fälschlich denunziert sein. Die Aufsichtsperson kann eine Handlung des Schuldners unrichtig oder zu streng aufgefaßt haben. Eine Vorlage der Bücher vermag vielleicht die Sachlage zugunsten des Schuldners zu klären. Selbstredend kann sich der Schuldner auch hiebei eines Vertreters oder Bevollmächtigten bedienen, der etwa den Nachweis führt, daß keine Schiebung oder Verschleierung vorgekommen ist, daß unrichtige Angaben in den schuldnerischen Anträgen nicht gemacht sind, daß die Geschäftsbücher in Ordnung gehen, daß Auskünfte über den Stand des Vermögens so und so erteilt werden, daß die Geschäftsführung den Gläubigern nicht zum Schaden gereicht, daß die und die Außenstände bei Wiederkehr friedlicher Verhältnisse eingehen müssen.

Erleichtert wird die Rechtfertigung des Schuldners durch einen Hinweis auf derzeitige Vergleichsunterhandlungen mit der Gläubigerschaft. Werden solche dem Gericht glaubhaft gemacht, so hat es, zur Vermeidung der Verschleppung, dem Schuldner eine geeignete Frist zu stecken, innerhalb welcher er mit seinen Gläubigern weiterkommen und die Grundlagen einer privaten Übereinkunft oder einer solchen gemäß §§ 33 und 41 dem Gerichte dartun kann. (Siehe meine Erläuterung § 1 B c.) Verläuft die Frist unbenützt, so erfolgt die Aufhebung der Geschäftsaufsicht. Offensichtlich ist auch hier eine wohlwollende Auslegung von der Verordnung gewünscht.

Bei Gesellschaften und Nachlässen sind sämtliche Gesellschafter, Vorstände, Liquidatoren, Geschäftsführer und Miterben — ebenso wie vor der Anordnung der Aufsicht, § 22 Abs. 1, § 73 Abs. 1 — zu hören.

§ 68.

Gegen den Beschluß, durch den die Geschäftsaufsicht aufgehoben wird, steht dem Schuldner die sofortige Beschwerde zu. Der Beschluß wird erst mit der Rechtskraft wirksam.

Rechtsmittel gegen den Aufhebungsbeschluß.

Dem Schuldner ist das Rechtsmittel der sofortigen Beschwerde gegen die Aufhebung der Geschäftsaufsicht gegeben. (Bei Gesellschaften steht, wenn einzelne Gesellschafter oder Geschäftsführer oder Vorstandsmitglieder den Antrag auf Aufhebung der Geschäftsaufsicht stellen, dem anderen bzw. den anderen der Gesellschafter oder Geschäftsführer oder Vorstandsmitglieder das Beschwerderecht zu (RG. vom 21. Juli 1895 JW. 1895, 454; OLG. Colmar vom 24. Mai 1907 OLG. 15, 243). Maßgebend ist in prozessualer Hinsicht der § 577 ZPO. Die Beschwerde ist binnen einer Notfrist von zwei Wochen, welche mit der Zustellung beginnt (§ 17), einzulegen. Die Einlegung bei dem Beschwerdegericht genügt zur Wahrung der Notfrist. Das Gericht ist zu einer Änderung seiner der Beschwerde unterliegenden Entscheidung nicht befugt. Eine weitere sofortige Beschwerde ist nicht zulässig (§ 15). Die Beschwerde hat aufschiebende Wirkung. Es kann also nicht eher zu einer für den Schuldner schlimmen Folge der Aufhebung der Geschäftsaufsicht (Einzelvollstreckung oder Konkurseröffnung) kommen, als der Aufhebungsbeschluß rechtskräftig ist. Ist die Geschäftsaufsicht aufgehoben, ohne daß dem Schuldner die weitere Wohltat des Zwangsvergleichs und damit eine Neuordnung seiner Existenz zuteil geworden ist, so stehen, solange kein Konkurs eröffnet ist, die Gläubiger wieder einander gleich. Der loyale Schuldner kann dies unter Umständen durch zeitliche Verbindung des Aufhebungs- und Konkursantrags verhüten. Das Hemmnis des § 6 ist weggefallen. Das Konkursverfahren kann, muß aber nicht, eröffnet werden. (Mit Unrecht — im Hinblick auf die abweichenden §§ 2 Abs. 2 ÖsterrKO., 56 Abs. 3 ÖsterrAusglO. und 58 UngarAusglO. — beklagt von Jaeger, JW. 1917, 263.) Arreste und Zwangsvollstreckungen finden ungehindert statt. Kommt es nun zum Konkurs, so werden die §§ 71 und 75 maßgebend.

§ 69.

Die Geschäftsaufsicht endigt mit der Rechtskraft des Beschlusses, durch den der Zwangsvergleich bestätigt wird.

Ende der Geschäftsaufsicht.

Ergreift der Schuldner keine sofortige Beschwerde oder wird solche von der zweiten Instanz verworfen, so nimmt die Geschäftsaufsicht, mit Ablauf der Frist bzw. Verbescheidung der Beschwerde zu Ungunsten des Schuldners, ihr Ende.

Die normalste und befriedigendste Abschließung der Geschäftsaufsicht aber ist die mit der Rechtskraft des Beschlusses, durch welche der Zwangsvergleich bestätigt wird. Die amtliche Erläuterung fügt mit Recht an, daß die Geschäftsaufsicht damit ihre Aufgabe erfüllt hat.

§ 70.

Die rechtskräftige Beendigung der Geschäftsaufsicht ist allen Gläubigern und den Stellen mitzuteilen, denen die Anordnung der Geschäftsaufsicht mitgeteilt worden ist. Die Mitteilungen können ohne besondere Form erfolgen.

Die Mitteilung der Beendigung der Geschäftsaufsicht.

Der § 70 korrespondiert mit dem § 22. Der § 22 bestimmt, daß die Anordnung der Geschäftsaufsicht allen Gläubigern und der Aufsichtsperson mitzuteilen ist. Ist der Schuldner Handel- oder Gewerbetreibender oder Landwirt, so ist die Anordnung der Geschäftsaufsicht auch der diesbezüglichen amtlichen Vertretung mitzuteilen. Genau so bei der rechtskräftigen Beendigung der Geschäftsaufsicht. Der § 70 unterläßt zwar anzugeben, daß auch der Aufsichtsperson die Beendigung mitzuteilen ist, aber der Ordnung halber und, um etwaige Einwendungen zu benehmen, hat diese Mitteilung auch an die Aufsichtsperson zu ergehen. Ihre Tätigkeit ist damit beendigt, sie hat die Bestallungsurkunde dem Gerichte zurückzugeben (§ 23). Für die Mitteilung ist keinerlei Form vorgeschrieben. Ist es irgendwie tunlich, so wird trotzdem eine vereinfachte Zustellung gemäß § 17 rätlich sein, damit nicht irgendwelche Weiterungen entstehen können. Der § 70 betont, daß allen Gläubigern die Mitteilung zuzugehen hat. In dieser Hinsicht entspricht er ebenfalls dem § 22: Auch die vom Verfahren nicht betroffenen Gläubiger haben (wie unter § 22 erläutert) das größte Interesse daran, zu erfahren, daß die Geschäftsaufsicht beendigt ist.

III. Schlußvorschriften.

§ 71.

Wird im Anschluß an eine Geschäftsaufsicht das Konkursverfahren über das Vermögen des Schuldners eröffnet, so sind im Konkurse die gerichtlichen Kosten der Geschäftsaufsicht und des Vergleichsverfahrens sowie die Gebühren und Auslagen der Aufsichtsperson als Massekosten (§ 58 der Konkursordnung) zu behandeln.

Gerichtskosten des Aufsichtsverfahrens und Gebühren der Aufsichtsperson sind Massekosten im Konkursfall.

A. Gerichtskosten und Vergütung der Aufsichtsperson.

Gerichtskosten des Aufsichtsverfahrens und Gebühren der Aufsichtsperson sind Massekosten im Konkursfall. Nach längerer Kontroverse (für Anwendung des § 58 KO.: OLG. Dresden vom 13. Januar 1916 JW. 1916, 684; Breit, JW. 1915 a. a. O.; Wassermann-Erlanger, 3. Aufl. S. 252; gegen Anwendung des § 58: Bendix a. a. O. S. 801; Mayer, Das Privatrecht S. 169; Levy S. 38 für Erklärung als Vorrecht des § 61 Nr. 1 KO.: AG. Mülheim-Ruhr vom 20. Januar 1916 JW. 1916, 978; Recht 1916, 463 Nr. 926; gegen jedes Vorrecht: KG. vom 3. Mai 1916 JW. 1916, 976; Recht 1916, 463 Nr. 927; KGBl. 1916, 50) hatte das RG. am 26. Mai 1916 (DJZ. 1916, 897) entschieden, daß die Vergütung und Auslagen der Aufsichtsperson im Konkursverfahren, welches im Anschluß an eine Geschäftsaufsicht ausbricht, als Massekosten zu behandeln sind. Der § 71 der neuen VO. hat dies noch ausdrücklich statuiert und die Gerichtskosten der Geschäftsaufsicht ebenfalls einbegriffen. Damit sind nun förmlich für den sich der Geschäftsaufsicht anschließenden Konkurs die persönlichen Ansprüche der Aufsichtsperson und die Gerichtskosten der Geschäftsaufsicht den „gerichtlichen Kosten für das gemeinschaftliche Verfahren" gleichgestellt und als Massekosten fixiert (§ 58 KO.). Mit Recht verweist

Jaeger (JW. 1917, 266) darauf, daß bei freiwilliger oder zwangsweiser Erfüllung des Anspruchs der Aufsichtsperson vor der Konkurseröffnung keine Anfechtbarkeit desselben gemäß § 30 KO. besteht, weil die Aufsichtsperson als Massegläubigerin Befriedigung erlangt hat.

Der § 71 findet nicht Anwendung, wenn es sich um einen späteren Konkurs dreht, der mit gegenwärtiger Geschäftsaufsicht nur die Person des Schuldners gemeinsam hat. Mit anderen Worten: es muß, behufs Anwendung des Privileges des § 71, derjenige Konkurs sein, der ausbricht, weil die Geschäftsaufsicht aus einem der Gründe des § 66 aufgehoben wird, weil etwa sich herausstellt, daß die Voraussetzungen einer Geschäftsaufsicht nicht bestanden oder nicht fortdauern. Es kann derjenige Konkurs sein, welcher dadurch entsteht, daß der Eid des § 50 verweigert und daraufhin die Geschäftsaufsicht aufgegeben wird. Es kann der Konkurs sein, welcher nach Zurücknahme oder Zurückweisung oder Einstellung oder Verwerfung oder Aufhebung des Vergleichs beantragt und eröffnet wird. Es kann auch der Konkurs sein, welcher ausbricht, weil der Schuldner oder der Bürge den Vergleich nicht oder nicht recht erfüllt haben. Denn auch dieser Konkurs hängt noch mit der Vermögens-Insuffizienz vor und bei dem Zwangsvergleich zusammen. Aber es darf nicht der Konkurs sein, welcher kurz oder lang nach Einigung des Schuldners mit seinen Gläubigern, bzw. nach Bestätigung und Erfüllung des Zwangsvergleichs, sowie nach Aufhebung der Geschäftsaufsicht, deshalb entsteht, weil der Schuldner sich bei der früheren Krisis zu stark verausgabt und angestrengt hat. Die Definierung Weinbergs (GeschAuff. 1917, 98), die Zahlungsunfähigkeit oder Überschuldung, die einige Zeit später zum Konkurs führe, müsse „auf den gleichen wirtschaftlichen Grundlagen beruhen", wie die betreffende Geschäftsaufsicht, ist daher zu unbestimmt.

B. Nicht sind Massekosten im Konkursfall die Ansprüche des § 13 Nr. 1.

Der § 71 hat von den von dem Verfahren nicht betroffenen Gläubigern nur diejenigen für den sich anreihenden Konkursfall protegiert, welche im § 13 Nr. 6 angeführt sind. Die im § 13 Nr. 1 angeführten Gläubiger wurden dieser gesetzlichen Begünstigung nicht teilhaftig. Darüber konnte de lege ferenda gestritten werden. Schon unter der Herrschaft der alten VO. wurde darauf hingewiesen (Breit, JW. 15, 178; Levy S. 57), es sei gefährlich, dem unter Geschäftsaufsicht stehenden Schuldner, auch mit Zustimmung der Aufsichtsperson, Kredit zu gewähren (so auch Weinberg 1917 a. a. O. S. 99; Jaeger, JW. 1917, 264), denn die Erwartung der bevorzugten Gläubiger, aus dem Schuldnervermögen befriedigt zu werden, könne zunichte werden, wenn die bisher vom Zugriffe ferngehaltenen Gläubiger nunmehr in Wettbewerb mit ihnen treten. Unter allen Gläubigern drohe nach Aufhebung der Geschäftsaufsicht ein Kampf über die Rechtsbeständigkeit der empfangenen Leistungen zu entbrennen. In der Tat ist nach Aufhebung des Aufsichtsverfahrens und Eröffnung des Konkursverfahrens die Anfechtungsmöglichkeit gegeben und durch § 75 verstärkt. Die Schwierigkeit besteht nun darin, daß — im Gegensatz zu den ausdrücklichen Normen der § 31 Abs. 3 ÖsterrKO. und § 63 Abs. 2 UngarAusglO. — grundsätzlich auch die mit Zustimmung der Aufsichtsperson vorgenommenen Rechtshandlungen anfechtbar sind, so daß, wie schon unter der alten VO. betont wurde (Breit, JW. 15, 173), der ganze Zweck der Geschäftsaufsicht bezüglich der vom Schuldner während der Geschäftsaufsicht vorgenommenen Geschäfte in Frage gestellt werden kann. Allein praktisch werden die meisten während der Geschäftsaufsicht vorgenommenen entgeltlichen Rechtsgeschäfte des Schuldners nicht anfechtbar sein, weil man von einer Benachteiligung nicht wohl sprechen kann, falls die Voraussetzungen des § 13 Nr. 1 vorlagen. Auch Jaeger JW. 1917, 264 nimmt, wenn auch zweifelnd, an, daß der im Verfahren der Geschäftsaufsicht gestattete Sonderzugriff, z. B. die Vollstreckung einer von der Aufsichtsperson bewilligten Verpflichtung, von der Anfechtung des § 30 KO. im späteren Konkursverfahren verschont bleibt.

Die amtliche Erläuterung versagt deshalb den im § 13 Nr. 1 angeführten Gläubigern den Vorzug der Massenkosten, weil eine Besserstellung dieser Gläubiger den Anreiz böte, dem Schuldner größeren Kredit einzuräumen, so daß im nachfolgenden Konkurse die Masse durch die Befriedigung der gesetzlich begünstigten Gläubiger starke Einbuße erleiden würde.

C. Einzelheiten über Gerichtskosten des Aufsichtsverfahrens und Gebühren der Aufsichtsperson.

Unter den gerichtlichen Kosten der Geschäftsaufsicht werden die Gebühren und Auslagen verstanden. Das amtsgerichtliche Verfahren der Geschäftsaufsicht war und ist gebührenfrei. Die Auslagen sind nach den Vorschriften des 5. und 6. Abschnittes des Gerichtskostengesetzes zu behandeln. Nicht frei ist das Zwangsvergleichsverfahren. Es erfordert vielmehr, wenn der Vergleichstermin abgehalten wird, fünf Zehnteile, andernfalls zwei Zehnteile der Sätze des § 8 GKG. Die Vorschriften des § 52 GKG. finden entsprechende Anwendung. Für die Beschwerdeinstanz werden die Gebühren der §§ 45 und 46 GKG. erhoben. Näheres hierüber siehe unter § 78! Pauschsätze werden nicht erhoben, soweit das Verfahren gebührenfrei ist, also nicht für das eigentliche amtsgerichtliche Gebiet des Geschäftsaufsichtsverfahrens.

Hinsichtlich der persönlichen Ansprüche der Aufsichtsperson spricht der § 71 zum erstenmal von G e b ü h r e n derselben, während bisher (§ 6 der alten VO.) und an anderer Stelle (§ 27 der neuen VO.) von der Vergütung die Rede war. Nach einem 2½jährigen Kriege hat sich eben unwillkürlich der Gedanke befestigt, daß man der Aufsichtsperson, die einen großen Zeitaufwand und unverhältnismäßige Verantwortlichkeit dem Verfahren zur Verfügung stellt (§ 24 und meine Erläuterung unter A. hiezu), nicht wohl zumuten kann, ohne angemessene Gegenleistung tätig zu werden. Einbegriffen ist in den § 71 die Tätigkeit der Aufsichtsperson als solcher, nicht also etwa die Tätigkeit einer Aufsichtsperson, welche gemäß § 2 (s. m. Erl. unter E.) die Geschäftsführung ganz oder teilweise selbst übernimmt und vielleicht in dieser Eigenschaft als Geschäftsführer Rechtsstreite für den Schuldner führt oder Reisen unternimmt, die wohl zu der betreffenden Sparte des Geschäftsführers, nicht aber zu dem Amte der Aufsichtsperson im engeren Sinne, gehören. Anders steht es bei dem Konkursverwalter, weil hier die gesamten Ausgaben für die Verwaltung, Verwertung und Verteilung der Masse unter die Massekosten eingereiht sind (§ 58 Nr. 2 KO.; Jaeger Anm. 5 hiezu; ferner § 6 KO. Anm. 11). Die Gebühren und Auslagen der Aufsichtsperson werden vom Gerichte festgesetzt (§ 27). Dieser Beschluß bildet einen Vollstreckungstitel, weil gegen denselben sofortige Beschwerde zulässig ist (siehe meine Erläuterung B zu § 27).

Unter Massekosten wird der Aufwand für die Durchführung des Konkursverfahrens verstanden. Durch den § 71 wird zwischen dem durch das Geschäftsaufsichtsverfahren erwachsenen Kostenaufwand und demjenigen des eigentlichen Konkurses ein Konnex hergestellt.

§ 72.

Die Vorschriften der §§ 207 bis 211, 213 der Konkursordnung, des § 63 des Gesetzes, betreffend die Gesellschaften mit beschränkter Haftung (Reichs-Gesetzbl. 1898 S. 846), des § 98, § 100 Abs. 1, 2 des Gesetzes, betreffend die Erwerbs- und Wirtschaftsgenossenschaften (Reichs-Gesetzbl. 1898 S. 810), sind auf die Geschäftsaufsicht und das Vergleichsverfahren entsprechend anzuwenden. Ein Antragsrecht der Gläubiger wird hierdurch nicht begründet.

In dem Vergleichsverfahren über das Privatvermögen eines persönlich haftenden Gesellschafters einer offenen Handelsgesellschaft, einer Kommanditgesellschaft oder einer Kommanditgesellschaft auf Aktien sind die Gesellschaftsgläubiger, wenn über das Gesellschaftsvermögen das Vergleichsverfahren oder das Konkursverfahren eröffnet ist, nur in Höhe desjenigen Betrags beteiligt, für den sie in diesem Verfahren keine Befriedigung erhalten.

Die Gesellschaften im Aufsichts- und Vergleichsverfahren.

A. Die Anwendung der Vorschriften der §§ 207—211 sowie § 213 KO.

Im 8. Titel der KO. sind die besonderen Vorschriften über den Konkurs der Aktien-Gesellschaften (§§ 207 und 208), über den Konkurs der offenen Handelsgesellschaften, Kommandit-Gesellschaften auf Aktien (§§ 209—211) enthalten, während der § 213 KO. sich mit dem Konkursverfahren über das Vermögen einer juristischen Person sowie eines Vereins, der als solcher erklärt werden kann, beschäftigt. Das Charakteristische des § 207 KO., daß nämlich außer dem Falle der Zahlungsunfähigkeit auch Konkurs im Falle der überschuldung stattfindet, verliert seine Bedeutung gegenüber der Bestimmung des § 1 VO. vom 14. Dezember 1916, weil die überschuldung mit der Zahlungsunfähigkeit gleichmäßig als Grund der Geschäftsaufsicht in Betracht kommt. Die verschiedenen übrigen besonderen gesellschaftsrechtlichen Bestimmungen finden auf das Geschäftsaufsichts- und Zwangsvergleichsverfahren Anwendung.

Zeitlich ist somit eine Anordnung der Geschäftsaufsicht möglich, sowohl während des Bestehens der Aktien-Gesellschaft, als auch nach ihrer Auflösung während der Liquidation, solange eine Teilungsmasse noch konstatiert werden kann (Motive S. 442; RG. 3, 54; 16, 1; Sarwey S. 842; Wilmowski S. 485; Meyer, KO. S. 292; Willenbücher S. 266; Weinberg, GeschA. 1917, 102; Bovensiepen, GeschA. 1917,

141). Im Falle der liquidationslosen Verschmelzung von Aktien-Gesellschaften gemäß § 306 HGB. ist die Geschäftsaufsicht über das Vermögen einer derselben solange zulässig, als dies Vermögen noch unter gesonderter Verwaltung steht (Zitate, wie oben). Schuldnerin ist die Aktien-Gesellschaft als solche. Die einem Schuldner während der Geschäftsaufsicht zustehenden Befugnisse und obliegenden Verpflichtungen werden von den verfassungsmäßigen Organen der Aktien-Gesellschaft, also von dem Vorstande oder Liquidator, wahrgenommen (Motive S. 443 ff.; RG. 50, 130; 63, 213; 76, 244; JW. 96, 373, 697; 99, 305). Die Organe der Gesellschaft (Vorstand, Aufsichtsrat, Generalversammlung) bleiben in Tätigkeit, doch müssen sich dieselben die Beschränkungen des Geschäftsaufsichtsverfahrens gefallen lassen (analog: JW. 96, 373, 697; RG. 76, 244; 81, 336). Die Aufsichtsperson hat die ihr durch die §§ 2, 5, 9 ff., 28 usw. gesteckten Aufgaben. Handlungen, die dem Zwecke der Geschäftsaufsicht widerstreiten, sind außerhalb der Machtbefugnis der Aufsichtsperson (RG. 76, 249; 81, 337). Die Vorstandsmitglieder oder Liquidatoren haben die Rechte und Pflichten des Schuldners, wie sie aus den §§ 2, 3, 5, 6, 9 ff., 12, 20, 28, 31, 41, 48 und 50 BO. vom 14. Dezember 1916 sich ergeben, wahrzunehmen.

Zu dem Antrage gemäß § 1 BO. vom 14. Dezember 1916 ist jedes Mitglied des Vorstandes und jeder Liquidator berechtigt, nicht aber, wie im § 208 KO., ein Gläubiger. Dies widerstreitet dem § 1 (siehe meine Erläuterung § 1 C 1). Der Antrag hat bei Gesellschaften noch eine besondere Wirkung. Sein Erfolg überhebt nämlich die verantwortlichen Leiter der Gesellschaft (Vorstände, Geschäftsführer, Liquidatoren) der gesetzlichen, an sich unerläßlichen Obliegenheit, den Konkurs zu beantragen. Zwar hat die Bekanntmachung betr. die zeitweilige Außerkraftsetzung einzelner Vorschriften des HGB. (§§ 240 Abs. 2; 241 Abs. 3 und 4; 249 Abs. 3; 298 Abs. 2; 315, 325 Nr. 8), GmbHG. (§§ 64, 71, 84), des Ges. betr. Erwerb- und Wirtschafts-Genoss. (§§ 99, 118, 142, 148) vom 8. August 1914 (RGBl. S. 365) die Vorschriften, die Eröffnung des Konkurses beantragen zu müssen, bis auf weiteres außer Kraft gesetzt. Dies bezieht sich aber nur auf den Fall der Zahlungsunfähigkeit (Jaeger, Bankarchiv 1913/14 S. 32; Wassermann-Erlanger, 3. Aufl. S. 179; Jaeger, JW. 1917, 71). Dagegen bleibt im Fall der Überschuldung die Verpflichtung zur Konkursanmeldung gegeben. Diese kann durch Beantragung der Geschäftsaufsicht umgangen werden (Jaeger, Bankarchiv 1913/14 S. 33; Jaeger, JW. 1917, 71; a. M.: Wassermann-Erlanger a. a. O. S. 179), d. h. wenn die Voraussetzungen der Geschäftsaufsicht vorliegen.

Der Antrag braucht nicht von allen Mitgliedern des Vorstandes oder allen Liquidatoren gestellt zu werden (ebenso: ÖsterrAusglO.; Rintelen S. 498), weil die Glaubhaftmachung der Zahlungsunfähigkeit oder Überschuldung, die gemäß § 208 KO. Abs. 2 für den Fall der Nichteinstimmigkeit vorgesehen ist, ohne weiteres gemäß § 1 BO. vom 14. Dezember 1916 dem Schuldner obliegt. Ein Prokurist oder Aktionär kann den Antrag auf Anordnung der Geschäftsaufsicht nicht stellen. Bestehen Zweifel bezüglich der Zahlungsunfähigkeit oder Überschuldung, so kann das Gericht gemäß §§ 3 und 16 Ermittlungen anordnen.

Im Falle der Zahlungsunfähigkeit oder Überschuldung einer offenen Handelsgesellschaft, einer Kommandit-Gesellschaft oder einer Kommandit-

Gesellschaft auf Aktien findet über das Gesellschaftsvermögen ein selbständiges Geschäftsaufsichtsverfahren statt. Über das Gesellschaftsvermögen kann die Geschäftsaufsicht angeordnet werden, auch wenn über das Privatvermögen der einzelnen Gesellschafter dies nicht geschieht. Das Geschäftsaufsichtsverfahren über das Gesellschaftsvermögen ist, selbständig und getrennt von dem allenfallsigen Geschäftsaufsichtsverfahren über das Privatvermögen der persönlich haftenden Gesellschafter, zu eröffnen und zu behandeln (Seuffert S. 73; Sarwey S. 858; Willenbücher S. 283; Wilmowski S. 507). Gleichwohl ist als Schuldner bei dem Geschäftsaufsichtsverfahren über eine offene Handelsgesellschaft oder eine Kommandit-Gesellschaft (z. B. bezüglich der Beschwerderechte, Auskunft-, Einsicht- und Eidespflichten, auch der Obliegenheiten gemäß §§ 3, 5, 9 ff., 12, 20, 28, 41, 48 BO. vom 14. Dezember 1916) jeder persönlich haftende Gesellschafter anzusehen (RG. 74, 68; JW. 95, 454). Auch nach Auflösung der Gesellschaft ist die Anordnung der Geschäftsaufsicht zulässig, wenn nicht das Gesellschaftsvermögen unter die Gesellschafter bereits vollständig verteilt ist.

Der Geschäftsaufsicht untersteht das Gesellschaftsvermögen, nicht das Privatvermögen der Gesellschafter. Zur Schuldenmasse gehören nur die Gesellschaftsschulden, nicht die Privatschulden der einzelnen Gesellschafter. Die Einlagen der Gesellschafter und zwar sowohl diejenigen, welche bei Anordnung der Geschäftsaufsicht an die Gesellschaft übergegangen sind, als auch diejenigen, welche später anfallen, gehören zum Vermögen der schuldnerischen Gesellschaft. Die Schadenersatzansprüche der Gesellschaft gegen die Mitglieder fallen unter das Vermögen der Gesellschaft. Schuldner mit allen Rechten und Pflichten sind nur die Gesellschafter, offenen Handelsgesellschafter und Komplementare, nicht die Kommanditisten (RG. 17, 367; 18, 140; RG., JW. 1895, 238; 1902, 213; SeuffBl. 1909, 75, 124; Staub, HGB. § 131 Anm. 12; Jaeger, KO. § 209 S. 430 Anm. 10; Jaeger, Der Konkurs der offenen Handelsgesellschaft S. 68). Zu dem Antrage auf Eröffnung des Verfahrens ist jeder persönlich haftende Gesellschafter und jeder Liquidator, nicht aber ein Gläubiger, berechtigt. Gläubiger, welche vom Verfahren betroffen sind, sind die persönlichen Gläubiger der Gesellschaft. Die persönliche Schuld des einzelnen Gesellschafters ist von dem Geschäftsaufsichtsverfahren über das Vermögen der Gesellschaft ausgeschlossen. Der Kapitalanteil der Gesellschafter bildet keine Forderung im Geschäftsaufsichtsverfahren über das Gesellschaftsvermögen. Das Nämliche gilt von nicht erhobenen Anteilen am Gewinne früherer Geschäftsjahre. Bezüglich der Ersatzansprüche für Verwendungen und Verluste gemäß § 110 HGB. kann ein Gesellschafter als vom Verfahren betroffener Gläubiger in Betracht kommen. Der § 110 HGB. sagt nämlich:

„Macht der Gesellschafter in den Gesellschaftsangelegenheiten Aufwendungen, die er den Umständen nach für erforderlich halten darf, oder erleidet er unmittelbar durch seine Geschäftsführung oder aus Gefahren, die mit ihr untrennbar verbunden sind, Verluste, so ist ihm die Gesellschaft zum Ersatze verpflichtet. Aufgewendetes Geld hat die Gesellschaft von der Zeit der Aufwendung an zu verzinsen."

Dieser Ersatz für Aufwendungen hat mit dem Kapitalanteil des Gesellschafters nichts zu tun (Staub § 110 Anm. 2; Frankl S. 44; Jaeger, KO. § 209, 432 Anm. 15; RG. 31, 143). Vom Verfahren nicht betroffene Gläubiger sind die Gesellschafter ferner für alle Ansprüche aus Rechtsgeschäften (Kauf, Tausch, Miete, Darlehen), die die Gesellschafter mit der Gesellschaft abgeschlossen haben. Vom Verfahren nicht betroffener Gläubiger ist ferner der bei Anordnung der Geschäftsaufsicht ausgetretene oder ausgeschlossene Gesellschafter (HGB. §§ 138 ff.; BGB. § 738).

B. Das Zwangsvergleichsverfahren außerhalb des Konkurses und die Gesellschaften.

Zu dem Antrag auf Eröffnung des Zwangsvergleichsverfahrens sind diejenigen Personen legitimiert, welche im Konkurse zu einem Zwangsvergleichsvorschlage ermächtigt sein würden. Nach § 211 KO. kann ein Zwangsvergleich nur auf Vorschlag aller persönlich haftenden Gesellschafter geschlossen werden. (Ebenso ÖsterrAusglO. § 60; Rintelen S. 499.) Kommanditisten und Liquidatoren steht ein Vorschlagsrecht nicht zu, auch nicht einem vor Anordnung der Geschäftsaufsicht bereits ausgetretenen oder ausgeschlossenen Gesellschafter. Die Stelle eines nach Anordnung der Geschäftsaufsicht verstorbenen Gesellschafters nimmt sein Erbe ein, aber nur dann, wenn im Vertrage der Gesellschaft die Fortsetzung der Gesellschaft mit dem Erben festgelegt worden war (HGB. § 139). Bezüglich der Pflichtwidrigkeiten des Schuldners im Sinne der §§ 42, 54, 64, 65 und 66 VO. vom 14. Dezember 1916 kommt jeder einzelne persönlich haftende Gesellschafter in Betracht (Petersen-Kleinfeller § 200 alte Folge; § 175 Anm. 1; Seuffert S. 417; Jaeger, KO. § 211 S. 435 Anm. 2). Dreht es sich um die Berechnung der Mehrheit (§ 40), so bleibt der Ehegatte des Gesellschafters außer Betracht, wenn er dem Vergleiche der Gesellschaft zugestimmt hat. Das Beschwerderecht der §§ 27, 42, 59, 68 VO. vom 14. Dezember 1916 steht jedem Gesellschafter zu (RG., JW. 1895, 454; a. M.: Völdernborff S. 691; Petersen-Kleinfeller § 200 alte Folge Anm. 5).

Der Zwangsvergleich wird abgeschlossen mit den persönlich haftenden Gesellschaftern. Gesellschaftsgläubiger können von jedem nur die Akkordsumme im ganzen einmal verlangen (Motive S. 448). Der Zustimmung der Kommanditisten oder Liquidatoren bedarf es nicht (Wilmowski S. 510; Meyer, KO. S. 303). Der Zwangsvergleich bei der Geschäftsaufsicht über eine Gesellschaft bewirkt eine Minderung der persönlichen Haftung der Gesellschaft. Diese kommt aber nicht dem bereits vor Anordnung der Geschäftsaufsicht ausgeschiedenen oder ausgeschlossenen Gesellschafter zugute (RG. 29, 38; 56, 366; JW. 97, 210; SeuffArch. 53 Nr. 71; Staub § 128 Anm. 28; Jaeger, KO. § 211 S. 437 Anm. 6; Sarwey S. 861; Willenbücher S. 285). Der Zwangsvergleich bei dem Geschäftsaufsichtsverfahren über eine Gesellschaft kann hinsichtlich der Entlastung vereinbarungsgemäß auch eine andere Festsetzung treffen, wie diejenige des § 211 KO. Es können nämlich einzelne Gesellschafter über die Zwangsvergleichsverpflichtung hinaus eine Haftung übernehmen. Ebenso kann eine Entlastung des ausgeschiedenen oder ausgeschlossenen Gesellschafters vertraglich vereinbart werden; in diesem Falle müssen aber diejenigen Gläubiger zustimmen, welchen der ausgeschiedene oder ausgeschlossene Gesellschafter haftet.

Wenn nach Abschluß eines Geschäftsaufsichtsverfahrens über eine Gesellschaft durch Zwangsvergleich ein weiterer Zwangsvergleich im Geschäftsaufsichtsverfahren über das Vermögen eines einzelnen Gesellschafters geschlossen wird, so kommt eine doppelte Minderung der Gesellschaftsansprüche gegenüber diesem Gesellschafter in Betracht (Seuffert S. 442; Jaeger, KO. § 211 S. 438 Anm. 9).

C. § 63 des Gesetzes betreffend die Gesellschaften m. b. H.

Der § 63 GmbHG. sagt:

„Über das Vermögen der Gesellschaft findet das Konkursverfahren außer dem Falle der Zahlungsunfähigkeit auch in dem Falle der Überschuldung statt. Die auf das Konkursverfahren über das Vermögen einer Aktiengesellschaft bezüglichen Vorschriften im § 207 Abs. 2, § 208 KO. finden auf die Gesellschaft mit beschränkter Haftung entsprechende Anwendung."

Der erste Absatz dieses Paragraphen hat — angesichts des § 1 der neuen VO. — keine Bedeutung, weil schlechthin die Überschuldung nunmehr der Zahlungsunfähigkeit gleichgestellt ist. Über den Begriff der Zahlungsunfähigkeit siehe RG. 6, 95; 22, 47; 41, 314; 50, 39; 51, 414; Gruchot 26, 831; 51, 1094; Blums Annalen 7, 168, 473; 8, 847; RGSt. 3, 191, 294; 4, 61; 14, 221; 41, 313; Recht 1916 Nr. 1241; JW. 1892, 238 Nr. 2; 1899, 770 Nr. 10; 1901, 553 Nr. 10 S. 753; 1902, 96 Nr. 20; Jaeger, KO. § 102 Anm. 2 S. 64; Bovensiepen, GeschA. 1917, S. 23 ff.

Bezüglich des Begriffs Überschuldung siehe RGSt. 3, 191; 4, 68; Jaeger, KO. § 102 Anm. 3 S. 75; Bovensiepen, GeschA. 1917, 27. Bezüglich der Überschuldung einer GmbH. ist der wirkliche Wert der Aktiven und die wirkliche Höhe der Schuld in Betracht zu ziehen. Näheres siehe GmbHG. § 42 Ziff. 1. (Neukamp, Komm. GmbHG. S. 176 ff. und 286; Simon, Die Bilanzen, 3. Aufl. S. 464; Neukamp, Das Dogma von der Bilanzwahrheit, GZ. 48, 453; Rehm, Die Bilanzen zu § 42 GmbHG. S. 711 ff., § 67 VII; Staub, GmbHG. § 63 Anm. 2 und 5; Parisius-Crüger S. 301; Pinzger S. 241).

Was den zweiten Absatz des § 63 anbetrifft, so wird auf die oben unter A. erläuterten Bestimmungen der §§ 207 Abs. 2 sowie 208 KO. Bezug genommen. Nach Auflösung der Gesellschaft ist die Anordnung des Geschäftsaufsichtsverfahrens solange zulässig, als die Verteilung des Vermögens nicht vollzogen ist. Da jedes Vorstandsmitglied — in diesem Falle jeder Geschäftsführer §§ 64, 71 GmbHG. — und jeder Liquidator (aber nicht ein Aufsichtsratsmitglied, nicht der Aufsichtsrat und nicht ein Prokurist) zum Antrage auf Anordnung der Geschäftsaufsicht berechtigt ist, ist jeder derselben befugt, von der sofortigen Beschwerde der §§ 27, 42, 59, 68 Gebrauch zu machen (analog: OLG. Colmar vom 24. Mai 1907 Rspr. 15, 243). Die GmbH. ist der Schuldner. Ihre Organisation besteht während der Geschäftsaufsicht fort. Da bei der Geschäftsaufsicht der Schuldner verfügungsberechtigt bleibt, geht nicht, wie beim Konkurs (Behrend, Lehrbuch des Handelsrechts S. 945) die Verwaltung auf die Gläubigerschaft über. Die Aufsichtsperson übernimmt vielmehr die Geschäftsführung nur im Rahmen der §§ 2, 3, 5, 6, 9 ff., 24, 28. Aus diesem Grund kann auch nach Anordnung der Geschäftsaufsicht ein Wechsel der Gesellschafter noch erfolgen (RG. 64, 153).

D. § 100 des Gesetzes betreffend die Erwerbs- und Wirtschaftsgenossenschaft.

Der § 100 lautet:

„Zu dem Antrage auf Eröffnung des Verfahrens ist außer den Konkursgläubigern jedes Mitglied des Vorstandes berechtigt. Wird der Antrag nicht von allen Mitgliedern gestellt, so ist derselbe zuzulassen, wenn die ihn begründenden Tatsachen (§ 98) glaubhaft gemacht werden. Das Gericht hat die übrigen Mitglieder nach Maßgabe der KO. § 105 Abs. 2, 3 zu hören. Der Eröffnungsantrag kann nicht aus dem Grunde abgewiesen werden, daß eine den Kosten des Verfahrens entsprechende Konkursmasse nicht vorhanden sei."

Soweit im § 100 von **einem** Antragsrecht der Gläubiger die Rede ist, entfällt dasselbe, wie der Schlußsatz des Abs. 1 des § 72 VO. vom 14. Dezember 1916 ausdrücklich bestimmt und wie dies dem § 1 entspricht (siehe meine Erläuterung zu § 1 C 1 bezüglich der Nichtberechtigung des gläubigerischen Antrages). Im übrigen ist jedes Vorstandsmitglied, gleichviel wie viele Mitglieder sonst zur Kundgebung der Willenserklärungen erforderlich sind, antragsberechtigt (Seuffert, KO. S. 132; Merzbacher, Gesetz betr. Erwerbs- und Wirtschaftsgenossenschaften S. 235, wo ausgeführt ist, daß das Antragsrecht jedes Vorstandsmitgliedes unzweifelhaft sei, wenn sonst in einem Statut oder Anstellungsvertrag das einzelne Vorstandsmitglied die Berechtigung zur Vertretung der Genossenschaft nicht habe). Das Antragsrecht haben ferner die Liquidatoren. Es sind sämtliche Mitglieder des Vorstandes der Genossenschaft einzuvernehmen, wenn sonst die Erklärung und Zeichnung einzelner Mitglieder des Vorstandes nach dem Statut und dem § 25 des Gesetzes betr. die Erwerbs- und Wirtschaftsgenossenschaften ausreicht (Völderndorff, KO. § 194; Petersen-Kleinfeller, KO. § 194 Anm. 3). Von der Anhörung eines im Auslande wohnenden Vorstandsmitgliedes der Genossenschaft kann Umgang genommen werden (Analogie des § 105 KO.; Völderndorff, KO. § 194).

E. Zwangsvergleich über das Privatvermögen des Gesellschafters neben dem Zwangsvergleich oder Konkurs über das Gesellschaftsvermögen.

Die Bestimmung des § 72 Abs. 2 entspricht dem § 212 KO. Vor Geltung der deutschen KO. und in Gesetzen des Auslandes bestand bzw. besteht die Auffassung, daß der Gesellschaftskonkurs ohne weiteres den Privatkonkurs des Gesellschafters nach sich ziehe. Diese Auffassung liegt der deutschen KO. nicht zugrunde. (Auch nicht der Österr AusglO. § 61; siehe Rintelen S. 542.) Die Wechselwirkung der Doppelkrisis ist aber dennoch groß. Die Gläubigerschaft des Geschäftsaufsichts- bzw. Zwangsvergleichsverfahrens über das Privatvermögen des Gesellschafters hat Anspruch auf die Forderungen des Gesellschafters gegenüber der Gesellschaft, somit auch gegenüber dem Aufsichts- bzw. Vergleichs- oder Konkursverfahren über das Vermögen der Gesellschaft (§ 738 BGB.). Umgekehrt hat die Gesellschaft, bzw. das Aufsichts- und Vergleichs-Verfahren über deren Vermögen, Anspruch gegenüber dem Aufsichts- bzw. Vergleichs- oder Konkursverfahren des Privatgesellschafters, soweit der letztere Schuldner der Gesellschaft ist. Es nehmen aber außerdem an der Privatgant — um diesen allgemeinen Ausdruck zu gebrauchen — des Gesellschafters die Gläubiger der Gesellschaft teil

(§§ 128 ff., 161; 320 HGB.). Treffen beide Ganten zusammen, so nehmen die Gesellschaftsgläubiger an der Privatgant bloß mit ihrem Ausfalle teil. Dem Gesellschaftsgläubiger ist es unbenommen, bei der Privatgant sich mit dem vollen Betrage zu beteiligen, also auch die schriftlichen Erklärungen im Sinne der §§ 20, hauptsächlich 41 Abs. 2 VO. vom 14. Dezember 1916 auf den vollen Betrag zu erstrecken. Solange das Ergebnis der Gesellschaftsgant aussteht, darf auch die volle Quote bezüglich der Privatgant zurückgestellt werden. Nur darf schließlich aus der Masse der Privatgant nicht mehr ausgezahlt werden, wie die Quote aus dem Ausfall bei der Gesellschaftsgant (Seuffert S. 45; Sarwey § 212; Jaeger, KO. § 212 S. 441 Anm. 7; andere, mit dem Gesetz aber nicht vereinbare Auslegung: Kohler, Leitfaden S. 198, der dem Gesellschaftsgläubiger solange die ganze Quote aus der Privatgant zusprechen will, bis er nicht voll zum Zuge gekommen ist). Wird die Privatgant abgeschlossen und der Ausfall der Gesellschaftsgant steht noch aus, so muß der Anteil hinterlegt werden, welcher bei gänzlichem Ausfall des Anspruches gegenüber der Gesellschaftsgant übrig bleibt. Dann wird bei der Privatgant später (nach Abschluß der Gesellschaftsgant) der ausmachende Betrag zu einer nachträglichen Verteilung frei.

Die Bestimmung des § 72 Abs. 2 hindert das Aufrechnungsrecht nicht (RG. 56, 365). Wird bei der Privatgant ein Zwangsvergleich geschlossen, so kann der Gesellschaftsgläubiger seine Forderung an die Gesellschaftsgant geltend machen, ebenso umgekehrt (Jaeger, KO. § 212 Anm. 8 S. 442; zweifelnd: RG. 56, 365). Die Bestimmung des § 72 Abs. 2 bezieht sich nur auf den persönlich haftenden Gesellschafter, also nicht auf den Kommanditisten, weil während der Gesellschaftsgant die Gläubiger derselben gegen den Kommanditisten nicht vorgehen können. Der § 72 Abs. 2 findet keine Anwendung bei Ansprüchen gegen den Gesellschafter aus Gründen, die mit der Gesellschaftseigenschaft in keinem Zusammenhang stehen, wenn also z. B. der Gesellschafter in einer Privatangelegenheit einen Wechsel ausgestellt hat. In solchem Falle kann die Forderung in beiden Ganten verfolgt werden. Die Summe der Quoten darf aber 100% des Anspruches nicht überschreiten (RG. Bolze 16 Nr. 500).

§ 73.

Auf die Geschäftsaufsicht zur Abwendung des Konkurses über einen Nachlaß sind die Vorschriften der §§ 217, 218, 212, 225 der Konkursordnung entsprechend anzuwenden. Ein Antragsrecht der Gläubiger wird hierdurch nicht begründet.

In Ansehung der Haftung des Erben für die Nachlaßverbindlichkeiten wirkt die Geschäftsaufsicht wie der Nachlaßkonkurs.

Von dem Verfahren werden außer den im § 13 dieser Verordnung bezeichneten Gläubigern auch die Gläubiger der im § 224 der Konkursordnung bezeichneten Ansprüche nicht betroffen.

Ein Zwangsvergleich kann nur auf den Vorschlag aller Erben geschlossen werden. Die Eröffnung des Vergleichsverfahrens kann erst beantragt werden, wenn das Aufgebot der Nachlaßgläubiger erfolgt ist. An dem Vergleichsverfahren sind

alle Nachlaßgläubiger mit Ausnahme der im § 226 Abs. 2 und 4 der Konkursordnung bezeichneten beteiligt. Der Zwangsvergleich begrenzt, soweit er nicht ein anderes festsetzt, zugleich den Umfang der persönlichen Haftung des Erben.

Die vorstehenden Bestimmungen finden im Falle der fortgesetzten Gütergemeinschaft auf die Geschäftsaufsicht zur Abwendung des Konkurses über das Gesamtgut entsprechende Anwendung. An dem Vergleichsverfahren sind nnr die Gesamtgutsgläubiger beteiligt, deren Forderungen schon zur Zeit des Eintritts der festgesetzten Gütergemeinschaft bestanden.

Geschäftsaufsicht zur Abwendung des Nachlaßkonkurses.

A. Allgemeines und Berechtigung der neuen Bestimmung.

Die Nachlaßkonkurse haben sich im Laufe der letzten zwei Jahrzehnte immer mehr gehäuft. Im Jahre 1895 und den folgenden Jahren betrug die Zahl der Nachlaßkonkurse in Deutschland durchschnittlich 560 pro Jahr. Dies entsprach nicht ganz 8% sämtlicher Konkurse. 1901 betrugen die Nachlaßkonkurse in Deutschland etwa 1520, das sind über 14% sämtlicher Konkurse. 1902 stieg die Zahl auf 1570 = 16%, 1910 auf etwa 2060 = $^1/_5$ der übrigen neueröffneten Konkurse, 1911 auf etwa 2130 von 11030 neueröffneten Konkursen überhaupt (über 20%). [Vierteljahrshefte zur Statistik des Deutschen Reichs 1900, IV 2, 1903, IV 2, 1911, III 2, 1912, III 1, 1915, IV 75.] Es ist bei Erörterung des Zwangsvergleiches dargelegt, daß die Konkursform die teuerste, langwierigste, den Schuldner degradierendste und das schuldnerische Vermögen aufreibendste Gantart darstellt. Für die Abwendung des Nachlaßkonkurses treffen also erst recht alle Betrachtungen über die Notwendigkeit eines Präventivakkordes zu. Trotzdem hat sich die Literatur, im Zusammenhang mit der Bekanntmachung vom 8. August 1914, auf den Standpunkt gestellt, die Bekanntmachung wolle lebende Schuldner schützen, nicht Gläubiger eines toten Schuldners. Hier sei keine Existenz zu erhalten. Es fehle auch an einem Antragsberechtigten. Der Erbe sei nicht gesetzlicher Vertreter des Erblassers. Außerdem kenne die KO., die analog nicht angewendet werden könne, nur die Überschuldung als Voraussetzung. Der Nachlaß sei seinem Wesen nach zur Auflösung bestimmt (Breit, JW. 1915, 164; Wassermann-Erlanger, 3. Aufl. S. 232; Sintenis S. 362; Mayer, Das Privatrecht S. 139; Levy § 1 Anm. 1 S. 6 und 139). Andere (Jaeger, Bankarchiv 14, 33; Levis, LZ. 1915; Gilbert, ZBlFG. 15, 265) sprachen sich entschieden schon unter der Herrschaft der alten VO. für die gegenteilige Auslegung aus. Wenn der Vater (etwa gar als Kriegsteilnehmer) unter Hinterlassung von Frau und Kind sterbe, müsse das hinterlassene Vermögen nicht notwendig aufgelöst werden. Warum solle nun die Rettung des vererbten Unternehmens im Interesse der doppelt schutzbedürftigen Erben ausgeschlossen sein? Der Wechsel des Vermögensträgers erübrige keineswegs schlechthin das Sanierungsbedürfnis (Jaeger, JW. 1917, 67 Anm. 3).

Die neue VO. hat, in Berücksichtigung der bedenklichen Häufung der Nachlaßkonkurse, und vor allem zur Schonung der Verlassenschaft der Kriegsteilnehmer, den Nachlaß in den Bereich der Geschäftsaufsicht aufgenommen.

B. Entsprechende Anwendung der §§ 217, 218, 221, 225 KO.

a) Das Antragsrecht.

1. Das Antragsrecht des Erben.

Den Antrag kann gemäß § 1 VO. vom 14. Dezember 1916 nur der Schuldner stellen. Darunter ist hier zunächst jeder Erbe zu verstehen, gleichviel ob ein Erbe oder mehrere in Betracht kommen, gleichviel ob sie beschränkt oder unbeschränkt haften, gleichviel ob die Nachlaßteilung erfolgt ist oder nicht. (Analogon des § 216 Abs. 2 KO.; Jaeger, JW. 1917, 265.) Der Fiskus ist ebenfalls als notwendiger Erbe bei der Nachlaßüberschuldung zum Antrag auf Anordnung der Geschäftsaufsicht berechtigt (§§ 1936, 1942 BGB.; Motive, KO. V S. 381; Strohal, Erbrecht S. 4 und 16; Meyer, KO. S. 312). Dem Erben steht das Antragsrecht auch im Augenblick der Ausschlagbarkeit zu. Der ausgleichungspflichtige Miterbe, nicht aber der pflichtteilsberechtigte, ist antragsberechtigt.

2. Das Antragsrecht des und der Ehegatten.

Die Ehefrau kann Antrag auf Anordnung der Geschäftsaufsicht über einen zum eingebrachten Gute oder zum Gesamtgute gehörenden Nachlaß stellen (§§ 1412, 1460, 1552, 1559 BGB.). Der Ehemann hat ein selbständiges Antragsrecht behufs Ermöglichung der Haftungsbeschränkung auf den Nachlaß (§§ 1975, 2008 BGB.; § 999 ZPO.; Motive, KO. V S. 681). Bei der Gütergemeinschaft hat er, falls der Nachlaß zum Gesamtgute gehört, das Antragsrecht selbst nach Beendigung der Gütergemeinschaft und nach Teilung des Gesamtgutes, weil seine Haftung für die Verbindlichkeiten der Frau fortdauert (§§ 1459, 1463, 1475, 1480, 1530, 1549 BGB.; Seuffert S. 127; Meyer, KO. S. 314). Wenn der Nachlaß aber zum eingebrachten Gute der Ehefrau gehört, so kann der Ehemann zwar während der Dauer des Güterstandes (§ 218 KO.), nicht aber nach Beendigung desselben, den Antrag stellen. Der Ehemann und die Ehefrau haben beide die Antragsberechtigung gemäß § 218 KO., falls die Ehefrau die Erbin ist und der Nachlaß zum eingebrachten Gute oder zum Gesamtgute gehört (§§ 1416, 1453, 1519, 1599 BGB.). Dies trifft also beim gesetzlichen Güterstand der Verwaltung und Nutznießung (§§ 1363, 1369), der Errungenschaftsgemeinschaft (§§ 1521, 1526), Fahrnisgemeinschaft (§§ 1549, 1551, 1553), allgemeinen Gütergemeinschaft (§§ 1438, 1440) zu. Die von der Erbschaftsannahme zwischen den Ehegatten getroffene Übereinkunft, daß der Nachlaß Vorbehaltsgut sei, benimmt dem Ehemann die Antragsberechtigung (Motive, KO. V S. 679; Planck, BGB. § 1413).

3. Das Antragsrecht des Nachlaßpflegers, Nachlaßverwalters und Testamentsvollstreckers.

Antragsrecht besitzen weiterhin der Nachlaßverwalter und ein anderer Nachlaßpfleger (§§ 1960, 1975 BGB.), die den Erben und nicht den Nachlaß zu vertreten haben (§§ 1922, 1942, 1960 BGB.; Motive, KO. V S. 541). Sind mehrere Verwalter und Pfleger aufgestellt, so ist ihr Antragsrecht ein gemeinschaftliches (§§ 1797, 1915 BGB.; Meyer, KO. S. 312; Seuffert S. 126). Antragsrecht besitzt auch der Testamentsvollstrecker, der die Verwaltung des ganzen Nachlasses führt (§ 2197 BGB.). Sind mehrere Testamentsvollstrecker aufgestellt, so ist ihr Antragsrecht gemeinschaftlich.

b) Antrag auf Eröffnung des Verfahrens.

Wenn der einzelne Erbe oder die Miterben gemeinschaftlich oder ein Teil derselben oder der Nachlaßverwalter oder Nachlaßpfleger oder der Testamentsvollstrecker die Anordnung der Geschäftsaufsicht beantragen, so müssen die Voraussetzungen des § 1 VO. vom 14. Dezember 1916 bzw. des § 215 KO. vorhanden sein. Da der § 215 aber im § 73 VO. vom 14. Dezember 1916 nicht besonders zitiert ist, genügt auch Zahlungsunfähigkeit, die nach der KO. nicht erfordert wird, aber auch nicht ausreicht. Übrigens bildet für den Beweis der Überschuldung die Zahlungseinstellung ein erhebliches Moment (RGSt. 41, 309). Eine Gesundung der Vermögenslage nach Beendigung der Kriegsverhältnisse oder die voraussichtliche Übereinkunft mit den Gläubigern muß dargetan werden. (Weinberg S. 108 führt als Beispiel der Behebung einer Überschuldung des Nachlasses das Steigen der Werte von Wertpapieren an, die infolge des Krieges gesunken sind.) Maßgebend ist der Stand des Nachlasses zur Zeit des Antrages. Die Überschuldung kann sich auch aus Verbindlichkeiten aus Pflichtteilsrechten, Vermächtnissen und Auflagen ergeben, welche Nachlaßverbindlichkeiten sind (BGB. § 1967; JW. 1908, 487; Gruchot 52, 1084).

c) Schranke der abgesonderten Befriedigung.

Ohne den § 221 KO. könnte ein Nachlaßgläubiger oder ein persönlicher Gläubiger des Erben, welcher nach dem Eintritt des Erbfalles, resp. der Annahme der Erbschaft mittels Zwangsvollstreckung oder Arrestes den Anspruch auf Befriedigung aus einem Nachlaßgegenstande erlangt, berechtigt sein, bei der Geschäftsaufsicht und dem Zwangsvergleich außerhalb des Konkurses abgesonderte Befriedigung aus dem Gegenstande anzusprechen (§ 778 ZPO.; §§ 1922, 1943, 1961 BGB.). Wenn aber der Nachlaß überschuldet ist, soll aus Billigkeit die Sache anders gehandhabt werden, damit nicht durch Vollstreckung oder Arrest die übrigen Gläubiger benachteiligt werden. Die abgesonderte Befriedigung findet nicht statt, wenn die Geschäftsaufsicht angeordnet ist. Auch ist eine einstweilige Verfügung nach dem Eintritte des Erbfalles unwirksam. Damit ist wieder die Rechtslage geschaffen, welche für die Gläubigerschaft im Augenblicke des Erbfalles in Betracht kam. Die Nachlaßgläubiger werden vor allem zugunsten der persönlichen Gläubiger des Erben geschützt. Es ist nicht notwendig, daß der Nachlaß schon im Augenblicke des Erbfalles überschuldet war. Unter die Vollstreckung fallen: Pfändung, Zwangsversteigerung, Zwangsverwaltung, Zwangshypothek, Arresthypothek. Nur das Absonderungsrecht auf Grund der Vollstreckung, nicht ein vertragliches Absonderungsrecht, ist vom § 221 KO. im Auge gehabt. Auch die Verwirklichung eines bereits bestehenden Absonderungsrechtes (Mieter, Hypothekengläubiger) fällt nicht unter die Ausnahmsbestimmungen des § 221 KO. Da der Weiterbetrieb der Vollstreckung, somit die Erlangung eines Absonderungsrechtes ausgeschaltet ist, genügt die Pfändungsnachricht gemäß § 845 ZPO., die vor dem Erbfall erfolgt ist, nicht, um etwa durch eine gerichtliche Pfändung nach dem Erbfalle ein Absonderungsrecht bei der Geschäftsaufsicht zu schaffen (RG., LZ. 1908, 392). Wenn der Gläubiger schon Befriedigung mittels einer vor Anordnung der Geschäftsaufsicht beendigten Zwangsvollstreckung erlangt hatte, verbleibt es bei der abgesonderten Befriedigung und er behält den Erlös.

Die mittels einstweiliger Verfügung in dem Grundbuch oder Schiffsregister nach Eintritt des Erbfalles erwirkte Vormerkung ist bei der Geschäftsaufsicht über den Nachlaß gegenüber den Nachlaß- und Erben-Gläubigern kraftlos. Hier gilt das bezüglich der Zwangsvollstreckung Gesagte (§§ 883, 885, 888 BGB.; §§ 894, 935 ZPO.; §§ 18 ff., 41 GBO.). Wirksam bleiben indes die mit Einverständnis des Erben oder seines Vertreters vor der Anordnung der Geschäftsaufsicht bewirkten Vormerkungen, freilich vorbehaltlich der Anfechtung (§§ 885, 1978, 1985 BGB.).

d) Die Rechte des Erben.

Mit der Anordnung der Geschäftsaufsicht über den Nachlaß gelten die Ansprüche nicht als erloschen, welche an sich durch Konfusion von Ansprüchen und Pflichten mit dem Erbfall in Wegfall gekommen sind. Es muß nunmehr zwischen Nachlaß und Erbenvermögen geschieden werden. Der Erbe macht seine Ansprüche gegen den Erblasser bei der Geschäftsaufsicht geltend, ohne Unterschied, ob er beschränkt oder unbeschränkt den Nachlaßgläubigern haftet (§§ 1976, 2013 BGB.). Er ist also bei der Geschäftsaufsicht bezüglich seiner Ansprüche nicht Schuldner, obwohl er bei der Geschäftsaufsicht die Rechte und Pflichten eines Schuldners ausübt (Seuffert S. 41 ff.; Jaeger, KO. § 225 Anm. 1 S. 507). Auf diese Weise kann er als aussonderungs- oder absonderungsberechtigter Gläubiger bei der Geschäftsaufsicht über den Nachlaß auftreten. Gemäß § 1979 BGB. müssen die Nachlaßgläubiger die vor Anordnung der Geschäftsaufsicht durch den Erben bewirkte Berichtigung von Nachlaßverbindlichkeiten, als für Rechnung des Nachlasses erfolgt, gelten lassen, wenn der Erbe hatte annehmen dürfen, daß der Nachlaß zur Deckung der Schuld ausreiche. Kannte aber der Erbe fahrlässig — oder verkannte — die Überschuldung des Nachlasses, so hat er Ersatz zu den Mitteln der Geschäftsaufsicht zu leisten, falls er Zahlung aus dem Nachlasse bestritten hatte. Der Erstattungsanspruch ist dann ausgeschlossen (§§ 1980, 1978 BGB.). Im letzteren Falle tritt aber der beschränkt haftende Erbe an die Stelle des von ihm befriedigten Gläubigers und er erhält denjenigen Betrag erstattet, welcher auf den befriedigten Gläubiger bei Anordnung der Geschäftsaufsicht gefallen wäre. Auch die Absonderungs- u. a. Ansprüche, überhaupt alle Rechte und Pflichten des befriedigten Gläubigers, gehen auf den Erben über (§§ 401, 412 BGB.; RG. 55, 161). Aber er erlangt auch nicht mehr, als der Gläubiger bei der Anordnung der Geschäftsaufsicht über den Nachlaß erlangt hätte. Hat der Erbe nur Teilzahlung geleistet, so tritt der Erbe nur für diesen Teilbetrag an die Stelle des befriedigten Gläubigers, während der befriedigte Gläubiger bezüglich des Restbetrages Gläubiger bei der Geschäftsaufsicht bleibt. Es ist gleichgültig, ob die Befriedigung des Gläubigers vor oder nach Anordnung der Geschäftsaufsicht erfolgt ist. Voraussetzung für den Forderungsübergang ist aber, daß der Erbe infolge Verwirkung der allgemeinen Haftungsbeschränkung nicht unbeschränkt haftet (§ 2013 BGB.). Der Forderungsübergang findet auch statt, wenn der Erbe nur einzelnen Nachlaßgläubigern gegenüber unbeschränkt haftet (§§ 2006, 2013 BGB.).

Endlich hat der Erbe, wenn er einem einzelnen Gläubiger gegenüber infolge Verwirkung der Möglichkeit und Haftungsbeschränkung unschränkt haftet und von diesem, trotz Anordnung der Geschäftsaufsicht über den Nachlaß, in Anspruch genommen werden kann, das Recht, die Forderung desselben während der Geschäftsaufsicht für den Fall geltend zu machen, daß der Gläubiger sie nicht geltend macht. Diese Geltendmachung der Forderung des Gläubigers ist folglich nicht davon abhängig, daß der Erbe den Gläubiger vorher befriedigt hat.

C. Haftung des Erben für die Nachlaßverbindlichkeiten.

Der § 1975 BGB. lautet:

„Die Haftung des Erben für die Nachlaßverbindlichkeiten beschränkt sich auf den Nachlaß, wenn eine Nachlaßpflegschaft zum Zwecke der Befriedigung der Nachlaßgläubiger (Nachlaßverwaltung) angeordnet oder der Nachlaßkonkurs eröffnet ist."

Nach diesem Systeme des BGB. geben Nachlaß-Konkurs und Nachlaßverwaltung die gewöhnliche Form der Durchführung der beschränkten Haftung des Erben ab. Sie bilden eine Vereinigung des beneficium inventarii et separationis, einen Schutz der Erben und der Nachlaßgläubiger. Ist der Nachlaß überschuldet, so ist der Nachlaßkonkurs das regelmäßige Mittel zur Erreichung der beschränkten Haftung (§§ 214—235 KO.). Wollte man nun das beneficium den Erben nicht benehmen und gleichwohl den Nachlaßkonkurs abwenden, so mußte man die Geschäftsaufsicht, bezüglich ihrer Wirkung auf die beschränkte Haftung des Erben, dem Nachlaßkonkurs ebenbürtig gestalten. Während der Dauer der Geschäftsaufsicht beschränkt sich daher die Haftung des Erben für die Nachlaßverbindlichkeiten auf den Nachlaß. Die Bestimmung einer Inventarfrist wird unwirksam, wenn die Geschäftsaufsicht über den Nachlaß angeordnet ist. Während der Dauer der Geschäftsaufsicht über den Nachlaß kann eine Inventarfrist nicht bestimmt werden. Die Verpflichtung des Erben, ein Inventar zu errichten, wird hier praktisch gleichgültig, da der Schutz der Nachlaßgläubiger durch die Aufsichtsperson, welche ihrerseits für Inventarisierung sorgt (§ 20 VO. vom 14. Dezember 1916, bzw. im Falle des Zwangsvergleiches § 41), genügend gewährleistet wird. Es hätte also keinen Zweck, auch in diesem Falle noch eine Inventarpflicht des Erben zu bestimmen (Kuhlenbeck, BGB. § 2000 Anm. 1). Ist die Geschäftsaufsicht über den Nachlaß durch Zwangsvergleich beendigt, so bedarf es zur Abwendung der unbeschränkten Haftung der Inventarerrichtung nicht (§ 2000 BGB.).

D. Die von dem Geschäftsaufsichtsverfahren über den Nachlaß nicht betroffenen Gläubiger des § 224 KO.

Außer den im § 13 VO. vom 14. Dezember 1916 angeführten Gläubigern werden von dem Geschäftsaufsichtsverfahren über den Nachlaß nicht betroffen:

1. die dem Erben nach den §§ 1978, 1979 BGB. aus dem Nachlasse zu ersetzenden Aufwendungen;
2. die Kosten der standesmäßigen Beerdigung des Erblassers;
3. die im Falle der Todeserklärung des Erblassers dem Nachlasse zur Last fallenden Kosten des Verfahrens;

4. die Kosten der Eröffnung einer Verfügung des Erblassers von Todes wegen, der gerichtlichen Sicherung des Nachlasses, einer Nachlaßpflegschaft, des Aufgebots der Nachlaßgläubiger und der Inventarerrichtung;
5. die Verbindlichkeiten aus den von einem Nachlaßpfleger oder einem Testamentsvollstrecker vorgenommenen Rechtsgeschäften;
6. die Verbindlichkeiten, welche für den Erben gegenüber einem Nachlaßpfleger, einem Testamentsvollstrecker oder einem Erben, der die Erbschaft ausgeschlagen hat, aus der Geschäftsführung dieser Person entstanden sind, soweit die Nachlaßgläubiger verpflichtet sein würden, wenn die bezeichneten Personen die Geschäfte für sie zu besorgen gehabt hätten.

Der Kreis der privilegierten Gläubiger findet für die Geschäftsaufsicht über den Nachlaß hier eine Erweiterung. Diese Forderungen sind bei Insuffizienz des Nachlasses anteilsmäßig, nicht nach Rangklassen, zu berichtigen. Für diese privilegierten Gläubiger gilt nicht das Verbot der Vollstreckung. Sie nehmen am Zwangsvergleiche nicht teil (Jaeger, JW. 1917, 265). Auch ein unbeschränkt haftender Erbe kann Ansprüche aus den Verbindlichkeiten 1—6 geltend machen. Diese Privilegierung hat nur für die Geschäftsaufsicht über den Nachlaß, nicht für die Geschäftsaufsicht über das Vermögen des Erben, Bedeutung. Die Bestimmung der Nr. 1—6 gilt auch nicht für die Geschäftsaufsicht eines Dritten, welcher eine den Erben gemäß Nr. 1—6 treffende Verbindlichkeit übernommen hat.

E. Der Zwangsvergleich außerhalb des Konkurses bei der Geschäftsaufsicht über den Nachlaß.

1. Antragstellung.

Der Abs. 4 des § 73 entspricht dem § 230 KO. Da den Zwangsvergleich gemäß § 33 der Schuldner beantragen kann, muß der Vorschlag von den Erben, allen Erben, ausgehen. Wenn ein einzelner Miterbe widerspricht, ist der Vergleichsvorschlag nicht möglich. Das pflichtwidrige Verhalten des einzelnen Miterben kann Zurückweisung (§ 42), Verwerfung (§ 54), Einstellung (§ 57), Anfechtung (§ 64), Aufhebung (§ 65) zur Folge haben. Eine Ehefrau bedarf der Zustimmung des Ehemannes, wenn das für ihre Ehe geltende Güterrecht diese erfordert. Der Erbe wird bei der betreffenden Geschäftsaufsicht über den Nachlaß durch seinen Gewalthaber, Pfleger und Vormund vertreten. Der Nachlaßpfleger vertritt denjenigen, welcher Erbe wird (§ 1960 BGB.). Daß der Nachlaßpfleger das Vorschlagsrecht ausüben kann, bejahen: Jaeger, KO. § 230 Anm. 11 S. 529; Wilmowski § 230 Anm. 2; verneinen: Petersen-Kleinfeller Anm. 1; Seuffert § 54 Anm. 1. Daß der Testamentsvollstrecker Vorschlagsrecht hat, bejahen die einen (Jaeger a. a. O. und seine diesbezüglichen Zitate), verneinen die anderen (letzteres z. B. RG. 81, 292).

2. Das Aufgebot der Nachlaßgläubiger.

Der § 73 VO. vom 14. Dezember 1916 ordnet an, daß die Nachlaßgläubiger im Wege des Aufgebotsverfahrens zur Anmeldung ihrer Forderungen aufzufordern sind (§ 1970 BGB.). Pfandgläubiger und Gläubiger, welche im Konkurse den Pfandgläubigern gleichstehen (KO. §§ 48 und 49), sowie Gläubiger, welche bei der Zwangsvollstreckung in das unbewegliche Vermögen ein Recht auf Befriedigung aus diesem Vermögen haben (ZwVG. § 10) werden, soweit es sich um die Befriedigung aus den ihnen haftenden Gegenständen handelt, durch das Aufgebot nicht betroffen. Das gleiche gilt von Gläubigern, deren Ansprüche durch eine Vormerkung gesichert sind (§§ 883 ff. BGB.) oder denen im Konkurse ein Aussonderungsrecht zusteht (KO. § 43) in Ansehung des Gegenstandes ihres Rechtes (§ 1971 BGB.). Pflichtteilsrechte, Vermächtnisse und Auflagen werden durch das Aufgebot nicht betroffen, unbeschadet der Vorschrift des § 2060 Nr. 1 BGB. Die ratio legis, die nicht mit Unrecht in diesem einzigen Punkte den Grundsatz der Nichtöffentlichkeit unterbricht (Jaeger, JW. 1917, 265 C a), besteht darin, daß durch das Aufgebot beim Zwangsvergleichsverfahren über einen Nachlaß die Sicherheit der Gläubiger dafür gesteigert wird, daß kein Nachlaßgläubiger beim Zwangsvergleichsverfahren übersehen wird. Denn ein Erbe oder sonstiger Interessent, wenn er noch so gut mit den Verhältnissen des Erblassers vertraut war und ist, kann diese unmöglich dermaßen kennen, wie der Schuldner selbst im normalen Falle der §§ 33 ff., insbesondere § 41. Das Zwangsvergleichsverfahren kann aus diesem Grunde nicht eher im Sinne des § 44 eröffnet werden, als das Aufgebot der Nachlaßgläubiger durchgeführt ist. Das Aufgebot ermöglicht eine zuverlässige Ermittelung der Höhe des Schuldenstandes. Der Zweck des Aufgebotsverfahrens bedingt nur die Feststellung der den Nachlaß als ganzen treffenden Verbindlichkeiten. Deshalb und weil die im § 1971 BGB. bezeichneten Gläubiger dem Erben meist ohnehin bekannt sind, erstreckt sich das Aufgebot auf den Pfandgläubiger usw. nicht. Es ist außerdem eine Forderung der Gerechtigkeit, daß die fraglichen Pfandgläubiger usw. durch das Aufgebotsverfahren wenigstens insoweit nicht beeinträchtigt werden dürfen, als sie befugt sind, sich wegen ihrer Befriedigung an bestimmte Nachlaßgegenstände zu halten. Das Aufgebotsverfahren kann vor und nach Anordnung der Geschäftsaufsicht vor sich gehen. (Auch die Beantragung der Eröffnung des Zwangsvergleichsverfahrens kann ihm vorausgehen, die gerichtliche Beschlußfassung über diese ist jedoch erst nach Durchführung des Aufgebotes möglich [Weinberg S. 109]). Die Grundlage des Aufgebots ist, daß der Erbe die Erbschaft angenommen hat und für die Nachlaßverbindlichkeiten nur beschränkt haftet (§§ 989, 991 ZPO.). Sobald das Aufgebotsverfahren durchgeführt ist, kann der Antrag gemäß §§ 33 ff. gestellt werden. Nach dem Resultate der Anmeldungen auf Grund des Aufgebots wird das Verzeichnis der Gläubiger hergestellt (§§ 41 Nr. 2, 47, 61).

3. Teilnahme aller Nachlaßgläubiger.

An dem Zwangsvergleichsverfahren nehmen „alle Nachlaßgläubiger" (Formulierung mit Recht beanstandet von Jaeger, JW. 1917, 265 Anm. 34), bis auf die im § 226 Abs. 2 und 4 KO. bezeichneten, teil. Hier liegt eine Ausnahme der sonstigen Vorschriften über den Zwangsvergleich vor. Grundsätzlich werden also alle Nachlaßgläubiger und Nachlaßverbindlichkeiten zur Teilnahme am Zwangsvergleiche zugelassen. Der § 1967 BGB. sagt:

> Der Erbe haftet für die Nachlaßverbindlichkeiten. Zu den Nachlaßverbindlichkeiten gehören außer den vom Erblasser herrührenden Schulden die den Erben treffenden Verbindlichkeiten, insbesondere die Verbindlichkeiten aus Pflichtteilsrechten, Vermächtnissen und Auflagen (vererbte Schulden und Erbfallschulden).

4. Am Vergleichsverfahren nicht beteiligte Nachlaßgläubiger.

Der § 226 KO. zählt Nachlaßverbindlichkeiten auf, die erst nach allen übrigen Verbindlichkeiten und infolge der Rangordnung, bei gleichem Range nach Verhältnis ihrer Beträge, berichtigt werden:

„1. die seit der Eröffnung des Verfahrens laufenden Zinsen der im § 61 bezeichneten Forderungen;
2. die gegen den Erblasser erkannten Geldstrafen;
3. die Verbindlichkeiten aus einer Freigebigkeit des Erblassers unter Lebenden;
4. die Verbindlichkeiten gegenüber Pflichtteilsberechtigten;
5. die Verbindlichkeiten aus den vom Erblasser angeordneten Vermächtnissen und Auflagen."

Der letzte Absatz des § 226 KO. sagt:

„Die Verbindlichkeiten, in Ansehung deren der Gläubiger im Wege des Aufgebotsverfahrens ausgeschlossen ist oder nach § 1974 BGB. einem ausgeschlossenen Gläubiger gleichsteht, werden erst nach den im Abs. 2 Nr. 1—3 bezeichneten Verbindlichkeiten und, soweit sie zu den im Abs. 2 Nr. 4, 5 bezeichneten Verbindlichkeiten gehören, erst nach den Verbindlichkeiten berichtigt, mit denen sie ohne die Beschränkung gleichen Rang haben würden. Im übrigen wird durch die Beschränkung an der Rangordnung nichts geändert."

Diese Nachlaßverbindlichkeiten sind von der Teilnahme am Zwangsvergleichsverfahren ausgeschlossen.

5. Begrenzung der Haftung des Erben.

Der Zwangsvergleich ist ein Vertrag (s. meine Erläuterung E zu § 33). Bezüglich der Haftung des Erben kann demnach der Zwangsvergleich größere Verpflichtungen des Erben festlegen, als solche durch § 73 VO. vom 14. Dezember 1916 bestehen. Ist aber eine derartige weitergehende Übereinkunft nicht getroffen, so ist mit dem Zustandekommen des Zwangsvergleiches die Grenze der persönlichen Haftung des Erben gegeben. Gewöhnlich werden sich die Gläubiger nur auf einen Zwangsvergleich einlassen, wenn er für sie günstiger ist, als die Durchführung des Nachlaßkonkurses. Der Erbe hat ein Interesse daran, gewisse Nachlaßgegenstände (Grundstück, Geschäft), die von der Familie herrühren, sich und den Seinigen zu erhalten. Ist aber der Zwangsvergleich geschlossen, so kann der Erbe über die Bedingungen desselben hinaus nicht persönlich haftbar gemacht werden. Diese Bestimmung des § 73 entspricht dem § 211 KO. Er bezieht sich auf den Umfang der persönlichen Haftung der Gesellschaft. Für das Gebiet des Nachlaßkonkurses bestand und besteht Streit, ob diese gesellschaftsrechtliche Bestimmung des § 211 KO. Anwendung zu finden hat (dafür: Seuffert § 57 Nr. 25; Jaeger, KO., in früheren Auflagen; dagegen: Jaeger, KO. 5. Aufl. § 230 S. 531 Anm. 15; Wilmowski § 230 Anm. 3; Strohal § 80 Nr. 20). Für das Gebiet der Geschäftsaufsicht hat die VO. vom 14. Dezember 1916 die strikte Bestimmung getroffen, daß der Zwangsvergleich, soweit die Übereinkunft nicht anders lautet, zugleich den Umfang der persönlichen Haftung des Erben beschränkt. Ist die Geschäftsaufsicht über den Nachlaß durch Zwangsvergleich beendigt, so bedarf es zur Abwendung der unbeschränkten Haftung der Inventarerrichtung nicht mehr (§ 2000 BGB.). Diese Freiheit des Erben von der Haftung erleidet jedoch eine Ausnahme (siehe Nr. 6!).

6. Unberücksichtigte Nachlaßverbindlichkeiten.

Der § 1973 sagt:

„Der Erbe kann die Befriedigung eines im Aufgebotsverfahren ausgeschlossenen Nachlaßgläubigers insoweit verweigern, als der Nachlaß durch die Befriedigung der nicht ausgeschlossenen Gläubiger erschöpft wird. Der Erbe hat jedoch den ausgeschlossenen Gläubiger vor den Verbindlichkeiten aus Pflichtteilsrechten, Vermächtnissen und Auflagen zu befriedigen, es sei denn, daß der Gläubiger seine Forderung erst nach der Berichtigung dieser Verbindlichkeiten geltend macht.

Einen Überschuß hat der Erbe zum Zwecke der Befriedigung des Gläubigers im Wege der Zwangsvollstreckung nach den Vorschriften über die Herausgabe einer ungerechtfertigten Bereicherung herauszugeben. Er kann die Herausgabe der noch vorhandenen Nachlaßgegenstände durch Zahlung des Wertes abwenden. Die rechtskräftige Verurteilung des Erben zur Befriedigung eines ausgeschlossenen Gläubigers wirkt einem anderen Gläubiger gegenüber wie die Befriedigung."

Ist nun das Geschäftsaufsichtsverfahren über den Nachlaß durch Zwangsvergleich beendigt, so finden auf die Haftung des Erben die Vorschriften des § 1973 BGB. entsprechende Anwendung (§ 1989 BGB.).

F. Tod des Schuldners während der Geschäftsaufsicht.

Wenn der Schuldner nach Anordnung der Geschäftsaufsicht stirbt, so findet ein Übergang der Geschäftsaufsicht in eine Nachlaßgeschäftsaufsicht statt. Für den Konkursfall bestehen verschiedene Meinungen. Die einen sind der Ansicht, daß beim Tode des Schuldners nach der Konkurseröffnung der Regelkonkurs weitergeht (Sarwey S. 867; Meyer, KO. S. 307 Anm. 1; Wilmowski § 214 Vorbemerkung 16; Oetker I S. 73 und 433), andere nehmen auch für den Konkurs den Übergang in einen Nachlaßkonkurs an (Jaeger, Nachlaßkonkurs S. 30; Jaeger, KO. § 214 Anm. 21 IV S. 464; Petersen-Kleinfeller Anm. 12; Seuffert S. 69 und 246; Schultzenstein, ZZP. 33 S. 484). Schon im Rahmen der alten VO. vom 8. August 1914 wurde die Ansicht vertreten, daß die Geschäftsaufsicht nach dem Tode des Schuldners fortgesetzt werden kann, der § 1980 BGB. nicht entgegensteht und es Sache des Erben ist, ob er auf seine Gefahr die Konkursanmeldung unterlassen will (Levis, LZ. 15, 678 ff.; a. M.: Mayer S. 139; Breit, JW. 15, 161, 164). Die amtliche Erläuterung zu § 73 VO. vom 14. Dezember 1916 hat sich hinsichtlich der Geschäftsaufsicht auf den vorerwähnten Mehrheitsstandpunkt gestellt, daß die Vorschriften über die Nachlaßgeschäftsaufsicht Platz greifen. Freilich ist diese Auffassung der amtlichen Erläuterung mit der Einschränkung versehen: soweit es mit der Besonderheit der Verhältnisse vereinbar ist.

Was nun den Zwangsvergleich im besonderen anlangt, so hat der Erbe die Möglichkeit, aber natürlich nicht Verpflichtung, einen Zwangsvergleichsvorschlag des verstorbenen Schuldners gemäß §§ 33 ff. aufzunehmen und über denselben abstimmen zu lassen. Das Aufgebotsverfahren wird, wenn auch der in der amtlichen Erläuterung angegebene Anlaß des Aufgebotsverfahrens überhaupt, Ersatz des Gläubigerverzeichnisses gemäß §§ 41 Nr. 2 und 47, hier nicht durchzuschlagen braucht, weil ja der verstorbene Schuldner bereits für Evidenz des Gläubigerverzeichnisses gesorgt haben kann, der Einheitlichkeit halber nicht entbehrt werden können. Andernfalls müßte ja für jedes einzelne Stadium des Zwangsvergleichsverfahrens eine besondere Bestimmung über das Aufgebot getroffen worden sein.

Wenn der Tod des Schuldners erst nach Annahme des Zwangsvergleichsvorschlages eintritt, so kann gleichwohl, wenn die Voraussetzungen der §§ 53 und 59 vorliegen, der Zwangsvergleich bestätigt werden.

G. Geschäftsaufsicht zur Abwendung des Konkurses über das Gesamtgut.

Der letzte Absatz des § 73 entspricht den ersten beiden Sätzen des § 236 KO. Zugrunde liegen außerdem die §§ 1483 ff. BGB. Der Gesichtspunkt der erbrechtlichen Sukzession kommt nämlich hinsichtlich des Gesamtgutes nicht in Betracht. Sind vielmehr bei dem Tode eines Ehegatten gemeinschaftliche Abkömmlinge vorhanden, so treten diese sofort, an Stelle des verstorbenen Ehegatten, neben dem überlebenden Ehegatten als Teilhaber der Gemeinschaft ein, und zwar in der Art, daß dem überlebenden Ehegatten in Ansehung des Gesamtgutes im wesentlichen dieselben Befugnisse zustehen, die während der bestehenden Gütergemeinschaft dem Ehegatten zustehen. Die Fortsetzung der allgemeinen Gütergemeinschaft tritt, vorbehaltlich der Ablehnungsbefugnis des überlebenden Ehegatten (§§ 1483, 1484 BGB.), die der Fahrnisgemeinschaft nur kraft Ehevertragsbestimmung ein (§ 1557 BGB.). Auf die persönliche Haftung des überlebenden Ehegatten, welche nur in dem Eintritt der fortgesetzten Gütergemeinschaft begründet ist, finden die für die Haftung des Erben bezüglich der Nachlaßverbindlichkeiten geltenden Vorschriften Anwendung. An die Stelle des Nachlasses tritt das Gesamtgut und zwar in demjenigen Bestande, welchen es zur Zeit des Eintrittes der fortgesetzten Gütergemeinschaft hat (§ 1489 BGB.). Zur Beschränkung seiner persönlichen Haftung für diese Gesamtgutsverbindlichkeiten stehen dem überlebenden Ehegatten die allgemeinen und besonderen Mittel der Haftungsbeschränkung zu (§§ 1973 ff., 1990, 2013 BGB.). Insbesondere ist der überlebende Ehegatte zur Beantragung der über das Gesamtgut zulässigen selbständigen Geschäftsaufsicht berechtigt. Die Vorschriften über die Nachlaßgeschäftsaufsicht (siehe oben A—F) finden auf die Gesamtgutsgeschäftsaufsicht entsprechende Anwendung. Die Anordnung der Geschäftsaufsicht über das Gesamtgut ruft die Sonderung des Gesamtgutes von dem übrigen Vermögen des überlebenden Ehegatten hervor (§§ 1489, 1975, 2013 BGB.). Die Geschäftsaufsicht über den Nachlaß des überlebenden Ehegatten ergreift nicht ohne weiteres auch das Gesamtgut (BayObLG. vom 28. April 1916 Recht 1916 Nr. 1384; LZ. 1916, 1046).

Antragsberechtigt ist nur der überlebende Ehegatte. Zu seinem Antrage sind die anteilsberechtigten Abkömmlinge zu hören. Die Anordnung der Geschäftsaufsicht wird dadurch nicht verhindert, daß der überlebende Ehegatte die Möglichkeit der Haftungsbeschränkung verwirkt hat (§§ 1489, 2013 BGB.). Die Anordnung der Geschäftsaufsicht ist auch schon möglich, solange der überlebende Ehegatte die Fortsetzung der Gütergemeinschaft ablehnen kann (§§ 1484, 1943 ff. BGB.). Da aber das ganze Verfahren gegenstandslos würde, wenn hinterher der überlebende Ehegatte die Gütergemeinschaft fortzusetzen ablehnen würde, so ist zweckmäßigerweise erst die endgültige Entschließung des überlebenden Ehegatten, ob er die Gütergemeinschaft fortsetzt, abzuwarten. Die Gesamtgutsverbindlichkeiten der fortgesetzten Gütergemeinschaft sind die Verbindlichkeiten des überlebenden Ehegatten, sowie solche Verbindlichkeiten des verstorbenen Ehegatten, die Gesamtgutsverbindlichkeiten der ehelichen Gütergemeinschaft waren (§ 1488 BGB.).

Was nun aber das Zwangsvergleichsverfahren anlangt, so schränkt der Schlußsatz des § 73 den Kreis der Gesamtgutsgläubiger ein. Denn nur diejenigen derselben nehmen an dem Zwangsvergleichsverfahren teil, deren Forderungen bereits zur Zeit des Eintritts der fortgesetzten Gütergemeinschaft bestanden haben. Pflichtteile, Vermächtnisse und Auflagen sind daher bei dem Zwangsvergleichsverfahren über das Gesamtgut nicht beteiligt (Begründung KO. S. 54; Jaeger, KO. § 236 Anm. 18 S. 552). Die Gläubiger, welchen der überlebende Ehegatte bereits beim Eintritt — nicht infolge Eintritts — der fortgesetzten Gütergemeinschaft persönlich gehaftet hat, sind nicht teilnahmeberechtigt. Ihre Rechtslage wird durch den Eintritt der fortgesetzten Gütergemeinschaft nicht beeinträchtigt. Ihnen gegenüber benötigt der überlebende Ehegatte kein Mittel der Haftungsbeschränkung. Die nach dem Eintritt der fortgesetzten Gütergemeinschaft entstandenen Forderungen sind ebenfalls nicht teilnahmeberechtigt (Seuffert S. 43; Jaeger, Nachlaßkonkurs S. 114 ff.). Die Geschäftsaufsicht über das Gesamtgut ist eben ein allgemeines Mittel der Haftungsbeschränkung gegen die persönliche Haftung des überlebenden Ehegatten. Am Zwangsvergleichsverfahren kann auch der überlebende Ehegatte selbst beteiligt sein und zwar mit Ansprüchen, die er, wie ein Dritter, gegenüber dem Gesamtgute hat, ferner auf Grund seiner Berichtigung einer Gesamtgutsforderung.

Der rechtskräftig bestätigte Zwangsvergleich wirkt nur für und wider solche Gesamtgläubiger, welche am Geschäftsaufsichtsverfahren über das Gesamtgut beteiligt waren, auch wenn sie in dem Verfahren Erklärungen nicht abgegeben und gegen den Vergleich gestimmt haben (§ 60). Der rechtskräftig bestätigte Zwangsvergleich wirkt also für und wider die zur Zeit des Eintritts der fortgesetzten Gütergemeinschaft bereits begründeten Forderungen, mit Ausnahme derjenigen, für welche der überlebende Ehegatte bereits zur damaligen Zeit persönlich haftete. Der rechtskräftig bestätigte Zwangsvergleich wirkt aber nicht für und wider diejenigen Gesamtgutsverbindlichkeiten, welche erst nach Eintritt der fortgesetzten Gütergemeinschaft entstanden sind.

§ 74.

Die Vorschriften dieser Verordnung finden auf Versicherungsunternehmungen, die der Beaufsichtigung nach Maßgabe des Gesetzes über die privaten Versicherungsunternehmungen vom 12. Mai 1901 (Reichs-Gesetzbl. S. 139) unterliegen, keine Anwendung.

Keine Geschäftsaufsicht über Versicherungsunternehmungen.

Bezüglich der Versicherungsunternehmungen bestand unter der Herrschaft der alten VO. Streit, ob dieselbe anwendbar sei. Das Aufsichtsamt für Privatversicherungen hatte die Anwendbarkeit in Abrede gestellt (PrivVersAufsAmt vom 13. April 1915 VPAV. 14 Nr. 221; Recht 15, 404 Nr. 74 [Rekurssenat]; ZVersWiss. 1915, 300). Man hatte erklärt, die Versicherungsunternehmungen stünden unter dem Aufsichtsamt, welches allein zu bestimmen habe, ob Konkurs eröffnet werden solle und daran nicht gehindert werden dürfe (§ 68 VersUG. vom 12. Mai 1901). In der Hand der Versicherungsaufsichtsbehörde seien auch die Aufgaben und Rechte vereinigt, welche den Aufsichtspersonen zustünden. Diese Anschauung des Aufsichtsamtes wurde verschiedentlich bekämpft. Einerseits wurde angeführt, es hätte einer ausdrücklichen Ausnahmebestimmung in der VO. vom 8. August 1914 bedurft, wenn dieselbe auf einen bestimmten Personenkreis keine Anwendung finden solle. Andererseits seien die Bekanntmachungen vom 8. August 1914 und die der §§ 64, 68, 69 VAG. nicht identisch. Die Bekanntmachungen vom 8. August 1914 wollten den Schuldner schützen, die VAG. die Gläubiger. Der Schuldner habe nach der VO. vom 8. August 1914 Anspruch auf Geschäftsaufsicht und damit auf Abwendung des Konkurses (Bendix, ZVersWiss. 1915, 149; JW. 1915, 1304; Wassermann-Erlanger, 3. Aufl. S. 231; Levy 4, 7; Güthe-Schlegelberger, Kriegsbuch 1916, 99).

Die amtliche Begründung zu § 74 VO. vom 14. Dezember 1916 schließt sich dagegen der Ansicht derjenigen an, welche bereits unter der alten VO. vom 8. August 1914 erklärt haben, daß sie nicht die Absicht habe, in die Rechtssphäre der Versicherungsaufsichtsbehörde einzugreifen. Der § 74 — eine Ausnahme der Regel, daß juristische Personen die Geschäftsaufsicht beantragen können; Weinberg S. 116 — hat also der Kontroverse ein Ende gemacht.

§ 75.

Soweit nach den Vorschriften der Konkursordnung oder des Gesetzes, betreffend die Anfechtung von Rechtshandlungen eines Schuldners außerhalb des Konkursverfahrens (Reichs-Gesetzbl. 1898 S. 709), die Anfechtbarkeit von Rechtshandlungen davon abhängt, daß sie innerhalb bestimmter Fristen vor der Eröffnung des Konkurses, vor dem Eröffnungsantrag, vor der Zahlungseinstellung oder vor der Anfechtung vorgenommen sind, wird bei der Berechnung der Fristen die Zeit nicht mitgerechnet, während deren die Geschäftsaufsicht besteht.

Die Vorschrift des Abs. 1 findet keine Anwendung, wenn die Rechtshandlung auf Grund des Gesetzes, betreffend die Anfechtung von Rechtshandlungen eines Schuldners außerhalb des Konkursverfahrens, von einem Gläubiger angefochten wird, der von dem Verfahren nicht betroffen war.

Nichtberechnung der Anfechtungsfristen während der Geschäftsaufsicht.

Gemäß § 5 der alten VO. vom 8. August 1914 (§ 6 der neuen VO. vom 14. Dezember 1916) darf während der Dauer der Geschäftsaufsicht das Konkursverfahren über das Vermögen des Schuldners nicht eröffnet werden. Nachdem also der Konkurs während des Geschäftsaufsichtsverfahrens unzulässig ist, kann, trotz der schuldnerischen Krisis, mit der Anfechtung des 3. Titels der KO. (§§ 29—42) seitens der Gläubiger nicht operiert werden; ebensowenig im Interesse des einzelnen Gläubigers mit dem Reichsgesetz vom 21. Juli 1879 bzw. 20. Mai 1898. Bald nach Erlaß der alten Bekanntmachung vom 8. August 1914 wurde daher die Besorgnis laut, es könnten die Anfechtungsfristen während einer Geschäftsaufsicht verstreichen, so daß bei einem hinterher ausbrechenden Konkurse von demselben kein Gebrauch mehr gemacht werden könne (Cahn, Recht und Wirtschaft 1914 S. 271; Wassermann-Erlanger, 3. Aufl. S. 242; Harder, JW. 14, 818; Mayer S. 174 § 5 Anm. 1; Levy S. 58). Die Anregung dieser Schriftsteller, die Folgerung aus dem Fehlen einer diesbezüglichen Bestimmung durch ein Nachtragsgesetz zu ziehen, wurde von Jaeger (Bankarchiv 14, 35) für nicht erforderlich erklärt. Er folgerte vielmehr aus dem Zwecke der Geschäftsaufsicht, daß ihre Dauer auf den Lauf der Anfechtungsfristen nicht angerechnet werden dürfe. De lege lata bestand m. E. für solche Auslegung kein Raum. Die positiven Bestimmungen der §§ 29ff. KO. und §§ 3ff. AnfG. konnten hinsichtlich der Fristen nicht durch großzügige Auslegung umgedeutet werden.

Die BO. vom 14. Dezember 1916 hat dies auch eingesehen. Der Gegenstand wurde nunmehr expressis verbis in dem Sinne geregelt, daß die Dauer der Geschäftsaufsicht auf den Lauf der Anfechtungsfristen (§ 30 Nr. 2, § 31 Nr. 2, §§ 32, 33 KO.; §§ 3ff. AnfG.) nicht anzurechnen ist. Diese einzelnen Paragraphen haben verschiedene Zeitpunkte im Auge, von welchen zurück die Fristen gerechnet werden. Diese Zeitpunkte sind die Eröffnung des Konkursverfahrens (§ 29 KO.), die Zahlungseinstellung, der Antrag auf Eröffnung des Verfahrens (§§ 30 und 31 KO.), die Rechtshängigkeit des Anfechtungsanspruches (§ 3 AnfG.). Hinsichtlich der Fristen vor diesen sämtlichen Zeitepochen gilt die neue Bestimmung des § 75. Die Anfechtung im Konkurswege ist während der Dauer der Geschäftsaufsicht allen Gläubigern, den von dem Verfahren betroffenen und nicht betroffenen, verwehrt. (Vielfach bedauert, daß ein Analogon oder aber eine der Österr. [§§ 11 und 12] und UngarAusglO. — siehe Jaeger, LZ. 1916, 112, 125; JW. 1916, 786; Cahn, JW. 1916, 697 — entsprechende Wirkung der Geschäftsaufsicht auf Absonderungsrechte nicht besteht: Buhmann, LZ. 1916, 1210; derselbe, Bay.-ZfRechtspfl. 1917, 41; Werner, LZ. 1917, 243; Weinberg, GeschA. 1917, 111; Jaeger, JW. 1917, 67.) Als Ausweg gegen eine die übrigen Gläubiger beschwerende Fortsetzung der Vollstreckung schlägt Weinberg S. 111 die Erwirkung einer einstweiligen Verfügung vor. Für diese fehlt aber mangels der Anfechtungsvorschriften wohl meist der gesetzliche Boden. —

Die Anfechtung außerhalb des Konkurses nach dem Gesetz vom 21. Juli 1879 bzw. 20. Mai 1898 ist während der Dauer der Geschäftsaufsicht den privilegierten Gläubigern gemäß §§ 6 und 13 BO. vom 14. Dezember 1916 unverwehrt. Auf die vom Verfahren nicht betroffenen Gläubiger bezieht sich also die Bestimmung des § 75 überhaupt nicht. (So auch schon LG. Freiburg, JW. 1916, 1552. Anders konstruiert von Klien, GeschA. 1917, 114, der die Anfechtbarkeit gemäß AnfO. seitens aller Gläubiger prinzipiell bejaht, gleichwohl für die vom Verfahren betroffenen Gläubiger gemäß §§ 4, 6 und 75 BO. praktisch verneint.)

§ 76.

Hat ein Genosse seinen Austritt aus seiner eingetragenen Genossenschaft erklärt oder der Gläubiger eines Genossen dessen Kündigungsrecht ausgeübt, so scheidet der Genosse nicht vor dem Schlusse des Geschäftsjahrs aus, in welchem die Geschäftsaufsicht über die Genossenschaft endigt, oder wenn in einem Zwangsvergleich eine Stundung bewilligt wird, nicht vor dem Schlusse des Geschäftsjahrs, in welchem die Stundung abläuft.

Die Einreichung der Erklärung des Genossen oder des Gläubigers zur Liste der Genossen ist spätestens sechs Wochen vor dem Ende des Geschäftsjahrs, zu dessen Schlusse der Genosse ausscheidet, oder wenn die Geschäftsaufsicht innerhalb der letzten sechs Wochen dieses Jahres endigt, unverzüglich zu bewirken. Die Eintragung des Jahresschlusses, zu dem der Genosse ausscheidet, in die Liste der Genossen erfolgt erst nach der Beendigung der Geschäftsaufsicht; ist sie bereits geschehen, so ist nachträglich zu vermerken, daß die Geschäftsaufsicht angeordnet ist.

Die Erwerbs- und Wirtschaftsgenossenschaften während der Geschäftsaufsicht.

A. Allgemeines.

Den Genossenschaften obliegt die Förderung des Erwerbes und der Wirtschaft ihrer Mitglieder durch gemeinschaftlichen Geschäftsbetrieb. Handwerker bilden Vereine, um die zum Betriebe ihres Gewerbes erforderlichen Rohstoffe, Maschinen, Werkzeuge und Geräte praktischer und billiger einzukaufen, wie der einzelne. Sie bilden Absatzgenossenschaften, um in gemeinsam gemieteten Räumlichkeiten ihre Erzeugnisse anzubieten und zu verkaufen. Landwirte erwerben Maschinen, um preiswerter die Produkte zu verarbeiten und abzusetzen (Molkerei- und Winzereigenossenschaften). Oder es werden Lebensmittel gemeinsam eingekauft und den einzelnen billiger abgegeben (Konsumvereine). Die Genossenschaft ist die Gesellschaftsform der wirtschaftlich Schwachen (Crüger S. 1, 27; Fischer, Die Bilanzwerte Tl. 2 S. 379). Die Gesetzgebung muß nun strikte Vorschriften erlassen, um der Schwäche des gemeinschaftlichen Vermögens abzuhelfen, ohne die schonungsbedürftigen Mitglieder zu stark zu belasten. Vor allem muß der Anreiz gesetzlich bekämpft werden, sich durch den Austritt Geld zu verschaffen. Das Verbleiben in der Genossenschaft muß begünstigt werden (siehe z. B. § 73 GenG.). Der Grundgedanke des Gesetzgebers, die beim Austritt eines Genossen eintretende Schwächung des Gemeinschaftsvermögens auf Kosten der austretenden Genossen möglichst zu mildern, damit nicht diese in dem Augenblick die Genossenschaft im Stiche lassen, in welchem der Zusammenbruch in naher Aussicht steht, liegt auch folgenden Bestimmungen des GenG. zugrunde (Parisius-Crüger zu § 73 S. 292; Pröbst S. 248; Maurer S. 274; Joel S. 593; Merzbacher S. 183). Der § 75 GenG. in der Fassung der Bekanntmachung vom 20. Mai 1898 sagt:

„Wird die Genossenschaft binnen sechs Monaten nach dem Ausscheiden des Genossen aufgelöst, so gilt dasselbe als nicht erfolgt.“

Das Ausscheiden ist nach der Begründung zum GenG. II S. 232 mit einer gesetzlichen auflösenden Bedingung behaftet. Mit dem Eintritt der Bedingung, also mit der Auflösung der Genossenschaft, endigt gemäß § 158 Abs. 2 BGB. die Folge des Ausscheidens und tritt der frühere Rechtszustand wieder ein. Das Ausscheiden wird erst dann definitiv, wenn innerhalb der angegebenen Frist die Genossenschaft nicht zur Auflösung gelangt. Die Gläubiger können also die Wirkung des Ausscheidens stets dadurch verhindern, daß sie binnen sechs Monaten nach dem Ausscheiden von Genossen aus einer insolventen Genossenschaft die Eröffnung des Konkursverfahrens betreiben. Durch die Anordnung der Geschäftsaufsicht und die Bestimmung des § 6 Abs. 1 VO. vom 14. Dezember 1916 wären nun die Gläubiger gehindert, sich auf diese Weise zu ihrem Rechte zu verhelfen. Dieser durch die Geschäftsaufsicht geschaffene Rechtszustand gäbe den Genossen eine gewisse Freizügigkeit, welche die Gläubigerschaft schädigen müßte (Voes, GenBl. 15, 442). Im Falle des Konkursverfahrens sind neben der Genossenschaft die einzelnen Genossen solidarisch und mit ihrem ganzen Vermögen den Konkursgläubigern für den Ausfall verhaftet, welchen diese an ihren bei der Schlußverteilung (KO. § 161) berücksichtigten Forderungen bei derselben erleiden. Festgestellte Forderungen, welche im Prüfungstermine von dem Vorstande oder den Liquidatoren nicht ausdrücklich bestritten sind, können auch von den in Anspruch genommenen Genossen nicht bestritten werden. Das rechtskräftige Urteil, welches in dem Prozeß über eine im Prüfungstermine von dem Vorstande oder den Liquidatoren bestrittene Forderung für und gegen dieselbe ergeht, wirkt gegenüber allen Genossen (§ 122 GenG.). Die Klage der Gläubiger gegen die einzelnen Genossen verjährt, sofern nicht nach Beschaffenheit der Forderung eine kürzere Verjährungsfrist gesetzlich eintritt, in zwei Jahren seit Ablauf des Termines, in welchem die Nachschußberechnung für vorläufig vollstreckbar erklärt ist (§ 123 GenG.). Diese Bestimmungen finden auf die in den letzten zwei Jahren vor der Eröffnung des Konkursverfahrens aus der Genossenschaft ausgeschiedenen Genossen, welche nicht schon in Gemäßheit des § 75 GenG. der Haftpflicht unterliegen, wegen der bis zu dem Zeitpunkte ihres Ausscheidens von der Genossenschaft eingegangenen Verbindlichkeiten mit der Maßgabe Anwendung, daß der Anspruch der Gläubiger erst nach Ablauf von sechs Monaten seit dem Termine, in welchem die Nachschußberechnung für vollstreckbar erklärt ist, erhoben werden kann (§ 125 GenG.). Ist im Falle der Eröffnung des Konkursverfahrens nach Ablauf von drei Monaten seit dem Termine, in welchem die Nachschußberechnung für vollstreckbar erklärt ist, die Befriedigung oder Sicherstellung der Konkursgläubiger noch nicht bewirkt, so sind die hiezu erforderlichen Beiträge von den innerhalb der letzten 18 Monate vor der Eröffnung des Konkursverfahrens ausgeschiedenen Genossen, welche nicht schon in Gemäßheit des § 75 GenG. der Nachschußpflicht unterliegen, zur Konkursmasse zu leisten (§ 128 GenG.). Die einzelnen Genossen können freilich über ihre Haftsumme hinaus weder auf Leistung von Nachschüssen, noch von den Konkursgläubigern in Anspruch genommen werden (§ 141 GenG.). Mit anderen Worten: Die Geschäftsaufsicht böte ohne die Ausnahmebestimmung des § 76 VO. vom 14. Dezember 1916 den Genossen die bequemste Gelegenheit, sich zu entlasten (Boes, GenBl. 15, 442). Nach alledem scheidet der Genosse nicht vor dem Ende desjenigen Geschäftsjahres aus, in welchem die Geschäftsaufsicht über die Genossenschaft endigt. Ja sogar darüber hinaus bleibt der Mitgliedszwang des Genossen bestehen. Wenn nämlich in einem Zwangsvergleiche eine Stundung (die einzige Zwangsvergleichsform für die Genossenschaft, § 35 Abs. 2 VO. vom 14. Dezember 1916) durch die Gläubigerschaft bewirkt ist, endigt die Mitgliedschaft des Genossen erst am Schlusse desjenigen Geschäftsjahres, in welchem das Moratorium abläuft.

B. Aufkündigung einzelner Genossen.

Jeder Genosse hat an sich das Recht, mittelst Aufkündigung seinen Austritt aus der Genossenschaft zu erklären. Die Aufkündigung findet nur zum Schlusse eines Geschäftsjahres statt, sie muß mindestens drei Monate vorher schriftlich erfolgen. Durch das Statut kann eine längere, jedoch höchstens zweijährige Kündigungsfrist festgesetzt werden (§ 65 GenG.). Der Gläubiger eines Genossen, welcher, nachdem innerhalb der letzten sechs Monate eine Zwangsvollstreckung in das Vermögen des Genossen fruchtlos versucht ist, die Pfändung und Überweisung des demselben bei der Auseinandersetzung mit der Genossenschaft zukommenden Guthabens erwirkt hat, kann behufs seiner Befriedigung das Kündigungsrecht des Genossen an dessen Stelle ausüben, sofern der Schuldtitel nicht bloß vorläufig vollstreckbar ist (§ 66 GenG.). Ist durch das Statut die Mitgliedschaft an den Wohnsitz innerhalb eines bestimmten Bezirks geknüpft, so kann ein Genosse, welcher den Wohnsitz in dem Bezirke aufgibt, zum Schlusse des Geschäftsjahres seinen Austritt schriftlich erklären (§ 67 GenG.).

Diese freiwilligen und unfreiwilligen Aufkündigungsgründe, deren schrankenlose Ausübung seitens zahlungsfähiger Mitglieder die Aussichten auf eine spätere Gesundung des Unternehmens verschlechtern würden (Boes, GenBl. 15, 442), sollen, in Verfolgung der Bestimmung des § 76 Abs. 1 VO. vom 14. Dezember 1916, erst am Ende desjenigen Geschäftsjahres ihre Wirkung üben, in welchem die Geschäftsaufsicht endigt oder das Moratorium des Zwangsvergleichs abläuft. Gültigkeit hat diese Bestimmung des § 76 Abs. 2 für zwei Fälle; 1. den, daß der Austritt oder die Aufkündigung, im Sinne der §§ 65—67 GenG., vor Anordnung der Geschäftsaufsicht bereits erklärt, der Zeitpunkt der Wirkung des Austritts aber noch nicht herangekommen war; 2. den, daß der freiwillige oder unfreiwillige Austritt erst nach Anordnung der Geschäftsaufsicht bekundet wird. Dagegen betrifft der § 76 Abs. 2 VO. vom 14. Dezember 1916 nicht den Fall, daß der Genosse bereits bei Anordnung der Geschäftsaufsicht ausgeschieden und in die diesbezügliche Liste eingetragen war. Infolge dieser Eintragung scheidet der Genosse mit dem in der Liste vermerkten Jahresschlusse, wenn jedoch die Eintragung erst im Laufe eines späteren Geschäftsjahres bewirkt wird, mit dem Schlusse des letzteren, aus der Genossenschaft aus § 70 GenG.). Die Prüfung des Registergerichts erstreckt sich auf die Frage, ob diese Urkunden vorschriftsmäßig und vollständig sind. Treffen die Voraussetzungen des § 76 Abs. 1 und 2 VO. vom 14. Dezember 1916 zu, ist also der Genosse bei Anordnung der Geschäftsaufsicht noch nicht ausgetreten, so muß, dem § 70 GenG. entsprechend, die Eintragung in die Liste nach Beendigung der Geschäftsaufsicht erfolgen (§ 70 VO. vom 14. Dezember 1916). Ist die Eintragung des Jahresschlusses, zu welchem das Ausscheiden des Genossen erfolgt, bereits vor sich gegangen, so ist hinterher zu vermerken, daß die Anordnung der Geschäftsaufsicht erfolgt ist.

§ 77.

Ein Gläubiger, der sich von dem Schuldner oder andern Personen besondere Vorteile dafür hat gewähren oder versprechen lassen, daß er bei der Abstimmung über den Vergleichsvorschlag in einem gewissen Sinne stimme, wird mit Geldstrafe bis zu dreitausend Mark oder mit Gefängnis bis zu einem Jahre bestraft.

Stimmenkauf.

Der § 77 enthält die einzige Strafbestimmung der VO. vom 14. Dezember 1916 (wodurch die Frage offen bleibt, ob die übrigen Strafbestimmungen der KO. ausgeschaltet sind, was Weinberg S. 114 m. E. mit Unrecht verneint) und zwar, analog dem § 243 KO., den Stimmenkauf (bzw. Stimmenverkauf, wie ihn Jaeger, KO. und § 243 benannt). Der § 243 KO. hat schlechthin alle Abstimmungen der Gläubiger in einem gewissen Sinne im Auge, während der § 77 nur die Abstimmung über den Zwangsvergleichsvorschlag in einem gewissen Sinne treffen will. Andere wirklich maßgebende Abstimmungen kommen im Rahmen der Geschäftsaufsicht eben nicht leicht vor. Die Gläubigerversammlung ist überhaupt im Rahmen der Geschäftsaufsicht nur eine fakultative Einrichtung (§ 16) und hat nicht die überragende Bedeutung der konkursrechtlichen Gläubigerversammlung. Außergerichtliche Vergleiche fallen nicht unter den § 77.

Grund für diese Vorschrift ist die Gefahr, daß der rechtswidrig handelnde Gläubiger durch seine Abstimmung auf die Rechte der übrigen Gläubiger bestimmend und zwingend einwirkt (Motive, KO. S. 461; RGSt. 12, 122; RG. 39, 23). Die gebundene Marschroute, zu der sich der Gläubiger verpflichtete, reicht aus (Stenglein-Lindenberg, 4. Aufl. Nr. 11; Frank II § 243). Voraussetzung für die Anwendbarkeit des § 77 ist die Anordnung der Geschäftsaufsicht und ein Zwangsvergleich im Rahmen derselben. Die strafbare Übereinkunft kann aber bereits vor Anordnung der Geschäftsaufsicht, mindestens vor Eröffnung des Zwangsvergleichsverfahrens, erfolgt sein (Sarwey S. 892; Meyer, KO. S. 356; a. M.: Petersen-Kleinfeller S. 629). Es ist bedeutungslos, ob Gläubiger nach Zusage abstimmte, ob die Abstimmung den angestrebten Erfolg hatte und ob das Verfahren der Geschäftsaufsicht oder des Vergleiches zuvor aufgehoben wurde (Merkel, Handbuch 4, 454). Das Verhandeln zugunsten des Schuldners, welches etwa durch den Schuldner oder eine andere Person erkauft wird, fällt nicht unter den § 77, der nur den Kauf einer Abstimmung mit Strafe belegt. Die Stimmenthaltung fällt ebenfalls nicht unter den § 77 (JW. 98, 287). Das Vergehen erfordert Vorsatz (Jaeger, KO. § 243 Anm. 7; LZ. 1908, 942; 1913, 385). Ein Irrtum über den Charakter und Zweck der Vorteilsgewährung wirkt strafausschließend (StGB. § 59). Irgendein materieller Vorteil genügt (RGSt. 11, 218; Olshausen-Zweig, KO. 10. Aufl. § 243 Anm. 6; Jaeger § 243 S. 618; Bovensiepen, GeschA. 1917 S. 149). Der Versuch ist möglich (RGSt. 6, 194), jedoch straflos. Vollendet ist das Reat mit Annahme des Vorteils oder Versprechens (RG. 12, 122). Verkäufer seiner Stimme vermag nur ein am Zwangsvergleich beteiligter Gläubiger zu sein. Der Bevollmächtigte des Gläubigers, welcher abstimmt, fällt nicht unter den § 77 (Jaeger, KO. § 243 Anm. 2 S. 616; a. M.: Voelderndorff S. 52; Petersen-Kleinfeller Anm. 4). Ein absonderungsberechtigter Gläubiger kann nur dann gegen den § 77 verstoßen, wenn er an der Abstimmung über den Zwangsvergleich teilnimmt (OLG. Colmar vom 26. September 1888; RG. vom 4. Februar 1889 ElsLothZ. 14, 39, 221). Käufer der Stimme des Gläubigers kann sowohl der Schuldner, als auch jede andere Person, die gewöhnlich dem Schuldner oder einer Gläubigergruppe nähersteht, sein. Der Stimmenkäufer gilt als Anstifter (RGSt. 12, 122).

§ 78.

Das amtsgerichtliche Verfahren der Geschäftsaufsicht ist gebührenfrei; auf die Auslagen sind die Vorschriften des fünften und sechsten Abschnitts des Gerichtskostengesetzes entsprechend anzuwenden.

Die Gebühr für das Vergleichsverfahren beträgt, wenn der Vergleichstermin abgehalten wird, fünf Zehnteile, andernfalls zwei Zehnteile der Sätze des § 8 des Gerichtskostengesetzes. Die Vorschriften des § 52 des Gerichskostengesetzes finden entsprechende Anwendung.

Für die Beschwerdeinstanz wird die in den §§ 45, 46 des Gerichtskostengesetzes bestimmte Gebühr besonders erhoben. In den Fällen des § 42 Abs. 3, § 59 Abs. 2, § 68 dieser Verordnung sind die Vorschriften des § 52 des Gerichtskostengesetzes enspréchend anzuwenden.

Pauschsätze werden nicht erhoben, soweit das Verfahren gebührenfrei ist.

Gerichtskosten für das Aufsichtsverfahren.

Mit der Bestimmung, daß das amtsgerichtliche Geschäftsaufsichtsverfahren gebührenfrei ist, wurde im Interesse der Zeitlage ein fiskalisches Opfer gebracht. Was die Auslagen anbetrifft, so werden erhoben:

1. die Schreibgebühren;
2. die Post- und Telegraphengebühren;
3. die an Zeugen und Sachverständige zu zahlenden Gebühren;
4. die bei Geschäften außerhalb der Gerichtsstelle den Gerichtsbeamten zustehenden Tagegelder und Reisekosten;
5. die an andere Behörden, oder Beamte, oder an Rechtsanwälte für deren Tätigkeit zu zahlenden Beträge.

Das Zwangsvergleichsverfahren spielt sich zwar auch bei dem Amtsgerichte ab; hier ist aber der Grundsatz der Gebührenfreiheit verlassen, ob berechtigt oder nicht, mag dahingestellt bleiben. (Gegen die Betonung des fiskalischen Interesses bei Zwangsvergleichen haben sich die Jahresberichte des Verbandes der Vereine Kreditreform 1907/08 S. 39, 1910/11 S. 65, u. a. erste gewerbliche Kreise, auch Jaeger, in wiederholten Aufsätzen und Randglossen über eine Reform des § 107 KO., ausgesprochen. Vgl. auch das eventuelle kostenlose Konkursverfahren des belgischen Gesetzes vom 26. Dezember 1882 und Braun, Konkursgericht in Belgien, bei Alexander, Konkursgesetze aller Länder S. 23). Hoch sind die Gerichtskosten des § 78 für den Zwangsvergleich allemal nicht. (Anderer Ansicht: Bovensiepen, GeschAufs. 1917, 153 Anm. 2 unter Bezugnahme auf Tischbein S. 84 und ÖsterrAusglO.) In bürgerlichen Rechtsstreitigkeiten werden die Gebühren nach dem Werte des Streitgegenstandes erhoben. Der § 8 GKG. setzt die einzelnen Gebührenskalen fest und zwar zunächst nach 18 Wertklassen bis 10000 Mk., mit dem Anfügen, daß die ferneren Wertklassen um je 2000 Mk. und die Gebühren um je 10 Mk. steigen. Die Gebühr für das Zwangsvergleichsverfahren einschließlich des Vergleichstermines ist auf fünf Zehnteile des im § 8 bestimmten Simplum festgesetzt. Kommt es nicht zu einem Vergleichstermine, so werden nur zwei Zehnteile dieses Simplum des § 8 erhoben. Als Streitgegenstand gilt der Betrag der Aktivmasse. Gegenstände, welche zur abgesonderten Befriedigung dienen, werden nur in Höhe des für diese nicht erforderlichen Betrages angesetzt. Ist die Aktivmasse höher, als die Schuldenmasse, so wird die Gebühr nach dem Betrage der letzteren erhoben. Für die Berechnung der Masse ist die Zeit der Beendigung des Verfahrens maßgebend (§ 5 GKG.).

Nicht gebührenfrei ist der zweite Rechtszug bei der sofortigen Beschwerde, welche in §§ 27, 42, 59, 68 zugelassen ist. Drei Zehnteile des in § 8 GKG. festgesetzten Simplum werden für die Entscheidung der Beschwerde, einschließlich des vorangegangenen Verfahrens in der Beschwerdeinstanz, erhoben, soweit die Beschwerde als unzulässig verworfen oder zurückgewiesen wird, oder die Kosten des Verfahrens einem Gegner zur Last fallen. Insoweit dies nicht der Fall ist, werden Gebühren nicht erhoben (§ 45 GKG.). Wird das Rechtsmittel zurückgenommen, bevor ein gebührenpflichtiger Akt stattgefunden hat, so wird ein Zehntel der Gebühr erhoben. In den Fällen der sofortigen Beschwerde des § 42 (Zurückweisung des Zwangsvergleichsantrages), § 59 (Bestätigungs-, Verwerfungs- oder Einstellungsbeschluß), § 68 (Aufhebung der Geschäftsaufsicht) wird die Gebühr nach dem Betrage der Aktivmasse erhoben. Gegenstände, welche zur abgesonderten Befriedigung dienen, werden nur in Höhe des für diese nicht erforderlichen Betrages angesetzt. Ist die Aktivmasse höher, als die Schuldenmasse, so wird die Gebühr nach dem Betrage der letzteren erhoben.

Soweit das Verfahren gebührenfrei ist, also beim amtsgerichtlichen Verfahren der eigentlichen Geschäftsaufsicht, werden Pauschsätze nicht erhoben. Für das Vergleichsverfahren und die Beschwerdeinstanz gelten die Bestimmungen des GKG. über die Pauschsätze.

§ 79.

Für die Tätigkeit im Vergleichsverfahren erhält der Rechtsanwalt sechzehn Zehnteile der Gebühr des § 9 der Gebührenordnung für Rechtsanwälte. Für die Vertretung in der Beschwerdeinstanz erhält er die im § 41 der Gebührenordnung für Rechtsanwälte bestimmten Gebühren besonders.

Auf die Wertberechnung finden die Vorschriften des § 59 der Gebührenordnung für Rechtsanwälte entsprechende Anwendung.

Gebühren der Rechtsanwälte.

Für die Tätigkeit im Geschäftsaufsichtsverfahren an sich ist irgendeine Gebührenbestimmung für Rechtsanwälte nicht getroffen. Der § 89 GebO. für Rechtsanwälte bestimmt in dieser Hinsicht: „Ist für das dem Rechtsanwalt übertragene Geschäft der Betrag der Gebühr in diesem Gesetze nicht bestimmt, so erhält er eine unter entsprechender Anwendung der Bestimmungen dieses Gesetzes zu bemessende Gebühr.“ Der § 79 VO. vom 14. Dezember 1916 bezieht sich also nur auf die Tätigkeit des Rechtsanwalts im Zwangsvergleichsverfahren außerhalb des Konkurses, gleichviel ob derselbe den Schuldner oder — wie dies wohl meistens der Fall sein wird — einen Gläubiger vertritt. In bürgerlichen Rechtsstreitigkeiten werden die Gebühren nach dem Werte des Streitgegenstandes erhoben. Der § 9 RAGebO. legt den Gebührensatz für 18 Wertklassen fest, mit der Angabe, um welche Beträge und Gebührensätze die ferneren Wertklassen steigen (siehe § 9 RAGebO.). Für seine Tätigkeit im Zwangsvergleichsverfahren außerhalb des Konkurses erhält der Rechtsanwalt $^{16}/_{10}$ des im § 9 RAGebO. festgelegten Simplum. Für die Vertretung in der Beschwerdeinstanz erhält der Rechtsanwalt $^{3}/_{10}$ Gebühren (das ist das im § 9 RAGebO. festgelegte Simplum). Der Wert wird nach dem Betrage der Aktivmasse berechnet, wenn der Auftrag von dem Schuldner erteilt ist. Ist der Auftrag von einem Gläubiger erteilt, so wird die Gebühr nach dem Werte der Forderung des Gläubigers, unter entsprechender Anwendung des § 148 KO., berechnet, d. h. der Wert des Streitgegenstandes ist mit Rücksicht auf das Verhältnis der Teilungs- zur Schuldenmasse festzusetzen. Bovensiepen, DRZ. 1917, 96 hält die Anwaltsgebühren für zu hoch. Dabei scheint er nur an die schuldnerische Vertretung und nicht daran zu denken, daß die Sätze der GebO. vom 20. Mai 1898 stammen.

§ 80.

Diese Verordnung tritt am 25. Dezember 1916, und zwar hinsichtlich des § 75 mit Wirkung vom 10. August 1914 ab, in Kraft; sie tritt an die Stelle der Verordnung, betreffend die Anordnung einer Geschäftsaufsicht zur Abwendung des Konkursverfahrens, vom 8. August 1914 (Reichs-Gesetzbl. S. 363).

Eine vor dem Inkrafttreten abgegebene schriftliche Erklärung, in der ein Gläubiger einem Vergleichsvorschlage des Schuldners zugestimmt hat, gilt als Zustimmungserklärung im Sinne des § 41 Abs. 1 Nr. 2 dieser Verordnung.

Der Bundesrat bestimmt, wann und in welchem Umfang die Verordnung außer Kraft tritt.

Inkrafttreten und Außerkrafttreten der VO. vom 14. Dezember 1916.

Die VO. ist am 25. Dezember 1916 in Kraft getreten. Um aber der Anfechtungsbestimmung des § 75 rückwirkende Kraft zu verleihen, und zwar ungefähr vom Anbeginn der alten VO. vom 8. August 1914, hat der einzige § 75 Wirkung bereits vom 10. August 1914. Somit kann keine Anfechtungsfrist der §§ 29—42 KO. oder der §§ 3 ff. AnfG. durch die Einrichtung der Geschäftsaufsicht verstrichen sein (siehe meine Erläuterung zu § 75). Findet man, daß eine dem heutigen § 75 entsprechende Bestimmung in der alten VO. vom 8. August 1914 fehlte (Weinberg S. 117; Jaeger, JW. 1917, 66; Cahn, Recht und Wirtsch. 1914, 271; Wassermann-Erlanger, 3. Aufl. S. 242); das argumentum e contrario, daß andere sachliche Neuerungen nur in einem unter der Herrschaft der neuen VO. angeordneten Aufsichtsverfahren maßgebend seien, wäre verfehlt (Jaeger, JW. 1917, 266 E), so ist dieser Fehler nun durch den § 80 geheilt.

Die alte VO. vom 8. August 1914 ist nunmehr aufgehoben. Sie ist durch die neue VO. vom 14. Dezember 1916 ergänzt, erweitert und verbessert worden. (So auch Buhmann, BayZfRechtspfl. 1917, 41; Werner, LZ. 1917, 242; Beres, Frankf. Zeitg. vom 29. Dezember 1916; Bovensiepen, GeschA. 1917, 16; Weinberg, GeschA. 1917, 28; kritischer: Kallir, GruchBeitr. 1917, 409. Minder anerkennend: Berliner Ältesten 1917; auch hiezu Henschel, DJZ. 1917, 509 und Jaeger, LZ. 1917, 580, der die Regelung vom grünen Tisch, die unvollkommene Verwirklichung des Volkswillens und das Flickwerk, beanstandet.)

Um auch den Umstand tunlichst zu heilen, daß die alte VO. keine Bestimmung über den Zwangsvergleich enthielt, und daß die Einrichtung des Zwangsvergleichs erst $2^1/_2$ Jahre nach Kriegsbeginn geschaffen wurde, hat man die Übergangsnorm gebracht, daß eine kurz oder lang vor dem 25. Dezember 1916 abgegebene schriftliche Erklärung der Zustimmung eines Gläubigers zu irgendeinem schuldnerischen Vergleichsvorschlage der schriftlichen Erklärung des Gläubigers im Vorstadium des Zwangsvergleichs (§ 41) ebenbürtig sein soll.

Den Zeitpunkt und Umfang des Außerkrafttretens bestimmt der Bundesrat. Es ist nicht gesagt, daß die VO. sofort mit Beendigung des Kriegszustandes außer Kraft tritt. Erst recht ist die Anschauung unrichtig (Mayer S. 171), daß die VO. außer Kraft tritt, sobald der Kriegszustand laut Kaiserl. VO. als beendigt gilt. Es dürfte eine Übergangsvorschrift zu erwarten sein (Jaeger, Bankarchiv 14, 36; Breit, JW. 15, 175; Bendix, LZ. 15, 192; Wassermann-Erlanger, 3. Aufl. S. 263). Insbesondere ist zu erwarten, daß für die bestehenden Geschäftsaufsichten, und zumal Zwangsvergleichsverfahren, auch nach Beendigung des Kriegszustandes die Bestimmungen der VO., mindestens teilweise, in Kraft bleiben.

Man hat davon gesprochen, die Geschäftsaufsicht unter der Geltung der VO. vom 8. August 1914 habe sich nicht glänzend bewährt (Bendix, LZ. 1917, 173). Schon die folgende statistische Tatsache widerlegt diese auch sonst nicht einwandfreie Behauptung: Das erste Vierteljahr 1915 hatte in Deutschland eine Abnahme von Konkursen um 37,2% und das zweite Vierteljahr eine solche um 40,2%. Von da an wird der Rückgang absolut und relativ immer größer, so, daß im vierten Quartal die Zahl unter der Hälfte der Ziffer des entsprechenden, schon in die Kriegszeit fallenden, Quartals des Vorjahres lag. Das ganze Jahr 1915 hatte gegenüber dem Jahre 1914 einen Rückgang um 3281 Konkurse oder 43,1%. Im ersten Vierteljahr 1916 sind nur 720 Konkurse eröffnet, also nicht viel mehr als der vierte Teil der Eröffnungen des ersten Quartales 1913. Lindenberg (DJZ. 1917, 97), der diese Ziffern mitteilt, fügt mit Recht an, daß der erfreuliche Rückgang trotz der Bedrängnisse des Krieges in erster Linie auf die segensreichen Wirkungen der VO. vom 8. August 1914 zurückzuführen sei. Es kann nichts dringlicher gewünscht werden, als daß der Rückgang der Konkurse anhalten und die neueste Form der Ganterledigung in dieser Hinsicht heilsam für Handel und Gewerbe sich bewähren werde.

Alphabetisches Sachregister.

(Die Zahlen bedeuten die Seiten).

F.

G.

H.

J (i).

J (j).

K.

N.

Qu.

R.

S.

T.

U.

W.

Z.

FSC
www.fsc.org
MIX
Papier | Fördert gute Waldnutzung
FSC® C083411

Kolibri 360 GmbH
Ferdinand-Jühlke-Straße 7
99095 Erfurt, Deutschland
produktsicherheit@kolibri360.de